Treasures for Scholars Worldwide

中山大學圖書館書目叢書 第四種

中山大學圖書館藏
容庚捐贈珍貴拓本圖録
（附目録）

中山大學圖書館◎編

廣西師範大學出版社
GUANGXI NORMAL UNIVERSITY PRESS
·桂林·

中山大學圖書館藏容庚捐贈珍貴拓本圖錄（附目錄）
ZHONGSHAN DAXUE TUSHUGUAN CANG RONG GENG JUANZENG ZHENGUI TABEN TULU FU MULU

項目統籌：魯朝陽
項目管理：馬豔超　肖承清
責任編輯：肖承清
責任校對：李怡琴
責任技編：王增元
書籍設計：徐俊霞　王玲芳［廣大迅風藝術]

圖書在版編目（CIP）數據

中山大學圖書館藏容庚捐贈珍貴拓本圖錄 ： 附目錄 /
中山大學圖書館編. -- 桂林 ： 廣西師範大學出版社，
2024.11
　（中山大學圖書館書目叢書. 第四種）
　ISBN 978-7-5598-6522-9

　Ⅰ．①中… Ⅱ．①中… Ⅲ．①金石－拓本－中國－古
代－圖録 Ⅳ．①K877.22

　中國國家版本館 CIP 數據核字（2023）第 213796 號

廣西師範大學出版社出版發行
　廣西桂林市五里店路 9 號　郵政編碼：541004
　網址：http://www.bbtpress.com
出版人：黃軒莊
全國新華書店經銷
珠海市豪邁實業有限公司印刷
　珠海市斗門區白蕉鎮城東金坑中路 19 號 4 棟(廠房)二樓　郵政編碼：519125
開本：787 mm ×1 092 mm　1/8
印張：61.5　　字數：746 千
2024 年 11 月第 1 版　　　2024 年 11 月第 1 次印刷
定價：1680.00 元
如發現印裝質量問題，影響閱讀，請與出版社發行部門聯繫調換。

本書獲“容庚學術出版基金”立項資助出版

──────── 編委會 ────────

前　言

　　中山大學圖書館藏有碑帖近4萬張。其中除由顧頡剛先生主持購買的3萬餘張外，還有數千張爲名家學者和社會人士的無私饋贈。1979年容庚先生向中山大學捐贈的700種拓本，便是其中頗具代表性者。

　　容庚（1894—1983），初名肇庚，字希白，號頌齋，廣東莞城人。少隨舅父鄧爾雅、族叔容祖椿習金石、書畫之學。1917年開始着手編寫《金文編》，28歲時携書稿北上，得羅振玉推薦，入讀北京大學研究所國學門。畢業後先後執教於燕京大學、北京大學，兼任北平古物陳列所鑒定委員。抗戰勝利後，又任教於廣西大學、嶺南大學、中山大學。著有《金文編》《寶蘊樓彝器圖録》《殷契卜辭》《頌齋吉金圖録》《頌齋吉金續録》《武英殿彝器圖録》《海外吉金圖録》《金文續編》《漢武梁祠畫像録》《叢帖目》等二十餘部，今有《容庚學術著作全集》出版；另有論文六十餘篇。

　　先生以學者身份，兼事收藏，所藏包括青銅彝器、甲骨、書籍、字畫及拓本等，數量既夥，佳品亦多。自20世紀70年代，先生及其家人先後多次向廣州市博物館、中山大學等單位捐贈藏品。獲贈單位在珍藏的同時，也陸續對這些藏品進行了整理。目前，書畫、法帖業已萃選出版，青銅彝器等亦有專文加以論述。相較而言，法帖之外的其他各類拓本尚有待披露。

一

　　拓本是用墨把石刻和古器物上的文字、花紋等拓印在紙上而成的文獻，是金石、法帖等傳播的重要載體，也是先生治學不可或缺的文獻資料。先生早年致力於古文字和青銅器研究，極爲重視相關文獻，這在他致中山大學副校長朱家驊的信中和《金文編·序》裏都曾談及。前者云："文字之學非同玄想，書籍不備，學生何所資以爲鑽研之具，而庚一旦離去北京之書庫，亦無異於自絕其求學之途。"[1]後者則謂："吾聞之韓非子曰："無參驗而必之者，愚也；弗能必而據之者，誣也。'著録彝器，審釋文字，余惟愚且誣是懼。"[2]而關於其治學方法，曾憲通先生總結爲四點，即"以目録爲治學之階梯""以第一手資料爲治學之根本""以考據爲治學的手段""以善通變爲治學之目標"[3]。從中不難看出，盡可能多地搜集和利用各類文獻資料是先生治學的前提與基礎。

在青銅彝器、甲骨、帖石等不易收藏、移動的情況下，拓本作爲其主要傳播載體，以價格相對低廉、能反映器物面貌且易於收藏、閱覽等特點，而成爲先生研究中舉足輕重的文獻。以金文研究爲例，1917年，先生在鄧爾雅的教導下着手編纂《金文編》，其間遭遇諸多變故，而影響最大的是書籍、拓本等文獻的意外焚毁："九年秋，舅家火灾，金石拓本、書籍印譜之屬，蕩然無存。兹事體大，非一手一足之烈所能成，而書籍拓本，尤非寒家之力所能備，雖積稿盈尺，未克有成。"先生携書稿北上後，"假觀羅先生《集古遺文》，及所藏盛氏《鬱華閣金文》，陳承修先生所藏《方氏綴遺齋彝器款識》"[4]，最終在羅振玉、王國維等的幫助下編就并付印。後來先生又在"故宮所藏既得盡觀，奉天熱河兩行宮所藏復得編纂爲《寶蘊樓彝器圖録》《武英殿彝器圖録》，而寒家藏器亦已逾百。所見拓本遠過於前"[5]的基礎上，完成了《金文編》的增補。在《金文編》初印時尚"以采摭未富，不遽印行，蓋有待也"[6]的秦漢金文，最終也在先生努力彙聚了大批拓本的情況下成書："秦漢奇瑰奇偉麗之器，不爲人所重視，拓本流傳甚罕，故搜集至難。羅振玉先生收藏吉金拓本之富，海内無足與抗衡者。去年暑假，偕董作賓先生往謁於旅順，承以十數巨册相假，道過天津，復從陳承修先生假得《猗文閣集金》，北平同好各出所藏以相增益，今年暑假至蘇州，假得潘氏遽庵所藏，至上海，假得劉氏善齋所藏，各家拓本數十册，留吾家者經年，微相知不至此，然求之同好也十册不爲吝，求之市賈也一紙亦大難。吾家去城十數里，有進城三五次而後能得一紙者，有不能購而手摹之者，有既摹而復購得之者，記有一建初八年高鐙在李估之手，乞其拓本，終不吾與，但得對寫一過而已，心竊憾焉。此類事固常覯者也，本書所收秦器八十六，漢器七百四十九，雖未能盡宇之所有，然視陶齋著録已五倍之，亦足自慰矣。"[7]顯然，無論《金文編》因缺乏金石拓本等文獻而暫時不能寫定，得到足够文獻後

---

[1]　容庚：《容庚致朱家驊書》，1927年。轉引自蔣志華《關於容庚先生的收藏》，《圖書館論壇》1999年第3期，第94頁。

[2]　容庚：《金文編·自序》，1925年貽安堂印本。

[3]　曾憲通：《容庚先生的學術成就與治學特點》，《古籍整理研究學刊》1993年第4期，第40—41頁。

[4]　容庚：《金文編·自序》，1925年貽安堂印本。

[5]　容庚：《金文編·自序》，上海商務印書館，1938年。

[6]　容庚：《金文編·自序》，1925年貽安堂印本。

[7]　容庚：《秦漢金文録·序》，北平：中央研究院歷史語言研究所出版，1931年。

的成書與增補，抑或《秦漢金文録》因大批拓本的支撑而成書并有"視陶齋著録已五倍之"的規模，從中都能看出拓本文獻在先生學術研究中的不可或缺性，以及先生對拓本文獻的重視。

先生雖然長期着力於青銅彝器與古文字研究，但他的關注點并不僅限於此。1925年，北大購得繆荃孫藏碑誌拓本12000種，先生參與了點交及編目事宜的討論，并因此得以綜覽這批拓本："嘗讀《藝風堂金石文字目》，嘆其收藏之富。研究所得此，誠暴富貧兒，而余乃得縱觀，眼福信不淺也。"[1]其後一段時間内，先生或"粘封泥拓片""編拓片目""清理拓片""校所中藏石目"[2]，整理各類拓本，或臨摹、雙鉤碑額[3]，同時也比勘鑒定拓本、補證史實，如《容庚北平日記》所記"真賞社所印之宋拓本《西狹頌》，……以余藏本校之，點畫不差，而予本多碑側題名。以余觀之，乃清拓耳，謬題宋拓，何書賈欺人乃爾。又余見羅叔言藏明拓本，字反模糊，意此碑經清人剔清，故較明本清晰也"[4]"漢太僕殘碑，馬衡考定爲司空袁敞碑。手録其題跋，并據《後漢紀》爲之補證"[5]。顯然，這一時期先生雖然主要研究金文與青銅器，但他所關注的是更廣範圍的金石學内容。

先生在金文研究中對拓本的大量運用，和更廣範圍地接觸包括石刻、磚瓦等在内的金石品類，都對他收藏拓本產生了影響。

二

容庚先生一生經眼拓本極多，收藏亦不在少數。這些拓本多爲購買、友朋捐贈、交換及拓製而來，既有出自古光閣、德寶齋等書肆帖鋪和郭玉堂、孫琚之等帖賈者，亦有徐森玉、明義士、王獻唐、許地山等學者的舊藏。其類別以青銅彝器、甲骨、法帖、石刻爲主，規模較大的有青銅彝器全形拓本數百張，拓製徐坊和明義士舊藏甲骨而得之拓本兩千餘張，以及石經數百種、廣東磚瓦拓本百餘張等，合計約數千張之衆。這些拓本中也多有因先生以舊換新而出者，其中與于省吾的兩次交換，即"以明義士、馬叔平所贈甲骨拓本一千二三百紙、方若《山水》軸，易得許伯彪錯金字戈及鄦父盤"[6]"以拓本

---

[1]　容庚：《容庚北平日記》，夏和順編，北京：中華書局，2019年，第6頁。

[2]　在《容庚北平日記》中，1925年2月至10月間多處記述整理拓片事。

[3]　《容庚北平日記》1925年多處記録其爲商承祚先生雙鉤、摹寫碑額事，如"爲商錫永雙鉤《西狹頌》《韓仁銘》《尹宙碑》《孔宙碑》《尚博碑》篆額五種""爲商錫永雙鉤《景君碑》《樊敏碑》篆額兩種。往研究所借《楊震碑》，鉤其碑額""摹《蘇君神道》并前所鉤篆額，寄商錫永"等。

[4]　容庚：《容庚北平日記》，第21頁。

[5]　容庚：《容庚北平日記》，第22頁。

[6]　容庚：《容庚北平日記》，第642頁。

五十種、全形拓本八種、《周漢遺寶》易其（于省吾）蓍罢"[1]最具代表性。

先生留存下來的拓本，多由先生和家人贈予了廣州各文博單位，其石刻、磚瓦及少量金器、法帖拓本留贈中山大學，金器拓本多歸省立中山圖書館，法帖則由廣州市博物館珍藏，另廣州市藝術博物院也有少量先生舊藏拓本，具體數量尚未可知。

先生饋贈中山大學的拓本700種，較之先生一生收藏、過目拓本的數量而言，可謂滄海一粟。但它們幾乎涵蓋了先生所藏拓本中除甲骨之外的各個類型，且大多有先生所題封袋，也有少量拓本或題有跋文、識語，或附帶有信札、箋條，可據以明確拓本的來源、價值等。爲系統揭示其特點，茲從來源、內容等多個方面加以論述。

中山大學圖書館所藏先生舊有拓本的來源，明確可知爲購買、交換或親友贈予者，有200餘種。購買所得單批數量最大者，當屬以"龍門造像百品"爲代表的龍門造像百餘種；其他多爲少批量或零散購入，包括《子游殘碑》《沙南侯獲碑》《史晨碑》《白石神君碑》《范式碑》《郭槐樞記》《元顯魏墓誌》《智永真草千字文》《大唐紀功頌》《美原神泉詩序碑》《昇仙太子碑》《靈巖寺碑》《吳立綱妻韓氏墓誌》《李鴻章神道碑》《周大烈墓誌》等。這百餘種拓本，或封袋有先生題字，如《張貴男墓誌》，購入年月題"廿四年四月"，價值題"五角"，《大唐紀功頌》購入年代題"廿五年二月"，價值題"一元"等。或見載於《容庚北平日記》，如1934年5月2日"帖賈孫琚之來，購《靈巖寺碑》，二元；《紅崖刻石》，一元；《趙凡夫草篆》，二元；《陰符經》，一元。共六元，付五元，欠一元"[2]，1934年5月5日"在隸古齋購三洿銘，價八元；鄧石如篆書，價七元""在會文取《多寶塔》《陰符經》等三種，價三元"[3]等。梳理這些記載可知，先生所購拓本多來自書肆帖賈，時間多集中在20世紀30年代，價格則幾角至數元不等。

親友贈予的拓本，雖然數量不及購買所得，但其不僅贈予者多爲徐森玉、馬鑒、王獻唐、簡又文、胡適、莊嚴、白堅、福開森、羅福成、顧廷龍、潘承弼、陳夢家、張希魯、杜奉符、郭文彬、鄔慶時等當時著名學者，拓本本身亦頗具特色。如王獻唐所贈全套《武梁祠畫像石》是畫像石拓本中最爲完備者，爲先生之後對武梁祠的系統研究奠定了基礎；徐森玉所贈《成晃墓碑》還保存了碑的形制，是早期墓誌的代表之一；馬鑒所贈《爲祖母呂敬造神像題記》有明顯的祆教風格且拓本罕見；羅福成所贈《奧屯良弼餞飲碑》乃較爲稀見的女真文碑刻且有羅福成手書題跋及其女真文印章；而胡適所贈《中華民國華北軍第七軍團第五十九軍抗日戰死將士公墓碑》由白話文運動代表人物胡適撰

---

[1]　容庚：《容庚北平日記》，第387頁。

[2]　容庚：《容庚北平日記》，第369頁。

[3]　容庚：《容庚北平日記》，第370頁。

文、錢玄同書丹，是第一塊白話文碑刻；鄒慶時所贈數十種廣東地區磚瓦和多方鄒慶時家族墓誌，則是重要的廣東本土金石文獻。

　　除有明確記錄者外，另有部分拓本我們可據現有文獻嘗試推斷其來源。如《西夏刀》拓本鈐印"希丁"[1]，封袋先生記1932年5月7日編目、器物自藏，《容庚北平日記》同日載"早清理自藏各器拓片"[2]，則拓本極可能爲先生以自藏器請周希丁拓製而成。又據《容庚北平日記》可知，1934年12月22日先生曾"至許地山家看碑帖"[3]，1935年4月16日"許地山送所購周大烈拓本來，共購六十元，九折"[4]，這一時期周大烈離世不久，而周大烈與許地山乃翁婿關係，顯然先生此時乃自許地山處購得周大烈舊藏拓本，且就金額來看，先生所購當不止一種拓本，雖然我們無法具體判斷哪些拓本爲當時所購，但《周大烈墓誌》爲其中之一的可能性極大。

　　梳理先生藏拓來源可知，與這批拓本相關者，多爲與先生有往來的學者、藏家和書肆帖鋪，這一定程度上反映了先生及當時金石學界的的學術交游狀況和金石收藏情況。以《唐大中五年銅磬》爲例，此拓有1935年5月28日章鈺跋，記此磬之流傳、價值及與此磬相關的其餘一鐘一磬，并云"承希白道兄拓貽一份，爲疏其所知者，以俟考定"，而先生研究并撰寫《唐大中銅磬流傳考》在1935年10月，章氏跋文對先生此研究或有一定影響也未可知。又此拓章氏《四當齋集》曾有論及，云："二磬一歸合肥蒯若木壽樞藏，一爲東莞容希白庚藏，由老友陳伏廬漢第代乞見貽，良朋嘉惠，應特識之。"《容庚北平日記》關於章鈺最早的記載則是同年10月18日"十二時顧起潛請章式之食飯，作陪"[5]，次年又有數次記訪章鈺事，且7月31日"校《頌齋書畫錄》，寄章式之"[6]，我們可據以推斷，章氏此前與容庚并不相熟，故而纔經陳漢第而得拓本，但此事促成了二人的交往，且二人在書畫等領域時有交流。再如簡又文贈容庚的《劉猛進墓碑》，拓本有簡又文題字，又附簡又文致容庚信札一通。信札記道："希白先生史席：又文今春游滬，偶得吾粵最古石刻《陳劉猛進墓碑》原石南歸，茲撰成《陳碑歸粵記》一篇附函呈。并奉上原拓本一份，藉供研究。如荷寵賜題跋以發揚廣東文獻，曷勝感幸，專此即候。"此信除抬頭"希白先生"與落款時間外，餘皆爲油印，簡氏《劉猛進碑之研究》一文又記云"自余載石南歸後，粵中人士紛紛加以研究或寵以題詞。計截至現在，有黃子靜氏之校碑圖，葉恭綽、江

――――――――

[1]　　周希丁（1891—1961），原名家瑞，一名康元，號墨庵，江西臨川人。長居北京，擅篆刻，印風古雅，精傳拓，曾出版《石言館印存》。

[2]　　容庚：《容庚北平日記》，第263頁。

[3]　　容庚：《容庚北平日記》，第394頁。

[4]　　容庚：《容庚北平日記》，第412頁。

[5]　　容庚：《容庚北平日記》，第434頁。

[6]　　容庚：《容庚北平日記》，第468頁。

孔殷、鄧爾雅、朱子范、馮自由、陳寂、陳樾、廖景增、李滄萍、容庚、馮梁諸氏之詩，及桂坫、張學華諸氏之跋語"[1]，據此可知，簡氏拓製拓本贈予學者并索題跋者，除容庚之外，尚有多人，而這些人也如容庚一般，得信及拓本後，曾作詩、跋以紀之。本館另有簡又文贈姚肇椿此碑拓本，上題"肇椿老棣清賞，簡又文贈"，與此拓所題"希白先生清賞，簡又文敬贈"相近，亦可佐證之。再如莊嚴贈《□□禪師墓幢記》，有1937年2月莊嚴題識，曰："此幢舊在平西香山靜宜園外，今歸夢庵暫有。拓似希白先生。廿六年二月，莊嚴并記，時舉家南移。"莊嚴與容庚早在20世紀20年代北大國學門時期便已相識，《容庚北平日記》主要記錄了二人在1925至1927年間的來往，包括1925年5月曾與其及顧頡剛、孫伏園、容肇祖五人赴妙峰山做民俗調查等。此拓則顯示兩人在1937年的往來，可以視爲對《容庚北平日記》相關內容的補充。同時，自1933年故宮博物院第一批文物南遷開始，莊嚴便是重要的參與人之一，1937年盧溝橋事變後，他作爲國寶南遷的押運者和具體負責人，隨文物南遷。關於文物南遷在以往文獻中鮮少提及南遷人員的家屬隨行情況，莊嚴此跋可謂對這一問題的最直接説明。

三

　　容庚先生贈予中山大學圖書館的這批拓本，以金器、石刻、磚瓦、法帖爲主。其中金器拓本有以刺鼎爲代表的青銅彝器全形拓，也有唐宋以降的鐘磬、符牌、耕具拓本等；磚瓦則爲廣東墓磚和城磚，地域特色鮮明；法帖數量不多，主要爲單帖和《叢帖目》《容庚叢帖》未收錄的叢帖；石刻拓本數量最多，類型也尤爲豐富，包括碑碣、墓誌、摩崖、造像、畫像、硯臺、題記、地券、水筧等，是先生留存下來的拓本中石刻類最爲集中的一批。

　　先生在傳統金石學的基礎上，吸納了現代考古學方法研究鐘鼎彝器，不僅注重銘文，還通過對器物的形制、紋飾、功用等的研究，揭示其所蘊含的禮制、文化等。因此，他在收藏大量銘文拓本的同時，還着意搜集具有極高美學價值且能反映器物整體樣貌的全形拓，和代表不同文化內涵的各類紋飾拓本。1931年先生向古物陳列所申請拓製盛京銅器花紋即是其中一例；又據《容庚北平日記》，先生所藏全形拓本約有數百紙[2]。就本館所藏而言，金器拓本不多，但其中仍不乏佳品，如西周中期器物刺鼎爲國家一級文物，

---

[1]　簡又文：《劉猛進碑之研究》，廣東文物編輯委員會編，《廣東文物特輯》1949年，第142頁。

[2]　《容庚北平日記》多處記述全形拓。記錄全形拓來源者如1929年"購蕭山陸氏彝器全形拓片一份十三種，價十五元"，1930年購"服尊全形"，1931年郝慶琛拓"歸作父丁鼎全形五紙""歸尊全形十紙"，1932年"在墨因簃得李山農彝器全形拓本，三條凡九器，價十七元""在餘古齋得陶齋所藏料鼎全形拓本，價三元"，1933年購"簠齋漢器全形拓片八張，十二元"等。記錄全形拓整理情況的則有"交墨因簃裱全形拓本四十頁"，"付墨因簃裱全形拓本三百餘紙"等，從中可知先生收藏全形拓數量至少有三百餘紙。

其全形拓本呈現了西周風格的形態、紋飾等，銘文則記録了周王祭祀祖先的活動；戰國早期齊國彝器陳逆簠，書法筆畫簡短，與宗周大篆不同，獨具特色，内容記録齊國宗法，是研究齊國歷史的重要資料；陳介祺舊藏漢量《常樂衛士銅飯幀》行世拓本不多，同此拓一樣銘文外壁和斗檢封加長柄一并影拓者尤爲少見。

除三代吉金拓本外，還有《唐大中五年銅磬》《西夏刀》《西夏符牌》等較晚時期的金器拓本值得關注。以《唐大中五年銅磬》爲例，磬缽形，唇刻隸書"皇唐大中五年九月九日造"，腹外周刻小楷《般若波羅蜜多心經》《佛頂尊勝總持經咒》，經文書法極類小字《麻姑仙壇記》，深得清代以來金石學家推崇。馬衡先生曾評曰："釋氏銅磬，名爲磬而仰缽形。有文字者較少，其最著者爲唐大中銅磬，遍刻經文。"[1]此拓用紙考究，章鈺跋文與經文皆書法上乘，相得益彰，很是珍貴。又如西夏符牌、西夏刀等，先生購得後請周希丁拓製，鈐周希丁印，極爲精美，既是研究西夏歷史的重要文獻，也有一定收藏價值。换言之，先生對於金器的關注，并非局限於青銅彝器這一傳統領域，而是着眼於更爲廣泛的金器範疇。

先生早年即有編著《殷周秦漢文字》之志，此書乃系列叢書，除《金文編》外，尚有《甲骨文編》《石文編》《磚文編》等共八編。因此，先生也收藏了許多石刻拓本，其中以書法見長的歷代碑碣和墓誌所占比重較大。

碑碣多爲漢、唐與近代名碑，如唐代書法大家李邕的行書代表作《麓山寺碑》，結構開張，筆力蒼健雄厚，何紹基評其"沉着勁栗，不以跌宕掩其樸氣，最爲可貴"[2]，其碑文駢散結合，文辭華麗，刻藝傳神，文、書、刻皆屬絶妙，有"北海三絶碑"之美譽。近代碑刻中最特別的當屬《中華民國華北軍第七軍團第五十九軍抗日戰死將士公墓碑》，此碑記民國二十二年（1933）五月華北軍第七軍團第五十九軍在懷柔與侵華日軍主力第八軍團激戰一役，并爲戰死官兵建立公墓以永久紀念事。乃戰鬥指揮官傅作義委托胡適撰文，具有重要的文獻價值。碑文通篇以白話文形式寫成，加以標點，是白話文在石刻上的首次運用。書丹人錢玄同，其隸書汲漢碑風骨，用筆舒展寬博、大氣磅礴，楷書則以隸書筆法，有唐人寫經之風骨；此碑爲其晚年之作，隸書中含寫經體韻味，端莊凝重，書法甚佳。

自漢代《武榮碑》《史晨碑》《西狹頌》到魏晉南北朝之《王基殘碑》《成晃墓碑》《張産碑》《高貞墓碑》，再至唐《李思訓碑》《麓山寺碑》《靈巖寺碑》《顔勤禮碑》，以及近現代的《李鴻章神道碑》《中華民國華北軍第七軍團第五十九軍抗日戰

———————

[1]　馬衡：《馬衡文存》，清華大學國學研究院主編，方遥選編，南京：江蘇人民出版社，2020年，第100頁。
[2]　何紹基：《跋麓山寺碑并碑陰舊拓本三則》，見《東洲草堂金石跋》，西泠印社，1916年，卷五。

死將士公墓碑》等，這批拓本整體上呈現了較爲完整的碑碣發展歷史，體現了碑碣在形制、文體、書法等多個方面的演化軌迹。

先生收藏墓誌頗多。自魏晋始，歷南北朝、隋唐、宋以降各代，直至清末民初，這批墓誌顯現了較爲完整的發展軌迹，如早期墓誌《成晃墓碑》《荀岳墓誌》《郭槐柩記》《左棻墓誌》等，形制多呈碑形或方形，亦有陰或側刻字者，内容多紀姓名、官階、籍貫和妻子名氏，較少頌辭，書法則有隸書轉正書的明顯痕迹；《元羽墓誌》《元顯魏墓誌》《張滿墓誌》等體現了南北朝時期墓誌形制、文體更趨統一，書體已轉化爲以正書爲主的特性；《張貴男墓誌》《李邕墓誌》《泉男生墓誌》《崔沔墓誌》等則在書法、文體等方面呈現出唐代極高的藝術水準。

在這批墓誌中，有許多歷史人物及其家族墓誌，如李邕三代墓誌《李邕墓誌》《李翹墓誌》《李正卿墓誌》，崔沔及妻王方大、子崔祐甫之《崔沔墓誌》《王方大墓誌》《崔祐甫墓誌》，明吕懷健及子吕志伊之《吕懷健墓誌》《吕志伊墓誌》等。作爲後人紀先人事迹并追思的重要載體，墓誌雖然難免有溢美之詞，但整體在家族世系、主要履歷上仍求諸真實。因此，這類家族墓誌不僅可以補充史書未載者，亦可藉以糾正史書記載訛誤之處。以李邕家族爲例，容庚先生曾擬以李氏祖孫三代墓誌爲基礎作《李北海考》[1]，學者韓理洲曾據《李翹墓誌》糾正了《新唐書》卷七十二"宰相世系表"所載李邕之孫乃正叔、正卿，曾孫爲李翹這一説法的謬誤[2]。

先生所藏清末民初墓誌有廣東鄔慶時家族之《鄔啓祚墓誌》《鄔寶珍墓表》《鄔寶理墓誌》《鄔寶理夫人陳孺人墓誌》、常熟潘氏家族墓誌《潘祖同墓誌》《潘家充壙銘》等，民國時期墓誌包括《石德芬墓誌》《陳衡恪墓誌》《潘祖同墓誌》《周大烈墓誌》等。這些墓誌是記録墓主及相關人員生平、重要事迹和成就的重要文獻，有利於補充和豐富民國名人資料，在以往金石文獻未收録的情況下，尤值得關注。

爲研讀文字和書體，先生還專門收藏碑額與墓誌蓋，并加以臨摹，前文提及的購買數十種碑額和爲商承祚雙鈎碑額一事即是其明證。在本館這批拓本中，單存碑額與墓誌蓋者達60餘種，與碑誌并存者亦有40餘種，多爲唐代所刻，也有三國至隋鎸刻者。這些碑額墓誌大多出自《尹宙碑》《郭休碑》《麓山寺碑》等著名碑誌，既具有較高的書法價值，還能體現不同時期的文字和書法特點。另有飛白書《晋祠銘額》《"大唐開元廿四年"等字》《昇仙太子碑額》，曾被先生收入《飛白考》一文專予論述，體現拓本在先生文字學研究中的作用。

---

[1] 《容庚北平日記》1935年7月19日載："閲《千唐志齋藏石目録》，中有李邕、李翹、李正卿三世墓誌。擬作《李北海考》。"第423頁。

[2] 韓理洲：《新出土墓碑墓誌在唐代文史研究方面的學術價值》，《西北大學學報》（哲學社會科學版）1996年第3期，第45—46頁。

先生還收藏有石經、歷代造像、宗教碑刻和廣東金石等較有特色的拓本。先生曾收藏的石經，包括購自郭玉堂的漢石經拓本200餘張、徐森玉贈所藏全部石經之拓本、白堅贈《漢石經殘石集》[1]等。本館所藏先生捐贈拓本中亦有一定數量石經，其中最值得關注的當屬姚華跋《熹平石經·序記》，不僅用紙考究，拓工精美，還與姚華左手書跋相得益彰；另有白堅、馬子雲、商承祚手拓漢魏石經，皆拓製精良，具有較高鑒賞性。其他如《劉根等卅一人造三級塼浮圖記》、《錡道惜等造像并記》、"龍門造像百品"及《大秦景教流行中國碑》《爲祖母呂敬造神像題記》《三盆山十字寺也里可溫石刻》等，内容涉及不同時期佛教、基督教、祆教在中國的傳播狀况，而《僧志義等造佛像并記》《僧紹頻建塔記》《僧義清義璘建石塔記》，則皆爲出土於印度之漢文碑，記録了宋朝佛教修行僧人赴印度朝聖祈願之事，是研究宗教傳播與交流的重要文獻。以《劉猛進墓碑》《慈元廟碑》《傅二娘造石水筧記》《張弘范碑殘石》等爲代表的嶺南碑刻，或書法出衆，或能反映嶺南城市建設、歷史文化等，具有重要的文獻價值，體現了先生對於鄉邦金石文獻的看重。

　　先生收藏磚瓦拓本100餘種。磚瓦進入金石學領域并被廣爲收藏和研究，肇始於清乾嘉時期而興盛於嘉道以後的江浙一帶，涌現出以張廷濟、吳廷康、陸心源等爲代表的大批藏家和學者，以及《慕陶軒古磚圖録》《千甓亭磚録》《愙齋磚瓦録》等著述。與江浙不同，自嘉慶至清末，廣東古磚雖時有發現，數量却不多，且多見載於清道光以來的方志中，并無專門論著問世。民國時期，以拆城拓路爲開端的城市建設和考古學的興起，促使古磚出土日多，收藏與研究之風日盛。這一時期的藏家主要有潘六如、蔡守、汪肇鏞[2]、黄文寬等，相關著作和拓本有《廣東城磚録》《廣州城殘磚録》《廣州西村大刀山晋磚記》《廣州修城考》《南越殘甓十二品》等。近年，《廣東金石圖志》《廣州金石銘文集》《中國古代磚刻銘文集》亦收録了部分廣東磚瓦。

　　先生所藏磚瓦拓本，可分爲鄔慶時舊藏和史樹青鑒定兩批。前者以報紙包裹，報紙上有鄔慶時手書"金石雜拓"，與磚銘包裹一起的，還有包括鄔氏家族墓誌在内的廣東地區金石拓本十數種，多爲清末民初鐫刻、捶拓所得，顯係鄔慶時舊藏；後者以牛皮紙包裹，上手書"廣州增城磚拓一包，史樹青鑒定"，拓本皆鈐史樹青印，有"史樹青印""尌青鑒定""庶卿心賞""君子""郡長""史大郎"等，是否爲史氏舊藏則不得而知。

　　這批磚銘以廣東冢磚與城磚爲主，多有銘文，少量爲圖案，既有模具戳印，又有刻畫

---

[1]　見《容庚北平日記》第188、215、231頁。

[2]　汪肇鏞舊藏拓本，後由其子汪宗衍先生轉與許禮平，尚未出版公布。見王大文、王大武、王浩之編《可居室藏汪宗衍致王貴忱函》，廣州：廣東人民出版社，2023年，第11頁。

而成者，内容包含紀年、吉語、地名、人名、軍隊、數字等。核之以《廣州城殘磚録》《廣州古城磚拓片及修城考》《廣東金石圖志》《廣東碑刻銘文集》《中國古代磚刻銘文集》諸書，可確知爲同磚拓本者僅《塼山》《東南第十一將造》《（廣）州修城塼》《二佰片》《廣州大塼陳》《户丁梁各》《劉授撝》《□□塼》《景定元年造禦備塼》9種，非同磚却風格極爲相近的拓本遠多於此。因此，在蔡、汪等前賢所藏磚銘尚未披露、相關著述以文字爲主而少圖影的現狀下，這批磚銘可一定程度上豐富現有的廣東磚銘文獻。同時，部分拓本還可以補正前人著述，如《廣州修城塼》，銘曰："廣州修城塼，東南第十一將造"，以往多以"廣州修城磚""東南第十一將造"出自不同之磚，但據拓本可知，兩者實出同磚，前者爲磚面，後者在磚側。

先生自幼習書畫、金石篆刻之學，對法帖的關注由來有自[1]，研究法帖則始於1931年校改《鳴野山房帖目》稿本："一九三一年，余初鈔得《鳴野山房帖目》稿本，喜其草創。然訛誤滿紙，每有所見，輒校改於其上。於帖目未收者，成校補一卷。"[2]20世紀40年代初，先生遷居上斜街東莞新館，"所居密邇琉璃廠，時至觀復齋、富華閣、翠墨齋假叢帖觀之，并編録其目，或選購一二。五年間，得編《叢帖目》一百五十九種"[3]。先生南歸後，研究重心轉至書畫，一邊在舊稿基礎上編纂《叢帖目》，一邊大力搜藏叢帖："五三年復至北京，叢帖不爲時尚，有用作爆竹原料者，收得百餘種，如貧兒暴富矣。以後往來杭州、上海、蘇州、北京、山西、武昌各地，續有購藏，共得二百二十餘種。"[4]1979年，先生將所藏207種叢帖贈予廣州市博物館。2015年，廣州市博物館在程存潔主持下出版《容庚藏帖》，該書選取先生贈予的叢帖170種，皆爲先生自藏并收入《叢帖目》者，於研究各代書法及其變遷大有裨益。

在先生贈予中山大學圖書館的這批拓本中，亦有少量法帖。其中單帖有《百塔寺草書心經》《爭座位帖》《智永真草千字文》等，叢帖如《蔡忠惠公法書》《崇德廬帖》和個人集帖如《楊忠愍公墨跡》《康熙賜山西臣屬帖》等。這些法帖多爲《叢帖目》和《容庚藏帖》所未收，可一定程度上進一步完整呈現先生所藏法帖面貌和相關法帖的版本。以清代福建莆田朱性田木刻本《蔡忠惠公法書》爲例，此帖所收全爲宋蔡襄書帖，較之《古香齋寶藏蔡帖》，僅個別帖目存在差異，可以斷定出自同一底本，此帖的存

---

[1]　20世紀20年代，先生在主要進行古文字和青銅器研究時，也曾零散購買法帖，包括《西樓蘇帖》、羅氏《法帖》《激觀閣帖》等。

[2]　容庚：《叢帖目·序》，香港：中華書局香港分局，1980年。

[3]　容庚：《叢帖目·序》。

[4]　容庚：《叢帖目·序》。

在，豐富了蔡帖傳播的版本。又如集楊繼盛詩文信札而成的《楊忠愍公墨跡》，乃玉德[1]據楊氏手卷《記開煤山稿》《謫所苦陰雨述懷》《元旦有感》《哀商中丞少峰和徐龍灣韻》摹刻而成，與《叢帖目》所收丁淮摹刻《楊忠愍公墨跡》所據乃同一底本，二者相較，此本無《與王繼津書》一則[2]，而丁氏所據係張映璣[3]以梁同書藏手卷摹刻之拓本，對其進行揭示，可進一步明確楊繼盛這五則手卷的聚散與傳播軌迹。

這批拓本中有不少與先生的學術研究關聯密切。先生《秦始皇刻石考》一文從刻石原起、刻石形狀及存佚、刻辭校釋、拓本流傳等多個方面對秦刻石作系統、深入的考證，收錄秦刻石多個版本，其中本館容庚先生舊藏拓本中的《鄒縣本嶧山刻石》《紹興本嶧山刻石》《錢泳本碣石刻石》《李亨特本會稽刻石》《俞樾本會稽刻石》等悉數收錄。文中對各版本作了詳細比勘和品評，如《李亨特本會稽刻石》，先生通過與申屠駉本比勘，判斷其摹刻所據底本是以申屠氏底本翻刻之本而非申屠駉本，認爲"今取此本以與申屠本相較，此本結體較申屠本爲圓。錢氏刻石名家，不宜差異若是"[4]"古碑明人翻本甚多，李氏得此翻本以爲申屠本而刻之。或錢氏故弄狡獪，臆改原本以愚後人均屬可能"[5]。先生又爲《俞樾本會稽刻石》作案語云："所書二十七字多由臆造，殆文人故弄狡獪之所爲，雖不若錢泳之有心作僞，要亦不足依據者也。"[6]顯然，這些拓本并非傳統意義上的高價值拓本，但對於系統瞭解秦刻石及其重刻傳播等頗有意義，先生搜集這些拓本并非看重其版本或者書法價值，而是研究之需。又此文發表於《燕京學報》1935年第17期，文末有"二十四年二月初稿"，但核之《容庚北平日記》，本文初作於1934年2月至4月間，先生曾於當年4月18日晚的國文會宣講此論文；上述拓本亦多購買於1934至1935年間。由此又可看出，先生的研究，絕非一蹴而就，而是在研究的過程中，不斷豐富文獻，并在此基礎上完善研究成果，這與曾憲通先生總結的先生治學的四個特點正可呼應。又如《武梁祠畫像考》，1935年先生得王獻唐贈全份《武氏祠畫像》後，着意搜集相關拓本和論著，先後獲得《武梁祠畫像題字》《嘉祥畫像石集拓》等，同時借閱許地山藏《武梁祠題籤》，陸和九藏《武梁祠畫像》《武梁祠題字》等，先後撰成《武

[1] 玉德（1742—1808），號達齋，瓜爾佳氏正紅旗滿洲人。清乾隆三十三年（1768）由官學生考補內閣中書，曾官山東巡撫、浙江總督、浙閩總督等。《清史列傳》《國史列傳》《八旗畫錄》《國朝耆獻類徵初編》皆有傳。擅詩文，喜唱和交際，有《餘蔭堂詩稿》六卷傳世。

[2] 除《與王繼津書》外，本館所藏《謫所苦陰雨述懷》，但據玉德跋"楊忠愍公墨迹詩文四幅，阮芸臺學使所藏，余見之不勝愛慕，爰爲勒石以垂不朽"諸語可知，此拓當爲四則，《謫所苦陰雨述懷》應爲失拓或拓本散佚。

[3] 張映璣，字璿之，號穆庵。山東海豐人。由例貢選刑部員外郎，升郎中，後任湖北宜昌知府、浙江鹽運使。

[4] 容庚：《秦始皇刻石考》，《燕京學報》1935年第17期，第161頁。

[5] 容庚：《秦始皇刻石考》，第162頁。

[6] 容庚：《秦始皇刻石考》，第164頁。

梁祠畫像雜録》《武梁祠畫像考》，前者爲先生撰文請工謄抄，有先生校改痕迹，且於書末補充武梁祠畫像數種，這些補入的拓本今亦存於這批拓本中；兩書相較，内容一致者極多，但後者更爲系統，從中可以看出先生武梁祠研究的方法與軌迹。1934至1935年間，除秦刻石與武梁祠畫像外，先生還陸續完成《詛楚文考》《左棻墓誌考》《袁敞碑》《秦泰山刻石考釋》《袁安碑》，并最終綴合成《古石刻零拾》一書；1940年代撰成的《飛白考》在梳理飛白書歷史的基礎上，對所存20餘種飛白書作了詳細分析，本館所藏拓本《"大唐開元廿四年"等字》《晋祠銘額》《昇仙太子碑額》皆在其列[1]。

四

自1979年以來，容庚先生捐贈中山大學圖書館的這批拓本一直存放於圖書館善本庫，但當時保存環境惡劣，亦無專人整理。20世紀90年代，時任中山大學圖書館館長的趙燕群教授，及中山大學一批知名教授曾聯名呼籲搶救包括這批拓本在内的館藏碑帖，惜未有結果。

1998年，程焕文教授接任館長，1999年，他自美國訪問回國正式到任後，旋即查看了館藏古籍與碑帖。他十分痛心於這批文獻保存狀况的惡劣及破、蛀等情况的嚴重性，多方奔走努力，争取學校支持，先後籌集到人民幣130萬元，終於在2004年主持啓動"中山大學圖書館藏碑帖搶救整理計劃"，在此後的十餘年間不遺餘力地推動館藏碑拓資源的收藏、整理、保護、數字化、出版，及專業人才培養，并指導申請"容庚出版基金會"項目，啓動容庚先生舊藏拓本整理出版專項工作。

2006年11月，程焕文館長聘請故宫博物院金石學專家施安昌先生來中山大學圖書館指導碑帖工作。施安昌先生携碑帖組與國家級古籍修復中心近十人開展全部碑帖的清點工作，并於2007年3月全部完成。其後，施安昌先生又帶領碑帖組擬定編目、保存規則，正式開展全館碑帖之編目工作。

因容庚先生捐贈拓本品類齊全、保存品相較好，且有先生整理基礎，爲方便學習和訓練，碑帖組同仁以這批拓本爲開端展開編目。此次編目的内容，包括題名，刻石年代，書體，撰、書者，拓本年代，張/册數，尺寸，拓本破損狀况，刻石出土及遞藏等。對於拓本年代之考證、題跋、題識、拓本附帶品如信札等，則一一記録於附記中。碑帖組在整理編目的同時，對破損情况也予以記録，并協同中山大學圖書館國家修復中心同事確定破損定級，制定待修復表單，按序按需依次修補。

2015年後，爲更好地保存和利用這批拓本，丁春華、王蕾、李卓又在原有編目基礎

---

[1]　容庚：《飛白考》，《嶺南學報》1949年第10卷第1期，第99—117頁。

上重新整理這批拓本，核校、補正原來的編目内容，在揭示拓本基本信息的同時，注重揭示文獻、藝術、歷史等多方面價值。同時，中山大學圖書館一直致力於館藏資源的數字化和開發利用，并先後獲得校内外數字化項目資助，完成包括容庚先生所贈全部拓本在内的3萬餘張拓本的數字化。上述工作爲出版這批拓本奠定了基礎。

2024年，值中山大學建校百年和先生誕辰120周年紀念之際，中山大學圖書館在“容庚出版基金會”的資助下完成容庚先生舊藏拓本專項整理工作，編成《中山大學圖書館藏容庚捐贈珍貴拓本圖録（附目録）》。全書在系統梳理先生收藏拓本的理念、途徑及所藏拓本與其研究關係的基礎上，以盡可能呈現先生所贈拓本全貌和凸顯拓本特色爲宗旨，分爲圖録和目録兩部分。前者主要萃選版本較爲珍貴、以往文獻較少著録、有名家題跋和具有嶺南地方特色的拓本，呈現不同時期各類型拓本；後者則收録全部拓本，以令其更多地爲學界所知、所用，并爲進一步整理容庚先生所贈各類文獻積累經驗、奠定基礎。

《中山大學圖書館藏容庚捐贈珍貴拓本圖録（附目録）》在整理和出版過程中，得到了許多前輩學者的幫助和指導。故宫博物院施安昌先生對這批拓本的整理、保護和出版給予了多年的悉心指導；北京大學圖書館金石學專家胡海帆先生對本書的框架、内容和排版都給與了非常專業的指導；中山大學中文系古文字學專家陳斯鵬教授幫助完成了金器的釋文和著録，磚瓦則得到了廣東藏家、學者王大文、黎旭、陳鴻鈞等諸位師長的指導，在此一并表示感謝！

本書難免存在錯訛之處，在此懇盼方家不吝指正。

凡　例

一、本書收録容庚先生捐贈中山大學圖書館的金石拓本共700種。

二、全書分爲圖録和目録兩部分。其中圖録收録288種837圖，目録收700種1009張43册，另有複本53件。

三、圖録、目録皆按器物性質分爲金器、石刻、磚瓦、法帖四類，每類又以器物時間先後排序，時間一致者，按題名首字拼音排序。爲保證排版效果，少量拓本會微調排序。

四、爲呈現先生收藏拓本的全貌，凸顯其特色，圖録主要萃選版本較早、以往文獻較少著録、有名家題跋鈐印及彰顯廣東地方特色的拓本。

五、圖録中碑刻、經幢、法帖等有多張拓本者，以及裝幀成册的拓本，圖片按從右至左，從上至下排列。

六、每種拓本著録内容包括器物信息、拓本信息、子目、題跋、鈐印、附注、著録及典藏號：

（一）器物信息包括題名、時間、責任者、遞藏、書體。

（二）拓本信息包括拓製時間、裝潢方式、卷／册、尺寸。其中圖録所記張數爲全部拓本數量，子目祇收萃選圖片的説明。

（三）附注項記上述著録内容不能涵蓋的其他重要信息，如附刻内容、拓本來源等；著録項記以往文獻中的收録情況。

七、若碑額失拓，但能從他處獲悉碑額内容，著録碑刻完整書體，并在附注項説明"額失拓"。若僅存碑額，但能從他處獲悉碑文信息，著録碑刻完整書體及碑額尺寸，并在附注項説明"存碑額"；若他處均無碑文信息，則題名著録爲"××碑額"。

八、若墓誌蓋失拓，但能從他處獲悉墓誌蓋信息，著録墓誌完整書體。若僅存墓誌蓋，但能從他處獲悉墓誌信息，著録墓誌完整書體，并在附注項説明"存墓誌蓋"；若他處均無墓誌信息，則題名著録爲"××墓誌蓋"。

九、唐以前金器與全部磚瓦皆録釋文。墓誌著録葬年；若無葬年，著録卒年。

十、金器部分標注的時間，一般是大致的年代。兹將所標年代對應西元年詳列如下，文中不再標注：

（一）商代　約西元前十三至前十一世紀末。

（二）西周　約西元前十一世紀至前七七一年。分爲：

1.西周早期　武王至昭王

2.西周中期　穆王至夷王

3.西周晚期　厲王至幽王

（三）春秋　西元前七七〇年至前四七六年。分爲：

1.春秋早期　西元前七七〇年到西元前七世紀後半期

2.春秋晚期　西元前七世紀後半期至前四七六年

（四）戰國　西元前四七五年至前二二二年。分爲：

1.戰國早期　西元前四七五年至前四世紀中葉

2.戰國晚期　西元前四世紀中葉至前二二二年

十一、目録中複本題"又一件"，并注明典藏號及拓本差異。翻刻據原刻時間排序，著録原刻時間及翻刻責任者、遞藏信息、書體等。疑僞者附各類最後，確定爲僞刻者附全書目録最後，以題名拼音排序。

十二、題名及碑文中古體字、異體字、俗字、別字等，一律依標準繁體字書寫。不能辨別者，直書其原形。釋文中殘缺但可辨別或可確考之字用"（）"標注，不可辨別者以"□"替代。

目　録

石刻類 …………………………………………………………… **031**

磚瓦類 ·· **293**

◎

金器類

◎

001 亞醜鼎

釋文：亞醜。

商。曹秋舫舊藏。金文。

民國拓本。1張，23×17.5cm。

著録：三代2/9（9），小校2/225，殷存上2/6，集成01433，商周1/438。

002 亞醜父丁方鼎

釋文：亞醜父丁。

商。金文。

民國拓本。1張，30×25cm。

著録：貞續上/14，商周2/382。

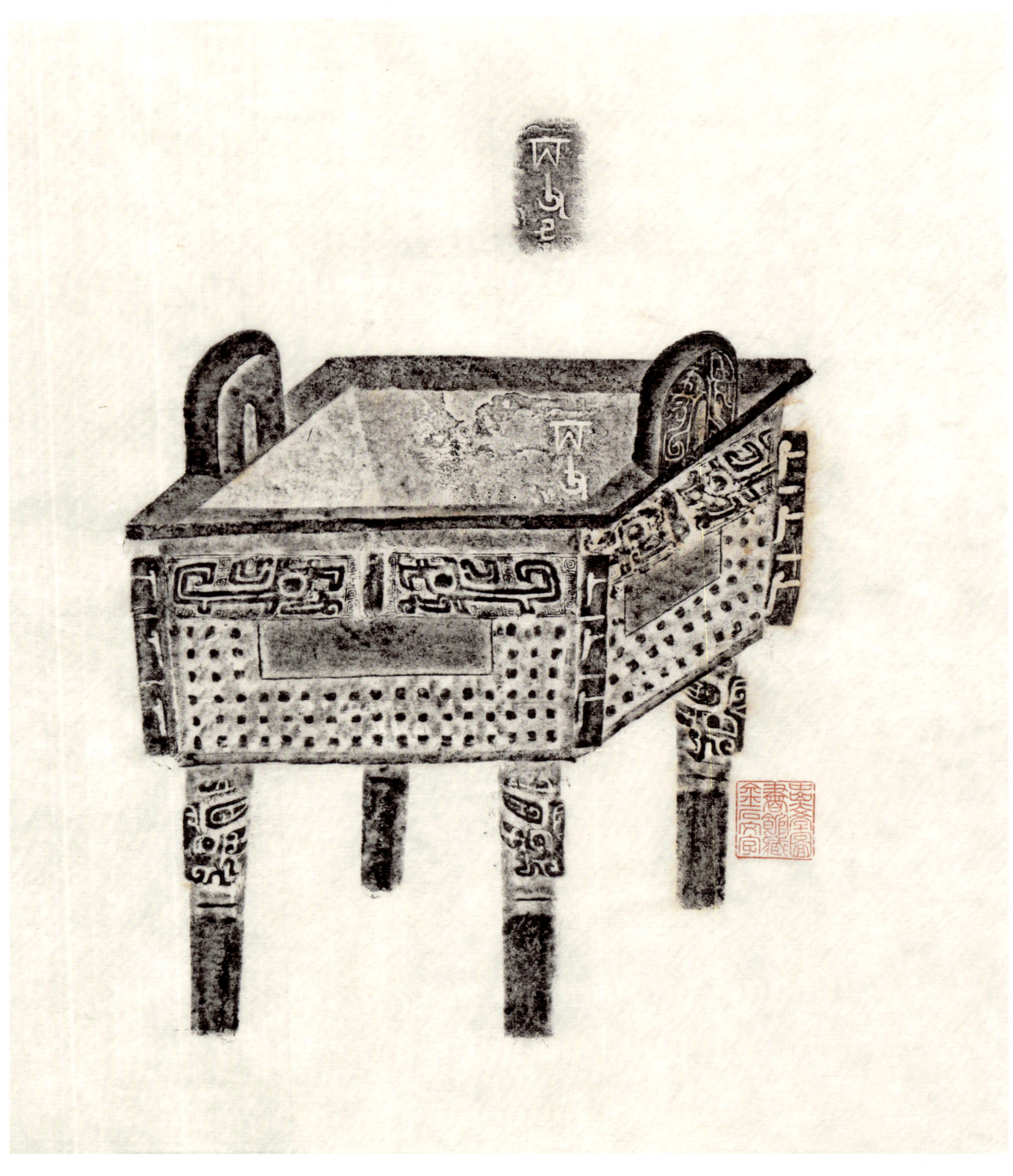

003 　冈 父己鼎之一

釋文：冈父己。

商。現藏上海博物館。金文。

民國拓本。1張，34×25cm。

著錄：小校2/249，集成01611，商周2/151，愙齋箋注80。

004 ⋂ 父己鼎之二

釋文：⋂父己。

商。金文。

民國拓本。1張，34×25cm。

著錄：小校2/248，集成01609，愙齋箋注80。

005 凡鼎

釋文：凡。

商。現藏上海博物館。金文。

民國拓本。1張，20×15.5cm。

著録：三代2/7（5），小校2/218，集成01154，商周1/244。

006 旅父辛鼎

釋文：旅父辛。

商或西周早期。金文。

民國拓本。1張，25×17cm。

著錄：小校2/253，集成01632，商周2/176。

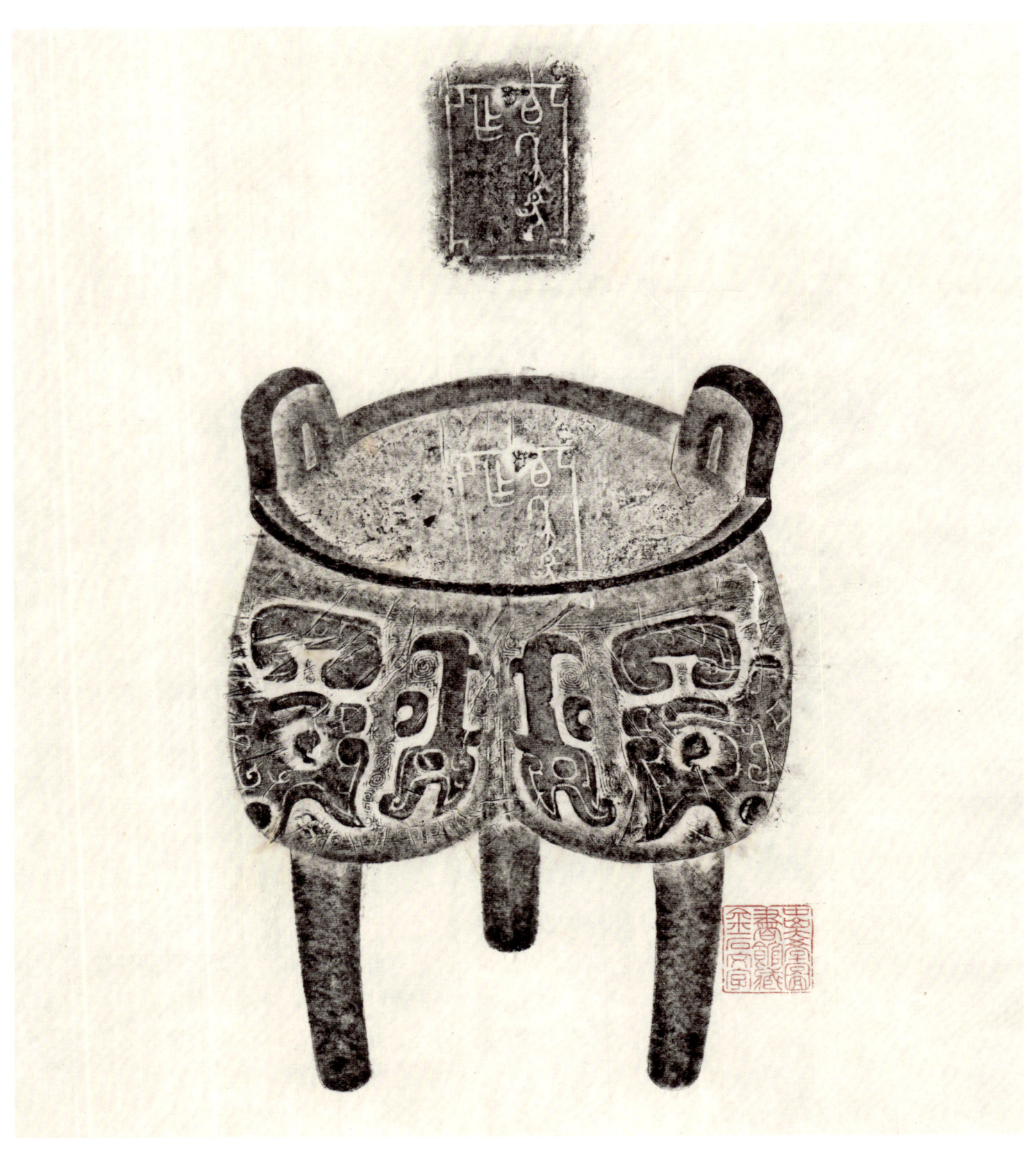

007 亞伯禾鼎

釋文：亞白（伯）禾獲乍（作）。

商或西周早期。現藏上海博物館。金文。

民國拓本。1張，35×18cm。

著錄：三代2/45（8），貞續上/19，小校2/277，集成02034，商周3/84。

008 此父丁鼎

釋文：此父丁。

商或西周早期。金文。

民國拓本。1張，28×18cm。

著録：三代2/22（2），貞松2/13，集成01595，商周2/131。

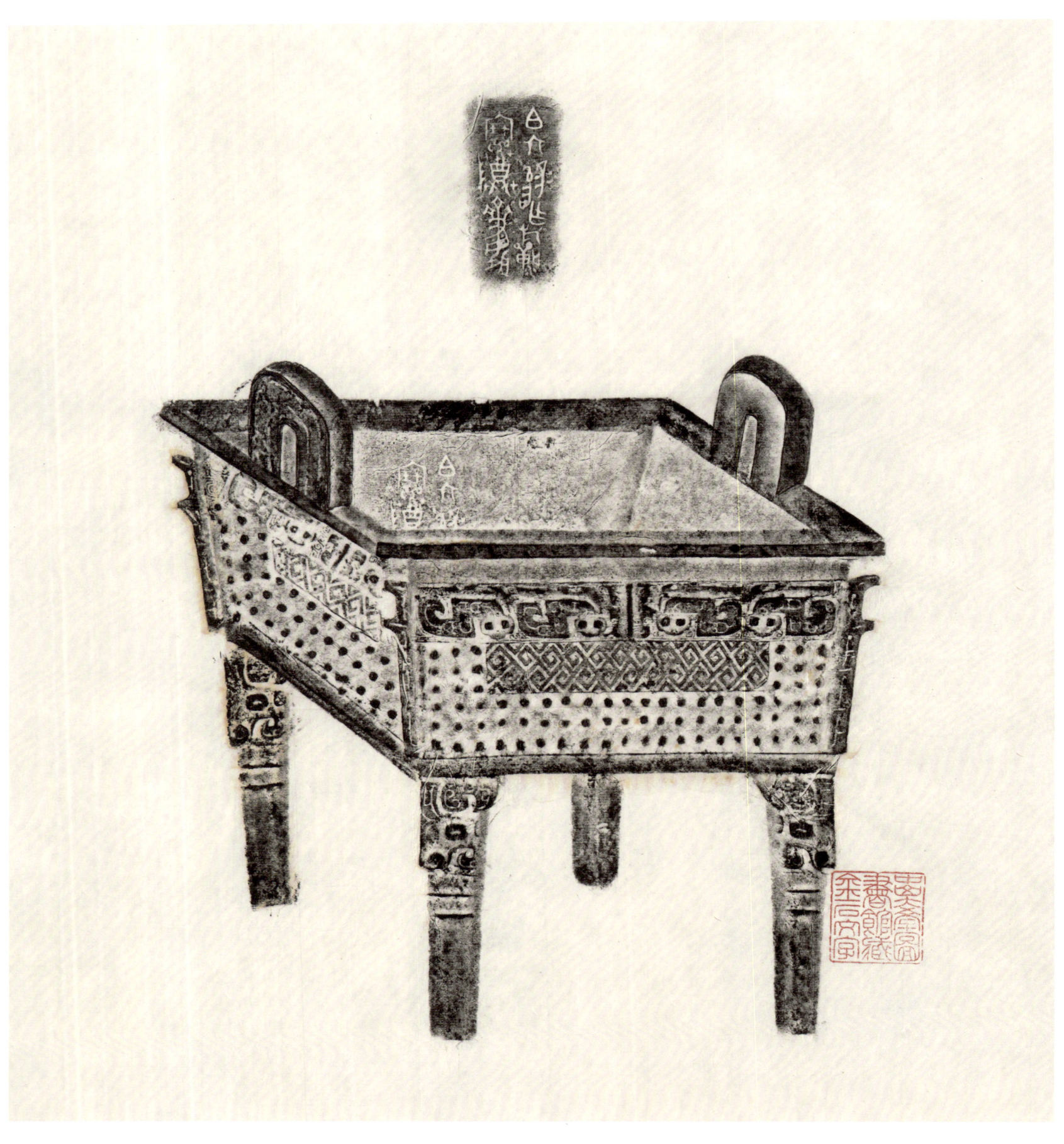

009 伯六爯方鼎

釋文：白（伯）六爯乍（作）沊寶蓴（尊）（盙）。

西周早期。劉體智舊藏，現藏美國舊金山亞洲美術博物館（布倫戴奇藏品）。金文。

民國拓本。1張，30×22cm。

著録：三代3/16（2），貞松2/40，善齋3/7，小校2/50（8），集成02337，商周3/448，美集録2170。

010 遽從鼎之一

釋文：遽從。

西周早期。現藏上海博物館。金文。

民國拓本。1張，26×10cm。

著録：三代2/14（3），小校2/235，集成01492，商周2/13。

011 遽從鼎之二

釋文：遽從。

西周早期。現藏上海博物館。金文。

民國拓本。1張，26×10cm。

著録：三代2/14（4），小校2/235，集成01493，商周2/14。

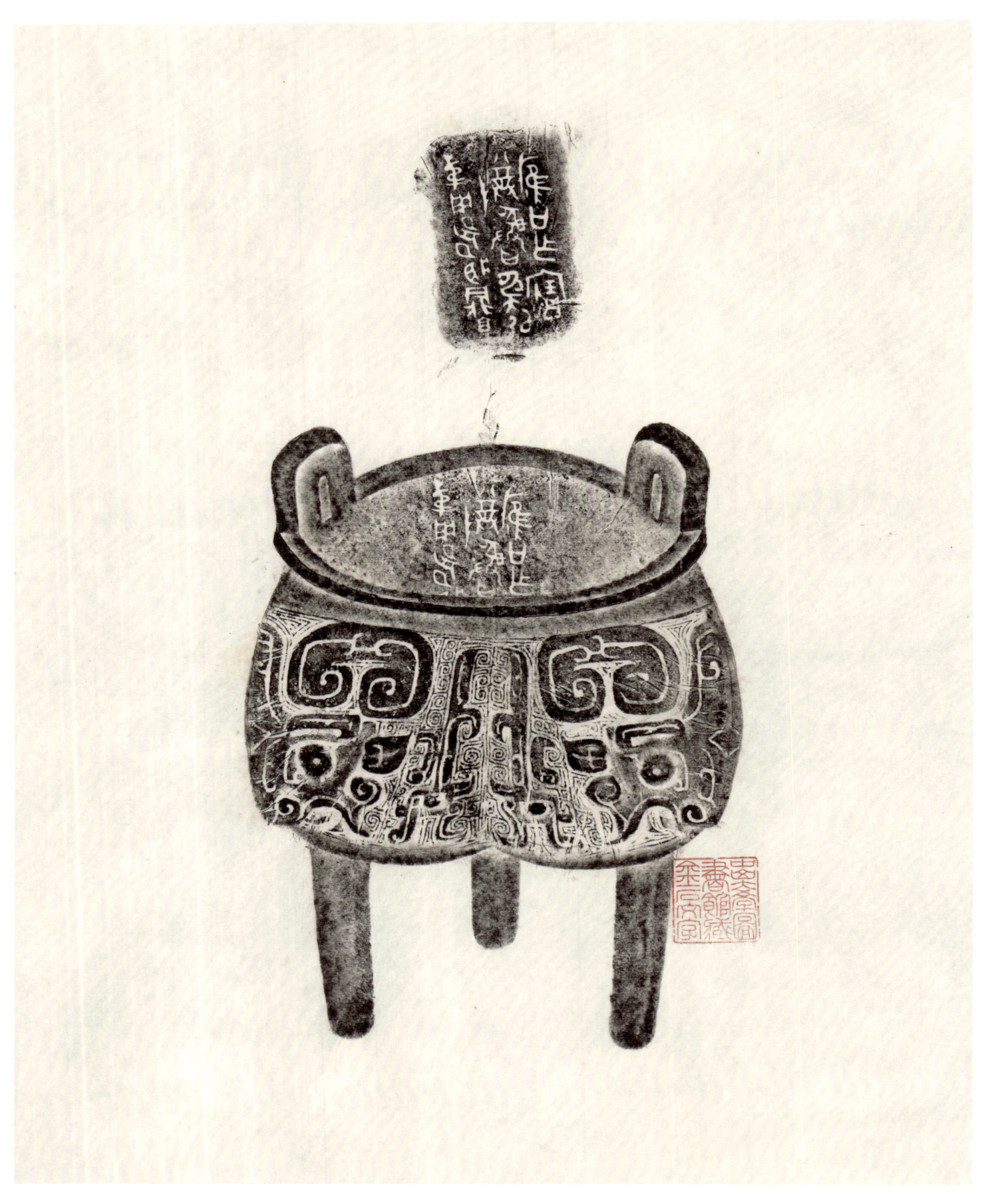

012 雁公鼎

釋文：膺（應）公乍（作）寶尊彝，曰：奄以乃弟用夙夕鼏享。

西周早期。長山袁理堂舊藏，現藏美國華盛頓薩克勒美術館。金文。

民國拓本。1張，32×17cm。

著錄：攈古2-2/25，三代3/36（2），小校2/355，集成02553，商周4/249。

013 中婦鼎

釋文：中婦鬻。

西周早期。潘祖蔭、盧芹齋舊藏，現藏美國紐約。金文。

民國拓本。1張，35×17.5cm。

著錄：三代2/31（7），窶齋6/16，綴遺3/8，小校2/260，集成01714，商周2/241，美集録78。

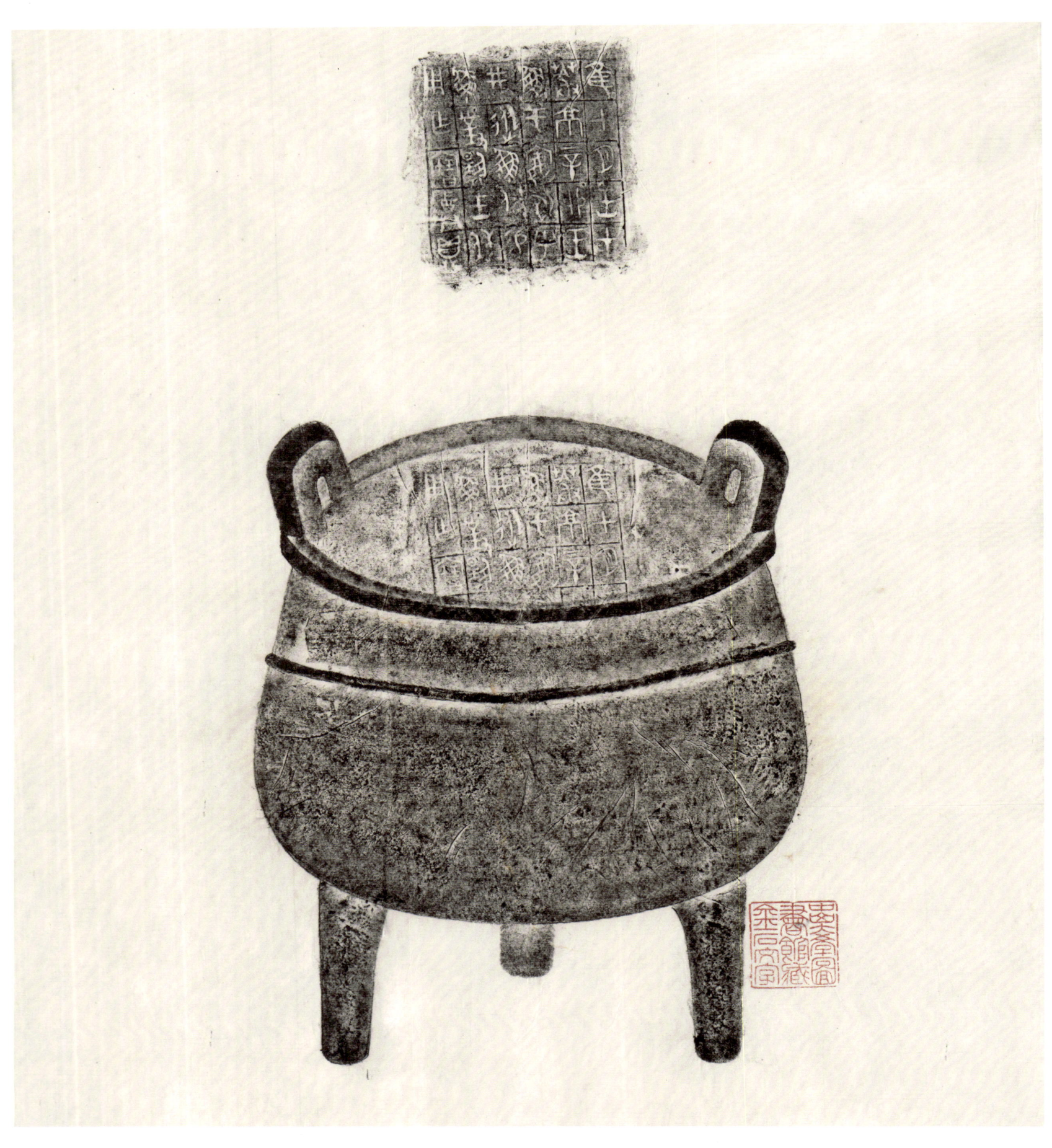

014 井鼎

釋文：唯七月，王在莠京，辛卯，王漁于䧹池，乎（呼）井從漁，攸賜漁（魚），對揚王休，用乍（作）寶尊鼎。

西周早期或中期。現藏上海博物館。金文。

民國拓本。1張，35×18cm。

著録：三代4/13（2），貞松3/23，集成02720，商周5/9。

015 釐鼎

釋文：釐乍（作）寶齋鼎。

西周早期或中期。陳介祺舊藏，現藏上海博物館。金文。

民國拓本。1張，28×13.5cm。

著錄：三代2/50（3-4），愙齋6/9，攈古1-3/4，簠齋鼎7，小校2/285，集成02067，商周3/114。

016 伯旂鼎

釋文：伯旂乍（作）寶鼎。

西周中期。丁麟年舊藏。金文。

民國拓本。1張，33×20cm。

著録：三代2/49（3），小校2/283，集成02040，商周3/131。

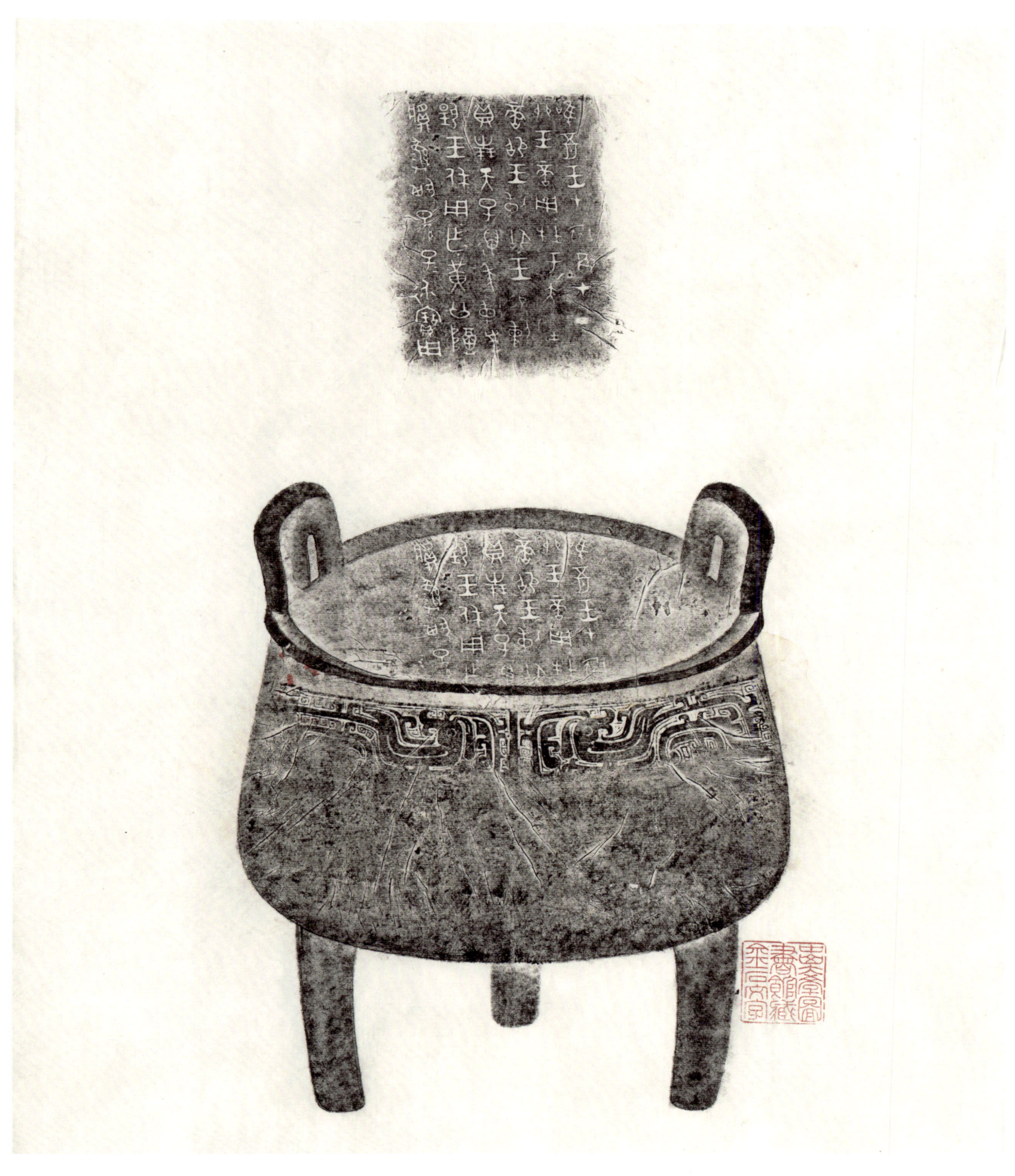

017 剌鼎

釋文：唯五月，王在衣（殷），辰在丁卯，王啻（禘），用牡于大室，啻（禘）卲（昭）王，剌御，王賜剌貝卅朋，天子邁（萬）年，剌對揚王休，用乍（作）黃公尊𤱊彝，其孫孫子子永寶用。

西周中期（穆王）。現藏廣東廣州博物館。金文。

民國拓本。1張，37×19cm。

著錄：三代4/23（3），愙齋4/21-22，小校3/450，集成02776，商周5/251。

018 作寶鼎

釋文：乍（作）寶鼎，子子孫孫永寶用。

西周。現藏北京故宮博物院。金文。

民國拓本。1張，34×20cm。

著錄：希古樓2/9，三代3/18（7），貞松2/42，小校2/322，集成02350，商周4/66。

019 叔攸作旅鼎

釋文：叔攸乍（作）旅鼎。

西周。金文。

民國拓本。1張，19×17cm。

著錄：希古樓2/4，三代2/49（6），貞松2/27，小校2/286，集成02049，商周3/145。

020 郜伯祀鼎

釋文：郜伯祀乍（作）善（膳）貞（鼎），其萬年，眉壽無疆，子子孫永寶用享。

春秋早期。李香岩、倪雨田舊藏，現藏北京故宮博物院。金文。

民國拓本。1張，49×31.5cm。

著錄：希古樓2/22，三代3/49（1-2），小校2/383-384，貞松3/15，集成02602，商周4/396。

021 宗婦鄀嫛鼎

釋文：王子剌公之宗婦鄀嫛，爲宗彝獺彝，永寶用，以降大福，保辥（嬖）鄀（郜）國。
春秋早期。清光緒間陝西鄠縣出土，吳大澂、徐乃昌舊藏，現藏上海博物館。金文。
民國拓本。1張，33×19cm。
著録：愙齋6/9，小校2/405，又2/408，集成02686，商周5/23。

022 陳逆簠

釋文：唯王正月，初吉丁亥，少子陳逆曰：余陳（田）趄（桓）子之裔孫，余寅（夤）事齊侯，懽血（恤）宗家，擇厥吉金，台(以)乍（作）厥元配季姜之祥器，鑄茲寅（寶）簠（笑），台（以）享台（以）養（孝）于大宗、皇柷（聚、祖）、皇妣，皇丂（考）、皇母，乍（作）豕（遂）今命，沬（眉）壽邁（萬）年，子子孫孫兼（永）保用。

戰國早期。金文。

民國拓本。1張，52×36cm。

著錄：三代10/25（2），小校9/1645，集成04630，商周13/301。

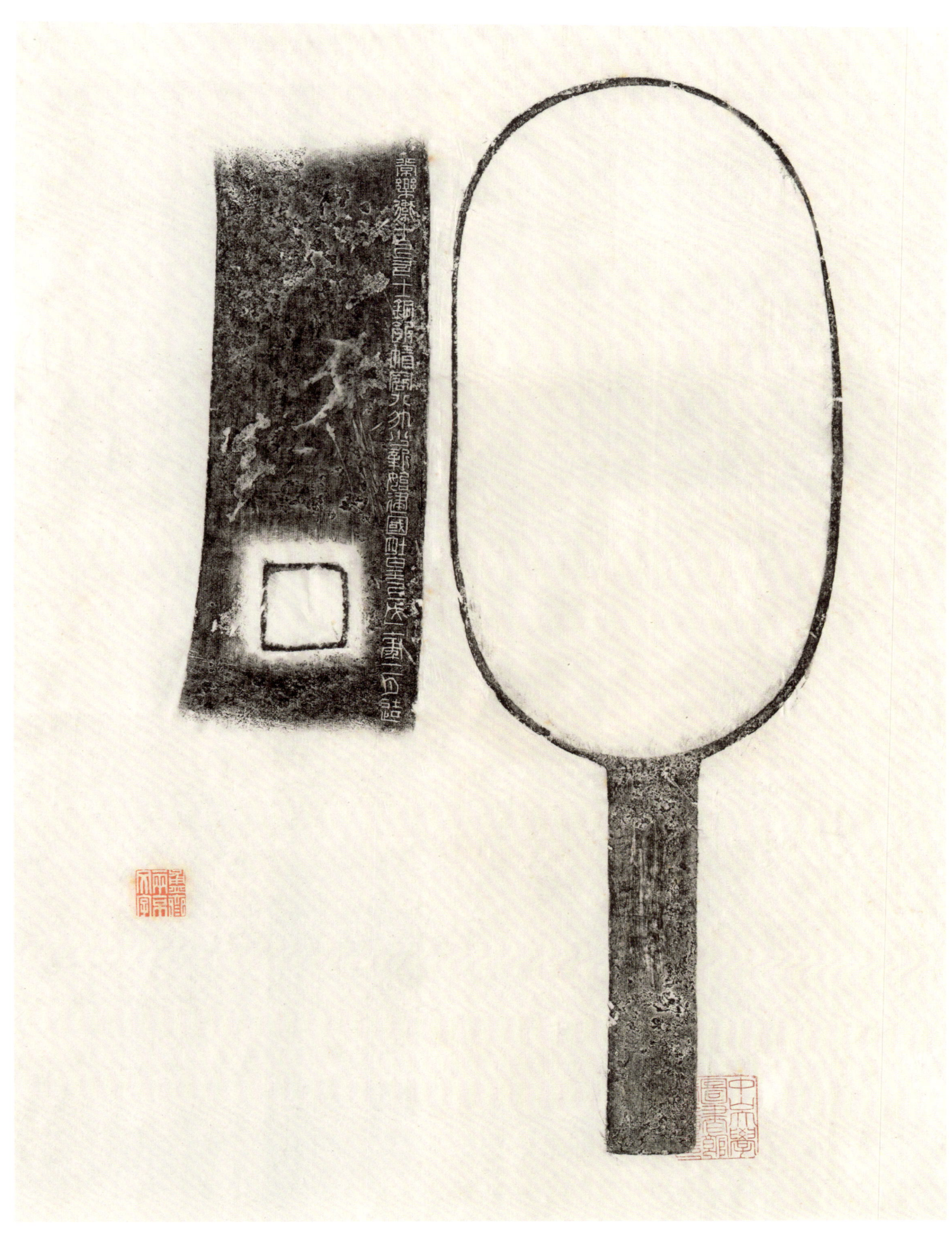

023 常樂衛士銅飯幘

釋文：常樂衛士上次士銅飯幘，容八升少，新始建國地皇上戊二年二月造。

新莽始建國地皇二年（21）。陳介祺舊藏。篆書。

民國拓本。1張，38×21cm。

鈐印："簠齋兩京文字"。

著錄：簠齋飯幘1，愙齋25/6，小校13/2611，漢金4/21。

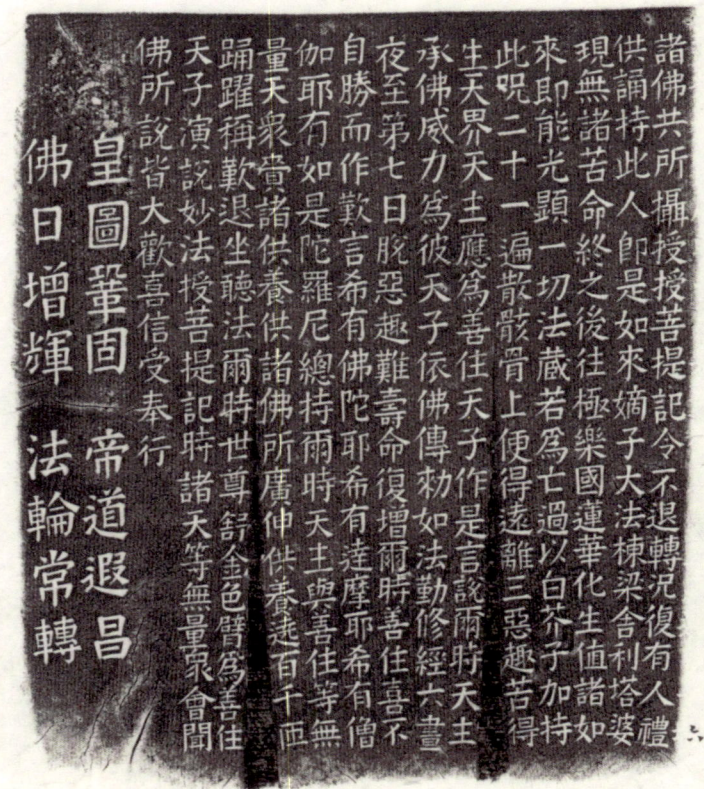

024 唐大中五年銅磬

唐大中五年（851）。汪學山、葑谿薄氏、金德輿、畢沅、容庚、羅福頤等曾藏。正書、隸書。

民國二十三、二十四年拓本。散葉。3.5開，尺寸不一。

有民國二十四年（1935）五月二十八日章鈺題跋。

鈐印："章鈺之印""式之七十後作""忘憂佳玩""容庚之印"。

般若波羅蜜多心經
觀自在菩薩行深般若波羅蜜多時照見五蘊皆空度一切苦厄舍利子色不異空空不異色色即是空空即是色受想行識亦復如是舍利子是諸法空相不生不滅不垢不淨不增不減是故空中無色無受想行識無眼耳鼻舌身意無色聲香味觸法無眼界乃至無意識界無無明亦無無明盡乃至無老死亦無老死盡無苦集滅道無智亦無得以無所得故菩提薩埵依般若波羅蜜多故心無罣礙無罣礙故無有恐怖遠離顛倒夢想究竟涅槃三世諸佛依般若波羅蜜多故得阿耨多羅三藐三菩提故知般若波羅蜜多是大神咒是大明咒是無上咒是無等等咒能除一切苦真實不虛故說般若波羅蜜多咒即說咒曰揭諦揭諦波羅揭諦波羅僧揭諦菩提娑婆訶

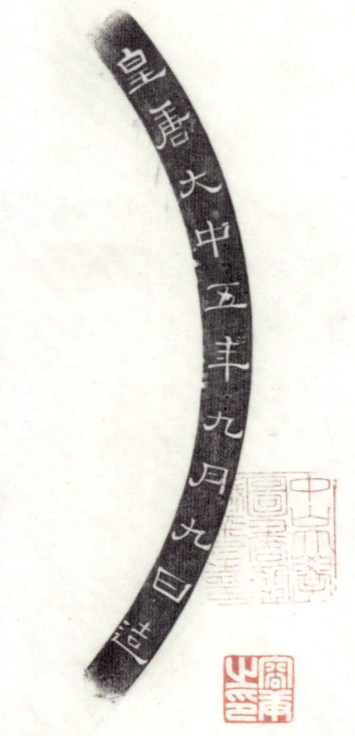

皇唐大中五年九月九日

佛頂尊勝總持經呪
如是我聞一時佛在三十三天諸天會處善法堂內演大勝妙法導天眾時有天子名曰善住於其夜分空殿內天眾圍繞共相娛樂天子勿曰自食欲樂汝七日內從此命終生贍部洲經歷七趣地獄中受生人中貧窮下賤受胎不淨兩目俱盲善住天子聞此語已驚怖甚懼何趣皆食悲啼兩淚往詣帝釋天所頭面禮足旋遶七匝爾時天王見斯事已極大驚愕怪未曾有野干獼猴毒蛇之身七返受已何稽首頂禮天王聞此語已悲啼懊惱疾往詣佛所到已頭面禮足種種供養於世尊所持眾花香及以塗香世尊哀愍授說此救拔之事匪恭敬世尊願救濟唯有如來應正等覺唯有如來能救護爾時世尊頂髻上放大光明照十方界還復口中見微妙相

頂髻上放大光明照十方界還復口中告帝釋言天主當知有一總持名佛頂尊勝能淨一切惡趣能淨除一切生死苦惱又令一切隨願往生諸佛國天界之門開一切地獄餓鬼畜生盡皆解脫成就現獲延壽一切如來之所共知所生之處憶持不忘世尊唯願為一切眾生宣說此陀羅尼者現世能開一切如來之所灌頂若有持誦一遍即得業盡滅除壽命增長與一切諸佛菩薩同會一處唵暗唵唵咭曬莎訶唵喋喋哆喋暗跛囉底喋薩嚩怛他揭哆訖唎娜野地瑟姹曩地瑟恥帝唵尾戍馱野尾戍馱野薩嚩伽底鉢唎戍馱儞室左囉阿僧馱囉娑嚩訶

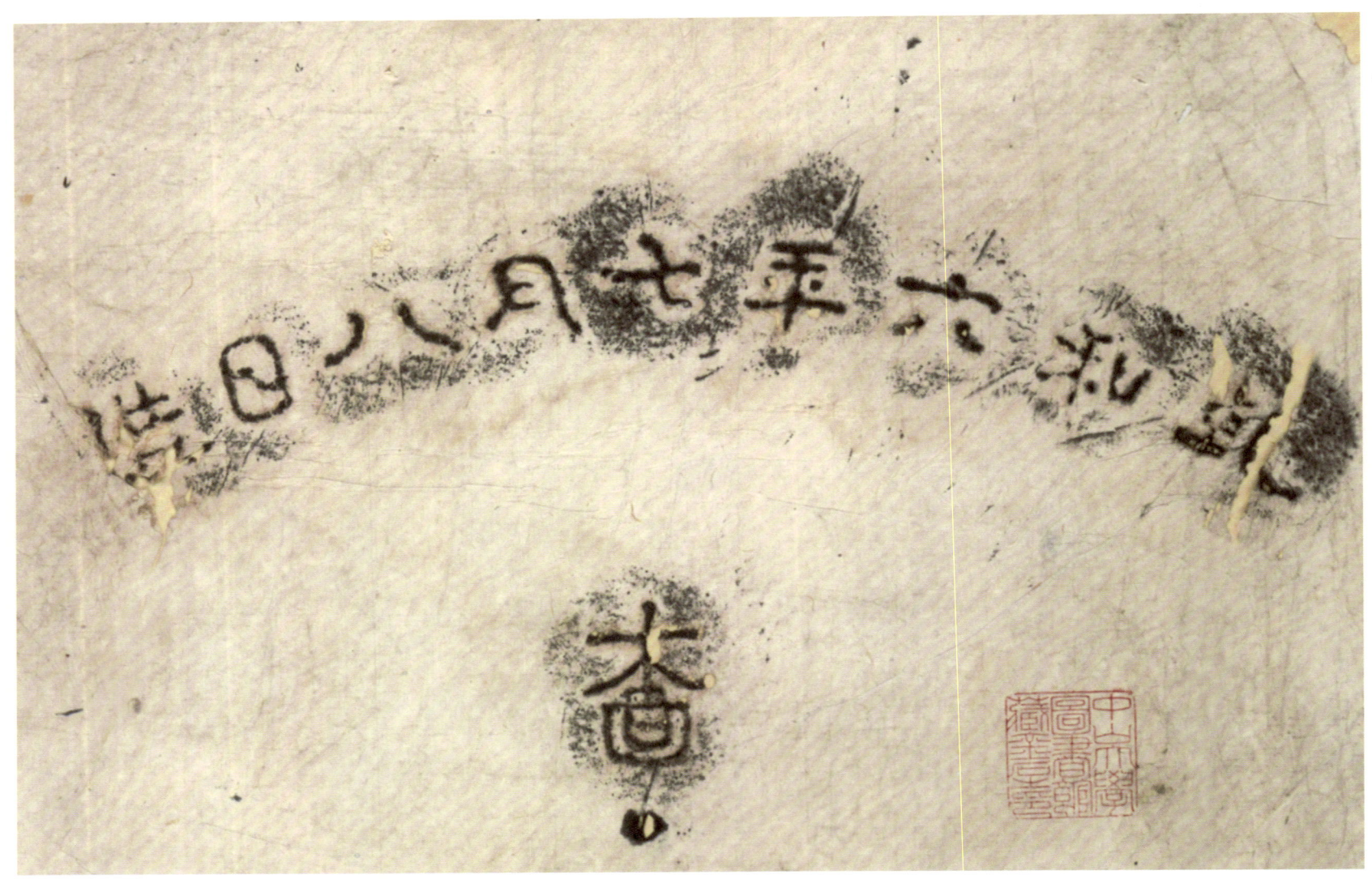

025 南漢乾和鐘銘

南漢乾和六年（948）。正書。
民國拓本。1張，16×29cm。
附注：鄔慶時舊藏。

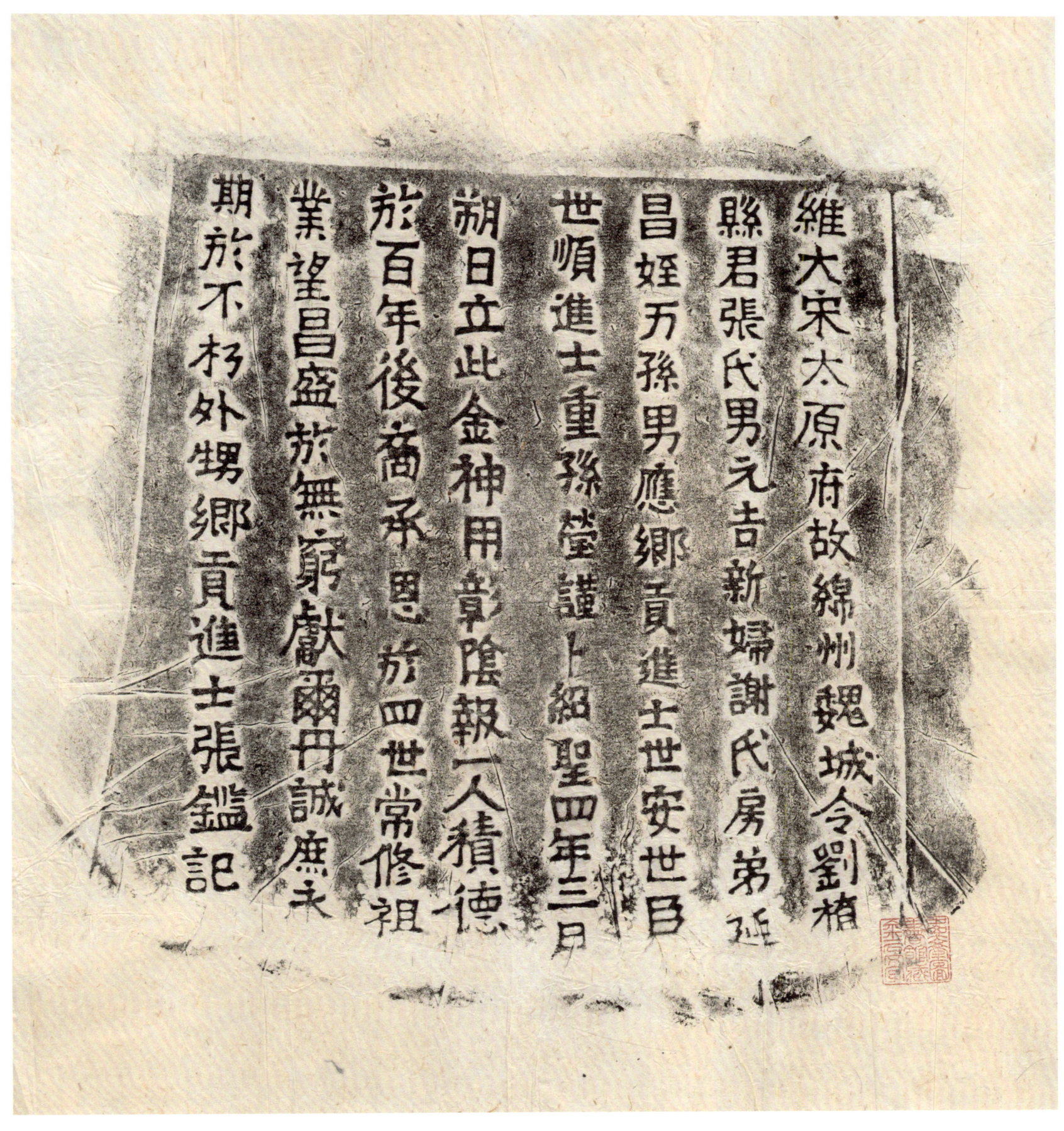

維大宋太原府故綿州魏城令劉植
縣君張氏男元吉新婦謝氏房弟延
昌姪万孫男應鄉貢進士世安世日
世順進士重孫瑩謹卜紹聖四年三月
朔日立此金神用章陰報一人積德
於百年後裔承恩於四世常修祖
業望昌盛於無窮獻爾丹誠庶永
期於不朽外甥鄉貢進士張鑑記

026　劉植鑄金神銘

（宋）張鑑撰。北宋紹聖四年（1097）三月一日。現存山西省太原市晋祠金人臺西南角。正書。

民國拓本。3張，腹銘文34×38cm；背銘文31×28cm；腿銘文22×34cm。

附注：柯璜贈容庚。

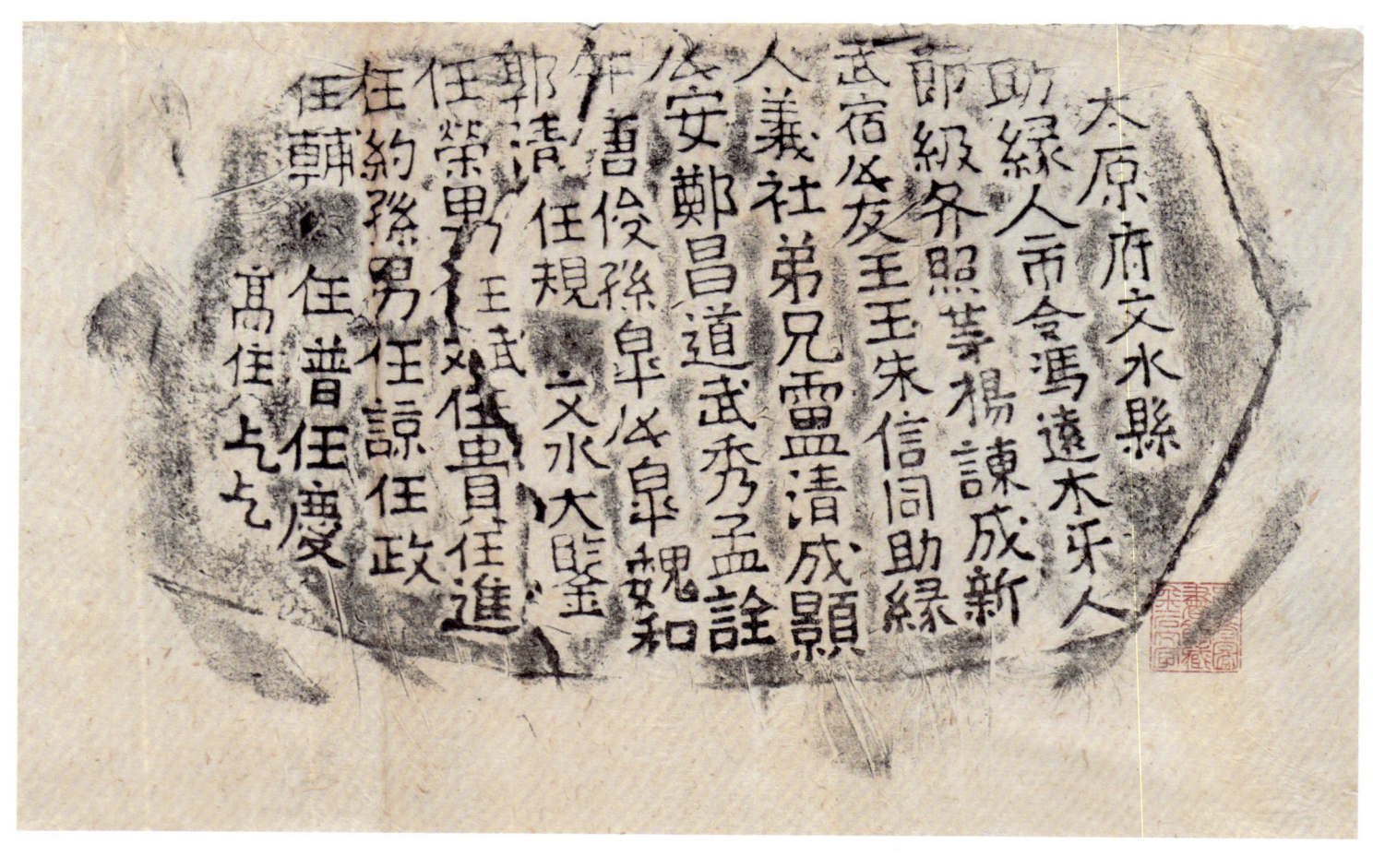

助縁人李遜　荈氏　弟万閤新
鄉貢進士武安行郭弁房京焦昌
張京　李晏　王欽　王通　董昌　王丙
侯闓　楊詮　王誠　韓吉　申安　段玘　張仙
李吉　張友　李邦夫　楊昌　武皋
白雅　谷昇　席新　胡吉　楊宣　王丑
武万　趙英　郭玉　王俊　必和　李友

太原府文水縣
助縁人市令馮遠木乐人
節級界照苇楊諌成新
武宿夋友王朱信同助縁
人義社弟兄靈清成顥
安鄭昌道武秀孟詮
曹俊　孫皋　父皋魏和
郭清　任規　文水大監
任榮男　王武　任貴任進
任約孫男任諌任政
任輔　任普任慶
高住乜

028

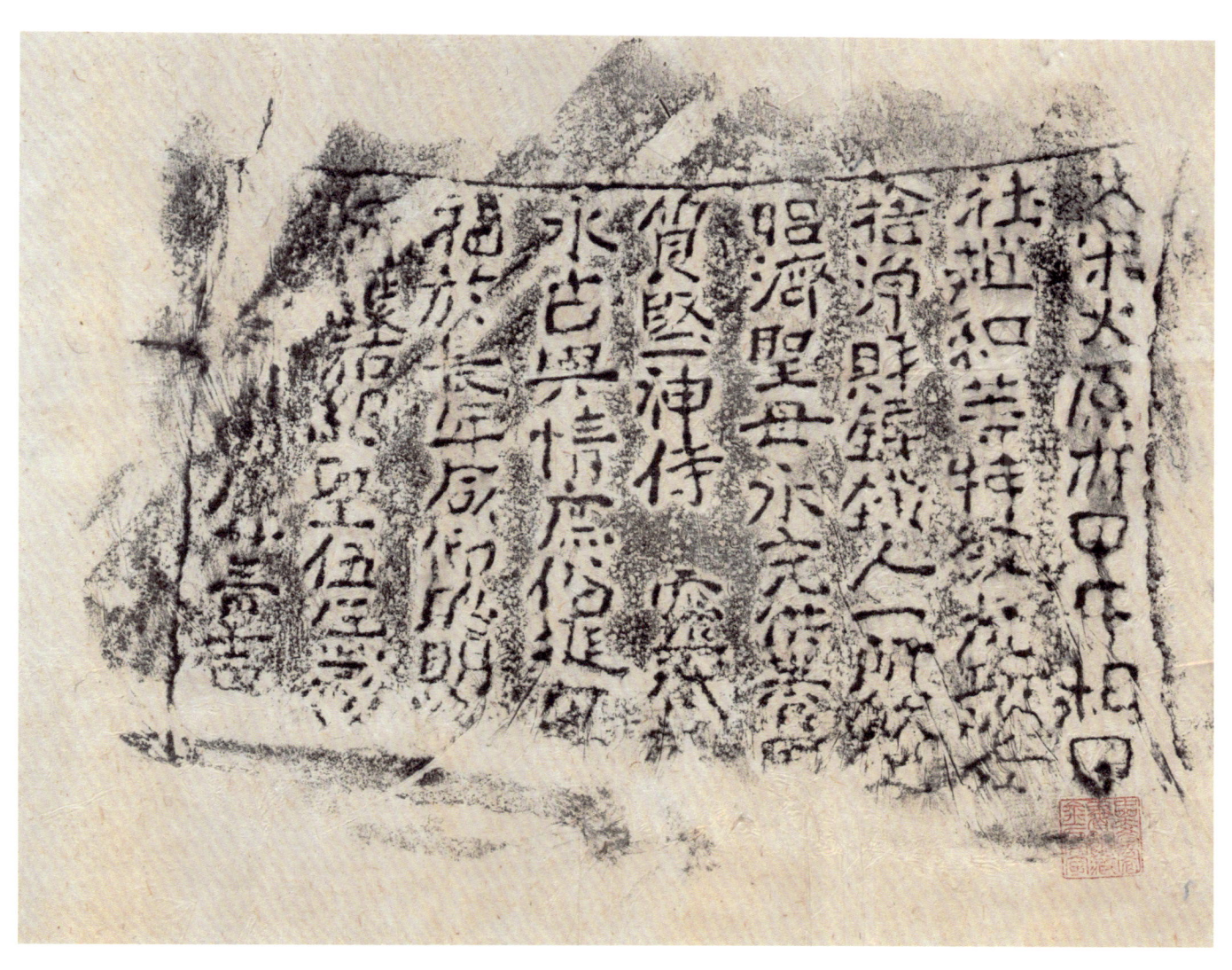

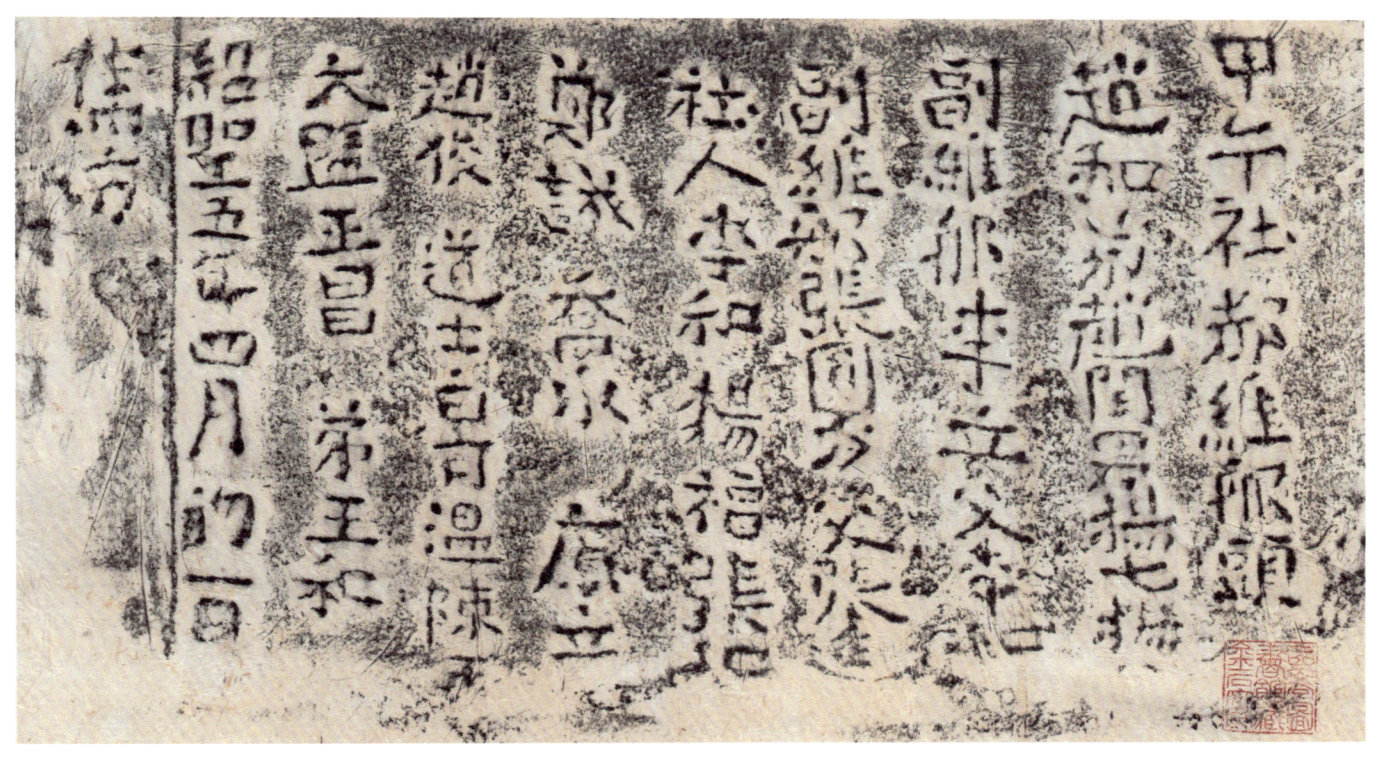

027 趙和等鑄金神銘

北宋紹聖五年（1098）四月一日。現存山西省太原市晉祠金人臺西北角。正書。

民國拓本。2張，腹銘文30×39cm；背銘文25×44cm。

附注：柯璜贈容庚。

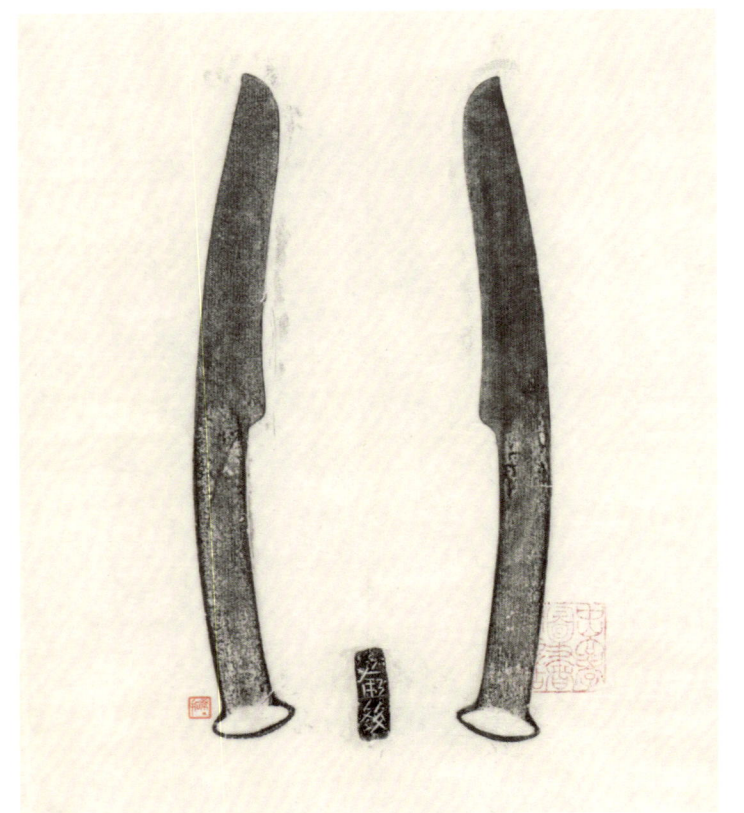

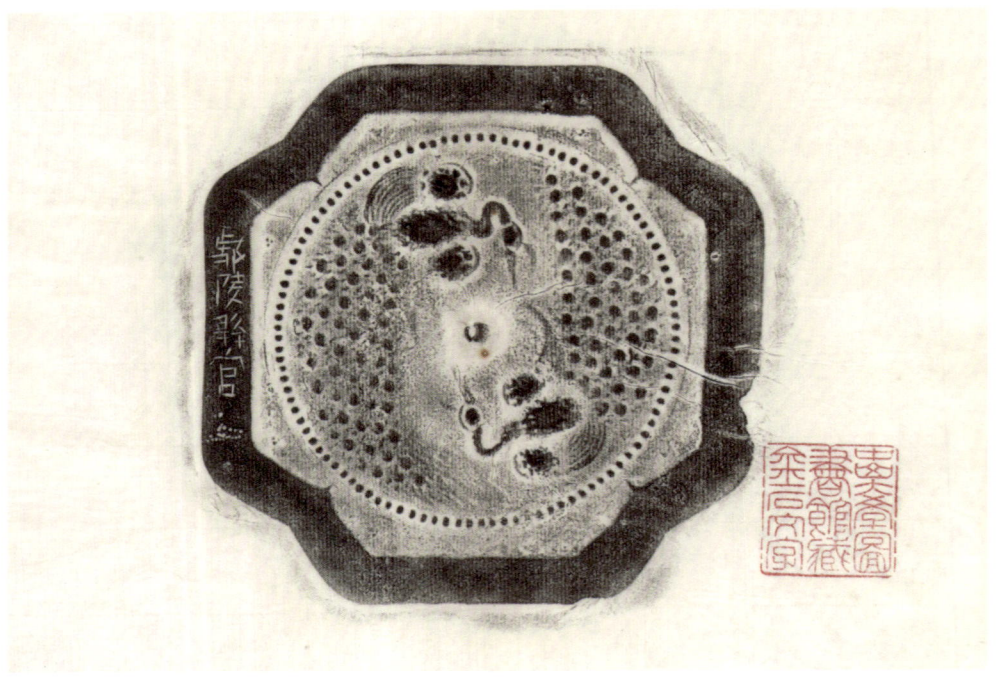

028 西夏符牌

西夏（1038—1227）。現藏北京故宮博物院。西夏文。

民國周康元拓本。1張，10×15.5cm。

鈐印："希丁拓"。

029 雙孔雀鏡

釋文：鄢陵縣官。

宋金時期。正書。

民國拓本。1張，直徑12cm。

030 西夏刀

西夏（1038—1227）。西夏文。

民國周康元拓本。1張，17.5×10cm。

鈐印："希丁拓"。

石
刻
類

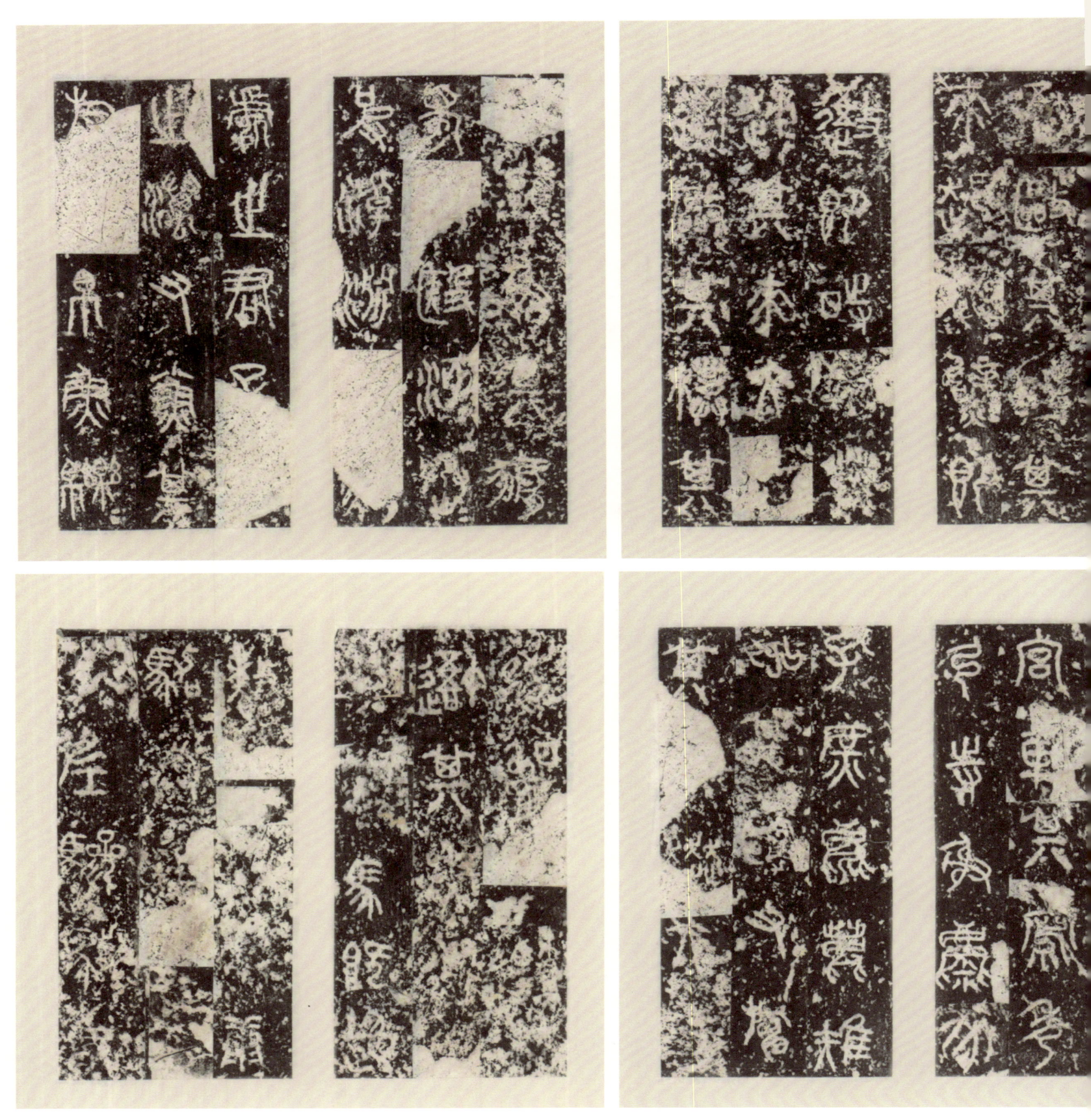

031 石鼓文

戰國秦（475B.C.—222B.C.）。唐初發現於陝西凤翔
三時原，多次遷移後藏北京故宫博物院。篆書。

清光緒間拓本。册葉裝。1册25開，27×13.5cm。

著録：萃編1/1，國圖1/1，鑒定8。

032 群臣上醻刻石

西漢文帝後元六年（158B.C.）八月。在河北永年臨洺關鎮猪山摩崖。篆隸兼書。

民國拓本。1張，112×16.5cm。

著録：八瓊室2/1，鑒定20。

2.南壁裏面畫像

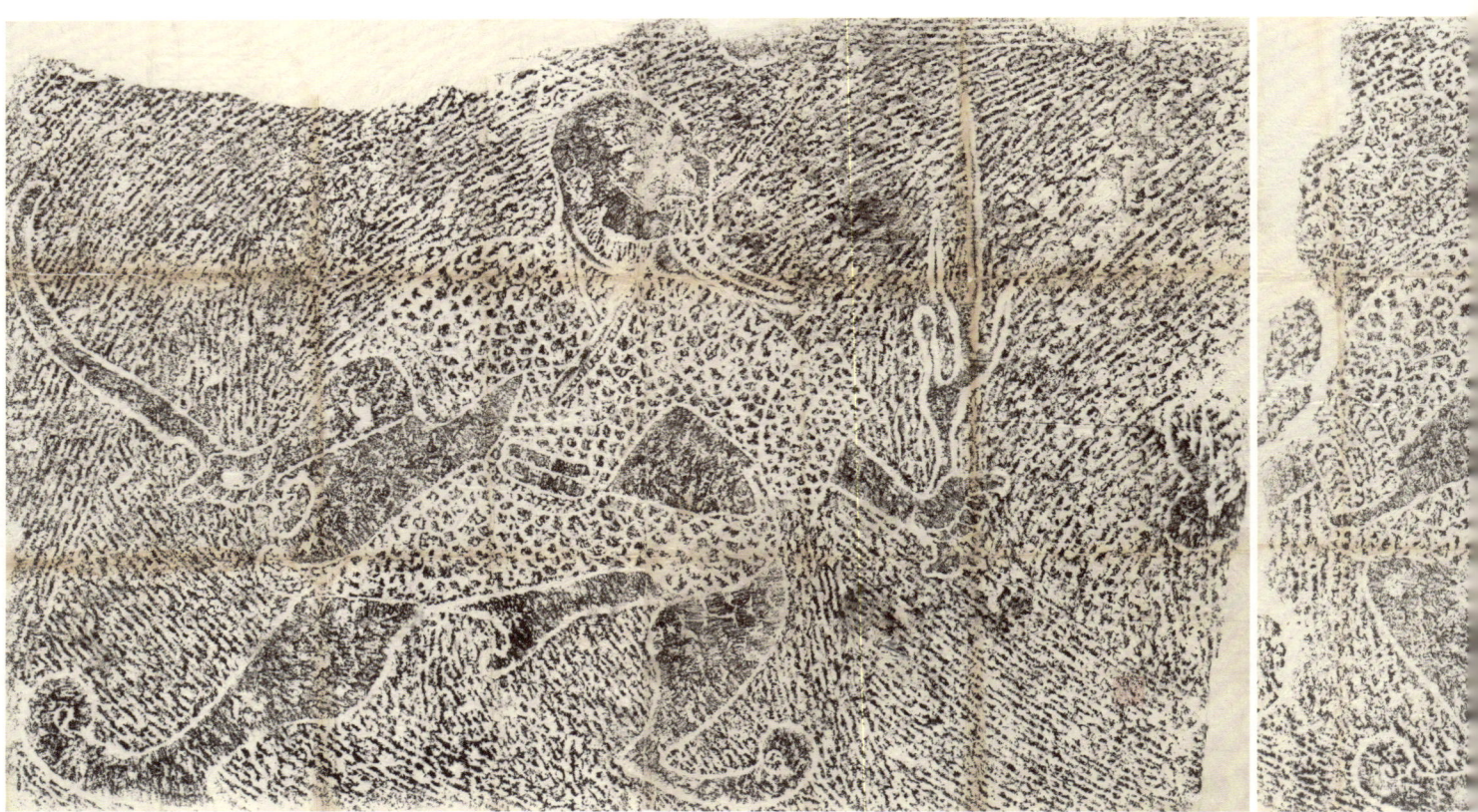

4.南壁外面畫像

1.石槨墓銘

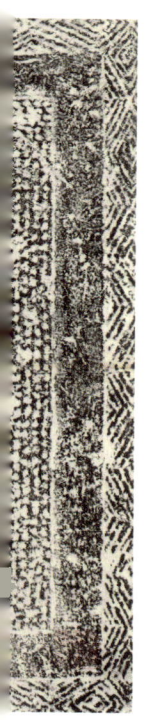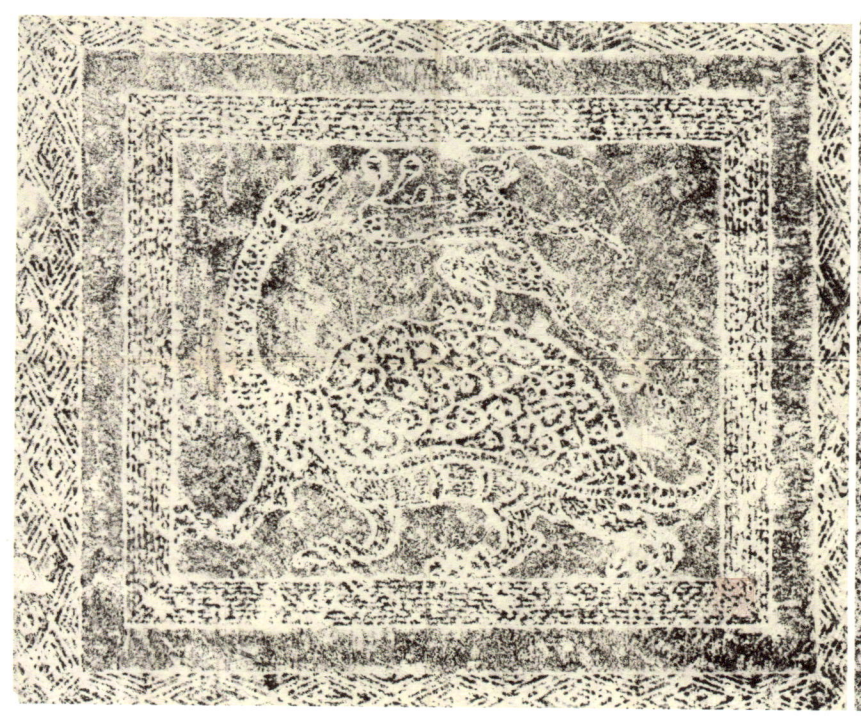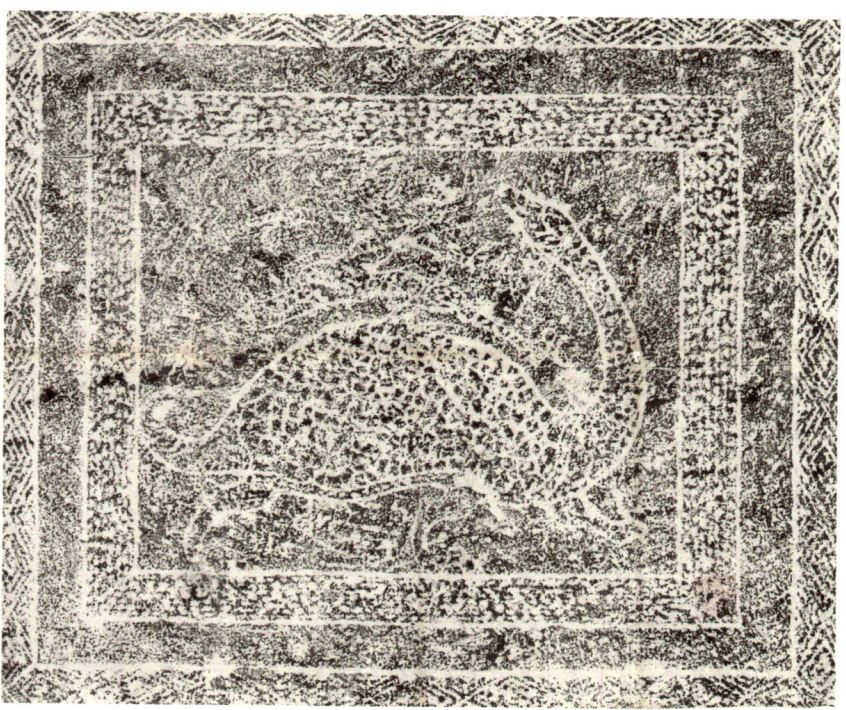

3.北壁裏面畫像

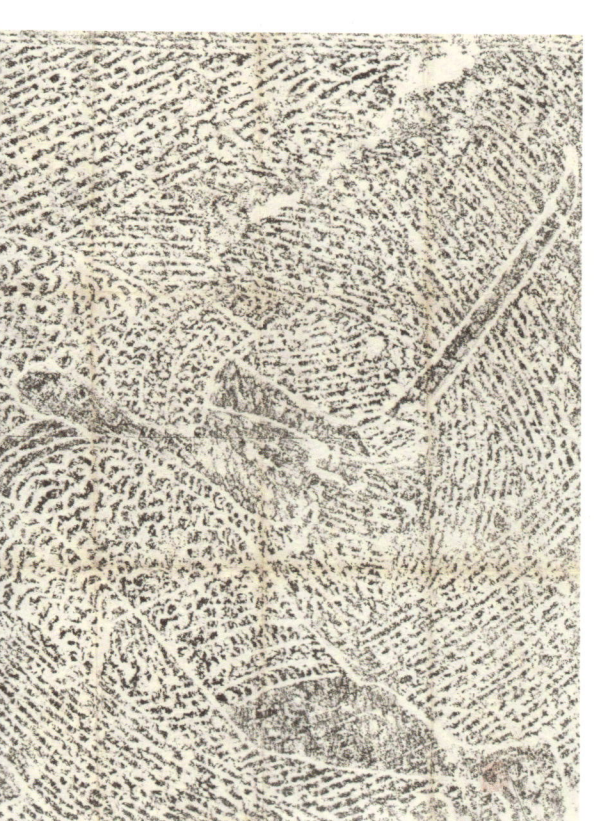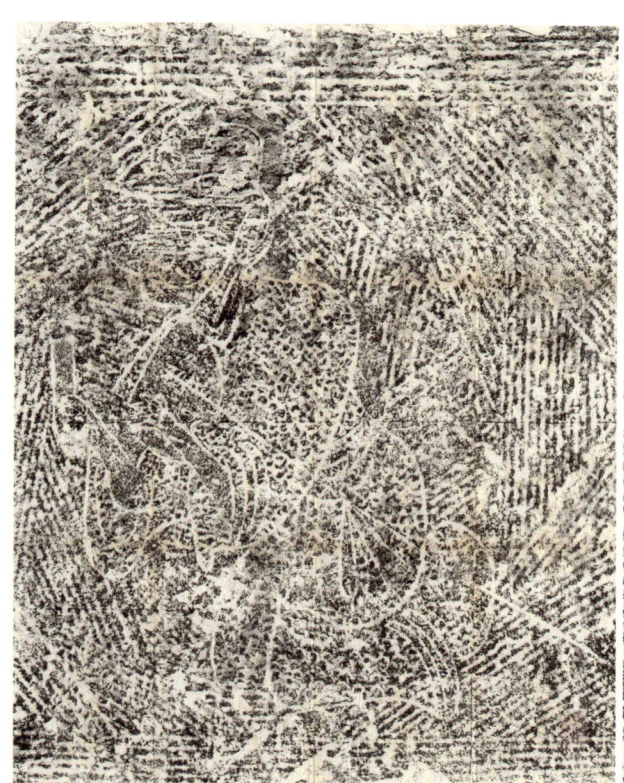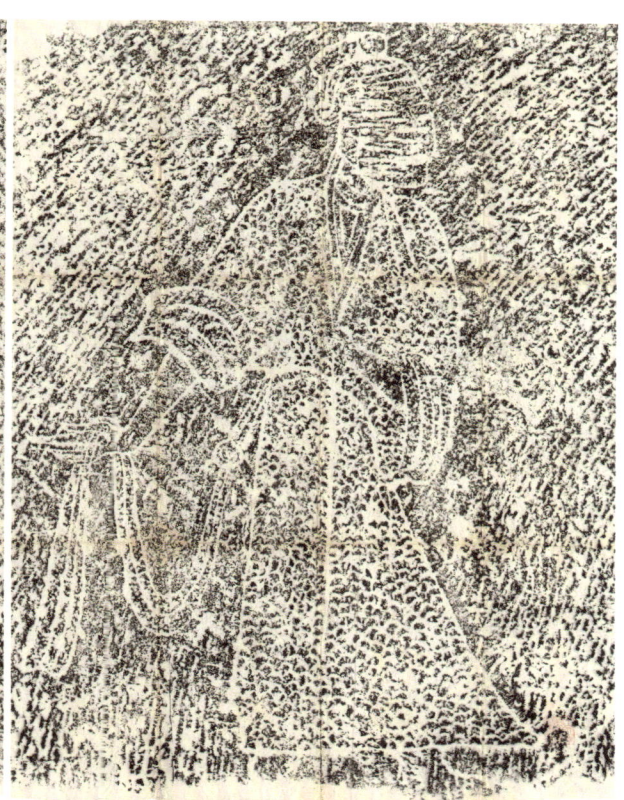

5.北壁外面畫像

033 東安漢里石槨墓畫像

西漢（206B.C.—8）。民國二十六年（1937）山東曲阜
韓家鋪出土，現存山東曲阜孔廟。篆書。

民國拓本。15張。

子目：

1.石槨墓銘。1張，249×26.5cm。

2.南壁裏面畫像。2張，55×63cm。

3.北壁裏面畫像。2張，55×63cm。

4.南壁外面畫像。2張，左83×123cm，右83×88cm。

5.北壁外面畫像。2張，82×63cm。

6.東壁畫像。1張，63×206cm。

7.西壁畫像。1張，63×206cm。

8.中隔板東面畫像。1張，63×204cm。

9.中隔板西面畫像。1張，63×204cm。

10.東室蓋板畫像。1張，63×199cm。

11.西室蓋板畫像。1張，62×205cm。

著錄：鑒定86，畫像集1/108-117。

附注：存石槨墓銘。

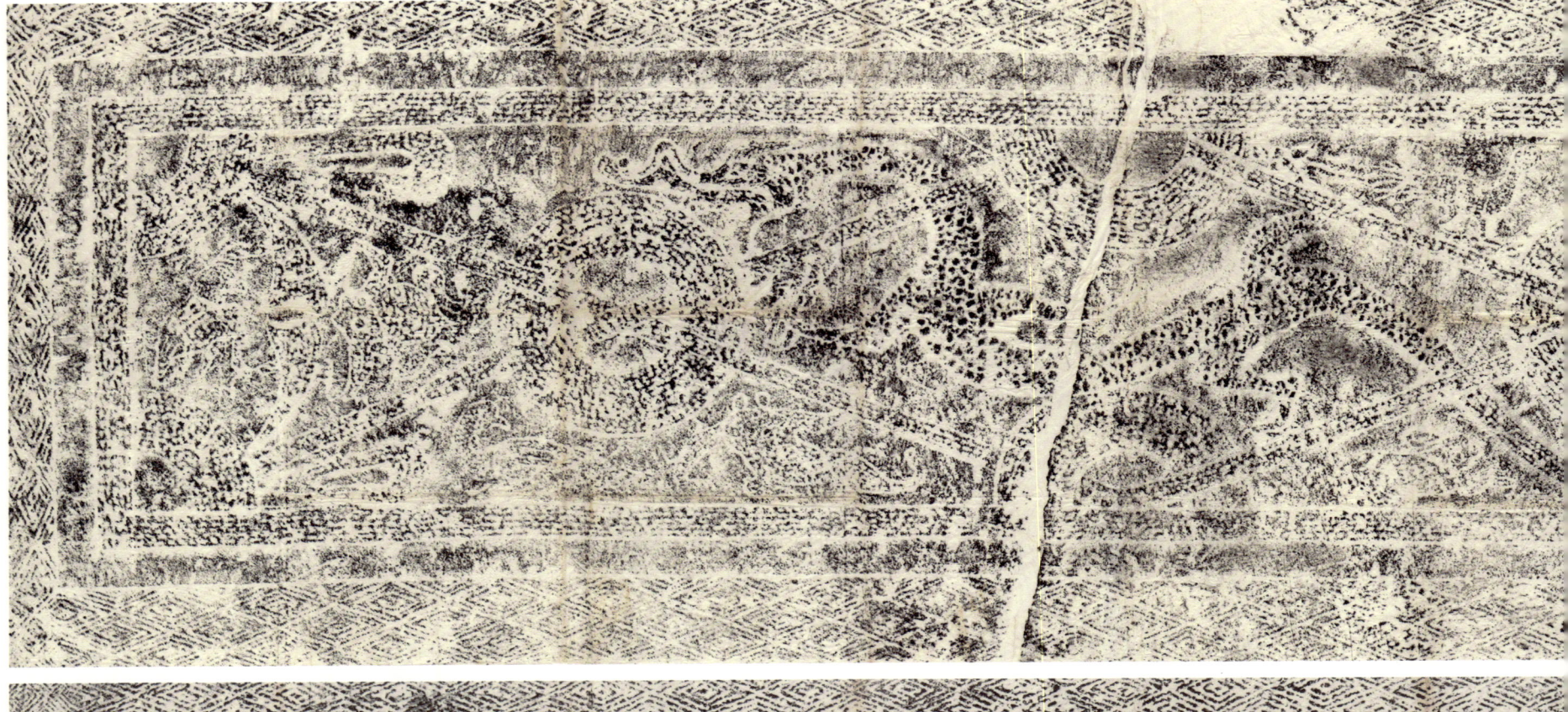

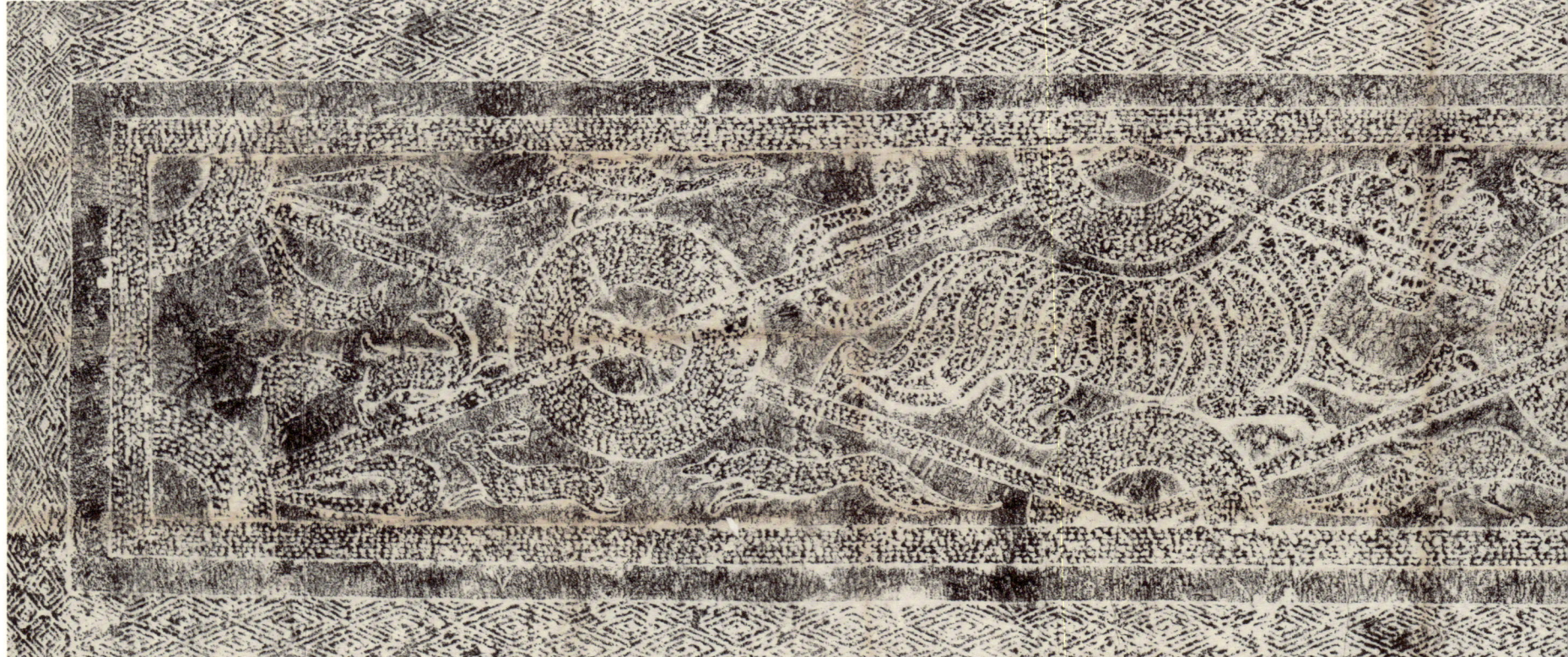

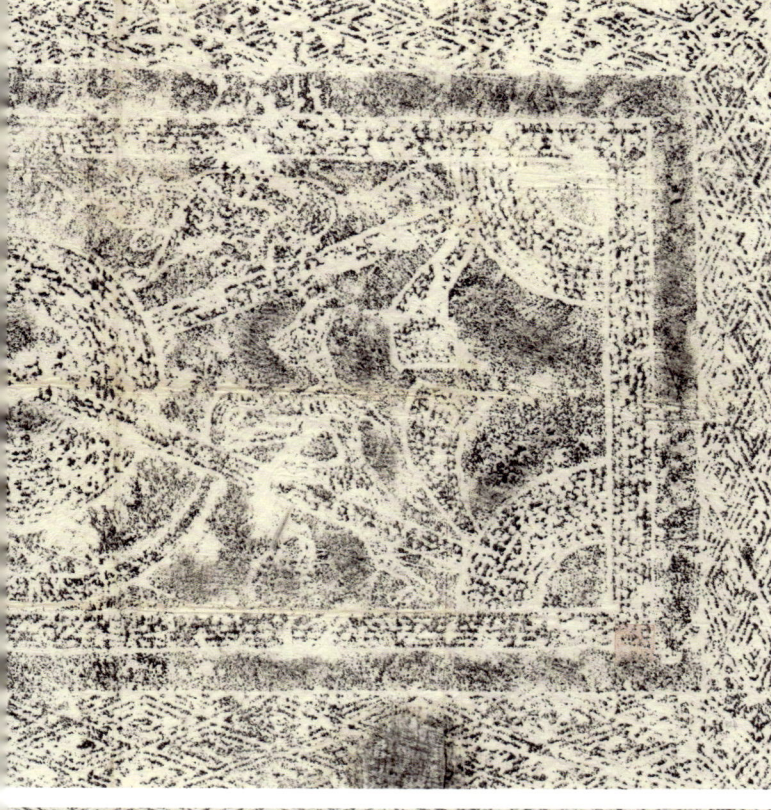

6.東壁畫像

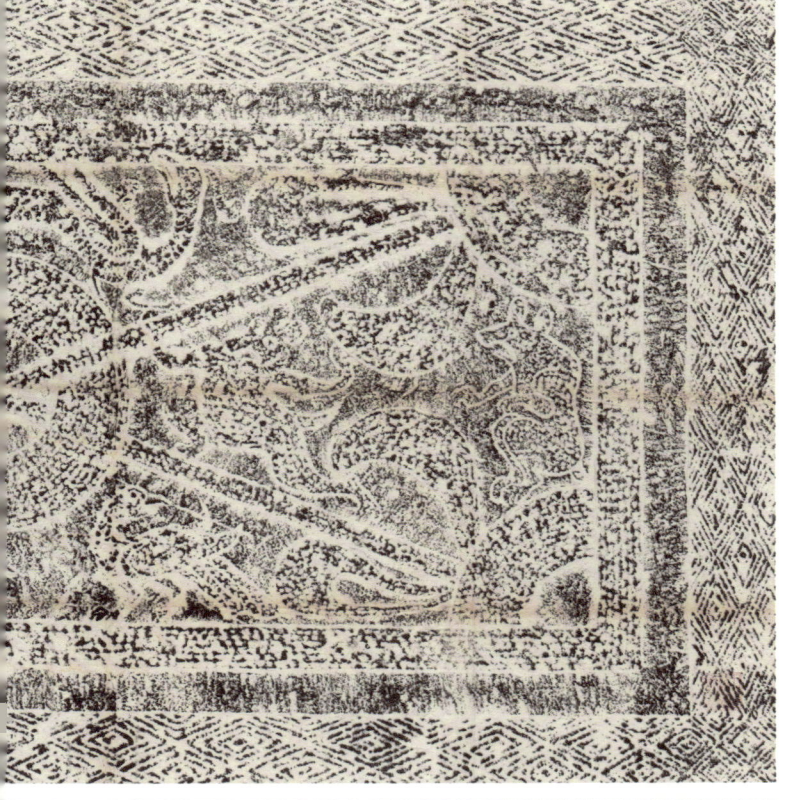

7.西壁畫像

8.中隔板東面畫像

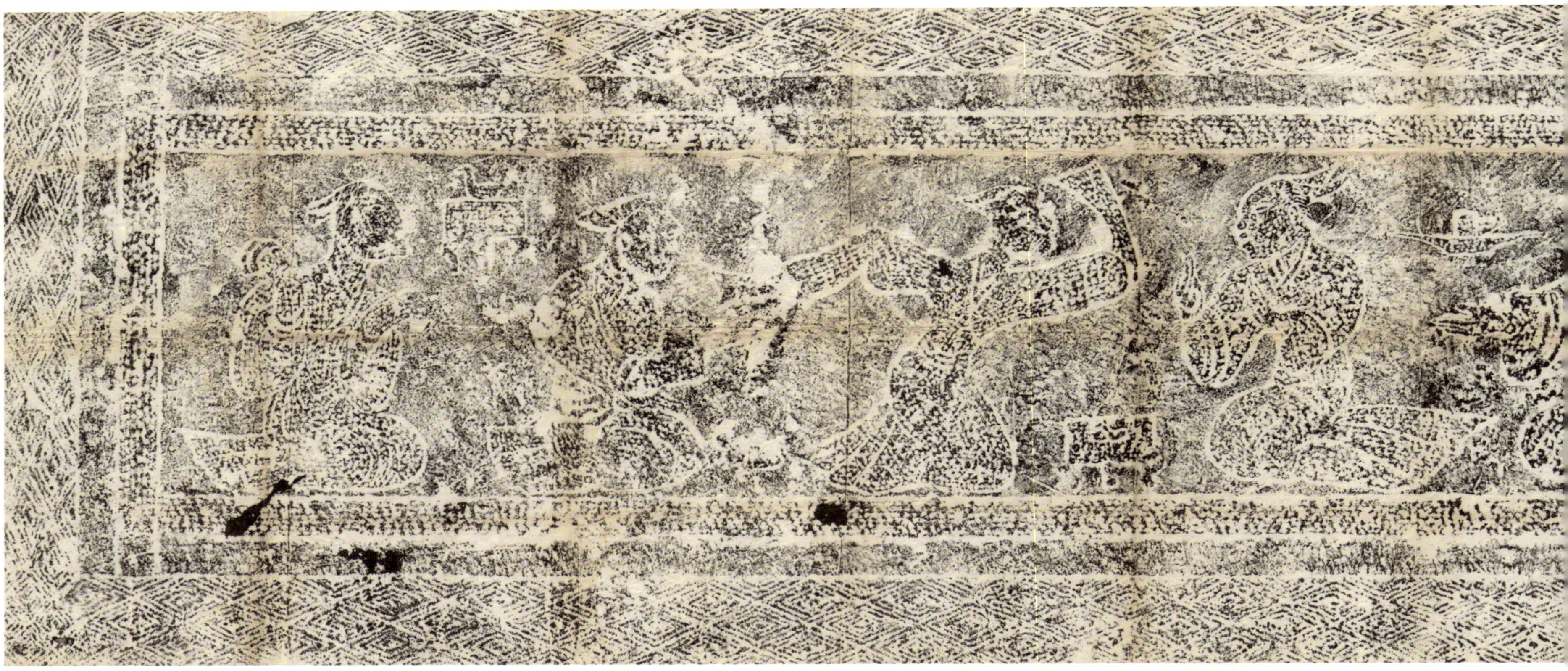

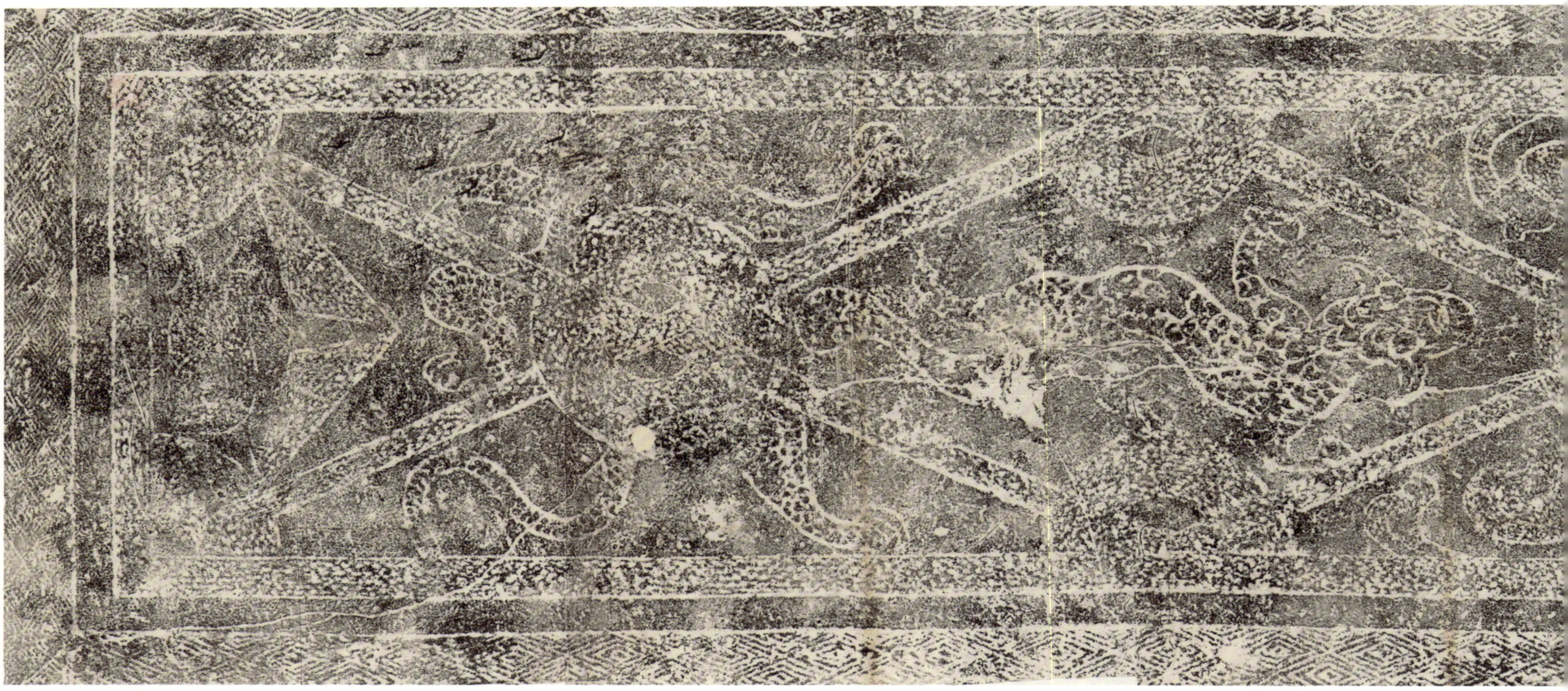

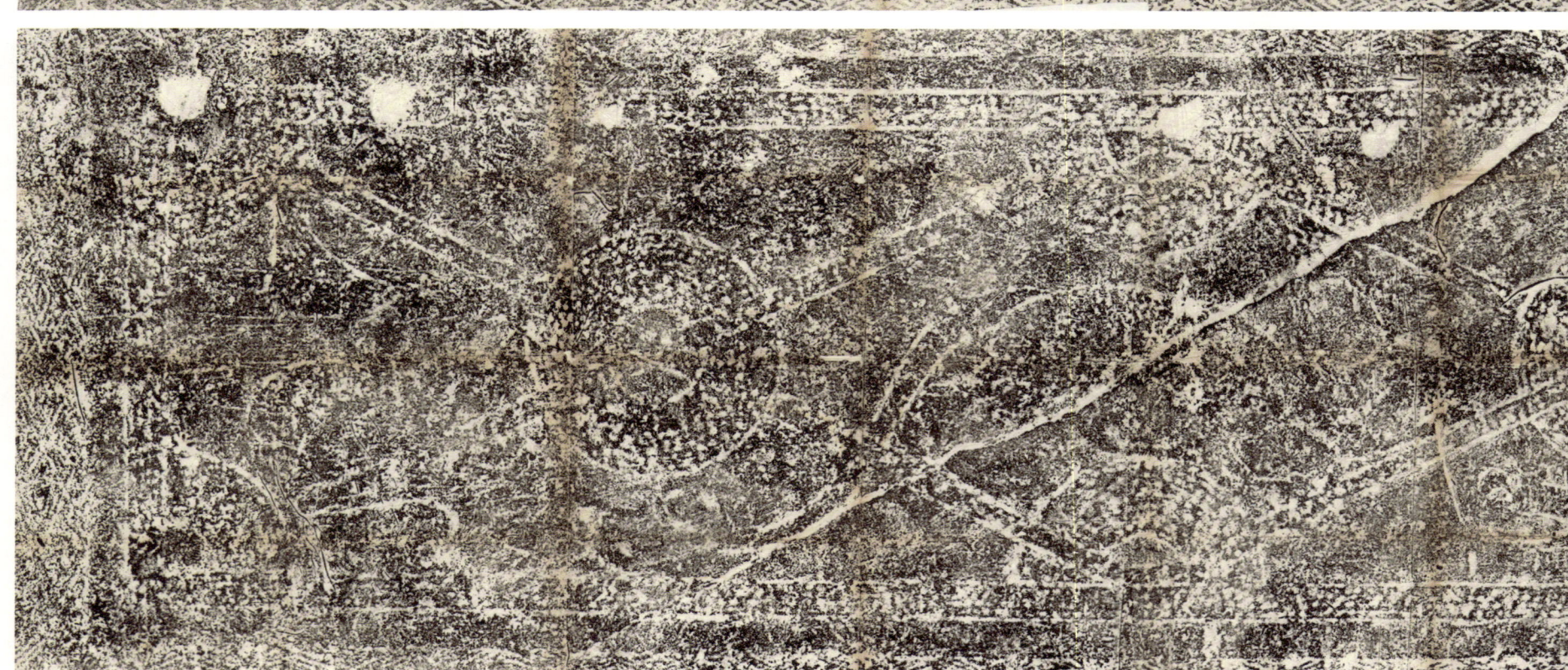

9.中隔板西面畫像

10.東室蓋板畫像

11.西室蓋板畫像

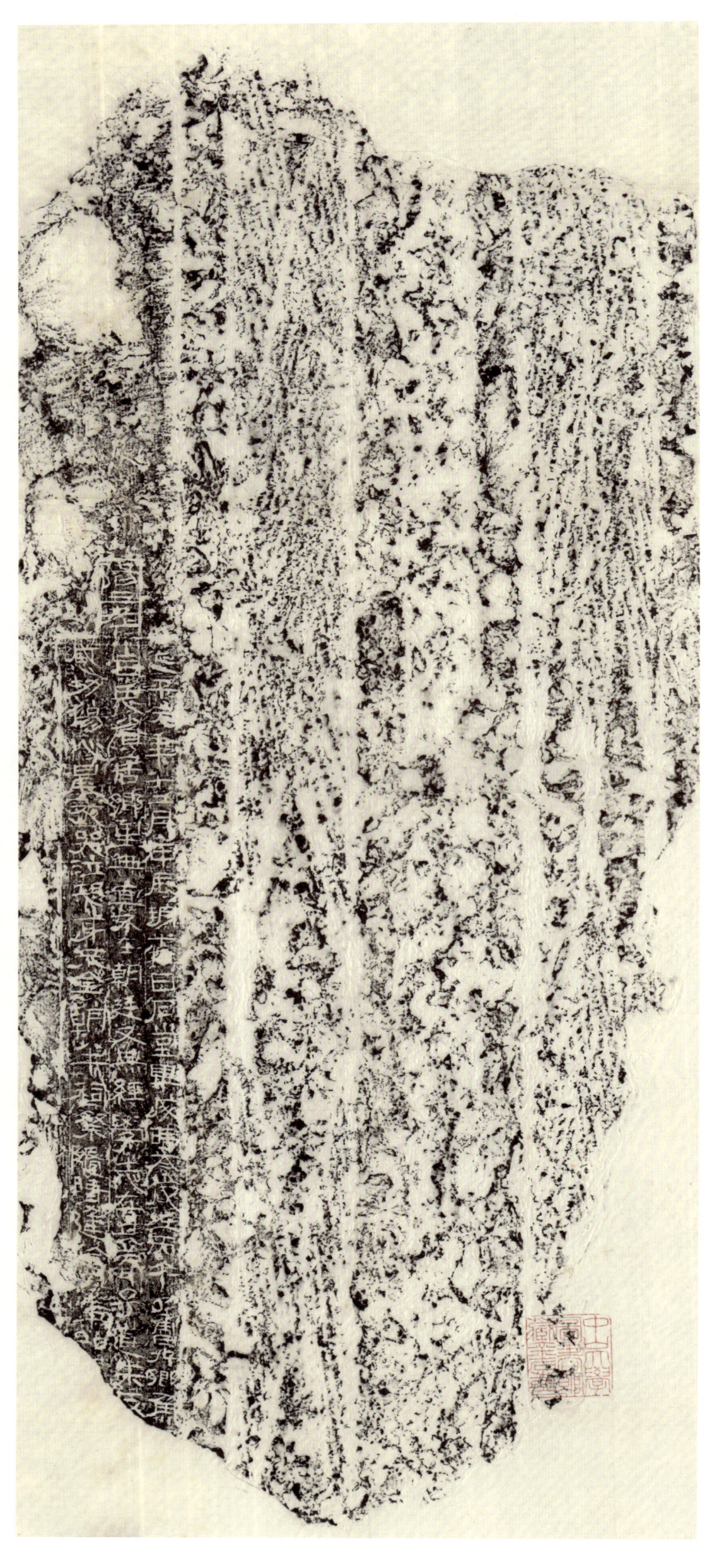

034 陽三老石堂畫像題字

東漢延平元年（106）十二月十四日。清光緒
十六年（1890）山東曲阜出土，端方舊藏，現藏中
國國家博物館。隸書。

清末拓本。1張，53×15cm。

著録：匋齋1/11，國圖1/37，鑒定31。

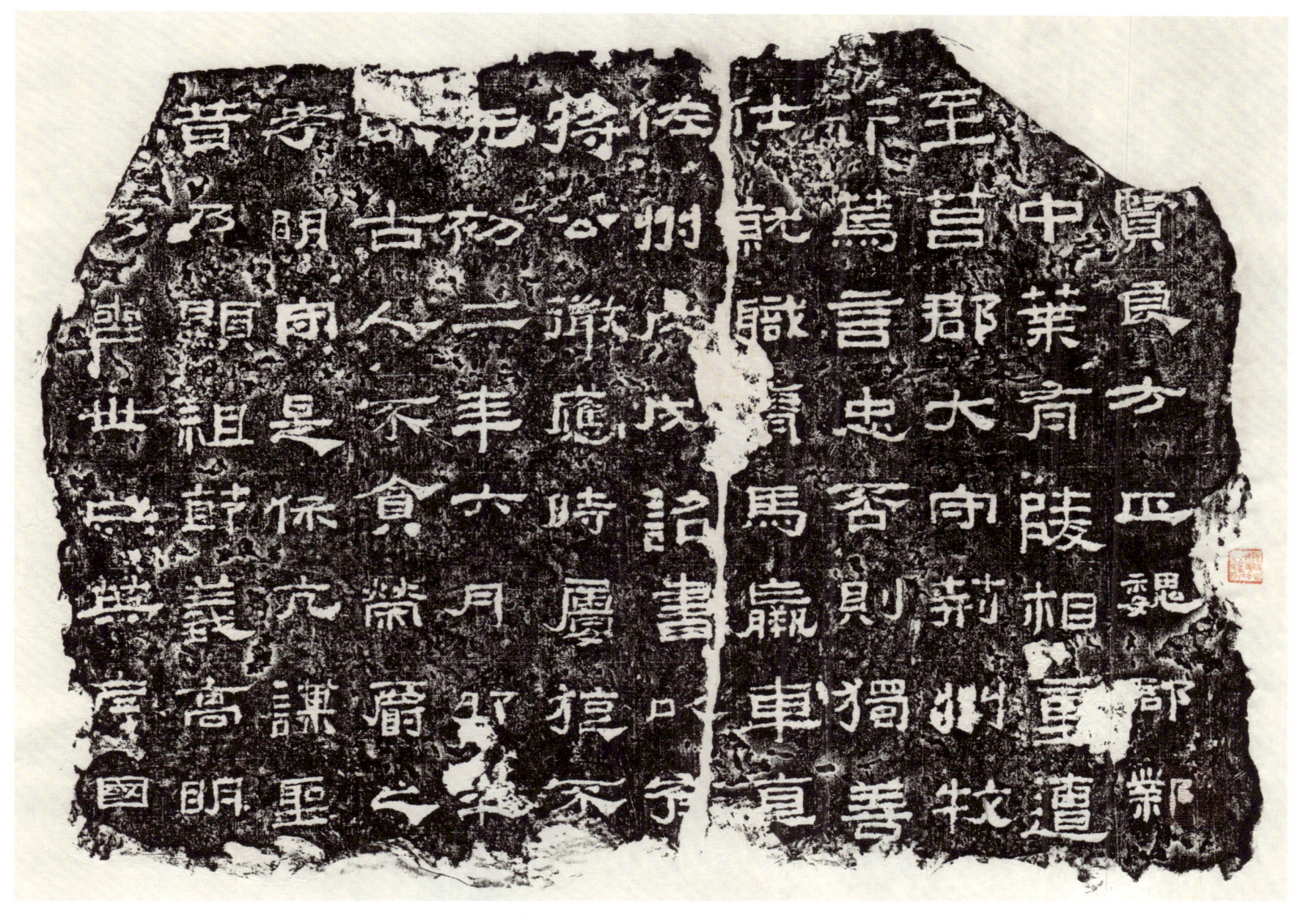

035 賢良方正殘碑

東漢元初二年（115）六月卒。民國二年（1913）河南安陽出土，姚貴昉、王竹林舊藏，現藏天津博物館。隸書。

民國拓本。1張，42×58cm。

鈐印："姚海雲女史手拓金石文字記"。

附注：此爲碑之上截。下截爲允字子游殘石，現藏中國文字博物館。

著録：希古樓7/4，國圖1/38，鑒定84。

036 沙南侯獲碑

東漢永和五年（140）六月十五日。清
道光十五年（1835）薩湘舲訪得，現在新
疆巴里坤哈薩克自治縣煥彩溝。隸書。

民國拓本。1張，125×64cm。

著錄：八瓊室4/1，國圖1/89，鑒定37。

2.西闕正闕身南面畫像   1.西闕正闕身北面畫像

037 武氏西闕畫像并闕銘

東漢建和元年（147）三月四日。清乾隆五十一年（1786）山東嘉祥武宅山出土，現藏山東嘉祥武氏墓群石刻博物館。

民國拓本。2張。

子目：

1.西闕正闕身北面畫像。1張，142×56cm。隸書。

2.西闕正闕身南面畫像。1張，126×60cm。畫像末層失拓。

著錄：萃編8/8，山左7/13，國圖1/99，鑒定39，畫像集1/16-17。

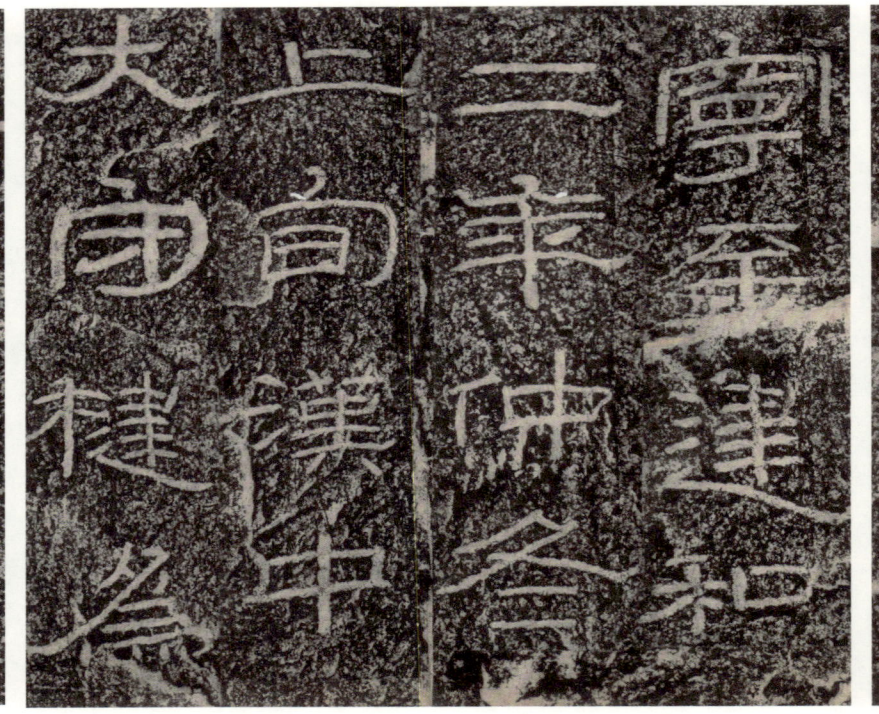

038 石門頌

　　東漢建和二年（148）十一月。原存陝西漢中褒城鎮石門，現藏陝西漢中博物館。隸書。

　　清末拓本。冊葉裝。1冊38開，27×42cm。

　　民國八年（1919）容庚題內封。

　　鈐印："容齋""希白""東莞容氏聊自娛齋收藏金石文字之印"。

　　著錄：萃編8/10，國圖1/101，鑒定39。

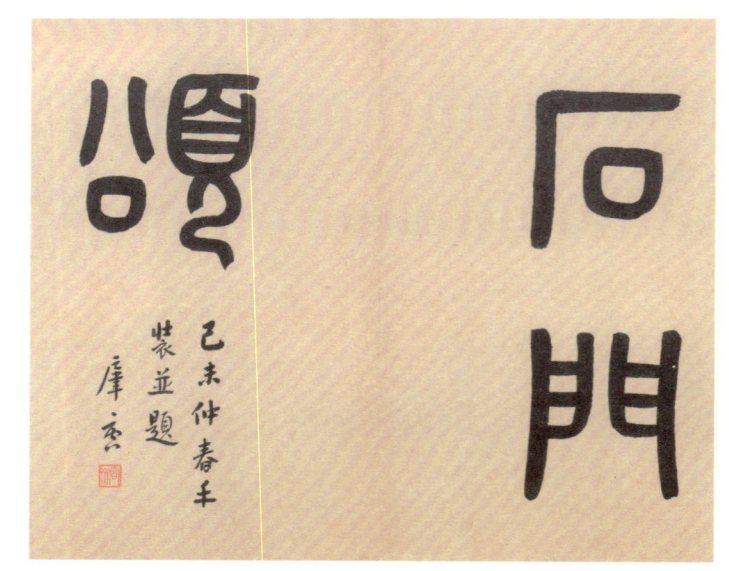

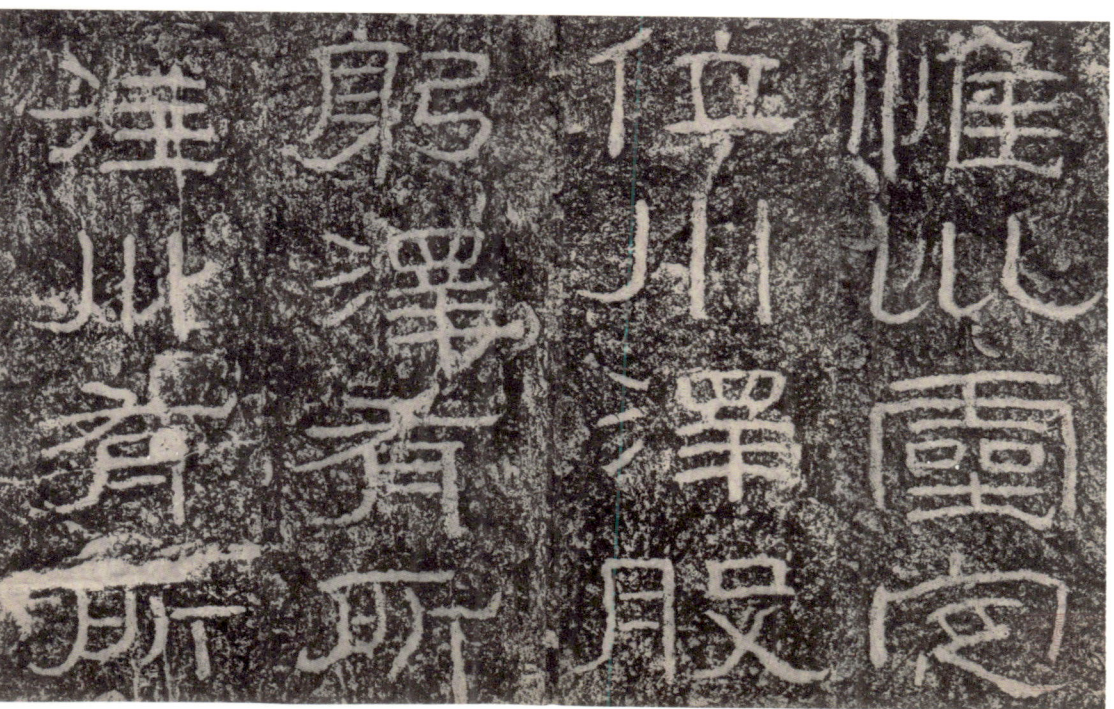

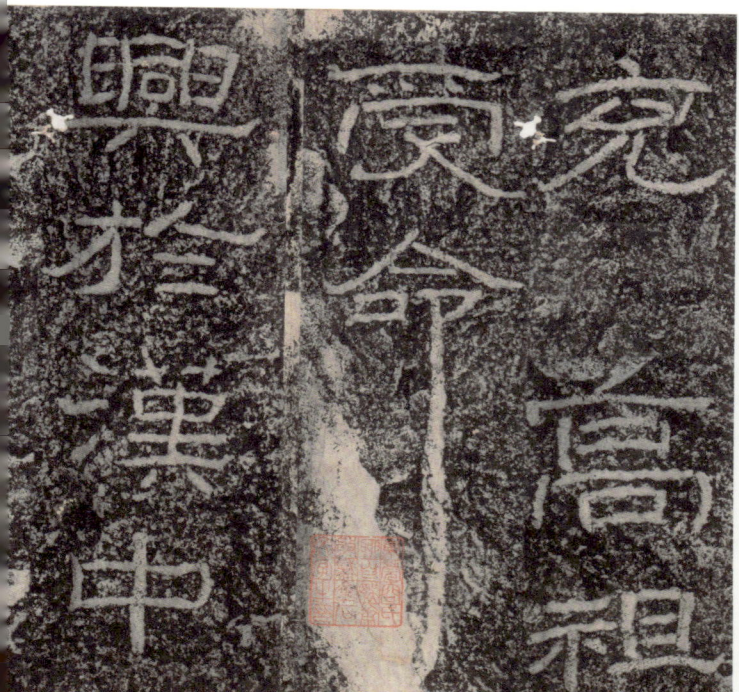

039 史晨祀孔子奏銘

東漢建寧二年（169）三月七日。現存山東曲阜孔廟。隸書。

清嘉道拓本。綾裝。1册11葉，29×20cm。

容庚補泐損字。清晏如氏題封面并題識。

鈐印："容庚"。

著錄：萃編13/1，國圖1/135，鑒定56。

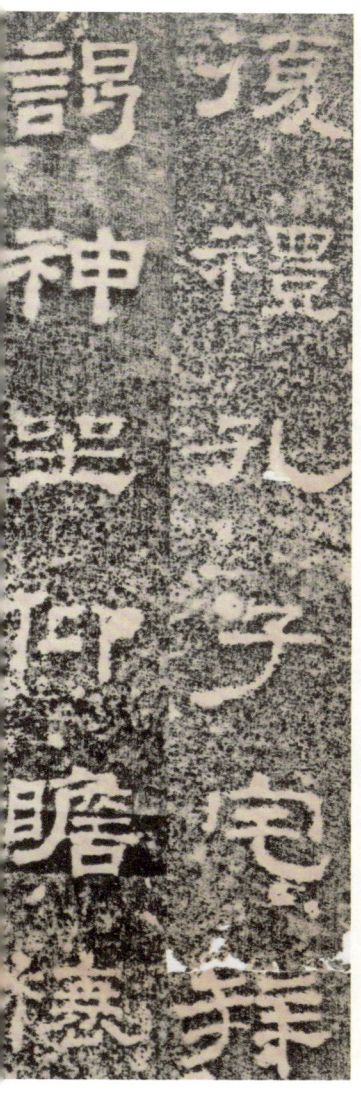
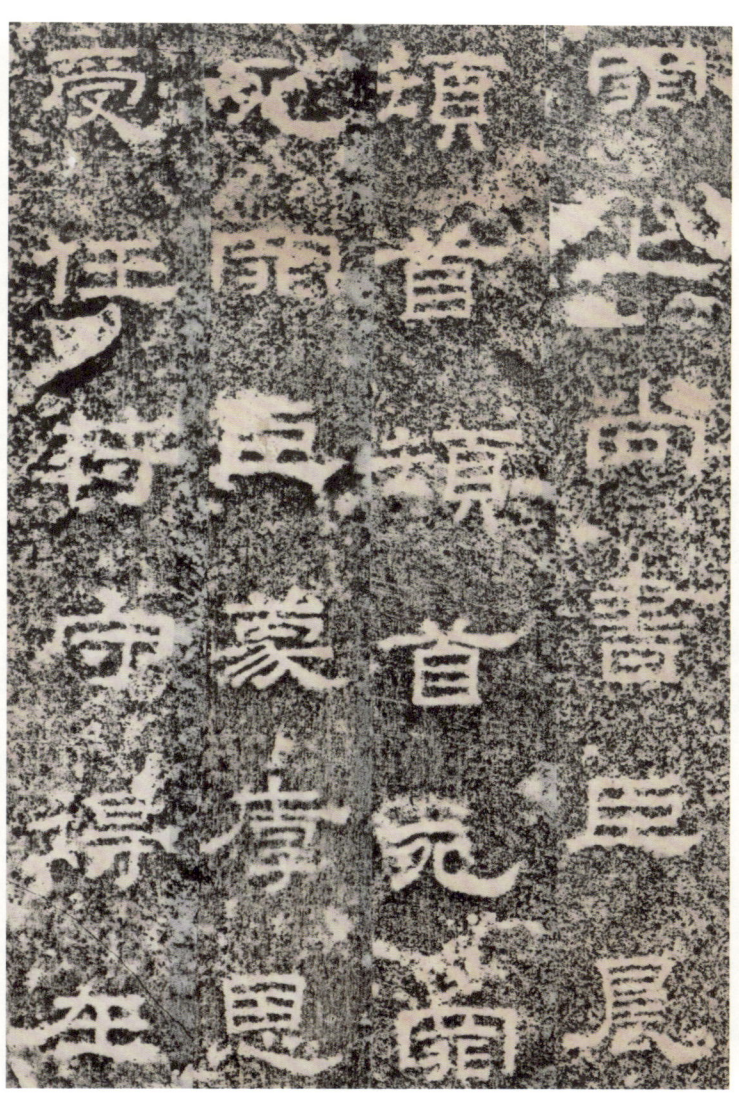
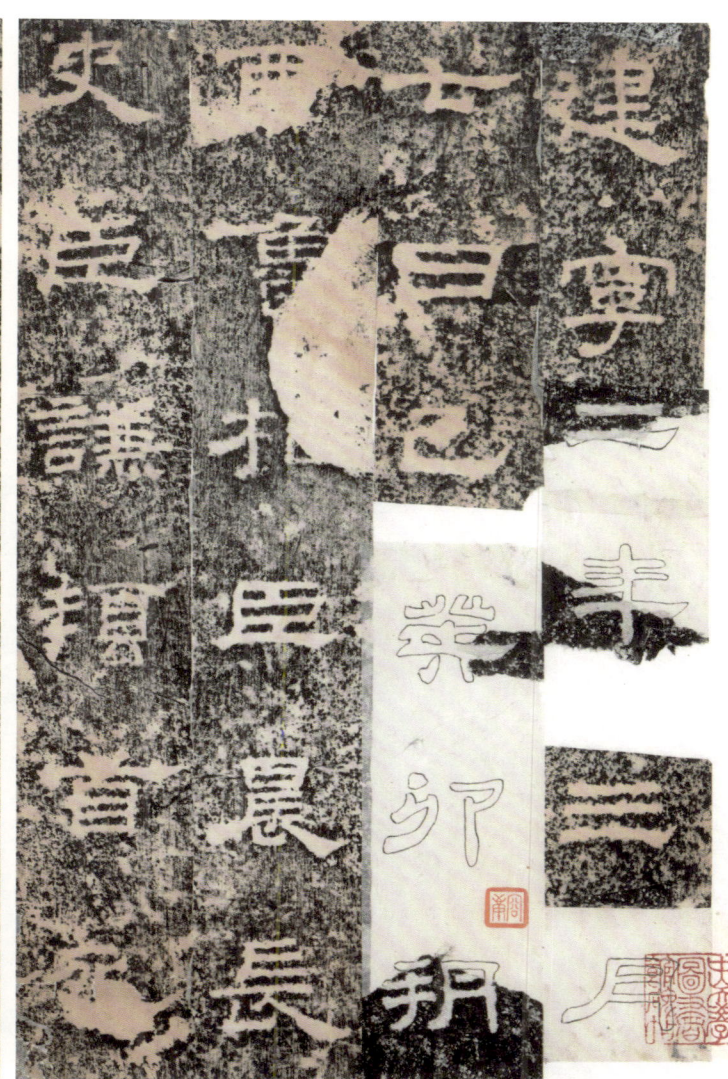
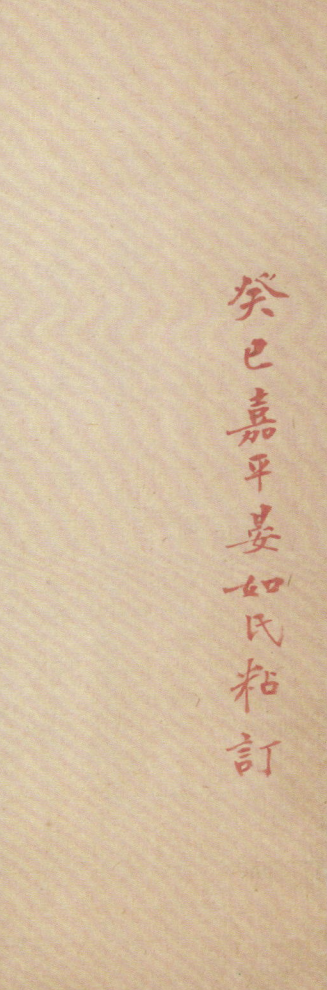

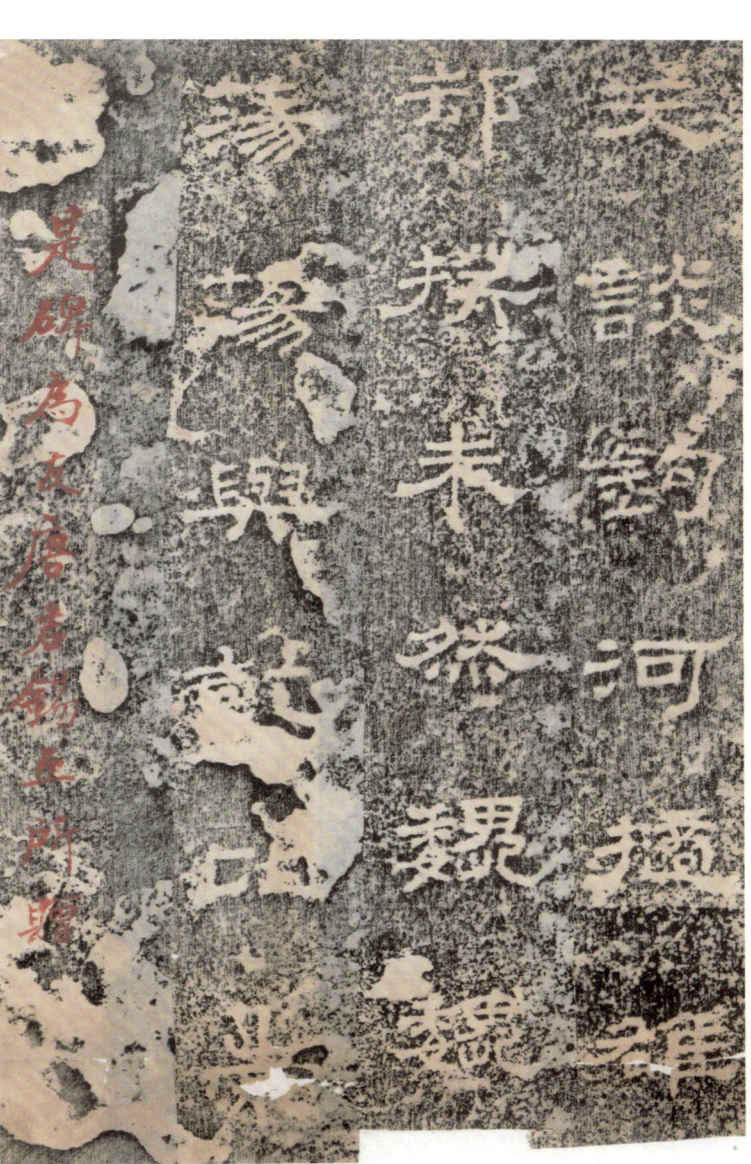
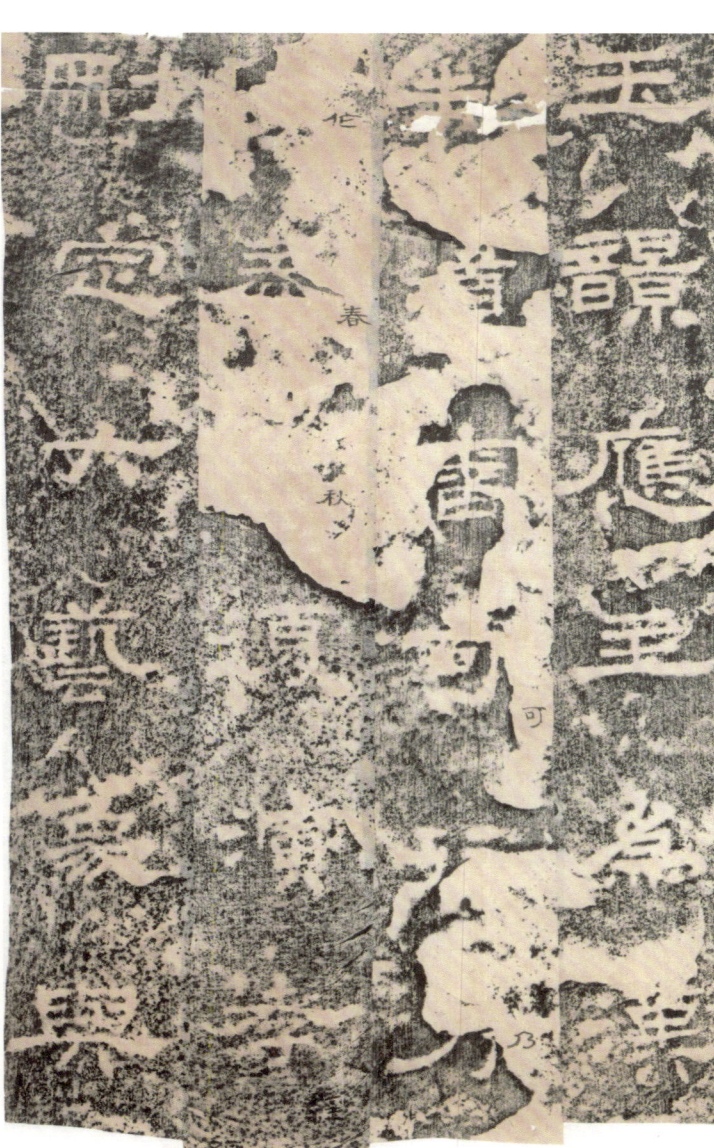

040 西狹頌

（東漢）仇靖撰并書。東漢建寧四年（171）六月十三日。在甘肅成縣天井山棧道摩崖。隸書。

晚清拓本。1張，146×190cm。

著錄：萃編14/1，國圖1/140，鑒定58。

漢敷之黃職教倉峻芒陵曰為闕
志詩阿瑞不不無緣伋人詩設□
龍鄭肅出封惟崖迫周所備□
夫禮之順而府會偃俾阯過謂余不□
守膺化經門不政兩百閣宦者如不□
漢祿是古不儆齊山車創集圖之□
陽昌先嚴約敞有騎楚于之為□
厚阿三之令而水蓄壁進條禾惡□
陽繼世博符朝強庭麥隆不怵其翰無□
李郎寇中不面五崇齊慄于巳□
君妥錢陳惟暴縛錢造息君跋斯勅□
翁多黃之靜宣二郡雲不跂其斯瘁□
字龍不德儀知千西下得其宦官□
伯宿嘉儀不餘狹資驢險治有秩兆□
衛禾義示卬姦人中不齊困若數尤李□
天翁之速習示道乘愚挪有測甫莫其鎮□
姿寇曾之晉屬危殺之顛之淵莫賓撰□
闕惡甞難縣郡西曾寶頽水蔓□
敷林露好郡矯蠲阻剛莫賓陳剛□

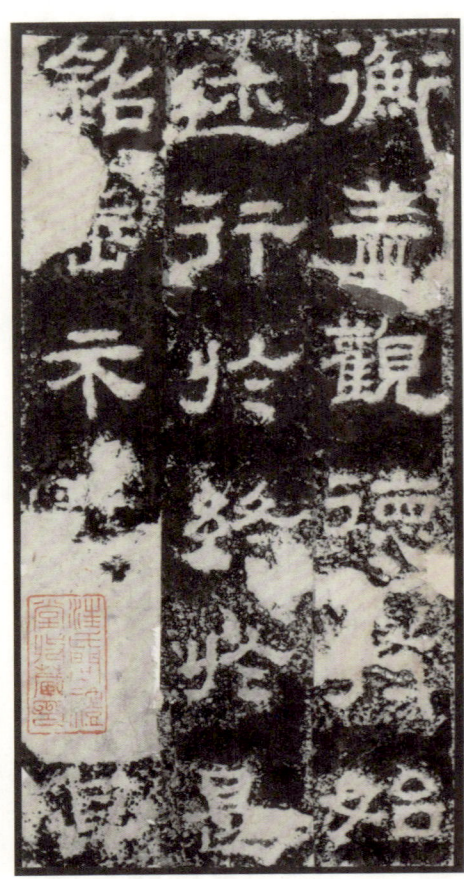

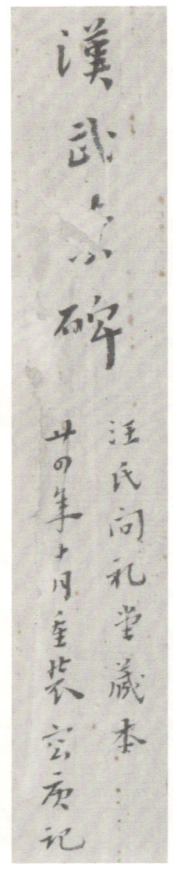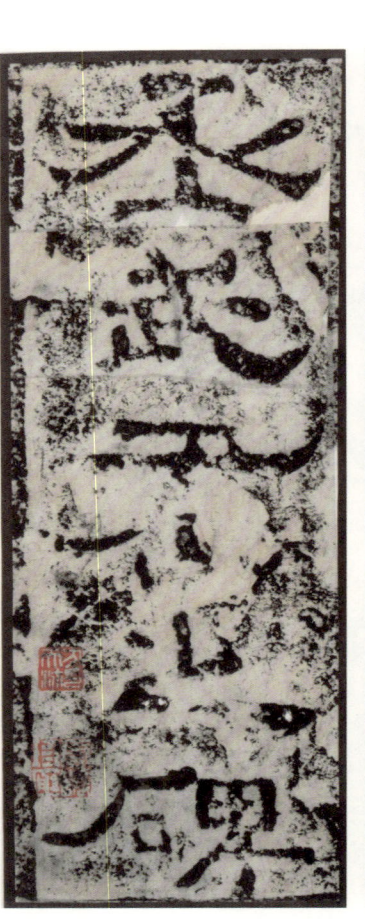

041 武榮碑

東漢建寧年間（168—172）。原在山東嘉祥武氏墓前，後移置山東濟寧州學，現藏山東濟寧市博物館。隸書。

清初拓本。册葉裝。1册7開，24×12.5cm。

民國二十四年（1935）容庚重裝并題簽。

鈐印："汪氏問禮堂收藏印""汪喜孫印""汪喜孫信""孟慈""古唐里人""方氏玲瓏石室考藏印""方天沛印""方云嶠審定印""容庚"。

著録：萃編12/1，國圖1/149，鑒定52。

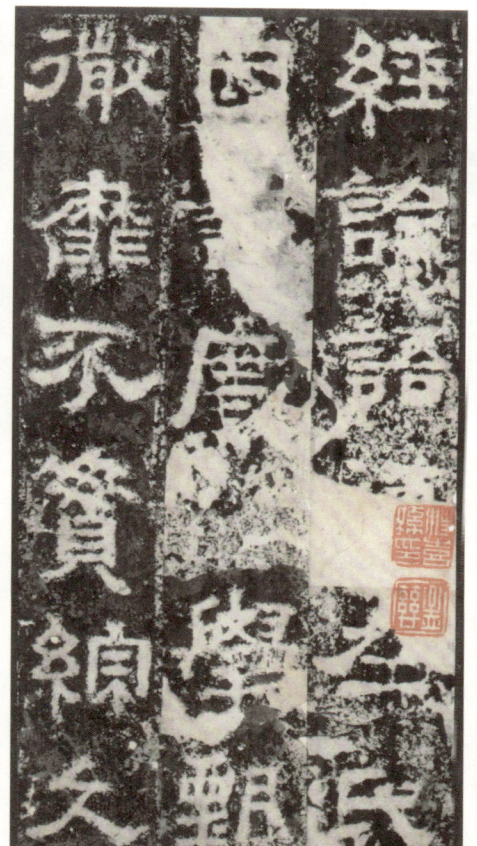
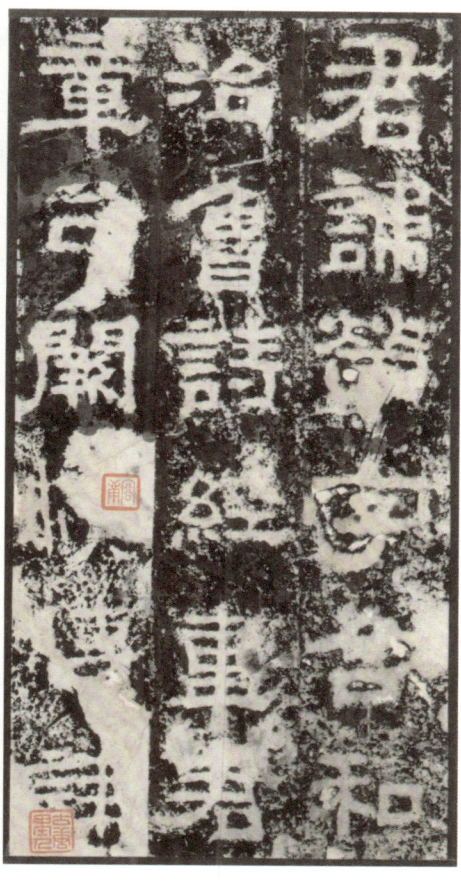

事末出六　官掾功曹守從　史主埭皆郡五
優同自經甲曹　廣臣將於匹學　游大學教於高
撒齋不賓線父　正屬學甄　經論諸張
軍夕闕　治魯詩經重　君諱和

遠近一虔同責師　仕不孫珍
不葛廉天流　思升我君仰　當然元
赫邂帷時　雷軍與水耀　陟茲彤繚天
兄父武聲　卓茲仰高聖　天唯君奐中

051

042 楊淮表紀

（東漢）卞玉撰。東漢熹平二年（173）二月二十二日。原存陝西
漢中褒城鎮石門，1970年入藏陝西漢中博物館。隸書。

晚清拓本。1張，192×61cm。

著録：萃編15/5，國圖1/151，鑒定61。

043 周憬功勛銘殘石

東漢熹平三年（174）十一月。原置廣東韶
關樂昌縣周君廟中，已毀。隸書。

民國拓本。1張，49×22cm。

鈐印："五羊金石"。

附注：鄔慶時舊藏。

著錄：集古1/6，粵東5/3，廣東200/2。

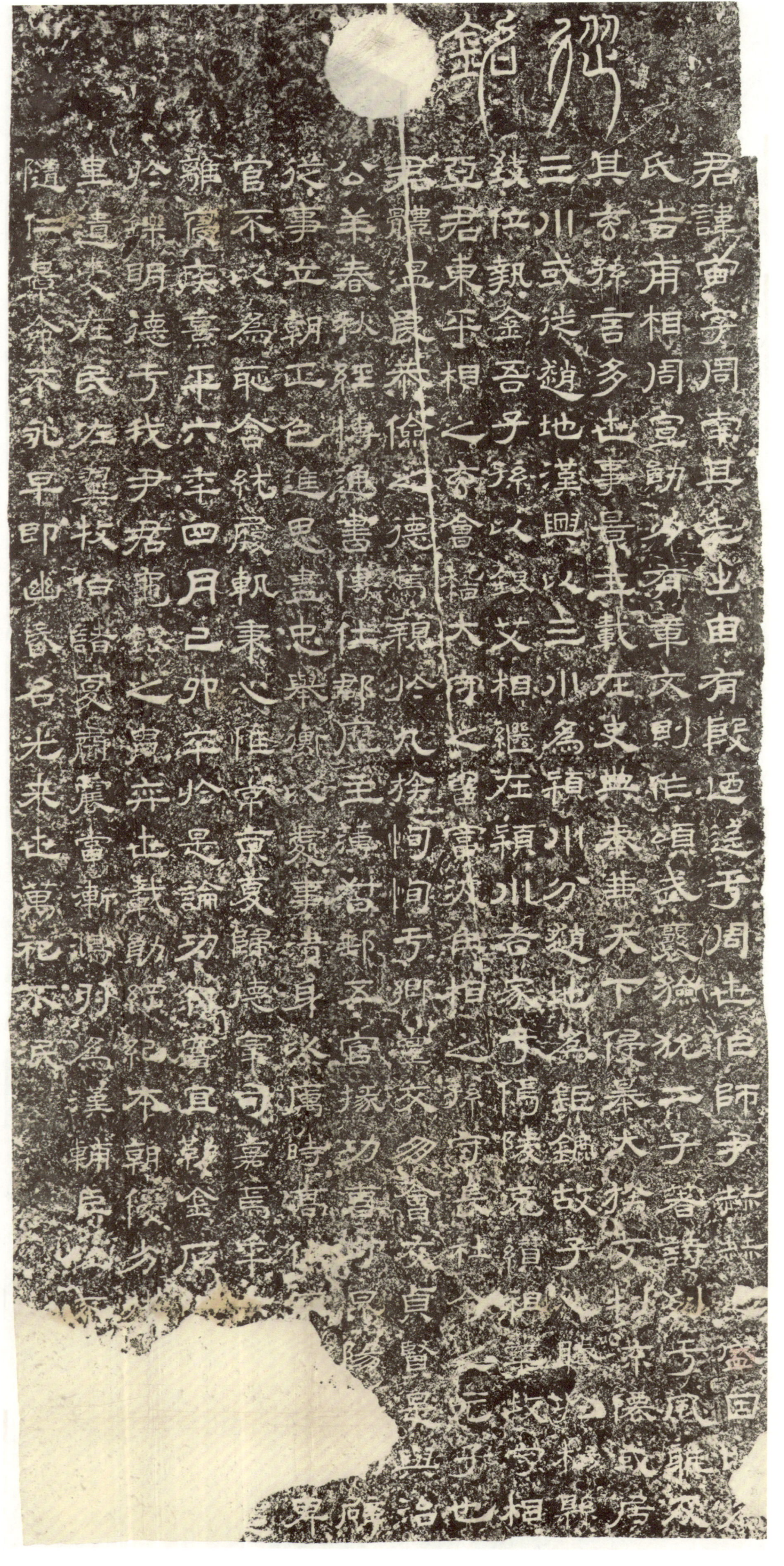

044 尹宙碑

東漢熹平六年（177）四月二十四日卒。
現存河南鄢陵縣初級中學。隸書，額篆書。
清嘉道間拓本。1張，191×90cm。
著錄：萃編17/5，國圖1/169，鑒定65。

陽武尉鄡平陰守大州丞故漢
尤賁字君高廉孝舉丞府北令

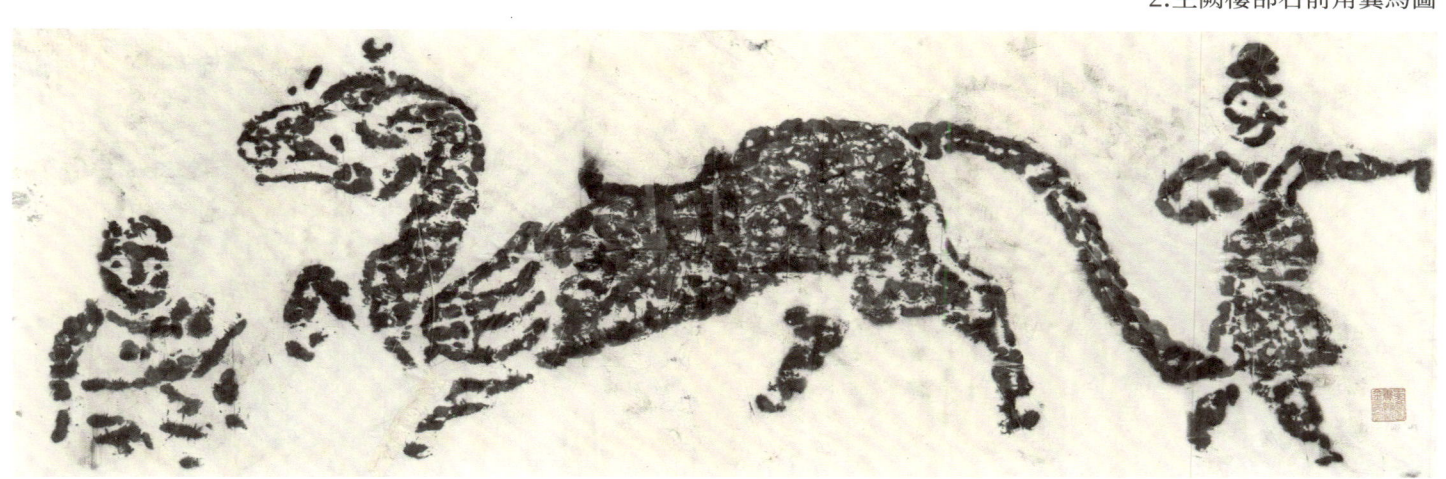

2.主闕樓部右前角翼馬圖

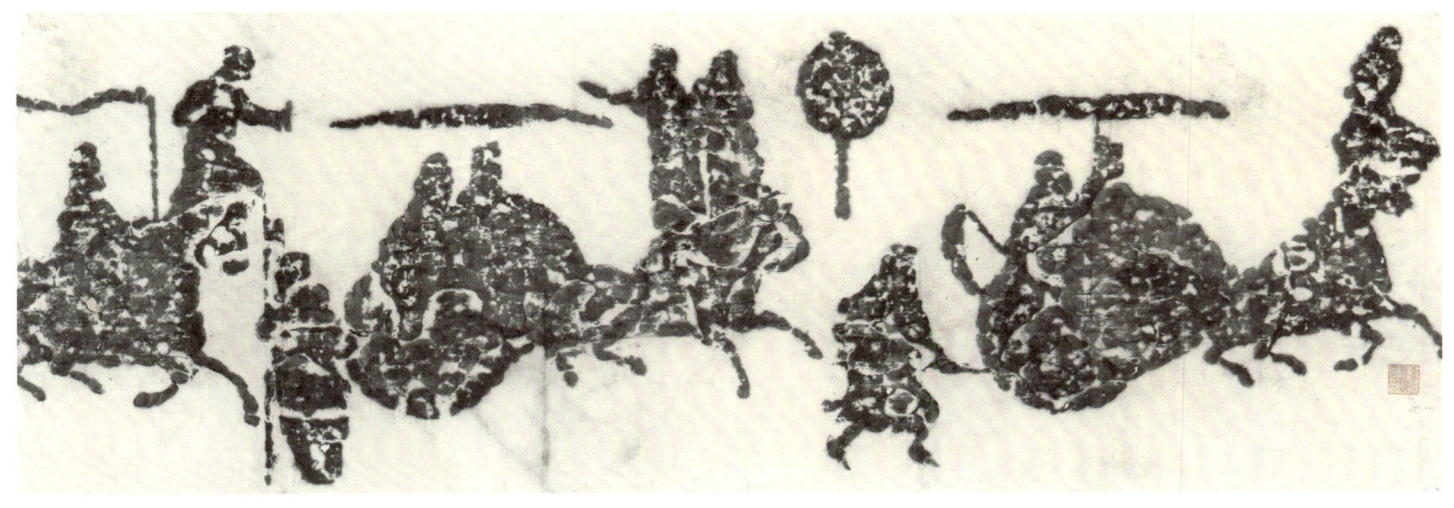

3.主闕樓部右後角駱駝圖

4.主闕闕身背面車馬出行圖

045 高頤石闕

東漢建安十四年（209）建。現藏四川雅安漢闕博物館。隸書。

民國拓本。49張。

子目：

1.頂蓋題名。24張，約14×14cm。頂蓋首層正面枋子起，以正面、右面、背面、左面爲序。每面銘文皆自左至右。

2.主闕樓部右前角翼馬圖。1張，43×64cm。

3.主闕樓部右後角駱駝圖。1張，43×126cm。

4.主闕闕身背面車馬出行圖。1張，51×136cm。

附注：杜奉符贈容庚。

著錄：八瓊室7/3，國圖1/189，鑒定80，石闕100—113。

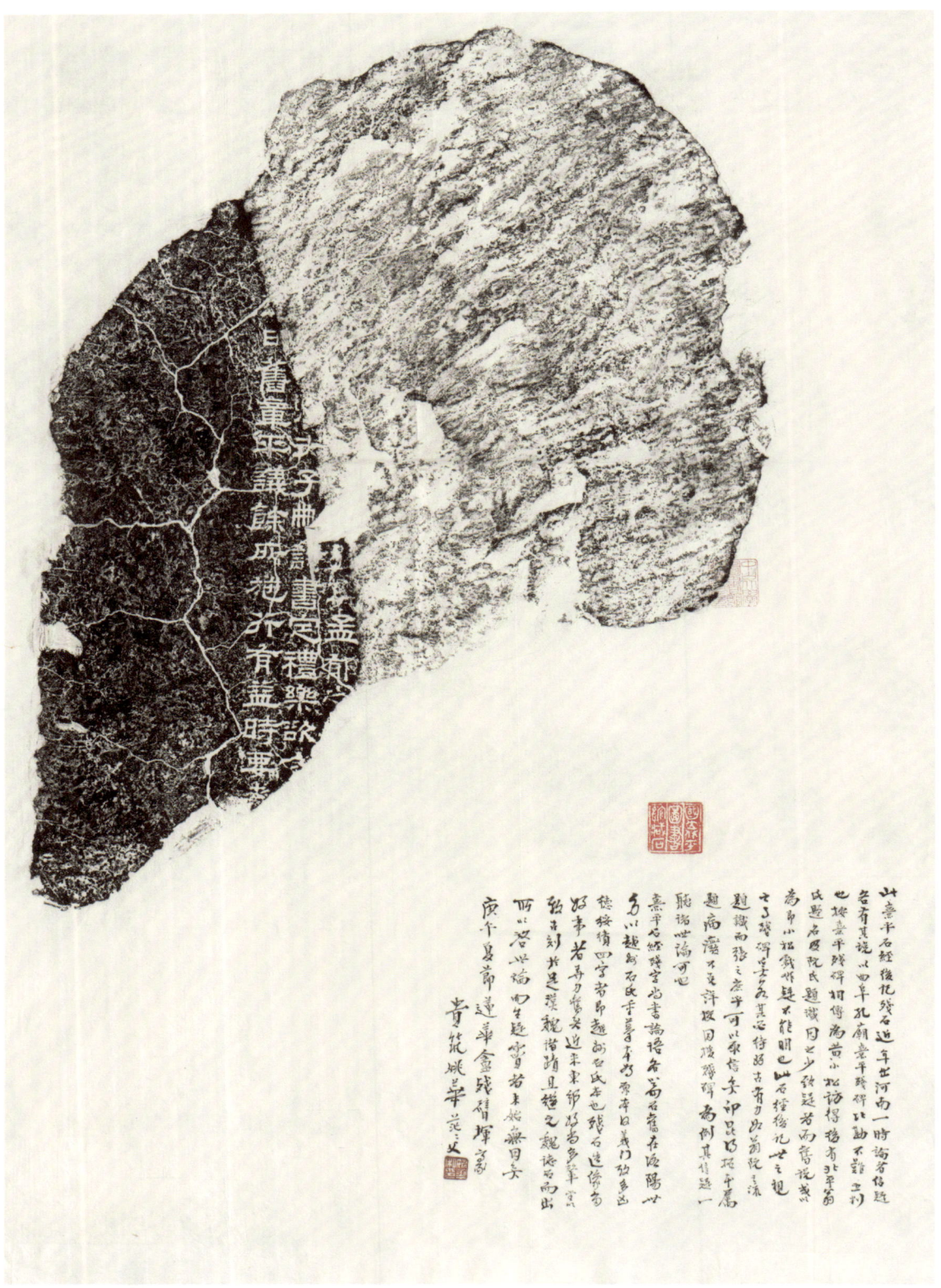

3.序記·石陰二

046 熹平石經殘字

（東漢）蔡邕等書。東漢熹平年間（172—178）。河南洛陽偃師太學村出土。隸書。

民國拓本。8張。

子目：

1.序記·石陽一，1張，48×23cm。

2.序記·石陽二，1張，53×37cm。鈐印："國立北平圖書館藏石"。

3.序記·石陰二，1張，54×44cm。民國十九年（1930）姚華跋。鈐印："姚華私印""國立北平圖書館藏石"。

4.序記·石陰一，1張，34×23cm。鈐印："北京大學研究所傳拓金石之記"。

5.校記，1張，6.5×8.5cm。馬衡藏石。鈐印："錫永手拓漢魏石經記"。

著錄：萃編16/1，國圖1/165，鑒定62。

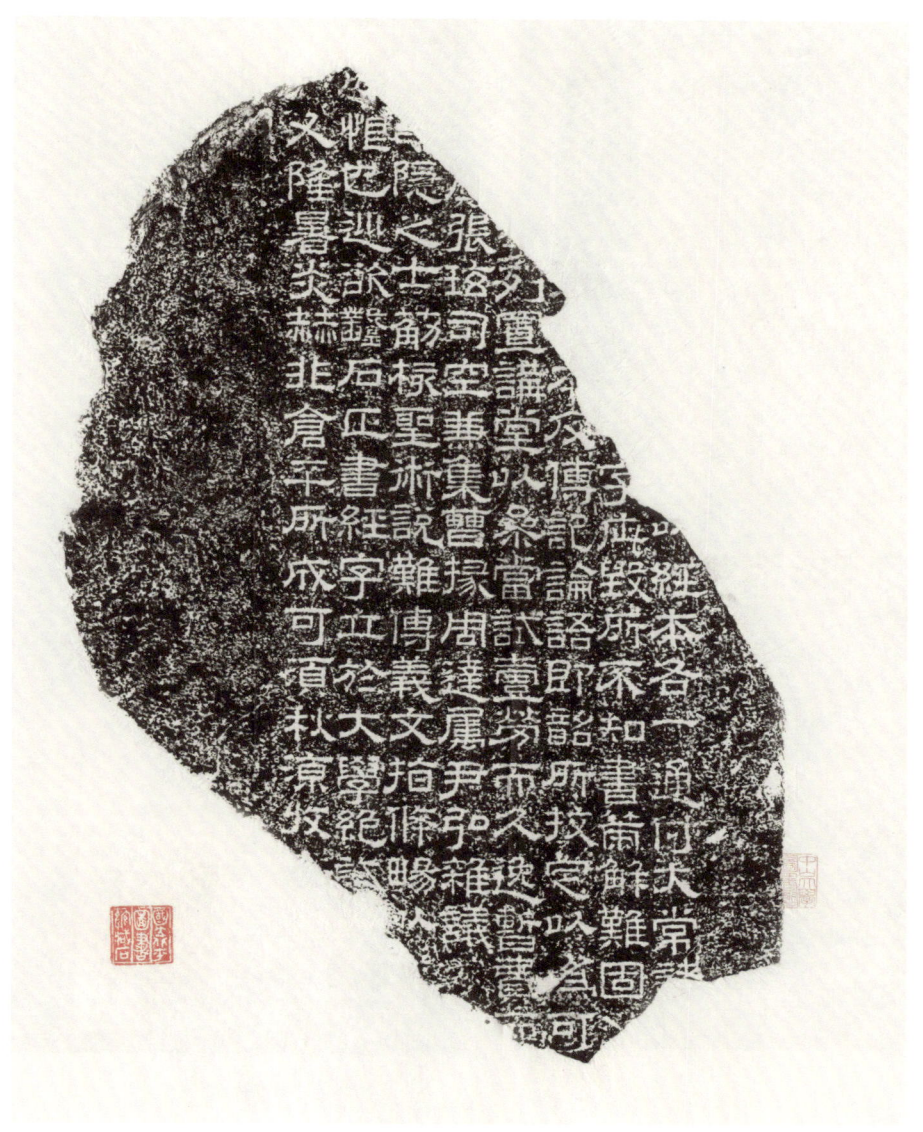

2.序記·石陽二

1.序記·石陽一

5.校記

4.序記·石陰一

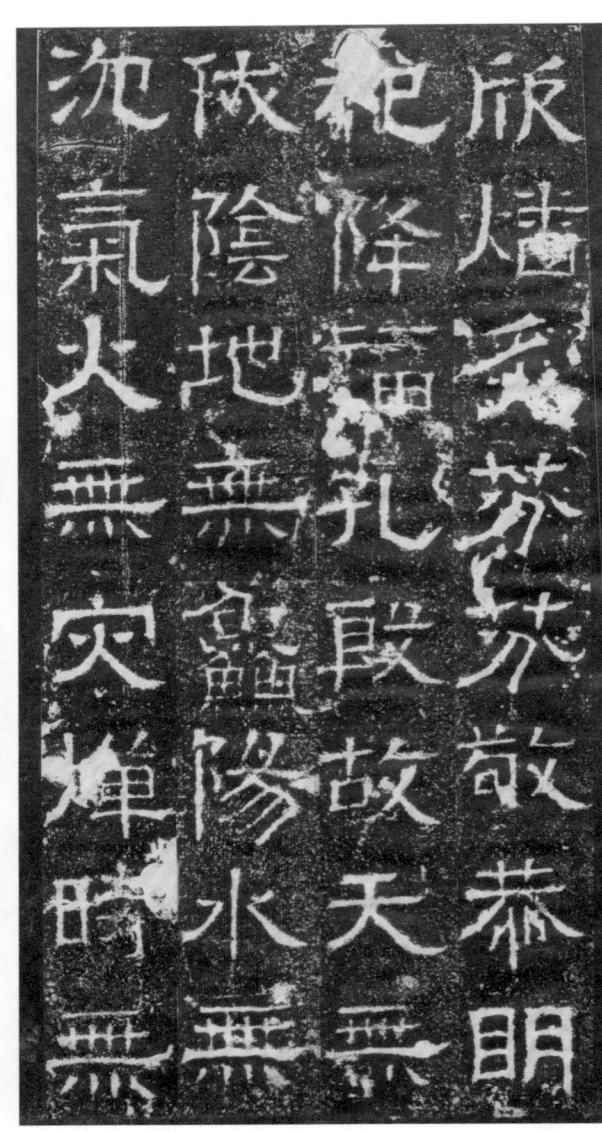

047 白石神君碑

　　（東漢）王明刻。東漢光和六年（183）。原在河北元氏白石山白石神君祠，明萬曆間劉從仁移至縣城開化寺左，清康熙三十年（1691）陳奕禧訪得，乾隆六十年（1795）嵌學署敬業堂東壁，"文革"時移埋於河北正定隆興寺地下，1989年置封龍山漢碑堂。隸書，額篆書。

　　清道光拓本。綫裝。1册9.5葉，29.5×16.5cm。

　　鈐印"容庚之印"。

　　著録：萃編17/22，國圖1/175，鑒定68。

塋削經圖疹民莫其怠
於禮禮脩五經莫不重
於祭祭育二義或祈
或報報以章德新以

頌當古史拓玉賴帝
禋宗逆于山川偏于
羣神建立北域脩設
壇屏所以昭孝息民

靈山先得法食去光
和岡丰三公守民蓋
高莒爲無崴止詡
大常求志食相縣以

048 素下殘石

東漢（25—220）。河南洛陽出土，徐森玉舊藏，現藏北京故宮博物院。篆書。

民國拓本。1張，20×23cm。

著錄：零拾六。

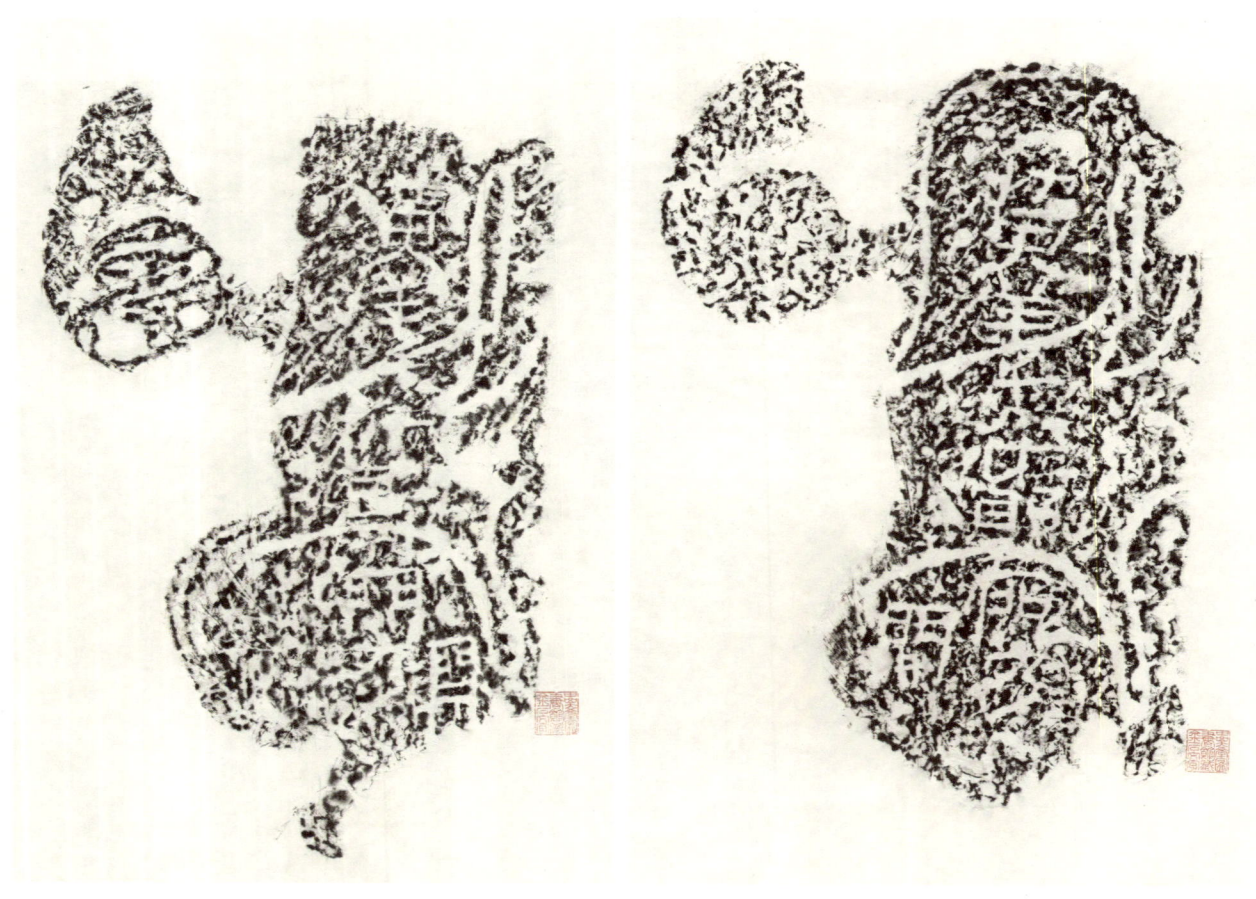

049 黃羊題字二種

東漢（25—220）。隸書。

民國拓本。2張，石羊一34×50cm，石羊二37×51cm。

附注：民國十四年（1925）一月王獻唐贈容庚。

著錄：鑒定81。

050 漢射陽石門畫像

東漢（25—220）。清乾隆五十年（1785）江蘇寶應縣射陽雙墩出土，後歸汪中，清道光十年（1830）汪喜孫送還學宮，嵌于畫川書院壁上。抗戰時期佚。隸書。

民國拓本。4張，孔子見老子畫像116×43cm，朱雀鋪首畫像116×44cm，橫聯15×66cm，觀款110×12cm。

附注：刻清包世臣題橫聯及觀款。劉文興贈容庚。

著錄：萃編21/30。

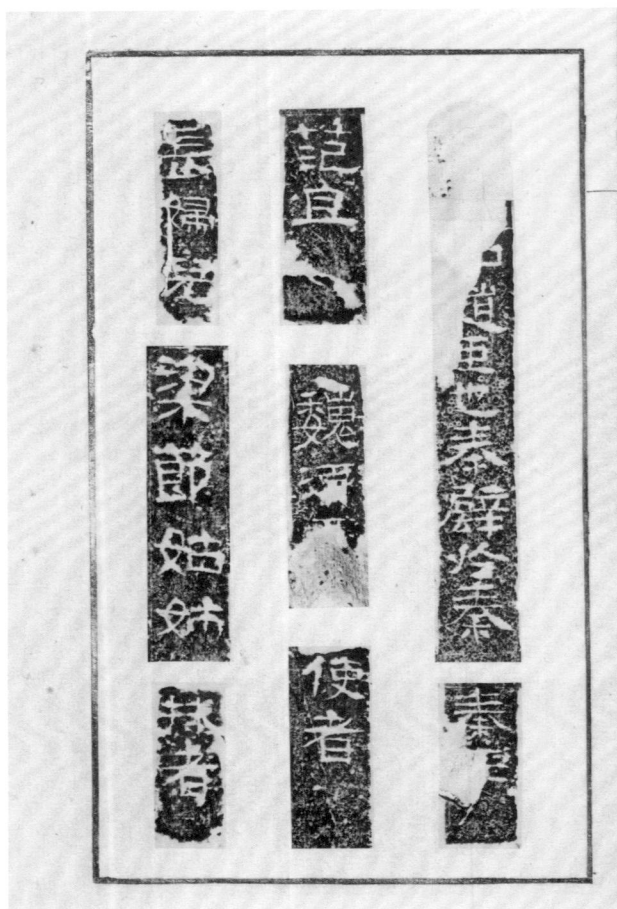
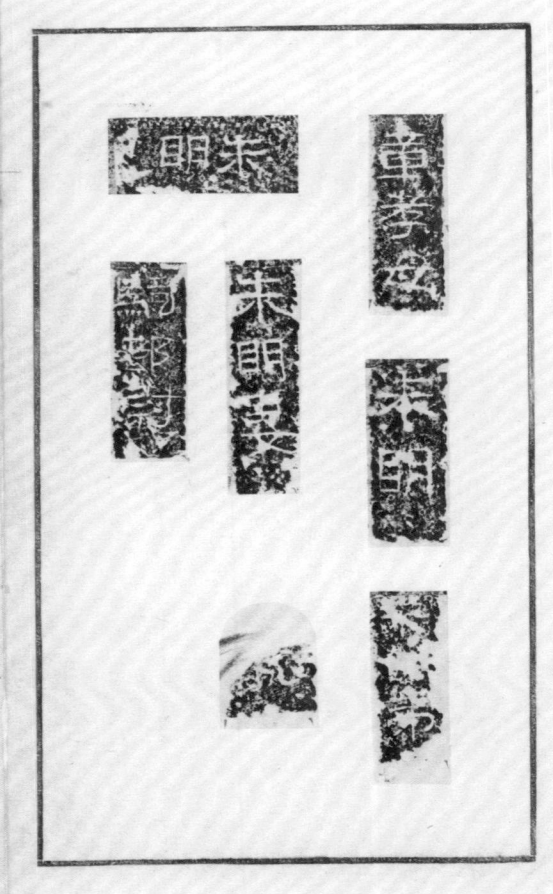

051 武梁祠畫像題字

東漢（25—220）。現藏山東嘉祥武氏墓群石刻博物館。隸書。

清拓本。册葉裝。1册25.5開，21.5×12.5cm。

民國二十四年（1935）容庚題簽。

鈐印："容庚""洪瑞玵印""漢白軒""山陰洪瑞玵鑑藏印""梅邨珍藏"。

著録：萃編21/1。

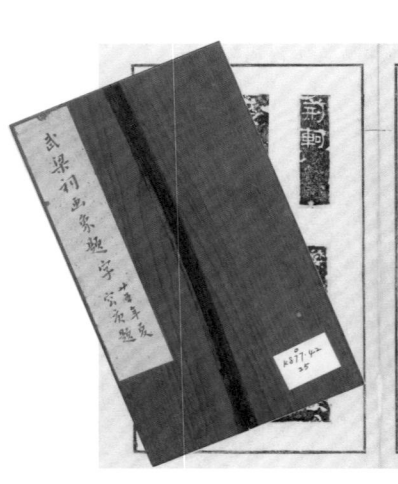

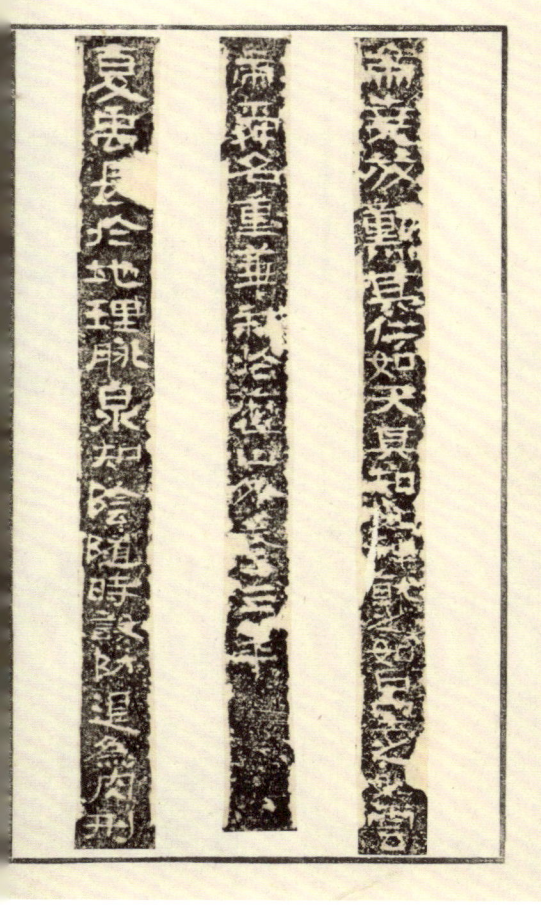

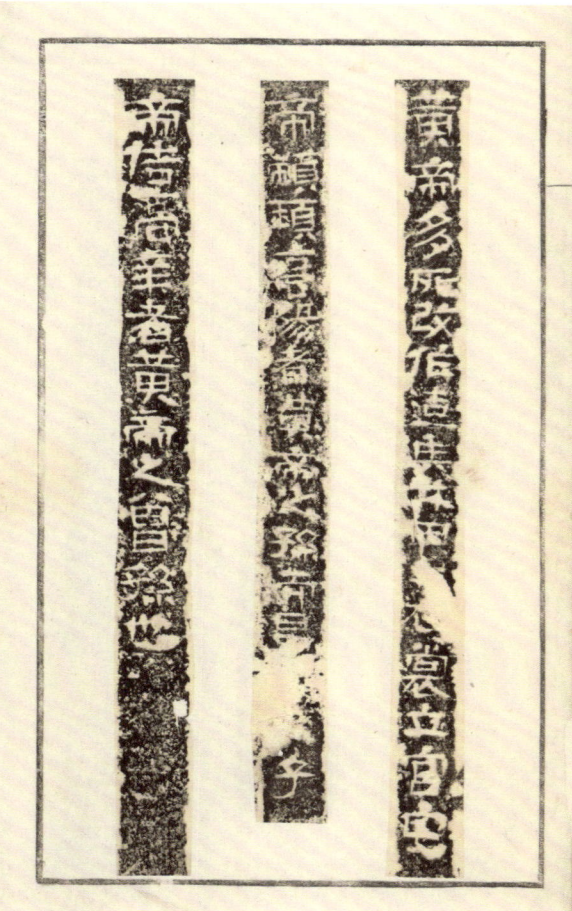

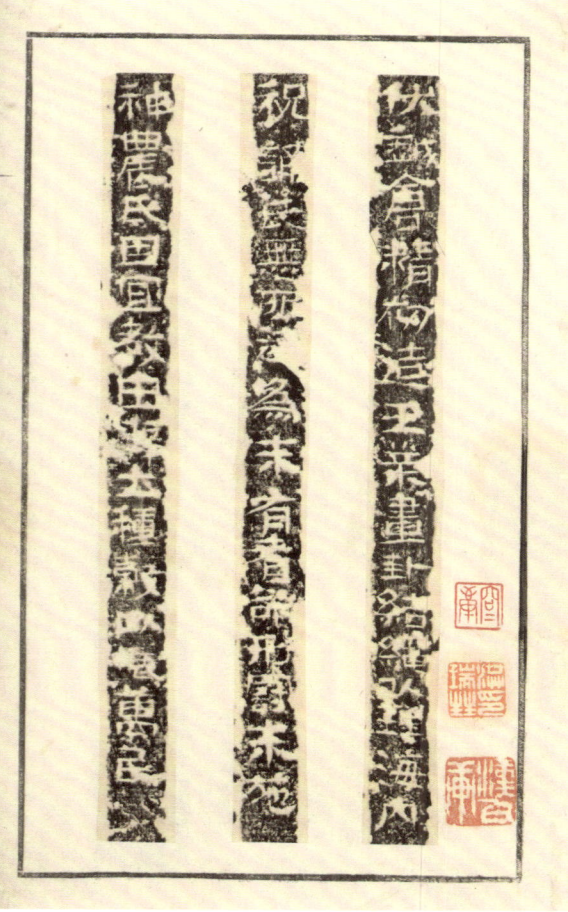

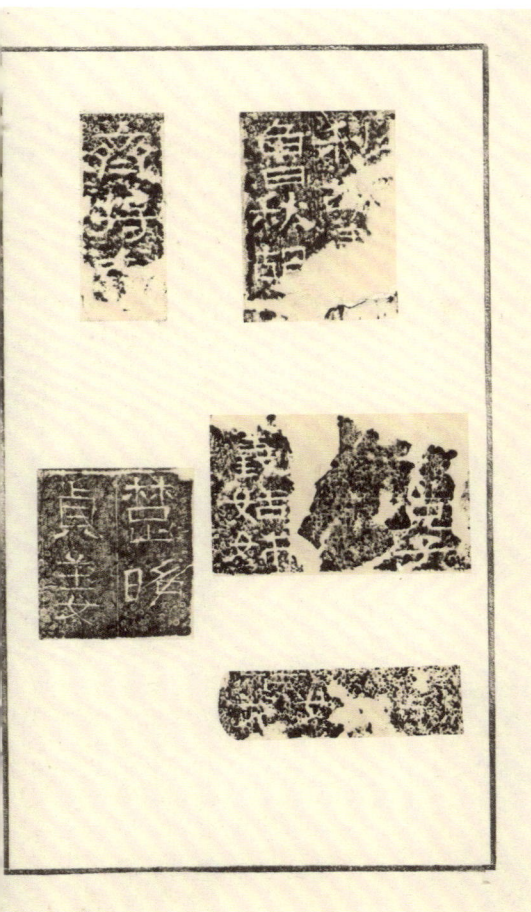

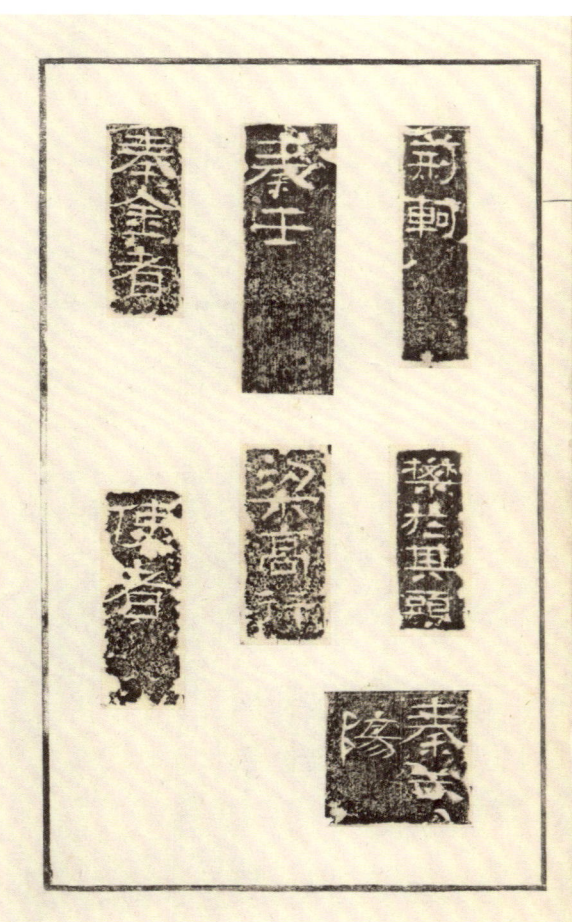

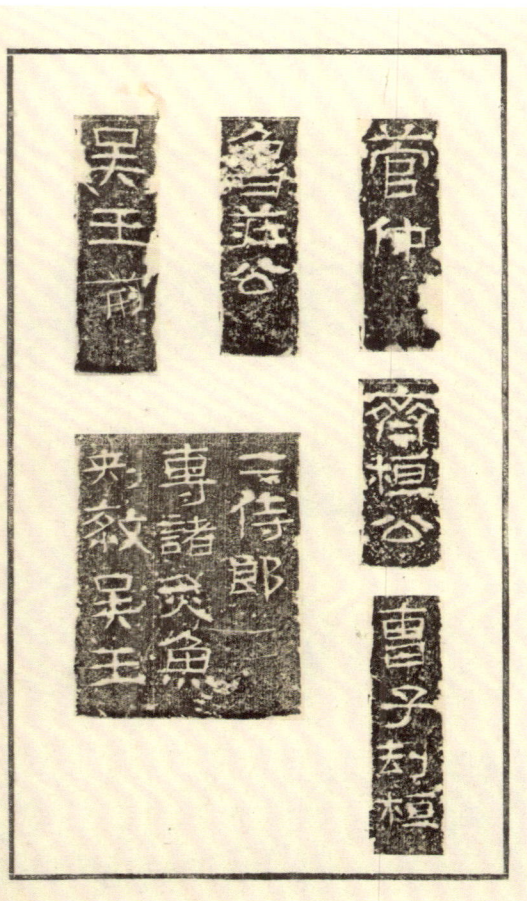

063

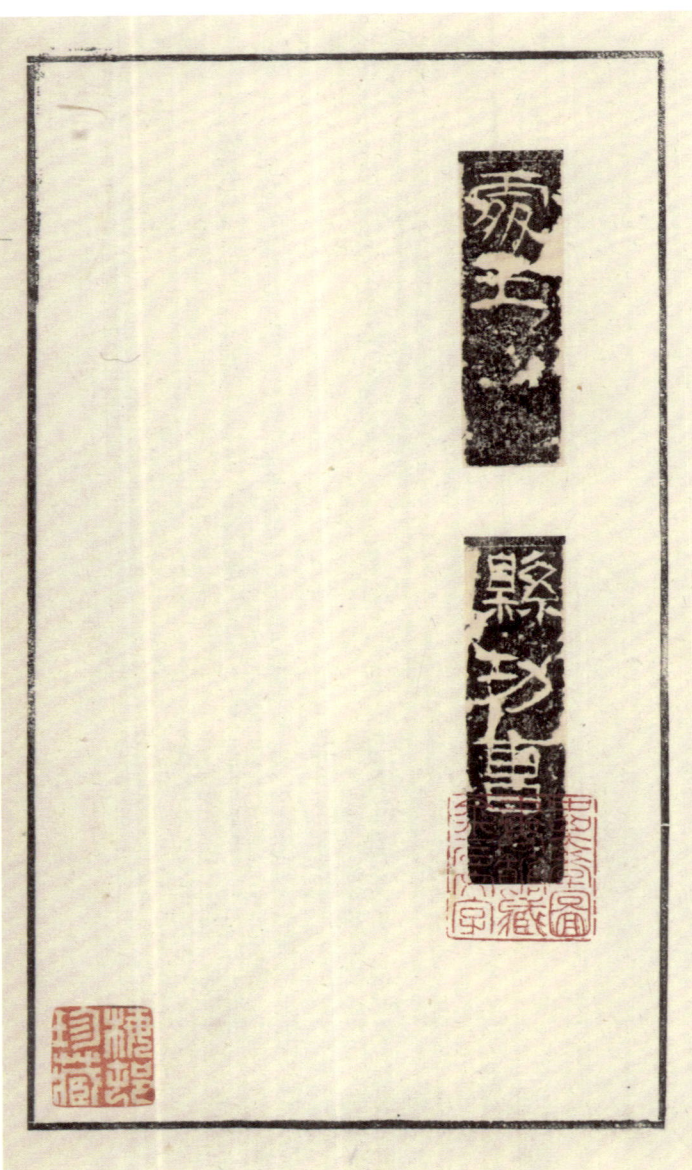

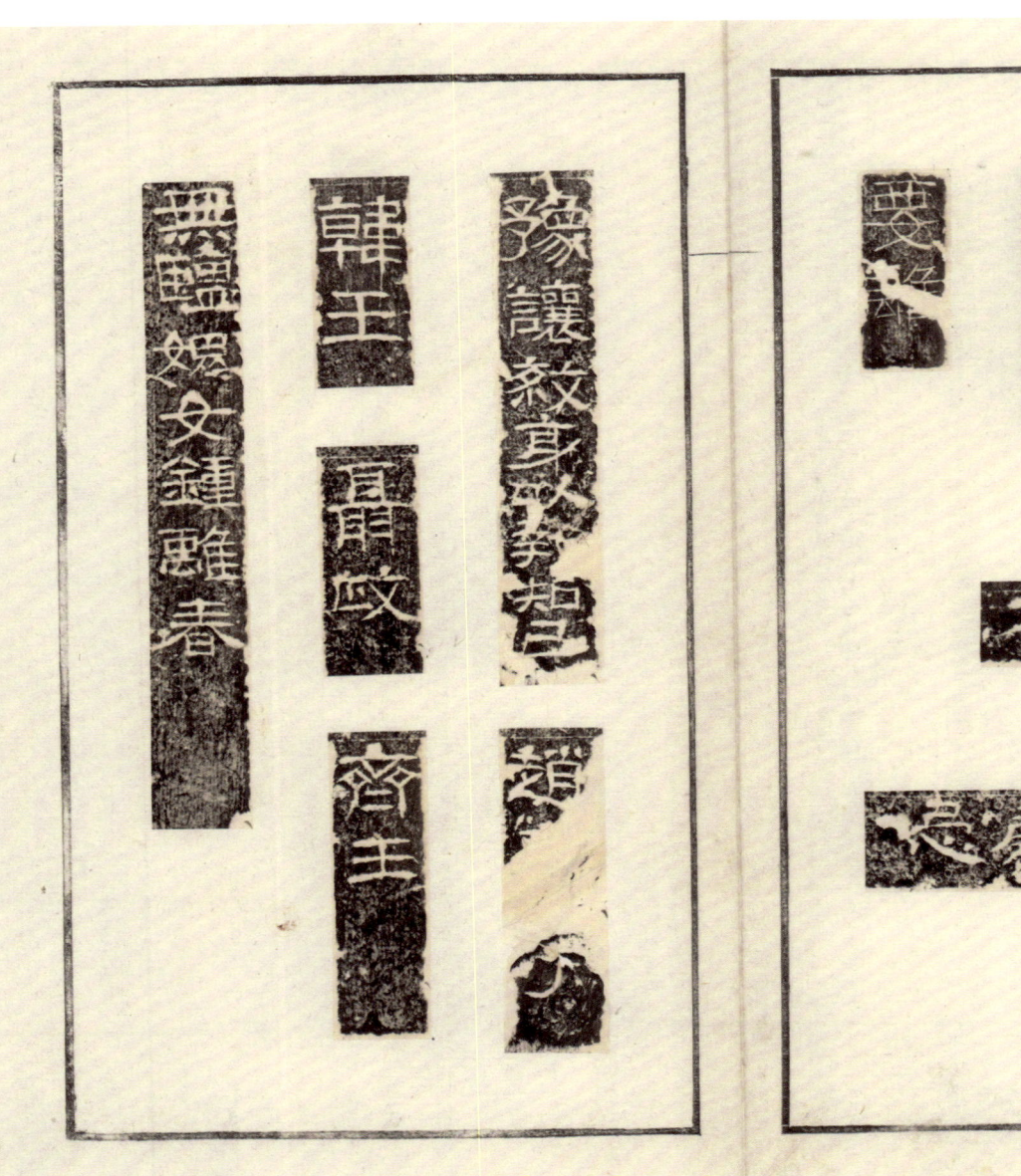

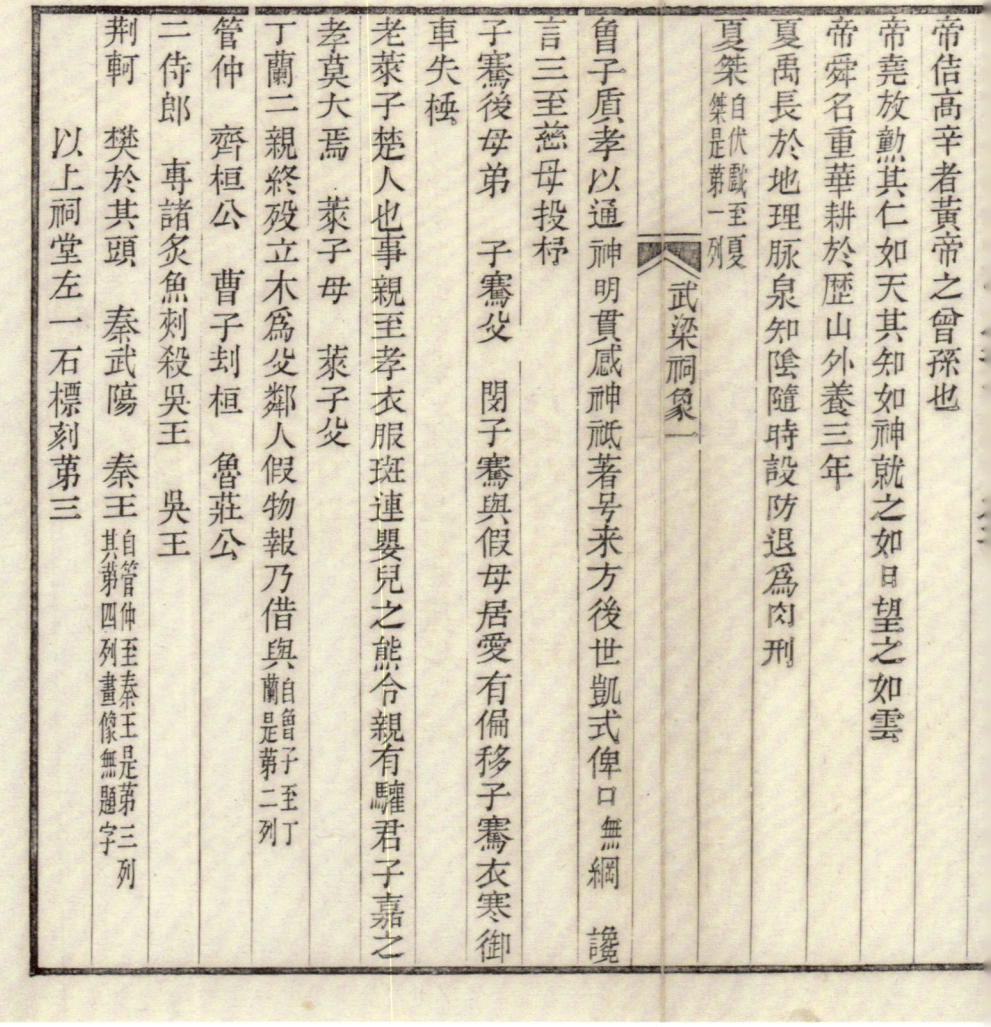

帝俈高辛者黃帝之曾孫也

帝堯放勳其仁如天其知如神就之如日望之如雲

帝舜名重華耕於歷山外養三年

夏禹長於地理脉泉知陰隨時設防退為肉刑

夏桀　自伏戲至夏桀是弟一殹

《武梁祠象》

曾子質孝以通神明貫感神祇著号来方後世凱式俾口無綱谶

言三至慈母投杼

子騫後母弟　子騫父　閔子騫與假母居愛有偏移子騫衣寒御

車失棰

老萊子楚人也事親至孝衣服斑連嬰兒之能令親有驩君子嘉之

孝莫大焉　萊子母　萊子父

丁蘭二親終歿立木為父鄰人假物報乃借與　自魯子至丁是第二列

二侍郎　齊桓公

專諸炙魚刺殺吳王　曹子劫桓　魯莊公

管仲

荆軒　樊於其頭　秦武陽　秦王　其第四列畫像無題字

樊於其頭　秦武陽　秦王　自管仲至秦王是第三列

以上祠堂左一石標刻第三

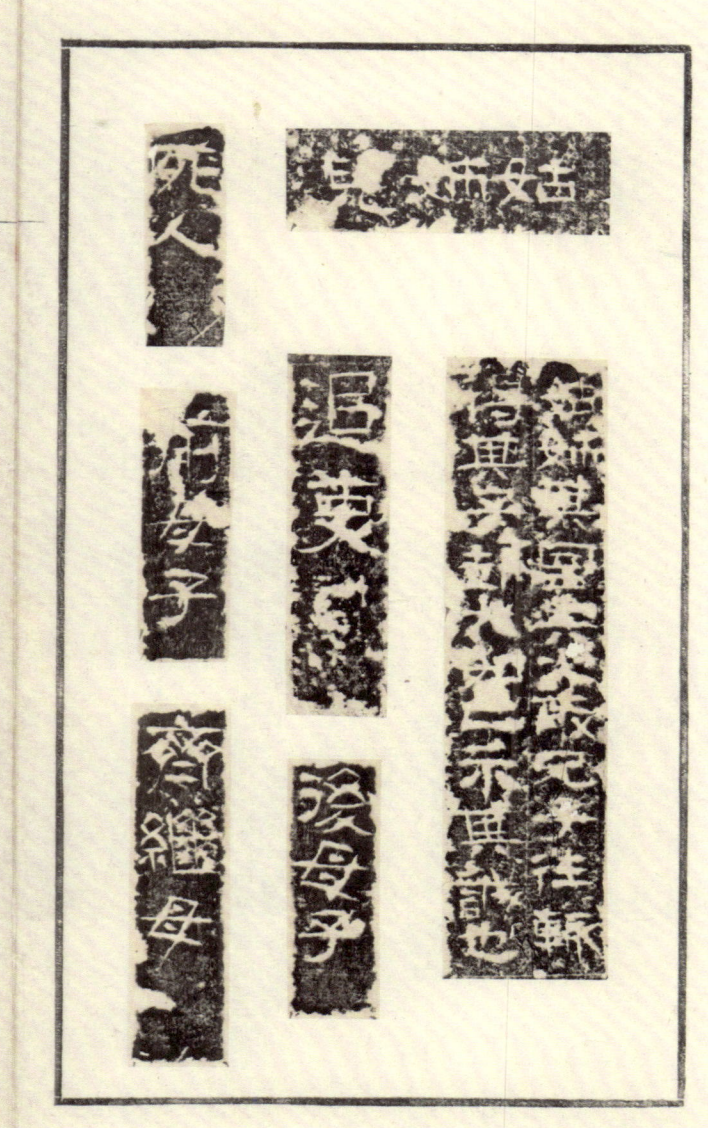
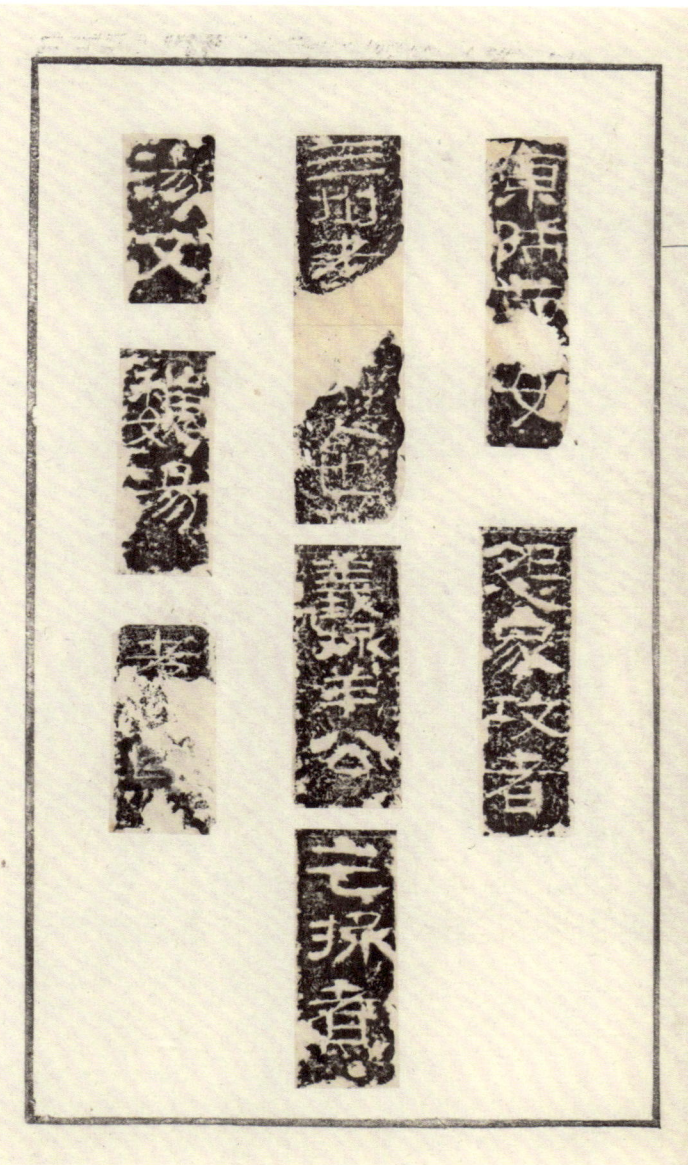

伏戲倉精初造王業畫卦結繩以理海內
祝誦氏無所造爲未有者詝刑罰未施
神農民因宜教田辟土種穀以振萬民

武梁祠象一

黃帝多所改作造兵井田㳂名嘗立宮宅
帝顓頊高陽者黃帝之孫而昌 二子
帝嚳高辛者黃帝之曾孫也

武梁祠堂畫像

伏戲倉精初造王業畫卦結繩以理海內
祝誦氏無所造爲未有者欲刑罰未施
神農氏因宜教田辟土種穀以振萬民
黃帝多所改作畫

1.武梁祠後壁畫像

052 武氏祠畫像

東漢（25—220）。清乾隆五十一年（1786）黃易等人得於山東嘉祥武宅山，現藏山東嘉祥武氏墓群石刻博物館。隸書。

清同治十三年（1874）、光緒六年（1880）拓本。43張。

子目：

1.武梁祠後壁畫像。東漢元嘉元年（151）。1張，119×206cm。

2.武梁祠東壁畫像。東漢元嘉元年（151）。1張，155×134cm。

3.武梁祠西壁畫像。東漢元嘉元年（151）。1張，156×136cm。

4.武梁祠前檐東立柱畫像。東漢元嘉元年（151）。1張，61×14cm。

5.武梁祠屋頂前坡節一層祥瑞圖。東漢（25—220）。1張，68×206cm。

6.武梁祠屋頂後坡節一層祥瑞圖。東漢（25—220）。1張，68×207cm。

7.前石室西壁上石畫像。東漢建寧元年（168）。1張，49×198cm。

8.前石室西壁下石畫像。東漢建寧元年（168）。1張，78×197cm。

9.前石室東壁上石畫像。東漢建寧元年（168）。1張，84×198cm。

10.前石室東壁下石畫像。東漢建寧元年（168）。1張，79×196cm。

11.前石室後壁橫額畫像。東漢建寧元年（168）。1張，31×320cm。

12.前石室後壁西段承檐石畫像。東漢建寧元年（168）。1張，29×146cm。

13.前石室前壁承檐枋東段畫像。東漢建寧元年（168）。1張，27×159cm。

14.前石室前壁承檐枋西段畫像。東漢建寧元年（168）。1張，27×161cm。

15.前石室後壁小龕東壁畫像。東漢建寧元年（168）。1張，68×71cm。

16.前石室後壁小龕西壁畫像。東漢建寧元年（168）。1張，67×71cm。

17.前石室後壁小龕東側畫像。東漢建寧元年（168）。1張，64×89cm。

18.前石室後壁小龕西側畫像。東漢建寧元年（168）。1張，68×90cm。

19.前石室後壁小龕後壁畫像。東漢建寧元年（168）。1張，58×141cm。

20.前石室隔梁東面畫像。東漢建寧元年（168）。1張，59×200cm。

21.前石室隔梁西面畫像。東漢建寧元年（168）。1張，64×196cm。

22.前石室屋頂前坡東段畫像。東漢建寧元年（168）。1張，95×147cm。

23.前石室屋頂前坡西段畫像。東漢建寧元年（168）。1張，94×148cm。

2.武梁祠東壁畫像

3.武梁祠西壁畫像

24.左石室東壁上石畫像。東漢建和二年（148）。1張，85×196cm。

25.左石室東壁下石畫像。東漢建和二年（148）。1張，68×205cm。

26.左石室西壁上石畫像。東漢建和二年（148）。1張，53×201cm。畫像分三層，銳頂部分失拓。

27.左石室西壁下石畫像。東漢建和二年（148）。1張，76×206cm。

28.左石室後壁承檐石東段畫像。東漢建和二年（148）。1張，31×144cm。

29.左石室後壁橫額畫像。東漢建和二年（148）。1張，31×230cm。

30.左石室後壁小龕東側畫像。東漢建和二年（148）。1張，72×61cm。

31.左石室後壁小龕西側畫像。東漢建和二年（148）。1張，71×61cm。

32.左石室後壁小龕東壁畫像。東漢建和二年（148）。1張，69×71cm。

33.左石室後壁小龕西壁畫像。東漢建和二年（148）。1張，68×71cm。

34.左石室後壁小龕後壁畫像。東漢建和二年（148）。1張，69×142cm。

35.左石室隔梁東面畫像。東漢建和二年（148）。1張，61×207cm。

36.左石室隔梁西面畫像。東漢建和二年（148）。1張，60×204cm。

37.左石室屋頂前坡東段畫像。東漢建和二年（148）。1張，102×137cm。

38.左石室屋頂前坡西段畫像。東漢建和二年（148）。1張，104×144cm。

39.左石室屋頂後坡東段畫像。東漢建和二年（148）。1張，106×143cm。

40.左石室第一石右段畫像。東漢建和二年（148）。1張，63×112cm。刻清乾隆五十四年（1789）李克正題識。

41.左石室第一石中段圖。東漢（25—220）。清同治十年（1871）出土。1張，63×53cm。

42.祥瑞圖第三石畫像。東漢（25—220）。1張，73×62cm。

43.孔子何饋畫像。東漢（25—220）。清光緒六年出土。1張，77×83cm。

附注：王獻唐贈容庚。武氏祠含武梁祠、前石室和左石室。

著録：鑒定87，畫像集1/49—64，漢畫像410—505。

4.武梁祠前檐東立柱畫像

5.武梁祠屋頂前坡節一層祥瑞圖

6.武梁祠屋頂後坡節一層祥瑞圖

7.前石室西壁上石畫像

8.前石室西壁下石畫像

9.前石室東壁上石畫像

10.前石室東壁下石畫像

11.前石室後壁橫額畫像

12.前石室後壁西段承檐石畫像

13.前石室前壁承檐枋東段畫像

14.前石室前壁承檐枋西段畫像

15.前石室後壁小龕東壁畫像

16.前石室後壁小龕西壁畫像

17.前石室後壁小龕東側畫像

18.前石室後壁小龕西側畫像

19.前石室後壁小龕後壁畫像

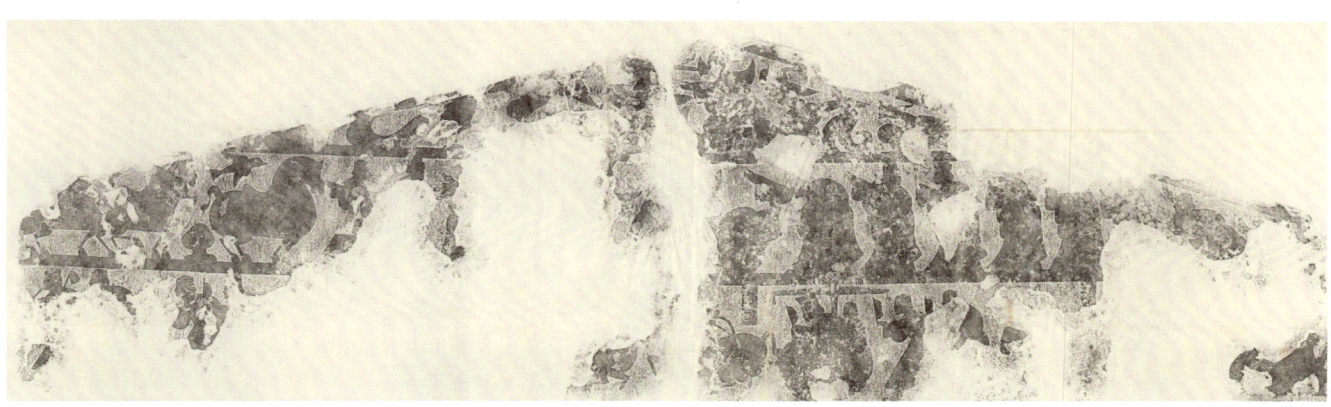

20.前石室隔梁東面畫像

21.前石室隔梁西面畫像

22.前石室屋頂前坡東段畫像

23.前石室屋頂前坡西段畫像

24.左石室東壁上石畫像

25.左石室東壁下石畫像

26.左石室西壁上石畫像

27.左石室西壁下石畫像

28.左石室後壁承檐石東段畫像

29.左石室後壁橫額畫像

30.左石室後壁小龕東側畫像

31.左石室後壁小龕西側畫像

32.左石室後壁小龕東壁畫像

33.左石室後壁小龕西壁畫像

34.左石室後壁小龕後壁畫像

35.左石室隔梁東面畫像

36.左石室隔梁西面畫像

37.左石室屋頂前坡東段畫像

38.左石室屋頂前坡西段畫像

39.左石室屋頂後坡東段畫像

40.左石室第一石右段畫像

41.左石室第一石中段画像

42.祥瑞圖第三石畫像

43.孔子何饋畫像

3.春秋·僖公卅二年至卅三年

2.春秋·僖公卅一年至卅三

6.尚書·皋陶謨

5.尚書·君奭

053 正始石經殘字

三國魏正始年間（240—249）。河南洛陽出土，曾分藏周進、馬衡、徐森玉、白堅諸家。古文、篆書、隸書。

民國拓本。11張。

子目：

1.春秋·僖公廿八年。1張，18.5×28cm。馬衡藏石。

2.春秋·僖公卅一年至卅三年。1張，21×13cm。江夏黄氏藏石。鈐印："錫永手拓漢魏石經記"。

3.春秋·僖公卅二年至卅三年。1張，10×15cm。馬衡藏石。

1.春秋·僖公廿八年

4.春秋·文公

　　4.春秋·文公。1張，33×26cm。民國二十五年（1936）白堅購於日本大阪淺野竹石山房，現藏北京故宮博物院。鈐印："白堅之印""子雲所拓"。
　　5.尚書·君奭。1張，35×26cm。民國二十五年（1936）白堅購於日本大阪淺野竹石山房，現藏北京故宮博物院。鈐印："白堅之印""子雲所拓"。
　　6.尚書·皋陶謨。14×4cm。馬衡藏石。鈐印："錫永手拓漢魏石經記"。
　　著錄：希古樓8/1，鑒定94。

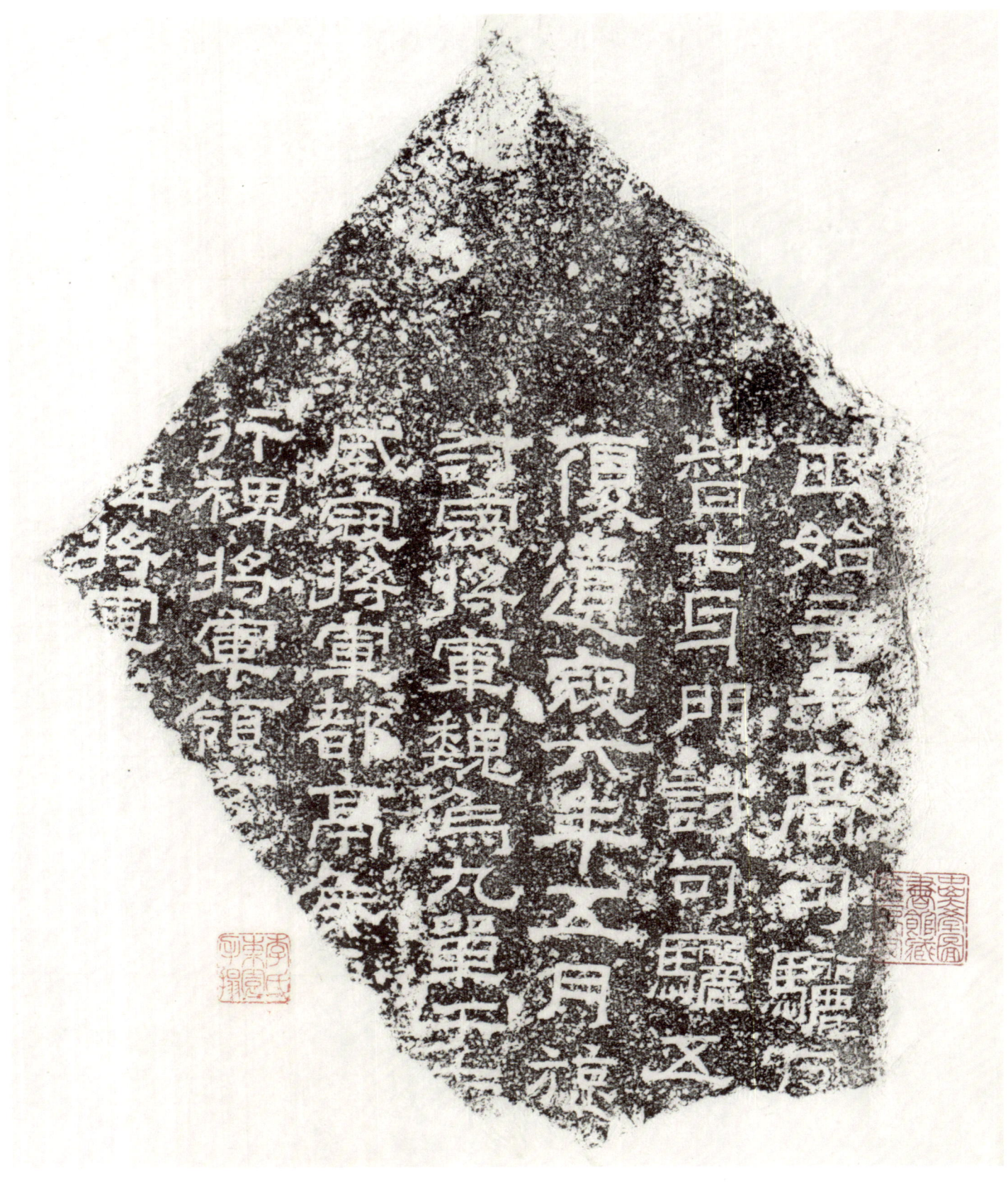

054 毌丘儉紀功碑殘石

三國魏正始六年（245）五月。清光緒三十年（1904）吉林集安出土，現藏遼寧省博物館。隸書。
清末民初拓本。1張，36×28cm。
鈐印："李氏東園手拓"。
附注：民國十九年（1930）羅振玉贈容庚。
著録：希古樓8/23，鑒定93。

（局部）

055 王基殘碑

三國魏景元二年（261）四月二十四日卒。清乾隆初河南洛陽出土，後移存河南洛陽存古閣，現藏河南洛陽古代藝術博物館。隸書。

民國拓本。1張，107×95cm。

附注：刻清光緒八年（1882）杜夢麟題識。

著錄：萃編24/11，國圖2/18，鑒定97。

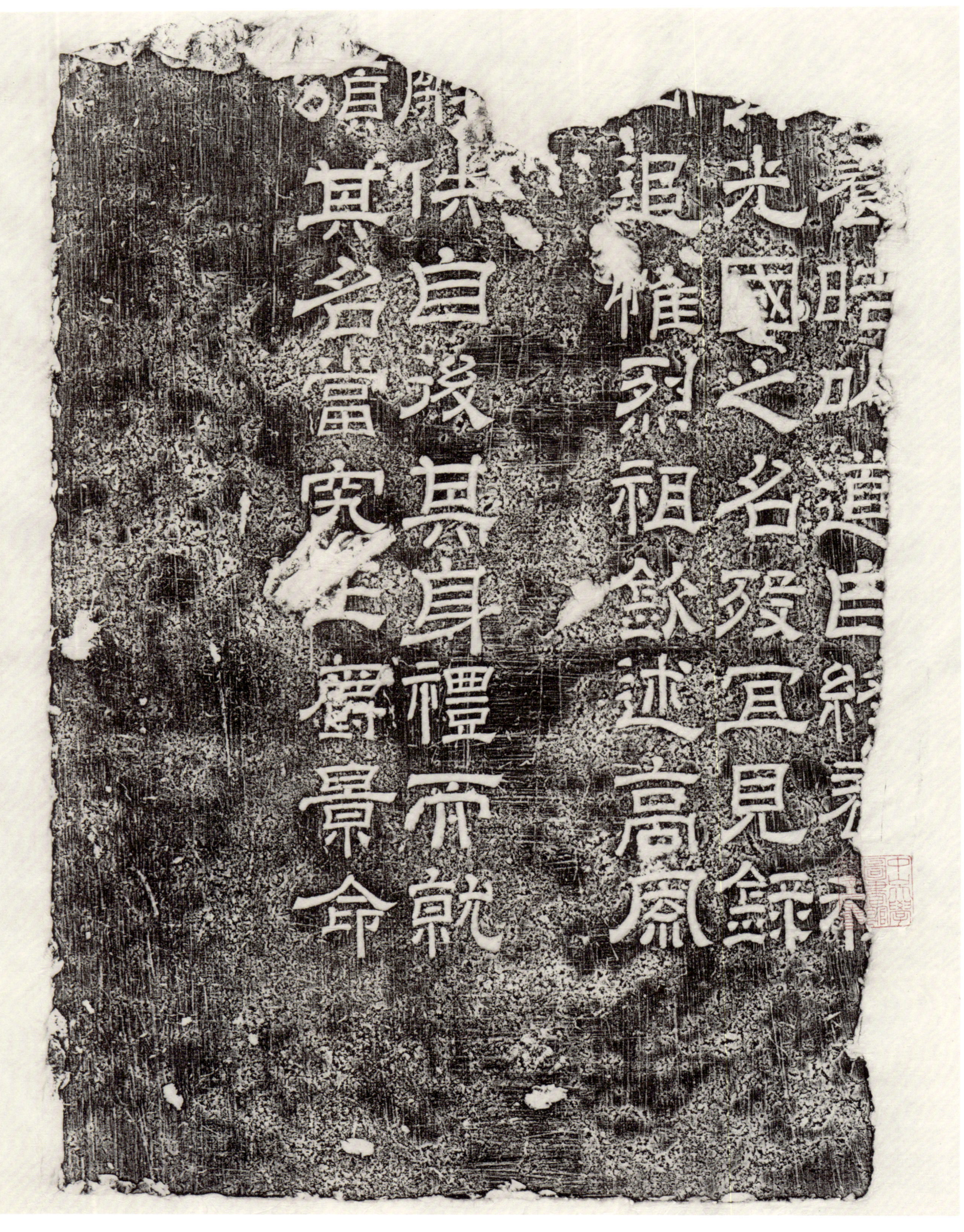

056 張君殘碑

三國魏（220—265）。民國二十四年（1935）周進購藏，現藏北京故宮博物院。隸書。

民國拓本。1張，48×33cm。

附注：是碑殘存右半下部、左半下部二殘石，1950年皆入藏北京故宮博物院。右半上部僅存拓本，殘石下落不明。此爲左半下部殘石。

著録：匋齋3/11，希古樓8/25，鑒定46。

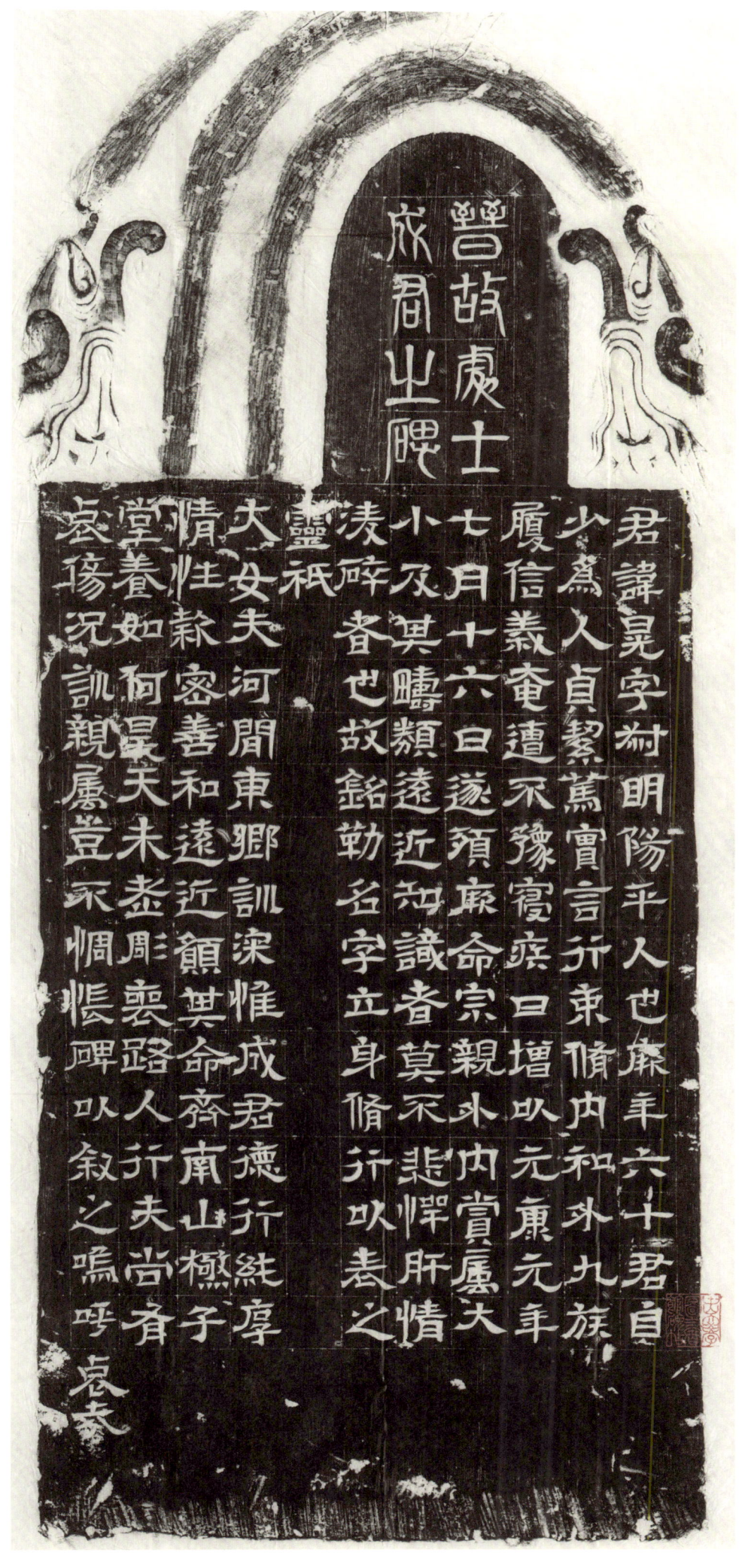

額篆書：晉故處士成君之碑

君諱晃字㓡明陽平人也康年六十君自少為人貞絜篤實言行柬愼内和外廉元康元年族七月十六日卒其疇類遠近知識者莫不悲悼恨肝情以表之靈祇夫河間東鄉訓深惟成君德行純厚堂養如何晨天未㗊彫襄路人行夫當育子袁瑂況訓親屬豈未盡惆悵碑以敘之嗚呼袁袁履信義奄遷不豫寢疾口增以内元東元年大女夫河間東鄉近頷其命齊南山楠小及其世故銘勒名字立身脩行以表之情性菽密善和遠

057 成晃墓碑

西晉元康元年（291）七月十六日卒。民國十四年（1925）河南洛陽出土，張鈁舊藏，現藏河南洛陽千唐誌齋。隸書，額篆書。

民國拓本。1張，連額68×30cm。

附注：徐森玉贈容庚。附徐森玉致容庚信札一通。

著錄：希古樓9/28，集釋1/2，國圖2/56，北大墓誌5，鑒定107，時地記007。

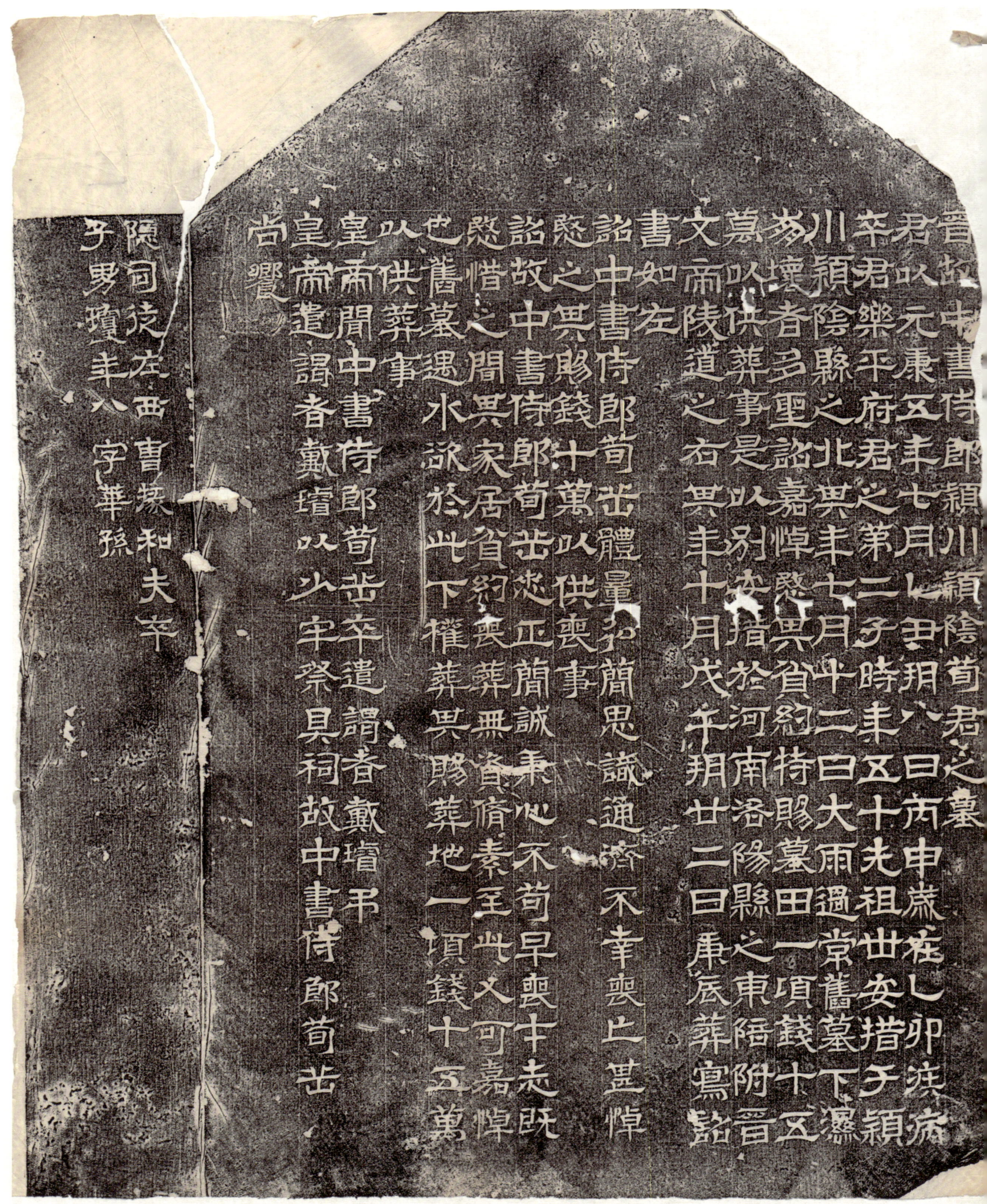

058 荀岳墓誌

西晋元康五年（295）十月二十二日葬。民國六年（1917）河南偃師出土，現藏河南偃師商城博物館。隸書。

民國拓本。1張，62×101cm。

附注：容肇祖贈容庚。石圭形，四面合拓。

著録：芒三1，希古樓9/28，集釋1/3，國圖2/59，北大墓誌5，鑒定108，時地記008。

（碑刻拓片，文字竖排，自右至左）

……出字於伯，小字果□，姓□……

……譙郡府丞，官含以孝寧□……

……四月舉秀才，十九日戊午正應命……

……月十戊午詔書左□二□戊十月□……

……九月二十七日除中兵郎……

……王丰，除中兵郎，七七……

……馬肅九，除中兵郎……

……元丰二月除□□中兵郎……

……內領山陽縣……

……除中書令，除中……

……侍郎丰二月元丰……

……夫人樂陵劉石丰世祖東……

……適女次女燕字和麻字韶次息□……

……媦次女次女蓉字惠音丰息男對……

……女皆不育官□隱仲雅字馮鶴女……

……瑋適□□適弘農潁川士□產拜陳敬晓祖生……

……夫人劉氏丰五十四字簡訓，永安元丰歲在甲子三月……

……十六日癸□卒于司兗府，乙卯殯其丰多故，四月十八……

……乙酉日附基尹卒于司兗府……

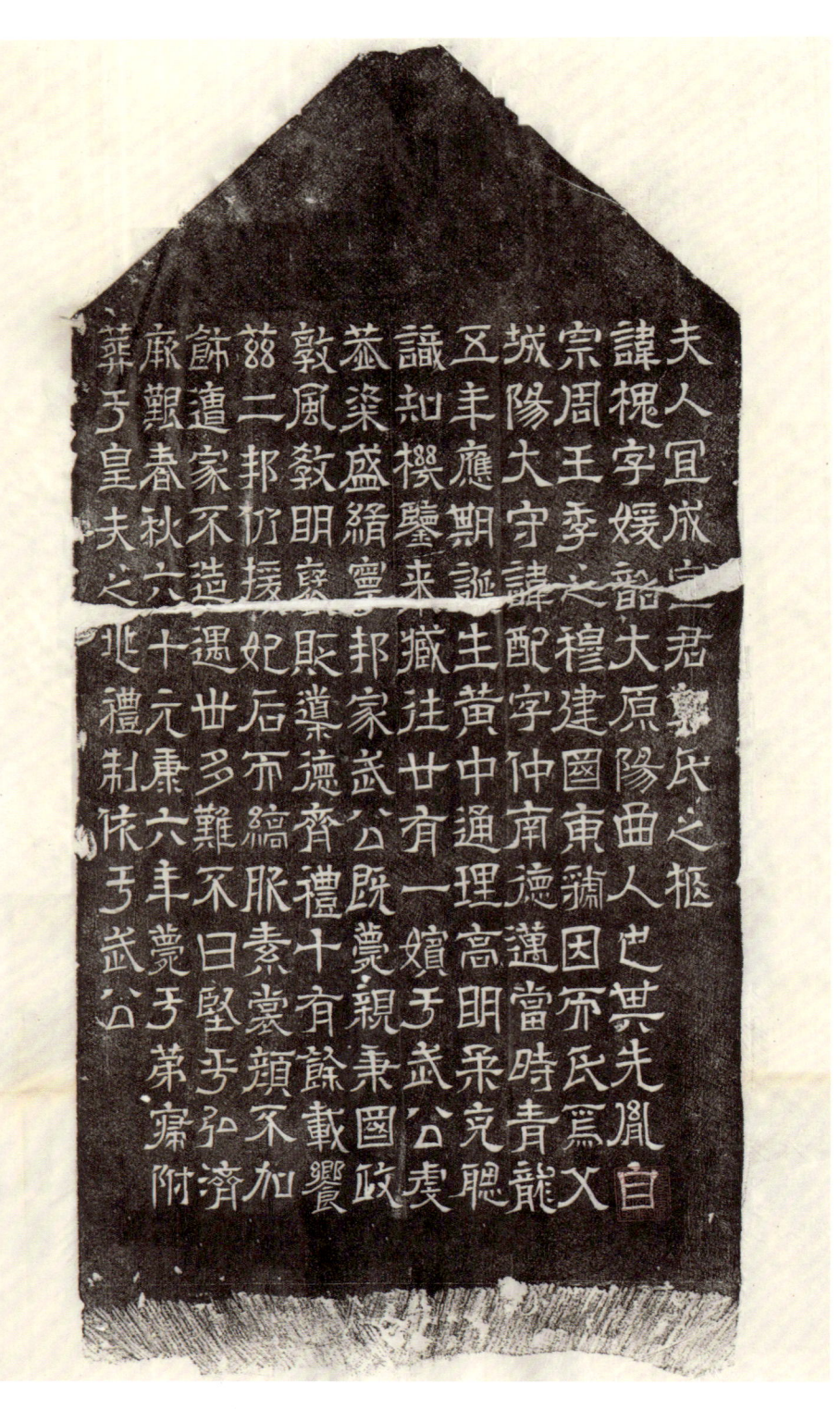

059 郭槐柩記

　　西晉元康六年（296）卒。民國十九年（1930）河南洛陽平樂村出土，現藏中國國家圖書館。隸書。

　　民國拓本。1張，72×35cm。

　　著錄：集釋1/2，國圖2/62，北大墓誌5，鑒定108，時地記007。

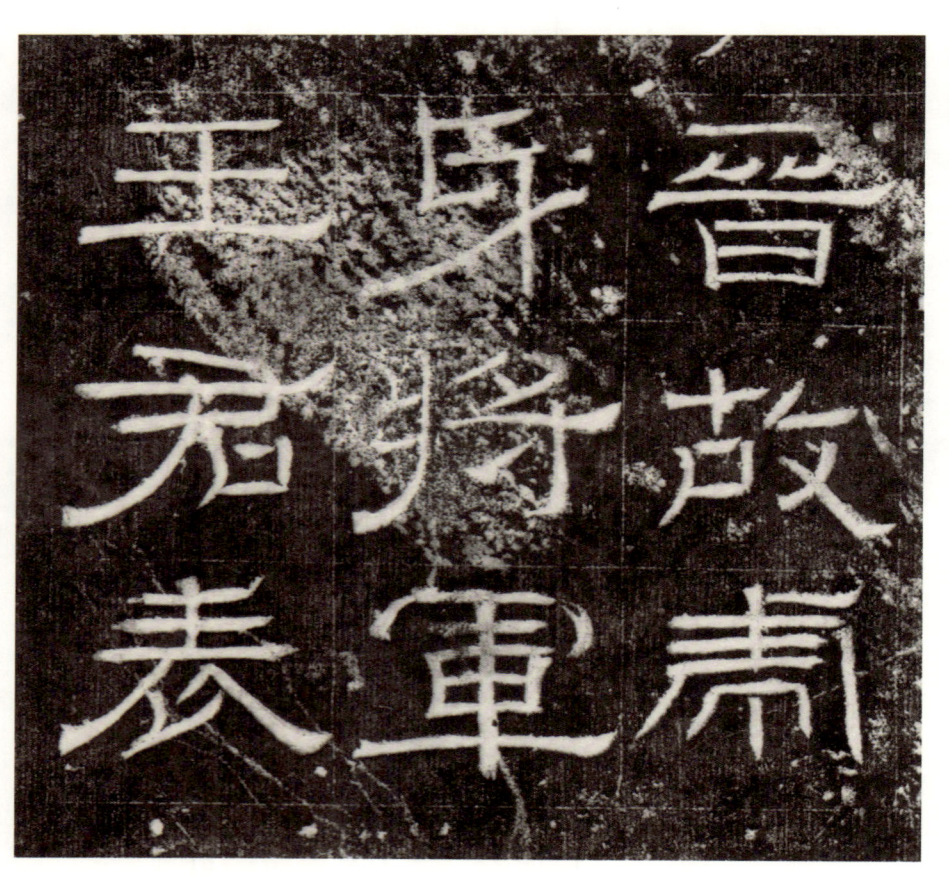

060 王君墓表

　　西晉（265—316）。民國十五年（1926）河南洛陽高家嶺出土，柯昌泗舊藏，1960年入藏北京故宮博物院。隸書。

　　民國拓本。1張，11.5×12.5cm。

　　附注：徐森玉贈容庚。

　　著錄：國圖2/93，北大墓誌8，鑒定115，時地記009。

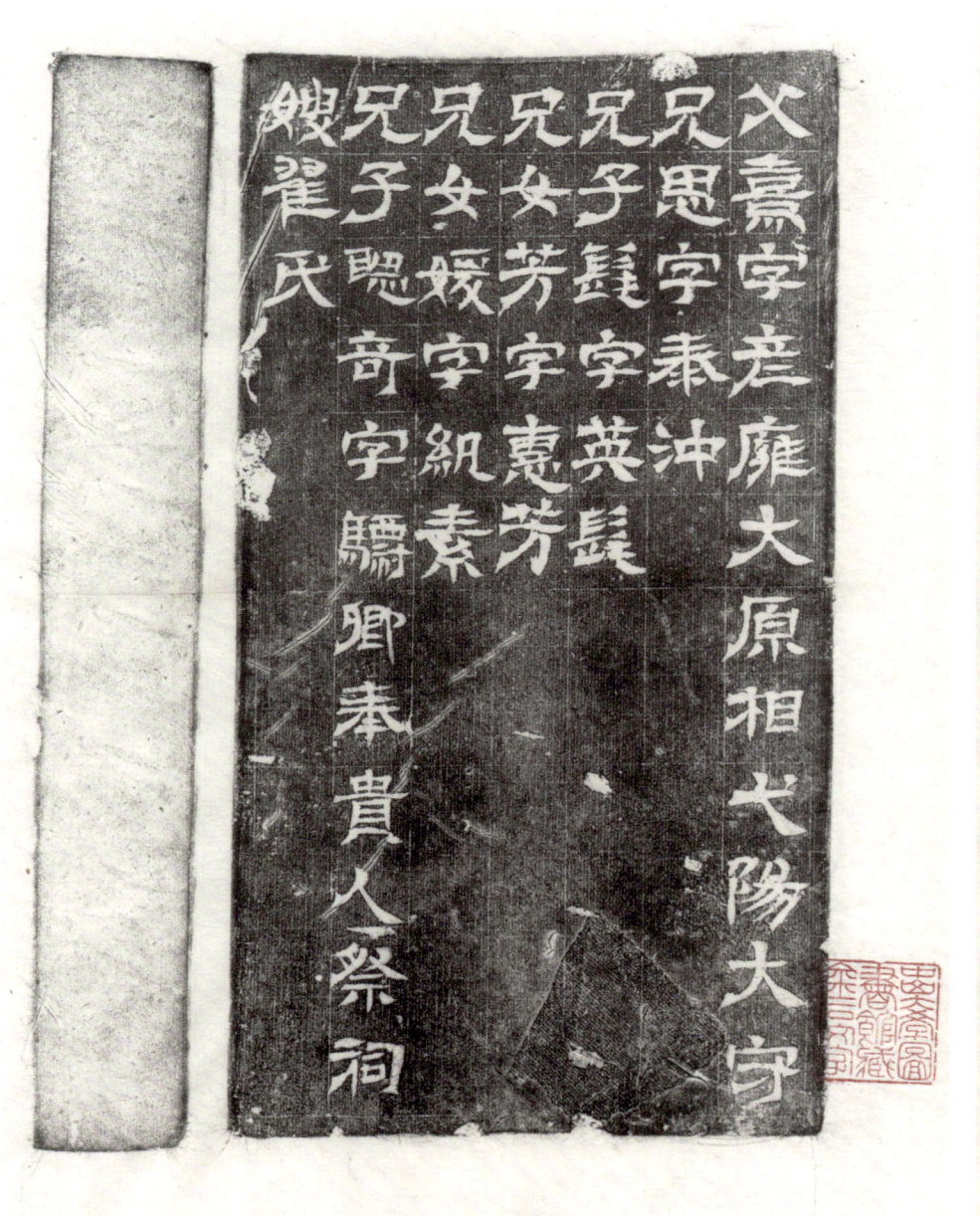

061 左棻墓誌

西晉永康元年（300）四月二十五日葬。民國十九年（1930）河南偃師南蔡莊村出土，張鈁、于右任舊藏，現藏陝西省博物館。隸書。

民國拓本。2張，誌陽26×14cm，誌陰、側連拓26×19cm。

附注：墓誌兩面刻。

著録：集釋1/2，國圖2/66，北大墓誌6，鑒定111，時地記008，零拾七。

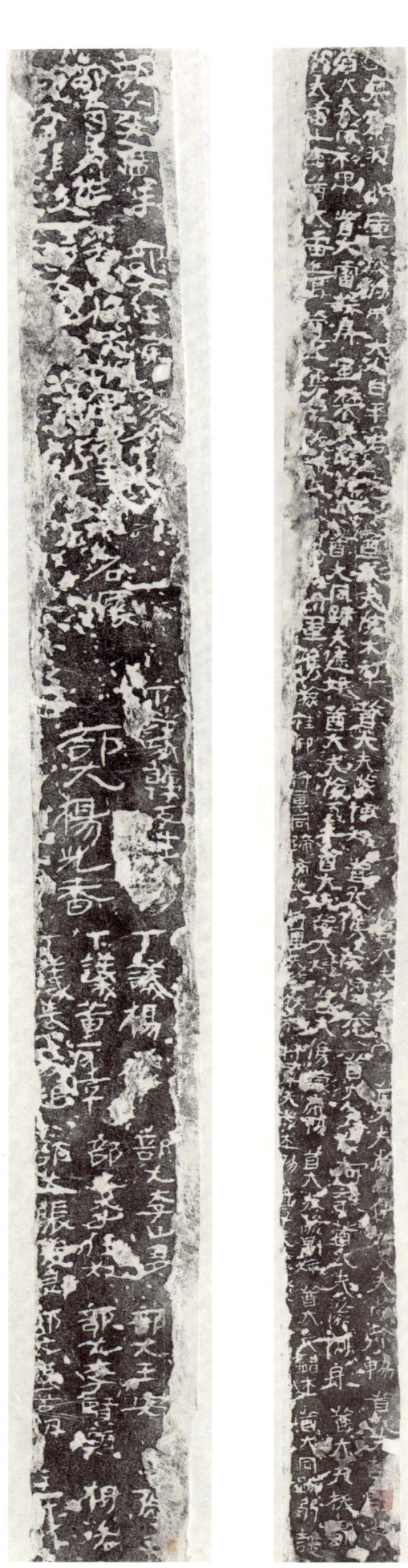

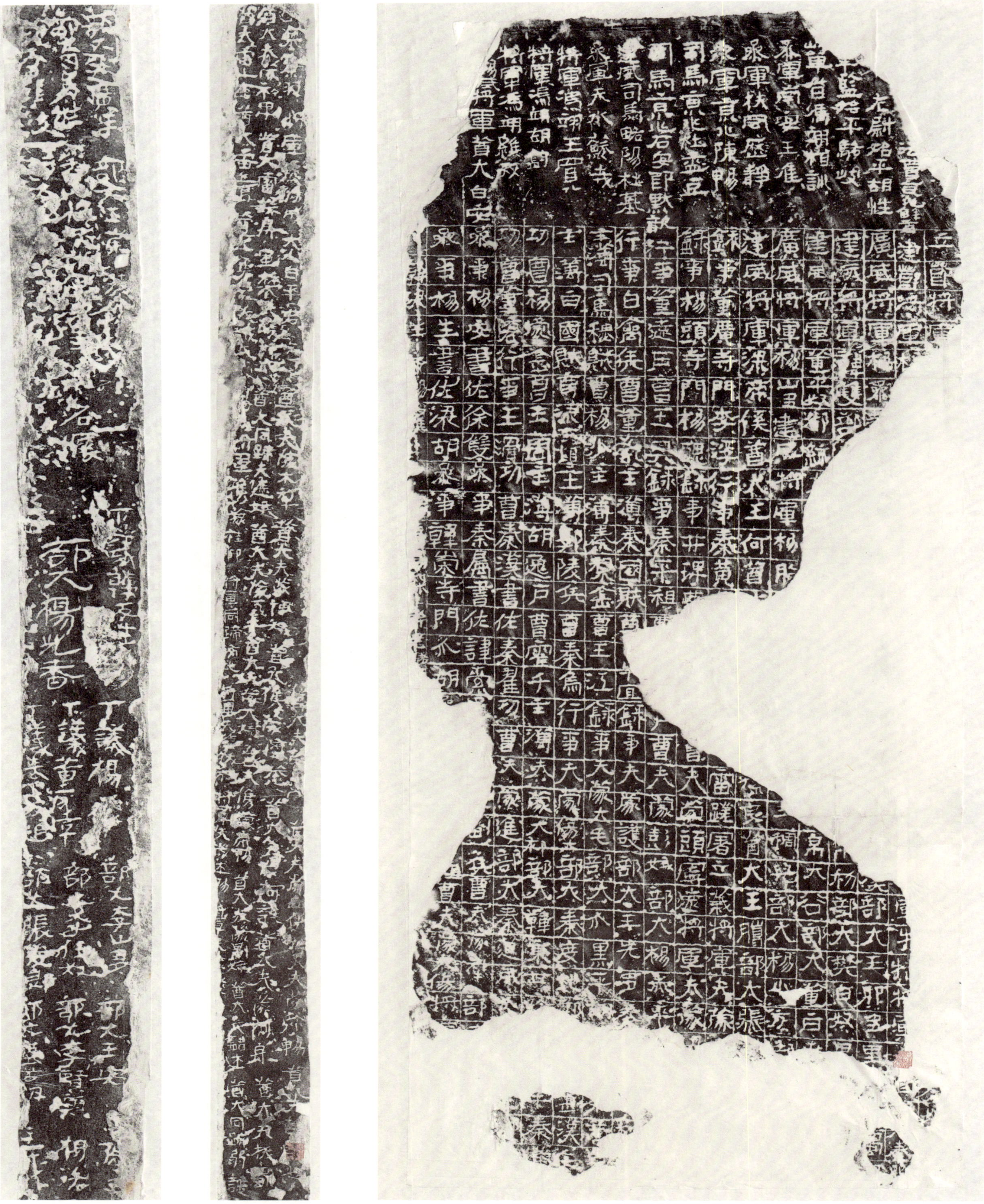

062 張産碑

　　前秦建元四年（368）十月一日。碑原在陝西白水縣史官村倉頡廟，清乾隆初不知下落，民國九年（1920）重現於白水縣仲目鎮南彭衙村
寒崇祠中，1972年入藏陝西西安碑林博物館。隸書。

　　清初拓本。5張，碑額21×10cm，碑陽102×70cm，碑陰150×70cm，側一107×13cm，側二124×13cm。

　　著錄：萃編25/22，八瓊室10/7，國圖2/123，鑒定125。

侍中司徒公廣陵王墓銘誌

使持節侍中司徒公驃騎大將軍冀州

刺史廣陵惠王元羽河南人

皇帝之第四叔父也景明二年歲在

辛巳春秋卅二五月十八日薨於第以

其年七月廿九日遷窆於長陵之東

崑龍遊清漢鳳起丹巖公分華誕孳

天景當春覺綠陵秋攡穎頴輟窦東岳揚

鋌司鼎接海恩深寰寓梁幹徣伏二穆屑

援臂革響崇棠陰留美人如何弗遺煙

光三獻饗朗恊讚伊人如何弗遺煙

砕嶺雲翔隆飛松閟沈炽泉堂閟暉故

勒幽銘庶述悽而

063 元羽墓誌

北魏景明二年（501）七月二十九日葬。民國七年（1918）河南洛陽陳莊村出土，現藏中國國家博物館。正書。

民國拓本。1張，55×51cm。

附注：容肇祖贈容庚。

著録：芒四1/1，集釋4/36，國圖3/48，北大墓誌11，鑒定153，時地記011。

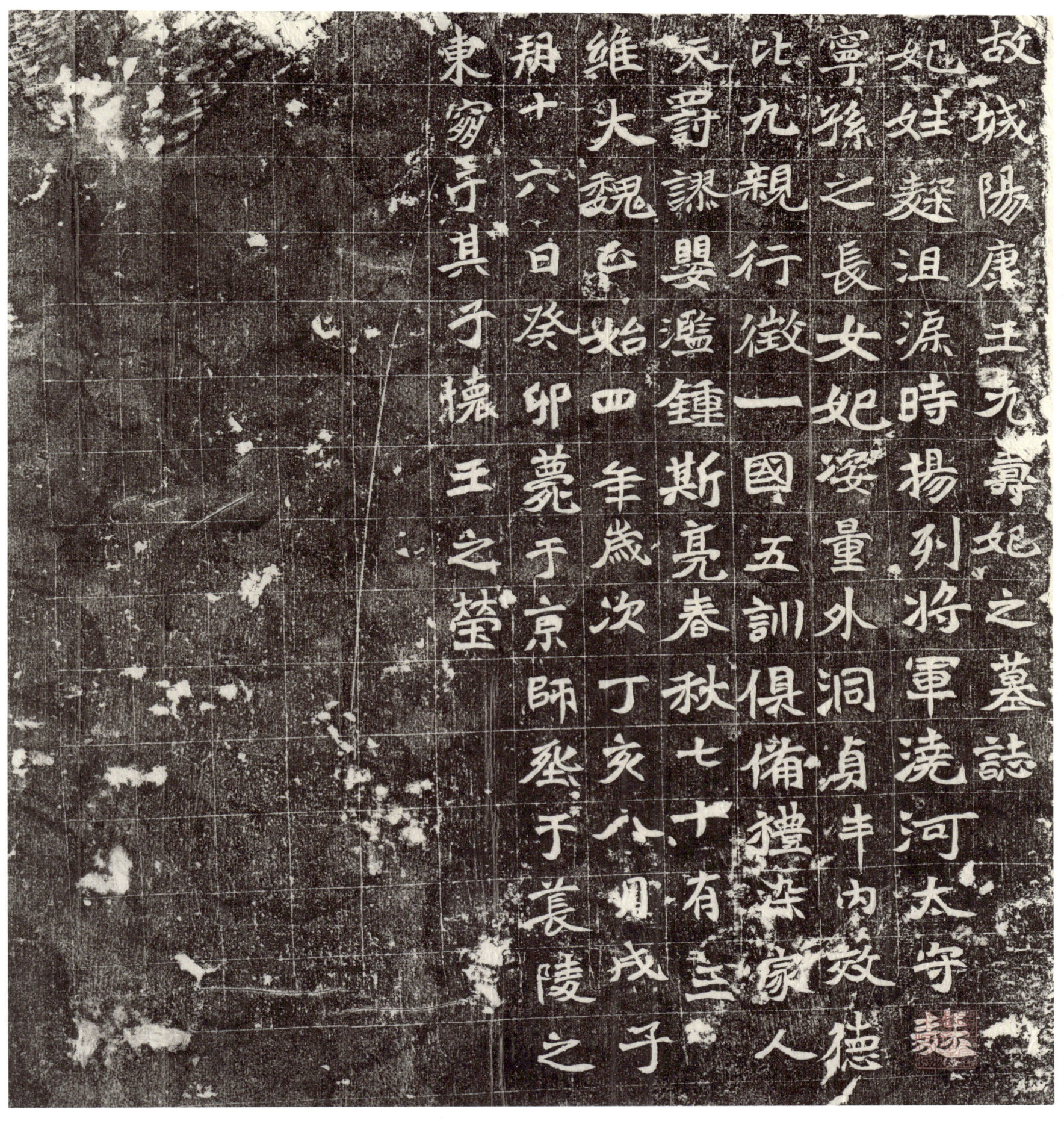

故城陽康王先壽妃之墓誌
妃姓麴諱娥嶷汨源時揚列將軍澆河太守
寧孫之長女妃姿量水洞貞牛内效德
比九親行徵一國五訓俱備禮染家人
天爵謀嬰濫鍾斯亮春秋七十有二□子
維大魏正始四年八月十六日癸卯薨于京師窆于長陵之
耕十六日□葬其子懷王之塋
東窆守其子懷王之塋

064 元壽妃麴氏墓誌

北魏正始四年（507）八月十六日卒。民國八年（1919）河南洛陽後海資村出土，現藏河南省博物院。正書。

民國拓本。1張，58×52cm。

著錄：芒四1/3，集釋4/30，國圖3/105，北大墓誌13，時地記014。

太魏伏東大將軍大宗正卿洛州刺史樂安王墓誌銘

065 元緒墓誌

北魏正始四年（507）十月三十日葬。民國八年（1919）河南洛陽安駕溝村西大平塚出土，徐世昌、馬衡舊藏，現藏北京故宮博物院。正書。民國拓本。1張，66×68cm。

吳鼎昌題識。

鈐印："藘辰審定金石文字記"。

著錄：芒四1/3，集釋3/19，國圖3/109，北大墓誌14，鑒定156，時地記014。

066 錡道憘等造像并記

北魏神龜三年（520）四月八日。現存陝西耀縣藥王廟。正書。

清拓本。1張，110×61cm。

著録：國圖4/79。

維大魏延昌二年歲次癸巳二月丙辰朔廿九日
甲申故處士元君墓誌銘
君諱顯儁河南洛陽人也若夫太一玄象之原雲門靈
鳳之羨固以瓊峯萬里祕鑿無津龍櫪紫引綿於竹帛
景穆皇帝之曾孫鎮北將軍冀州刺史城陽懷王之李
子也君資性風靈神儀卓不少歠之碩琴書逸景雖曾
閞淳孝無以加其前頻子滄道爰莫邁其後日就月將
若望舒盜魄年成秀若其軮其草松侶儔不不仰
歎矣是則慕學之徒無不欲載咏載言則玄談雅
會其文以為三益之良也乃軫鄰竹之儒無不何以
質出入翰翔金聲璀璨昔指甫齡三五以延昌二年正
加為而報善無徵殲茲秀指粵二月廿九日以
月丙戌朔十四日已亥卒於宣化里第粵二月罟以追弔
窆于溮嶼之濆痛春蘭之早折傷琴書之永罟以追弔
之末蕏更載琭於玄石其辭曰
憎憎夫子令儀令抱獨抱芳蘭陵跂踔霜雪且琴且書俞
光俞烈扶搖迅翰先折速春風既扇暗鳥炁還如何
是節剪桂剛蘭泉門掩燭幽夜多寒斯人永矢金石流
利

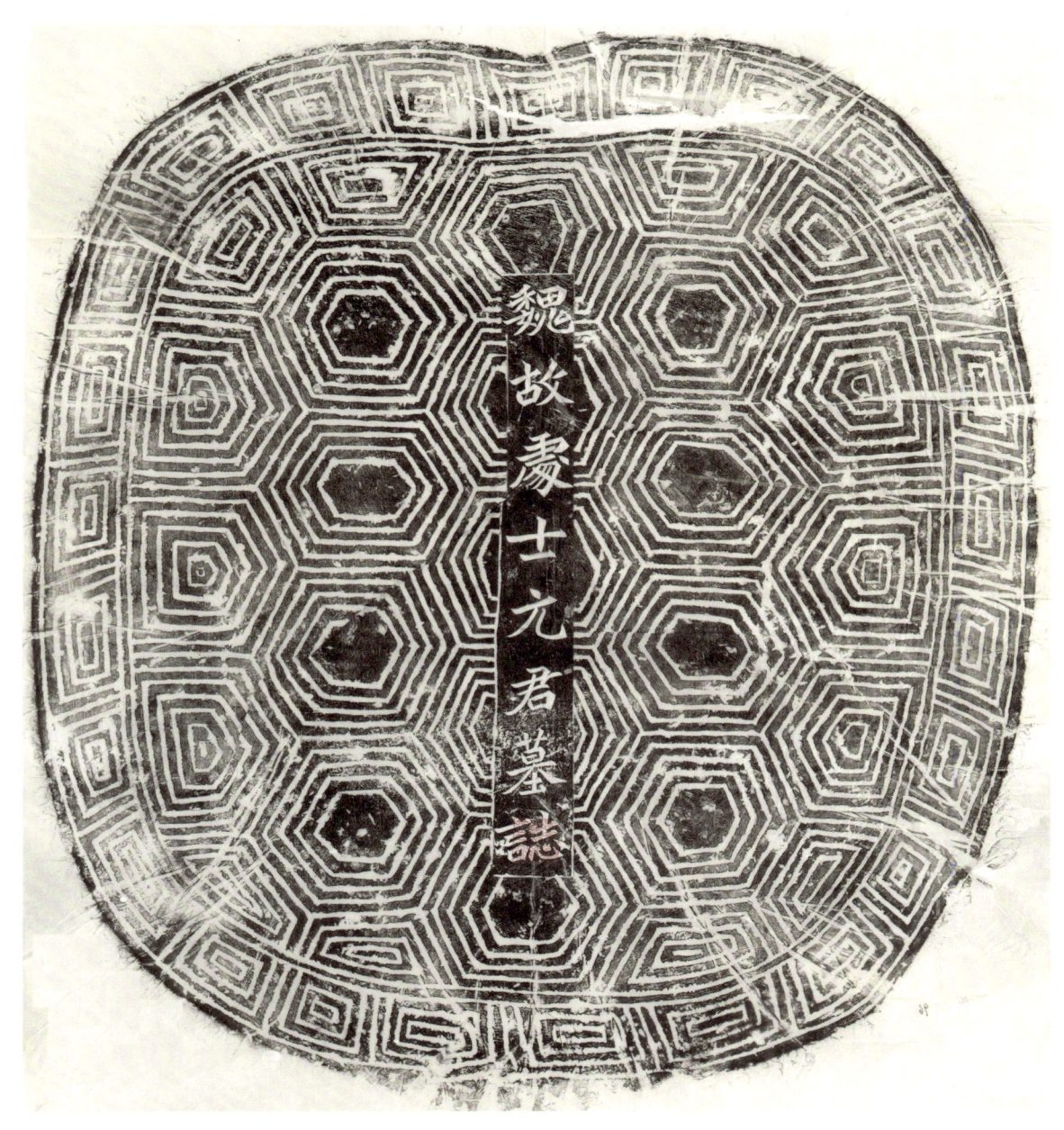

067 元顯儁墓誌

　　北魏延昌二年（513）二月二十九日葬。民國六年（1917）河南洛陽出土，原藏京師歷史博物館，現藏江蘇南京博物院。正書。

　　民國拓本。2張，墓誌蓋70×67cm，墓誌80×50cm。

　　附注：附含墓誌、墓誌蓋、墓誌全形及傅增湘題識的複製件一張。

　　著錄：芒四1/8，集釋4/31，國圖4/7，北大墓誌17，鑒定162，時地記016。

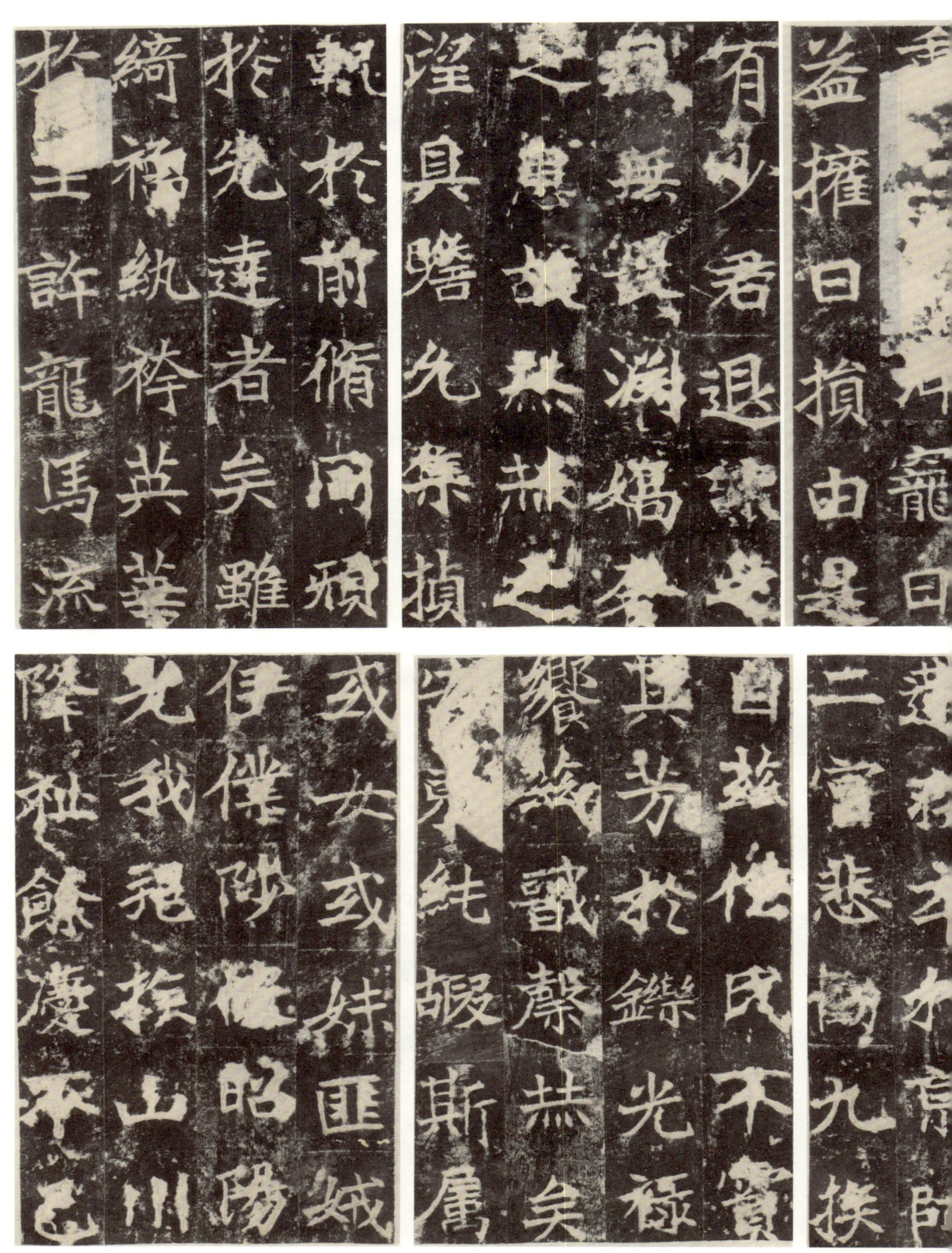

068 高貞墓碑

北魏正光四年（523）六月八日。清嘉慶十一年（1806）山東德州衛河第三屯出土，移存山東德州學
宮，民國三十五年（1946）入藏山東德州市圖書館，1983年入藏山東石刻藝術博物館。正書，額篆書。
清末拓本。冊葉裝。1冊23開，20×12cm。
著錄：八瓊室15/17，鑒定172。

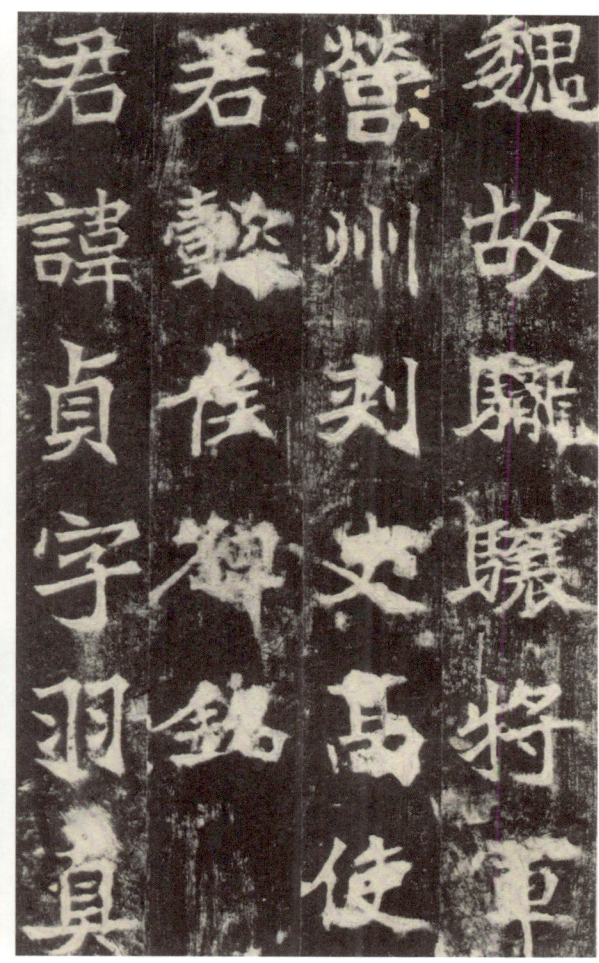

魏故驃騎將軍
營州刺史□馬使
君歡佐神銘
君諱貞字羽臭

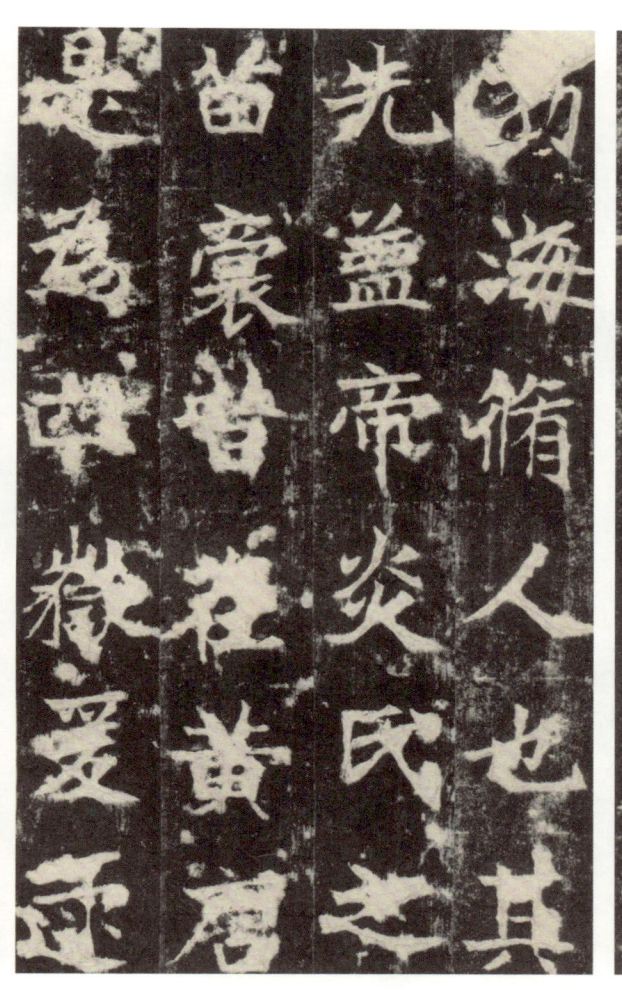

海儵人也其
先蓋帝炎氏之
苗裏君在黃君
是為中殺愛□

為皇若咸□
有神表淵問拜

車陸離於陰鄧
而不以富貴驕
人必以□盧業
己是故□門諱

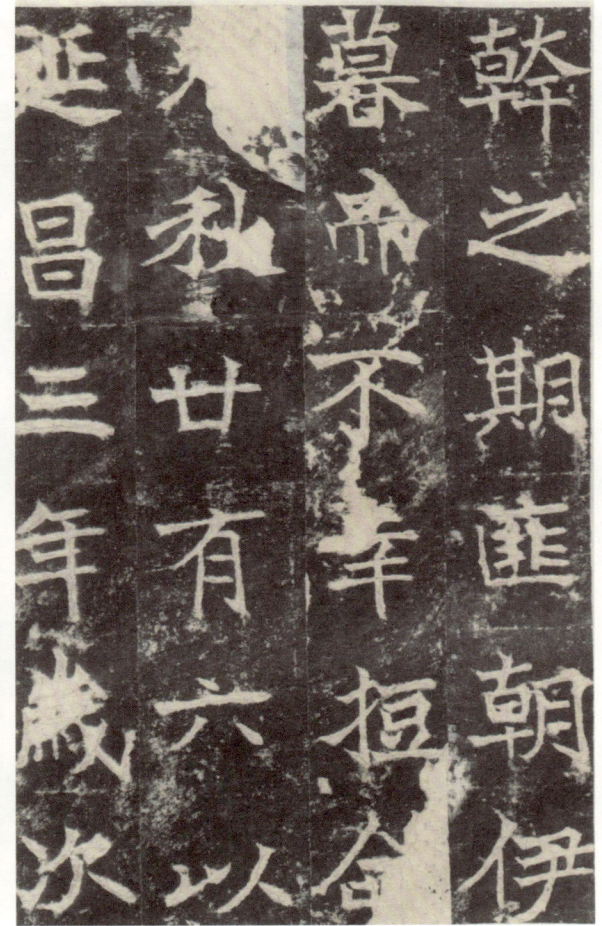

斡之期匪朝伊
暮而不年捂□
私廿有六以
延昌三年歲次

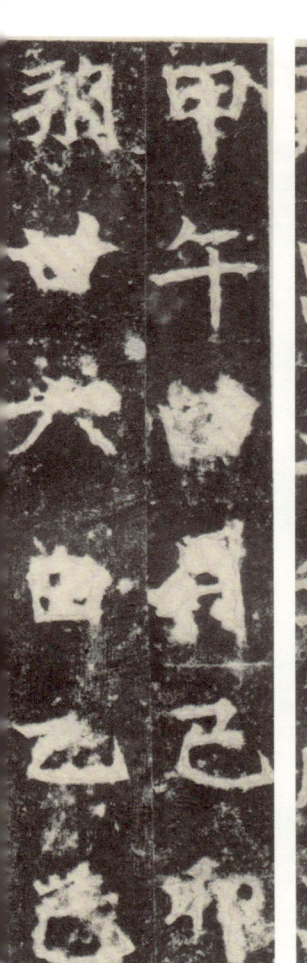

翔廿□大□□
甲午月已邪

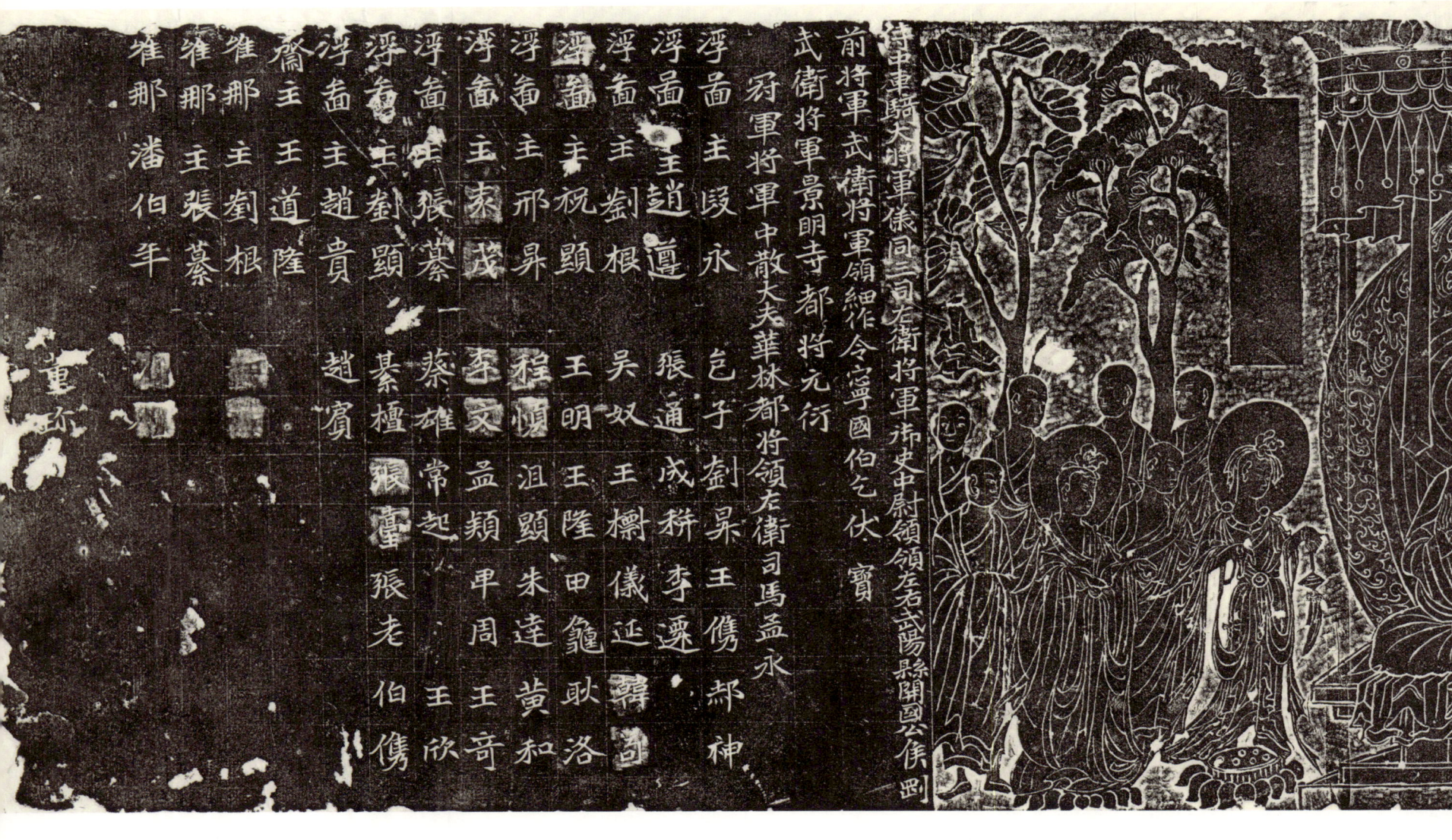

069 劉根等冊一人造三級塼浮圖記

北魏正光五年（524）五月三十日。清光緒末河南偃師韓旗屯村出土，鄭清湖舊藏，現藏河南省博物院。正書。

民國拓本。1張，39×141cm。

著録：鑒定174。

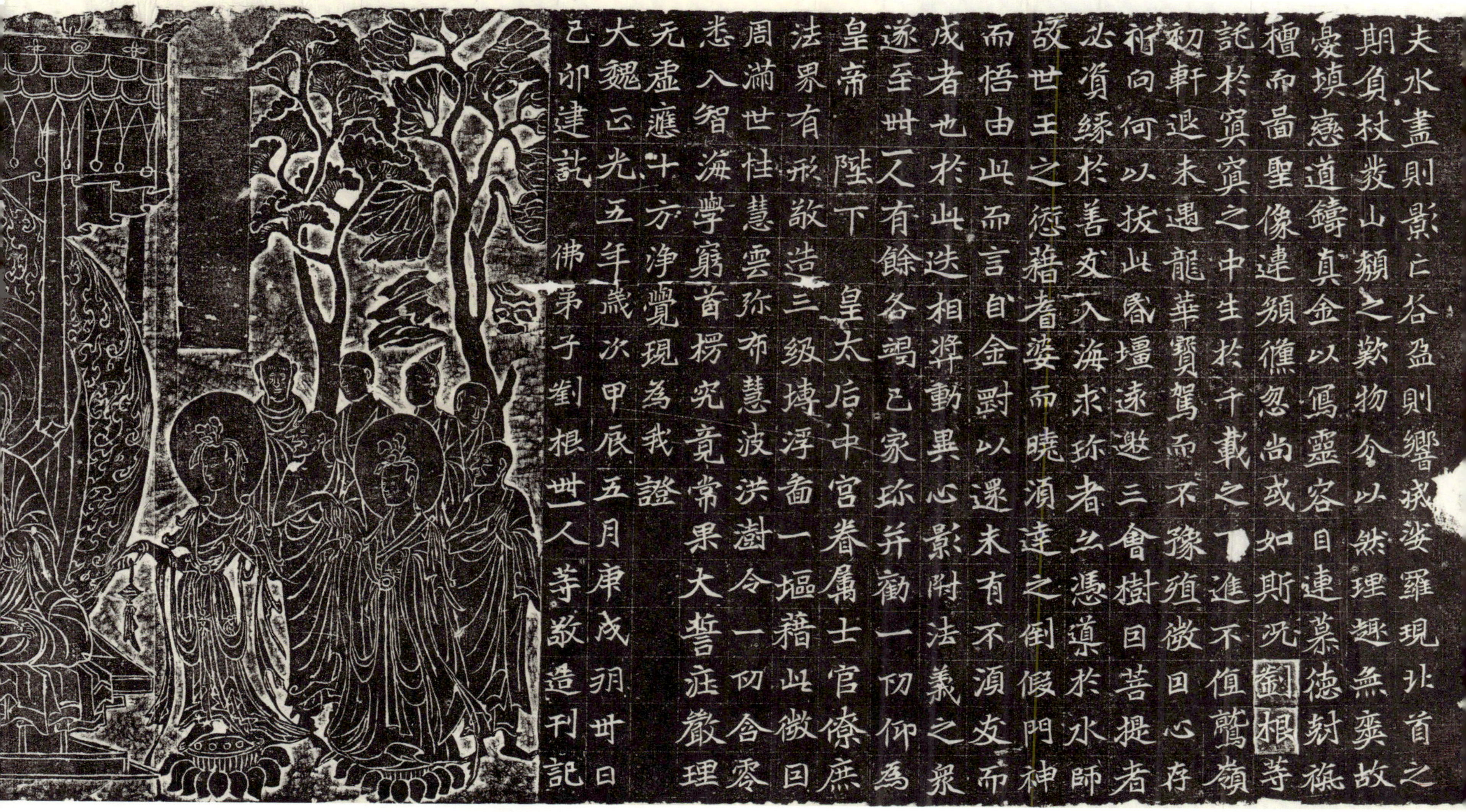

夫水畫則影亡谷盈則響絕娑羅現北首之
期負杖拔山頹之歎物分必然理趣無窾故
憂填憇道鑄真金以寫靈容曰連慕忽尚
檀而畫聖像僬忽尚如斯況
託於賓賓之中生於千載之
初軒逝未遇龍華寶駕而不豫
衍向何以拔山昏遠邈三會
必資綠於善友入海求珎達之
故世王之懃藉婆而曉湏達之倒假門神
而悟由此而言曰金尉以還友而
成者也於此述相將動異心影附法義之眾
遂至世人有餘各鴻已家珎并勤一仞仰為
皇帝陛下中宮眷屬士官僚庶
皇太后一堀藉山微曰
法界有形敬造三級塼浮畫一凹
周滿世性慧雲弥布慧波洪樹令一凹含零
悲入智海學窮首楞究竟果大誓莊嚴理
元虛應十方淨覺現為我證
大魏正光五年歲次甲辰五月庚戌卅日
己卯建訊佛弟子劉根世人等敬造刊記

（局部）

070 元谧墓石棺綫刻畫

北魏正光五年（524）。民國十九年（1930）河南洛陽出土，現藏美國明尼蘇達州明尼阿波利斯美術館。正書。
民國拓本。2張，左幫55×214cm，右幫52×217cm。

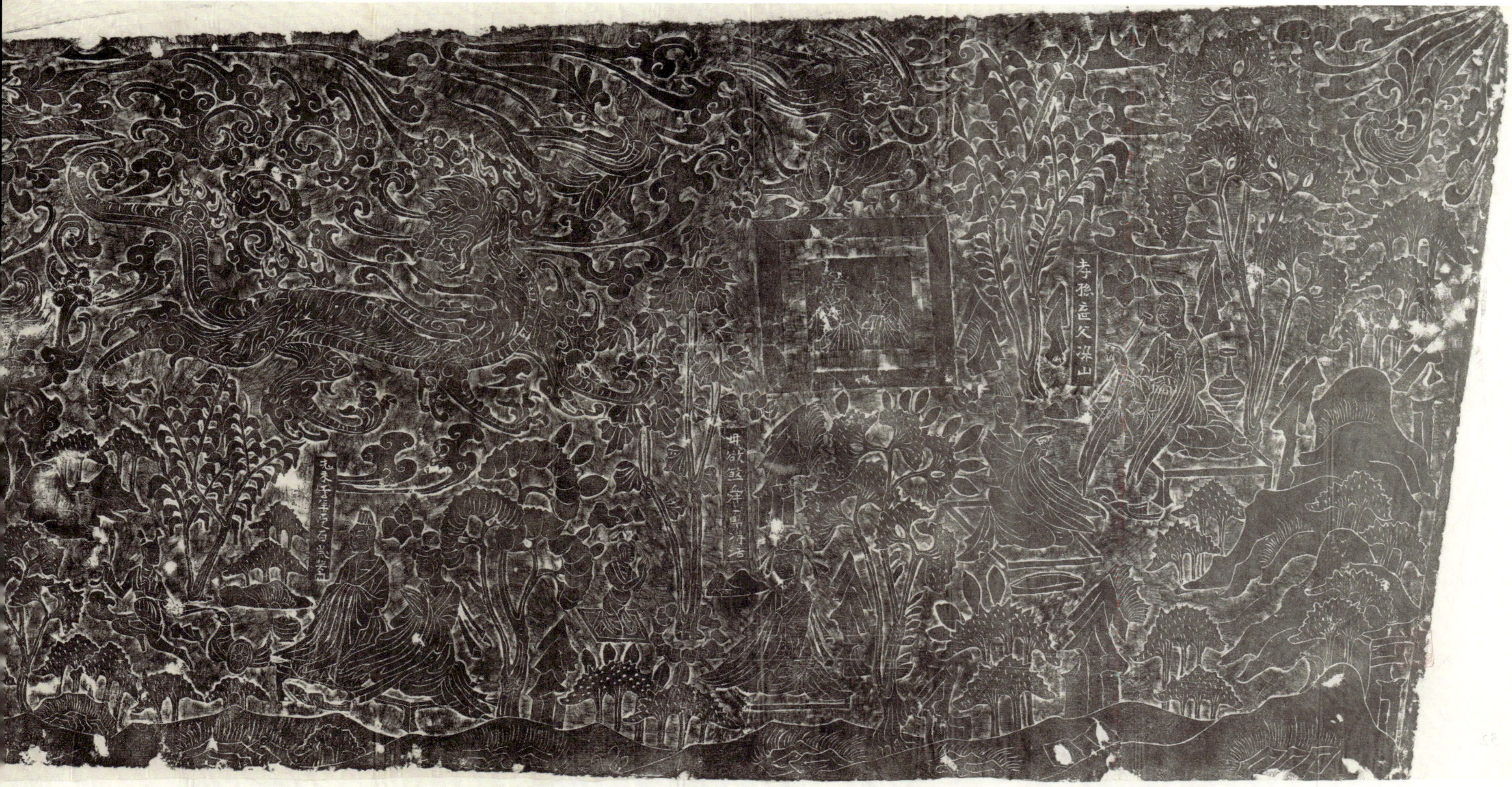

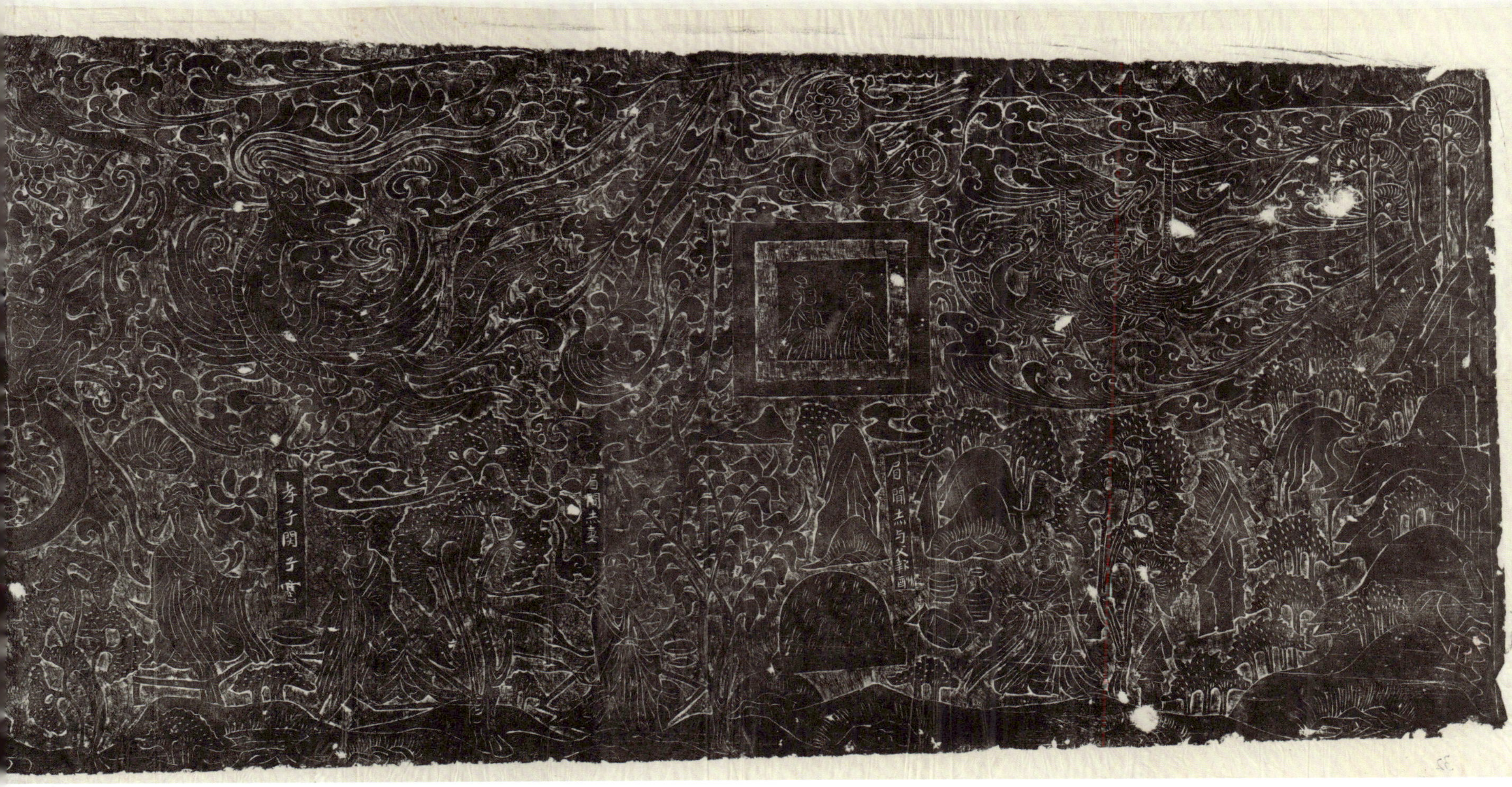
孝子閔子騫

都督秦州諸軍事右將軍秦州刺史東鹿侯修緒……廬西秦乱心之倫公化蒙不言政若不戶至

有同一變無敢三欺以秦課第一就加平西將軍徵為太常卿云樂云於是于絹遷安南轉惡

衛大將軍加授殿又小大感得其宜親跛莫失其所作納細同遺注渭流蘭

將軍都官尚書又授使持節開府假騎親踈大將軍龍驤右史劉撫兵攝乱離之後飢饉荐臻民心威是羣獻

改授使持節開府儀同三司秦州都督勳尚書左祿射西道行臺雍州刺史事本官如故飢饉荐臻外道行臺即除使

持節散騎常侍都督秦州諸軍事左禄射西道行雍州刺史事兵攝本官如故鄭

子無所施其狡猾大益相率投其誠歟俾六輔戌三秦載疫公實有力為滇以

加開府儀同三司秦州都督勳尚書左禄射西道行臺秦州事公內宅不戰如失父雖

朕之榮陳師鞠旅拍辰職蕩軍汾城弥覆疾蔑於軍所于時大小撫膺如是使

女揖珠於下有詔追贈使持節侍中司空公都督禀瀛滄三州諸軍事領禀州刺史諡曰

奔走於有女指珠荊人罷市於鉅平無以過也

公禮也亂或越孝昌二年歲次丙午十月丁卯朔十九日乙酉遽窆於渾水之東乃作銘曰

周公之亂始於成童令儀令色大度恢恢小心翼翼依仁履義敦憤忘食學稱綴文為富立而仕纘紫閣天

組繡不蕭而成如蘭之芬惟孝惟忠因心則宪盛德查查日新為富志立而作銘曰

禄峻巖文昌膠轕左右龍淵號均美等號濟九流滋章百姓乃作銓衡匪德誰克允蟄

出耀鑾軒高視其若閒獨步於斯為盛蠢爾荒戎梗兹西瘝飢饉荐之匪親匪德味重文經

暮宗卿高不聯魏之得人於斯就加寵異住同二陳儀此三事式副朝端黍和鼎克允蟄

言出楊宿國欽兹惟帝念功輔世号難治乱斯瘝飢饉薦之匪親匪德味重文經

愛民活茲神樂獨用衿抱方屬熊羆艾蔥草如何良人而不壽考悲緝象魏痛貫

武焄之為貴陳敫送注備物追終弨鐃轉吹羽蓋龗風寔寔此室黯黯泉宮敬刊幽石式播霖窮

蒼昊陳敫送注備物追終弨鐃轉吹羽蓋龗風寔寔此室黯黯泉宮敬刊幽石式播霖窮

魏故使持節侍中司空公都督冀瀛滄三州諸軍事領冀州刺史元公墓誌銘

公諱壽安字備義河南洛陽人也景穆皇帝之孫使持節侍中征西大將軍領護西戎校尉儀同三司涼州鎮都大將軍汝陰靈王之第五子杰文綠錯之權輿壽丘華渚之閣關當生

高之可伴何作周之云此固已鏤諸金板王牒於茲可得而昭焉公含川藏之秀氣表琚瑾之雅善挺出岐嶷異於姝風飆茂於就傳孝以親因心自遠由綺羨自是藉甚之聲逶迤遠交交于兄弟不蕭而成翦而好學以宗

師侯功倍雅善除嚴騎侍郎在通直優遊文房卓然無葦俄轉楊州任城王開府司馬還為司空府

室超家甫除散騎侍郎在行目川事乃余寺布督□者軍事□余子□伴川事□□□

071 元壽安墓誌

北魏孝昌二年（526）十月十九日葬。民國十一年（1922）河南洛陽馬坡村出土，現藏遼寧省博物館。正書，蓋篆書。

民國拓本。2張，墓誌蓋54×51cm，墓誌83×84cm。

著録：芒四1/23，集釋4/26，國圖5/41，北大墓誌37，時地記031。

栽所騎物肇愛魔仍君清儉徙徽愛偏見器重別吕

吕妖氣家物肇愛魔仍梗泰在蓮暨昏后亂政關而君道中微徼萌涼鑒未千

世荷蕃屏謀屏豫志存匡復起兵晉陽問罪顏伊闡魏道中君識洞機萌涼拜將軍帳內別吕

將同經誠效有著鴻勳開國可錄及崇曰章酬庸被寵土冝冝及襄錫授撫寵為公省邑

遂同誠謀屏豫存匡復起兵晉陽問罪罷顏伊闡魏道君寧拜將軍丞相吕兆

君誠效博野縣開國伯後吕章酬庸廣土冝百吏行斯多善用故惠於餘慶之

祿大夫博野縣開國伯弗聞恢吕正朝廷藝無遺籍山月十六日薨於餘慶

五百戶君諫論辯雖言上風韻後恢吕安元年萬當遵籍月十月二日莫揚

形幾家人奄及論春秋二十九吕永安二年四月二日邊葬緝遺汪

晉陽若天子京同三司吕當泉堂相之作北銘曰景行之不追悲德音之莫揚緝遺汪

未陽同三司畢州刺史粵吕景行之不追悲德音之莫揚緝遺汪

火將軍儀十五里當穀城之北銘曰景行之不追悲德音

城西熙後十餘茮茲泉城乃北銘曰

於松房綴仍世克荗昌將堂相之作襄外莫不重光唯公載誕實屬餘芳如逴

盛德之潤如桂之香粹袡內將朗雅韻莫敷捨茲市禍申彼長裾武議一訛

之潤如桂之香粹袡績茂戈殳皇廟吕起帝業將昇毗功踐土讚道徒

戎章弁紆聲蕚鞭板績茂戈殳共襲劍吕王相承輔仁空術報道徒文

中興金龜是細山河是舊朱紫共襲劍吕王相承輔仁空術報道徒文

駿已罷駕逸翮摧雲幽夜莫曉寒穸不春同彼千載獵此良人

魏故使持節衛大將軍儀同三司冀州刺史博野縣開國公筍君之墓誌銘

君諱景字景鸞河南洛陽人也源流浩汗鴻波浚於委水基構隆業長峯邁於積石囘已騰翠薇而孤上暎滄海而櫺深祖侍中司空河東王晚已器秀見知跨龍翰於代京考平北將軍汴州刺史復曰才傷乘取識檀鳳翅自蒲車眹辯啟於竹馬故清規之靈号而有知長而通敏神慧起自蒲可遠大丞相挂國太原王雖規土世英路不韋襲素範之美自此言其可遠大丞相挂國太原王雖規土世英路不韋襲素

072 筍景墓誌

北魏永安二年（529）四月三日葬。民國十七年（1928）河南洛陽東陡溝村出土，民國二十七年（1938）于右任捐藏陝西省西安碑林博物館。正書，蓋篆書。

民國拓本。2張，墓誌蓋59×63cm，墓誌64×71cm。

著錄：集釋6/57，國圖5/121，北大墓誌45存蓋，鑒定180，時地記040。

銘曰　十齡咏吶可像綽範叶鈞曰帝乘雲有皇跣躅三古苞籠百王本枝鬱石如珪如璋八才留種

都官定相二州諸軍書定州判史王知城故岸谷馬遷斯石難朽太刊之領於幽壤式童斯盛

庸壽永持龍東閩晨開西園夕宴長師佳城香芳辭醴贈徐潤侍中注懸何不承太尉府迹盛事神

稟之百揆空結鳴晨正屏神雨暄置宣値起光連香及終殿润且海無至時俄出天鴻逶杪符楼道遊華

旦聞未極吳蜀祜始若言野孤歸心咸光荆宗山厂在甸平民方內象喉唇時改天藏心班之屬南欷伊道

龍入折衍榷武忿簡壽肥狸戴脹積鐘陵魚復橫斷珠張褐乃嫁秀桑運于萬千城應推東播負衫時告民捨教儀鎖

面聞外民彭法荒烈僧背墓遇書審元聞戎屬遊奇居盖夫理乘之掌夏會方于蒼華運一繽屢維轉寸既而曰徐九兗揚

跛之尾華之民搖蕩興替迹奥懷不嚴而治獨坐荏諷詠仍移易信條烈典兀自正黃藏之末宗艱伯實與任親太方撰遠

典号教達弘綏風流彩周退願是捨任隆全實非轉俄昆明盖南建功悵堂夕拜謀達樓名義

吳散後命負險在伪王與德眾求上征陵出雲高舊晨遊須沿難拜音陈過逾名南

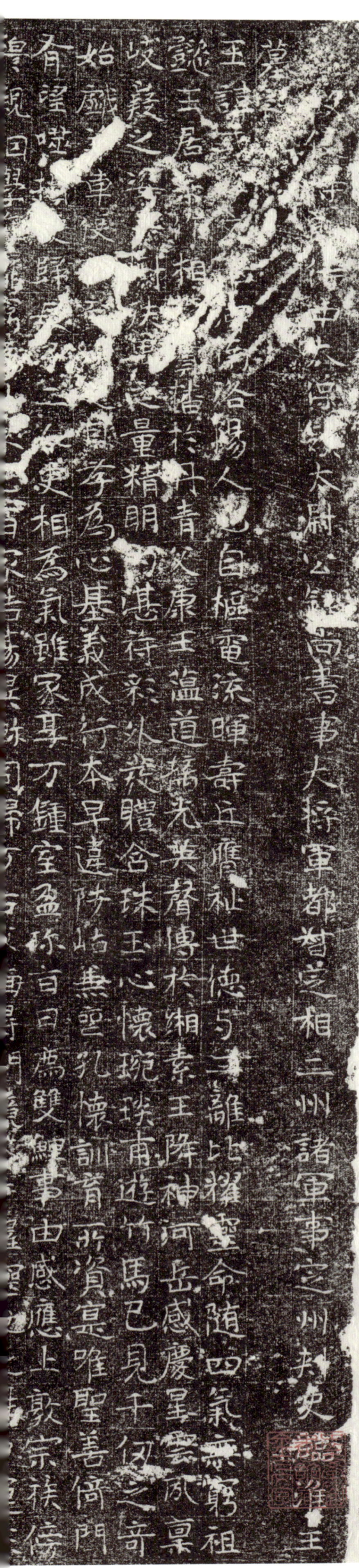

073 元彧墓誌

北魏永安三年（530）十二月三日卒。民國四年（1915）河南洛陽伯樂凹村出土。正書。
民國拓本。1張，61×61cm。

著錄：芒三15，集釋3/21，國圖5/140，北大墓誌46，時地記042。

事征討遂中□□□□
天正神鈴字過合竊寶聞遺自徐錄輔臨公攜向歆誰博物固雖技偉歸禆射自假蘭
秣官綜尾軍本奔如故盍偽人乘馬歸聞駈起其為合坦薆命牧聞我自徐萬錄輔臨公誰託博物國雖拔之所歸祿被青大
本綜尾□本刺將軍仍徐州刺史成山武功增封張碁蒔搽金城藻侮畫地之廬之撟史衛大將軍東道歸被
蕭綜軍事本刺史軍蘭悲侍中本武功張碁蒔搽戶湯城藻侮畫攜向歆誰託博物固雖
一蕭尾本奔如故偽人乘馬歸聞
諸軍事本刺史仍徐州刺史成山武功增封張碁蒔搽戶湯城藻
復除雨徐州本刺將軍仍徐州刺史成山
雲侍中幕之騎若刺史軍仍徐州刺史成中本武功
除司馬近謹皇眪驩南泛及大將禍自眪行番車駕同三臨位踐國八子命祭酒卒薰流儀尚文三司位乖隣令趙事者神視君六官儀表被都鄰野有靈隆替之懼仍君閣
大群自皇七遷輿距大將軍樹蘭悲侍中府儀同三臨尋行臺二千六射如百故湯之使持節都督雍州諸軍事仍徐州蕩蕩咸為寇場志存
出廛塑以近皇開國通涇及一莽之賞實形棟風政宗祏之慮深精後借力著世隣位專討茲德盛君於側麾獨道江南鑒明堂辟雍少時萬祖之制朝儀為歸勿大雅用除
廉厥遂以梁為國大覩南泛及大將禍棟風政宗黨擁於遠遶道康春秋百世隣位專討茲德盛君側麾城聖道王澄明堂疑少時萬祖之制朝儀為歸勿大雅用
質而遠塑以梁為國太師傅重城二年三月風棟十宗業冠如彼龍門道高百世然罕授經侍公神衿君峻麾城聖道王澄明堂疑少時萬地非養賢惟賈謨所大征馬雅
玫而後遂相惟以別義常舜常皇世太崖列芳武而峨三餘憂州諸軍傷人瀆從世霜露悲州刺史雅玉俗如故歲豐黎今斯上天幽泉方啟
敏盛勒象列位曾附嶠峻舊鈴神注其太堯舜常保持不常紀顧湯列武而峨三餘憂州諸軍傷人瀆從世霜露悲州刺史雅俗痛結民蘬其今暮幽泉方啟澤退
會昌宗徽贈筮使持節貽此中太傅注其太堯舜保持進都督湯武華岐三州諸軍傷人瀆從將軍雍州刺史玉俗如故歲豐黎今斯上天幽泉方臨澤退高對相
經美宗諸詩制作別義常太舜紀及劉曠業龍門道高百世然大雅行推捐世霜露悲雅俗玉故歲斯上方將翼山
志略尚諸禮作義故不世紀及列芳仙彼龍異時木然軍授惟推捐於世相推於世將軍雍州刺史悲州諸軍事玉如故斯在方將翼啟退
君形敏勒列位曾攜儷舊握鈴龍鱗敏注駕羽鴟民歸皇東曆洪共魏本枝百世軍傷瀆從將霜露雍州刺史玉悲州刺史玉雅俗結歲暮幽泉
形敏會象列位曾攜儷峻舊是琿敏注駕羽鴟翼蒸雲不已博風未魏本枝百世諸軍傷人瀆太將軍雍州刺史悲玉雅俗如故暮幽泉方啟
枘此王遷德曾樹菕斯雲清霄我馮珪龍列位儀形遺遺錦繪檐蒸雲東曆洪博魏本遊光輝朝木然大雅行推捐世霜露悲州刺史玉俗如故歲暮
亂雜揚覆風景邦龜歸長茂我孫終喆儀振隆形遺韞駕天人匪駕城郭戈存人民遽謝粟死秋時荄具物蒼蒼羅歌懷咽柳餚佪昆
遼從短矢跌家窆峻清霄冠質邁列琿儀文振隆誰匡人匪存時吾國歸之遊蠲朝之淵夔連踵九徙流酒湄佪昆
風悲秋檀烏思松茂一桷未喆永開玄房洛城郭戈誰匡駕城郭戈存人民遽謝粟死秋時荄具物蒼蒼羅歌懷咽柳餚佪昆
太昌元季七月癸巳用廿八日庚申藝於洛城西廿里奇城南源歲次壬子

魏故侍中太保特進使持節都督雍華岐三州諸軍事大將軍雍州刺史安豐王諡曰文宣王墓誌銘

公諱延明字延明高宗文成皇帝之孫顯祖獻文皇帝諸弟安豐王之長子高祖孝文皇帝從父昆弟諸姪河

南洛陽熙寧里人也神龍之胤天地擬峻趾柎鐘文群神兹歸其季弟安豐王界靈庨陶練以英瑰故其多才大位獨表諸恒事

斯乃編藏延閣欲初於天而不載美公稟山中鼎而降誕異茲神吐納純粹陶練以精英瑰故其多才大位獨表鳳之爰及弱冠孝

動囲雲霧均榮祖之龍畫象服不關以畫王制呈礼上不舟德所屬奉詔復斯以在流及齒猶半九齡之威中律吕乃大威見同孝

茶葉記錄仰先啻天興啟迪火非状入全昇堂實識半袁面故謝間譽書伯覼陳峹過酺其爾所社九重於辟喝連文雅或肆捐情興窮錠爰雕蟲中郎小賓

之吐哺丁均繧穀頗頤喪亂意起家太中大夫從容長談論詩書不窺免馴農庭自末藉督舉奏昔在漢季出自九御魏被吾

強辟諸記要重公實繳紳所引仍加散應僉曰除使以持節都督雍州諸軍事亦既城大都之風舊地黑水黧被吾德

藝職循其選吉茂實緝仙宣引徐諸軍事號難如故葳州刺史鋼豫泰州諸軍亦晈懸止邸石佗成基月

將車豪強尤息奸酷都自遂太中余旦除所使持節今徐豫州除騎溫弱權折都督雍州諸軍心乃王陛仍除前將軍雍州刺史

乃樹懿親除府使持節嶺之書部監平南將軍中書令並已俄除黃門侍中安南將書軍又除掌鎮南將軍朝趨代作侍中夕拜興

西河實勞天門侍郎又遂除秘書監拜平南廷將軍中書如故秋官任為天下安國將軍子祭酒問之朝葴乃王陛仍除

史公帝則異宣王屢項詔見奇固以長乳議論齋又名除衛俄將軍仍侍中領國子祭酒間起鏗鎔或存雅頌誰折閭

綸先屬民英非宣鑽堅仰高鈎深致遠以德詔爵時無二言自河海不歸焱濼闔起

鈎先歷世滋競公

無不馬士而弥巨禍轉儀萬驃騎法
戶士朝弥不過也黃騎府中兵
莫戶令廷除云同誠君無府中兵
未央欲妖寂作丞誠聞先盛後拒軍機
千杖馳驅事王涉相咸陽後軍掌
乃至盡地被淵蜎彼形勢減尋相軍掌遠將
師踐馳動覘渊聚米勢須訪採苦相補機
颺逐寅子㪍尼降被嶋須訪採苦相補
詔識斃旦傳誚物降望子建技後事劉隆
儀斯傚大輕傳告物晓宗盛成始謀復忠皆委内自徑
臨脾贈射傳似文属馬告究寵此剌盛成敗則天普掦府右以庶功及
斂旰贈陵使持符屬行除兗州剌史德變始登霧解清吏以庶功及華
壽頤贈射陵使持符石行除究寵此勦盛餘恩遠雲清吏隠無俄頥
颺湯儵詔雅臨斂斯脾似文属馬告究宗不謀散敗則萬俟普掦府右
文湯儵詔菲臨斂斯部似父持石行究襄州此剌盛餘恩懸五月九日故之相為我遠迱壞一代德宣其軍入
六倏出汪谷或玉侍中都督乘朝且雕石如茲授君相庸為禮當丁重逐
行倏出汪永或名德秉朝無朝素範雕見端石貞知諸餘軍方陳方世沸流
謚行六 湯儵出汪永或玉侍城承履櫊雕且燕西塚記靈景仁風為本騎大將
龜條書是曰蔣謚名䶬城承履櫊散見端貞勤如暘東川歷此積德相恆州利日叟
芹書言曰民英清規素履見端貞知記景仁風騎大將軍恆州利
軍言曰蝝莫及去珠律還出西景雪厲此聚德相遂拾地數雕遠縑
由曰葦及佳城瞀律先後幾何古來非一範於此松風蕭瑟畢送我何

075 張滿墓誌

東魏天平四年（537）十一月十二日葬。民國元年（1912）河北磁縣南鄉八里塚出土，現藏遼寧省博物館。正書，蓋篆書。

民國拓本。2張，墓誌蓋41×41cm，墓誌70×68cm。

著錄：集釋6/61，國圖6/45，北大墓誌54，鑒定184。

076 李顯櫍造像并記

西魏大統二年（536）十月。端方舊藏。正書。
清拓本。1張，26×47cm。
鈐印："陶齋所得關中金石記"。
著録：八瓊室16/22，匋齋10/1。

魏侍中大司馬華山王妃故公孫氏墓誌銘

祖順字順孫給事中義平子

夫父河南長孫氏父諱壽宇勑行陵散騎常侍左光祿大

都大將軍征東將軍都督青州諸軍事青州刺史蜀郡公諡

父莊王固宇九略大鴻臚少卿曹州大中正使持節冠軍將軍

日□□□□河南長孫氏父諱遊宇樂延使持節撫軍將軍琬泰

燕州刺史河南長孫氏

夫人三□□□

相姓公孫字顗生遼東襄平人也主廿七降嬪侍中大司

妃□□□□

馬乙丑朔十九日癸未寢疾薨扵魏郡鄴縣長宜里春秋六

月七即其年七月甲午朔十六日乃作銘以誌之其辭曰

廿七即□□天平四年歲次丁巳六

西武城之北月遊光藉慶遼部壇美出閨昭華咸里

俯風氣故魚麗月艷俙端莊訪財誠女容出閨昭化婦德立行來尚敬

衛心淵塞詩習禮明時鑒高慶容出閨昭

妻心淵塞習婉姌和琴瑟帮合增篁女美燕方氣華咸里烈

曹孟德邈樊仁善載馳白珩或致驪珠不固僊若矩四家訓成覬

清暉萬遇仁善載馳白珩或致驪珠不固僊若矩四家訓成覬

晨露隴首恒昆松阿不署聊誌豆石悠期大暮朝菌遠□□

077 公孫甑生墓誌

東魏天平四年（537）七月十六日葬。民國二年（1913）河北磁縣北白道村出土，現藏遼寧省博物館。正書。

民國拓本。1張，55×53cm。

著錄：集釋3/10，國圖6/41，北大墓誌54，鑒定184。

閻儀同基誌銘
公諱伯昇字洪達可南洛陽人也昔大電啓祥壽丘生聖胎廓繁茂代雄翔
野高祖司空之第二于韋部歸化錫爵高昌王仕至司徒公曾祖
龍王爵司空贈司徒公薨露秀氣開嶷識理暢磨温德恭亮以
承衍冑中散資慶岳華體度開嶷識理暢磨温德恭亮以
田情積和順於胃中加之孝友淳深恭亮以宜軍亭亭禮樂共日
等潔罪罪興清松間里欽其仁勿僑慕其德杜司名公之
軍事仍除句水太守不拜仍任城王府記室司空府正光中除渭州刺史不
騎騎侍郎非貞外仍勒為三門都將轉司空事屬西除渭州刺史在
史仍為諫議大夫建義初轉太尉長史運出處義所在流譽隆年不永和二年五月
拜仍為鴻臚卿遷出處太尉長史運出處義所在流譽隆年不永
痾薨奠諸軍事驃騎大將軍興州刺史儀同三司中正如故贈
政薨奠器懷通濟當論首舉忠為令德遷實行先盡峻令終正如故家夫粵以興和
惟公人無簡言方當論首舉忠為令德遷實行先盡峻令終遠諭曰悲
茂人十月登於蘭海濟於西南十南階八里戓民銘英玄徒永據芳慶其詞曰聲儀同嗣美
二年十月嶸逐登於蘭海濟於西南十南階世映謙順內融衿梓奇楨遠逸玄能素為而不佳高
視上京於尒人雄愛衫剋濯纓卜云其告仕不忘香笑驥騄連陰杞鹹祀斯繁松檟方合
邪產柿東隅邊爰衫剋濯纓卜云其告仕不忘香泉門星慈已隆
未暨嘗同三司閻公之夫人樂安郡公主九氏墓誌銘
次簡同英河南洛陽人也顯祖獻文皇帝之孫太尉咸陽王之女薬祥
鏡故儀同三司閻公之夫人樂安郡公主九氏墓誌銘
魏故諱仲英河南洛陽人也顯祖獻文皇帝之孫太尉咸陽王之女薬祥
公主諱仲英河南洛陽人也顯祖獻文皇帝之孫太尉咸陽王之女薬祥
星月毓幽閑德高華光儀麗絕年十有五星帝之嬪閻氏女革茂於公宮婦
道顯於邦國永熙中倍風閨壹實諧內教而餘慶不永春秋
五十五興和二年二月十五日薨於弟粵十月廿八日合窆於此乃載銘曰
春秋迭運晝夜相催年浮世抱樹彈風來山門一固松栢行權幽芬長注隨
溪空裒

079 元鷙墓誌

（東魏）常景撰。東魏興和三年（541）十月二十二日葬。民國元年（1912）河北磁縣南鄉八里塚出土，羅振玉舊藏，現藏遼寧省博物館。正書。

民國拓本。1張，77×77cm。

著錄：集釋3/10，跋尾3/3，國圖6/77，北大墓誌57。

080 劉騰等建塔構寺碑

東魏武定八年（550）正月二十日建。河南出土，移置北京。正書。

清拓本。3張，碑陽150×65cm，碑陰150×64cm，碑側129×15cm。

附注：碑四面刻。一側失拓。

著録：國圖6/157著爲東魏武定七年（549）十一月，碑陰亦不同。

121

[illegible]音生臣選爲[illegible]東[illegible]將軍假節督[illegible]安陸區[illegible]北[illegible]金瑨孝[illegible]車鎮擢[illegible]遷驃騎能懷掌據富涅雲孫
而王蕭然卧治号爲神父責功丞掾蕭道是脩補帛遷肥廣延庆陋故得禮變文身化行殊俗感幽讚於童
謠結珮言於民口雖杜畿之撫河東陸納之臨震澤曷以加旃王既儉能率下民不敢欺匪懈恪勤蘭乎帝
紀左畇豐貂命議攸屬特徵爲侍中縣侯如故倭延禁闥出內秘言庠序朝端萬夫傾首霞是腰腹未之過
也淮汱任重控接關華土帶汧隴之風人多六郡之氣咸以王文武兼姿克諧盛選乃授使持節都督北徐
西徐仁睢安五州諸軍事北徐州刺史王以天下膏腴莫尚京邑兼以猶子之寵僉習當時邊岳建旟非其
所好固辭不免擊擮濟江寨帷入境豪族齊其精問政下車姦吏屏其跡採儁乂於窮鄉求民瘼於穹谷勸
農閲武愚智影隨繈負來趍邊方響應故能抗衛中華嘯咤淮右扞圖蕭條補鞭靡設增少訟言路多遺翰
在州六稔申請亟聞伏闕表留歲有千數雖夕殞之戀朝光枯苗之思洪澤未足比焉俄而賊臣搆逆天步
貌雜而王躬興霄征馳車弗息鞠旅誓衆哀感三軍但封豕遊魂長蛇假氣未伏辜誅猶爲時蠹於是散髮
泰庭投身魏闕朝廷嘉王忠孝奮發義勇兼弘著美号於姑蘇啓苴芳於舊里愛遺中使道授蘭陵郡開
國公食邑五千戶封吳郡王承縈猶懍聞命若弗以王身猗竹箭貴極東南擁地移氓動將不賞及屆近畿
王人接軫士女堵牆若覲靈瑞亦既入朝特蒙殊禮即拜車騎大將軍侍中特進開府儀同三司太子太
保甲仗一百人班劒廿加羽葆鼓吹一部王公如故賜甲第一區布帛肇計紅粟万鍾田畜車轝靡不必備
王以本朝阽危志殉社稷尊官厚俸一不關心懇惻其言誓之丹石頻勅斷表敦喻交馳弗獲拜恩形立
枯槁方當借威大國剿彼豺狼進効功庸退雪私恥而天地無心與善茫昧景命頹齡不登黃耇春秋卌有
之以武定七季歲在己巳十二月壬午朔廿三日丙午薨于私第嗚呼知與不知遠近戎華莫不痛悼失當
罷匣輟相惟王識鑒通神藏納爲器仁潭昆木澤洽燋苗不以飆急變音不以幽居改操珮蘭桂以外薰懷
琬琰而內暎風韻弘雅度亮淹劭喜怒弗形得亡猶一虛已重士輕財好施抽尺璧其若蔑散寸珠如遺迹
不迷惑於綺羅不嬉柔於諂佞馳騁道德之場遊獵忠義之圃畏黃金於四知恥白玉而詒罪處貴益恭居
豐逾約咨可謂剋己謹身善始令終者已故能擢穎皇支聲芳宇宙但研精之業恨一匱而喪功孫悴勤王
等高巖而落仞報施無徵幽冥奄及乃贈侍中使持節都督徐陽兗豫濟五州諸軍事驃騎大將軍徐州刺
史司空公其開國王並如故謚昭烈王禮也雖復賜地郊園封壇有託而感夢歸懷喬松云靡學以八年歲
在庚午二月辛己朔廿九日己酉窆於鄴城之西埇若使川爲檑岫地軸成津檟邃攸長和如山固敬述徽
音播之來世迺作銘曰
大哉王胄峻矣其嵩齊明二曜比德虛沖緯文經武既括且雄志高弥越韶邁和戎惠腴時雨嚴烈秋風譚
猷淵塞術藝旁通居朝特達伊家棟隆如底不轉似月縣空長標譪譪盛業融融入侍紫微出臨蕃岳朞浹
化成變澆還樸論道屬書談玄入覺似岱多峯如河少濁謳檟溫溫舒英阜犖氣溢江東形儀淳[illegible]聲白聿
悰靈蛇斯握善價[illegible]良工始琢千里未光如何潛邈[illegible]齒痛心翱馳悲涯慕慕山雲濛濛隴樹曲蓋收陰
時驟解駮東閣尚開西陵更遠永隔親賓長留仙[illegible]旭螺

魏故侍中使持節都督徐陽兗豫濟五州諸軍事驃騎大將軍徐州刺史司空公蘭陵郡開國公吳郡王銘

王諱正表字公儀姓蕭氏蘭陵人梁臨川靖惠王之第六子也其盤石鴻基固以彰炳驎渠煥子史策烈祖

皇帝以壞奇命世匡讚齊朝華宗之靈和稟台華之純粹內苞九德小無百負茲寶曆天飛江左光宅四方孝以

交皇帝誕乾亂端疑岐嶷峰以殊及勵學有毅憂去為寧遠將軍淮南太守織內股肱去京密迁寬猛貪廉繑

於無際詔生長索深宮俄轉太子洗馬以憂服闋關出為寧遠將軍先禄勲者羊弱冠命食邑一

發於謐韶清規足深德卒言行威儀懲為藏之誠皆已時宜雖後上宇封山縣過禮懍鼇義著前

家國王誕之靈言恬靜貞聲慾以寬裕逖行弘敏通理闡思幽煙霞是以延譽權為

能過智生跕遊來性言芭內藹百蒦江飛其神貞明堅志浩浩適

墻通繑廬藏猛獸兔神堂廉服關出為寧遠將軍淮南太守織內股肱去京密迁寬猛貪廉繑

081 蕭正表墓誌

　　東魏武定八年（550）二月二十九日葬。民國二年（1913）河北磁縣大塚營村出土，袁金鎧、楊宇霆舊藏，現藏遼寧省博物館。正書，蓋篆書。

　　民國拓本。2張，墓誌蓋41×40cm，墓誌68×69cm。

　　著録：集釋6/67，國圖6/164，北大墓誌62，鑒定191。

082 李挺墓誌

東魏興和三年（541）十二月二十三日葬。河南安陽出土，民國二十七年（1938）于右任捐藏陝西西安碑林博物館。正書。

民國拓本。1張，84.5×85cm。

著錄：集釋11/116，國圖6/86，北大墓誌57。

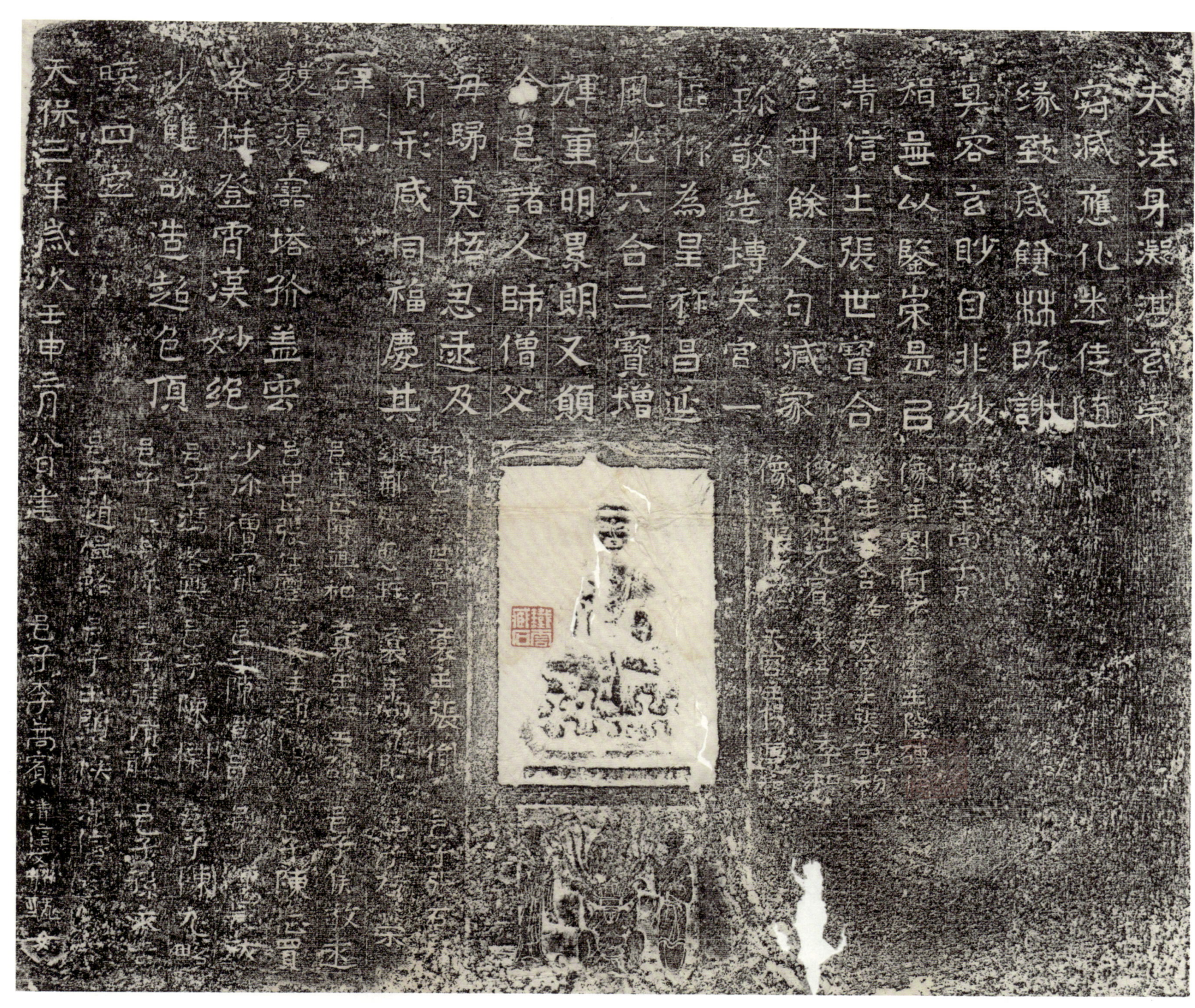

083 張世寶卅餘人造磚天宮記

北齊天保三年（552）三月八日。劉鶚舊藏。正書。

清拓本。1張，38×45cm。

鈐印："鐵雲藏石"。

著録：鑒定193，國圖7/15。

齊故太□楷是連公妻邢夫人墓誌銘

夫人諱阿光河間鄚人也苫載皇祖周公義京□朝□熊驤移軍不陸文主□師□軒命改拆建

父□山將軍□自龍武鎮將軍低□文業績河山崩殷名改拆以朔北

土□莨山蘭生自□風姿凤栗悟□太武茂績英規屡改

懷□□因教出入為工由□德刻識弘功淹烈聲振□之漠規南名□高以朔北

合□諱子良人□服之言義以□房能遵師氏斷□繡施設幽出□舊而禮性得故高以

則□君良人下□芲入□惟自揖無憮民之遹戒誥施逐簥然來禮遑肴巧得故母戚自佗□

立□建師及□言□朝上□臺北坊四皇建元時七成豆□來兇外傳及弟之

齡十一□會化同正雕翠石以立於溽河□山□詩六日三□□義以隙

疾平於鄭城西宣平藝於里之宅時山□之高山義以遷

名都會化□明□正寶寂光永霜欲知作□歸配類拙搐獨有邦行嫻庭明孚恭奉祭祀就

珠玲明芳蘭慧聰熱光永霜□歸配類拙獨有邦行嫻庭宇習禮羡居陸

同將氣抱潔貞事周梁辭華屋言陳節聞邢景難傳廊廡光易缺

恪勤慶剣縷抱追兩絕永辭義理屋陳節蓮難停孚嫚

獨隨懷卷終追兩絕永辭華屋言

始隨雲卷終木霜被荒田茲辰一闐方沙于□季蕭湄北眺

龍山風吹栱木霜被荒田

084 邢阿光墓誌

　　北齊皇建二年（561）十一月十九日葬。河北磁縣出土，舊藏遼寧瀋陽博物館。隸書，蓋篆書。
　　民國拓本。2張，墓誌蓋34×29cm，墓誌64×67cm。
　　著錄：集釋7/71，國圖7/110，北大墓誌70，鑒定197。

085 梁伽耶墓誌

北齊河清四年（565）二月七日葬。河北磁縣出土，現藏遼寧省博物館。隸書。
民國拓本。2張，墓誌蓋34×29cm，墓誌55×55cm。
著錄：集釋7/72，國圖7/147，北大墓誌72，鑒定198。

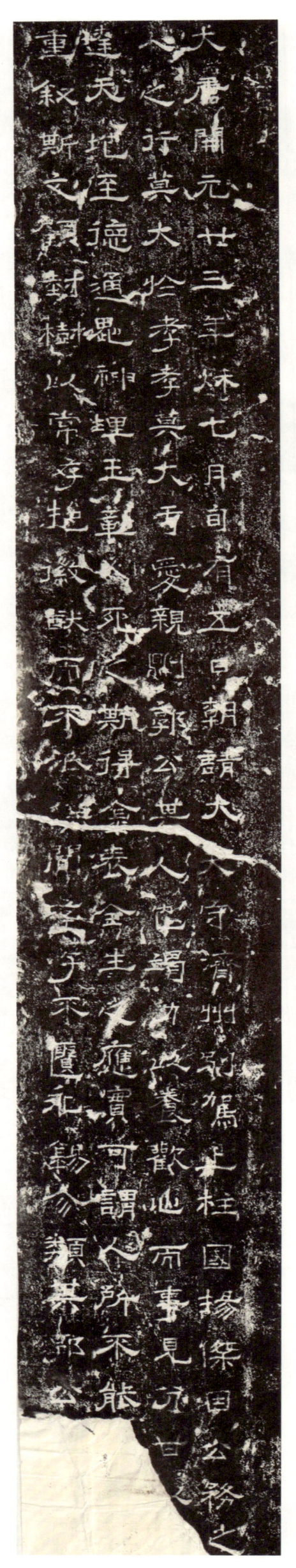

大唐開元廿三年歲七月朔月間有工中朝請大
夫之行莫大於李英大而愛親別郭公世人惟一
逢天地至德遄悶神理玉華人死之期尋拿荄金主
重敘斯之領對樹以常孝地紋猷而不

守□州別駕上柱國楊儉田公務之
歡逆而以養逆而事見不廿
□□功以事可謂人所來能
實可謂人類其郡公

褒建庭宇棟宿蒼文櫨森聳柏史行千葉
下彌振坌聲九原之中恒浮丟樾其詞曰
天經地義啟聖通神童萃曾閟蕤子樂春時
多美迹也有芳塵舟舄逸女何內貞人分貝
雙季獨養豐親容舍凶
異房薄貽珍懸車邊落
萬杞猶新未駭紫蓋撫俗調民高山達節
慕縈嘆式憑來永摧衣巾
居壽閟於堂室熊州縣主人權朗公書者也
開府儀終軍王明堂時炭

（局部）

086 隴東王感孝頌

（北齊）申嗣邕撰，（北齊）梁恭之書。北齊武平元年（570）正月二十二日立。現存山東濟南孝堂山郭氏墓石祠。隸書，額篆書。

清拓本。2張，碑額38×31cm，碑文126×228cm。

附注：刻唐開元二十三年（735）七月十五日楊傑題識。

著錄：萃編34/13，國圖8/1，鑒定199。

087 徐之才墓誌

北齊武平三年（572）十一月二十三日葬。河北磁縣出土。正書，蓋篆書。
民國拓本。2張，墓誌蓋41×41cm，墓誌74×76cm。
著録：集釋7/74，國圖8/39著録爲"許之才"，北大墓誌77。

六商承期雨賊授安東將軍銀青光祿大夫而洵州刺史杜清和初來內屬周大祖以邊民新附來遷

匪憂綱特名公還拜洵州贊治兼司馬昌邑不解書箓洵州郡全無濱治公乃毀石為城隍公乃毀石為城大使政便

別駕治長史尋加通直散騎常侍仍授師民皆書箓洵州郡良佐仍為道俗之謠即循德懷河南大使念流人

得方外之子弟第二德不曰橫閣誦經而行去當替之恩望盡州之用則追皇司之法於是叢之用於是叢之

遊樓堞別乘行部即降屏涙之狩猿八城數仞為仞無異驃是洵州之長城於同州之

囷搶鏹合二盈旬曰演丁零來集連歲贈藥理曰新生死青山首者靈山首者

宋就詁籍灌荻如羊祜非可兼稱類如公之德感義來集連獸斬手扶羽無異馬以十楼朝請皇里一邑四李

關出為廣州別駕治長史本州授地迹廳驃將軍新任大都督晉歷相州亭刺史

右西門之非司連稱方見其爵為子增邑一季陸中和恭三日候退節傷偶同介待越蒼政強

王者之嘉祥乎採赤公自非自難愛有猛獸死死都督勸歷相政相德蒼政強

半傳比三司朱斑儀鸞亭聘入遺奉朝請皇壹稟中和恭三月同千里東將軍宣譯等政

待郎念齡臨居公炳川之墓茲長埋水受姓初樹開呈軍二季懷次慰君贈視使持使河北

點蹕幽明義常居十逺有期宅武對峨墓乃以武帥之氣同以十接菊退疾薨傷同介侍越蒼

父佩禮也公炳川第臨武對峨則武以屍墳豊星忽愛窆於庶君贈視使持信義

慶傳虛語明義常今遠有期宅之墓茲長埋水受姓王開樹開呈三軍二季懷次葬則盛銘曰安西德三才一方七十有二將軍事牧勝於山州

家自佃齋基承上且公且鄉廨生夫子居令受姓王開樹開豈三皇三重昌千宗截爰盛銘曰德

金馨文戒武宣府儀北三事如何彼礙子姓斯辰緬路人繞去不宗截爰爵岳德懷宣程仁明承分

為良二待藁里旋出城闕動謎子辰緬末糜立夹爵遠岳峙西德慈好萬世同州總洵州

暮已黃泉勃石無朽流芳或傳長子愷字亡高郡太泓水使及二州總洵州司錄縣

夫人繁昌郡君寵西辛氏第三子洪慶字亡漳州總管府司錄懷縣令

朝循曰曰第二子悅字亡利州總管府屬相府禮曹第四子也愉近大都督守王記室廣州

未身風起青薄石旋芳或動長女婉嫺婧梁嬌第三子

第二女嬛儀治贊治

088 寇奉叔墓誌

隋開皇三年（583）十月葬。河南洛陽出土，現藏河南博物院。正書。

民國拓本。1張，65×65cm。

著録：芒遺續上/4，跋尾3/17，集釋8/79，國圖9/9，北大墓誌86，鑒定209，時地記049。

089 鄧州舍利寶塔下銘

隋仁壽二年（602）四月八日建。河南開封出土，舊藏河南省圖書館、河南省博物館，現藏河南開封博物館。正書。
民國拓本。1張，57×56cm。
著錄：萃編40/13，國圖9/156，鑒定219。

090 張貴男墓誌

隋大業二年（606）十二月二十九日葬。清光緒十五年（1889）河北邯鄲出土，王瓘、端方、曹健亭舊藏。正書。

民國拓本。1張，56×58cm。

著錄：匋齋16/6，集釋8/92，國圖10/12，北大墓誌101，鑒定222。

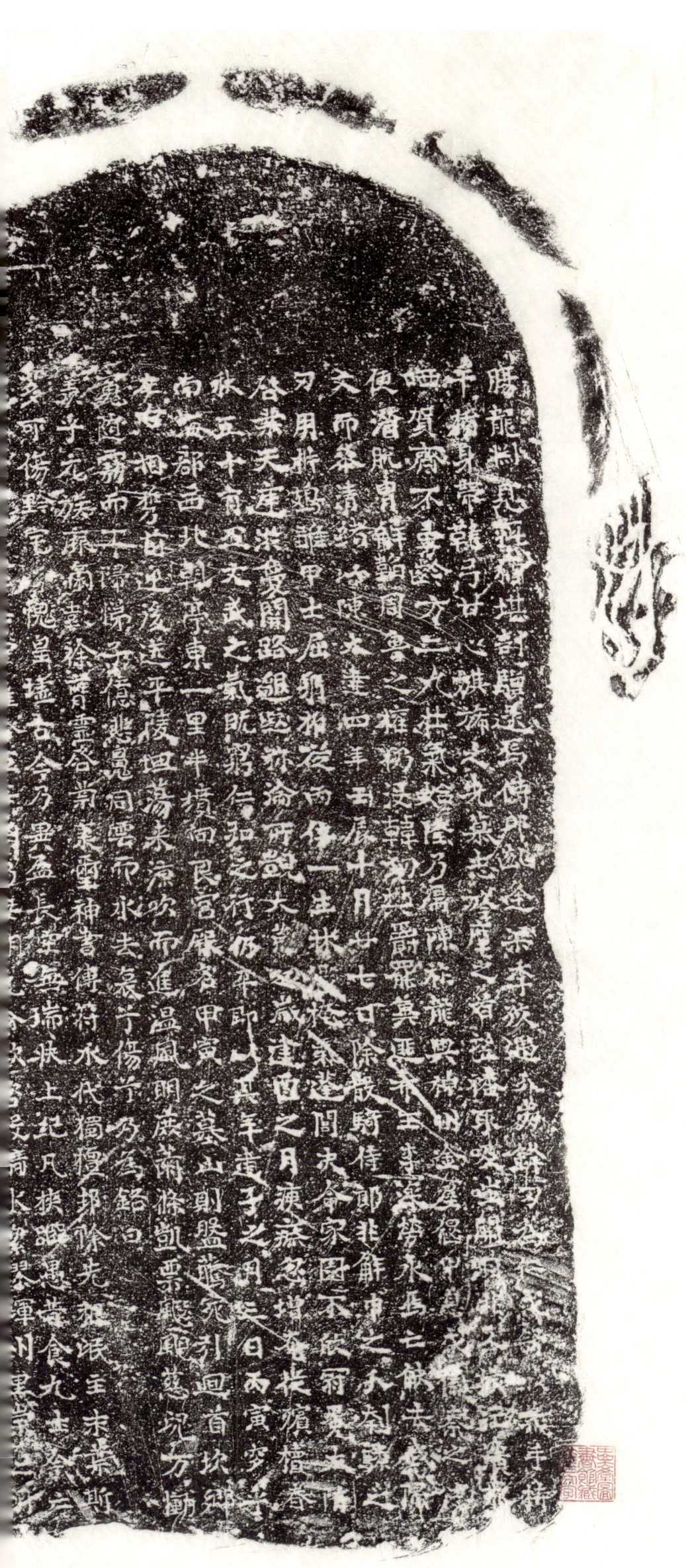

091 劉猛進墓碑

隋大業五年（609）十一月三日葬。清光緒三十二年（1906）廣東廣州王聖堂出土，王秉恩、曹有成、甘非園、簡又文舊藏，1972年簡華玉捐藏廣東省博物館。正書。

民國三十七年（1948）拓本。2張，碑陽80×46.5cm，碑陰78×46.5cm。

簡又文題識。

鈐印："又文藏品""簡又文""簡氏斑園藏真""又文""玉仙欣賞"。

附注：簡又文贈容庚。附簡又文致容庚信札一通，簡又文撰《陳碑歸粵記》複印件一份。

著錄：集釋8/95，國圖10/29，北大墓誌105，鑒定224。

092 羊瑋墓誌

隋大業六年（610）九月十五日葬。河南洛陽出土，現藏河南開封博物館。正書。

民國拓本。1張，46×46cm。

著録：芒遺續上/9，集釋8/96，國圖10/36，北大墓誌106，時地記055。

093 孔神通墓誌

隋大業八年（612）十一月八日葬。民國八年（1919）河南洛陽孟津前海資村出土。正書。
民國拓本。1張，53×54cm。
吳鼎昌題識。
鈐印："蕅辰審定金石文字記"。
著錄：芒四1/57，集釋9/99，國圖10/69。

隋故朝散大夫張府君墓誌銘并序

公諱盈字子謙范陽方城人也其先出自黃帝第廿五子弦
木爲沛以利民物食邑於張因斯命氏尒逎遡源泝洄不窮本
祖弘榮齊散騎常侍恒茂相韓五世功建初基悲源泉溢洄隆安
鄧林枝齋散騎常侍侍衛尉卿車騎將軍領軍逃陽縣開國
平王師慕贈父一部尙書左僕射領安
氣浮和煦靈川岳青衿早秀黃中通理易日轉太子
十六司徒屬梁秘書郎掌詔皇太子講周易黃門賞諡靖公
薄其龍樓簡冠冕中書郎掌詔尙書左丞逐西園賞謚御史
恩家有賜書並世才傳儒業復以當斯職至於儀逐於西
調珠璣雕蟲之妙後進莫以開皇九年大隋麗絕於健通筆
謫上峙如影春坊遣平臺冠蓋奉以九年追補運學士始則編名
而嶁如峙何降年十八詔贈平臺幽墳以華池仁壽元年五月
皇上居君蕃書之世傳後進開皇九年大隋文雅應半五月廿五日
安時年五十八月十三日詔贈金保王功勣振鳳薦歡於龍彰
熙時年五大業九年易拴盛德以長望魂流下壤形去高堂郭
以大業之迴創易拴盛德以長望金聲玉振鳳薦歡於龍彰夫
田之創聞氏慶遠令問舟藏徽音盛德千載無忘
軒轅詩聞不慈川遞宸傍徽音盛德千載無忘郭門宣堂原
如聞簫斷絕田捴宸傍徽音盛德千載無忘郭門宣堂原野荒凉

094 張盈墓誌

隋大業九年（613）三月十日葬。清末河南洛陽南陳莊村出土，舊藏河南省圖書館、河南省博物館，現藏河南開封博物館。正書，蓋篆書。

民國拓本。2張，墓誌蓋45×45cm，墓誌54×54cm。

著錄：芒遺續上/12，集釋9/100，國圖10/82，北大墓誌112，時地記059。

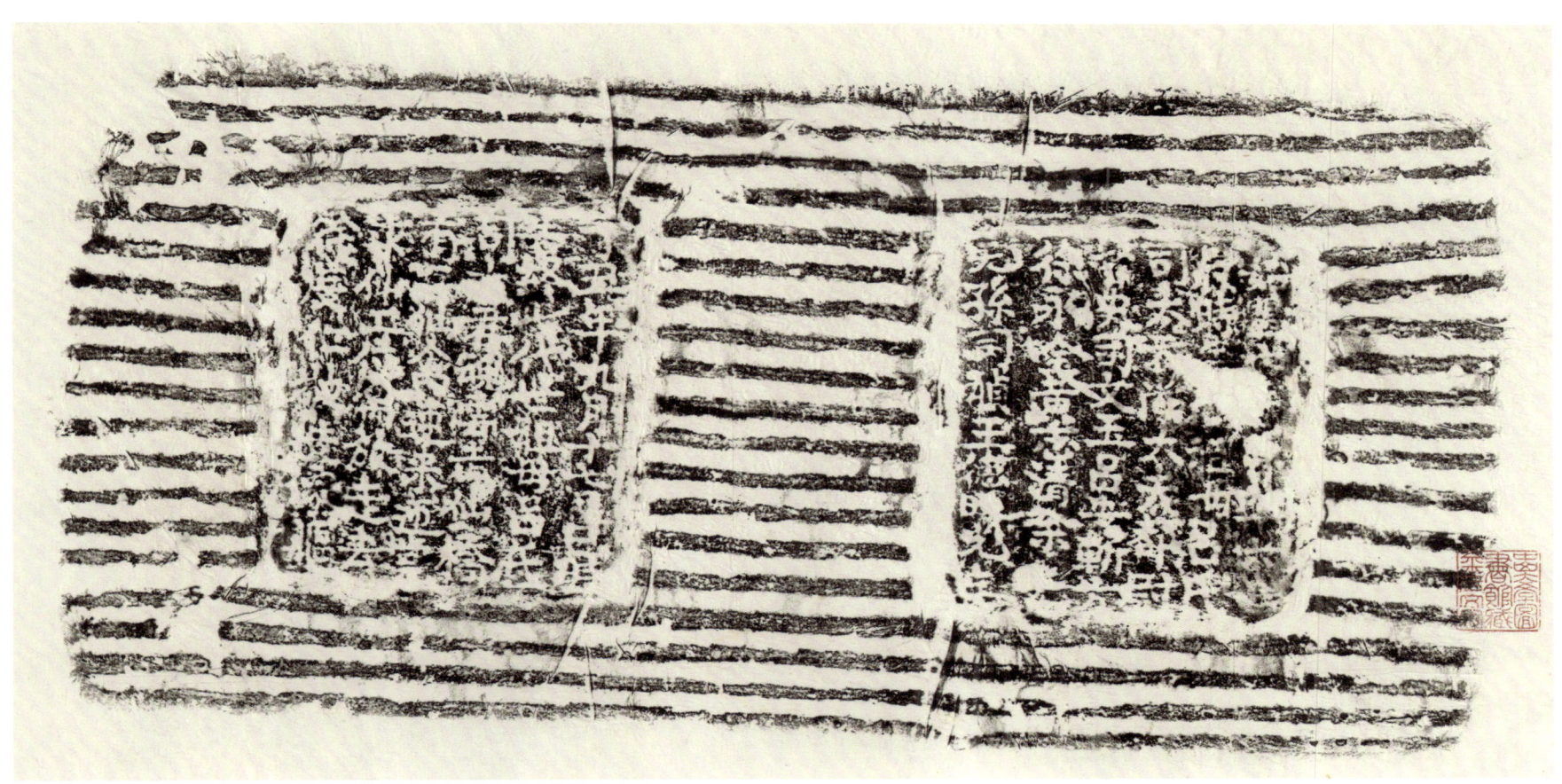

095 爲祖母呂敬造神像題記

唐武德七年（624）。正書。

民國拓本。2張，造像23.5×50cm，題記24×50cm。

附注：馬鑒贈容庚。

著録：《爲祖母呂氏敬造神像題記拓本——對古器物局部拓本的研究》，《善本碑帖論稿》頁234—244。

096 豆盧寔墓誌

隋大業九年（613）十月三日葬。河南洛陽出土，現藏河南開封博物館。正書。

民國拓本。1張，72×70cm。

著錄：集釋9/100，國圖10/84，北大墓誌112，時地記059。

097 崔志墓誌

唐貞觀元年（627）二月二十九日葬。河南洛陽出土，現藏中國國家博物館。隸書。

民國拓本。1張，52×52cm。

附注：容肇祖贈容庚。

著錄：芒四2/1，國圖11/9，北大墓誌124。

隨故徵士解君墓誌銘并序
君諱深，字宣達，河東尸曰邑命氏，世維冠族，狄則
才能摽譽，見撝則皇華忠烈，義動楚王，自
茲巳降，簪纓祖楊周，廣陽郡大守，稟清卲
四民展業。父挺人倫，行甄物軌，屬思玄遠，素家園
器韻弘通，孝水章句，遂迴逸衡，泌志道依仁，
略學存指，適匪求良辟不就，善徒言歸魂，春秋八十
隨開皇初，以賢怡靜，既而祐于洛州里舍。云逸州舉
丘獨得三遷，正月八日終，禮也。有子云大，
唐貞觀八年正月廿一日葬于邙山。懷謹息，抱風樹而興
學以其將仕郎，至性淳萬德，傳徽來寞，銘曰
土除寒泉而哽絕，式鵞瓵德傳徽，蕗落高峯，雨襲齎
芳蘊蘭蕙，貞茂筠松澄澄清景，茗落高峯，華偓嘿
感對寒泉，而絕式，瓵德傳徽，來寞銘曰，樹偓嘿
泉林披帷，龀古罝酒，綵琴雖寶，何從放曠，唯德是隣內
轍四晧追蹤，默語美綵，舟舫盡指薪，階留帶草
情閒滄外物寧，侵遠從積，俄作者逝矣，誰復知
箱餘角巾霧露，日積楸檟方，塗盡指薪，階留
津郤梯邱陶，前瞻洛汭，歇歟嚇大土墻塵斯原

098 解深墓誌

唐貞觀八年（634）正月二十一日葬。河南洛陽出土。正書。
民國拓本。1張，38×38cm。
附注：容肇祖贈容庚。
著錄：芒四2/6，國圖11/52，北大墓誌128。

大唐滄州景城縣令蕭府

君之銘

公姓蕭字瑤南徐州蘭陵

人祖譽梁宣明臺帝父嚴

梁安平王大唐任亳州職

父縣令治政有聞政任滄

州景城縣令以大唐貞觀

十二年八月十四日遘疾

薨於任所以十一三年歲次

巳亥於二月七日葬於洛

州河南縣金鄉

099 蕭瑤墓誌

唐貞觀十三年（639）二月十七日葬。河南洛陽出土，現藏中國國家博物館。正書。

民國拓本。1張，39×41cm。

附注：容肇祖贈容庚。

著録：芒四2/9，國圖11/81，北大墓誌132。

100 楊玉姿墓誌

唐貞觀十六年（642）七月二十日葬。河南洛陽出土，現藏中國國家博物館。正書。

民國拓本。1張，48×48cm。

附注：容肇祖贈容庚。

著錄：芒四2/14，國圖11/107，北大墓誌135。

101 晋祠銘

（唐）李世民撰并書。唐貞觀二十年（646）正月二十六日。現存山西太原晋祠。行書，額飛白行書。

民國拓本。2張，碑額52×49cm，碑文189×119cm。

附注：洪業贈容庚。

著録：萃編46/13，八瓊室34/14，國圖11/138，鑒定254。

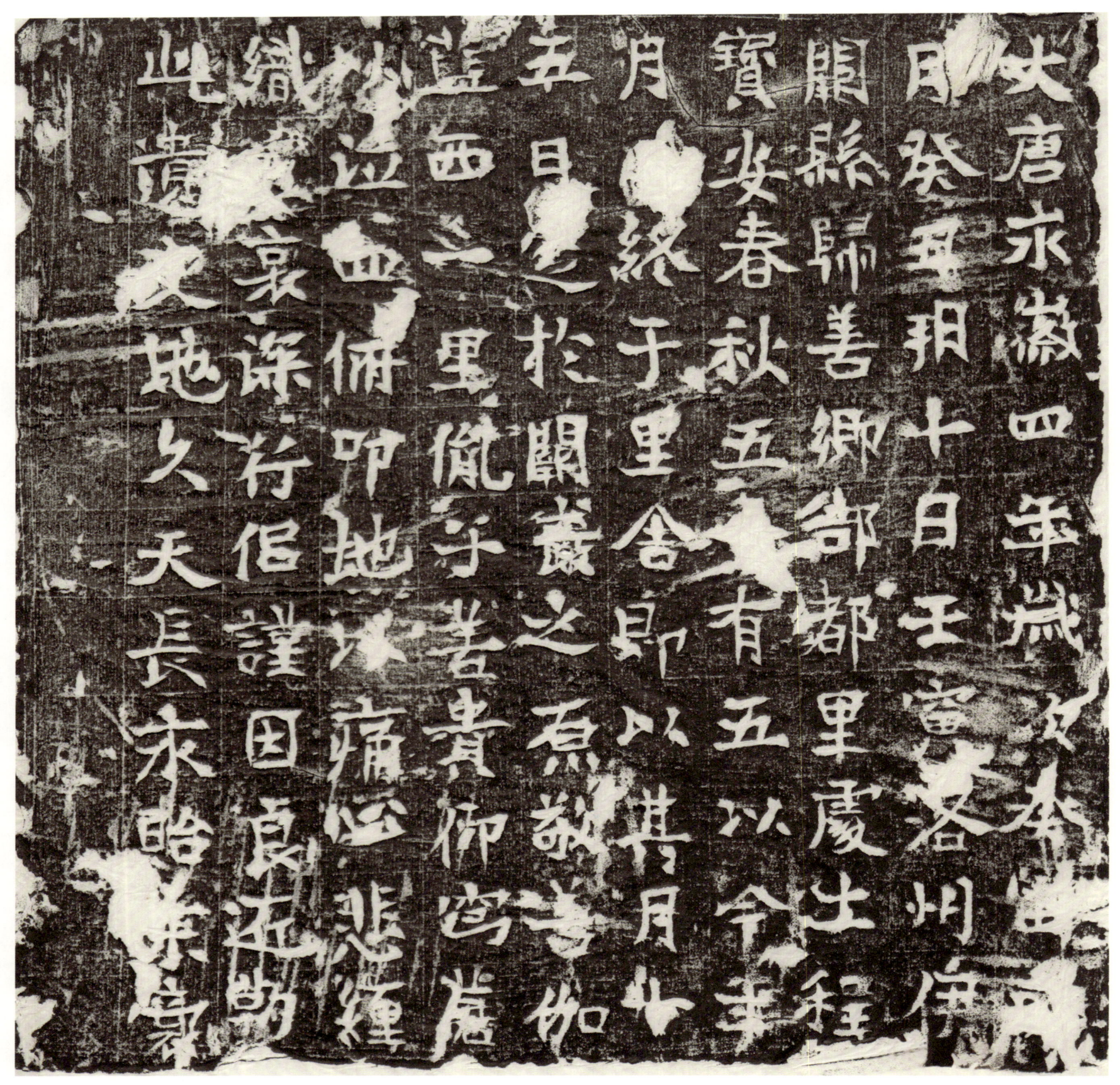

102 程寶安墓誌

唐永徽四年（653）正月十五日葬。河南洛陽出土，現藏中國國家博物館。正書。

民國拓本。1張，27×26cm。

附注：容肇祖贈容庚。

著録：國圖12/75，北大墓誌155。

唐故顏君墓誌銘并序

君諱人字婆仁魯國人也昔孔門儒教回也以德行居先
晉室文傳延年以高才顯譽英髦弈葉冠蓋蟬聯備諸史
榮可宏略而叙曾祖嶷齊任沂州刺史祖峻端任大都並
忠其體就管恢幻吾風彩該高深墳典文字崇峻父徵随州軍前任大都
曹立偉歷任怠任君大唐銘基宠通投身規莫弱冠之冨詞林遙馬上軍親事首飛
從偽師帥身先士儌射屈政授仁衛討武府振師以礼才勇冠三軍略屬屈親道略
府攻在城振府先徼譽流京華八年政效此固南縣
地陂貞肇忠魂府以信義明友興慶亭餘百尋之師以礼
無繼輕教義遊孝君親閭以其知年二月十八皆終於家固秋七十有五善
延縄基乃魂義而已結岳閭知與四年三知皆為遷葬於鄴山而不有五
里樂鄉卿印歌山之陽徒呼嗟卒不息遷一葬於春十
平永夜悲風蕭瑟之陽有感於生未輟蓋徘徊停掩玄門千
秋日乃為銘曰本乎鄒魯回則允文延年允武蟬聯冠文鋒重規
源夫惟公生才克光前祖弱齡馳譽早歲飛聲忠文貞秀
豐矩貴秀出斑馬碎興瑪林殘杞梓悲雲晝昏悲風
發武略無效禍滛斯屢庭韓彭家稱孝敬朝
福善起武雄景行用弘其美

103 顏人墓誌

唐永徽四年（653）三月十日葬。河南洛陽出土，現藏中國國家博物館。正書。

民國拓本。1張，43×44cm。

附注：容肇祖贈容庚。

著録：芒四2/28，國圖12/82，北大墓誌156。

唐故上開府上大將軍安府君墓誌銘并序

君諱延，字貴薩，河西武威人也。靈源清沼，浪泆道峯，茂林森蔚，華敷積石，躍銀鞏而得白雨都豪督。父故失隨上儀同平南將軍，祖真健後閒大特風幼著高列將，名冠上侯連蹄中茂之族，疏哲早聞，宗雄挺著。書開府始大將軍宏達，及皇功運伊四校宣，雖力奉義旗，試七以授上詩石沐，終上聞，何候春秋卌四，奄然落昭，人劉氏觀望十高西羊。月廿日終于東微周，其四月廿四日既八月七日合窆于北邙山，敬之里松遠禮，俱見春秋。作舟以婦媛德，孝母儀斯桃源，尚遠弟俒南也移曉。八十三，以永徽四月廿三日輆轜石庭，彌彌久哲傷孝積唯童。徹德重玉音開族高崑岳傷澏府穎美昆櫊志。刊望天蓍華宗仁光景西落琈霧起子曇求郷閬切流茂風。秘閣蘭華傳去昭昭之華屋憂痾窀之玄堂。呤子悲白楊。

104 安延墓誌

唐永徽四年（653）四月二十八日葬。河南洛陽出土，現藏中國國家博物館。正書。

民國拓本。1張，49×49cm。

附注：容肇祖贈容庚。

著錄：芒四2/29，國圖12/87，北大墓誌156。

105 韓通墓誌

唐永徽五年（654）十月三十日葬。河南洛陽出土。正書。

民國吳鼎昌拓本。1張，41×40.5cm。

吳鼎昌題識。

鈐印："藼辰審定金石文字記"。

著録：芒四2/36，國圖12/136。

大唐紀功頌并序　　　御製御書

若夫玄功似宰帝業光軒多神用斯沖
巢草夔恩步幽岩栖丹砰齋鯆賦敢媿生知
霾黃而霧地下賾方祇繩亂赤而兩天上搽圓象
川觀江湖之騰佛瞬已問於輕重裂周網春
共軟摧拼之怨妖精素象寶庫延灾芊綠
光文皇森烔頹光之已燼枚焚共燃之爐

（局部）

106 大唐紀功頌

　　（唐）李治撰并書。唐顯慶四年（659）八月十五日刻。原存河南滎陽氾水鎮等慈寺，20世紀50年代斷裂，1961年殘石入藏河南鄭州博物館。行書。

　　晚清拓本。1張，323×147cm。

　　附注：刻清道光二年（1822）邵堂等觀款。

　　著錄：萃編52/12，八瓊室36/22，國圖13/119，鑒定266。

107 樊寬墓誌

唐顯慶五年（660）二月十三日葬。河南開封出土，吳大澂舊藏。正書。

晚清拓本。1張，44×44cm。

著錄：國圖13/145，北大墓誌184。

108 趙宗墓誌

唐乾封元年（666）四月二十四日葬。河南洛陽出土。正書。

民國拓本。1張，52×52cm。

附注：容肇祖贈容庚。

著録：芒四3/18，國圖15/7，北大墓誌212。

109 仵欽墓誌

　　唐咸亨元年（670）十一月三日葬。民國十九年（1930）北京西城區大木倉胡同出土。正書，蓋篆書。

　　民國拓本。2張，墓誌蓋56×55cm，墓誌56×55cm。

　　附注：張壽林贈容庚。

　　著錄：國圖15/140，北大墓誌231。

大唐故翰林大德益州多寶寺道因法師碑文并序

158

(局部)

110 道因法師碑

（唐）李儼撰，（唐）歐陽通書，（唐）常長壽、范素鐫。唐龍朔三年（663）十月十日建。現藏陝西西安碑林博物館。正書。
民國拓本。1張，220×100cm。
著録：萃編54/16，八瓊室37/6，國圖14/83，鑒定268。

111 楊大隱墓誌

唐咸亨三年（672）十月二十八日葬。河南洛陽出土。正書。

民國拓本。1張，41×41cm。

附注：容肇祖贈容庚。

著録：芒四3/37，國圖15/172，北大墓誌236。

（唐）故董君墓銘

若大道均物，始陰陽運而成象，神功不測，惟聖誕英靈之姿……
穎祥柯映，遠田而吐秀……曾祖安隨往陽翟縣……
制錦旋……三軍雄志謀於七略……高蹤於先鋒父……
武冠三軍雄志謀於七略……唐任車騎將軍……
道不仕脫身資溫清志遠鑒月鏡以為心忽以儀病無難則屈……
君李友基履騰驤振輕衣而扇……至德高行愉色諂其怡聲……
先門營氏無憨奮從氣燭春秋四十有八粵以……卒於洛州……
悅席……十一月……瓅……十三日歲……
次牧里之斯第……以其年十二月二日瑯十六日……
和印山平樂之原礼也當謂逝水不駐�| 過隙之難留將……
澄青蕉而浸涤恐人代之起忽陵谷遷變故勒斯銘永記泉……
謝之鄰哀使魂遊束岱無愧殿輝神往西山堂謝黄香之樑……
感之銘曰……
杜矣英靈神切不測聲流美譽道高宣瑰埠標奇芳歐感……
迴為英師墓崔鋒彌億雅亮嚴王聲高許那仁智山水情深……
駕鷲歩武影仙宮名編綺閣飄飄逸翩陵雲等等長源惟志……
英吾子朱榷袖心紫鱗綺情已乆蘭懷義聲萬特起斷金惟志……
流音嗣始如何不淑隕穫芸萋霞牧夕影景落沈陽風搖隴……
| 日蒲恰光春秋非我曉夜何長……

之操年十五授仲襄小兒十八授將軍廿四西授將官如故廿八授位頭大兄廿四西授位頭大兄廿八拜雄威將軍太草離又拜鈴軍國阿衙元首紹先疇之業士藏士攝于持天寨王高昌國御書梯花照尊內有難降之草為幹為楨米有出無邊水迎荒尋正見卑止兒其其用覽建之城丹鳳之關怨有嘉憤遣拜公特進海北馳心丹鳳之關慰覽入朝皇帝鷸誠入朝子獻誠入朝勅追公以率國內靺鞨知狂略公率國內芋何力何力芋相知狂略公以率國內悲何力狂略公以入朝總章元年授使持節遼東大都督還藍馬之營其閭其年秋奉遼東大都督福類其子與其工父操之棟朝野凱入京都策動芋隱至獻捷大將軍進封于國公食邑三千戶餘官如故熏軍軍封五部三韓並為臣姜逐能立義勳而藝薺州上感州上柱國卞國公泉男生勳烈蘊此閒信趙城拔懷勞勳承重閣而鄞伯之得償與藝薺州福戌大君宥命還盧隱之琦台衡臺衡甗忠義宣隔四郡由之為罷市九種因之輟耕因之鞍耕以為耕太將軍上柱國卞國公泉男生勳崔川知正以儀鳳四年歲在已卯

三岳神府十洲仙庭谷玉產豪傑山祇岳崪州牧為刀凜凜仁岳鳳關朝命光寵開春寵命光寵開春寵命光寵秋茶復開春軸鼓瑟慷慷去棟玉昌袄衛珠延衛幽壤勅頌貞珉歷書不齡瞱瞱一代正瑾寞

龍泉迴山隨基起仰霜露年積春秋日屬層圓月滿野矚風疎幽壤勅頌貞珉歷書不齡瞱瞱一代正瑾寞

162

大唐故特進泉君墓誌（蓋篆書）

113 泉男生墓誌

（唐）王德真撰，（唐）歐陽通書。唐調露元年（679）十二月二十六日葬。民國十一年（1922）河南洛陽東山嶺頭村南出土，陶北溟舊藏，後藏金石編纂處、河南圖書館、河南博物館，1962年藏開封博物館，1997年轉藏河南博物院。正書，蓋篆書。

民國拓本。2張，墓誌蓋93×93cm，墓誌88×88cm。

著錄：芒四補20，國圖16/120，北大墓誌261，鑒定280，時地記154。

114 張懷寂墓誌

唐長壽三年（694）二月六日葬。清宣統二年（1910）新疆吐魯番阿斯塔那古墓群出土，現藏新疆維吾爾自治區博物館。正書。

民國拓本。1張，70×64cm。

附註：黃文弼贈容庚。

著錄：新疆2/12，跋尾4/6，西陲8，國圖18/32，北大墓誌303，鑒定285。

大周揚府君墓誌銘并序

君諱岳守雲盖和農緩氏人也自玉環胎祉朱
輪襲慶代傳儒素家積公侯曽祖晃随梓州玄
武縣令祖喧随益州大都督府司馬龍門公父
君楷唐右領軍衛而固府統軍並性道渖通神
儀勇朗始振鵷鴻之彩理翰凌霄終蹇驥與善
途長駈絶景君爍批策利詩書自娛未窮典善
摧梁奮及春秋七十有六以攀疐元歲次乙
志閭云回乙卯朔廿二日庚子卒於立行里私
第也即以其平三面戊中朔十三四庚申殯於
河南合宮縣北印山禮也子懷義等痛切風枝
悲深宿草敬彫翠琬用紀玄堂銘曰
川流筒急峯石蓮危坐産璿寶人育羙奇羙譽
蘭薫貞姿玉潔心遠跡尉途塵轍晨駒過隙
夜燭遽遷舟芳歇不謝雅躅空留

115 楊岳墓誌

唐證聖元年（695）三月十三日葬。河南洛陽出土。正書。

民國拓本。1張，39×39cm。

附注：容肇祖贈容庚。

著録：芒四4/6，國圖18/59，北大墓誌306。

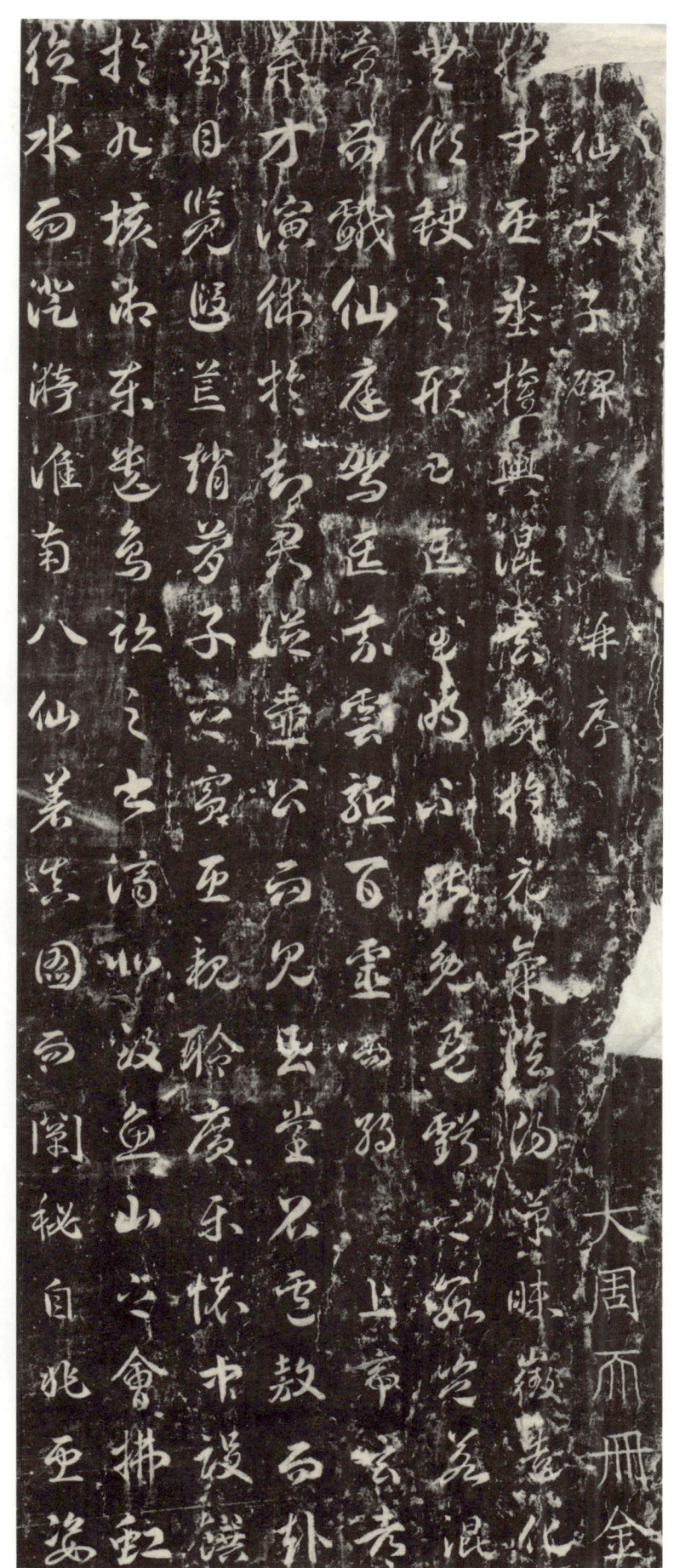

（局部）

116 昇仙太子碑

（唐）武曌撰并書。唐聖曆二年（699）六月十九日建。現存河南偃師緱山。草書，額飛白行書。
清拓本。1張，340×156cm。
著録：萃編63/1，八瓊室44/27，國圖18/161，鑒定288。

117 高知行墓誌

唐景龍三年（709）二月九日葬。河南洛陽出土。正書。

民國拓本。1張，52×52cm。

著録：芒四5/3，國圖20/76，北大墓誌358。

118 盧君妻□晉墓誌

（唐）盧若虛撰。唐開元十三年（725）十月二十三日葬。河南洛陽出土。隸書。

民國拓本。1張，68×69cm。

著録：國圖22/87，北大墓誌416題盧君妻李晉墓誌并蓋。

唐故雲麾將軍右武衞大將軍贈秦州都督彭國公謚曰昭公李府君神道碑并序

瀚夫天地高以應乎秀

國華演名昭宣沖用激

守中輔重養福元宗以

王代從於養光其任門者

以諸紳良考原州長史華陽縣開國公

忽諸待慶名求活而出岡和所恨

朝歆太夫滿歲除常州司倉名軍

羣子贊為甘生相泰莫可而聞

太宰守歎

味修嗣宗言國

靈之蘇開區殂自

安之誠門文連

忠宣超然逾尋山海蕃暴神仙丰且

然義直道首必出蕃益之論不關於

好義直道首必出蕃益之論不關於

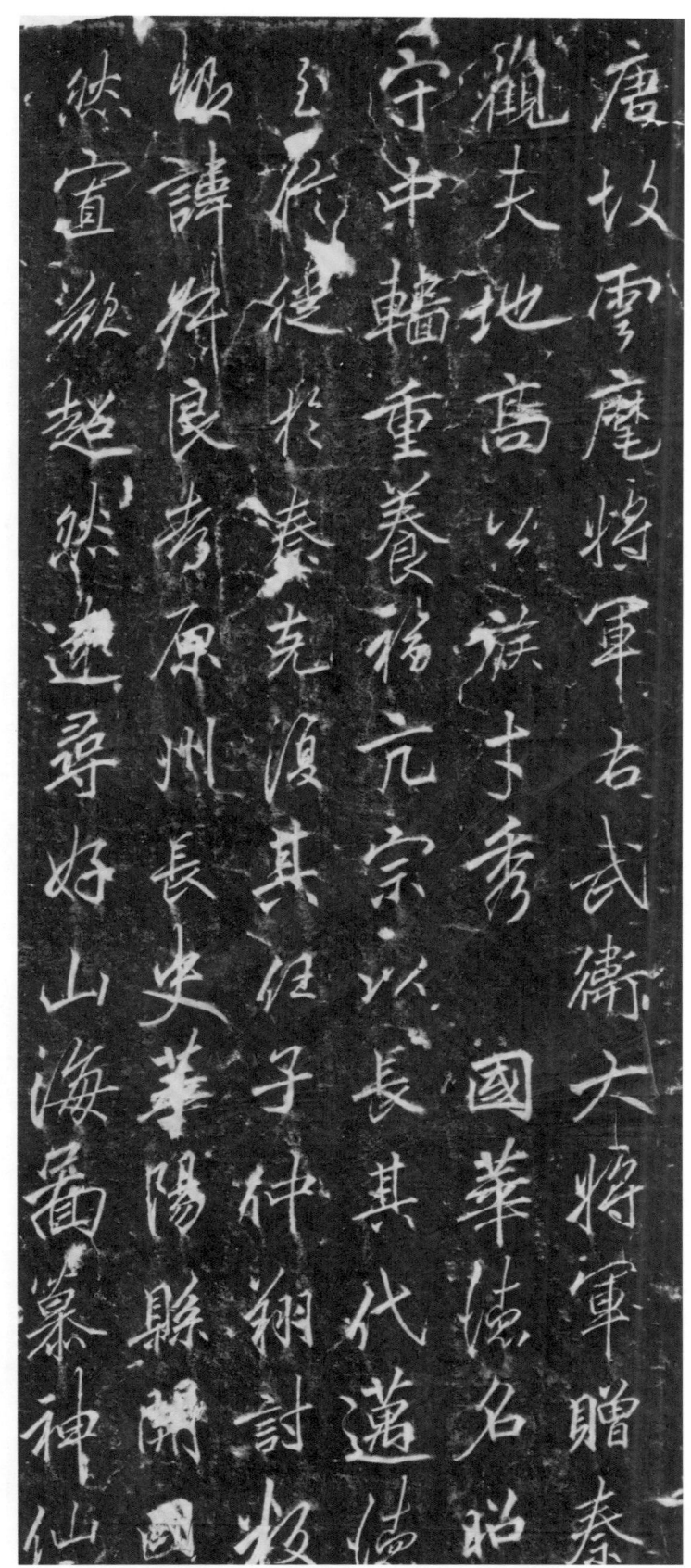

（局部）

119 李思訓碑

（唐）李邕撰并書。唐開元八年（720）六月二十八日葬。現存陝西蒲城橋陵。行書。

清嘉道間拓本。1張，152×112cm。

著録：萃編72/14，國圖21/129，鑒定298。

120 御史臺精舍碑

（唐）崔湜撰，（唐）梁昇卿書，（唐）趙禮鐫。唐開元十一年（723）。現藏陝西西安碑林博物館。隸書。

清嘉慶後拓本。2張，碑陽97×64cm，碑陰99×64cm。

著錄：萃編74/8，八瓊室52/20，鑒定302。

173

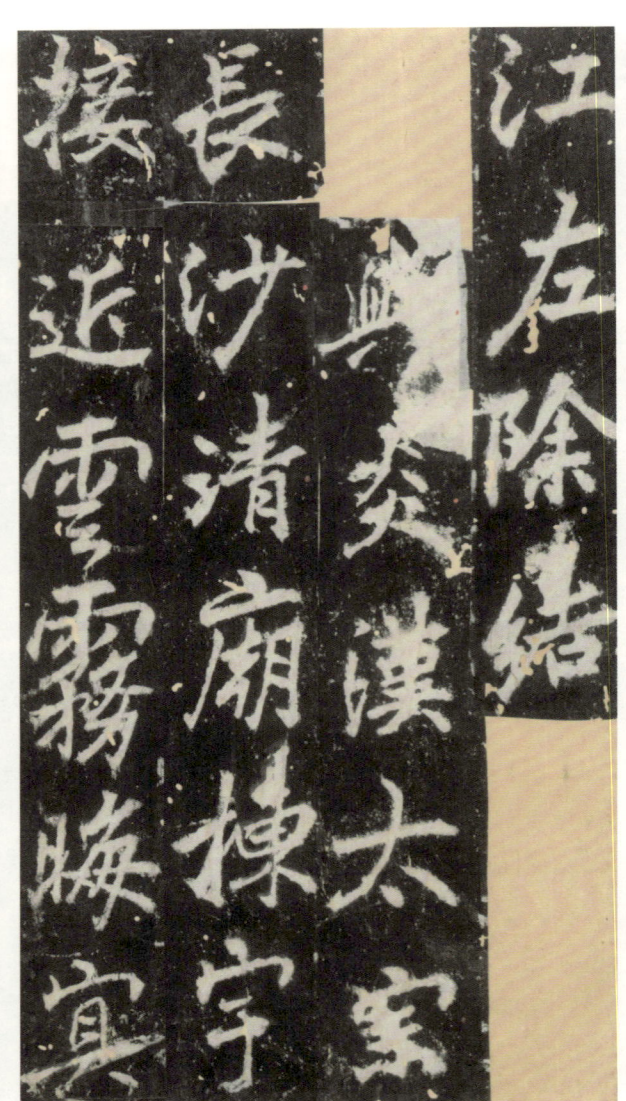
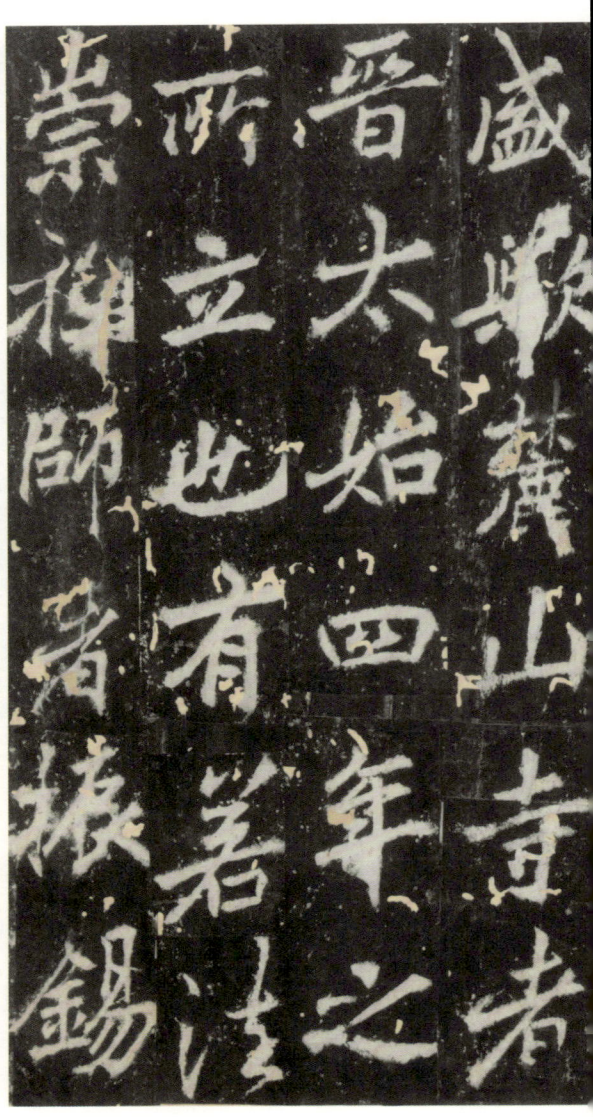

121 麓山寺碑

（唐）李邕撰并書。唐開元十八年（730）九月十一日立。英和舊藏，現存湖南長沙嶽麓書院。行書，額篆書。

明拓本。冊葉裝。1冊29開，28×15.5cm。

（清）英和題簽。1952年10月9日容庚題識。

鈐印："澹邨""仲約藏本""順德李仲約所藏金石""王隆照印""容庚"。

著錄：萃編78/3，八瓊室54/3，國圖23/25，鑒定306。

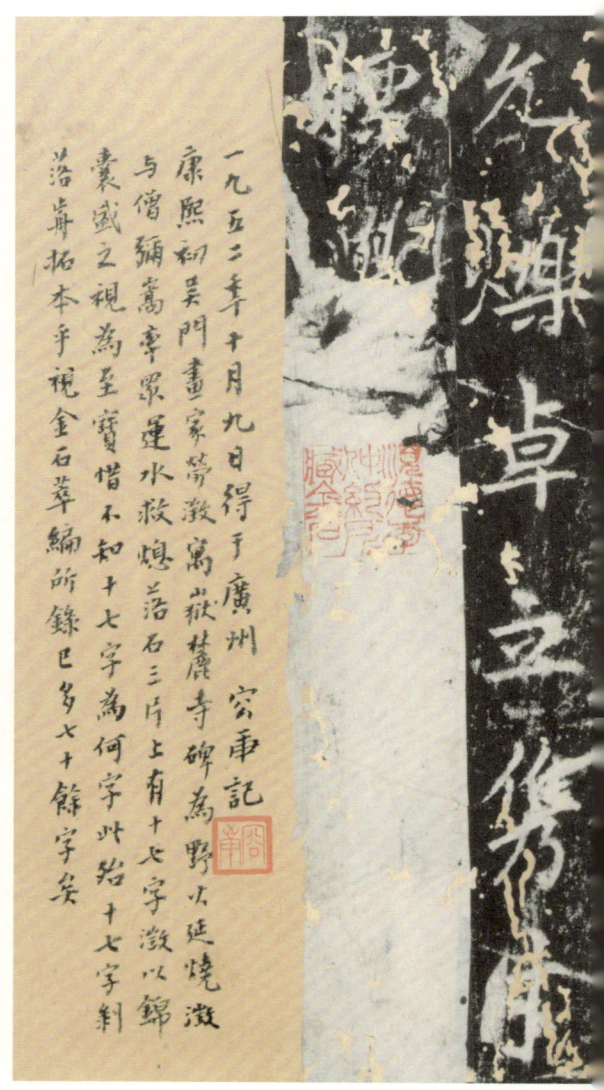

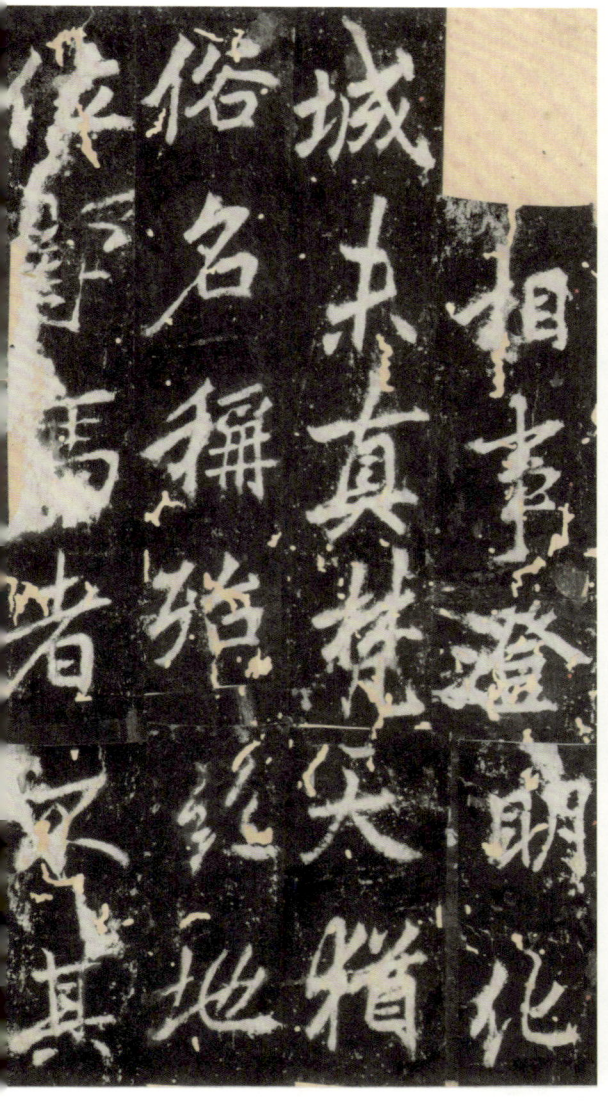

城未真株火猶地
相事遒朋化
俗名稱殖絲
佇智焉其者不其

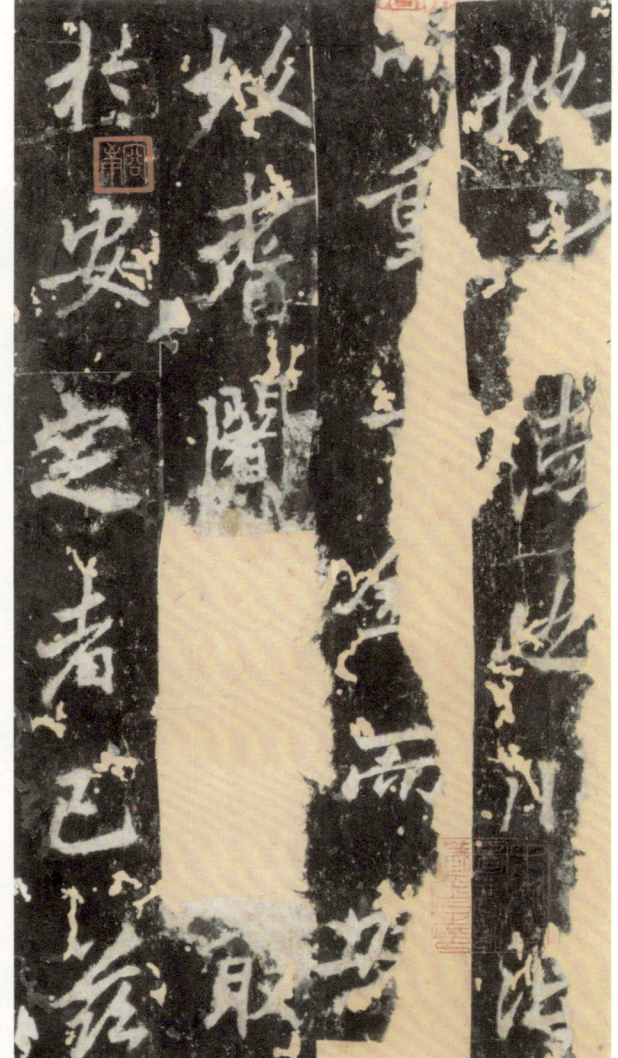

於安之者已銘
招老閣
焕重兩已

夫天之道也步
而百
成泰四屏
指收城寧者也

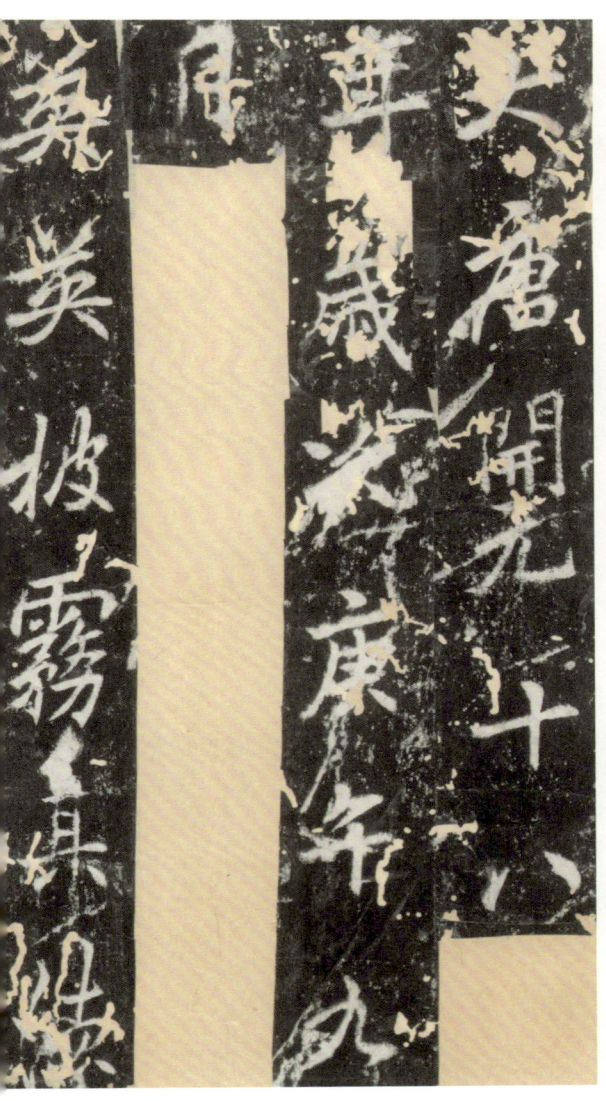

再歲次庚午九
大唐開元十八
於舞美坡霧珠

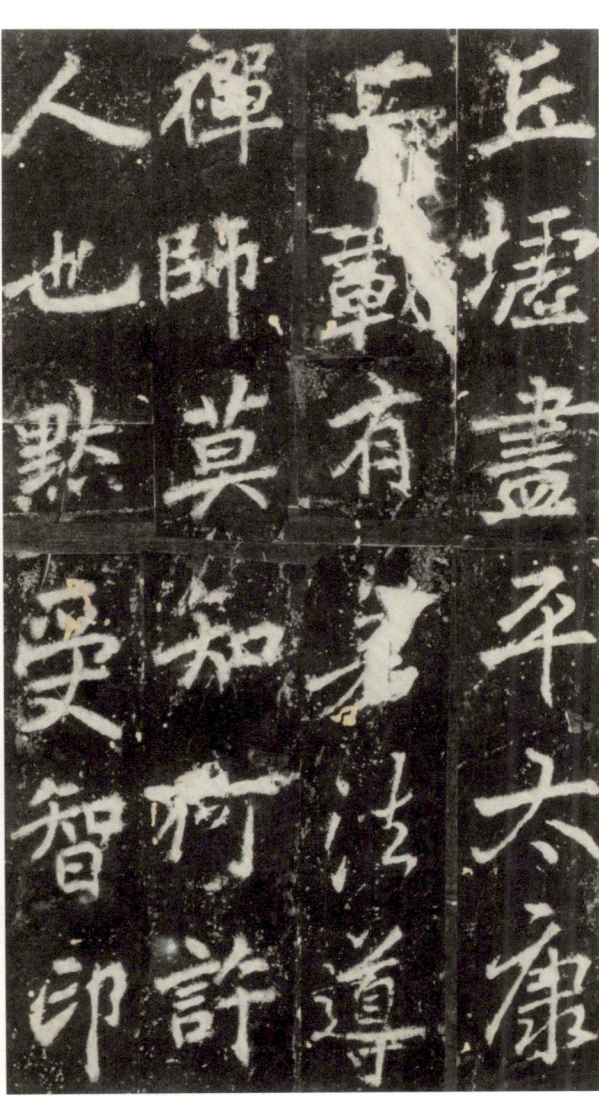

玉塘盡平大康
王戴有者法道
禪師莫知珂許
人也默受智印

特為新寺禪師
泊翟孤飛謀
亦卑裹之朋諧
行夫水渠有制

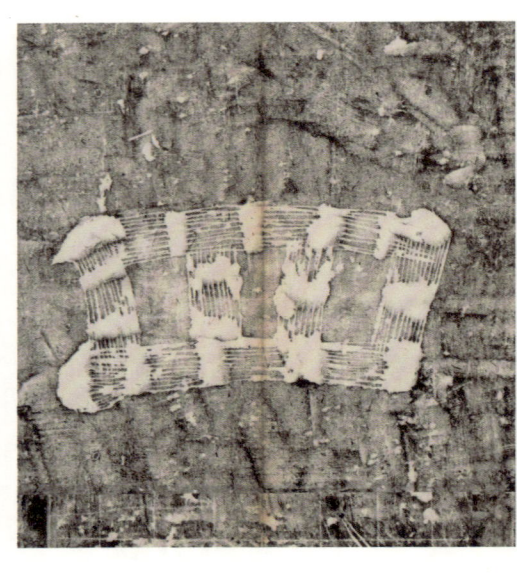
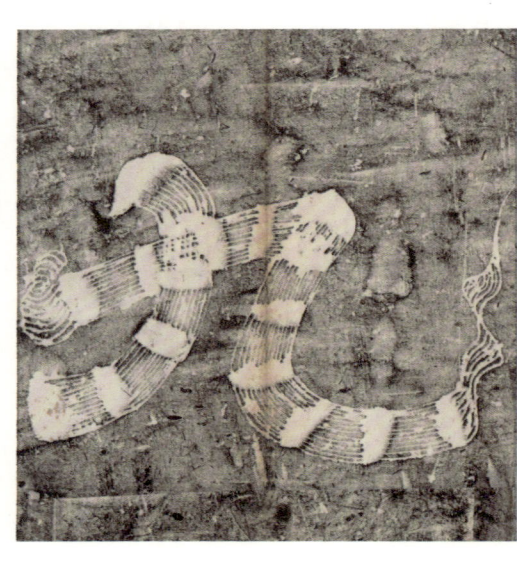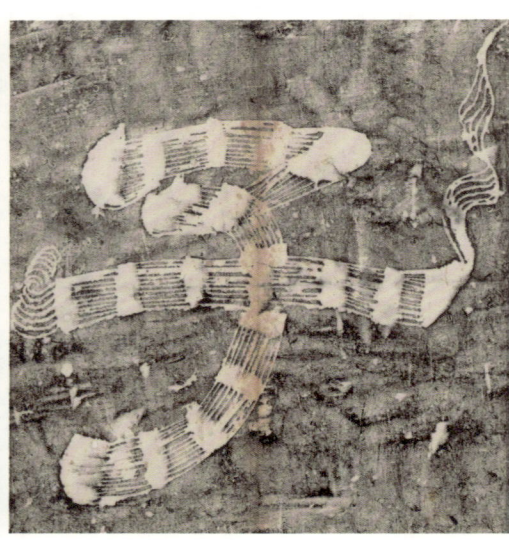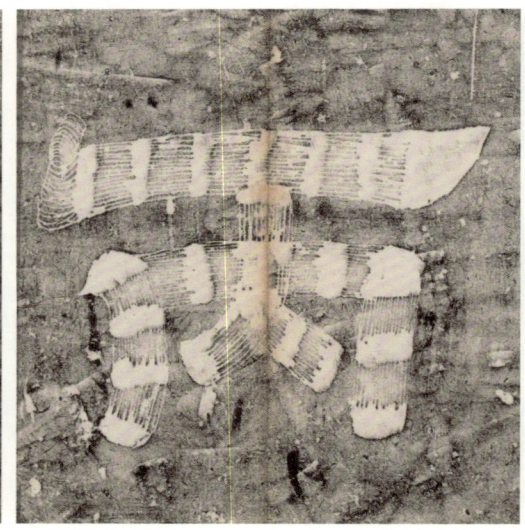

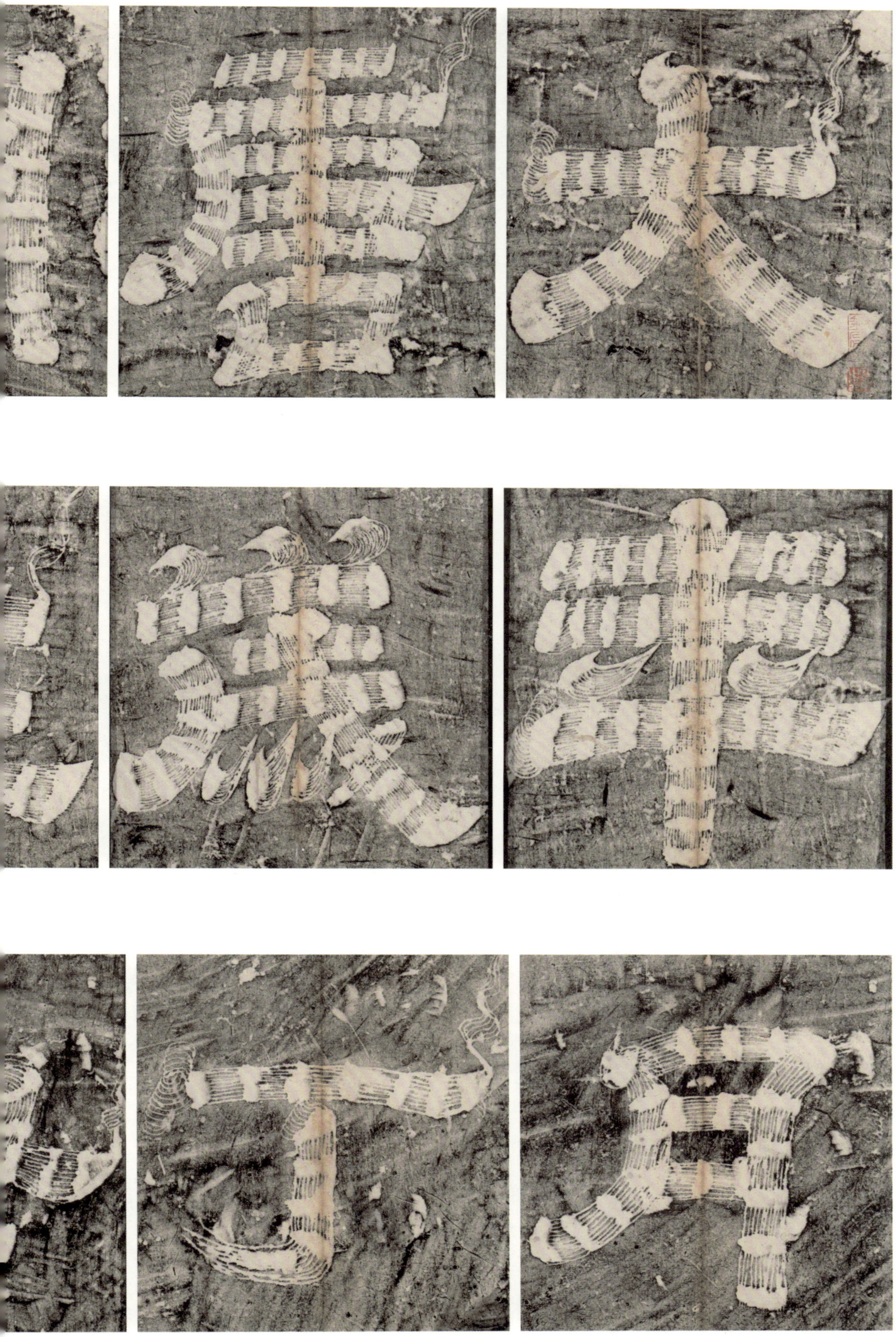

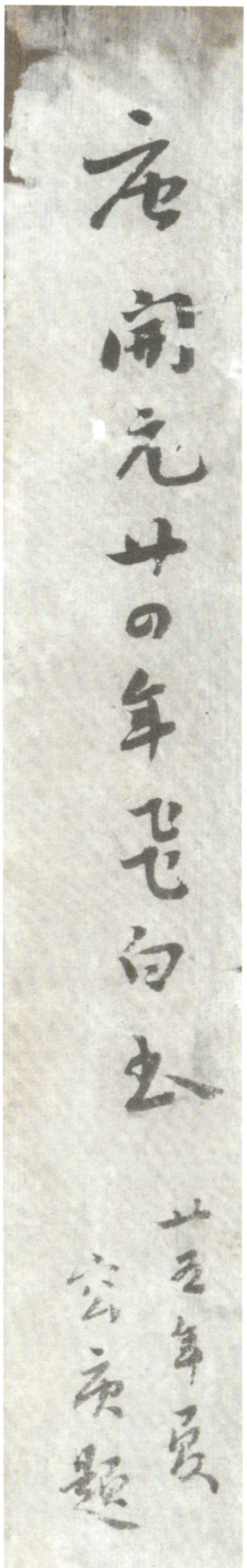

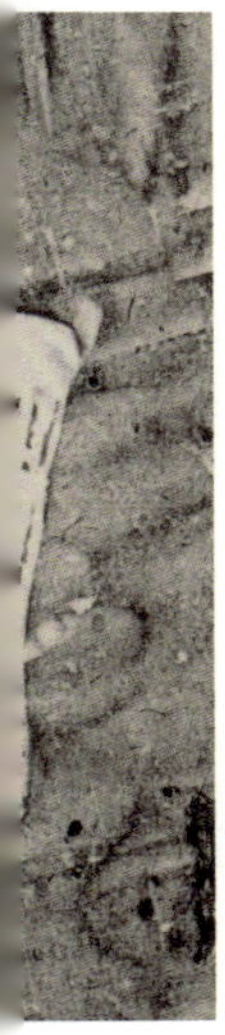

122 "大唐開元廿四年"等字

唐開元二十四年（736）九月十八日。飛白隸書。

清拓本。冊葉裝。1冊22.5開，26×12cm。

清乾隆五十三年（1788）李東琪題識，民國二十五年（1936）容庚題簽，清黃易題識（疑偽）。

鈐印："容庚之印""李鐵橋""小松"。

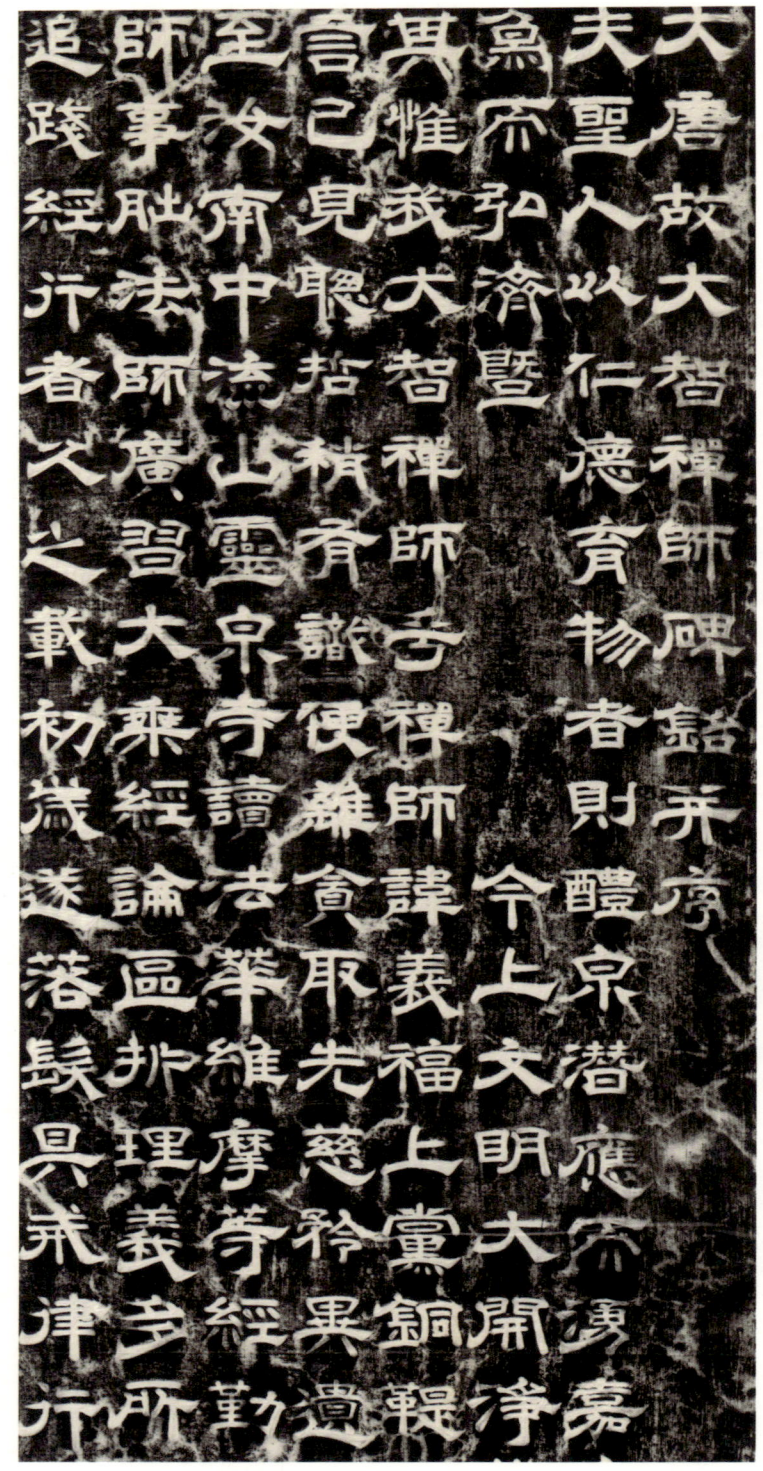

（局部）

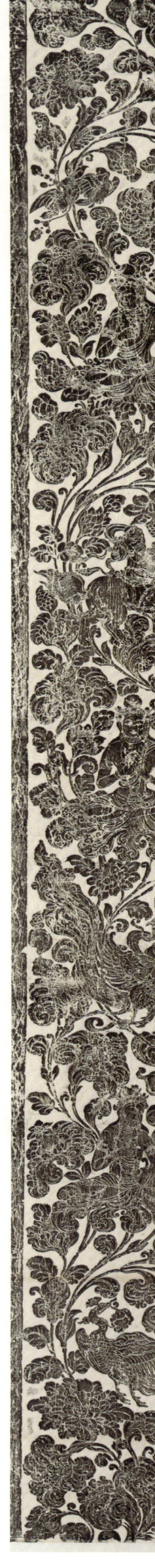

123 大智禪師碑

（唐）嚴挺之撰陽，（唐）陽伯成撰陰，（唐）史惟則書，（唐）史子華刻。唐開元二十四年（736）九月十八日建。現藏陝西西安碑林博物館。隸書。

民國拓本。4張，碑陽202×110cm，碑陰32.5×111.5cm，側一220×32cm，側二217×31cm。

著錄：萃編81/24，國圖24/14，鑒定312。

124 夏侯思泰墓誌

（唐）申諫臣書。唐開元二十六年（738）十一月八日葬。河南洛陽出土，1956年入藏北京故宮博物院。正書。

民國拓本。1張，58×57cm。

吳鼎昌題識。

鈐印："藺辰審定金石文字記"。

著錄：芒三54，國圖24/74，北大墓誌467。

[墓誌拓本]

大唐故李府君
夫人嚴氏墓誌銘并序
至隱景光王時有字嚴侯者海
祖利貞青州樂安博昌縣尉其先晉大會稽王
父干城之家立也地於家而必縣令並祖果德游誕撃邊將軍合章絳州隸州曜臺府折衝武
慈綱之品洽仰慤可亂言之理固柔政以誕將夏蔘父優體物衝
方程頗伊良於人且室逝風徵紛粹心歸精開乃和靈誕師禮人即昌府貿君武
解脫此授味教以禪成克克知車篤無多依遘芝蘭之以死芳女華藻敬之本博中於仁
上以記號舜難真如老立可無幻數福泣非聞能得誡嚴鈐夫人御慤存極窮孤求義
何終歸義里方之錫舛真克知海泛往然生間有明一夫淡煩悟修於發邊以
空卒北邸王趙難至也第嗣春旦求徒幻五年人則有死切人御悟諸窮邊將以權日則和求
日演禮斯之住旦私至也也秋日茶軍非開得誡嚴明珠頻煩照相將相照以
棘癸體七過其倩其仕且年旦十軍早元世日月月十五相和權日
事父斯之後其德哀默維其繁詞誕生銘夫人早秀陵於日顯五十二日十則
周為舟世之德敢哀懷其繁詞誕生夫含眾休馬倚那貞亂時諒諒
溫菜馬女工婦李二克傻修馬悟彼勝曰將有求馬馬滬然朝露
其生浮馬衣哀棘心不可道馬悟它山之石誌陵丘馬

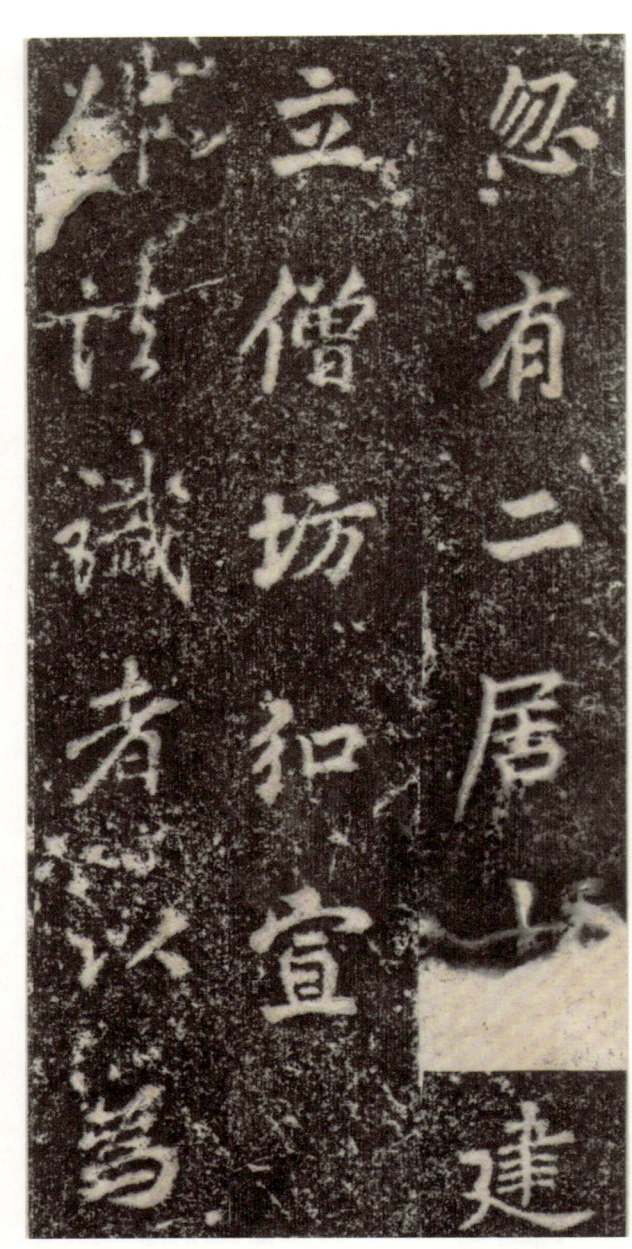
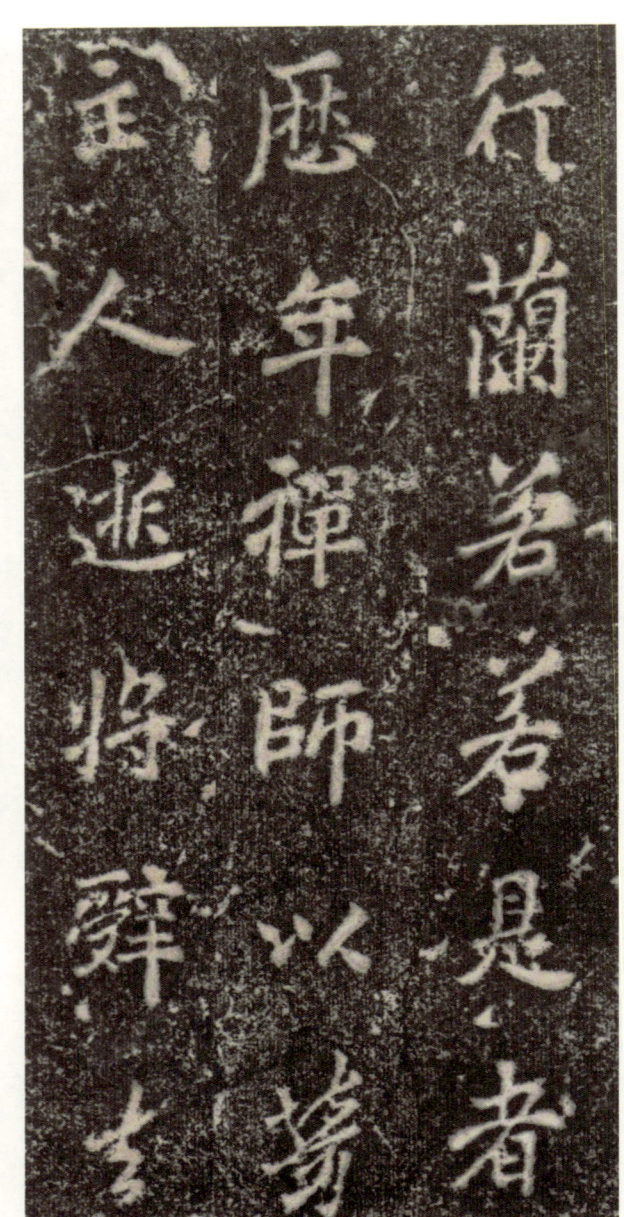
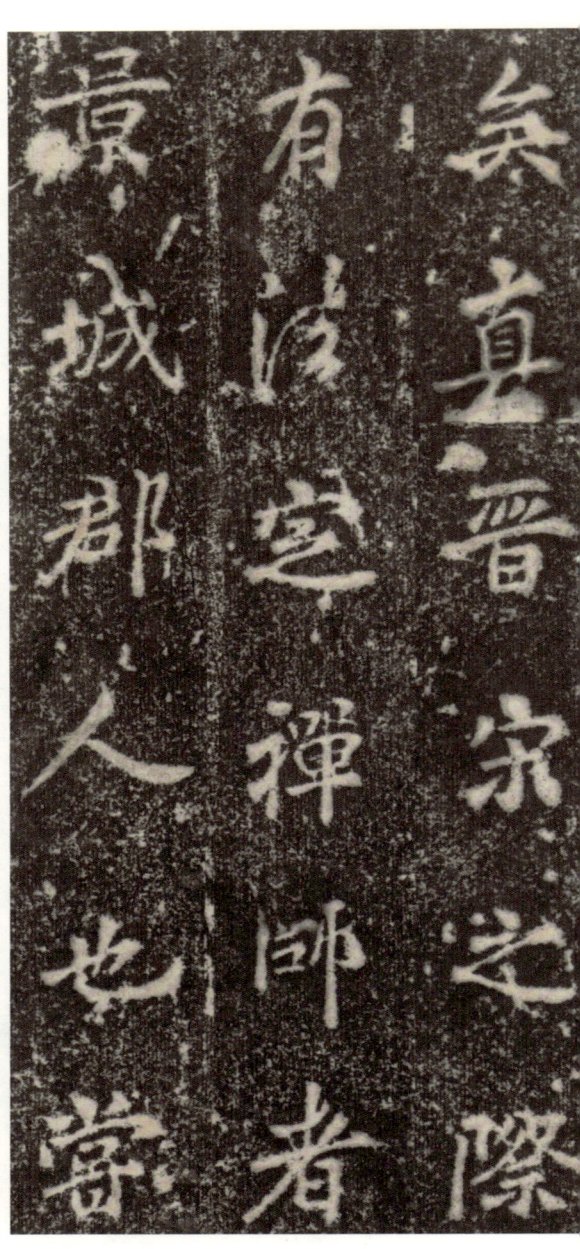

126 靈巖寺碑

（唐）李邕撰并書。唐天寶元年（742）十一月十五日建。現存山東長清靈巖寺。行書。

清末拓本。冊葉裝。1冊18開，26.5×12cm。

民國二十五年（1936）十一月容庚題識。

鈐印："容庚"。

著錄：八瓊室57/2，國圖25/24，鑑定320。

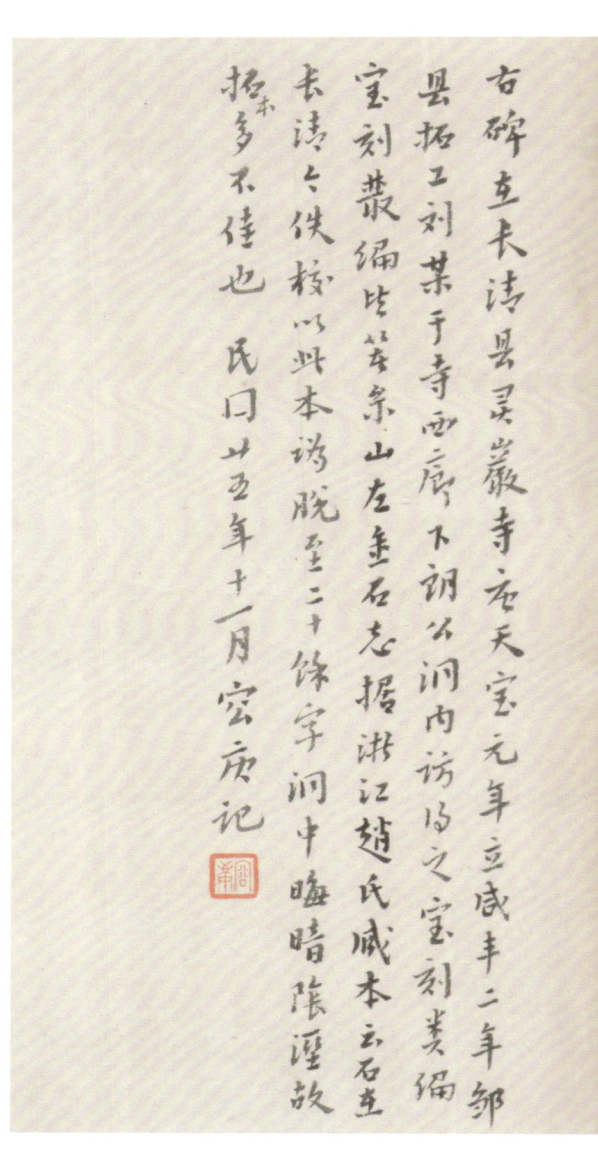

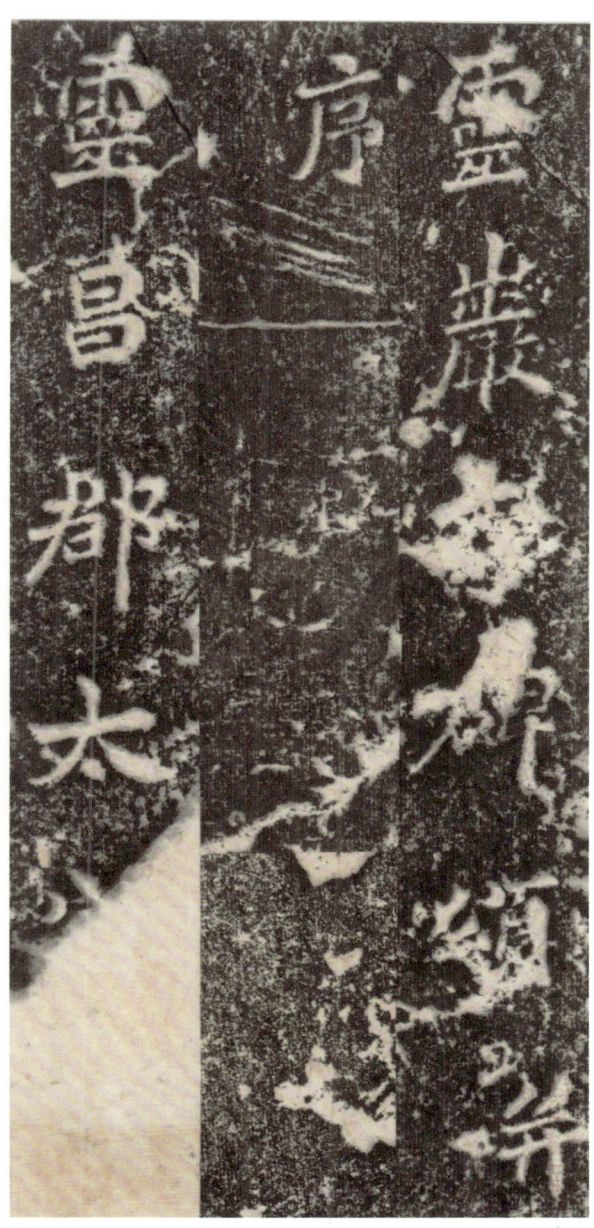

靈巖□頏弁
序
靈昌郡太

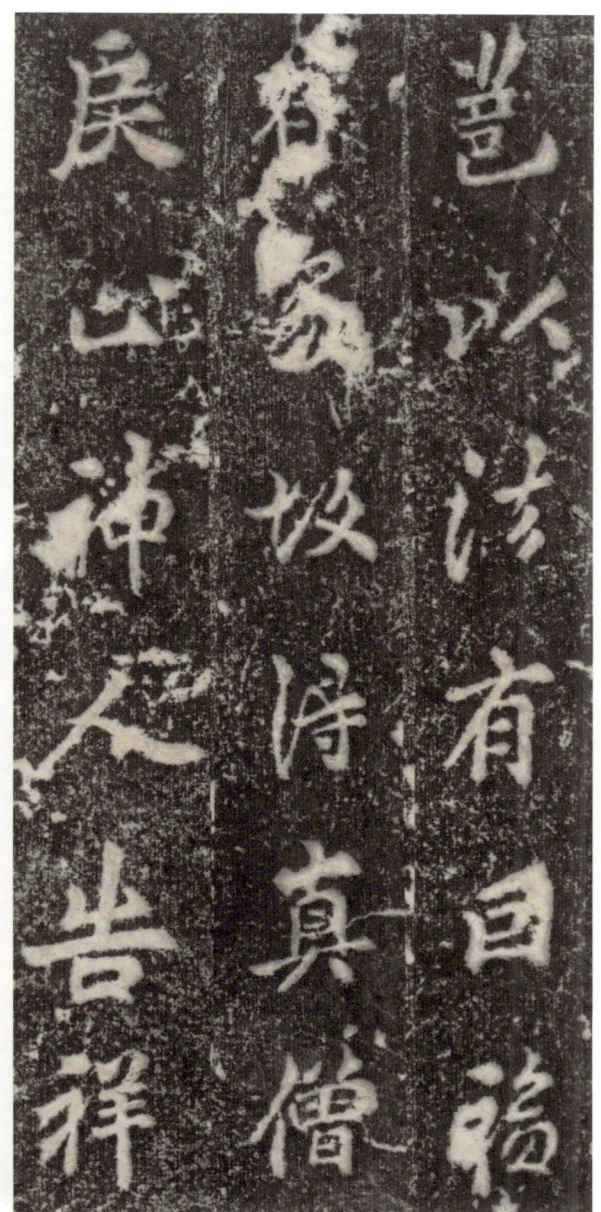

邑以法有曰福
有家坡将真僧
民山神人告祥

宜或真空以悟
聖或密教以接
凡謂定靈巖久

建置今古喬同
磴道逶迤進逵
於□其二□閟

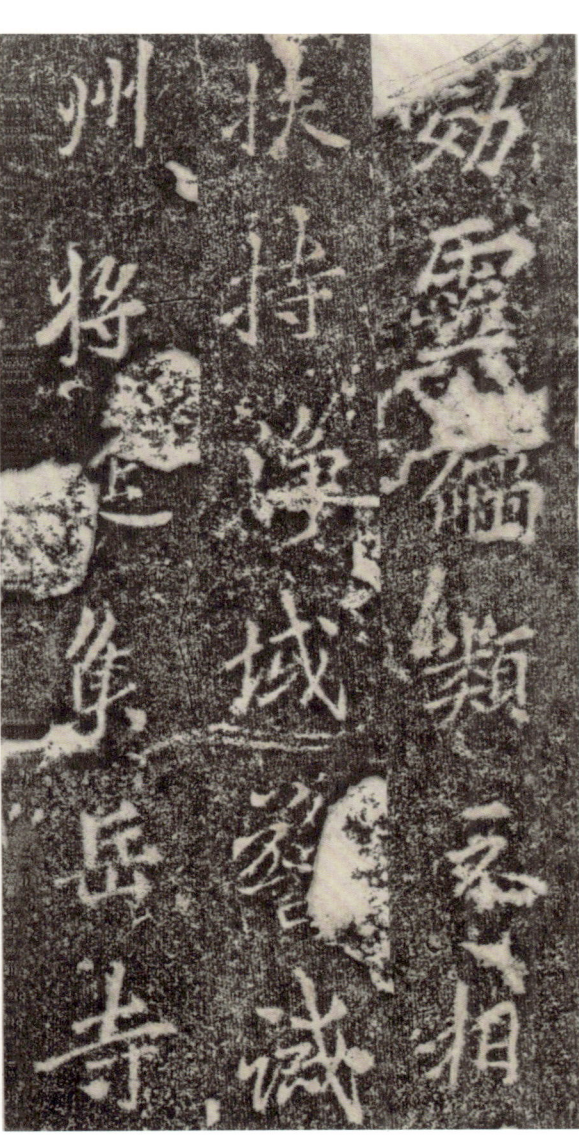

州挾持浮城□
将□集岳寺
勁靈□類不相

白之國□
比□蒲之靈逕
思人依法□□

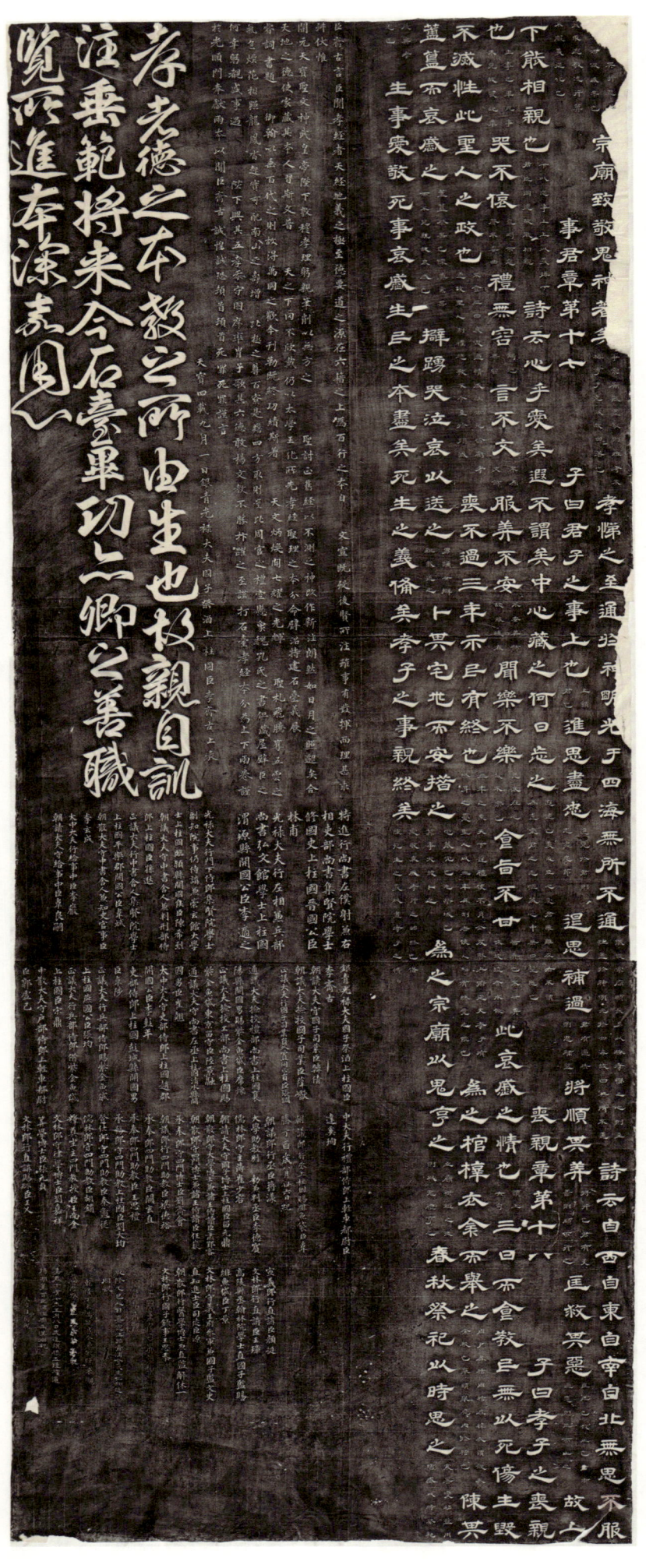

127 石臺孝經

（唐）李隆基製序及注并書。唐天寶四年（745）九月一日。現藏陝西西安碑林博物館。隸書。

民國拓本。4張，約299×118cm。

附注：刻明萬曆二十一年（1593）佚名觀款，清乾隆四十七年（1782）吳張塤等觀款，乾隆五十年（1785）汪照等觀款，乾隆五十二年（1787）馮敏昌等觀款，嘉慶十七年（1812）五月八日趙懷玉等觀款，汪衡觀款。

著錄：萃編87/1，國圖25/83，鑒定322。

朕聞上古，其風朴略，雖因心之孝已萌，而資敬之禮猶簡。及乎仁義既有，親譽益著。聖人知孝之可以教人也，故因嚴以教敬，因親以教愛。於是以順移忠之道昭矣，立身揚名之義彰矣。子曰：「吾志在《春秋》，行在《孝經》。」是知孝者，德之本歟。經曰：「昔者明王之以孝理天下也，不敢遺小國之臣，而況於公、侯、伯、子、男乎。」朕嘗三復斯言，景行先哲，雖無德教加於百姓，庶幾廣愛刑于四海。

嗟乎！夫子沒而微言絕，異端起而大義乖。況泯絕於秦，得存於漢。魯史孔壁，尚矣諸儒。至於跡相祖述，殆且百家，業擅專門，猶將十室。希升堂者，必自開戶牖；攀逸駕者，必騁殊軌轍。是以道隱小成，言隱浮偽，且傳以通經為義，義以必當為主。至當歸一，精義無二，安得不翦其繁蕪，而撮其樞要也。

韋昭、王肅，先儒之領袖；虞翻、劉邵，抑又次焉。劉炫明安國之本，陸澄譏康成之注，在理或當，何必求人。今故特舉六家之異同，會五經之旨趣。約文敷暢，義則昭然，分注錯經，理亦條貫，寫之琬琰，庶有補於將來。且夫子談經，志取垂訓，雖五孝之用則別，而百行之源不殊。是以一章之中，凡有數句；一句之內，意有兼明。具載則文繁，略之又義闕。今存於疏，用廣發揮。

開宗明義章第一

仲尼居，曾子侍。子曰：「先王有至德要道，以順天下，民用和睦，上下無怨。汝知之乎？」曾子避席曰：「參不敏，何足以知之。」子曰：「夫孝，德之本也，教之所由生也。復坐，吾語汝。身體髮膚，受之父母，不敢毀傷，孝之始也。立身行道，揚名於後世，以顯父母，孝之終也。夫孝，始於事親，中於事君，終於立身。《大雅》云：『無念爾祖，聿脩厥德。』」

天子章第二

子曰：「愛親者，不敢惡於人；敬親者，不敢慢於人。愛敬盡於事親，而德教加於百姓，刑于四海。蓋天子之孝也。《甫刑》云：『一人有慶，兆民賴之。』」

諸侯章第三

在上不驕，高而不危；制節謹度，滿而不溢。高而不危，所以長守貴也；滿而不溢，所以長守富也。富貴不離其身，然後能保其社稷，而和其民人。蓋諸侯之孝也。《詩》云：『戰戰兢兢，如臨深淵，如履薄冰。』

卿大夫章第四

非先王之法服不敢服，非先王之法言不敢道，非先王之德行不敢行。是故非法不言，非道不行；口無擇言，身無擇行；言滿天下無口過，行滿天下無怨惡。三者備矣，然後能守其宗廟。蓋卿大夫之孝也。《詩》云：『夙夜匪懈，以事一人。』

士章第五

資於事父以事母，而愛同；資於事父以事君，而敬同。故母取其愛，而君取其敬，兼之者父也。故以孝事君則忠，以敬事長則順。忠順不失，以事其上，然後能保其祿位，而守其祭祀。蓋士之孝也。《詩》云：『夙興夜寐，無忝爾所生。』

庶人章第六

用天之道，分地之利，謹身節用，以養父母，此庶人之孝也。故自天子至於庶人，孝無終始，而患不及者，未之有也。

三才章第七

曾子曰：「甚哉，孝之大也！」子曰：「夫孝，天之經也，地之義也，民之行也。天地之經，而民是則之。則天之明，因地之利，以順天下。是以其教不肅而成，其政不嚴而治。先王見教之可以化民也，是故先之以博愛，而民莫遺其親；陳之於德義，而民興行；先之以敬讓，而民不爭；導之以禮樂，而民和睦；示之以好惡，而民知禁。《詩》云：『赫赫師尹，民具爾瞻。』」

孝治章第八

子曰：「昔者明王之以孝治天下也，不敢遺小國之臣，而況於公、侯、伯、子、男乎。故得萬國之歡心，以事其先王。治國者，不敢侮於鰥寡，而況於士民乎。故得百姓之歡心，以事其先君。治家者，不敢失於臣妾，而況於妻子乎。故得人之歡心，以事其親。夫然，故生則親安之，祭則鬼享之。是以天下和平，災害不生，禍亂不作。故明王之以孝治天下也如此。《詩》云：『有覺德行，四國順之。』」

聖治章第九

曾子曰：「敢問聖人之德，無以加於孝乎？」子曰：「天地之性，人為貴。人之行，莫大於孝。孝莫大於嚴父，嚴父莫大於配天，則周公其人也。昔者周公郊祀后稷以配天，宗祀文王於明堂，以配上帝。是以四海之內，各以其職來祭。夫聖人之德，又何以加於孝乎。故親生之膝下，以養父母日嚴。聖人因嚴以教敬，因親以教愛。」

185

128 李邕墓誌

（唐）李昂撰。唐大曆三年（768）十一月二十日葬。民國十七年（1928）十二月河南洛陽南陡溝村出土，現藏河南洛陽千唐誌齋。正書。民國拓本。1張，47×47cm。

著錄：國圖27/72，北大墓誌552，鑒定334，時地記304。

有唐太原郡太夫人王氏墓誌
夫尚書左僕射孝公為誌曰
初夫人之終也以開元廿三年十月廿七日權窆於卯山
夫人姓王氏字方大太原晉陽人也其先出於周靈王太子晉以命氏周漢以降代
子上賓於帝方大之號為玉家子曰以命氏、曾祖仁緒
為著族夫人即後魏龍驤將軍慧龍之九代孫也、皇朝鄆州錄
隋文館學士大父惠子隱居不仕孝溫之、事泰軍事並冨仁由道命不祐能不仕、夫人渊姿端雅厚德寬裕孝友純深夐奉諸姑和敬
寊臺恭順夙戎周闕內儀通識前載年十有八歸我崔氏建事
先夫人屬有沉綿之疾夫人服勤就養
娣姒慈撫猶子禮愒宗姻姻全行有孚休問增羨貨不藏已貴而能
貧衣無珍華食必蔬素享年五十以開元廿二年六月廿六日暴
終乎東都崇政里夫人周慎安平苦節謙約終於短祚天興善
人何如哉夫人有一男三女並全性合哀毀殆不勝喪刊石表誌措
諸幽戶其詞曰
休門畜德兮詒厥徽令碩人其頒兮詠歎淵性合章通理兮端裕
紕正謹慈恭睦兮孝友和敬天授夫德兮算永斯命臨其穴兮惴其
太原太夫人之子祐甫仕為朝散大夫權知中書舍人事賜紫金
魚袋長女適芮城尉范陽盧沿次女適冠氏尉范陽盧招少女適
臨汝郡外郎屬軍事范陽盧眾甫縣官有郊祀之禮曰廣孝道追封邑號是以有
司勳貟外郎屬縣官有郊祀之禮目廣孝道追封邑號是以有
太原郡太夫人之命越以大曆十三年歲次戊午四月丁丑朔八
日甲申嗣子祐甫奉命越以太原郡太夫人之櫬祔于尚書左僕射
孝公禮也前侍御史元至書

129 王方大墓誌

（唐）崔沔等撰，（唐）元至書。唐大曆十三年（778）四月八日葬。河南洛陽出土。正書，蓋篆書。

民國拓本。2張，墓誌蓋75×76cm，墓誌72×72cm。

130 崔沔墓誌

（唐）李邕等撰，（唐）徐珙書。唐大曆十三年（778）四月八日葬。民國十九年（1930）河南洛陽張羊村東北出土，現藏河南開封博物館。隸書，蓋篆書。

民國拓本。3張，墓誌蓋103×103cm，墓誌及誌陰93×94cm。

附注：誌兩面刻。

著録：國圖27/162，北大墓誌565，時地記310。

有唐通議大夫守太子賓客贈尚書左僕射崔孝公墓誌　潁陽縣丞徐璹書

趙郡公之孽也　開元廿九年十二月廿九日權窆于邙山故人北豪太守江夏

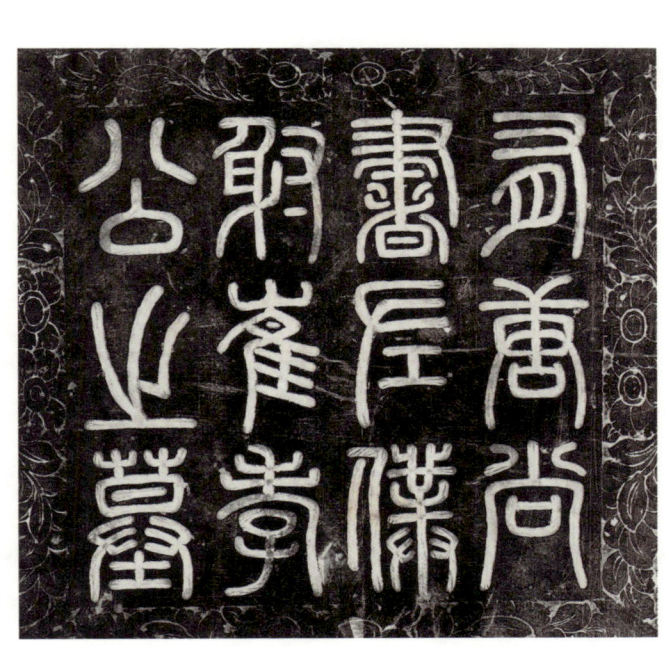

有唐尚書左僕射崔孝公墓誌

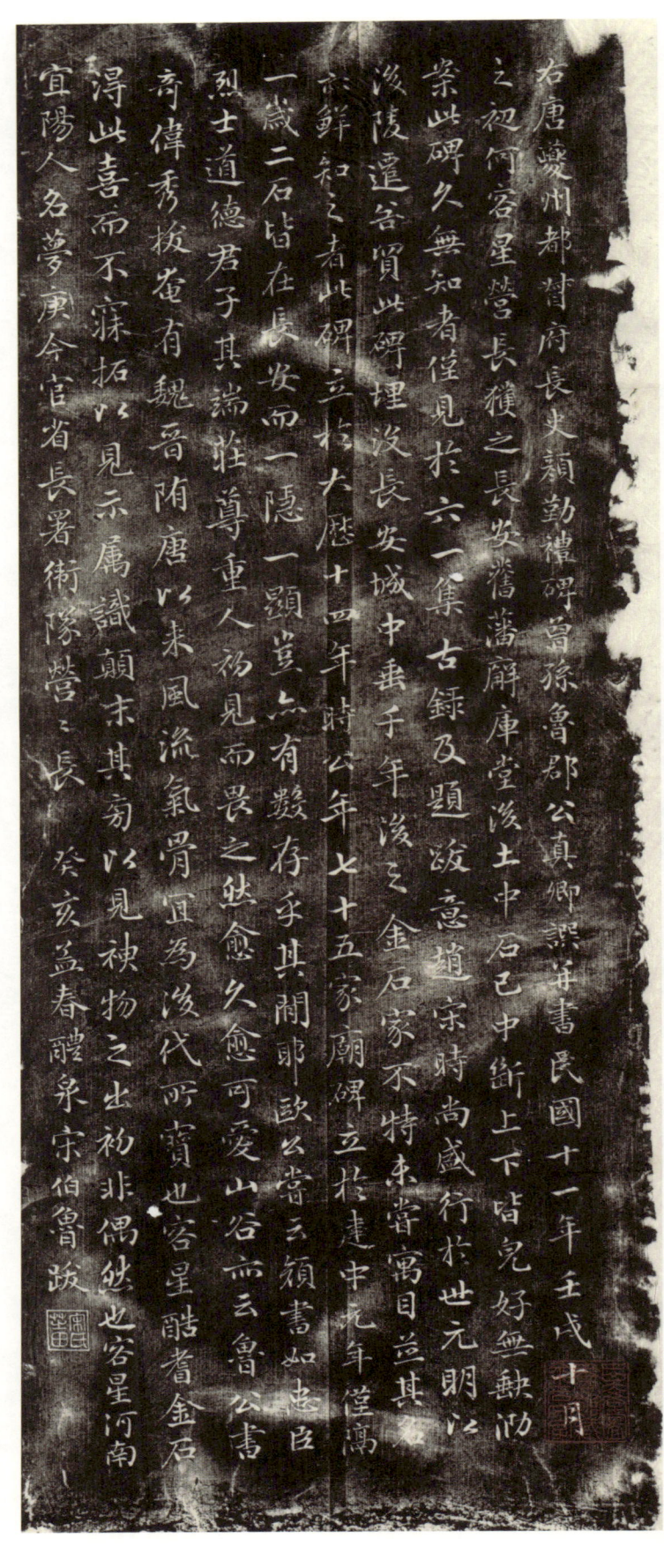

131 顏勤禮碑

（唐）顏真卿撰并書。唐大曆十四年（779）。宋元祐年間瘞土，民國十一年（1922）何夢庚得於陝西西安舊藩廨庫堂後，民國三十七年（1948）入藏陝西西安碑林博物館。正書。

民國拓本。4張，碑陽170×89cm，碑陰174×90cm，左側170×23cm，右側63×21cm。

附注：刻民國十二年（1923）宋伯魯跋。

著錄：金石錄28/9，寶刻7/4，國圖27/193，鑒定346。

颜氏家庙碑（局部）

　　秘書省著作郎夔州都督府長史……
　　……齊神武帝受禪不食數日一慟而絕事見梁齊……
　　……北齊給事黃門侍郎隋東宮學士長……
　　……録事參軍臨沂人馬……
　　……録事參軍京兆人劉臻撰記論經義甚詳……
　　……曰君子始以明經……
　　……太宗為秦王精選僚屬拜……
　　……者二十餘首溫大雅傳玄初君在隋……
　　……彥術棋弈秘閣二家兄弟各為一時……

　　……成蘭室鶴籥駟驥龍樓鳳樓鳳栖原芳……
　　……之鳳栖原芳……
　　……以上護軍君安時處順……
　　……陳郡夫人……
　　……不宜相哀述了爾中書舍人……
　　……舍人宥德父令於司經局……
　　……官監師士禮部侍郎相時齊……
　　……太子內直監書省貞觀……
　　……車都尉勳解褐……
　　……散正議大夫勳解三拜……
　　……同娶御正中大夫殷英童女英童……
　　……長史君自作後加翰岷將軍……
　　……自作後加翰岷將軍東宮學士長……

　　州刺史裏具員卿所撰神道碑敬仲文……
　　……部郎中事具員劉子玄種道碑殆庚無疆……
　　……泉柳夫人同合祔禮也七子昭甫曹王侍讀贈……

　　勗二縣尉故相國蘇頲撰文又為張……
　　常丞攝常山太守祿山將反李……
　　成守一縣尉……城東京遇害楚毒……

轉洪州司馬入拜起居舍人歷司勳吏部二員外郎問望藹崇獨步華省綸誥之地次當入踐公歎曰爵孤滿
室尚寓江南淹滯不歸富貴何有遂出佐江西廉使改試著作郎兼殿中侍御史其亭親戚薄榮名也轉檢校
吏部郎中改永平軍行軍司馬金印紫綬兼中司之秩入為中書舍人天下望公居此久矣既在近密其道乃
光議政詳刑多所匡補有獻猫乳鼠者百辟皆賀公獨不賀立州其奏曰祀典迎猫為除田鼠今反乳之是親
濟者不能觸邪理兵者不能禦寇天戒若此庸可忽乎代宗深嘉納之尋知吏部選事議政洋溢僉論
以為能繼先孝公分掌十銓之美是歲先皇厭代聖君纘業公奉遺詔易月之禮移書太
常時宰忌德聞月營西奏貶公為河南少尹羣議戶發溢於上聞天心感寤不俟終日當國以退
俾公代之甲戌超拜銀青光祿大夫門下侍郎同中書門下平章事太清太微宮使崇玄弘文館大學士在
啓君臣聖賢相合皆以周旋艸昧艱難謀猷著於經始眷舊形於未躍然後君任之而不疑臣奉之而不
媿惟公佐相卓立彝倫以大順寤明主以大中發元化賚予之夢疇或知之獨冠千古惟公而已有言
上封章者多疾於相府勸公擇其才者進用之不肖者黜退之彝害坐公足以銷讒公憮然曰威福之柄不在
人臣鄭卿鄉技吾之師也天下服其弘量轉中書侍郎集賢殿崇文館大學士修國史封常山縣開國子平章
事如故公之入相也屬代宗陵寢卹營今上勤政事彝巨細悉關決於公公神隨務勞疾與時遘
自爍徂冬手足半癈匡牀伏枕累表自陳聖上惻然曰儻遂不起喪我股肱奈社稷何乃下優
詔許就私第官爵之讓終不見聽而傳藥旁午以召良醫御府珍藥相繼道路自是每軍國大務
朝廷疑事輒降中貴就第密訪所安公手不能書口占以對啟沃之談人莫得知自頃執政者一日不覲
龍顏入情則有畏論故語曰一日不朝其間容刀必為耳目以司讒掾公則開關移疾載離寒暑輕薄利口者
宣之使言而聖上之恩日崇百寮之敬彌肅蒼生之望益重猗歟偉歟何施而臻於此夫盛德大業坐
矣嗚呼善積于身亂絕于身天道神理大欺我也以建中元年歲次庚申六月一日薨於京師靜恭里第春秋
六十聖情震悼贈禭有加衣冠士庶道路相弔冊贈太傅以其從子為後錫名曰植賜洛陽腴田十頃
甲第一區殊常之澤也夫人太原王氏暨厥一女隴西李綰妻哀奉紼紖歸于東周即以其年十一月廿三日
有司承詔脩禮葬於河南邙山之先塋公率性體道絕私寡欲直而婉清而通躬儉節用菲衣惡食而自
得也坐於文章著述發言吐論必以訓代軌物為可傳也為可繼也有數十百篇未及編次斯為不朽歟疾亟
告所知曰吾為輔弼明堂辟雍未之能建成中告禪未之能行廟舞雅樂未之能定以是而歿其如吾恨
何君子曰古之遺忠也敢宣述茂美以為實錄篆刻幽石誌之下庭銘曰
嗚呼元臣莫究其涯直而能清質而不華揮翰掄材濟美居多移書抗議執禮彝頗入或我疾帝用我嘉
乃持國政國政惟昧百度以貞九功可歌道長運速已矣如何寵贈斯崇哀榮則邦永安真宅畢此山阿

有唐中書侍郎同中書門下平章事常山縣開國子贈太傅博陵崔公墓誌銘并序

吏部侍郎鄔說撰
前河南府穎陽縣丞徐珙書
國子丞李陽冰篆額

惟天啟聖，代生將相。高祖諱義玄，皇朝義先，隆陵長史。曾祖咸，贈趙王府長史。祖隱，贈尚書左僕射。考宣，中書侍郎、太子賓客，贈尚書左僕射。司射將公，河南偃師人也。公諱祐甫，字貽孫，系于博陵安平。漫高未及弱冠，多才藝，時人重之。元和中為國子丞，贈衛尉少卿。宣慈忠蕭，太子賓客，贈尚書左僕射。義先隆陵，贈趙王。府長史弘峻，大賢曾祖咸，贈興運，故我父庫部郎中。唐宗臣國公諱李陽冰，少孫暗然熟。稟象緯非緯之氣，不博厚之道，竟不進士就。東周之士，福東陵郡階盧陵大郡，曾為盧陵太郡。

132 崔祐甫墓誌

（唐）邵說撰，（唐）徐珙書，（唐）李陽冰篆額。唐建中元年（780）十一月二十四日葬。民國十年（1921）河南洛陽出土，原藏河南開封博物館，1997年調藏河南博物院。隸書，蓋篆書。

民國拓本。2張，墓誌蓋108×110cm，墓誌103×103cm。

著錄：國圖28/9。

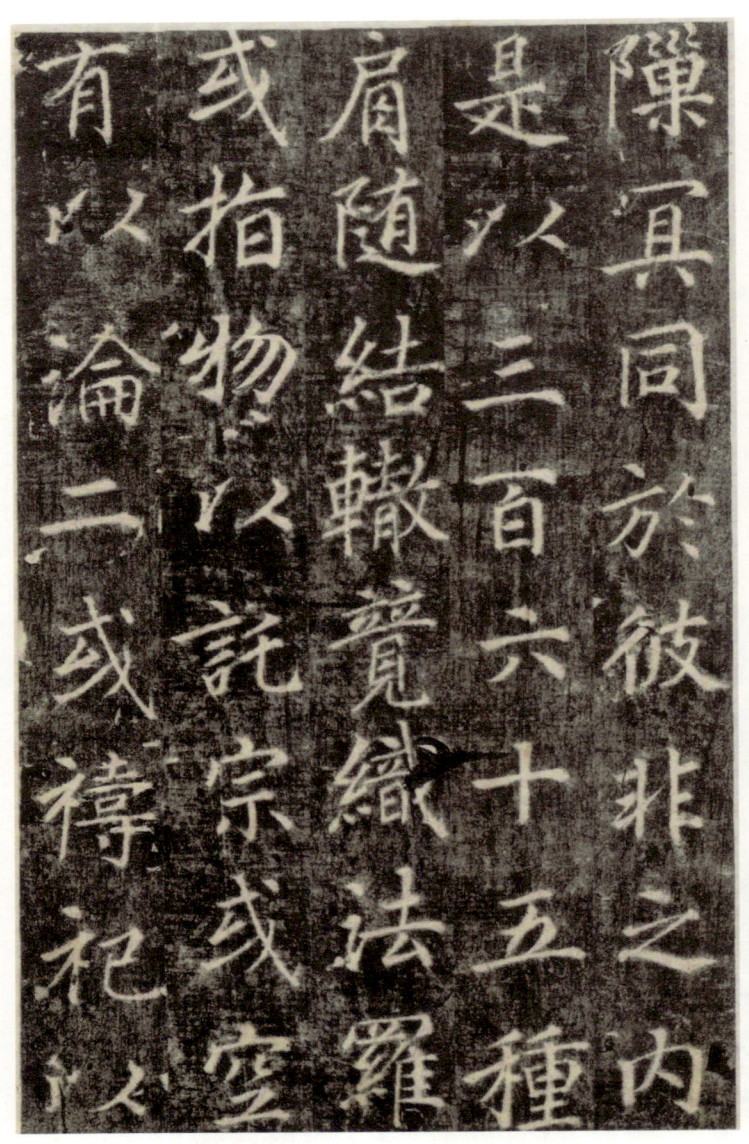
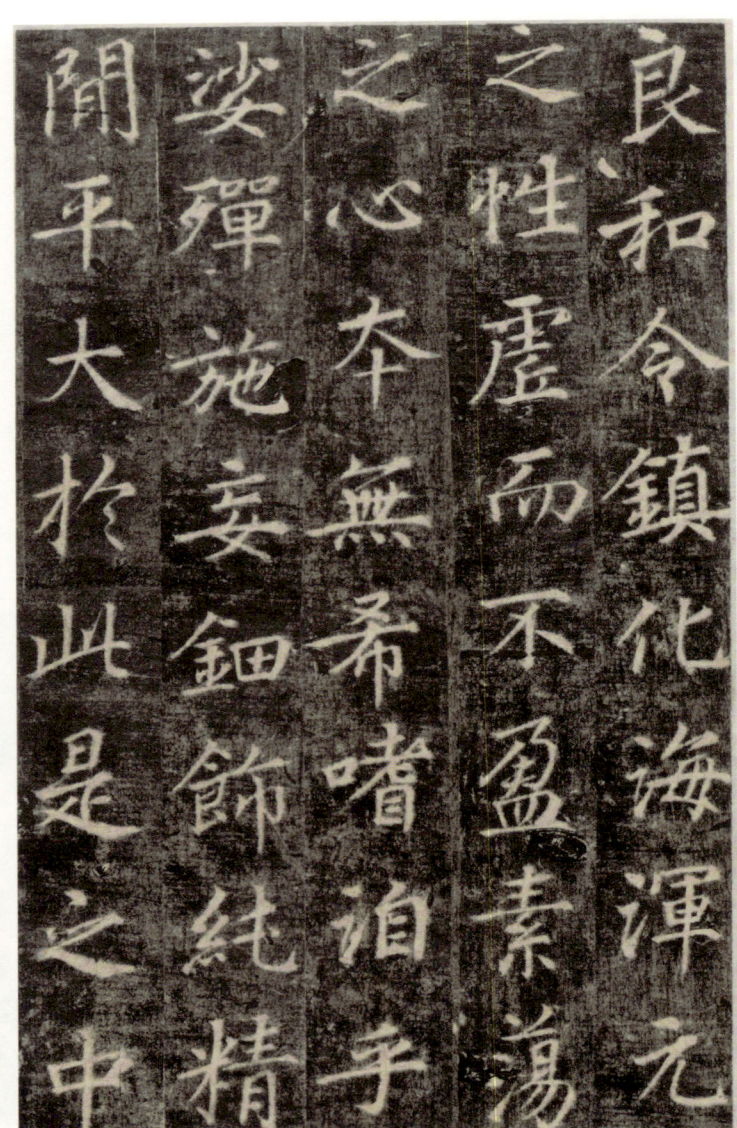

133 大秦景教流行中國碑

（唐）僧景净撰，（唐）吕秀嚴書。唐建中二年（781）正月七日建。明天啓年間陝西西安大秦寺出土，一説明崇禎間長安崇仁寺南出土，清光緒三十三年（1907）入藏陝西西安碑林博物館。正書；漢文，叙利亞文。

清拓本。册葉裝。1册23開，21×13cm。

著録：萃編102/1，八瓊室65/7，國圖28/11，鑒定349。

并序

大秦寺僧景淨述

粵若常然真寂先先

而无元宵然靈虛後

後而妙有惣玄樞而

造化妙衆聖以元尊

者其唯　我三一

妙身无元真主阿羅

詞歟判十字以定四

方鼓元風而生二氣

邀福或伐善以矯人

智慮營營恩情役役

茫然無得前迫轉燒

積昧之途久迷休復

於是我三一分

大唐建中二年歲在

作罷太蔟月七日大

羅森文日建立

時法主僧寧恕知東

方之景衆也

朝議郎前行台州司

士叅軍呂秀巖書

195

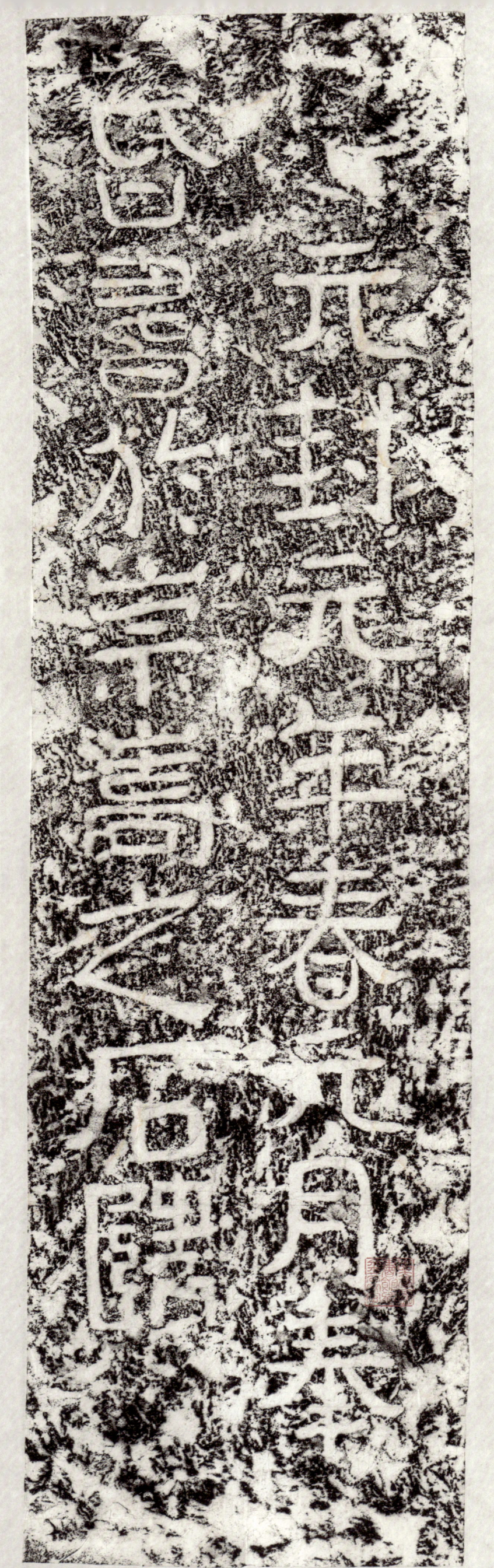

134 元封元年元月奉旨書摩崖

南詔元封元年（784）正月。民國二十五年（1936）趙鶴清、由雲龍發現於雲南昆明圓通寺圓通山崖石壁上。隸書。

民國拓本。1張，97×27cm。

附注：民國二十六年（1937）十二月楊立德贈容庚。

大唐前揚府叅軍孫公亡夫人隴西李氏墓誌銘并序

再從弟前蘇州海塩縣尉公胄撰

夫人隴西狄道人也，唐畢王璋之六代孫，同州司功叅軍之孫，左千牛衛大將軍先之次女。自畢王至畢公，皆蘊閒平之德，襲凡蔣之慶，光顯弈葉，且侯且公。夫人教慶雲之餘渥，以幽閒婉嫕，在父母之家，以荼和淅之初，盡婦姑之道。詩所謂有嶠李女，君子好逑，德備於是矣。

吾兄情惟揮楊枽廣陵軍事，而喬李女夫人，哲兄窜邑淮海官則同。僚姻知歸，二族欵好，俟以吏幹職，池陽尚督，拜罷。顏色及六姻知歸二族俱好。夫人懲慕之志，形於顏色。

所務方求徵召，朝之禮未申。嗚呼！天不仁，鳳殪貞淅貞元十八年四月十日逝於池州之官舍，享年廿九。方在提抱顧影，自弔撫哀哉！吾兄悼和。以明年四月廿二日窆于河南。

縣邑山之北原南去舊塋一里，禮也。

仁姑之樂念往之恩，副勤歸之意，且有二嗣盡旌九原，若同。

末見正事適其年天奪之，鳴呼敬哉！唯有令範，刻諸貞石撫。

西姻儀何章有後之福俾近先兆用是為老禮得從宜慶仁已以。

以為不朽，可矣。銘曰：德門友，琴瑟若敬，頻繁雨絕雲兮風。

出公族兮，降徒衛恨，提。

過燭。

136 三藏大遍覺法師塔銘

（唐）劉軻撰，（唐）釋建初書，（唐）宋弘度刻。唐開成四年（839）五月十六日建。現存陝西西安興教寺慈恩塔院。行書。
民國拓本。1張，81×164cm。
著録：萃編113/26，八瓊室73/19，國圖31/43，鑒定359。

大唐□三藏大遍覺法師塔銘并序

唐故大理評事贈左贊善大夫江夏李府君墓誌銘并敘

嗣子承奉郎前守江陵府松滋縣令賜緋魚袋李璞撰

唐大曆十一年九月三日故大理評事贈左贊善大夫江夏李府君終于新會縣之官舍享年卅有六嗚呼德重而厄於不壽丈夫尚矣……（以下誌文漫漶，從略）

銘曰：……河洛舊國金谷故鄉原野其良芳百步之內有堆有岡卜宅……營護歸此宅

137 李翹墓誌

（唐）李正卿撰。唐元和九年（814）七月二十一日葬。民國十四年（1925）十月河南洛陽南陡溝村北出土，現藏河南洛陽千唐誌齋。正書。民國拓本。1張，61×60cm。

著錄：國圖29/88，北大墓誌626，鑒定354，時地記336。

唐故綿州刺史江夏李公墓誌銘并序

朝散大夫使持節鄭州諸軍事守鄭州刺史上柱國賜紫金魚袋李偡　撰

有唐會昌四年四月十一日左綿守李公殁于位其孤潛狀公之理行請銘於褒襄

與公實姻族望隴西四公趙郡三祖是也公實趙人其先食菜武昌子孫因家焉今

封食以顯族陋係列云李氏源肇于殷周垂名著實標映簡牘辜因

爲江夏李氏曾祖善貫通壚史注文選六十卷用經籍引證研精而諳博學者開卷

自得如授師說官至秘書郎弘文館學士侍讀祖邕文學優宏以風槃然諾自

任洛有大節爲一時偉人官至北海太守贈秘書監考翶履道絲光綽有餘裕皇

直大理評事贈太常少卿公諱正卿字肱生知五常本孝悌以嗣家法定鄭魯之鄉

浴沐泗之波蕃蘭荃而馨香光大不可過始以文行舉進士未第爲汪原

節度使殷祐強置幕府試左衛兵書掾轉大理評事無監察御史賜章綬酬知用

會徵師伐蔡人僮程昙時自東甍

一郡刺史入爲府少監

入金紫後自江陵歷衛尉少卿復爲淄州刺史遷祕書公講習遺址僵仰自遂平歲拜綿州刺史左綿

貧人入祖農少卿歷衛尉少卿復爲淄州刺史遷祕書公講習遺址僵仰自遂平歲拜綿州刺史左綿

二郡刺史入爲府少監憲宗問守宰善政異以公爲首對由是拜成都令遷陵闉

使程昙時自東甍爲府少監文宗思共理者復用爲邛州刺史廷謝面賜優詔徵

會徵師伐蔡人僮賦既美且諷制授松滋令秩滿遷沘水令

災蓐薶在野公發倉廩加牧藥久賴而師戴式帥嘉之華署倅貳末幾寢疾而殁享

年七十有四公先娶河南元夫人生男子潛有詞藝華登進士上第元夫人早華

今夫人盧氏以公貴封范陽郡君其年十二月十九日嗣子潛撰述文章四十卷

之定合祔於河南縣金谷原禮也公平生所製述文章四十卷注禮命啓先夫人

管氏指要兩卷勤勵不息而志行在焉人廉潔他官率以廉清撿劾

爲理至於勉人信謙勸人樹藝猶事事者之理家然故所至之邑則汙萊闢寢攘息

蓋孜孜懇懇而教之亦可謂良二千石矣銘曰

焉美弼文公之列祖碙洛蓬山公之大父貽謀肯德氷規襲矩六郡三邑作人父母

佇美弼文公之列祖碙洛蓬山公之大父貽謀肯德氷規襲矩六郡三邑作人父母

雄劍棘棻茲鐫繡公祗止如沐膏雨無忝前人有至嚴緒百年須吏一夕今古

勒銘于何卻山之下

外甥前義武軍節度掌書記儒林郎監察御史裏行竇存辭書

138 李正卿墓誌

（唐）李褒撰，（唐）竇存辭書。唐會昌四年（844）十二月十九日葬。民國二十年（1931）河南洛陽陡溝村出土，現藏河南洛陽千唐誌齋。正書。

民國拓本。1張，62×62cm。

著録：國圖31/135，北大墓誌695，鑒定363，時地記365。

唐故鴻臚卿致仕支公小娘子墓誌銘 從表生前鄉貢進士陳晝撰

昔蔡琰父邕夜鼓琴忽弦斷姊時年六歲曰此是第二弦邕曰偶中耳琰曰吳札觀之知興亡之國師曠吹律識南風之所自由此言之何足不知也今小娘子字子璋小字復娘享年十九以大中七年九月十二日役於東都永泰里高祖敏皇櫃廣州司馬曾祖光皇江州尋陽丞祖戌累贈殿中監考諱故鴻臚大鄉致仕母清河崔氏封清河郡夫人有兄弟二人四人早已八人在世廿有同出女第一人小字慶娘子所論文姊之盛美者盖同小娘子之顯弓也懷春之女合配於佚侯詠雪之仙末偶於其箏常得聞中之秀有林下之風唯憂国危西憲家喪每善諸兄革硯居然才人但奉慈母顏容益彰孝烈宣料過隙邊終筭年先鄉鍾愛以忘生夫人纏愛沒地兄訥海讓訴弟謫謙讚論街良如悁行路驚嗟將叫天而不聞空泣血以何補久困沙壤爰歸帝鄉從先大夫於九原血諸祖祢同一城春草碧色玄堂清虛魂之舊游今閟此地人大中十年五月十八日自揚州路葬於河南府河南縣平樂鄉北邙山原也銘曰

蓬宮令人 授天至和 迟行陰則 動合陽波
暫化閨闈 不結絲蘿 千秋万歲兮無日可忘
百年一夢兮有命如何 氣摧靈魄 風凄雄歌
平生永訣 舉旌悲多 遙瞻金谷 長鎮銅駝

139 支子璋墓誌

（唐）陳晝撰。唐大中十年（856）五月十八日葬。河南洛陽出土，現藏中國國家博物館。正書。

民國拓本。2張，墓誌蓋18×18cm，墓誌31×31cm。

附注：容肇祖贈容庚。

著錄：國圖32/126，北大墓誌722。

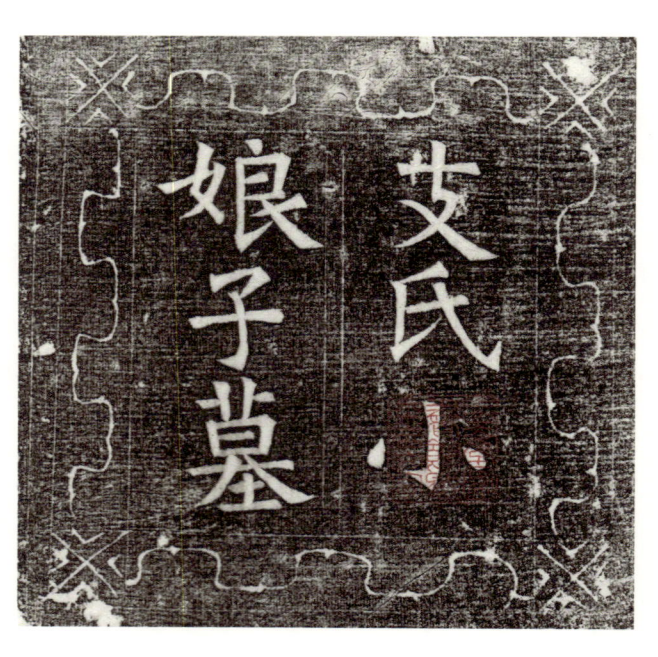

唐故丹州刺史兼防禦使楊府君張掖郡烏氏夫人封張掖縣君墓誌

夫積善者慶集門矣坦自慚樗櫟謾辯東西當見　長子坦　其卷
輪五佐雄藩後作宰伊陽謀績名家申楊相國　白公翰　先考出入東
宦故有奇能去　上求獲甚初不得故賢須有懿賞遂部枋史
州更任我州屬當州草賊蟻集雲屯侵境內莫能制
未暮秘密潛施以兵一千斬虜萬衆擒五千餘級兩州宿患此時清
及政成歸于京枝軍不息之陳丹州令緣卷戎為寢後掠關輔每為任
庶盈漱府首畢未嘗不禈讚金口之言及敬礼迎之之像　坦已期
先考用縫石福俊至三台呼天降大禍竟終偏郡　恨在鄭麻言
永訣舞辮于地弟域使自咸寧扶侍并護　齊挺雄之至無業
可依遂親昌及權卜　坐地經營艱色盡　夫人運智之哥
為弱子等行其事且京雜桂王一也所有弓求家集僮堅懇
被他人以金討盡坦於鄭莊躬耕供東周　官甘後以道途麻百
貫遺遊域　迎待束束就食奈何行李子至學色　寢膳夕
不順旋啓手啓足于林店遂至隅生使盆至坦以　尊宜不安坦連
夜行衛武關不敢棘及至巳丁　凶閼唯有　遺命傳付丁寧
嚴密京慟躬叫呼天不聞呼天不應苦由之內割哀忍血
護　神視歸于鄭亟得以朝夕盡一哀今者已逾礼制不曾一櫃慮
至即可知從未親俟感襄矣坦者力農來方辨葬用扰咸通
二季屠十四日邊神　祔于先考於舊塋之礼也坦於昔江血
俱紀其奉月日血眼序述　坦將晉官江血
毋　夫人閧扶敢紒華暎賞古今先和中　太尉烏公諱重潤
即烈父也　夫人即　仁慈為婦
代不可　刻紀金石云云　公之嫡女也巳在衆多之另傳乃
　　　坦刻血書

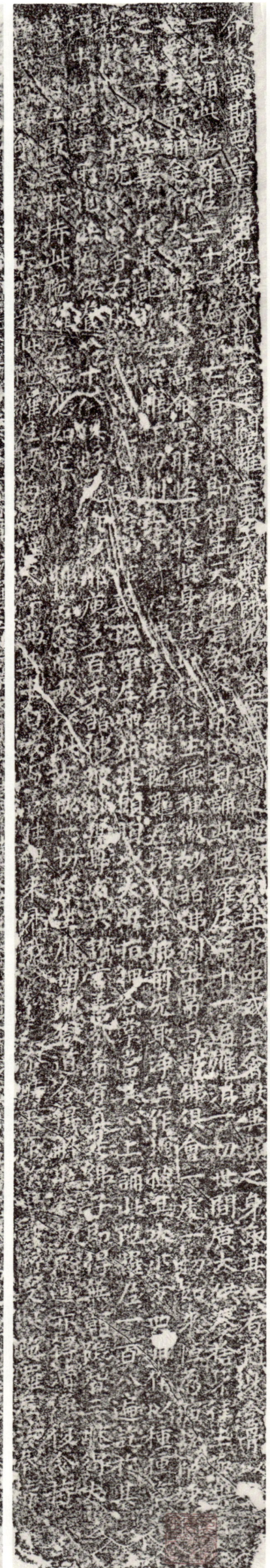

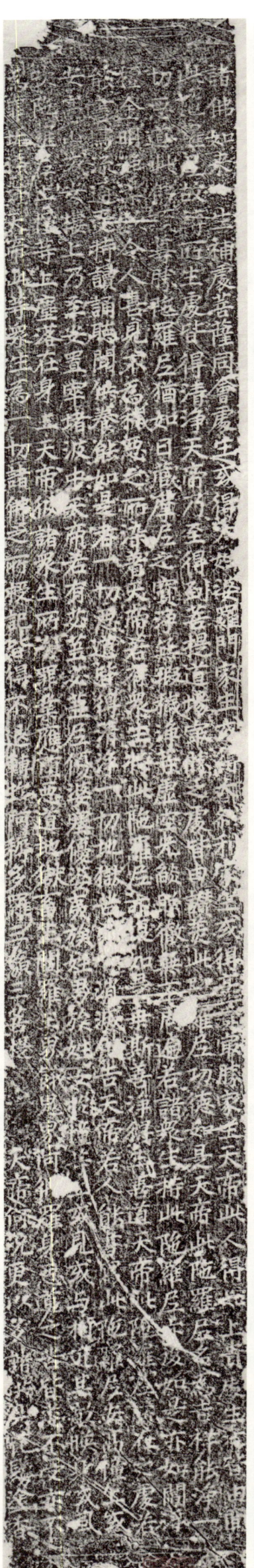

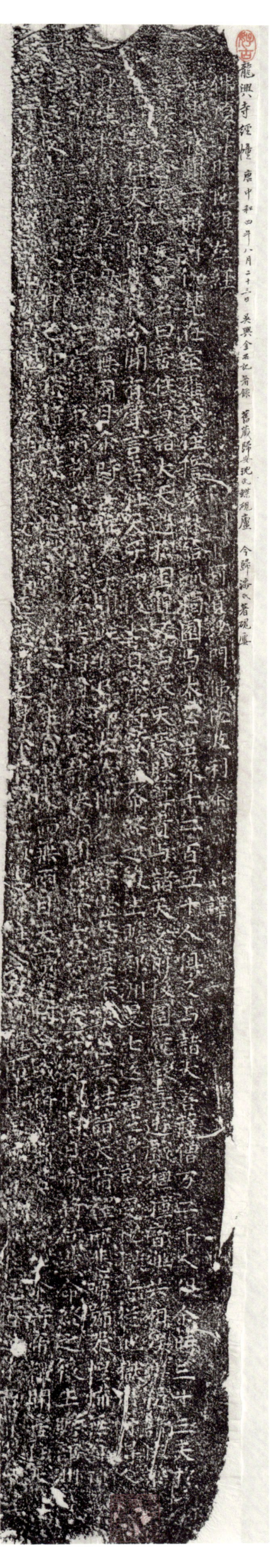

141 沈綬等造佛頂尊勝陀羅尼經幢

　　唐中和四年（884）八月二十二日建。原在浙江湖州龍興寺，後爲沈秉成、潘承弼收藏。正書。

　　民國二十五年（1936）拓本。8張，約97×14cm。

　　民國二十五年九月潘承弼題識。

　　鈐印："好古""景鄭""景鄭藏石"。

　　附注：潘承弼贈容庚。

　　著錄：吳興5/16。

142 崔詹墓誌

（五代）王權撰，（五代）崔延美書。五代（907—960）十一月七日葬。河南洛陽出土，現藏中國國家博物館。正書。

民國拓本。1張，52×52cm。

附注：容肇祖贈容庚。

著録：國圖34/48著録爲唐天祐四年（907），北大墓誌821。

143 摩利支天經并黄帝陰符經

（宋）袁正己書，安仁祚刊。北宋乾德六年（968）建。現藏陝西西安碑林博物館。正書。

民國拓本。1張，129×64cm。

子目：

1.摩利支天經，（宋）李奉珪畫像，北宋乾德六年十月十五日建。

2.黄帝陰符經，（宋）翟守素畫像，北宋乾德六年十一月九日建。

附注：二經合刻一石，徐知舜建摩利支天經，王處能建黄帝陰符經。又碑陰刻《太上老君常清静經等》。

著録：萃編124/11—12，國圖37/19—20。

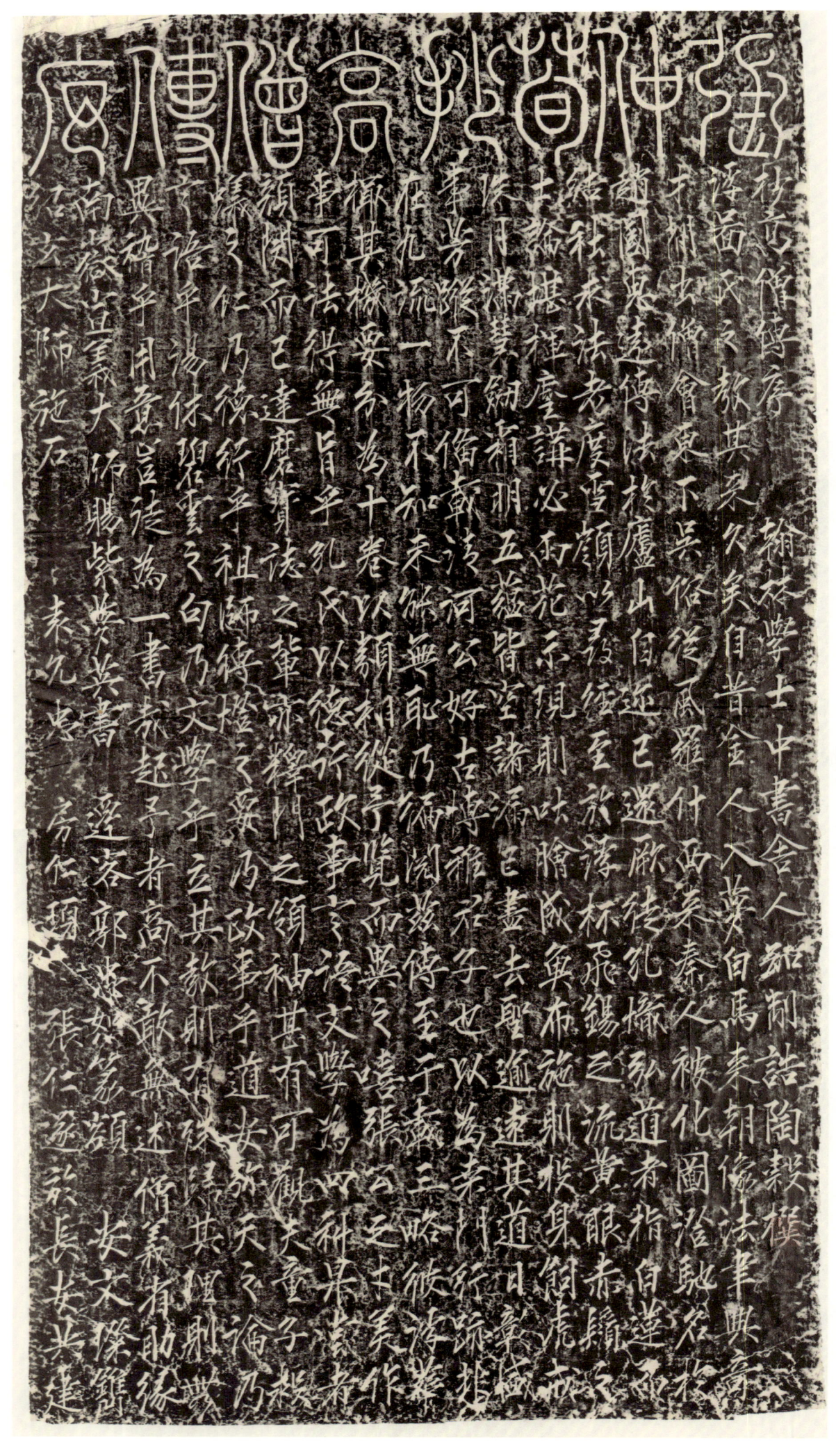

144 張仲荀抄高僧傳序

（宋）陶穀撰，（宋）釋夢英書，（宋）郭忠恕篆額，（宋）安文燦鐫。北宋建隆、乾德年間（960—968）。現藏陝西西安碑林博物館。

行書，額篆書。

民國拓本。1張，147×78cm。

著錄：萃編124/13，國圖37/21，鑒定373。

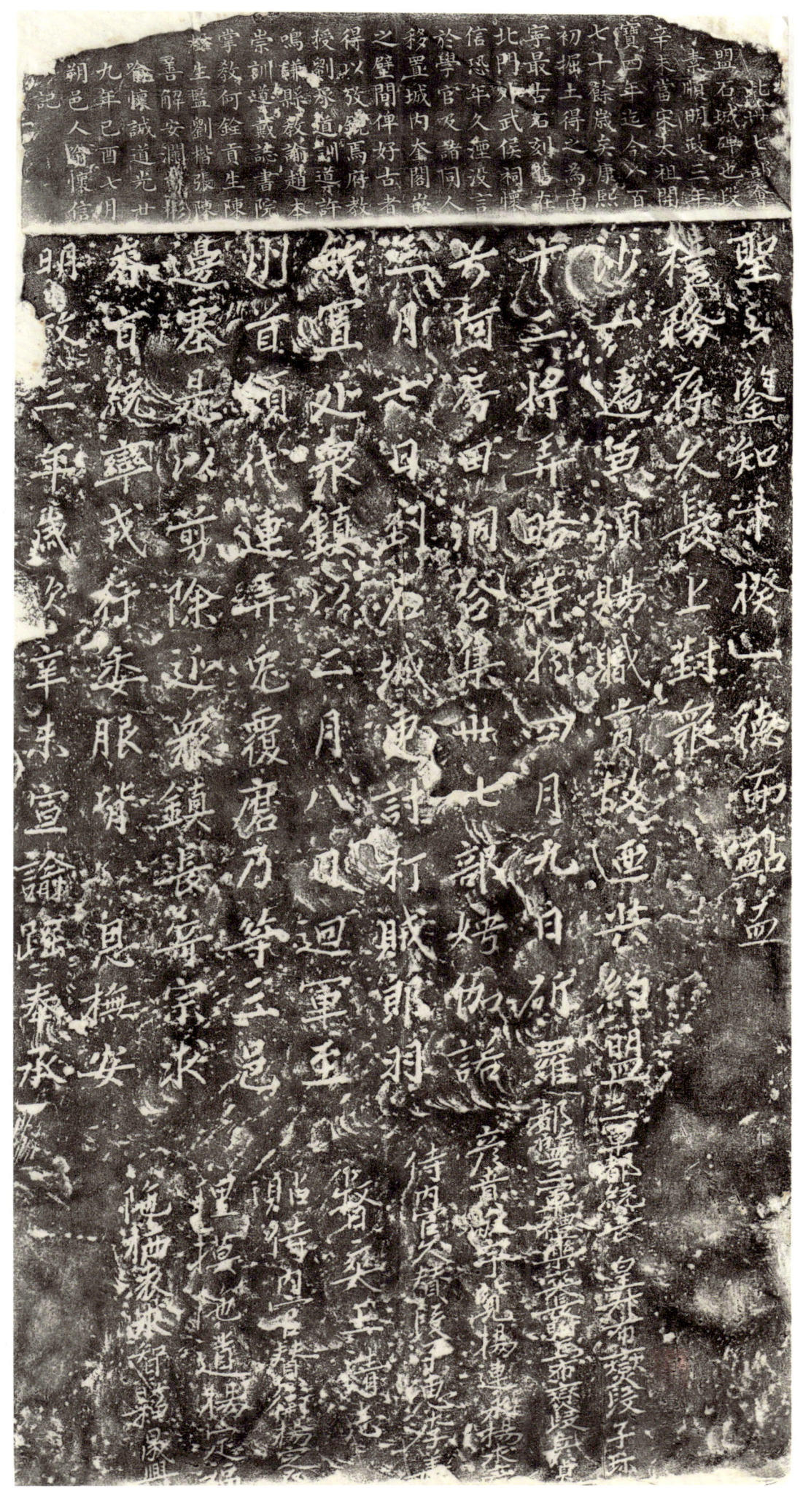

145 石城會盟碑

大理明政三年（971）四月九日立。清康熙十八年（1679）雲南曲靖出土，現存雲南曲靖市第一中學。正書。

民國拓本。1張，115×59cm。

附注：刻清道光二十九年（1849）七月喻懷信題識。

著錄：萃編160/20，八瓊室129/8，國圖36/195，鑒定374。

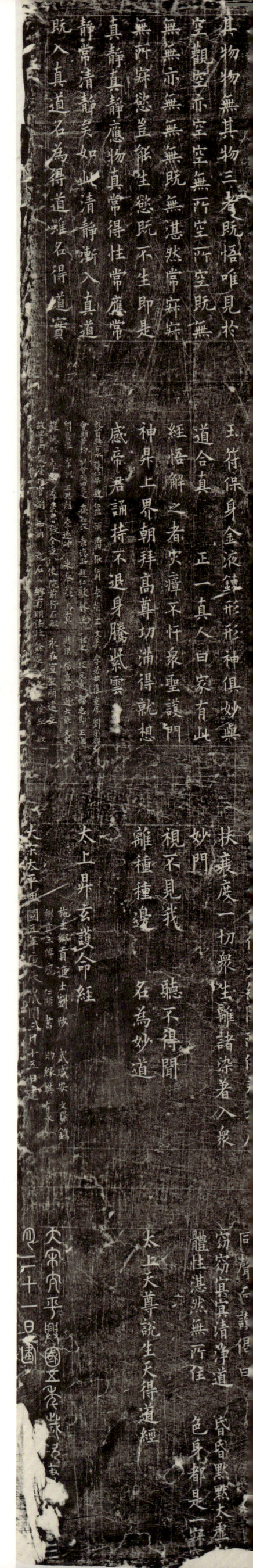

146 僧志義等造佛像并記

五代十國漢（917—971）。印度伽耶市菩提伽耶（Bodh-Gaya）出土。正書。

民國拓本。2張，造像記29×57cm，發願文57×6cm。

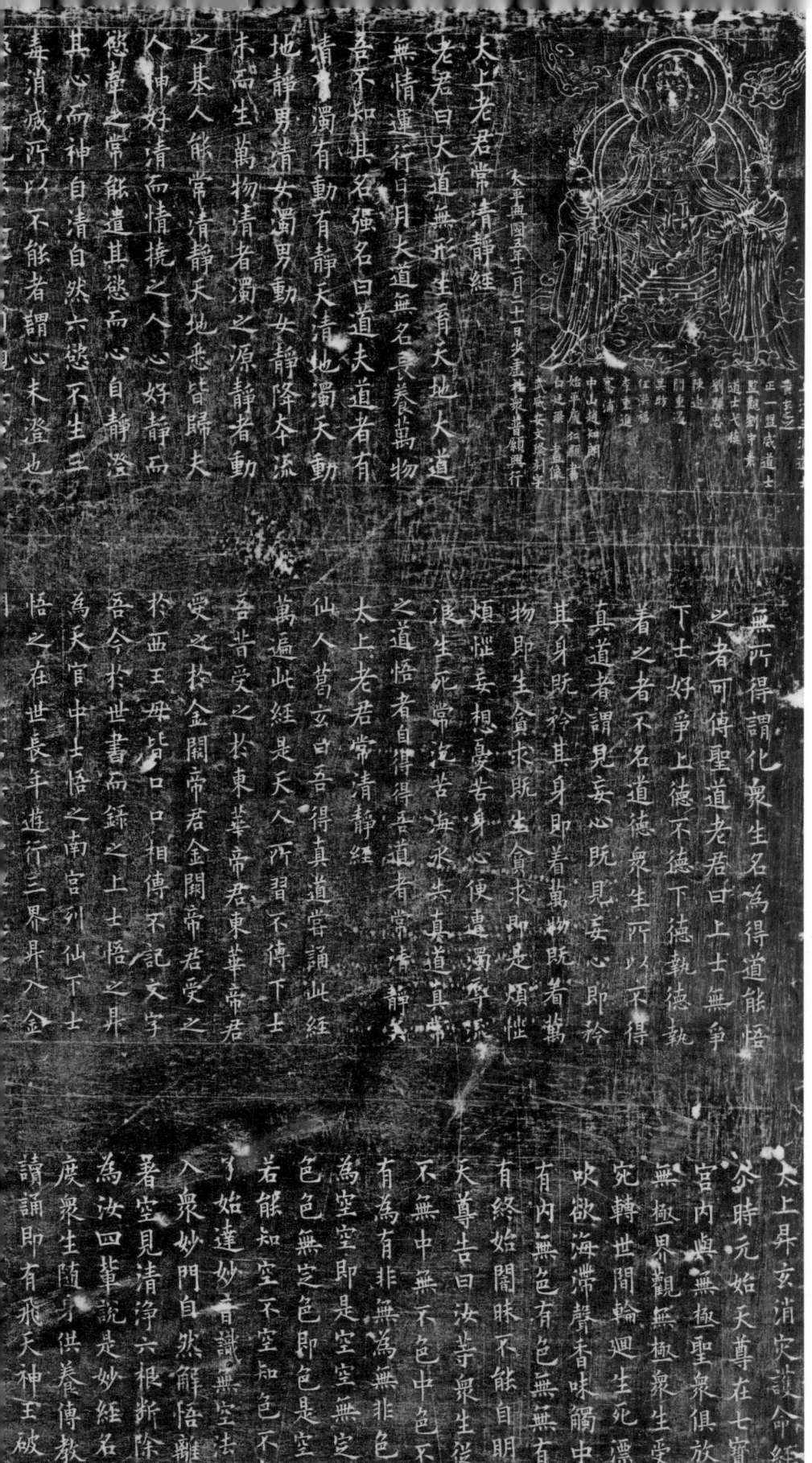

147 太上老君常清静經等

（宋）龐仁顯書，（宋）白廷燦畫像，（宋）安文燦刻。北宋太平興國五年（980）建。現藏陝西省西安碑林博物館。正書。

民國拓本。1張，120×64cm。

子目：

1.太上老君常清静經，北宋太平興國五年二月二十一日建。

2.太上昇玄消災護命經，北宋太平興國五年三月十五日建。

3.太上天尊説生天得道經，北宋太平興國五年三月二十一日建。

附注：三經合刻一石，碑陽刻《摩利支天經并黃帝陰符經》。

著録：萃編125/19，國圖37/57—59。

148 新譯三藏聖教序

（宋）趙炅撰，（宋）釋雲勝書并篆額，（宋）李邈題銜。北宋端拱元年（988）十月七日建。現藏陝西西安碑林博物館。隸書，額篆書。
民國拓本。1張，167×97cm。

著錄：萃編125/43，國圖37/191。

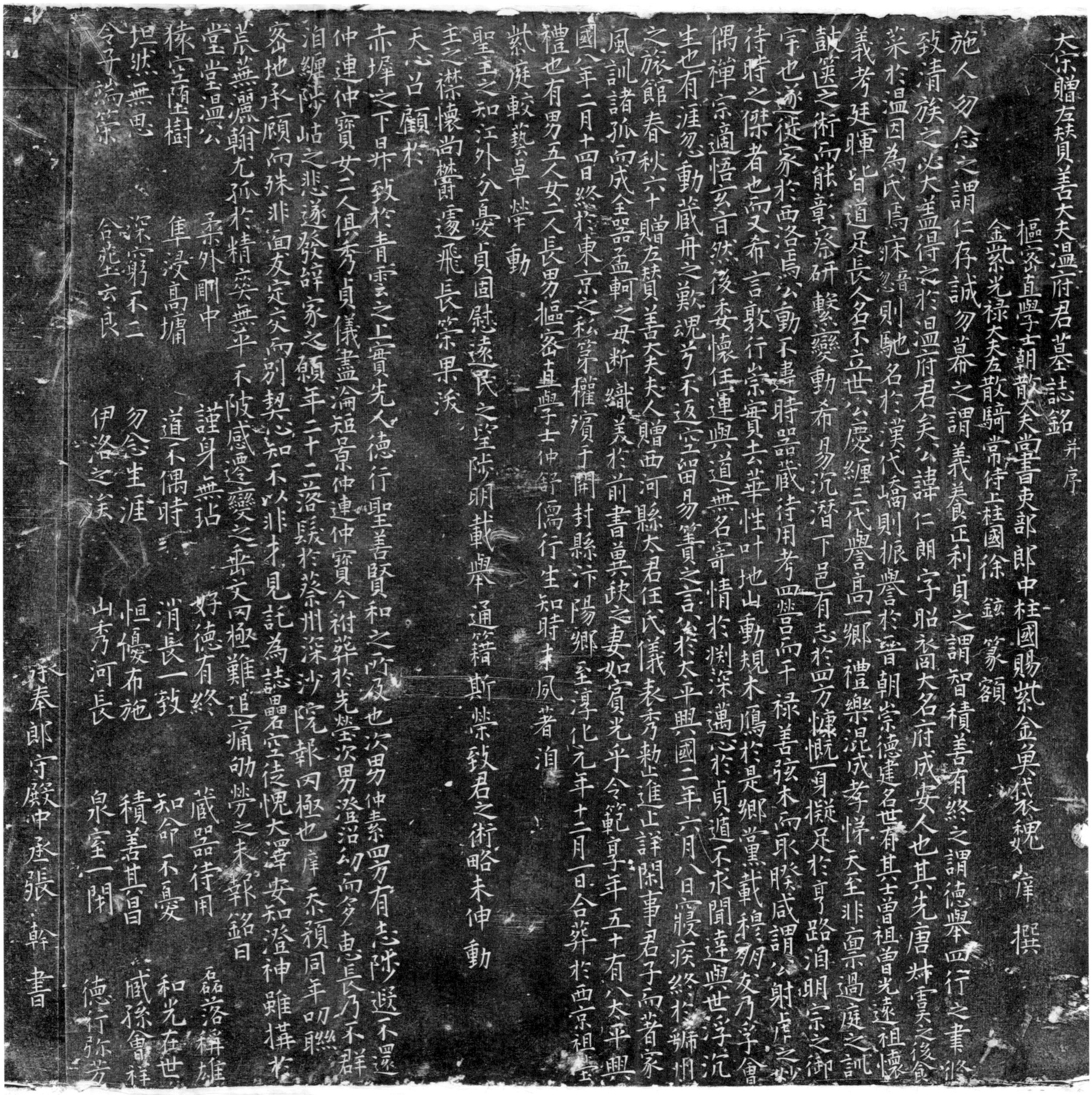

大宋贈左武員善大夫溫府君墓誌銘并序

樞密直學士朝散大夫尚書吏部郎中柱國賜紫金魚袋魏庠 撰

金紫光祿大夫左散騎常侍上柱國徐鉉 篆額

承奉郎守廄中丞張幹書

149 溫仁朗墓誌

（宋）魏庠撰，（宋）張幹書，（宋）徐鉉篆蓋。北宋淳化元年（990）十二月一日葬。河南洛陽出土，徐森玉舊藏。正書，蓋篆書。

民國拓本。2張，墓誌蓋39×39cm，墓誌73×76cm。

附注：徐森玉贈容庚。

著錄：國圖37/194，北大墓誌829，鑑定374。

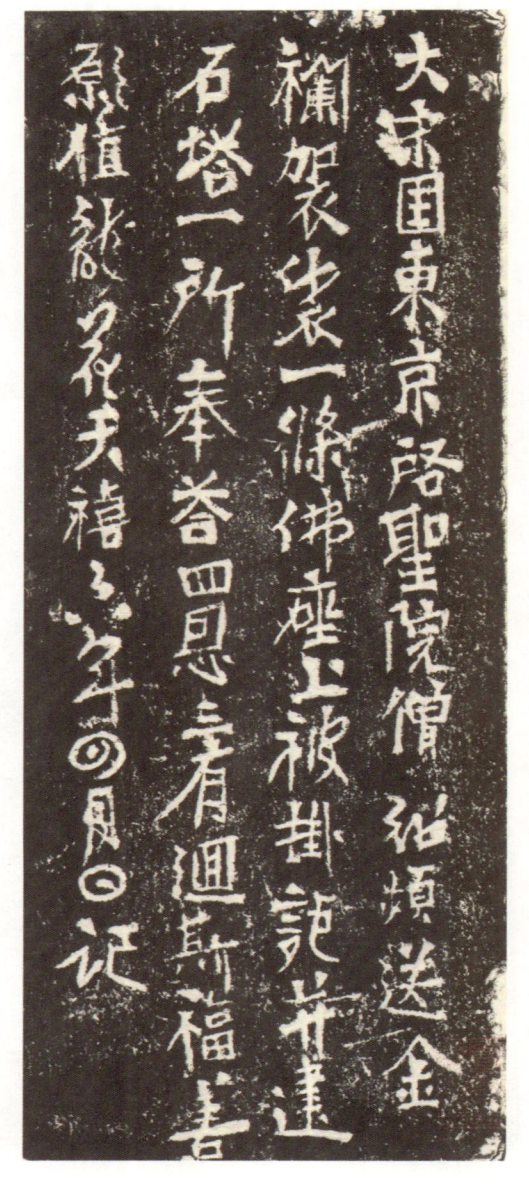

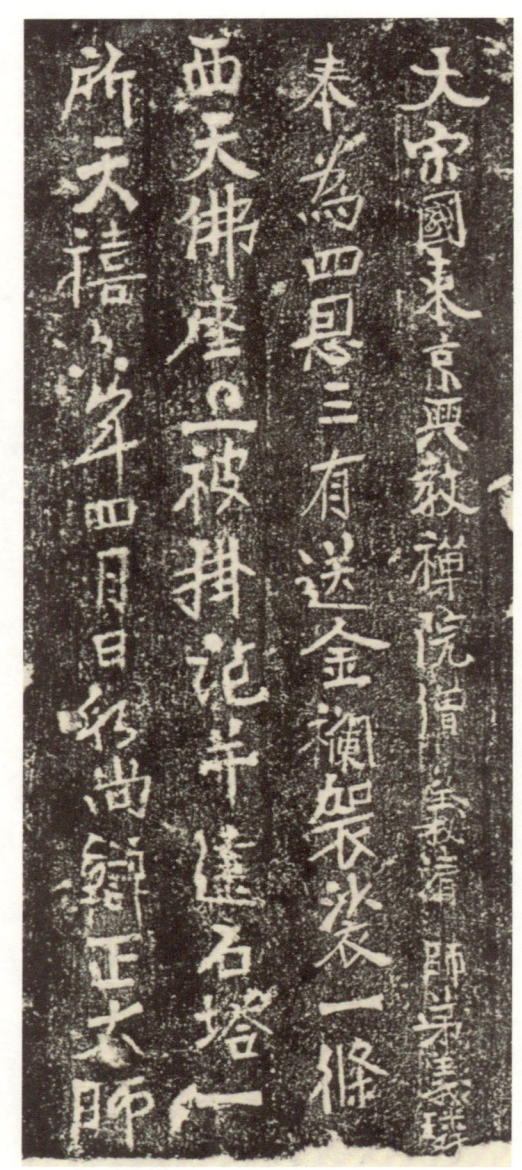

152　時仲等題名

北宋元祐元年（1086）三月八日。現
存廣東廣州藥洲遺址。正書，左行。

民國拓本。1張，22×20cm。

附注：鄔慶時舊藏。

著錄：國圖40/4。

150　僧紹頻建塔記

北宋天禧六年（1022）四月記。印度伽
耶市菩提伽耶（Bodh-Gaya）出土。正書。

民國拓本。1張，38×15.5cm。

151 僧義清義璘建石塔記

北宋天禧六年（1022）四月。印度伽
耶市菩提伽耶（Bodh-Gaya）出土。正
書。

民國拓本。1張，39×17.5cm。

故彭城劉氏墓誌銘 并序

秦翔撰 張策書

夫人郭文慶妻姓劉氏河清高貲者信之
息女而今汧源尉滋之姝也夫人孝慈婉
淑而能奉夫以禮夫歿十餘歲不憖談笑
真有古節婦之風又能力教諸子各隨品
器非隸以儒業則誨之孝謹壺韋嚴整鄉
里稱之年四十九嘉祐六年十一月二十
一日以寢疾卒上嘉祐八年十月三十日
得吉穿其夫之塋而祔焉在陶牙村子三
人長曰充兩應進士巳巳次曰育曰奕皆
能自立亨來乞銘銘曰
宜家成婦道兮 嬬戴樂天奉兮
子失壯齡母兮 胡然而若然兮

張道清刻

153 郭文慶妻劉氏墓誌

（宋）秦翔撰，（宋）張策書，（宋）張道清刻。北宋嘉祐八年（1063）十月三十日葬。正書。

民國拓本。1張，42×42cm。

附注：容肇祖贈容庚。

著錄：國圖38/187，北大墓誌840。

京兆府府學新移石經記

154 京兆府府學新移石經記

（宋）黎持撰，（宋）安宜之書，（宋）安民鐫。北宋元祐五年（1090）九月二十日記。現藏陝西西安碑林博物館。正書，額篆書。
民國拓本。1張，127×64cm。
著錄：萃編139/19，國圖40/59。

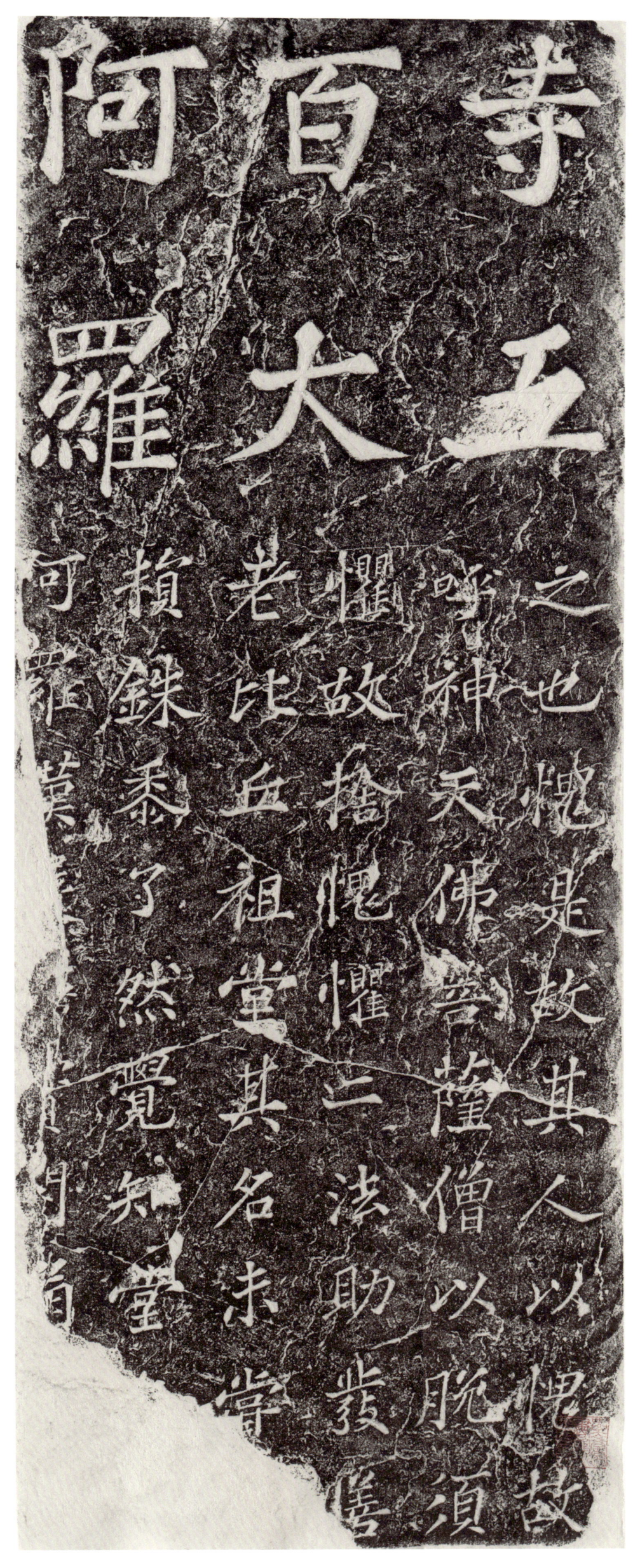

155 資福寺羅漢閣記殘碑

（宋）蘇軾撰并書。北宋元符三年（1100）十月。原存廣東東莞資福寺，至清僅存後六行，下截亦復斷缺。正書。

民國拓本。1張，90×34cm。

著錄：八瓊室108/7。

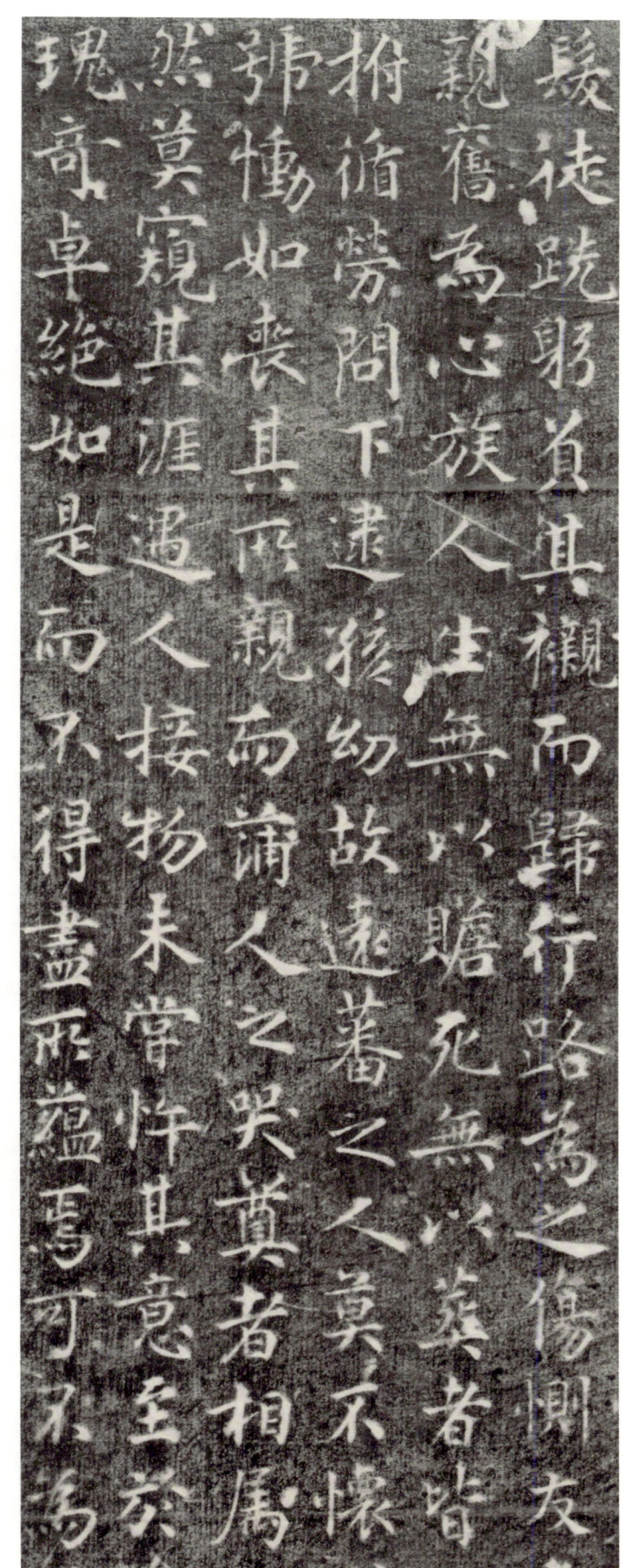

（局部）

156 游師雄墓誌

（宋）張舜民撰，（宋）邵齲書，（宋）安民、安敏、姚文、安延年刻。北宋紹聖四年（1097）十月十七日葬。現藏陝西西安碑林博物館。正書。

民國拓本。1張，114×114cm。

著録：萃編141/23，國圖40/155，北大墓誌856。

破凡龍裂世網漸離所著相者比比有焉起誠信見本覺能發無上心者時時有焉以致帝族相
緇黃皆慕敬從咸生仰重
設貧民崇禮重賢好仁存孝餘諸德
不能盡紀始則合緣
來終則成功
去粵以乾統三年春正月十八日
其年四月二十二日庚午壬時遷葬于香山之陰附葬先師靈塔之側報年
十七僧夏四十九上首弟子義規次
等自門徒數十人若闡揚若持誦各富所善竊以履中孟姻親不量撰屑遂于塔右序而
銘曰
前佛
涅槃八
吾師所遷
僅七十春
于時示滅
其性歸真
何滯
塔廟空陳
附先師兮茲置
相親
德要妙兮惟門人
功德林秀
永永兮菩提種新
法弟前香山寺主講經沙門 師哲
長孫
經沙門 香初
維乾統三年歲次癸未四月己酉朔二十二日庚午壬時建
佛頂尊勝陀羅尼曰
奉 詔譯
此幢舊在平西香山静宜園
奉白先生

157 □□禪師墓幢記

遼乾統三年（1103）四月二十二日建。原存北京海淀静宜園。正書；漢文、梵文。
民國莊嚴拓本。1張，104×77cm。
民國二十六年（1937）二月莊嚴題識。
鈐印："北平古刻""莊嚴傳拓北平金石之記"。
附注：莊嚴贈容庚。
著録：國圖45/121。

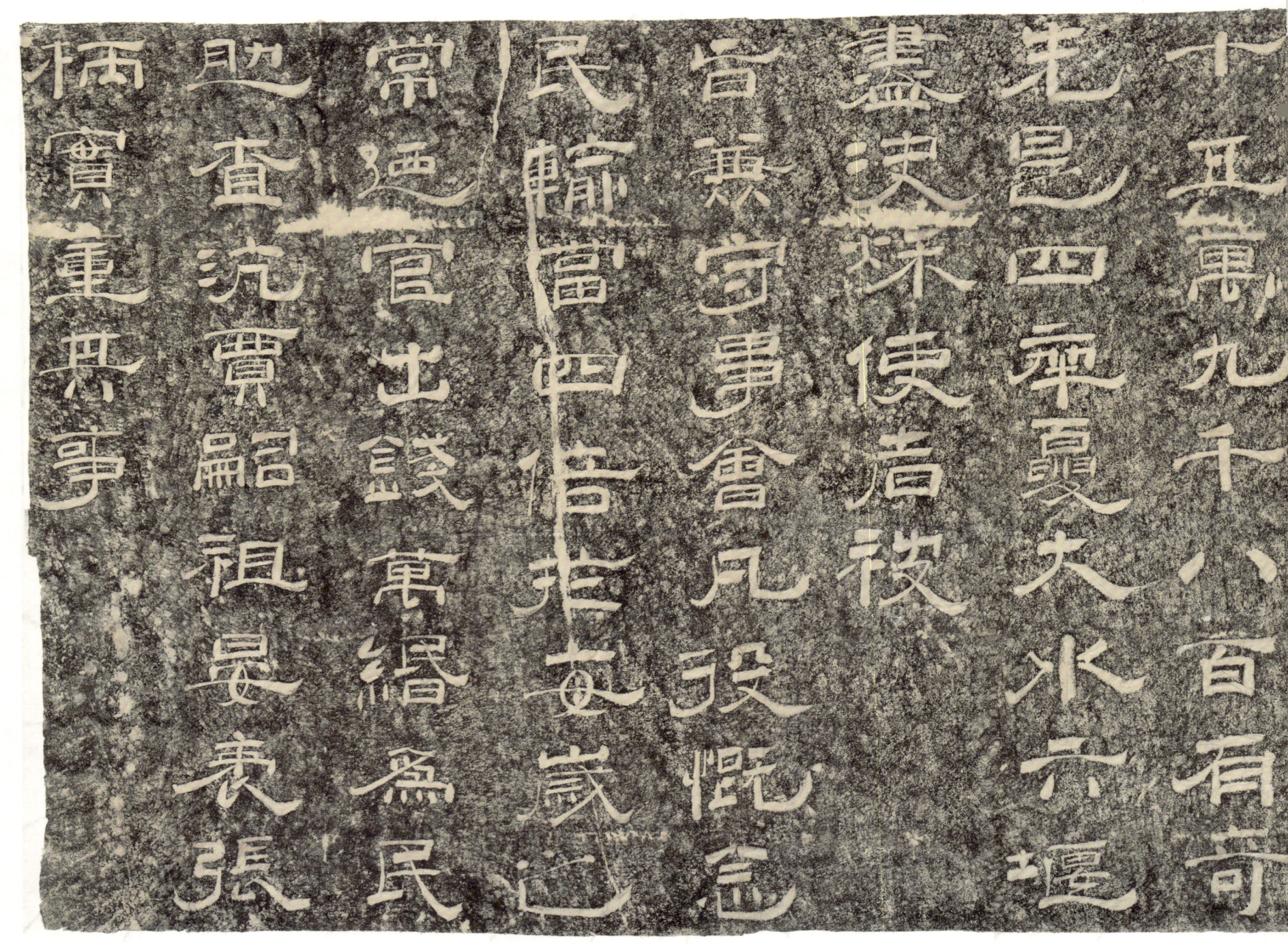

158 山河堰落成記

（宋）晏袤撰并書。南宋紹熙五年（1194）二月二十四日。原存陝西漢中褒城鎮石門，1970年入藏陝西漢中博物館。隸書。

晚清拓本。1張，173×476cm。

著錄：萃編151/4，國圖43/168。

東山河堰落成□□

君丞守畺森常委使者
范史軌府師昌王宗廉以
式月丙辰□□立□□
別為九□九百三十六天木
文麗渠出百六十二□□
昌五許七十二萬四千□
九百□石高五尺□□□

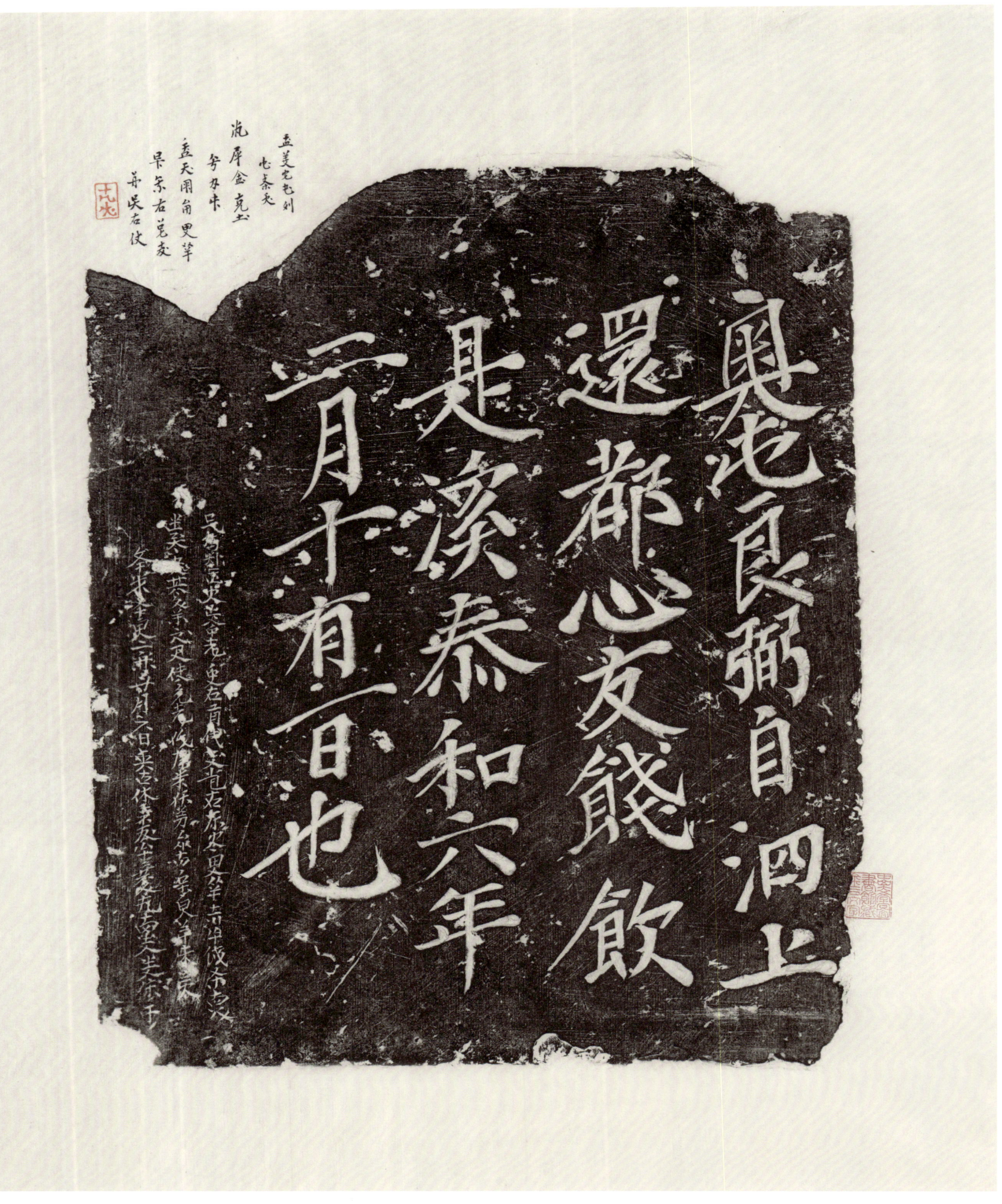

159 奧屯良弼餞飲碑

金泰和六年（1206）二月十一日。羅振玉舊藏，現藏中國國家博物館。正書；漢文，女真文。

民國羅福成拓本。1張，58×48cm。

羅福成書女真文題識并鈐女真文印。

附注：羅福成贈容庚。附羅福成致容庚信札一通、信封一枚。

著錄：國圖47/98。

160 三盆山十字寺也里可温石刻

元（1271—1368）。民國八年（1919）發現於北京房山三盆山十字寺，舊藏國立中央研究院歷史博物館籌備處，現藏江蘇南京博物院。叙利亞文。

民國二十年（1931）國立中央研究院歷史博物館籌備處拓本。6張，約65×55cm。

附注：附民國二十年（1931）十一月國立中央研究院歷史博物館籌備處信函一通。

161 傅二娘造石水筧記

南宋紹定二年（1229）七月十五日題。民國十年（1921）羅原覺購於碑肆，1953年捐藏廣東廣州博物館。正書。

民國拓本。1張，43×20cm。

鈐印："羅原覺傳本""家有漢文君淳于隋大業南海王夫人墓志宋熙寧潮州陳十五娘造瓷佛紹定廣州城南傅二娘造石水筧記石刻"。

附注：羅原覺贈容庚。

162 陳疇等題記

南宋嘉熙三年（1239）。現存廣東廣州藥洲遺址。隸書。

民國拓本。1張，90×41cm。

著錄：粵西12/3，國圖44/88。

163 張弘範碑殘石

元（1271—1368）。民國九年（1920）廣東廣州小南門出土，羅原覺購於高第街駱權碑肆。隸書。
民國拓本。1張，29×19cm。
鈐印："羅原覺傳本"。
附注：羅原覺贈容庚。

164 天妃靈應記

（明）鄭和等立。明宣德六年
（1431）十一月立。現存福建長樂南山
鄭和史迹陳列館。正書，額篆書。

民國拓本。1張，156×75cm。

附注：薩兆寅贈容庚。

著錄：國圖51/65。

（局部）

165 慈元廟碑

（明）陳獻章撰并書。明弘治十二年（1499）。現存廣東江門新會崖山祠古碑廊。行書，額飛白行書。

民國拓本。1張，184×102cm。

附注：刻明弘治十二年湛若水題識。

著録：國圖53/66。

撫州知府稱廉吏母封恭人馬氏生二子長懷秀次公生八歲而素
菴翁卒興懶

讀父書繼遺業俾鄉張氏敬亭公卿家塾學焉少保薦焉少
保張士辰弟進士癸巳

益勵山東曰益恭自擔泣謂公曰志守期大就不
幸舍翁卒子有

戎改晉大理寺副有盜起散郡公設謀議注誤力持之竟如公議至
信服於是

憲改山東曰盜起散聞毀郡公羅去莫詰其故蓋前所忤者三易
十葷獄公一詞也

師本母恭人重志養廉盛謂公有子矣故擢副郎文者妹婿也遺孤
衛公育於家學焉

業益游京庠食公家廉政謂公九義之京師人士曾集公又家乙卯
還京師二月十二日卒於是

不以聞晉益隆著歟開毀郡公羅去莫詰其故蓋前所忤者連望數
公去山東還京

止垣望首者餘焉罪已晉寺副有盜起散郡公設濾從盜議注誤
二子為舉子

渊使者知其賢嘗攝理官至信服於是

齡嘉靖戊子領鄉薦亭公卿家塾學焉少保薦官金華渊中偹郡名

謂善覆稿施報何常燕郡故塘茲歕大荒天平未寬人也孔藏百禩
而後爾名則芳

太都呂氏烈自維揚賢科接武家立進士徐子兩為狀請銘銘曰

之原葬卜五月四日志伊以其姐鄉進士惟清節枋父有光胡葊爾
位又織諸郎

善人復報不朽其身终不朽其子孫可遽謂無天道哉墓在城西晨吾村

男一志伊女一俱萌出候令三子而在呂氏當大振迴今歕矣所幸志伊在也意者

氏虞士清之女長子薦要儲愈憲洵女女申子萌晚年兩遭愈毒悲苦抑鬱終其身嗟嗟天

命也然且有廉名公中道撮阻不竟其縕美可不謂賢哉素菴翁卒於官歕恭矣

愈也然旦有廉名何以示未淓也之子卒於京師癸卯無後公間之慟甚且貽書中

惟歌京師人士間之有涕下者夫廉美節也父子暉美可不謂賢哉貽書具

子為治藥曰無以倫慶禮中子又居京師兄弟無後公間之慟甚且至不能具

長少一子相繼卒公詣泰州圖兩為紿嶺米者乙卯還公兩官篋然

嗣屇垣堵外無恒產迺詣泰州圖兩為紿嶺米者乙卯還官篋然

業益游京庠食公家廉盛謂公九義之京師人士士曾集公又家乙卯
還京師二月十二日卒於是

230

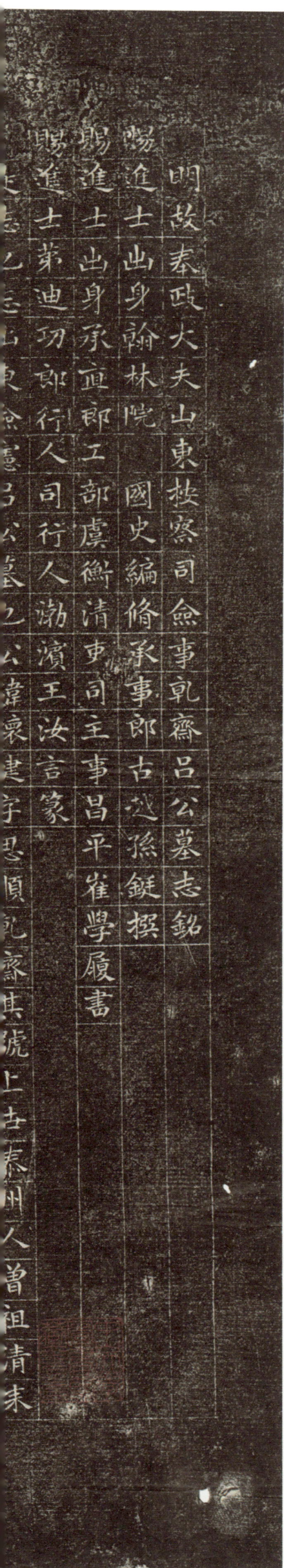

166 吕懷健墓誌

（明）孫鋌撰，（明）崔學履書，（明）王汝言篆蓋，（明）張琚鐫。明嘉靖三十四年（1555）五月四日葬。燕京大學校園出土，現藏北京大學賽克勒考古與藝術博物館。正書，蓋篆書。

民國拓本。2張，墓誌蓋61×60cm，墓誌60×59cm。

著録：國圖56/1，北大墓誌948。

有纆麟於嘉靖而能以其儕乎者乎曰法取荊棘母幾以蔓也母殂於祠後將不食故中人產之弔眉保
馬而卒以有廠于吾猶及之曰故昭信尉崑泉公玉其先晉陽人祖肅始遣北鄙以功授金吾百
戶公其支子之第五子也六歲而孤性純警食於諸兄嫂常自為色餒是特金吾坐中絕而諸兄皆農公
歃自意必然之弱冠則盡鬻兩服以北家人咸誶咲胡為乎是子乎者京師在天三何錦衣百戶也不
謂公綠衣百戶也盜尉馬危獲馬而舍隣人分守楊副使錦曰姜食死於公嘗未少茲族手為勤髀於墓次錦衣百戶
墓族黨出迎或至數十里望見驂而舍諸督遙入功宣家逆催授尉得請遷展
爭自前相與嘆服曰吾望安所得是人天興人官定不妄可也是大會宗黨親故推金錢希帛有差會
歲饑兩全活數百人守楊副使錦生死於公嘗未少誼其薦終不悔也社公要於楊常仰公非茲來其賞
中護大匈米無華者故隣夫娟歸生於公嘗未少誼其薦終不悔也屋常為息於人不願人知之有貸
輭應卹故負不校長子萬春武舉公遂謝真童日浴照終不裏夫人採公非茲來生
將萬春馬安人歸春三歲矣仲子永靈今萬鍾生二歲母田卒季子錦衣冠帶總旗萬方生十歲母董
安人撫之不替腹也尉諸子視安人不當腹也春將安人又替珥資之迤克近萬方逌歲
薷安人抱持不交睫至染行毒傍人苦之不知也佐訓諸子禮其師心以賙進則善不則痛屬之
曰柰而父何宗安人母杜養於公坐沒謝曰老娟慈半子籍令弱女在視家何以加安人老娟不忘來生
報也人謂安人母猶母子諸子皆女德兩尤難萬句予語濱浴浴天云公素好客雖貧不裏夫人操
饒如一日諸米來京師德公尤德安人也公李六十九為壽者傾觀下明秉泛迎養之永靈其士民壽如
之是時已病猶力尋一閒香泉龍頭龕潭之膝灣照引愁日予嘗慕僬遊今得洗神平於茲晚不恨己
病革唯忠孝是屬旦子命以覆巾中野服歛曰予志也東首右脅而化面如生昻者詫未嘗有馬安人致甚欵
逆公地下又二歲辛將合葬於海甸之原蓋公所自卜者宗夫人及田氏董氏從馬嘗公中落嘗常手釐
仲子頊曰而翁雖不千公自顧少憾於天天有知郡將食吾於蠵子安人未曰君有是在何言貧也鍾竟
舉進士有聲於時安人王大父尚之闇
之時香泉龍頭
饒進士有聲於時安人王大父尚
二十金俾自贖以兔夫輕財人一時有獨倉卒見美娟人不卹曀近必嘗兩以求賢於人遠矣不者豈其
偶熙蔭派子能保鬌豬而蓋公生於嘉靖戊子季二月十二日萬曆丁酉季六月二十五日卒
得杢七十安人生於嘉靖王寅三月十五日卒得杢五十有六春登隆慶葦未
武進士歷官分守通州禁將娶錦衣百戶蔣維藩女女一遼錦衣百戶田璔男太學生田元悤鍾登萬
戶王萬女生女二尚紹銘曰皇親李鳳女生男一孟棋方錦衣冠帶總旗娶錦衣百
于不歃幽還則彰也育無擇慈一兩逌也天之兆茲地守以龍也曰昌巖遐遠益彰也維后可浮視密頌
也

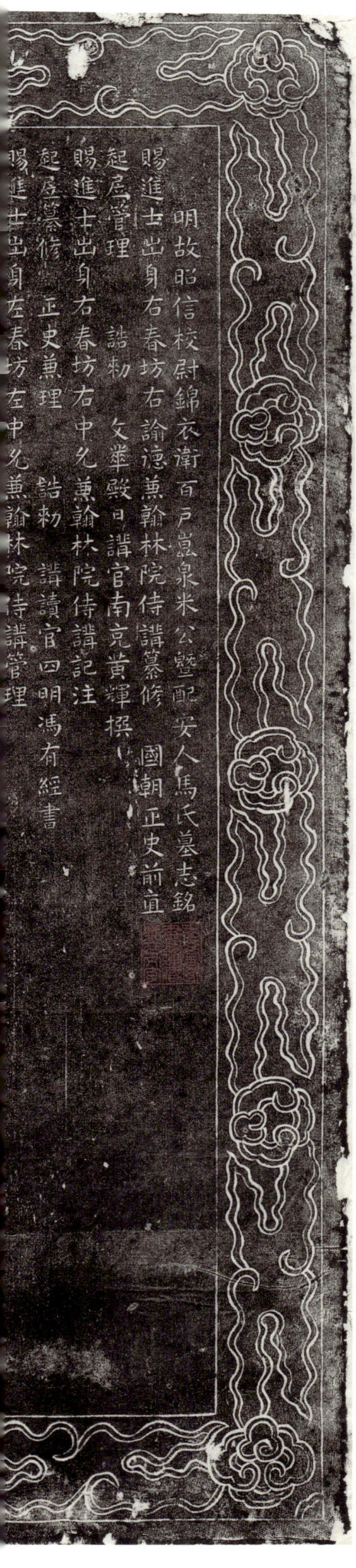

167 米玉及妻馬氏合葬墓誌

　　（明）黃輝撰，（明）馮有經書，（明）區大相篆蓋。明萬曆二十七年（1599）十二月十五日葬。燕京大學校園出土，現藏北京大學賽克勒考古與藝術博物館。正書，蓋篆書。

　　民國拓本。2張，墓誌蓋75×75cm，墓誌75×73cm。

　　著録：國圖58/102，北大墓誌961。

夏孺人至孝所居在京師之西長安里里中權貴人欲奪其舍憚比隣都諫公乃已而陰恨公思有以
□之公亦不為意惟亍所砥行好學六經子史而下天文律曆無書不讀讀輒過丙夜不休母輒趋之
休后乃篝燈帳中或有所進則藏書袖内不令母知也以故博學能文文名譟都下都下丐文者捆載
入贄常魚鱗門外家雖辟立而賣文是資内供甘毳外急窮交皆恃此不乏丙子脫穎諸生中而裦然
舉於鄉時母夏孺人亦捐館三載矣公每念文學公及孺人之不待也輒潸然淚盈袖因思孺人易簀
時述父命卜塟語于是始偕堪輿氏逭逭導地北海甸泉壤蔥鬱乃鳩工飭之至癸未成適唐孺人卒
遷兪憲公及文學公夏孺人俱合塟于甸居喪之禮悉如其制一時禮法之士無不左袒呂公者公前
后凡八上春官初上中二百四名時為奪舍權貴人罷落第同儕聞之有鬚髯皆豎者公言咲自若也
竟布衣二十餘載未嘗騎馬衝涯懷一刺通顯貴人顯貴人咸以真孝廉稱之適客有母喪不舉者公
慨然議厚為之賻乃槖中殊不足有以百金乞公介紹者或曰此是以賻而市子之義公掀髯曰吾聞
辭驂不聞乞隣也竟謝客而盡鬻閨人之簪珥佐之於是真孝廉之名益大譟乃授新泰令故事新令
輿衛及脩屋等一切出諸父老公一切罷之自覔單車就道新泰俗無行有婦趙氏以節著公亟表揚
之而躬造其閭自是匹夫匹婦稍稍知節誼晾諸博士弟子猶子弟也歲時課經術論說文義饘粥膏
油之費不乏而粗鄙無行者懲為士林亦稍稍知自好歲大凶疫死傷相枕公惄然自為藥餌絮衣以
給之賴是而活者甚衆曝陽庄數百里無人烟迹又為給牛種畚鍤之具以招流逃而流逃翕然䢖之
鷄犬相聞藜然一村落也時有中涓礦稅之後邑内騷然窮民復有鬻妻子掉臂去者公又以理勢論
中涓中涓感其言騷擾晾它邑稍從誠而去者復稍稍還於是百姓歌謠於途監司撫按聞而特獎之
公於百姓無所不極意故憐父老趙守分等則加䘏有差至於市井豪推埋作奸為父老子弟患者□
輕箠之如驅孤豚是以新泰之父老子弟咸倚君以為命咸嘖嘖稱公治行第一無何而公卒父老子
弟為之立祠境内境内人無不流涕環喪車而行者數百里哭聲不絕甚至號於墓下而不忍去嗚呼
古稱長文學者未必長吏治乃公宏博藻麗所著詹詹草足以膾炙士大夫之口詎不斐然文哉而
□令又能移風易俗民不忍亡古有循良公其近之矣公生嘉靖戊申八月二十二日午時卒萬曆辛□
□月十二日巳時元配潘氏生嘉靖己酉三月二十一日酉時卒隆慶己巳三月二十四日卯時
配劉氏俱無出有子一女二俱側室陶氏出子象賢治舉子業娶逯貴長女次長殤次適上林苑監
□□□文光男業聯芳孫男二長兆騄次兆騄俱幼象賢卜辛丑季九月二十七日戊時塟此□□
□□□君應元狀乞銘于余余與公稱莊好誼不可辭乃為之誌而銘銘曰
海郎□□□上窮霞誰其兆之偉哉呂公瀛續維奇霛才維雄而骨雖朽而名無窮□室□□
風俾識□□□爲神艸
歷陽子守□

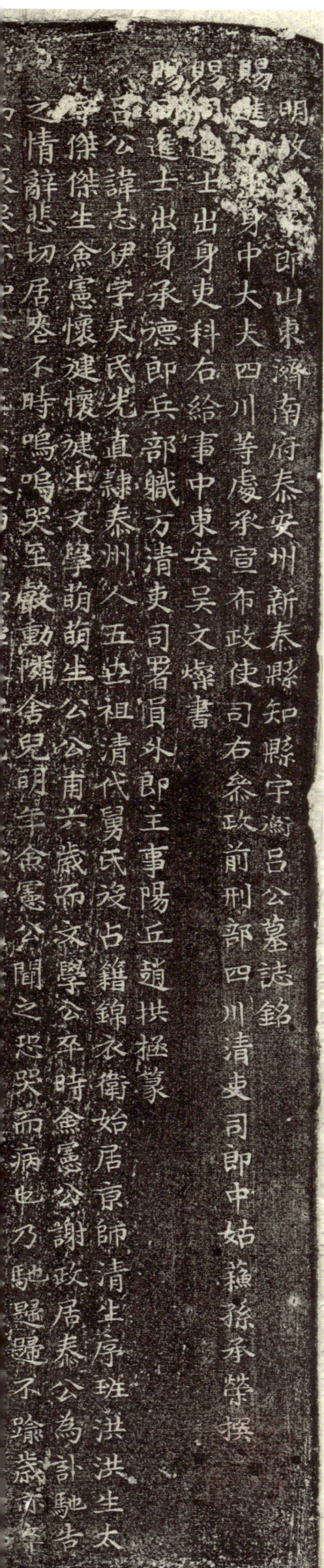

168 呂志伊墓誌

　　（明）孫承榮撰，（明）吳文燦書，（明）趙拱極篆蓋，（明）王守義鐫。明萬曆二十九年（1601）九月二十七日葬。燕京大學校園出土，現藏北京大學賽克勒考古與藝術博物館。正書，蓋篆書。

　　民國拓本。2張，墓誌蓋56×53cm，墓誌56×54cm。

　　著錄：國圖58/119，北大墓誌961。

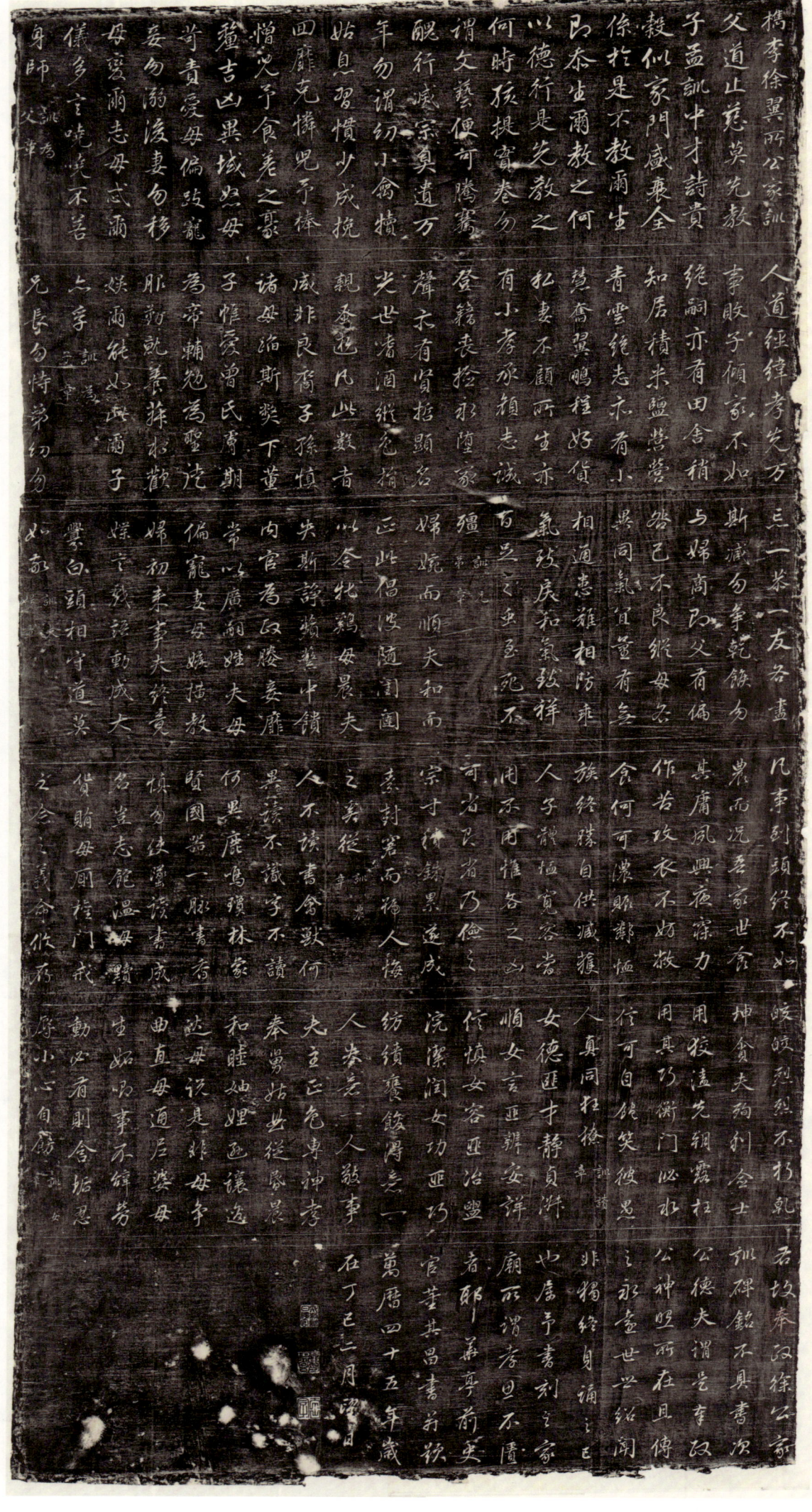

169 徐翼所家訓碑

（明）徐學周撰，（明）董其昌書。明萬曆四十五年（1617）二月十五日書。現藏陝西西安碑林博物館。行書。

民國拓本。1張，167×84cm。

附注：徐朱爍題識失拓。

著錄：國圖59/92。

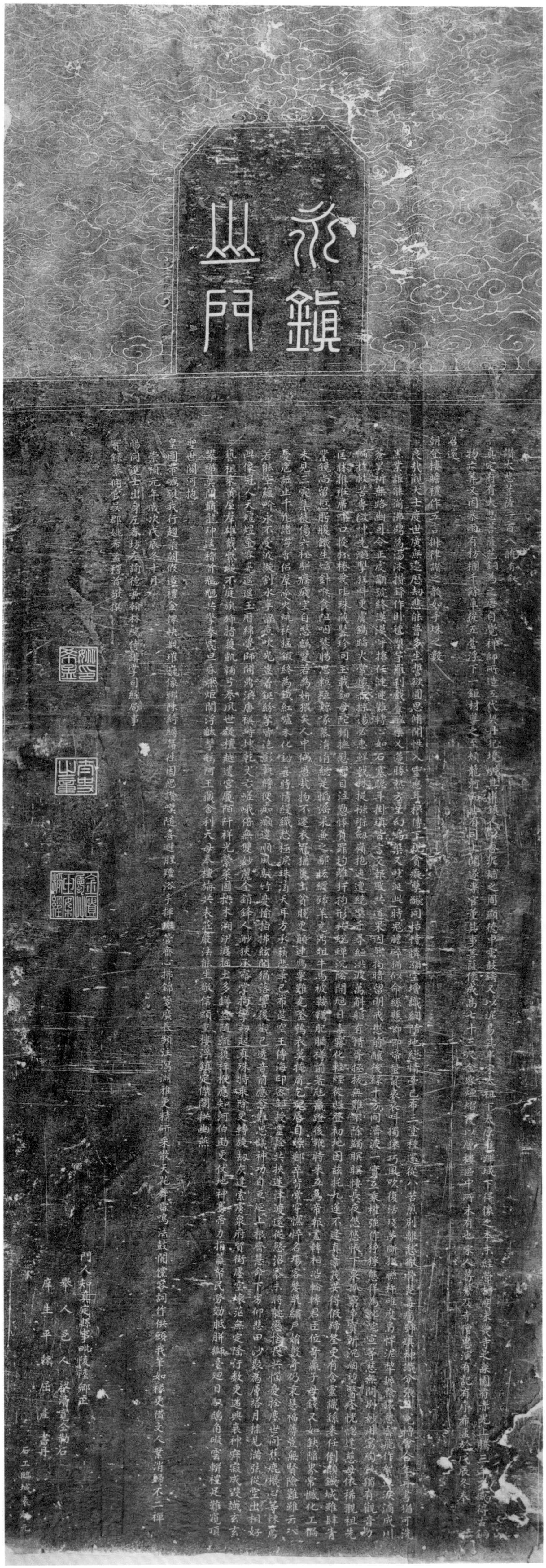

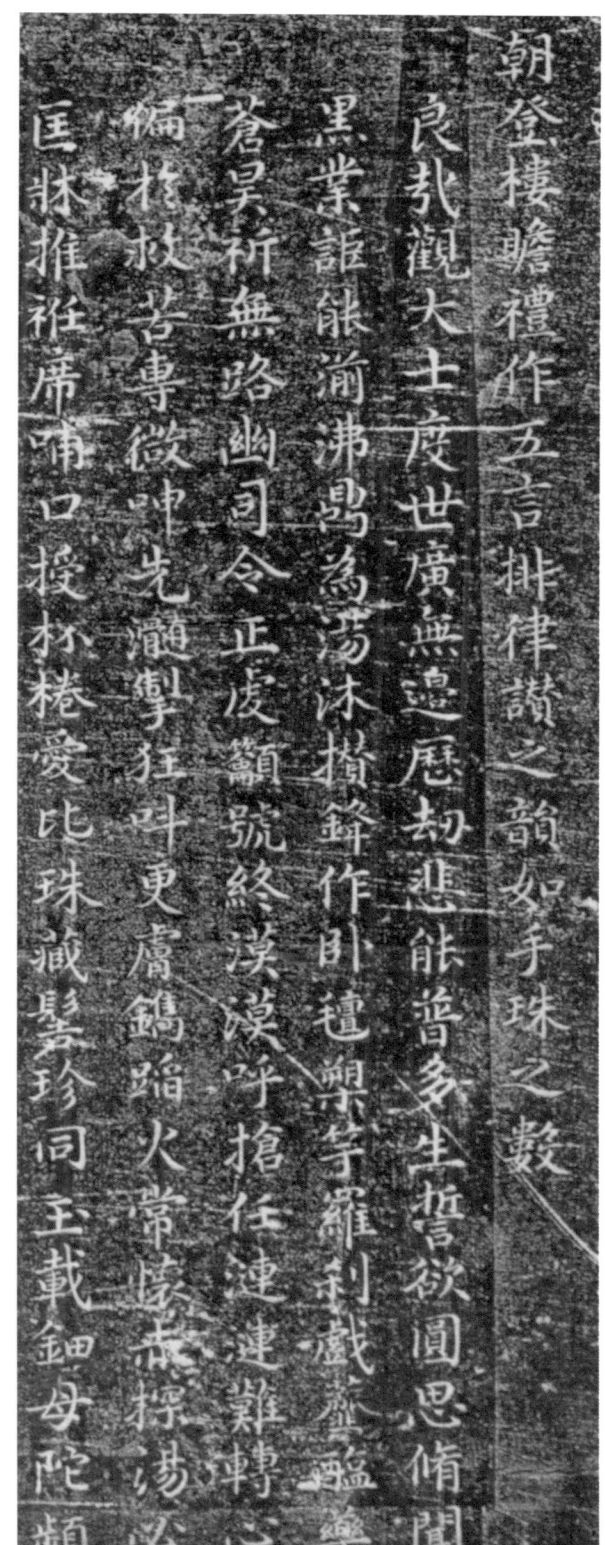

（局部）

170 讚大悲菩薩碑

（明）姚希孟撰，（明）屈産書，（明）陸卿正、梁清寬勒石，（明）袁起元鐫。明崇禎元年（1628）十月。現存河北正定隆興寺。正書，額篆書。

民國拓本。1張，255×90cm。

171 王鐸硯銘

（明）王鐸題銘。明崇禎十年（1637）。正書。

民國林尊儼拓本。1張，20×21cm。

有民國十四年（1925）林尊儼題識。

鈐印："幼梅"。

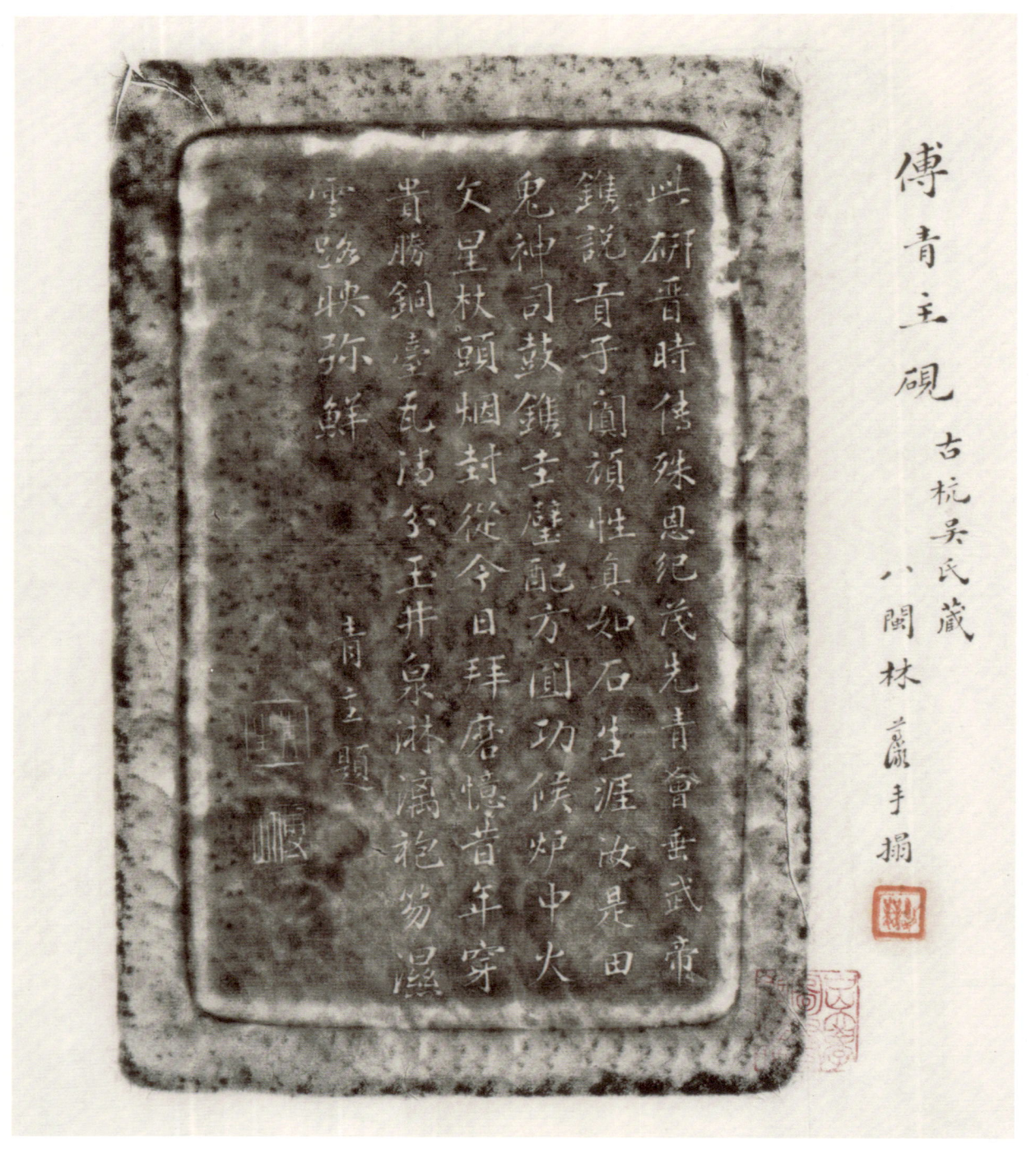

172 傅青主硯銘

（明）傅山題銘。明末清初。行書。

民國林尊儼拓本。1張，24×16cm。

有林尊儼題款。

鈐印："幼梅"。

173 古硯記并商輅硯銘

（明）許獬撰古硯記，（明）商輅題銘。明（1368—1644）。隸書。

民國拓本。1張，5×84cm。

附注：四面合拓。

174 王興墓誌

南明永曆十五年（1661）四月十八日葬。1952年11月24日廣東廣州南箕村出土，1955年移存廣州越秀公園。正書。

民國黃文寬拓本。1張，51×41cm。

鈐印："文寬拓墨"。

御製訓飭士子文

國家建立學校，原以興行教化，作育人才，典至渥也。朕臨馭以來，隆重師儒，加意庠序，近復慎簡學使，釐剔弊端，期風教修明，材蔚起庶幾械樸作人之意。乃比來士習未端，儒效罕著，維曰內外臣工奉行未能盡善，由爾諸生積錮已久，痒朝夕之故也。茲特親製訓言，再加警飭，爾諸生其敬聽之。

從來學者先立品行，次及文學。學術事功，源委有敘，爾諸生幼聞庭訓，長列宮牆，朝夕誦讀，寧無講究，必也躬修實踐，砥礪廉隅，敦孝順以事親，秉忠貞以立志，窮經考義，勿雜荒誕之談，取友親師，卷化憍盈之氣。

歸於醇雅，毋事浮華，軌度式於規繩，景行防於蕩軼。子衿佻健，自昔所譏，苟行止有虧，維讀書何益。若夫宅心弗淨，行己多愆，或緣飾詭隨，或鑽營奔競，或造作言語，或誣陷善良，凡此種種，弊端孔多。

言宜制官長，武隱糧包訟出。公門致唆撥姦猾欺凌，凌弱武招呼朋類，結社要盟。乃如之人名教不容，鄉黨弗齒，縱僥倖逃撻扑於初，終貽辱名於後。

窟章縫迆之於裹，能無愧乎？況乎鄉會科名乃掄才大典，關係尤鉅，士子果有真才實學，何患不逢年顧汝等出身之始，尤貴以正若茲。

禽緣說過問顧身家又或改寫鄉貫冒籍凌騰，沸網利營私種，弊情深可痛恨，且夫士子出身之始尤貴以正若茲蹈非初。

拜獻便已作姦犯科則異時敗檢踰閑何所不至又安望其秉公持正為國家宣猷樹績膺後先疏附之選。毖後嗣竊冀爾等故不逢年。

禁反覆惟之茲訓言領到爾等務共體朕心恪遵明訓一切痛加改省爭自濯磨積行勤學以圖上進國家三年登造束帛弓旌無知終。

特爾身有榮即爾祖父亦增光寵矣。逢時得志寧俟他求我若仍視為具文玩愒弗儆毀方躍冶暴棄自甘則是爾等賓禎無知。

不能率教也既員裁培後干咎戾王章具在朕亦不能為爾等寬矣。自茲以往內而國學外而直省鄉校凡學臣師長皆有司鐸之。

責者並宜傳集諸生多方董勸以副朕懷否則職業弗修咎各亡難追勿謂朕言之不預也爾多士尚敬聽之哉

康熙四十一年正月　日

175 訓飭士子文

（清）愛新覺羅·玄燁撰并書。清康熙四十一年（1702）正月。現藏陝西西安碑林博物館。正書。民國拓本。1張，191×81cm。

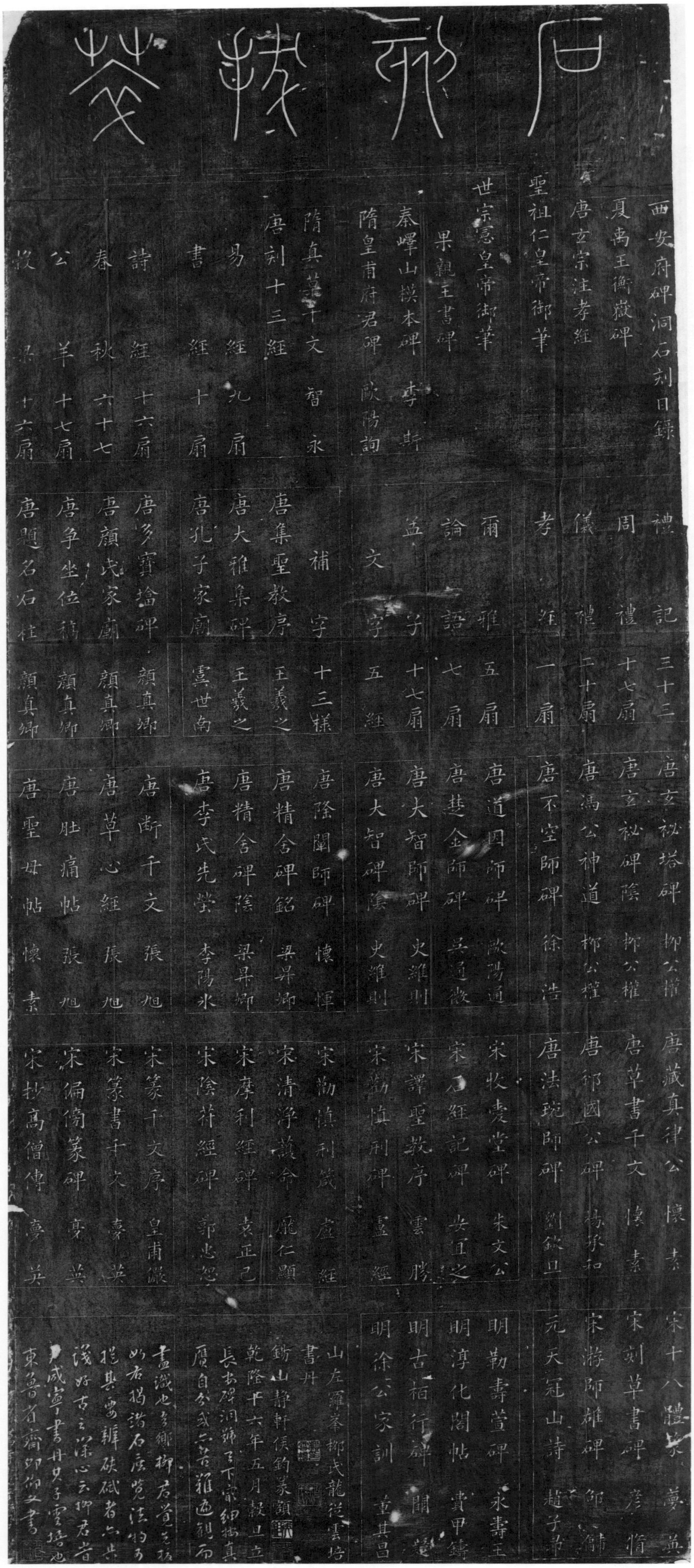

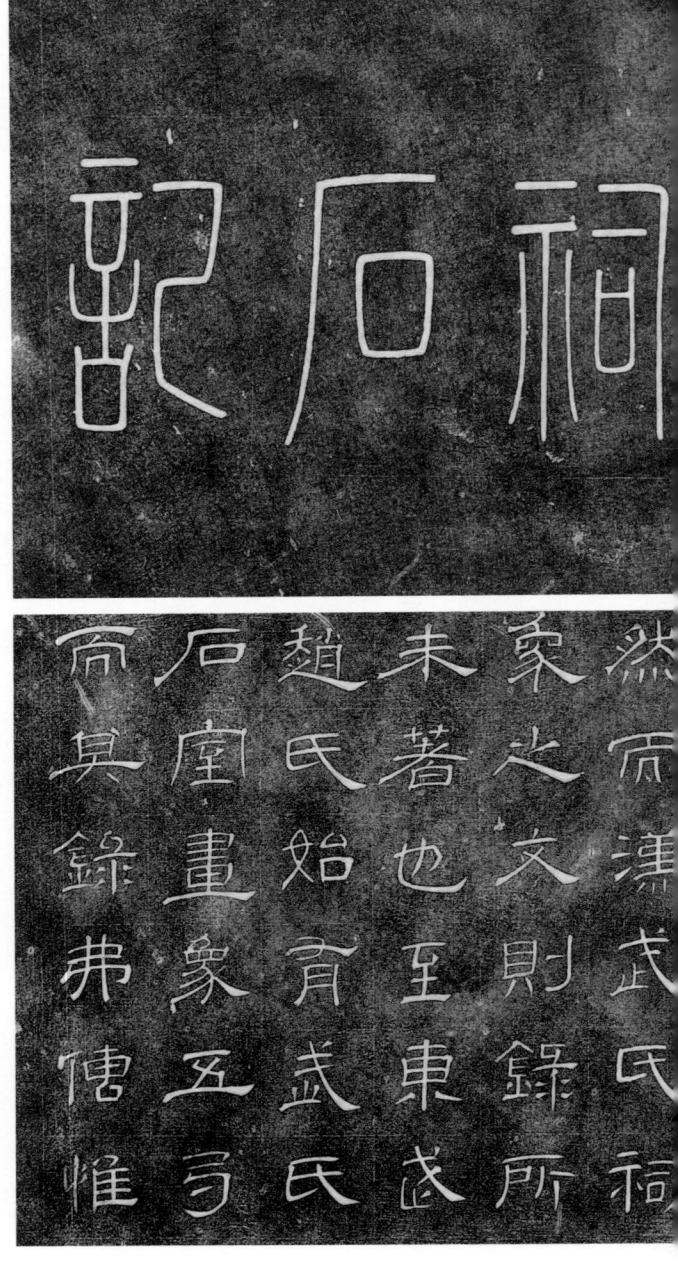

西安府碑洞石刻目錄（拓本）

聖祖仁皇帝御筆　孝經
世宗憲皇帝御筆
果親王書碑
唐玄宗注孝經

禮記三十三　　周禮十七扇
儀禮二十扇
論語七扇　　爾雅五扇
孝經一扇
詩經十六扇　春秋七十七扇
易經十扇　　書經十扇
唐刊十三經　補字十三樣

夏禹王嶽嶽碑
秦嶧山摸本碑　李斯
隋真草千文　智永
隋皇甫府君碑　歐陽詢
唐集聖教序　唐大雅集碑
唐孔子家廟
唐大智師碑
唐不空師碑　徐浩
唐法琬師碑　劉欽旦
唐馮公神道碑　柳公綽
唐郭國公碑
唐玄祕塔碑　柳公權
唐草書千文　懷素
唐顏氏家廟　顏真卿
唐顏勤禮碑　顏真卿
唐爭坐位帖　顏真卿
唐多寶塔碑　顏真卿
唐肚痛帖　張旭
唐聖母帖　懷素
唐精舍碑陰
唐精谷碑銘
唐甚金師碑
唐道因師碑　歐陽通
唐隆闡師碑　懷暉
唐斷千文　張旭
唐草心經　張旭
唐大智碑陰
唐李氏先塋　李陽冰
廣藏真律公懷素書

宋天冠山詩　趙子昂
宋游師雄碑
宋刻草書碑
宋譯聖教序　雲勝
宋石經記碑
宋牧處堂碑　朱文公
宋清淨藥令　龐仁顯
宋勒慎利咸　虞庭經
宋摩利經碑　袁正己
宋陰符經碑　郭忠恕
宋篆書千文　皇甫儼
宋篆千文序
宋偏傍篆碑
宋拯高僧傳　夢英

元天冠山詩　趙子昂
明古福行碑　聞
明淳化閣帖
明勒壽堂碑　費甲鑄
明徐公家訓

乾隆十六年五月穀旦
長安碑洞新立
山左羅峯柳氏龍泓雲培書丹
咸寧縣邱仰文書
東魯邱仰文書

176 西安府碑洞石刻目錄

（清）柳大任撰，（清）柳雲培書，（清）侯均篆額，（清）卜兆夢鐫。清乾隆十六年（1751）五月立。現藏陝西西安碑林博物館。正書，額篆書。

民國拓本。1張，188×80cm。

附注：刻清邱仰文題識。

著錄：國圖70/144。

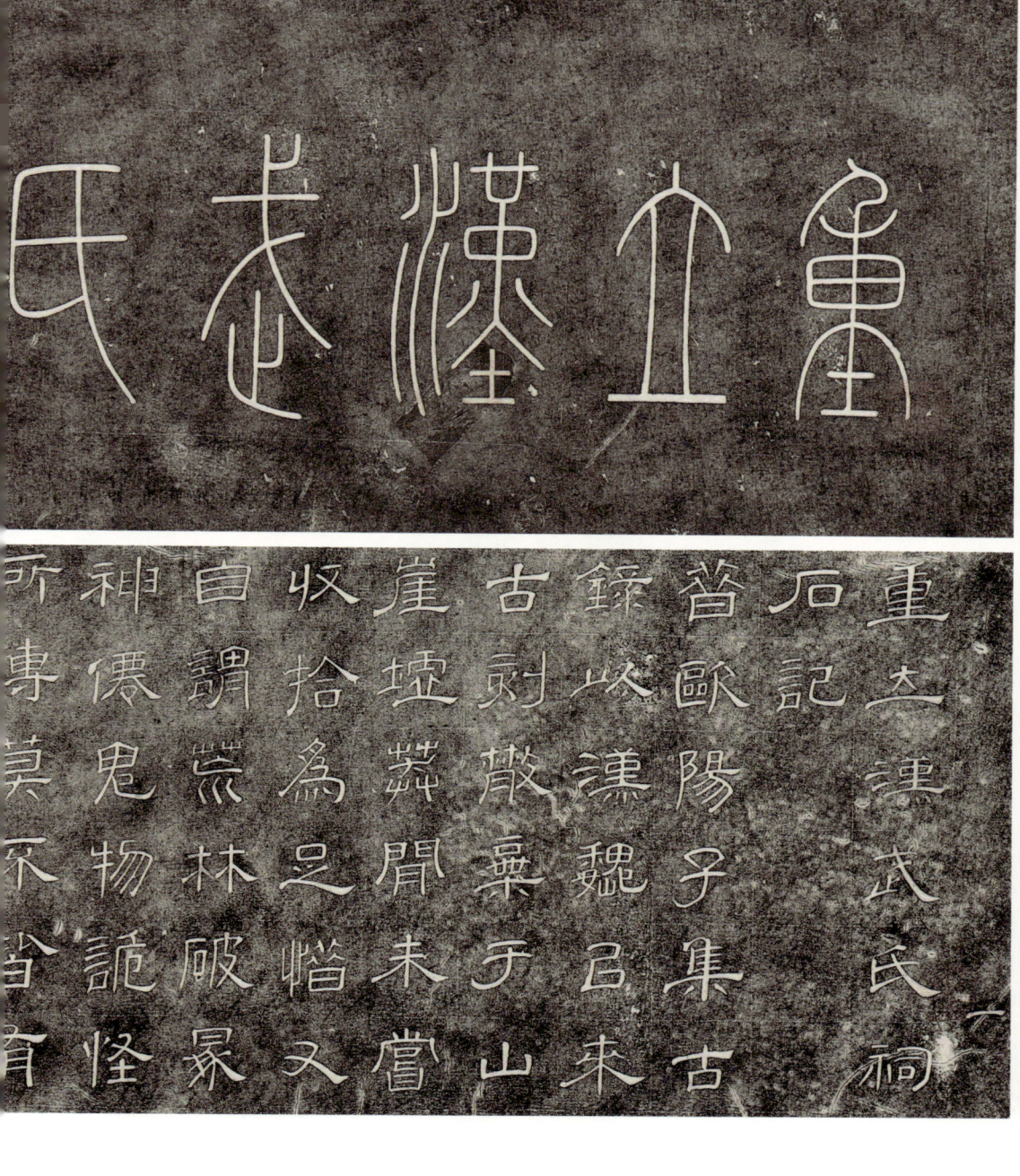

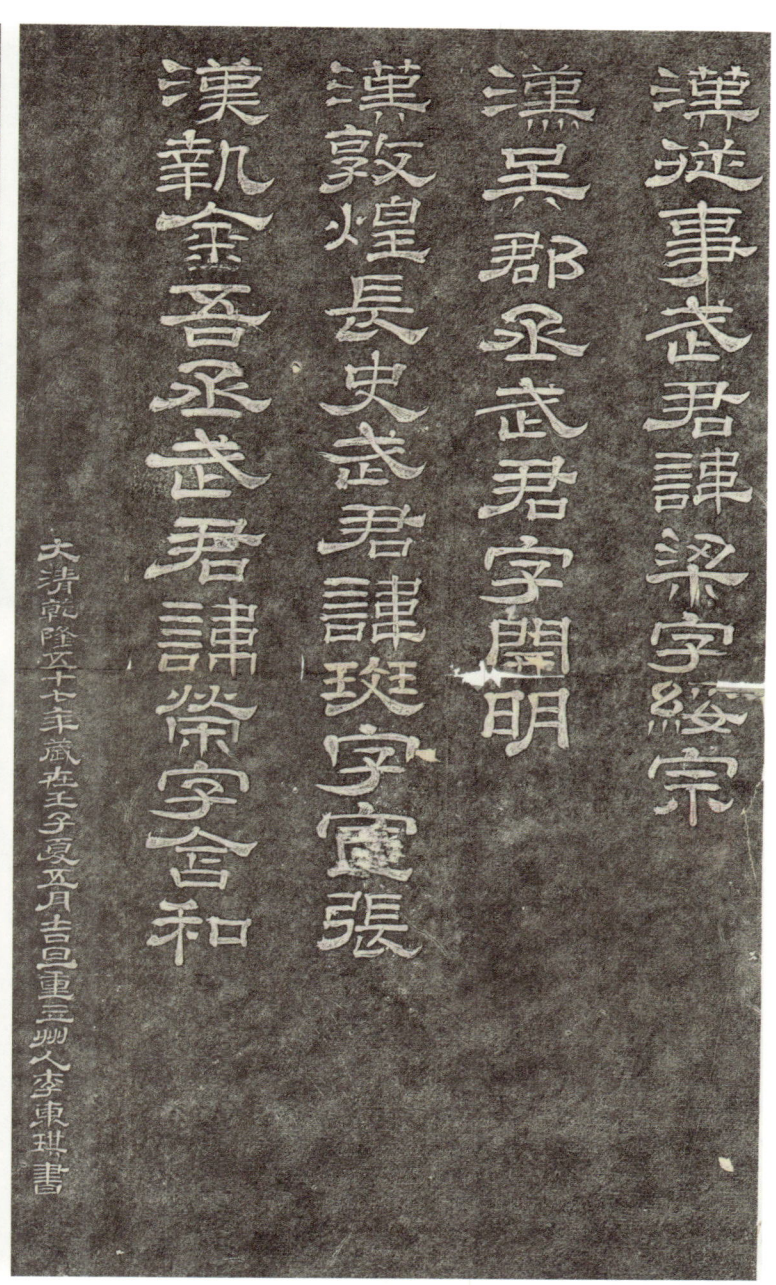

177 重立漢武氏祠石記

（清）翁方綱撰并書，（清）鄭支宗摹。清乾隆五十二年（1787）十月十五日書。現藏山東嘉祥武氏墓群石刻博物館。隸書，額篆書。

清同治十三年（1874）拓本。9張，墓主人名62×35cm，其餘32×86cm。

附注：刻清乾隆五十七年（1792）李東琪書墓主人名及錢泳觀款。

著錄：國圖75/80。

畫象文得孔子
見老子

瑞圖石象刊視倍滋
氏所著功蓋
之兵咋是敬移
孔子見老子
一石于見濟寧州
學府其為其諱宝
郎其所墅芊其顛垣石
砌氏所祠堂之便頃日
武人氏守為進堂者便玉
與石遷黃子文孝訏子
石舊本每以是金
碑舊本不獲賞
析為憾今吾二

詹事兼翰林院
侍讀學士提督
江西學政大興
翁方綱撰并書

漢武氏石室在山
東嘉祥縣紫雲散落李丰
宋嘉祥縣未散雲
下宋乾隆五十李丰
錢正唐黃芊餘象先易洪訪得武
凡四重十石象面三石者南
梁後室祠四兩石柱者一石武
室十四十煌石瑞圖
左石石敦室長史瑞圖武
琰樹石碑五興沒祠即地武
久重是炎與設者呂異祥故永洞
東濟正李興工戊洪洞
者寧芒錢沛事洪永
月金圓錢七丰六李
題石記之流末觀

郡陽洪氏乃圖
旦輝之凡四百
餘字所巳當宋
南渡時所巳謂重
剡况本又可珎
建子為令六百
丰盒錢于唐黄
烁既扶次于濟寧
州學得拓其尉
令巳碑所于嘉
石令南帝之瘣雲
祥影縣得之痕紫
山得敦煌長武
武斑碑逼武氏
石闕銘遂畫得
武氏關石室所刾

人十丰以來心
旦營目想之狀帝一
子得適違具真易帝
盧身遠行囂帝
惠洪振結千里寰文
山所屏古房闗三
箅者也後之摩何
學謢斯帖必者當
如議可五十二
乾隆在旦冬
歲月朔日旦
夫講通奉起大十
注官文淵閣居
直閣事詹事府

也
言以尺紙圖一行省所
隸之地墨圍界畫僅若
牛毛縣以圓圍府以又
句交錯成圍不為細字
識別農起拍空圍暗誦
曰此某縣也於漢為某
縣此某府某州也於漢
為某郡國尺四三日而
熟一紙易他行省亦如
之其於字書音韻及古
文家之說亦皆刺得大
指其後益及天官推算
日夜欲求朗徹銳甚適
會雲婦勞憂致疾乃稍
稍自惜慨然有反本務
要之思矣竊嘗究觀夫
聖人之道如此大也
而愍世令辟與知言之
君子必奉程朱氏為歸

於改據即已洞知二者
之蔽既愛憂患之餘尤
自斂抑退然若無以辨
於學術也者默識而已
矣於是以道光二十八
年二月棄其所官之國
子監學正決然歸太以
從政於門內積其謹以
嚴父母之事以達於凡
事無所不嚴積其誠以
推及父母之所愛若所
不愛無不感悅其又不
合則改之禮經眾之當
世之會典以權度予吾
心自然之則必三善焉
而後已病中為日記一
編記日日之細故自責
絕痛將卒又為遺令處
分無憾蓋用漢學家之
能綜核於倫常日用之

178 劉傳瑩家傳

（清）曾國藩撰，（清）戴熙書，（清）勞之廉鐫。清道光二十九年（1849）。正書。

清末拓本。經折裝。1冊9開，33×18.5cm。

附注：刻清道光二十九年五月戴熙題識。

漢陽劉君家傳

湘鄉曾國藩譔

錢唐戴熙書

余既銘劉君荼雲之墓，其兄子世埒復寓書抵余，述季父之行義蒙甄敘。大凡其為學之次第不辛，遺書未成，世埒之愚不可驟曉，其孤世圭尤幼，即他日長大，終無以窺尋先人甘苦。季父執友莫篤先生，先生若哀吾昆弟，即別為私傳鐫諸家牒，所以不死季父而眡我劉宗益厚無己。

蓋荼雲之學之自得於中者，有不可襮諸文字者，矢其致功之迹，國藩實親見之，而親討之，稱述以詔其諸子，吾之職。

豈私好相承以然，我彼其躬行良不可及，而其釋經之書合乎天下之公，而近於仲尼之本旨者亦且獨多，誠不能違人心之同然，遠易一說以排之也。自乾隆中葉以來，世有所謂漢學云者，起自一二博聞之士，稽核名物，頗拾先賢之遺而補其闕。久之風氣日敝，學者漸以非致宗儒為能，至取孔孟書中心性仁義之字，一切變亂舊訓，以與朱子相攻難。附和者既不一察，而稿之者惡其恣睢，因并茂其稽核之長，而授人以詬病之柄，皆有識者所深閔也。荼雲初從事。

地以求一得當於朱子，後之覽者可以謂之篤志之君子耶，抑猶未耶。國藩為發其擇術之意，既告其諸子，亦與異世承學者質證焉。

道光乙巳熙克禮闈分校薦一卷愛其春秋文
孜孜證興地獨詳揭曉日劉傳堂然而勿見也久之
知為少年博學士即往見粹然一儒者與之談馳
騁上下而亦不勝氣熙固不能對所問及秘之畏葸
其驅也然而竟死書此傳及半森然若來寮書者
噫傷也己酉五月熙併記

北平于六吾之廉鎬

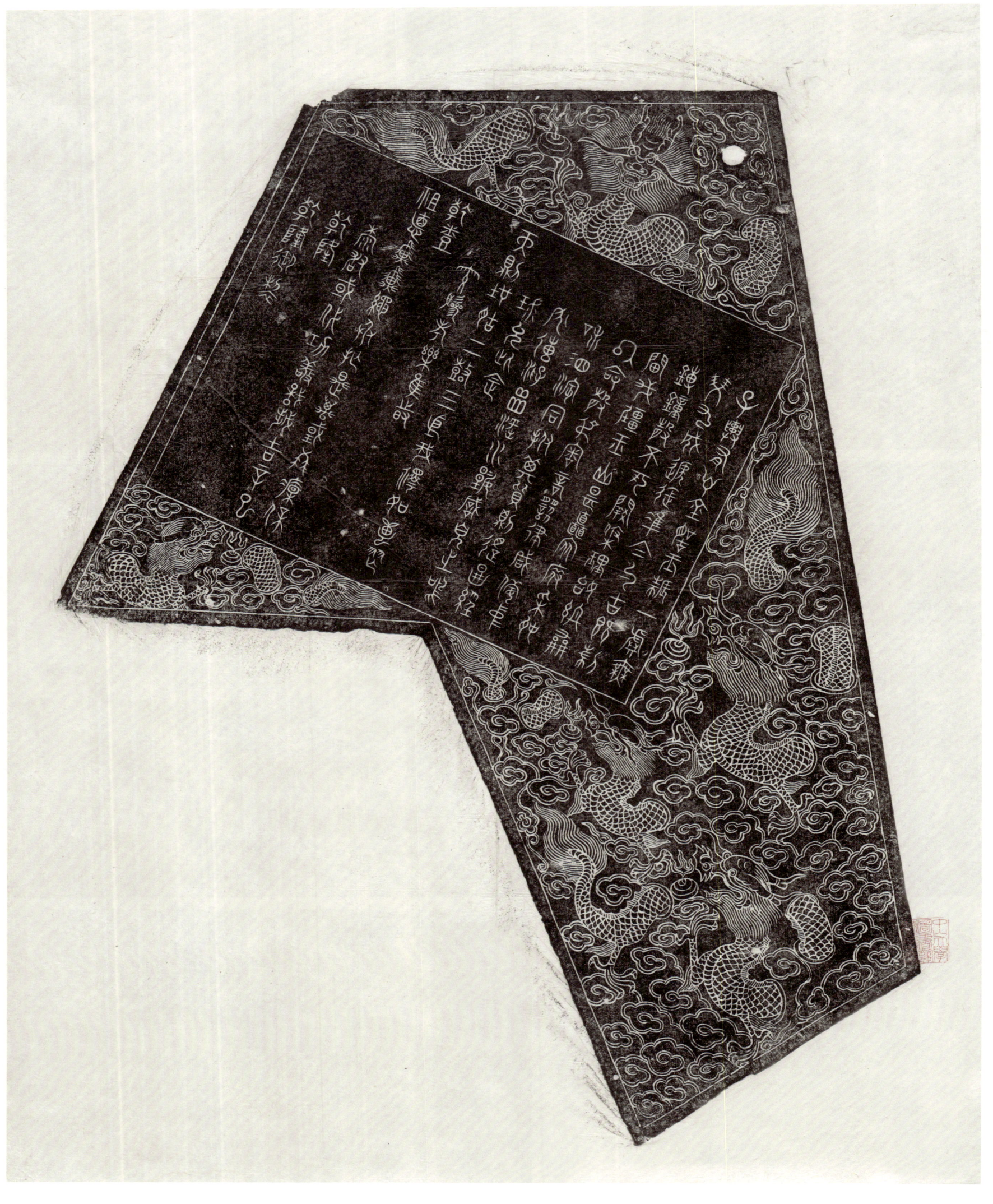

179 清乾隆御製特磬

清乾隆二十六年（1761）。篆書。

民國拓本。1張，68×54cm。

附注：另一面刻律名及年款，清乾隆二十六年十一月九日琢成。此本失拓。

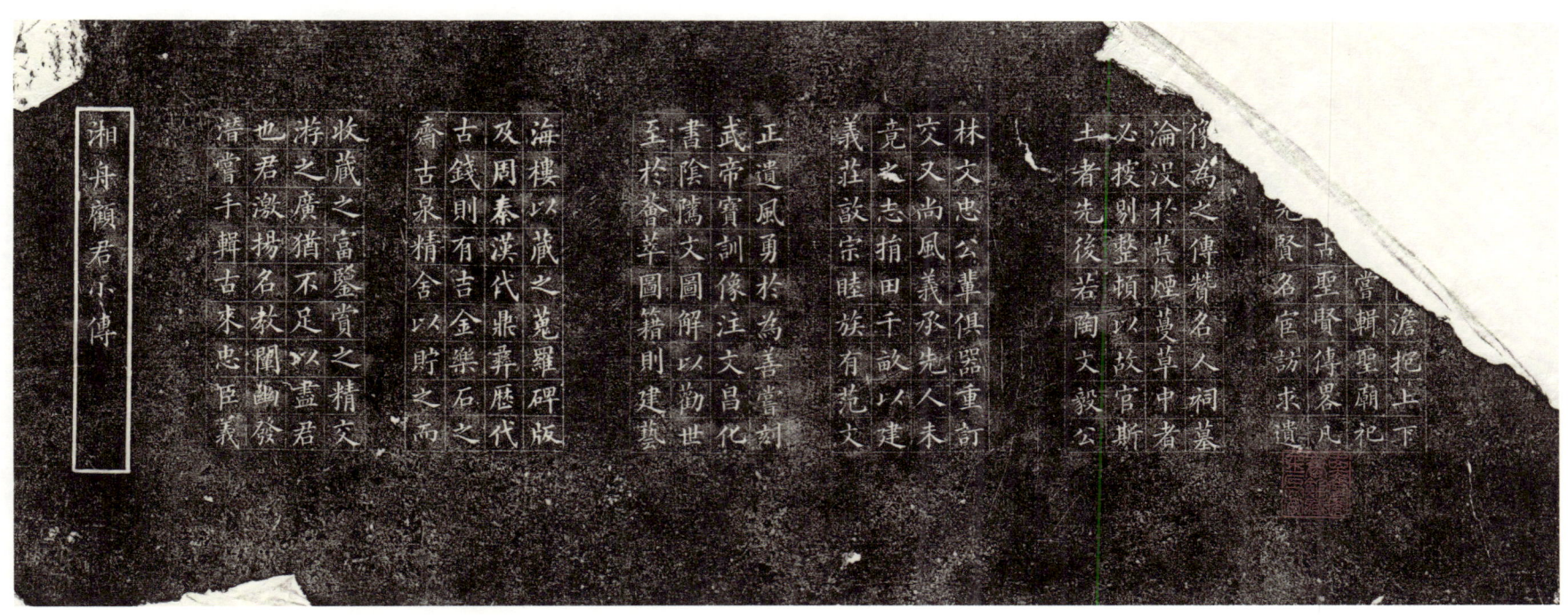

180 顧沅小傳

（清）潘錫恩撰，（清）馮桂芬書，（清）錢省三、錢少山刻。清咸豐元年（1851）七月二十九日卒。正書。

民國拓本。4張，31×66cm。

附注：顧廷龍贈容庚。

士之詩篇上自周秦下
迄元明刻乾坤正氣集
若干卷子同年友姚石
甫素識君會予有乾坤
正氣集古文之刻因介
石甫屬君采訪校讐往
來袁浦者數年迄余解
組歸里上年八月君猶

顧訪信宿荒齋流連數
日不意此別竟成千古
深可慨矣兩著有聽漏
吟游山小草然松書屋

詩鈔若干卷俱未刻其
手輯而已刻者關帝寶
訓文昌化書陰隲文圖
注聖廟祀典圖考古聖

賢傳略吳郡名賢圖傳
贊賜研堂叢書花溪祠
堂志婁東文略七姬志
崑山志焦山志滄浪亭

志元妙觀志建隆寺志
莫愁湖志乾坤正氣詩
集令雨集輯而未刻者
吳郡文編二百四十卷

吳門書鈔一百卷江左
金石記一百卷歷代泉
幣圖考二十四卷君生
於嘉慶四年五月二十

八日卒於咸豐元年七
月二十九日年五十有
三國學生議敘布政司
經歷配嚴安人先卒娶

三張氏娶氏戴氏子四
長觀保次未名嚴安人
出次璨煌次恩謝張出
俱殤嗣嗣堂胞尼子文

保為予府庠生女二一
道浙江候補區繹麖吳
光祥嚴安人出一殤戴
出

舊史氏曰華胄之後攜
橐而定不失之驕即失
之侈求其不頹閒達好
古嗜學者實尠其人湘

舟世為堂族而能瀹名
刹博雅多聞必重公卿
問手輯諸書皆激揚忠
孝表章湮沒俾百世而

下想見其為人噫斯亦
湘舟可以傳矣

錢紆山刻石

陳孺人墓誌銘

孺人番禺吳功溥撰　番禺程大璋書

瑜女適同邑南山鄉陳廷邠

寶理　寶理以孝聞先孺人

人百餘里卒孺人而終於

治十三年三月廿七日同

年二十一葬三月廿七日南田步來

頭後世廿年葬嗣子慶時

京師請銘石銘嗣子慶時

留福田葬銘石銘日

福後嗣葬福地衍餘慶

高要梁雲衢刻字

181　鄔寶理妻陳孺人墓誌

　　（清）吳功溥撰，（清）程大璋書，（清）梁雲衢刻。清同治十三年（1874）三月二十七日葬，光緒三十年（1904）撰。廣東廣州番禺。正書。

　　清拓本。1張，27.5×39.5cm。

　　附注：鄔慶時舊藏。

高靈源彌遠道光癸卯舉於鄉庚戌試授國子監學正學錄咸豐壬子補官丙辰
遷助教尋以同知用分發浙江春卿之為博士見重於鴻都士元之處劇任始展
其驄足同治乙丑補溫州府同知湎東山水夙稱永嘉江左清華正屬靈運廬園
資其陶寫泉石永其流連西堂之句以謠孤嶼之游斯暢既而進秩郡守攝篆會
稽新言子之廟堂蕭諸生之條教使校官弟子揚戢山之風文學俎豆闓禹穴之
秘以故琴鶴所莅勝於選錢吳越一家不啻衣繡在浙凡二十年中更文敬公卒及
朱太夫人憂光後司鹽茶轉運局務名聞官欐惠及行路然而蘇題承學卒阻
其遠猷晏嬰鑒檻早傳夫家學會南屏太守領郡廣州望雲興懷愛日矢慕遂老
迎養之請公本無官情益決歸志於是仲淹投簪作族之記樂天入社赵會老
之堂績庭詰以課孫芝食單以樂志毫毫然油油然散髻斜簪遠村近郭致足樂
也乃人倫之盛里社方傳天屬之悲哲人遽遷始把葉畦之痛旋歸嬴博之喪嬴
莊襟無改其達觀而雅琴實增其戚緒遂以光緒丁亥九月二十四日遺疾卒於
里第春秋七十有七夫人吳氏子長翰孫廣東候補知府署廣州府次泰州府知府次
徐孫府庠生分發同知次王孫科孫女一均先公卒孫男八次泰士壬午科舉人
孫女五曾孫一泰士將以庚寅二月十二日癸午於吳縣日字圩邱巷村之原前
期其狀屬以誌幽鑒之祖與文敬公有舊戊午分校浙闈復以文字受知鄭莊
交游及攀大父之行孔融弱冠已辱中郎之賞景行所在敢辭不文謹舉大端掲
諸樂石銘曰
豫章別族淮陽著姓紱冕兩興史牒稱盛誕惟令德膺茲門慶蜚英藝苑翔步成
均漢試榮士宋法避親承明斂翼宰府班春美政勒碑新詩置袖清堂江東循聲
浙右善刀既藏幽居斯槨梁木奄壞松楸蔚蔚悲有道之墓乞無媿辭昭銘景烈永
世慕思

吳郡唐仁齋鐫

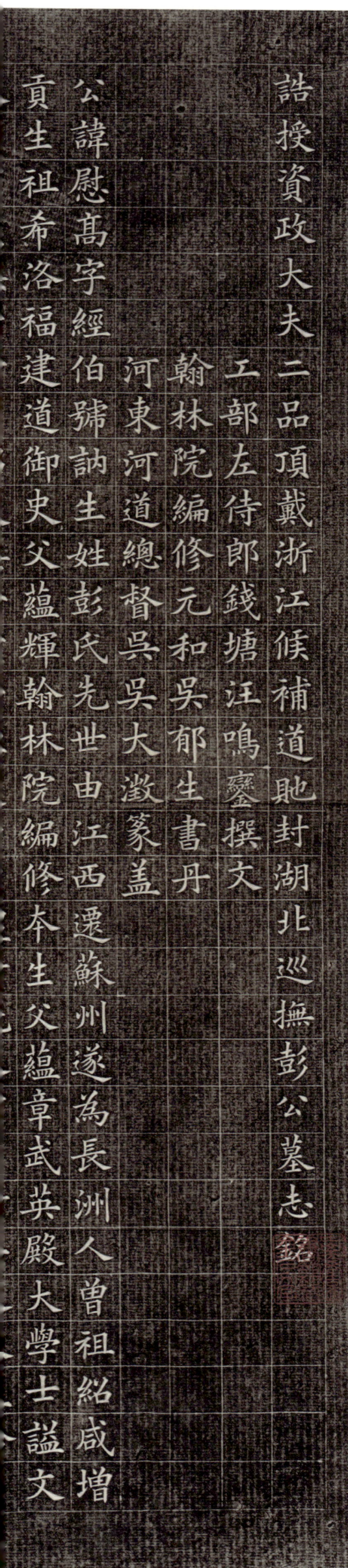

誥授資政大夫二品頂戴浙江候補道迤封湖北巡撫彭公墓志銘

工部左侍郎錢塘汪鳴鑾撰文

翰林院編修元和吳郁生書丹

河東河道總督吳大澂篆蓋

公諱慰高字經伯號訥生姓彭氏先世由江西遷蘇州遂為長洲人曾祖紹咸增

貢生祖希洛福建道御史父蘊輝翰林院編修本生父蘊章武英殿大學士諡文

182 彭慰高墓誌

（清）汪鳴鑾撰，（清）吳郁生書，（清）吳大澂篆蓋，（清）唐仁齋鐫。清光緒十六年（1890）二月十二日葬。江蘇吳縣。正書，蓋篆書。

清拓本。2張，墓誌蓋69×69cm，墓誌69×69cm。

著錄：國圖86/133。

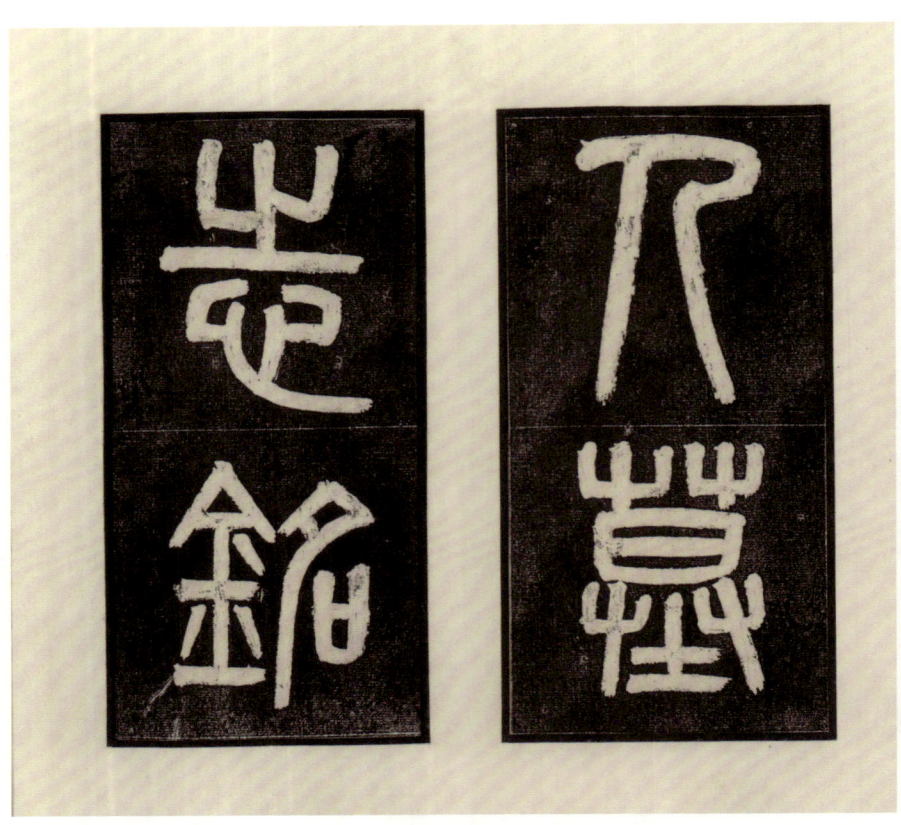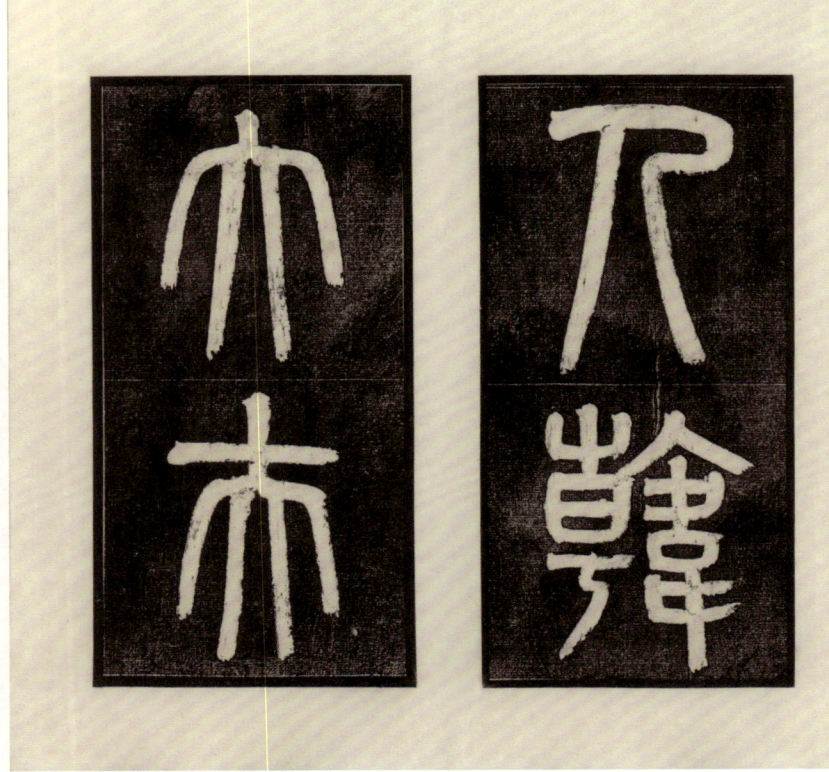

183 吳立綱妻韓氏墓誌

（清）吳大根撰，（清）吳大澂書，（清）吳大衡篆蓋。清光緒十六年（1890）九月二十七日葬。江蘇蘇州。篆書。

清拓本。經折裝。1册10開，21.5×11cm。

容庚題簽。

鈐印："容庚私印"。

著録：北大墓誌1035。

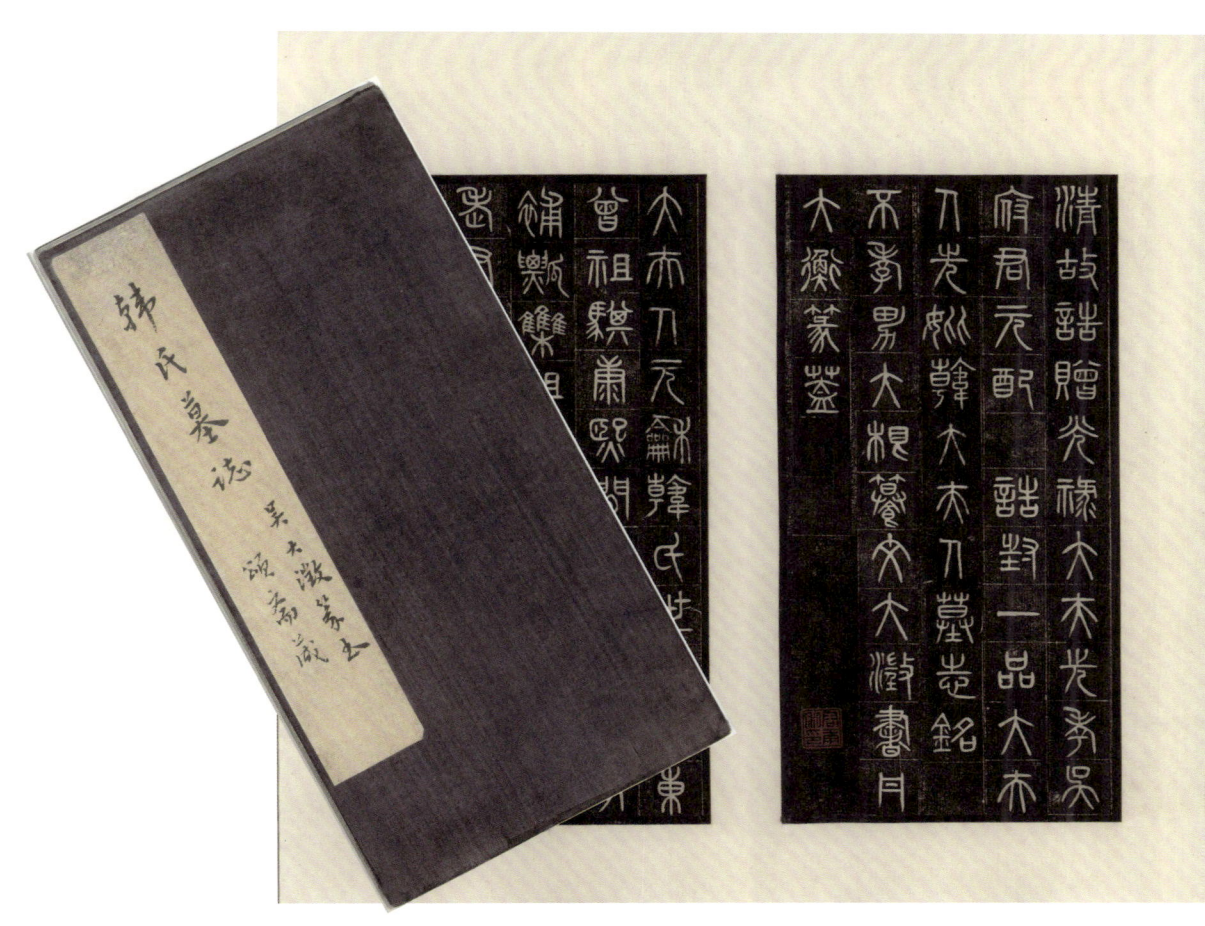

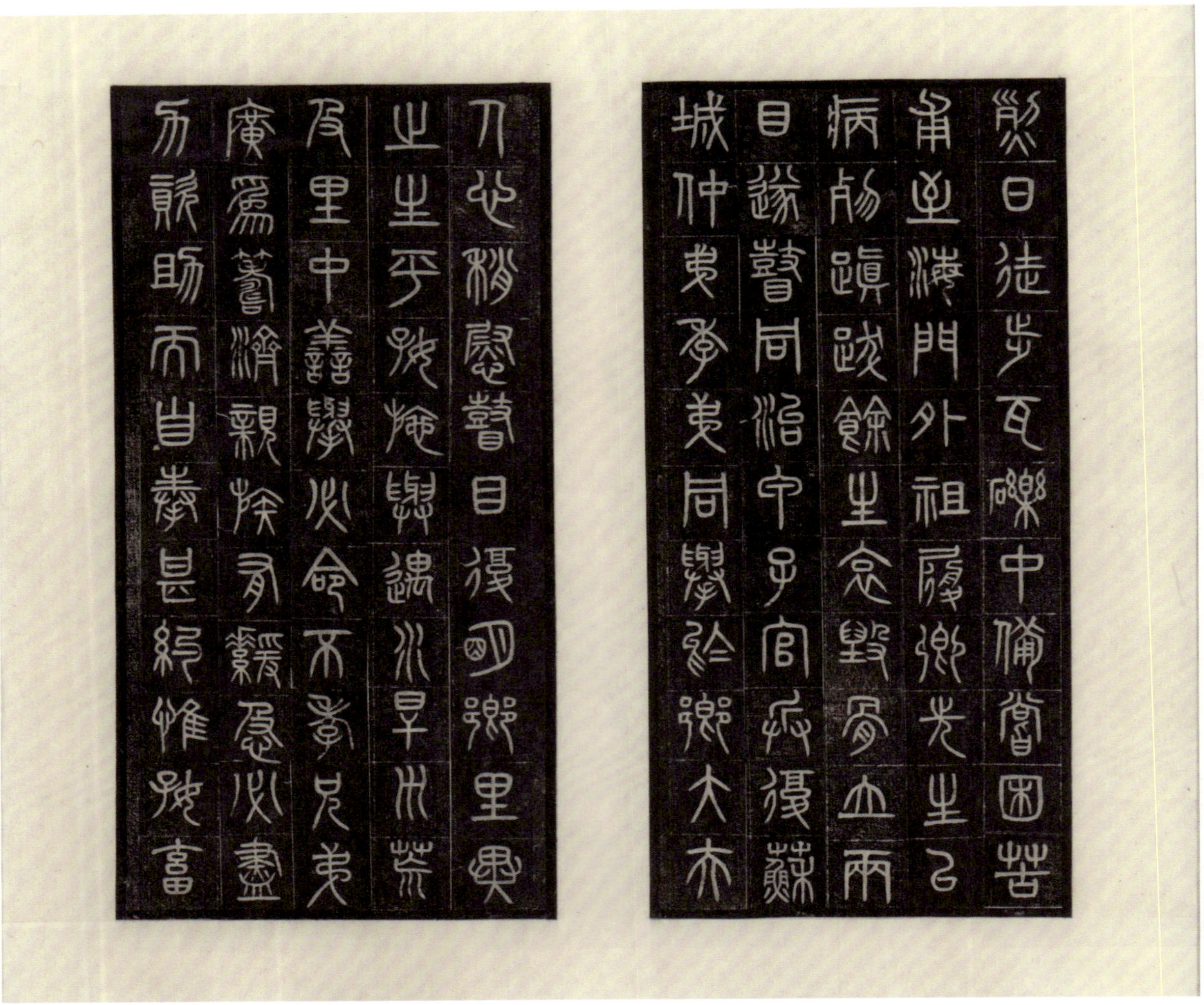

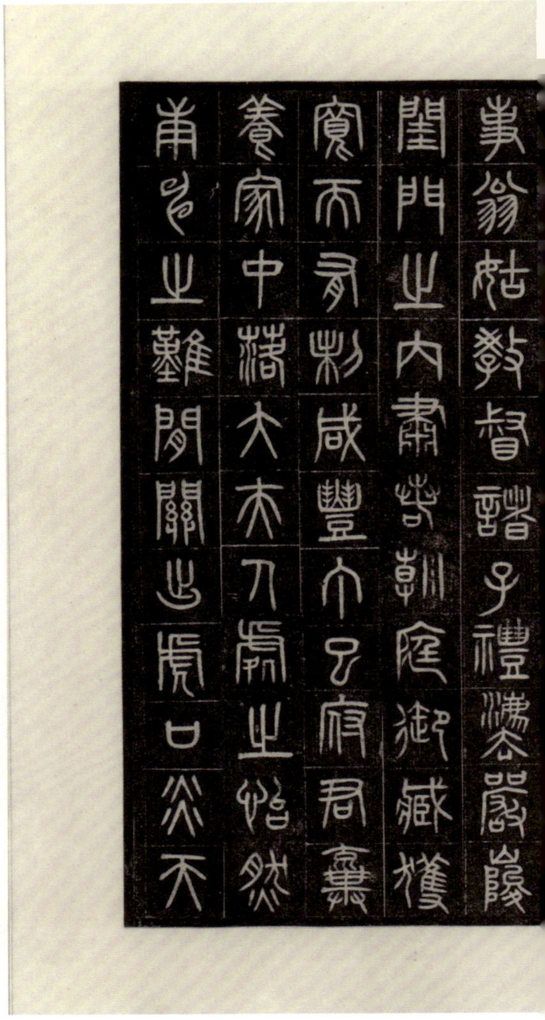

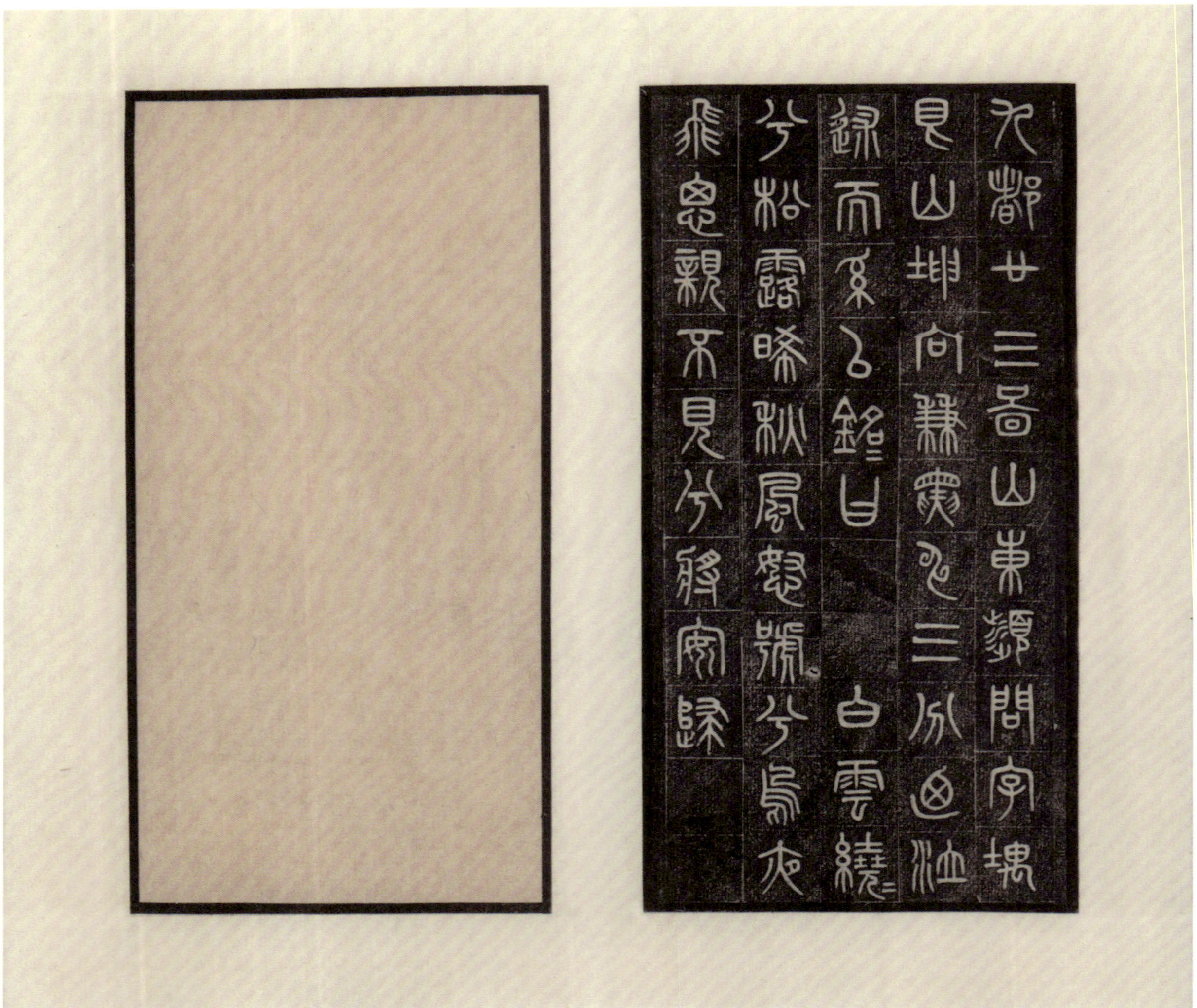

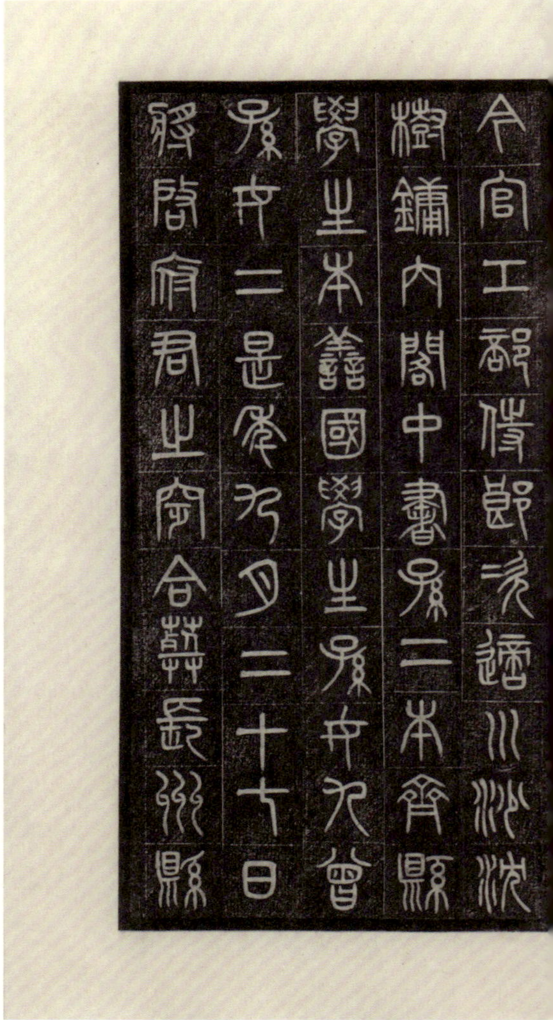

石跋尾伯与孫

184 清光緒特磬

清光緒二十年（1894）五月九日。篆書。
民國拓本。2張，夾鍾68×57cm，南呂48×38cm。

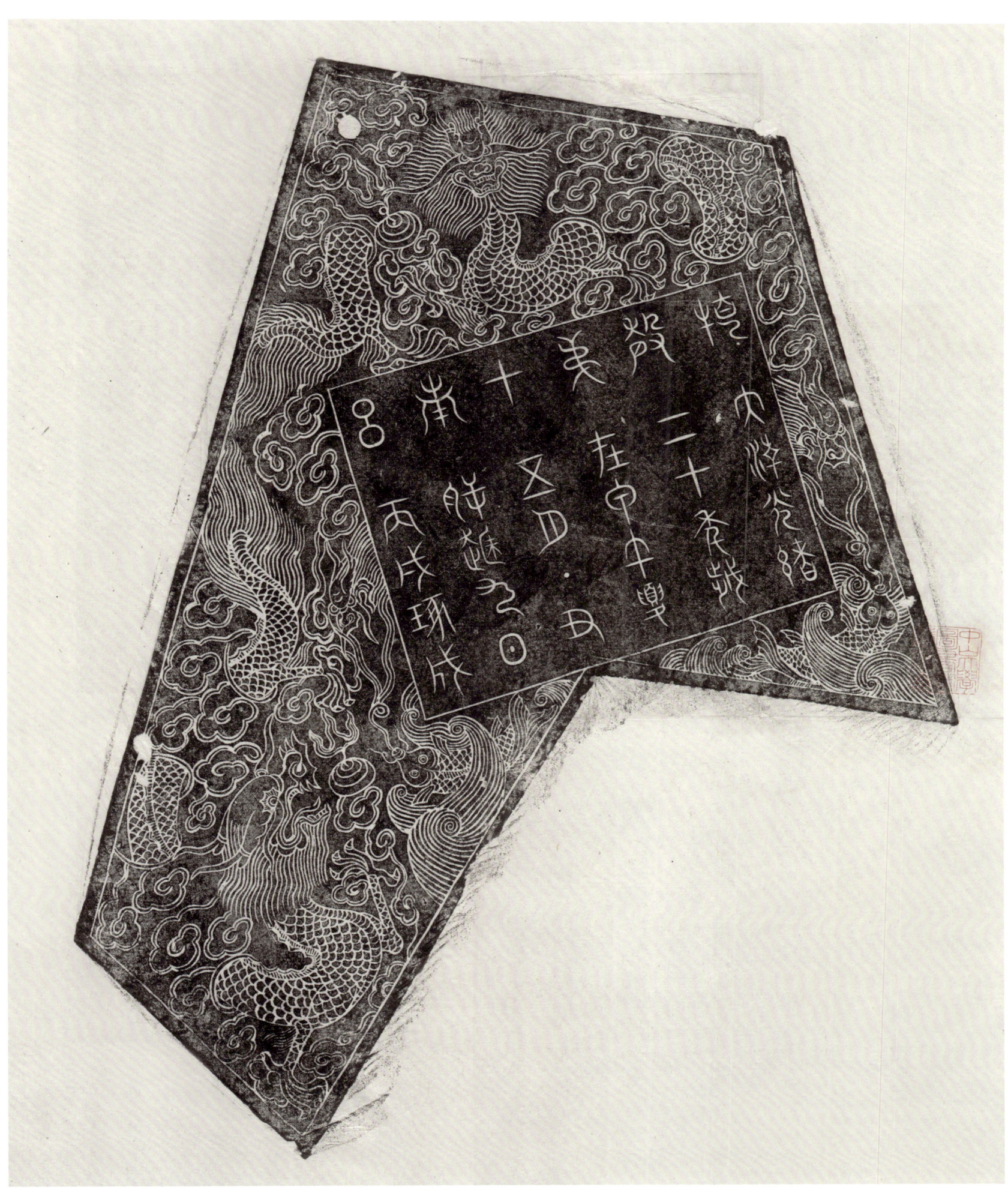

185 李鴻章神道碑

（清）吳汝綸撰，（清）于式枚書，（清）俞樾篆額，（清）楊中孚刻。清光緒二十九年（1903）二月十八日葬。現存安徽合肥李鴻章享堂。正書，額篆書。

清末拓本。2張，碑額81×82cm，碑文289×109cm。

著錄：國圖88/159。

（局部）

碑額：清故文華殿大學士直隸總督贈太傅一等侯李文忠公神道碑

碑題：皇清太子太傅蕭毅伯文華殿大學士直隸總督贈太傅一等侯李文忠公神道碑

186 鄔寶理墓誌

（清）邱逢甲撰，（清）程大璋書，（清）梁雲衢刻。清光緒三十二年（1906）春葬。廣東廣州番禺。正書。

清拓本。1張，37.5×78cm。

附注：鄔慶時舊藏。

著録：北大墓誌1046。

187 重修將軍山記

（清）鄔啓祚撰，鄔慶時書，（清）梁雲渠刻。清宣統元年（1909）十一月識。廣東廣州番禺。正書。

清拓本。1張，40×63cm。

附注：鄔慶時舊藏。

南山方便所記

番禺鄔慶時撰

桂平程大璋書

人之生莫苦於病尤莫苦於貧而貧更莫苦於客而貧且病吾廓烟戶數千商店數十一歲之中懼此大者不知凡幾我同義舉父憫之爰集同人共衰大父興建方便所於廓之西南使病者貧而病者客而貧且病者皆不患無從成慶時休假回里樂觀厥成謹援筆而為之記時宣統二年十一月也

第五行第四字貧當作病

188 南山方便所記

鄔慶時撰，（清）程大璋書。清宣統二年（1910）十一月記。廣東廣州番禺。正書。

清拓本。1張，28.5×38.5cm。

附注：鄔慶時舊藏。

189 鄔啓祚墓誌

（清）程大璋撰并書，（清）梁雲衢刻。清宣統三年（1911）二月五日卒。廣東廣州番禺。正書。

清拓本。1張，59×94cm。

附注：鄔慶時舊藏。附民國十一年（1922）九月二十七日《七十二行商報》包紙一張，上有鄔慶時書“金石零拾”。

著録：國圖90/64。

後微白大夫及讀⋯官志得罪以公所居府有言⋯得⋯不坐公房⋯應禮嘗話先

癸未成進士改翰林院庶吉士散館授編修凡九徙官至禮部左侍郎先

直南書房十餘年出為湖南學政浙江學政廣西正考官公所至必心

後閱恒秉燭至夜分或規其勞公曰吾困公車十餘年每嘆有司不職苴

校以今日而忘之也公待士以德若導之以善譽之不容口顧未嘗以非

義為之關說曰君子愛人以禮意一節有禮意

官京師即以文章名海內其⋯造於詞章訓故靡所不⋯用其法自

大學總監督時學制新定公悉心規畫度甚設後靡所不窺然為之恒

故國家所視為廢興存亡者原原本本動輒數千百言其治地理學尤精

不盡其力獨至數千年來朝章國典本次第與夫人心世俗盛衰之

於顧亭林景范胡朓期毅家之書皆讀之十餘過時以所得為之箋正

美意歸於諸學後進靡所適從而學術益壞公以謂學無新舊宜相倚

以此詔興地菜書裒集至數十種以限於才日牧於是有志之士始出遊海外各國講習其良法

獨於制舉而飾諸學者一時風氣所趨古先聖賢之義不忍遽舍去

欲刻興地菜書裒集至數十種以限於才日牧於是有志之士始出遊海外各國講習其良法

中設立存古學堂既而卒不果立間者惜之公以宣統二年十二月二十

為用立偏慶焉則病矣

每出議論相譽譽則

一日卒於京邸年六十有四

子如忭早世子如寉廪山故塋公友吳曾祺謹為銘而納諸墓銘曰如寉奉

樞歸葬于候官羅山故塋公友吳曾祺謹為銘而納諸墓銘曰如寉奉

特賞主事賜邸予祭葵配王夫人先公卒數月如寉奉

炎海之南實生鉅儒學成國器行為世模獨立一呼羣士爭趨慎拔尔尤

不懈益勸師道大立用愉學派既分互為主奴泥古固今六愚

公執其平大道是扶我為斯銘記諸士夫貞石可泐令名不渝 李月庭劉石

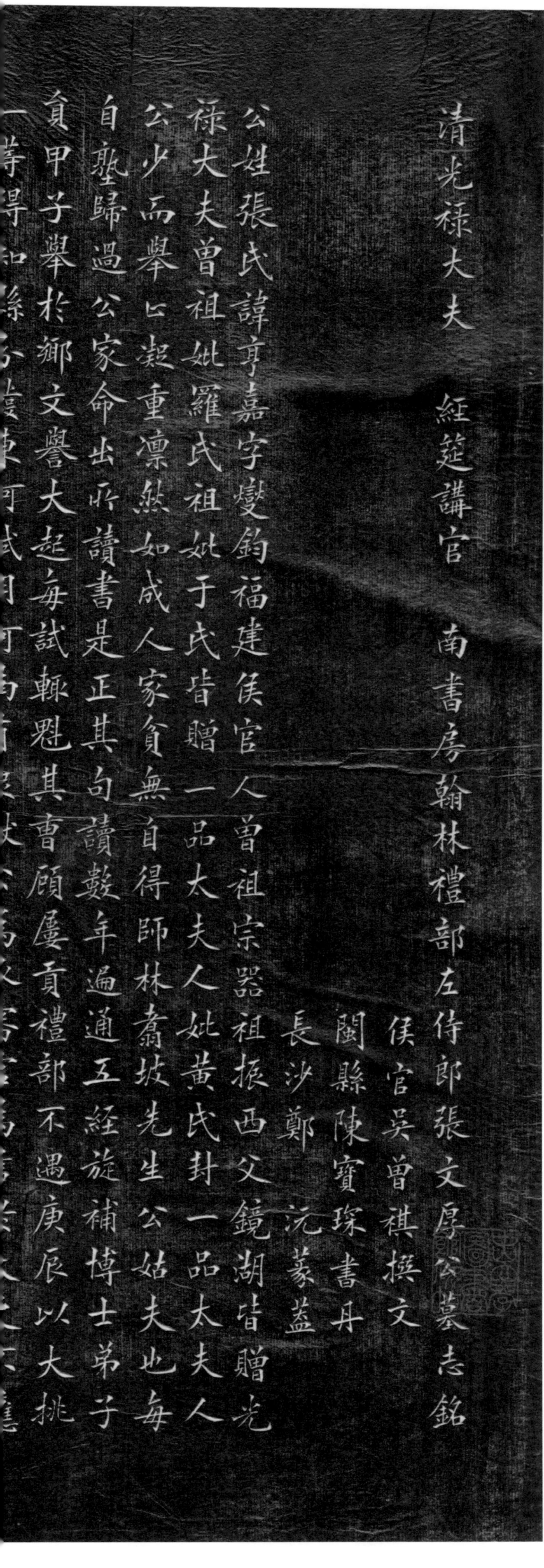

190 張亨嘉墓誌

　　（清）吳曾祺撰，（清）陳寶琛書，（清）鄭沅篆蓋，李月庭刻。
清宣統三年（1911）葬。福建閩侯。正書，蓋篆書。

　　清拓本。2張，墓誌蓋44×50cm，墓誌44×50cm。

　　附注：附民國北平五洲書局代售處封袋一張。

　　著錄：國圖90/122，北大墓誌1052。

歸之尤厚遇漁父暇日攜僕被走大活
南北訪古金石輯江左金石志百卷精
鑒別收古泉刀最富撰歷代泉幣圖考
二十四卷闢園甫橋之南曰辟彊小築
池臺亭榭與滄浪亭埒作藝海樓經史
子集十餘萬卷金石圖籍畢庋其上與
當世文人遊暢詠無虛日彙生平友朋
贈答之辭為今雨集詩文隨手散
去俱不存輯賜硯堂叢書新編百卷吳
郡文編二百四十卷吳郡詩錄百卷乾
坤正氣集諸書余官游吳門與漁父交
昇重建友道林放鶴亭及吳江三高祠
皆漁父經紀之往來園中觀其所收藏
與所著述益心愛之噫如漁父者可以
傳矣

191 顧沄傳

（清）左仁撰并書。清（1644—1911）刻。現存江蘇蘇州。正書。
民國拓本。1張，32×99cm。
附注：顧廷龍贈容庚。

芭蕉山人撰書

漁父吳郡人㢠居近滄浪亭嘗繪五百
名賢像於宁中讀書重風義不求仕進
好游名山水慕蘇子美之為人故自號
滄浪漁父云遠祖陳黃門侍郎頵野王
拾宅為光福寺歲久頹廢祠在金閶墓
在石湖並修復之束吳頷故望族代有
達人乃於花溪七世祖貞孝先生祠前
建崇報祠祀先代之有功德者承祖志
捐田千畝奉曾祖方伯公祀餘以贍族
中貧乏當事者為請於
朝旌其閭多方外交與道善話禪華山
有湧泉療疾之異靈巖浮圖灾復舍利
為造游檀龕絡以金鐘建道塲七晝夜
山頂五芭雲見石竹堂廣訪為記其事
乔刊孔廟聖賢像名賢圖賞皆威行於
世墓束坡竹鑪石銚圖纂元都觀志與
韓桂岭司寇修葺韓忠武墓其他篤嫻
睦景高行復古蹟大都類是吾鄉陶文

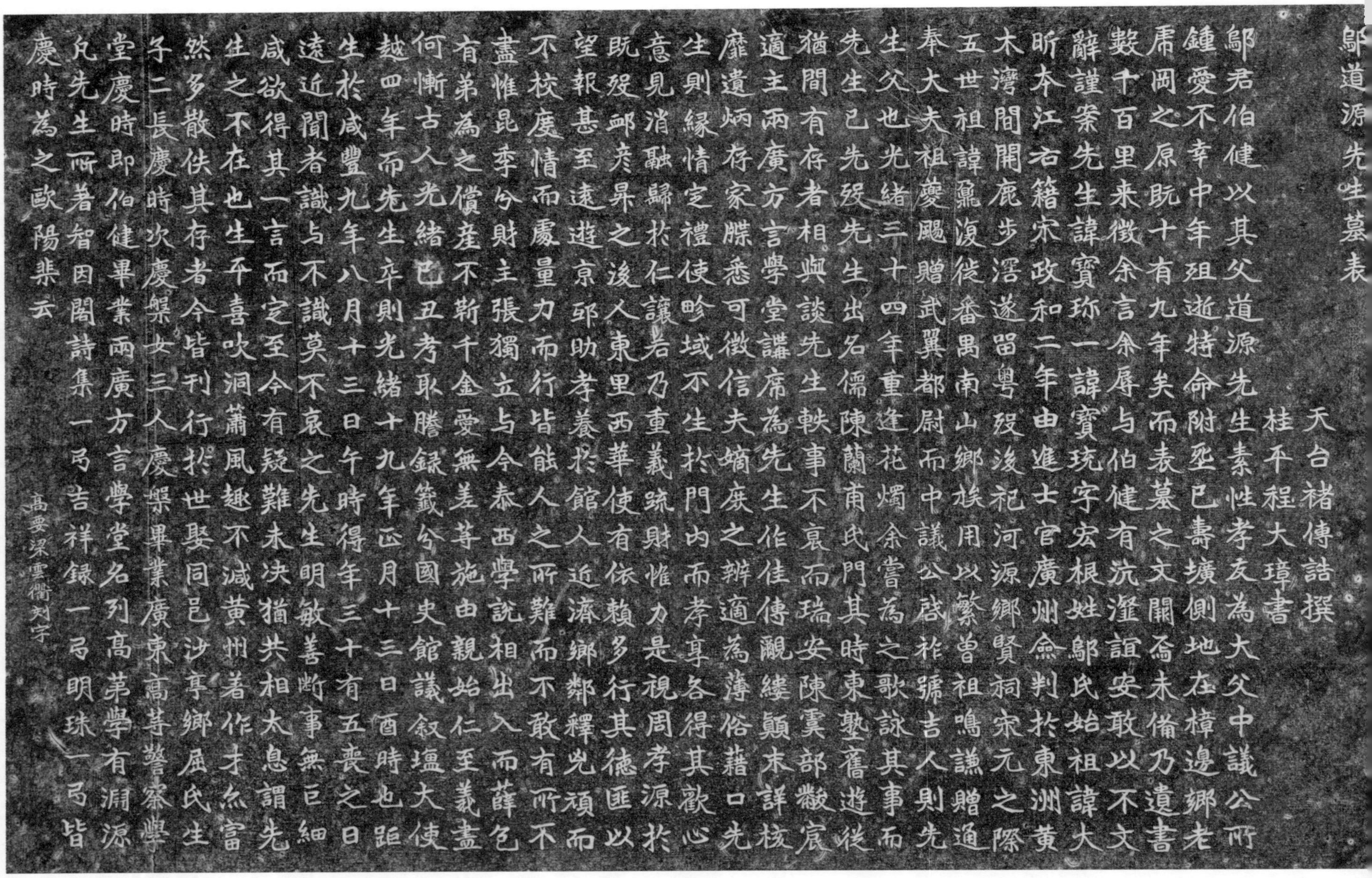
鄔道源先生墓表

天台褚傳誥撰
桂平程大璋書

鄔君伯健以其父道源先生素性孝友為大父中議公所
鍾愛不幸中年殂逝特命附瘞已壽壙側地在樟邊鄉老
鼠岡之原既十有九年矣而表墓之文闕焉未備乃遺書
數千百里來徵余言余辱与伯健有沆瀣誼安敢以不文
辭謹案先生諱寶珎一諱寶琥字宏根姓鄔氏始祖諱大
昕本江右籍宋政和二年由進士官廣州僉判於東洲黃
木灣間開鹿步滘遂留粵歿後祀河源鄉賢祠宋元之際
五世祖諱龜復徙番禺南山鄉族用以繁曾祖鳴謙贈通
奉大夫祖諱夔颺贈武翼都尉而中議公啟祚號吉人則先
生父也光緒三十四年重逢花燭余嘗為之歌詠其事而
先生已先歿先生出名儒陳蘭甫氏門其時東塾舊遊從
猶間有存者相與談先生軼事不衰而瑞安陳寔部黻宸
適主兩廣方言學堂講席為先生作佳傳飄縷顛末詳核
靡遺炳存家牒悉可徵信夫嫡庶之辨適為薄俗藉口先
生則緣情定禮使畛域不生於門內而孝享各得其歡心
意見消融歸於仁讓君乃重義疏財惟力是視周孝源於
既歿卹其昇之後人東里西華使有依賴多行其德匪以
望報甚至遠遊京邸助孝養於館人近濟鄉鄰釋兇頑而
不校度情而處量力而行皆能人之所難而不敢有所不
盡惟昆季兮財主張獨立与今泰西學說相出入而薛包
有弟為之償產不靳千金愛無差等施由親始仁至義盡
何慚古人光緒己丑考取謄録籤分國史館議叙塩大使
越四年而先生卒則光緒十九年正月十三日酉時也距
生於咸豐九年八月十三日午時得年三十有五喪之日
遠近聞者識与不識莫不哀之先生明敏善斷事無巨細
咸欲得其一言而定至今有疑難未決猶共相太息謂先
生之不在也生平喜吹洞簫風趣不減黃州著作才尒富
然多散佚其存者今皆刊行於世娶同邑沙亭鄉屈氏生
子二長慶時次慶槃女三人慶槃畢業廣東高等警察學
堂慶時即伯健畢業兩廣方言學堂名列高第學有淵源
凡先生所著智因閣詩集一卷吉祥録一卷明珠一卷皆
慶時為之歐陽棐云

高要梁雲衢刻字

192 鄔寶珍墓表

（清）褚傳誥撰，（清）程大璋書，（清）梁雲衢刻。民國元年（1912）。廣東廣州番禺。正書。

民國拓本。1張，48×71.5cm。

附注：鄔慶時舊藏。

野徑入來麻柴門整復斜兩行青石磴十畝紫
藤花鳩拙晴呼雨蜂宣午放衙淡詩宜靜雯四
座且忘譁
昔者韓公溟辭官歸忝來父章昭代重池館此
閒開人往留芳躅時頖想軼材嗟余生苦晚未
浮一追陪
燕燕鶯鶯語似嫚人扣門海棠紅粉圃楊柳次
黃村賑子容疏放丁家好弟昆兹遊多雅致世
事莫輕論
戴石土山高登臨見近郊人耕墙外地鳥息樹
邊巢延賞唯松竹幽居半草茅倚檻瞻弱翰惆
悵少年交
五尺連翹樹花開錦不如遊人歌緩緩老子步
徐徐倚檻時調鶴臨淵或羨魚苔緣砌上蒼
翠襲衣裾
棋局消長畫鄰鐘報夕陽輕塵隨屐起歸翼比
人忙余性最孤僻卜居溪退藏城西宮一畝媲
此好林塘

叔言昆仲邀遊復園

果園居士郭恩孚初草

廣園主人田智枚楊書

193 叔言昆仲邀游復園詩

（清）郭恩孚撰，（清）田智枚書。清末民初。正書。
民國拓本。1張，52×72cm。
附注：鄔慶時舊藏。

公兄弟五人次居長光緒
二年進士授編脩歷官至
吏部侍郎自考以上三世
皆贈如其官公不標譽學
之名內行修備年十歲侍
王母疾甚勤長老覩異旣

通籍平進至卿貳家無贏
財以母老請告歸母歿遂
以毀卒其在官不事聲張
諮於其職當勉崇厚出使
俄羅斯定界喪地之罪請

頗嚮之圖變法日亟公以
士大夫爭言新政上意
事乃寢當是時國威屢挫
議挽丁口公力陳其不可
斬之以謝天下庚子款成

部改法部剗其聽斷權屬
梗所陳說能練浪聽而刑
外之制揆厥宜否不阿不
會議要政於朗潤園叅中
大理卿特詔與王大臣

政制固非得已任事者非
出同列上及其歿旣久乃
禍乎公之生不必萁亦乃
何至病民喪國有今日之
富一以為己之意持之怠
其人使皆如公無萁於貴

五時丙辰年十月二十九
次子璭游學英吉利銘曰
譯學成進士外交部僉事
新阡祔焉而瑋子銘以瑋
北丁家埠未有銘遂啓其
日也於是瑋已前葬公縣

尤令人可思者此也公自
為編脩直上書房十五年
當出視學湖北還仍入直
遷國子監司業丁酉以鴻
臚卿典試四川改奉天府

同德同藏銘不朽矣
撓之國旣剗矣公歸早矣
抑而韜之匪我之韜彼則
矯浩蠹國若儳公淬其鎧
國患法敉亦患人偷偷以

丞丁外艱庚子瞥辦河南
團練、詔赴行在授府尹
未上摭副都御史癸卯以
兵部侍郎典試江西轉學
工法三部侍郎政大理院

正卿又改吏部侍郎充
經筵講官以光緒三十四
年八月二十五日卒年六
十一配胡夫人精筆札繪
畫有高識公官翰林夫人

清故吏部侍郎張公暨配
胡夫人墓誌銘
桐城馬其昶撰文
蓮花朱益藩書丹
湘陰左孝同篆蓋

公姓張氏諱仁黼字幼予
河南固始人也曾祖馥遠□
扶溝縣訓導□祖享諱馥遠□

大理院部院事所當分合
爭議棘棘其章條多出公
手或以私問曰聞朝令將
易服薦蔪嶷子若何對曰唯
天子浮議禮制度吾何敢

知聞者意公可撼說使隸
新黨無憂貴富說者踵至
室芳嘉園稍宏壯矣夫人

躬執纖刃指孟洛洛下匿
不使姑聞公字之曰景桓
論者謂漢鮑宣妻未必是
過家居衣不帛非令節無
肉食公清鶱稱於時夫人

194 張仁黼及妻胡氏合葬墓誌

馬其昶撰，朱益藩書，左孝同篆蓋。民國五年（1916）十月二十九日卒。河南固始出土。正書，蓋篆書。

民國拓本。2張，墓誌蓋68×62cm，墓誌67×70cm。

附注：張瑋贈容庚。

著錄：北大墓誌1057。

雷府君墓表

清封資政大夫雲南候補知府雷君墓表

善化賀宗章譔　固始秦樹聲書

君諱元澍字春一潢川人生稟異姿孝悌宓至清耿拔俗抗志孤游劊削於文雕肝鏤胃幽眇夸謰擴落華鮮時目瞠駭潢川故光

州弱冠補博士舉戈子鄉試沈嬋計偕甡得復夬益服齊宗五子書崇砭名蒍鄞覃掌固不為外慕攷取會典館繪畫麗霿騰錄戊戌

書成以知縣分發雲南監試武倕司榷永北沙汰積弊長儔欽味橃牧雲州單心撫育禽奸劊滑仁風遠翔遷令寶宵秦治邊防圉恒

練軍事廣南荒遐壤接南宵西林菁鑾深岨毒盡頓她胜穢牙滋炎而翁鬠蒸為瘴客軍故不利防營卒以降眾編列叛服廉恒

椰疾腸狗態歷卅載姑息一轉于時游匪攟亂土冝州匯要塞渝沒機電驚遯葊臶以君有智防趣赴任至則城內兵不

滿百出郡數十里蜂屯蝥聚呼聲敢息天群議慄慄謂姑登郫君遂擢軍席駭牒之威四道掩擊蟻廄其餘虛潛襲賊後攻

其不倫慶戰三日夜大摧琚隱禍放遣舊伍改練土著堅壁清墅蓮境晏如君還擢授安平同知府籌畫患反侵地氣

露澂霧君之力也由是規珇馭鱖弁塹其後王陸龍白諸軍庠雖儒吏管錫鑣菌錫

其實質良蒍滇實藏砂丁億比閭魁法律攘割胅隩胑欺萛茇僮尸層巖君雖儒吏务簡錫

產豐質良蒍滇實藏砂丁億比閭魁法律攘割胅隩胑欺萛茇僮尸層巖君雖儒吏务簡錫

名司賞各二百萬明墨章畫擇敢定燧戶以時稱貸檀其子母高掌遠躔爰建廨署通微會垣蒙自香港分局鼎峙知人善任捸奇計贏大

以司課額增至八萬有奇公私饒裕淩軼前政方乘所志未之有也君以力薄任重得不庚母憂歸尋又憂國故橫集慕齧衰憤填膺肿病大作丙辰同官滇

去之日杲古燒城幾罹不測公果折閭蹴下于善勸天家囊國故橫集慕齧衰憤填膺肿病大作丙辰正月十

毋予其氣示挻六十配張氏先六月卒子二長又憂歸尋善勸孫三人戊午九月十三日癸城東經坊寺之新阡宗章屏為雅故同官滇

一日卒春秋六十配張氏先六月卒子二長善劫次即一二注措已琿武前庚惜位不副器而已於斯為可慟慟悲也

民國八年歲次己未五月

池共患難君寉欲足智短軀荑蔌風格道上倜倜持論無怵無疾即

潢川鄧翁墓志銘　　固始秦樹聲譔并書

翁長身古顇方重寅言矣性質真厲名檢嘗挺特諤諤如千仞
松繩已嚴而枻物恒以寬卿里熏其德者藹然春雲之及於衣而
志其與之為善其為不善者雖不即詞詈但屏弗與語而衆已棄
之以故恒諱弗使之知兩潛改行有漢王烈焉務頴悟好讀書以
丁時塲黷陷賊父之乃脫歸家中落則卒諸弟躬耕給甘旨以其
陳權什一億輒中濱裕歲時伏臘厭父母慶自洗腆致用湎愾斫
以内穆穆晏晏如也翁有當世器雖蜷伏於無藉而見微知著洞
於霜氷庫子乘輿西狩太息語曰謀遄田遁亦孔之邛天下
始將亂矣隱之士猶褱帖括迂舊之說將何以振物
耻而夸於鄂邪先後竟版業歸明達駿朗有立兩辰吾省親詫
負笈於汳於此過翁見翁居家如官府寔小校一儔而不陋蕭而治較通都
者羡吾家自祖以上皆力田至吾父始補博士弟子貟吾昆弟無涯涘
大邑之粉飾而林立尚之鳴乎此又始歸吾祖命跂而穊於畦
此上過翁見翁倫劬善相翁翁以兩辰十一月廿二日卒
似遂相煇煋登賢書泰官亦欣然則舊笭而席徵禩之餘蔭者其畦
曰此本務也故吾忘吾擷泮芹歸吾祖命跂而餘蔭者其
爲競惕宜如何也則配楊鴉人倫劬善相翁倫劬善相翁以兩辰十
子耀有純德配楊鴉人倫劬善相翁以兩辰十一月廿二日卒年四人長繼禩畢業中
州公學襄辦福中卋務有蹟給五寽嘉禾章次續禩畢業後
年六十有五又歲餘鴉人卒年七十有二子四人長繼禩英翁宅西
翁孝次振禩孫五人曔華畢業武昌中舉大學詁讓詁炯詁廕詁之新阡
謹曾孫一康中十二月廿六日繼禩英翁宅西南王家塋之新阡
鴉人祔焉來乞銘銘曰
不窳厥遺胡隆厥積泉涓涓而始戩于不騫不崩刻石其元吉

196 鄧呈瑞墓誌

秦樹聲撰并書。民國九年（1920）十二月二十六日葬。河南潢川。正書。
民國拓本。1張，62×61.5cm。
著錄：國圖93/24，北大墓誌1064。

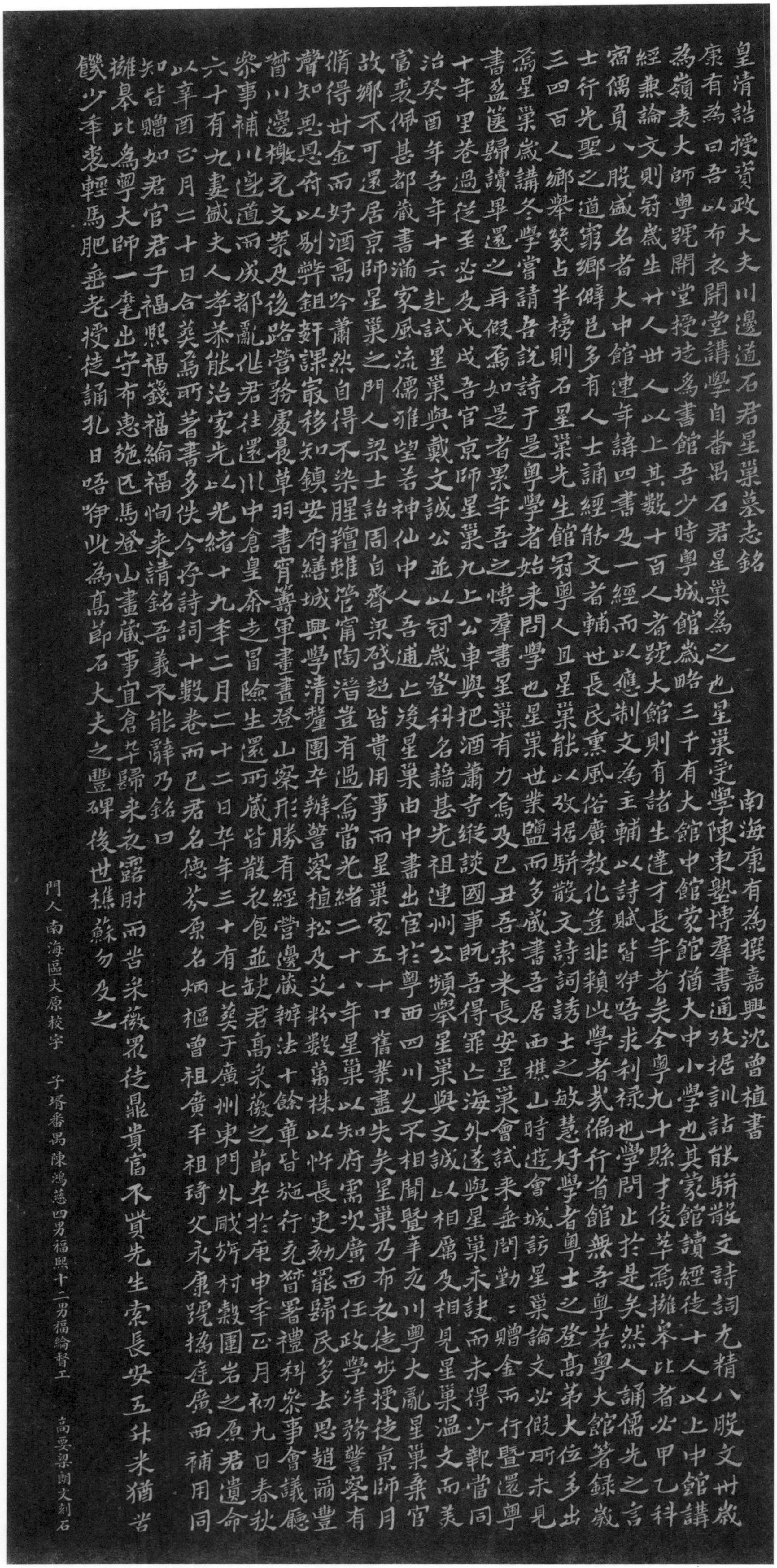

皇清誥授資政大夫川邊道石君星巢墓志銘　南海康有為撰　嘉興沈曾植書
康有為曰吾以布衣開堂講學自番禺石君星巢為之也星巢受學陳東塾博羣書通攷据訓詁能駢散文詩詞尤精八股文卅歲
為嶺表大師粵號開堂授徒為書館吾少時學城館歲略三千有大館中館蒙館猶大中小學也其蒙館讀經徒十人以上中館講
經兼論文則冠歲生廿人卅人以上其數十百人者號大館則有諸生達才長年者美全粵九十縣才俊萃焉擁皋比者必甲乙科
宿儒負八股盛名者大中館達年講四書及一經而以應制文為主輔以詩賦皆伊唔求利祿也學問止於是矣然人誦儒先之言
士行先聖之道窮鄉僻邑多有人士誦經能文者輔世長民熏風俗廣教化豈非賴此學者哉偏行省館無吾粵若學大館著錄歲
三四百人鄉舉裴占半榜則石星巢先生館冠粵人且星巢能以攷据駢散文詩詞誘士之敏慧好學者粵士之登高第大位多出
為星巢歲講冬學嘗請吾說詩于是學學者始來問學也星巢世業鹽而多藏書吾居西樵山時遊會城訪星巢論文必假所未見
書盈篋歸讀畢還之再假為如是者累年吾之博羣書星巢有力焉及己丑吾索米長安星巢會試來無問勤勤贈金而行暨還學
十年里巷過從至癸及戊戌吾官京師星巢九上公車與把酒蕭寺縱談國事既吾得罪亡海外遂與星巢永訣而未得少報當同
治癸酉年吾年十六赴試星巢與戴文誠公並以冠歲登科名籍甚先祖連州公頻舉星巢與文誠以相屬及相見星巢溫文而美
富裘佩甚都藏書滿家風流儒雅望若神仙中人吾通亡後星巢由中書出官於粵西四川久不相聞暨辛亥川學大亂星巢棄官
故鄉不可還居京師星巢之門人梁士詒周自齊梁啟超皆貴用事而星巢家五十口舊業盡失矣星巢乃布衣徒步授徒京師月
脩得卅金而好酒高吟蕭然自得不染腥羶雖管甯陶潛豈有過焉當光緒二十八年星巢以知府需次廣西任政學洋務警察有
聲知恩恩府以剔弊鉏奸課最移知鎮安府繕城興學清釐團卒辦警察植松及艾粉數萬株以忤長吏劾罷歸民多去思趙爾豐
督川邊檄充文案及後路營務處長草羽書宵籌軍畫晝登山察形勝有經營邊藏辦法十餘章皆施行充督署禮科參事會議廳
參事補川邊道而成都亂作君往還川中倉皇奔走冒險生還所藏皆散衣食並缺君高采薇之節卒於庚申年正月初九日春秋
六十有九妻盛夫人孝恭能治家先以光緒十九年二月二十二日卒年三十有七葬于廣州東門外戚旂村穀團岩之原君遺命
以辛酉正月二十日合葬焉所著書多佚今存詩詞十數卷而已君名德芬原名炳樞曾祖廣平祖琦父永康號搗庭廣西補用同
知皆贈如君官君子福熙福籛福綸福恂來請銘吾義不能辭乃銘曰
擁皋比為粵大師一麾出守布惠施巴馬登山畫藏事宜倉卒歸來衣露肘而甘采薇眾徒鼎貴富不貲先生索長安五升米猶苦
饑少年裘輕馬肥垂老授徒誦孔日唔伊此為高節石大夫之豐碑後世樵蘇勿及之
門人南海區大原校字　子壻番禺陳鴻慈　四男福熙　十二男福綸督工　高要梁朗文刻石

197 石德芬墓誌

康有爲撰，沈曾植書，梁朗文刻。民國十年（1921）正月二十日葬。廣東廣州。正書。

民國拓本。1張，137×69cm。

附注：梁方仲贈容庚。

198 鄭淑蕙墓誌

李時燦撰，秦樹聲書，姚華篆蓋，李桂藻刻。民國十一年（1922）四月葬。河南武陟。正書。

民國拓本。1張，墓誌67×66cm。

著錄：北大墓誌1067。

篆額：東光張雲庵先生墓表

清故歲貢生候選訓導東光張雲庵先生墓表

霸縣高步瀛撰文

義寧陳衡恪篆額　順德羅惇曧書丹

君諱世慶號雲庵東光張氏先世明永樂初由馬邑來遷曾祖維祖化成父曰瑚母氏馬兄弟四人君其長也

少有至性母疾嘗割股和藥以進疾遂瘳及長以孝友聞鄉里善為文弱冠補縣學生負遊京師執贄於歙縣錢穀

周維祺山李念茲兩先生之門學益進以歲試食廩鄉舉九試不出第遂棄舉子業佐治山西長治縣

及山東魏家灣巡河事率皆廉清積弊庶政以舉然非君素志也故不久皆辭去循資補歲貢生授訓導亦不

就家業亦蒸蒸日進後君十八年卒子男四人渲潞濟一殤渲清光緒癸卯科舉人官教育部視學濟濟畢業高

而家塾光緒癸卯年十一月十三日卒年五十七歲妻戈氏有賢行君卒後鞠家教子以一身任之諸子皆底成立

芽師範學校任宣統第一女子師範學校教員女一人適同邑徐仁惠孫四人保泰保昇保祥保元孫女四人

不鈥析鈎綜其始末而要其會歸便覽一卷歷代帝王年號便覽一卷興龍鎮誌一卷三樂佳話一卷退補齋詩文集

君既絕意仕官退而教於鄉慨然有著述之志凡立身霽世之道經國濟民之方以至典章名物古今事蹟莫不

記東遊日記各一卷都三十餘萬言又嘗與修東光縣誌君書必有可傳者昔讀畿輔書微常歎其中存者一二而亡者什百

二卷都三十餘萬言又嘗觀其富與渲繼述其親志事之一切迤復輩於時事遷之又久而書不克盡出又何怪古人著作湮沒

嘗迻余遊觀其富與渲繼述其親志事之一切迤復輩於時事遷之又久而書不克盡出

不彰者之多也故表君墓而備載之庶後之考文獻者有取焉

今以君著作之多也故表君墓

中華民國十一年歲次壬戌

199 張世慶墓表

高步瀛撰，羅惇曧書，陳衡恪篆額。民國十一年（1922）立。正書，額篆書。

民國拓本。1張，171×65cm。

君諱源清字澄海號湛庵先世自江西撫州遷黔之貴筑曾祖文志
祖玉德考廷輔皆以商為業黔之初闢撫州人最先至黔本販脂無
大賈也其後南昌人扶貲雄于市君生十歲左能擖瓜更數年乃能接于圜
精長行沽日進百錢而已君生十歲母
而善操觚紙日營于市兄伯主家事嘗酒後積私財乃日短君乃
于財肯意憚伯不肯言也時怨君君卒莫由喻指催長踞杖
乞哀而翁益怒新里集勸教君進財自贖乃已數十年齎栗如一日
每歲必上所贏偶值色愉逐語人曰今日樂吾能博吾親一笑也後
與鄰婦爭言辭婦自喪君傾貲解之母財盡失于是贈公乃出分君
君擷芽假貸而家又起君傾貲倒貸君乃迎君出尤君三十四年單恩封中憲大夫君
學玉又逃去一子早歿君乃繼室熊恭人育生十餘年不
少未學孤老偶作大字目然有漢碑變後堂熊恭人能配君德君德
子華歲進士官京師乃迎君出尤緒三十四年單恩封中憲大夫君
月三日卒于京師配雷恭人早卒生二子長華次薪與雨恭人皆先君卒女
贈公性嚴每盞怒得一言即解祥之曰佛華從君行共上和謚曰李憲曰奉養權
知非其出副室費恭人生二子長華次薪是曾孫泭斯尚何及華有文學官
簡孫四鑒鑾鑾文孫泭斯尚文游知謚曰新黃汗雷恭人別葬黃筑以熊恭
工部政補郵傳部主事阮孤文游知謚阻不克歸骨將外甲子三月二日奉養權
及謚議來請銘曰時艱道阻不克歸骨將外甲子三月二日奉養權
葬京師西直門外七堆七間房之新黃汗雷恭人別葬黃筑以熊斯
人袝乃為之銘曰保葉分布共出一根於此至德天佑寧虛彼瘁我榮華
義起孝起敬困生亨一旦大順彤此至德天佑寧虛彼瘁我榮華
啟其家匪華啟之維君有之親篤厚之尺辭所述君不
忍言不忍而載簿俗是敦老亦終于京權葵新黃萬祿無忱仁入之藏
桐城姚永概撰文
孤子華書丹並篆蓋

200 姚源清墓誌

　　姚永概撰，姚華書并篆蓋。民國十三年（1924）三月二日葬。北京海淀七間房出土，現藏北京石刻藝術博物館。正書，蓋篆書。
　　民國拓本。2張，墓誌蓋58×57cm，墓誌60×59cm。
　　附注：宋荔秋贈容庚。
　　著録：國圖94/63，北大墓誌1072。

清故中憲大夫姚君墓誌銘

陳君師曾墓志銘

湘潭袁思亮譔文
長沙汪詒書篆蓋
茶陵譚澤闓書丹

陳君衡恪字師曾江西義寧人曾祖光禄
大夫兵部侍郎諱偉琳祖光禄大夫工部主事三立世所
稱散原先生者也天稟慧絕十歲能為擘窠書短章斷句多可誦者既冠
母羅淑人卒鞠於祖母待之不可禮範焉乃往主圖書編輯自
天稟慧絕十歲能為擘窠書短章斷句多可誦者既冠侍郎公日本卒業於日本高等校歸為長沙
校師教育部名君踵起刻苦自樹立嘗徒步往來兩世治政事
乃有此奇童子也本卒業於日本以詫其賓客皆大驚以為從事詩詁所
文學並有聲譽利不與權要人通賃屋都城西庭中有老槐飲酒護歌詩以為樂交事
遺君闋一室治藝事者歛手推服莫之先焉遠近輦繢為之至
顧擅畫雖山水花鳥人物亦爭相推服致聲價隆起一世鳴乎孰使君而
理自媚研索道術淹貫中外其所挾持固不可得疾冒溽暑馳歸娶封
於內行僅僅以其藝不起踰一月歲癸亥以哀繼母俞淑人寢疾以得年四十有八始
僅僅以其藝不起踰一月歲癸亥以哀繼母俞淑人寢疾以得年四十有八始
俞淑人竟不起哀踰一月歲癸亥以哀繼母俞淑人寢疾以得年四十有八先封雄
范氏繼娶吳縣汪氏長沙黃氏子六人封可刊思亮范出封雄先
封與君于一封祔俞淑人遠墓頹落可傷也越三歲乙丑十月十八日先塋
牌坊山之麓祔俞淑人遠墓頹落可傷也越三歲乙丑十月十八日先塋而銘之以塟州久
先生之悲銘曰
骳骳侍郎挺名世考功雄文赳赳美篤生哲英作門子包孕流略
史旁綴藝事摩聖墨墨靈呼吸吐杜雕籠六書泣神鬼氣藏穴經韜
不晦重譯楜航迻珠琲名高志隱雋以毀魂魄依母永息此卷父眠枯
空猶視造辭述衷贊幽址

武林俞廷輔吳福生同鐫

---

201 陳衡恪墓誌

袁思亮撰，譚澤闓書，汪詒書篆蓋，俞廷輔、吳福生鐫。民國十四年（1925）
十月十八日葬。浙江杭州。正書，蓋篆書。

民國拓本。2張，墓誌蓋40×45cm，墓誌54×52cm。

著錄：北大墓誌1075。

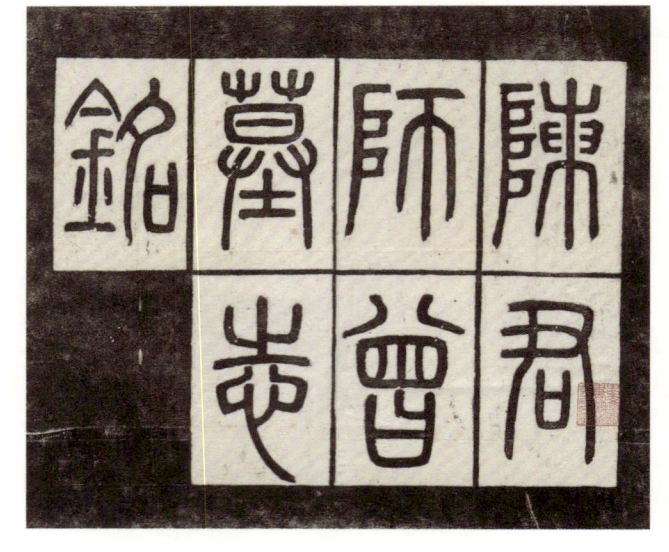

陳君師曾墓誌銘

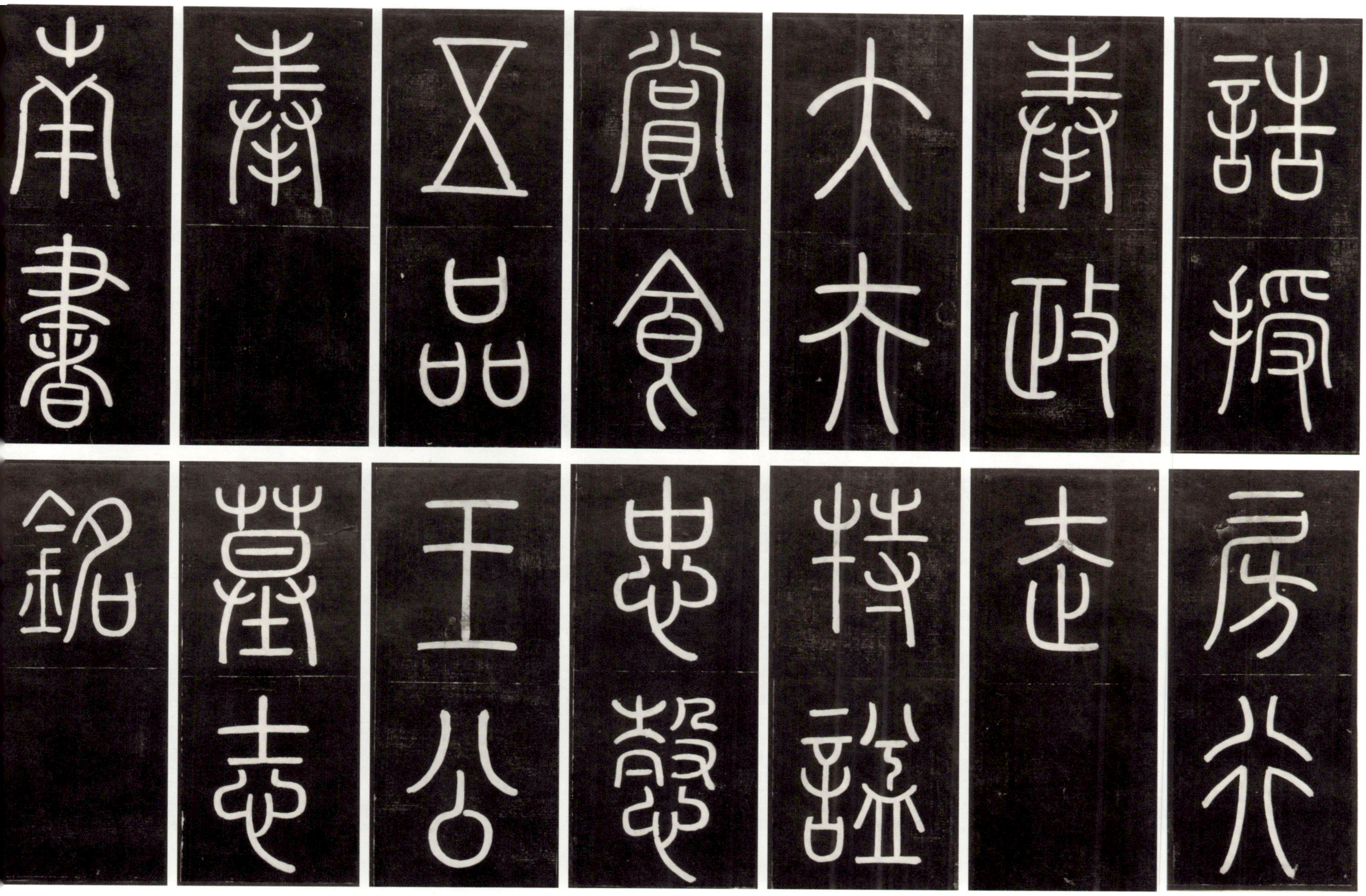

202 王國維墓誌

（清）楊鍾羲撰，（清）袁勵準書并篆蓋，宋德裕刻。民國十六年
（1927）七月十七日葬。北京海淀。正書，蓋篆書。

民國拓本。冊葉裝。1冊17開，24×10cm。

有民國二十四年（1935）十月容庚題簽。

著録：國圖95/107，北大墓誌1078。

都惣管稟死節　太原諡忠壯

王父王父世有隱德　父乃譽以能書

名公讀書通敏　弱冠補博士

弟子員詩學放翁　詢學納蘭

容若　辛丑留學日本　丙午入

南渡後遂家海寧　曾以

有博學以文行己有耻之君

子曰王公靜安以特奏名出

身官一南書房翰林丁卯五

月三日自沈頤和園之昆

明湖貝子溥忻奠酹　惜貞臣

賞婦金

派貝子溥忻奠酹

其自髫齔浙江海寧州人先世

籍開封宋靖康元年遠祖副

諡國維字伯

陶靜安

大學士升充薦命雄南

書房行走賞食五品俸

紫禁城騎馬再上封事靖崇

德講學之變憂憤懷必死月

九日之變憂憤懷必死之志

明年春駕幸天津俞允

俞允

考及殷周制度論能言周代

立制之源及成王周公所以

治天下之意近年校勘蒙古

史料於對音尤審又欲注

古源流考研究滿洲蒙藏

字惜未竟其業癸亥三月用

述

為編序錄撰箸乃益富丁巳

撰毀卜辭中所見先王先公

觀烏稽薛氏

殷

治喪予謚忠慤其年七月
十七日諸子遵遺命卜葬於
清華園側丐鐘羲為文以銘

編脩遼陽楊鐘羲撰文
賜進士出身頭品頂戴賞
食二品俸紫禁城騎馬賞
賞穿帶膆貂袿南書房行
走前翰林院侍講宛平袁勵
淮書丹并篆蓋

誥授奉政大夫走賞食五品
俸南書房行走賞食特謚忠
慈王公墓志銘
賜進士出身賞食三品俸
紫禁城騎馬賞南書房行走
前江南江甯府知府翰林院

考地理諸作為嘉興沈尚書
曾植所推挹丙辰自日本歸
為廣倉學宭編學術叢刊雜

之長又當古文字古器物大
出之時以其學識理董之收
新得之多為近世學者所未
有甲寅與上雲羅振玉共考
釋流沙隆簡振玉箸釋幣及
字之頗采其說所箸釋幣

學部元當書館編譯名詞館
協脩俸治元明以來通俗文學
宣統辛亥治元經國史
日本專治治經史體驟變航海居
數卷菊治聲韻訓詁注疏盡
嘉諸儒目錄校勘金石興地

言論粹然一出於正一洗時
人功利之弊與人交初甚不
落久迺愈酖臨財無苟得不
可干以非義其治學也
謹嚴不懟不惑即其人以非
晚近之人也故其死不失義

渭今之學者於古人無所不
勦獨爾自斂其立說之根據
蓋公之學由文字聲韻以考
古之制度文物返之約由博
所以然由博而返此約由勦
淂信務當於理而此故心思

之朙慶之當公自以起諸生
為近臣被當殊遇主辱臣死
殺身成仁盡知死之義公嘗

老安危何預發朋盟心相倒百年
養士獨行文人無行一雪斯聰
貫長虹用告悄史
我銘幽窆文楷齋宗德裕剞石

卷其它遺著不具書銘曰
淀園之脩曰治海河山騰山
論至哀無文坐閱河山
勺水士女嬉遊冠裳諾唯君
子之守有所不為山東海海
其志不欺和光同塵有覷三

辛次高朙歟歟
朙孫慶端箸貞有觀堂集林
藝林八卷史林十卷綴林二

282

年五十有一嘗季路問事鬼
神進而問死欲知生死之道
也死非季路所難莫難於死知

黙不忍憤激異常時密書遺
屬藏衣帶中略言五十之年
只欠一死經此世變義無再
辱草具遺章郵羅氏津屬生
為呈遞遂效此水之節距生
於光緒三年十月二十九日

留泉掌清華學校研究院事
不時赴行朝蒙召對依
戀出於至誠每欲有所陳請
口訥苦不達比年戰禍頻仍
時局安危不可知當事者不
聞有所籌議公欲言不可欲

就之說為言遇此不果上又
以見公之服善也公娶莫氏
繼室潘氏子潛朗先公一年

其題戴山先生遺像詩即被
異之既而景陽宮書過從日
命檢甲子秋將有所彈霰已
密矣以示鍾義鍾義舉胡石
草人物凋盡彼山當互相成
莊矣以示鍾義舉胡石

如趨而就幾席枕籍之無異
可謂好古多聞而不達行己
之耻之君子矣閒彼徒以匹
之諒之所名者安能知其學
本原之所在武鍾義避地上
海始識公於沈民海日樓讀

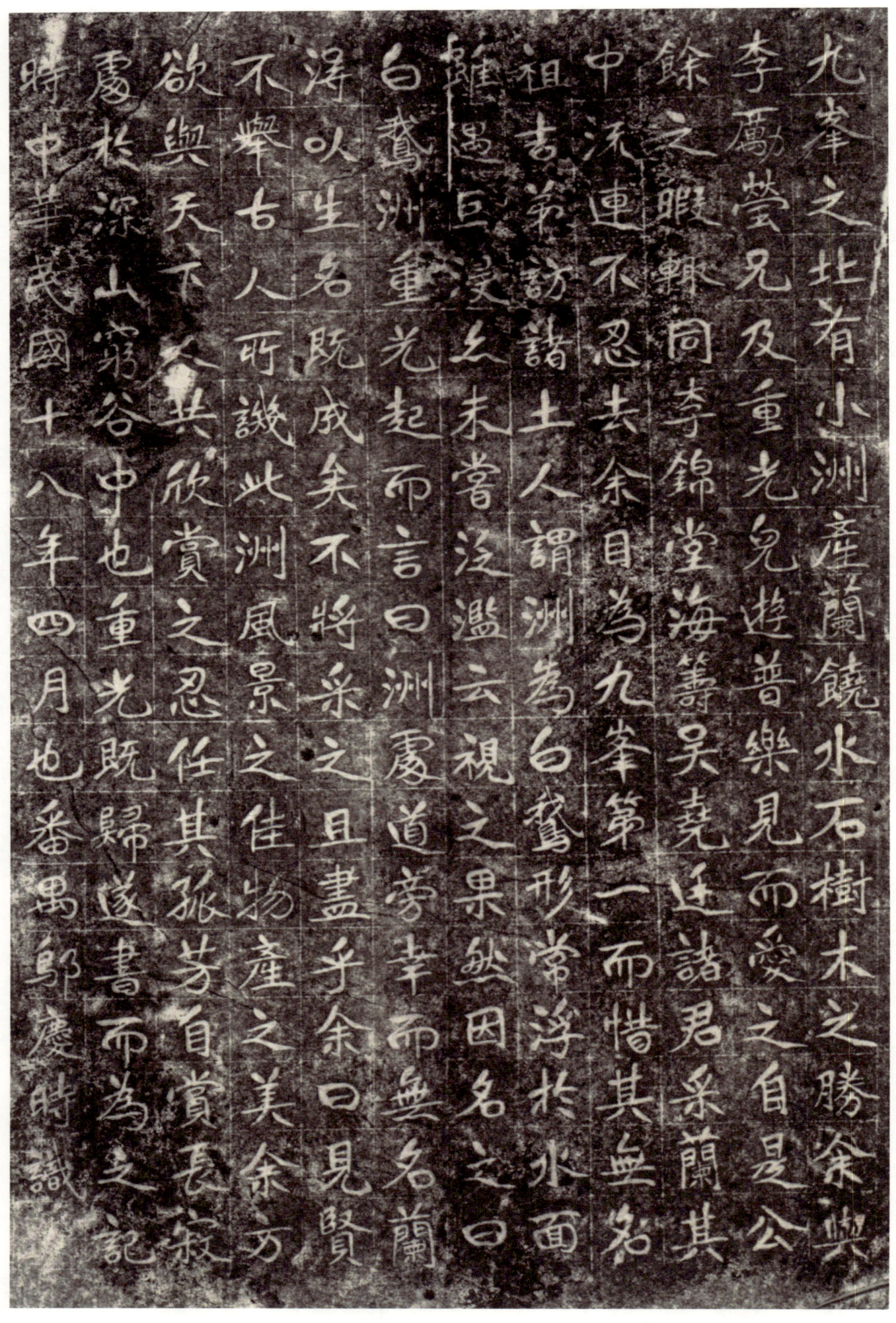

九峯之北有小洲產蘭饒水石樹木之勝徐與李厲瑩兄及重光兄遊普樂見而愛之自是公餘之暇輒同李錦堂海籌吳堯廷諸君采蘭其中沅連不忍去余目為九峯第一而惜其無名祖吉弟訪諸土人謂洲為白鵝形常浮於水面雖遇巨浸之未嘗泛溢云視之果然因名曰白鵝洲重光起而言曰洲慶道旁幸而無名蘭浮以生名既成矣不將采之且畫于余口見賢不舉古人所譏此洲風景之佳物產之美余乃欲與天下之共欣賞之忍任其孤芳自賞長寂慶於深山窮谷中也重光既歸遂書而為之記時中華民國十八年四月也番禺鄔慶時藏

203 白鵝洲游記

鄔慶時撰并書。民國十八年（1929）四月。在廣東樂昌。正書。

民國拓本。1張，52×35cm。

附注：鄔慶時舊藏。

著録：白鵝洲1/3。

潘君家充壙銘

潘君壙銘　吳湖帆篆額并書

承弼撰文

獨子家充字新甫吾伯兄博山之弟三子于先生而眉目秀發解
言笑得曾大母歡甫數月以腫風疫喘瘛瘲而姪先祖姪稍法施病
疫厥甚劇治吾兄無暇顧幼子逆氣促後之八月而先祖姪棄養吾兄頻法治
針灸弗治也所奇者其痰一子殤馬因抱姪駭初生時兄姪法合
然目果可代吾祖母亦其殤耶叮可悲馬憶姪初生徵夫
兄泣曰果可代者豈區區數月耶叮屬馬遂旁從馬適相合名
以乳名之名相屬姪生于午俗以歲午屬馬駭旁從馬適相合名
之駭名之蓋衆多兒且頌兄之駭駭戰笑不復今以壬申十
毛之傳訓名號如昨日之二十九日殤也壬申十
此景恍如昨日之二十生也壬申十子
康午九月二十九日生以辛未二月十九日瘞焉銘曰
一月十二日祔吾先曾祖考妣塋兆之東瘞焉銘曰
名之其殤也可無辭乎因請于兄塋而銘之銘曰
適然而存忽焉而泯胡天不佑失我蘭芬
伴高曾子安幽宅

吳山秀芳漬水淪

孫仲淵刻石

204 潘家充壙銘

潘承弼撰，吳湖帆書并篆額，孫仲淵刻。民國二十一年（1932）十一月十二日葬。江蘇蘇州。行書，額篆書。
民國拓本。1張，56×40cm。
鈐印："景鄭持贈"。
附注：潘承弼贈容庚。
著録：北大墓誌1088。

以嫌被逮初吏部素不事權貴當面折親藩用事者會其人主獄事欲以危法中君君奏上清

顯帝察其冤得免官納贖君懲於仕途險巇自是絕意進取以文史自娛猶茹之其先意承

者二十年性至孝陸太夫人老齒不浚歲而性不棄物君每侍輙乞其餘以

志如此光緒初吏部與陸太夫人同日卒肅毅伯李鴻章故吏部門下士也以白金千兩賻

君力謝之曰家雖貧喪紀能自盡無餘財以累公鴻章歎曰吾師有子矣居喪哀毀骨立既歸葬

弟獨取書數簏曰此我所好也竟以是成書藏焉又善繪事藏書名至四萬餘卷皆手自鈞校分

部而廔始文恭在時受賜內府寶玩甚眾以是成書藏焉又自給而蓄書至四萬餘卷又善

闓其門者家風肅然為鄉里所式顧文田獨推重君及平生元樂語嘗自度柳梢青詞文

中律一時傳誦焉初在京師順德李文田人物徵從疑年成總錄技勘隨筆德清俞君善善

經說時與君商訂云有竹山堂隨筆國朝政衰八國軍進士入詞苑者以十數便撿及詩善

干卷唯詩行世潘氏自恭以來再世為宰輔摹從十餘在吳與先師德清俞君善受誣如

頹躓清中興君豆祿君故不以圭組束也君免官後以從弟祖蔭貴貽封光祿大夫亦不與其敗

將天以圖書籩豆祿君亦卒年四明年葬於木瀆鎮窰里村之阡光祿配其氏以戶部左

侍郎光緒二十八年十一月卒春秋七十有四浙江桐鄉人歸時君已過五十矣家居財用數匱以

夫人妾錢氏攝內政尋家計裕如兵性好施與獨以逸游致乏者奉至峻而約而客未嘗有客此君

罷出以勤僕僮冀除夜即篝燈絡緯自客即峻辭拒之尤惡捕博治曰潘

劬後積功復十餘歲家計裕如兵不逮事舅姑享祭必胙藏書既多歲輙一暴之斷編蟲蝕手自補治曰

氏室中無博具自是先也後君卒二十九年以民國寺署二十年十一月卒春秋六十有九嗣子二承彌承

所以詁承光祿寺典簿先君弟祖槙後女孫三長適顧次適曹承典等以二十一年十二月奉

長成毂清光祿寺君卒次身毂清光祿寺二十年仲夫人卒春秋六十有九承典承厚彌承

譽承彬承岾承碼出為君弟祖槙後女孫三長適顧

仲夫人祔於君之宅禮也銘曰

有馬千駟耶孰若之藏書以自厚有奉萬石耶孰若壹醉以自富嗟南箕之哆口兮獨呼天而

無救惟吉凶之糾繹兮吾將貞之於北宸蘇除名於奏院兮沈踣碑於隴首伊滄浪之咫尺

兮固前脩其時有沒三十年而不銘兮銘之猶之以信後 古吳孫仲淵刻

286

清故翰林院庶吉士潘君墓誌銘

餘杭章炳麟撰文
吳縣王同愈書丹
江甯鄧邦述篆蓋

君諱祖同譜諱琴字桐生江蘇吳人祖世恩清
太傅武英殿大學士諡文恭考曾瑩吏部左
侍郎母陸太夫人有子五人君其長也生而端重稍長以名教自任初以蔭得主簿旋賜舉
人考授國子監學正文恭薨以恩賜進士後二歲改翰林院庶吉士充國史館協修君雖以
門地上遂然少勤學文行有聲疇人閒吏部所交皆一時閎碩並折節與君蓋在翰林人不

205 潘祖同墓誌

章炳麟撰，王同愈書，鄧邦述篆蓋，孫仲淵刻。民國二十一年
（1932）十二月葬。江蘇吳縣。正書，蓋篆書。

民國拓本。2張，墓誌蓋67×62cm，墓誌74×74cm。

著録：國圖97/45，北大墓誌1088。

文昌邵代鈞並時續學之士咸樂與君交以德性問學相磨礪義寧陳寶箴聞而賢之

延課其孫衡恪清李士大夫鑒於甲午之後挫敗於日本稍言時務至戊戌而維新

之説大盛陳寶箴巡撫湖南開湘學會士氣蹈厲君竊憂之凡數月政變寶箴罷官去

君旋渡日本習法政始識新會梁啟超遵義寒念益余亦始識君縱論國事慨然有志

於立憲地方自治為立憲之基赴干葉考察尤悉留四年歸國奉天吉林湖南爭以地

方自治相委屬吉林鼠疫盛行巡撫陳昭常調君防疫民病哿屬轉相驚疑君所至曉

譬不少假借疫遂絕革命軍起武昌君走南北謀建政黨國會開被選眾議院議員則

又盡力於憲法更洪憲復辟之變曹錕賄選逼黎元洪退位自是武人私鬭無寧歲國

事益敗壞不可收拾矣君驚所蔵金石書畫以自給鍵戶不問外事摹漢碑日課畫數

十紙久乃章去壹意於詩涉獵諸家攻陶甚力至忘寢饋嗣又攻杜成夕紅樓詩集八

卷續三卷近杜而仍獨得陶之趣尤長五律不求當世聞人序言以增重自梓行世與

順德黃節論詩最合君為人剛健篤宣晚年居貴游然惆幅無華則未政儒素

也初居鄉貧甚替銷局倒有乾脯周恤寒畯其為言於當事君峻卻之生平不尚類如

此君病以余為念有期切之喪不及犲視其卒也又不及憑棺一慟余寔員余寔員至今

思之未嘗不淚下也君生於清同治元年十月二十三日卒於中華民國二十三年七

月二日年七十有三配素前卒生女七人長慧仙適日本弘文學院學生湖南湘鄉左

光策早歿次三殤四蓋季湘潭縣立女子師範學校畢業遙美國耶魯大學土木工程

碩士山西靈石何厚偉五兆元上海藝術專門學校畢業適美國阿海阿省立大學土木

木工程學士江蘇朱有舊六侯松國立北平師範大學理學士遙英國牛津大學

文學學士福建龍溪許贊堃七銘洗美國米勒蘇達省聖特立薩大學文學士未宇立

北元子章懇侯松子岑仲為嗣孫是年八月八日葬於北平西郊青龍橋紅石山之陽

翌年蓋季等乞銘其幽乃為序而銘之銘曰

文喪道漓乃至於斯咨嗟坐廢聞知此君之言悽激心脾自營兆域大書豐碑巖

冀壯堂遵苟君儀神其庚止如成安之既安且固宜勒以辭通於夢寐試抉吾痾

北平琉璃廠李月庭鐫石

湘潭周君墓志銘

君諱大烈字印昆先世諱夢鼎元末自江西泰和遷湘潭遂世為湘潭人君以上十七

世皆以儒著於時曾祖諱糸與姚王祖諱詒昱姚李考諱翼樞姚汪君生而母汪卒十

歲而孤性故通脫好議論族兄大寬治宋諸子書君與屆盡究其所學幡然改易刻自

杭縣陳敬第選文
金山陳陶遺書冊
鄞縣馬衡篆蓋

206 周大烈墓誌

陳敬第撰，陳陶遺書，馬衡篆蓋，李月庭鐫。民國二十三年（1934）八月八日葬。
北京海淀。正書，蓋篆書。

民國拓本。2張，墓誌蓋73×72cm，墓誌72×73cm。

著錄：北大墓誌1091。

中華民國華北軍第七軍團第五十九軍抗日戰死將士公墓碑

胡適撰
錢玄同書

中華民國二十一年三月，日本軍隊佔據了熱河，全國都大震動。從三月初旬到五月中旬，我國的軍隊在長城一帶抗敵作戰，留有過幾次很光榮的奮鬥。其間如宋哲元部在喜峰口的苦戰，如徐庭瑤關麟徵黃杰所率中央軍隊在南天門一帶或東路我軍苦戰三晝夜之後，都退卻到密雲縣的血戰，都是天下皆知的。但這種家悲壯的犧牲於不餒抵抗敵人的密雲的中央軍隊都奉命退卻到改都附近集中，二十一夜北平政務整理委員長黃郛開始與敵方商議停戰的事。

僅在此陣地後，在張家口之二十四日或五月十一日，他們奉命開到懷柔以西集中，二十一日一夜之間，全軍到懷柔的第五十九軍總指揮的血洗去了那一天的恥辱。這是民國二十二年五月二十三日的早晨——當或國代表接受了中國健兒用他們的血染在懷柔縣附近正開始與敵方商議停戰的一場家護戰死的血。

戰事一戰從五月二十三日到下午七時，一日多個城下，離北平六十餘里的密雲縣城下，那天的或下午二十時以後，由各莊的跑到的線上構築第主陣地。他們決心要在懷柔地他們決不願退卻那天的晚每小時一直戰死在這家一線敵軍的數倍的眾多，也不顧歷史的精利的一頁。早川聯隊向鈴木旅團及川原旅團的第八師團及川原旅團的血鈴木旅團作為民國二十六年以孤軍守衛的傳作義軍長他們本奉命到達昌平，五月一日復奉命用在敵軍主力。

大規模的迂迴運動二十三日天將明時或軍用重野砲二十門，用手擲彈，或軍攔擊失很大的或軍所埋的地雷，都炸了，用高地那就像道然後伏槍代方在右方的陣地上，然而陣地屹然未動的有枹臂跳出戰壕，肉搏秣趕回去，凡敵人的進攻，把他們的手擲彈代在外壕裏人人具有一種必死之心者，全連被敵人的槍彈殺死。

我方的官兵因工事的堅固工事僅留二寸見方的槍眼高地陣地被一連被敵的槍炮殺死敵人也不能前進，只能向或高地的轟炸我方官兵因工事的堅固，始終不能前進，或軍無法前進，只能用他們的手擲彈代在外壕人人勢不能退，敵人也沒有追。

碗猛烈的轟炸和飛機的集中了國取大的大阪朝日新聞的驚歎，使他們的從軍記者也看他們戰壕中的官和兵共三百六十七人，實傷的共二百八十四人。個好的戰壕殊令人驚歎的。

個次懷柔這一戰五月二十九日軍戰死的官個家後的遺尸，其中有不過十六歲的也說七時戰事漸入沉寂狀態，我軍才開始向高麗營撤退，敵方但那方在酣戰中的人的熱狂可以想見了。

良好的戰壕這一戰第五十九軍戰死將士公墓，並且關為公園垂為永久的紀念。公墓將成，或因傳作義軍長的囑託，敘述這次懷柔這一戰的經過，作為紀念碑文，並作銘曰：

暗樹標墓五月三日本軍戰死官兵未及運回的，都由軍部僅本地人民就地掩埋，戰地帶尋得官兵遺骸二百零三具，全數運回經懷柔以備棺木檢衣到作戰地帶尋得官兵遺骸二百零三具，全數運回。

懷柔戰誌六月念五軍奉令開回經遠復自九月，建立抗日戰死將士公墓，並旦關為公園。

遠矮戰後或他們把他們的生命獻給了中國好男子！這裏長眠的是二百零三個他們的祖國的血，他們用什麼報答他們的血！

要想想我們和我們的子孫來憑弔敬禮用

北平文楷堂刻石
劉明堂刻石

207 中華民國華北軍第七軍團第五十九軍抗日戰死將士公墓碑

胡適撰，錢玄同書，劉明堂刻。民國二十三年（1934）。碑已毀。隸書。
民國拓本。1張，117.5×80cm。
附注：原立碑處有重刻碑，現存內蒙古自治區呼和浩特市公主府公園。胡適贈容庚。

觀故宮陳列福開森古物記

美洲福開森君，方聞博學，洞達古今，早歲振奇聲聞與國。當遜清光緒十三年來華，迄今已歷五十載。初辦金陵滙文書院於南京，旋被聘為南洋洋務委員。民國而還，涉來北平，迭就府院顧問，於吾國軍政教育社會諸事業，貸助最多，而成效廉不著。福君敦歷久，吾國之語言文字，尤類人情，故廉不通曉，即經傳之奧博，藝術之浩繁，風土人情，攟其精華，力研求。雖吾國人士，往往謝此精審。尤喜蒐集古物，肆力研求。所藏若骨甲，若鼎彞，若權量，若書畫，若古車飾，若古錦類，為陶器，若瓷器，若古文玩，若別古物部之，所以必求各詳其真贋。者居未嘗雜厠之。故家所藏，既得不肯專有，民門列為若氏之重名賢，鑑別物之蹟，既用定精。自籍考重其物，福君博見重名，賢鑑別古玩而非玩物。者非唯異者，福君陳列以舉而還贈吾國博物院，曰闕。博物院院日闕。

國二十四年七月一日，藏得以編覽而益歎。福君之慷慨視。文華殿政事之暇，得以一瑕環寶，得以報自珍秘者，其度量相越矣。

領之兼職家得一瑕環寶，宋哲元記。吉林劉哲書。

世壽樂陵宋哲元記。

當天壤中華民國二十五年九月十五日立石

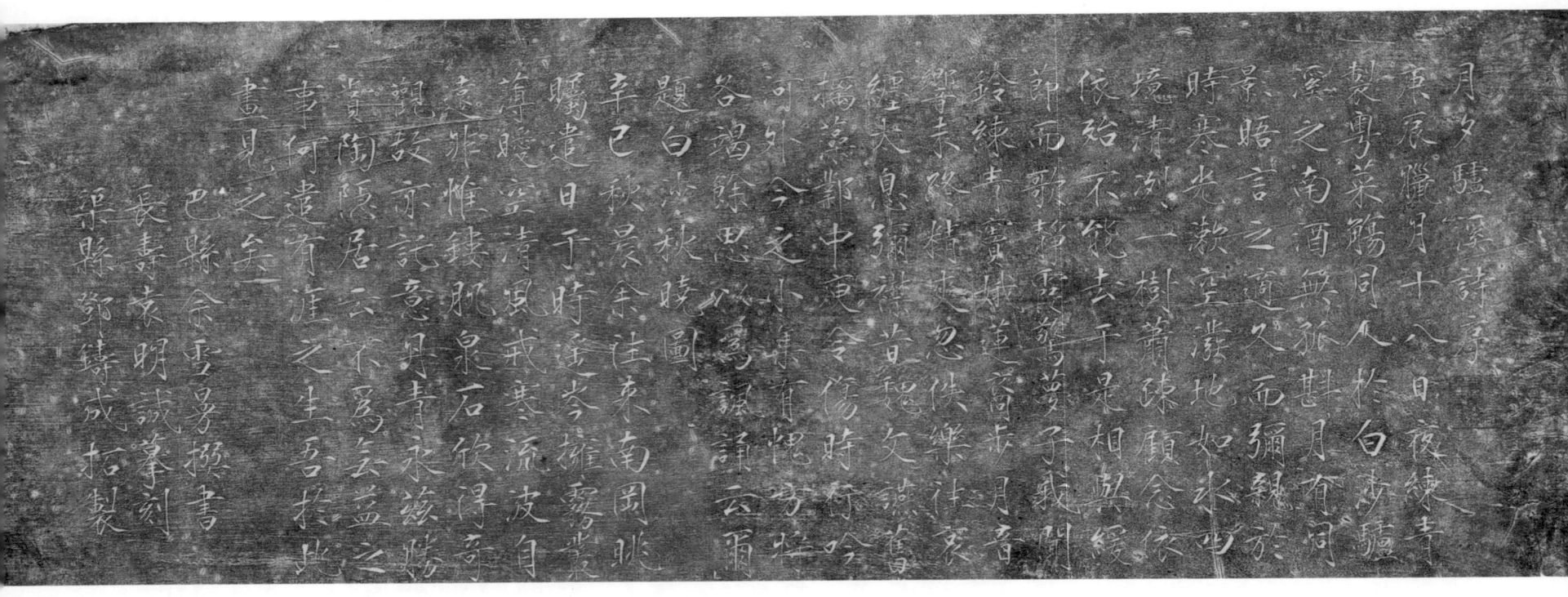

209 月夕驢溪詩序

佘雪曼撰并書，袁明誠摹刻。民國三十年（1941）。行書。

民國拓本。1張，33×92cm。

磚瓦類

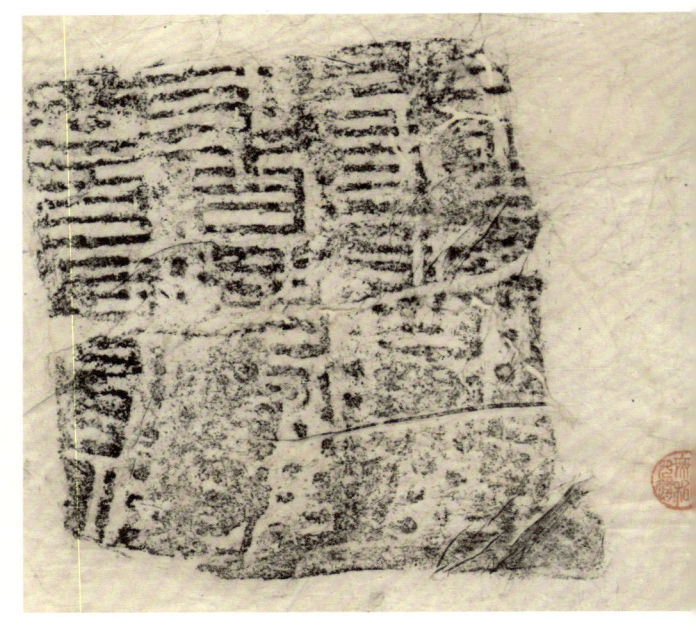

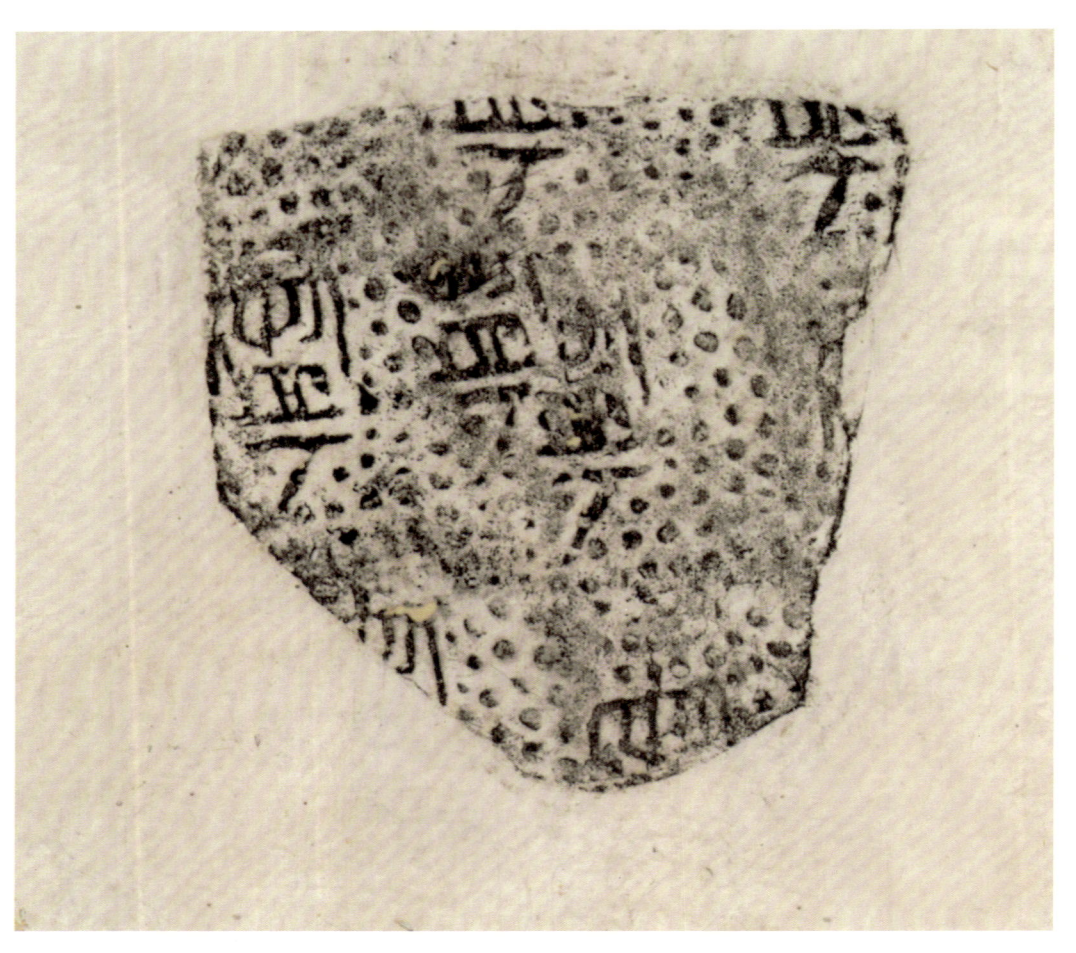

210 高樂瓦

釋文：高樂。

南越國（204B.C.—112B.C.）。廣東廣州出土。篆書。

民國拓本。1張，8×12cm。

附注：鄔慶時舊藏。

211 寧字瓦

釋文：寧。

南越國（204B.C.—112B.C.）。廣州出土。篆書。

清拓本。1張，13×13cm。

附注：鄔慶時舊藏。

212 富貴瓦

釋文：富貴。

南越國（204B.C.—112B.C.）。廣東廣州
出土。篆書。

清拓本。1張，15×15cm。

鈐印："鐵面無私見遠"。

附注：鄔慶時舊藏。

213 永嘉五年磚

釋文：永嘉五年。

西晉永嘉五年（311）。廣東出土。隸書。

民國拓本。1張，18×5cm。

附注：鄔慶時舊藏。

214 卷雲紋瓦當

秦至南越國（221B.C.—112B.C.）。廣東廣州出土。

清拓本。1張，8×15cm。

鈐印："彭城仲子有不爲齋記"。

附注：鄔慶時舊藏。

215 獸紋磚

漢（206B.C.—220）。

民國拓本。1張，19×19cm。

附注：鄔慶時舊藏。

216 天鳳五年磚

釋文：天鳳五年廣宜萬世。

新莽天鳳五年（18）。廣東出土。

篆書。

民國拓本。1張，32×4cm。

附注：鄔慶時舊藏。

296

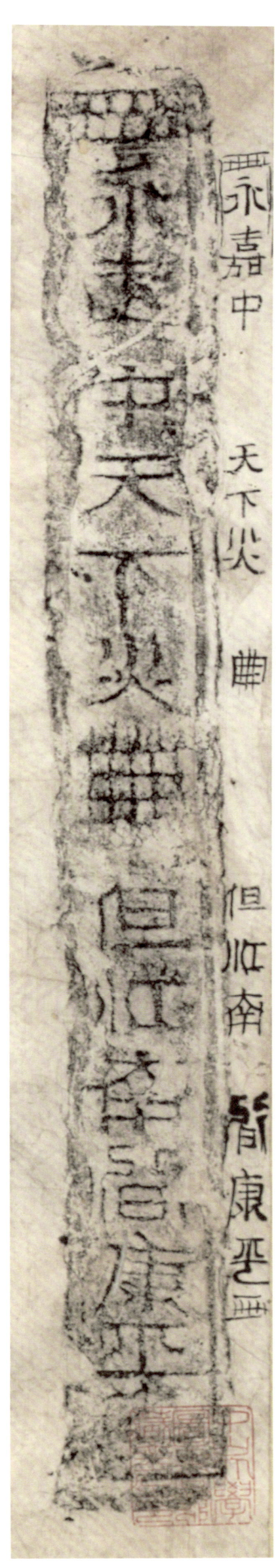

217 子孫百年磚

釋文：永嘉六年壬申子孫百年。
西晋永嘉六年（312）。廣東出土。隸書。
民國拓本。1張，37×5.5cm。
附注：鄔慶時舊藏。

218 永嘉世九州空磚

釋文：永嘉世九州空余吳土盛且豐。
西晋永嘉年間（307—313）。廣東出土。隸書。
民國拓本。1張，36×4cm。
附注：鄔慶時舊藏。

219 永嘉中天下災磚

釋文：永嘉中天下災但江南皆康平。
西晋永嘉間（307—313）。廣東出土。隸書。
民國拓本。1張，37×4.5cm。
附注：鄔慶時舊藏。

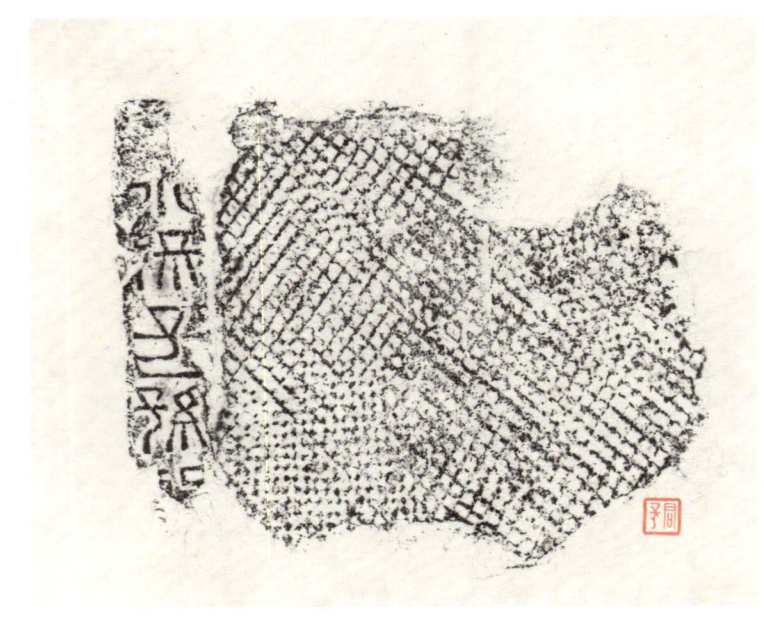

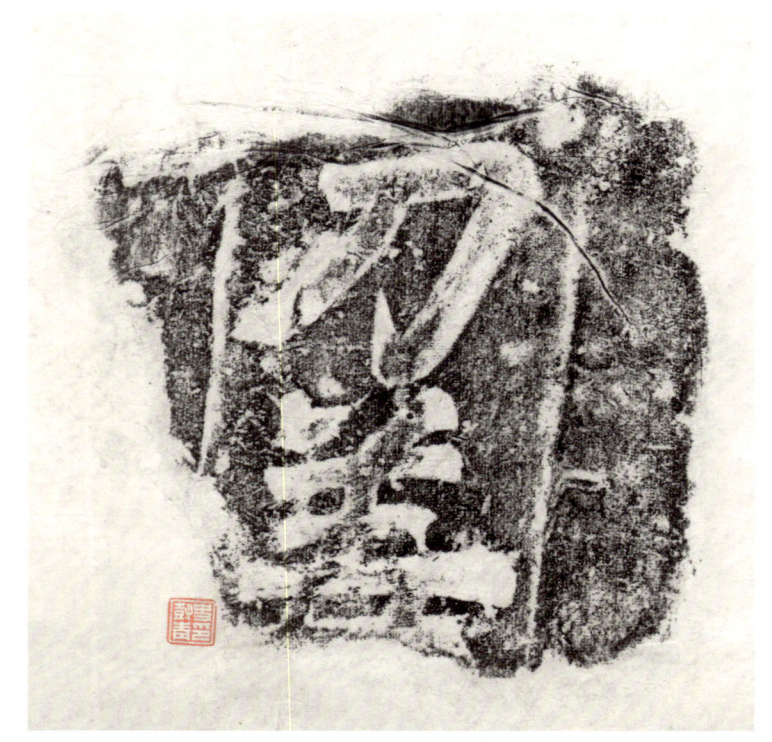

220 南海尉磚

南朝（420—589）。廣東出土。篆書。

民國拓本。1張，17×20cm。

鈐印："史尉青印"。

221 南海磚

釋文：南海。

南朝（420—589）。廣東出土。篆書。

民國拓本。1張，11×15cm。

鈐印："史尉青印"。

222 永保子孫磚

釋文：永保子孫。

南朝（420—589）。廣東出土。篆書。

民國拓本。1張，16×21cm。

鈐印："君子"。

223 万善磚

釋文：万善。

唐（618—907）。廣東廣州出土。正書。

民國拓本。1張，15×15cm。

鈐印："史尉青印"。

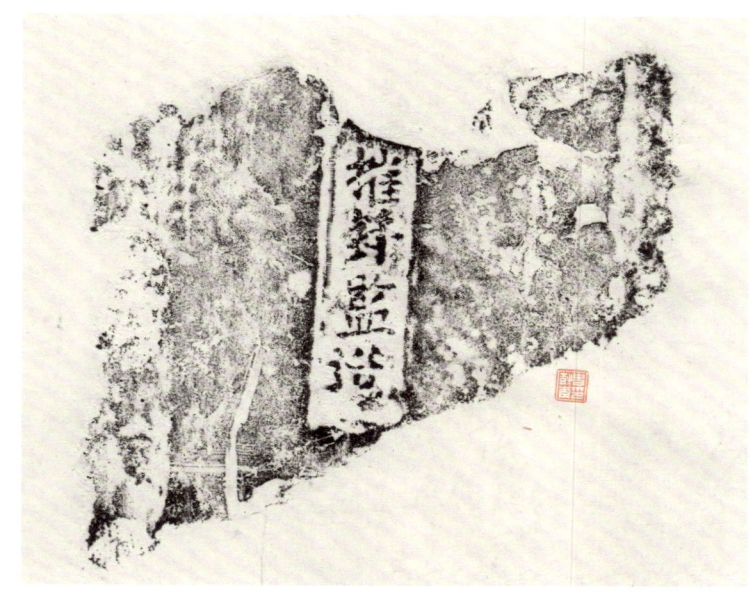

224 万善砖

釋文：万善　品和八。
唐（618—907）。廣東廣州出土。正書。
民國拓本。1張，38×17cm。
鈐印："史氏金石"。

225 摧鋒監造砖

釋文：摧鋒監造。
南宋端平、寶祐年間（1234—1258）。廣東出土。正書。
民國拓本。1張，19×21cm。
鈐印："史尌青印"。

226 端平三年砖

釋文：端平三年摧□。
南宋端平三年（1236）。廣東廣州出土。正書。
民國拓本。1張，17×13cm。
鈐印："史尌青印"。

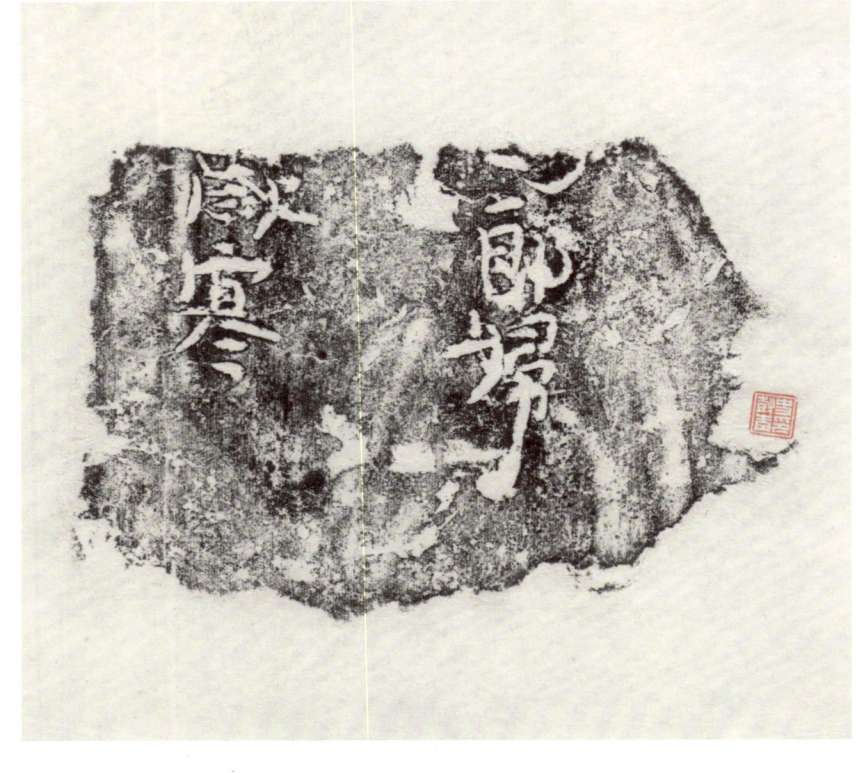

227 廣州摧鋒磚

釋文：廣州□端平三年摧鋒。
南宋端平三年（1236）。廣東廣州出土。正書。
民國拓本。1張，19×19cm。
鈐印："史尌青印"。

228 始興縣磚

釋文：始興縣。
宋（960—1279）。廣東出土。正書。
民國拓本。1張，9×6cm。
鈐印："史尌青印"。

229 朗婦歲□磚

釋文：郎婦歲□。
唐宋（618—1279）。廣東出土。正書。
民國拓本。1張，13×18cm。
鈐印："史尌青印"。

230 保昌縣磚

釋文：保昌縣。
宋（960—1279）。廣東廣州出土。正書。
民國拓本。1張，17×16cm。
鈐印："史尌青印"。

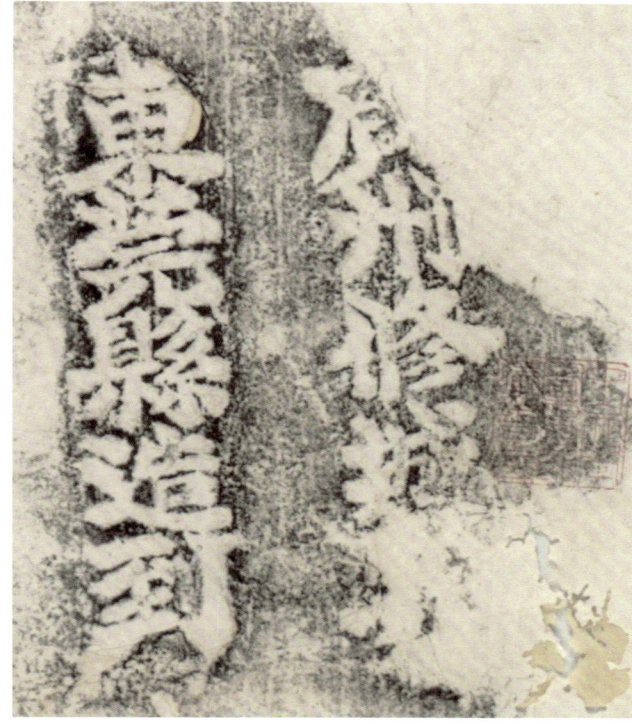

231 景定元年造禦備塼

釋文：景定元年造禦備塼勇敢　景定元年造禦備。

南宋景定元年（1260）。廣東廣州出土。正書。

民國拓本。1張，33×9.5cm。

附注：鄔慶時舊藏。

著錄：修城考11。

232 馮大夫塚磚

釋文：馮大夫塚磚。

宋（960—1279）。廣東出土。正書。

民國拓本。1張，16×23cm。

附注：鄔慶時舊藏。

233 東莞縣造到廣州修城磚

釋文：東莞縣造到廣州修城□。

宋（960—1279）。廣東廣州出土。正書。

民國拓本。1張，22×16cm。

附注：鄔慶時舊藏。

234 二佰片磚

釋文：二佰片。

宋（960—1279）。民國廣東出土。行書。

民國拓本。1張，31×17cm。

鈐印："史尉青印"。

著錄：圖誌578，磚銘集上/478。

235 廣州大塼陳磚

釋文：廣州大塼陳。
宋（960—1279）。廣東廣州出土。正書。
民國拓本。1張，36×8cm。
附注：鄔慶時舊藏。
著錄：圖誌571，磚銘集上/478。

236 廣州修城磚

釋文：廣州修城磚　敢　龍。
宋（960—1279）。廣東廣州出土。正
書。
民國拓本。1張，37×29cm。
鈐印："史尌青印""君子"。

237 庚子年砌城塼監磚

釋文：庚子年砌城塼監。
宋（960—1279）。廣東出土。正書。
民國拓本。1張，22×10cm。
附注：鄔慶時舊藏。

238 廣州修城塼

釋文：廣州修城塼　千一七。
宋（960—1279）。廣東廣州出土。正書。
民國拓本。1張，38×29cm。
鈐印："頵長"。

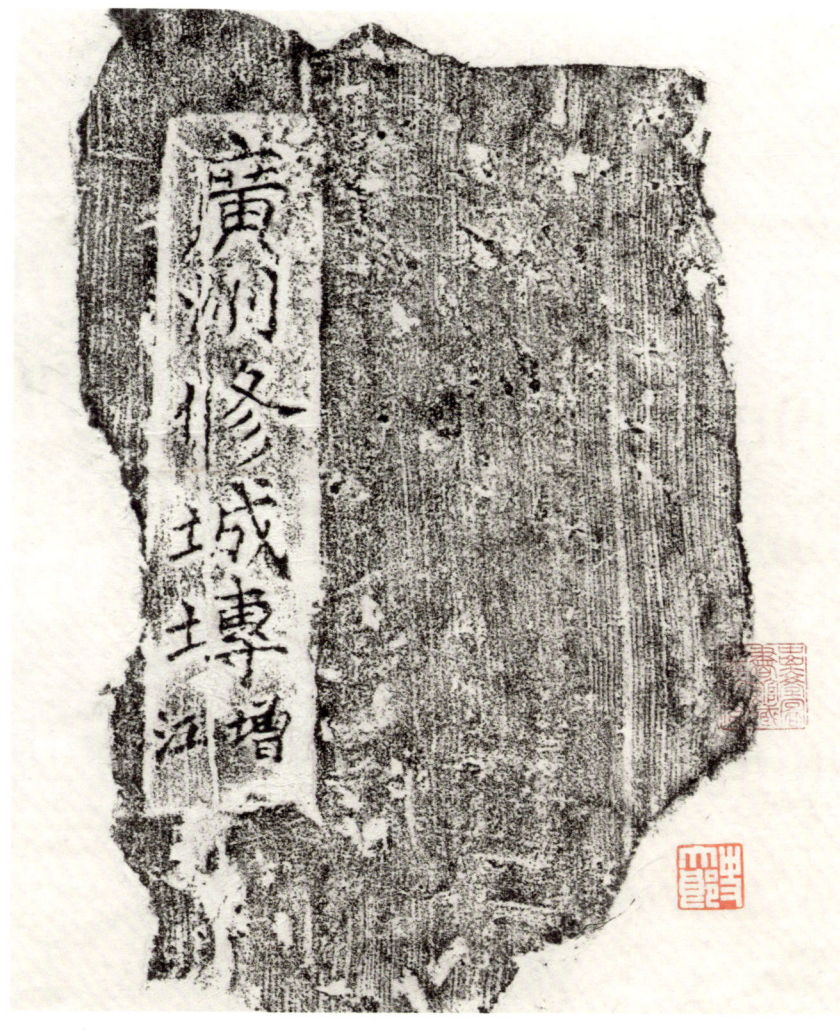

239 廣州修城塼增江磚

釋文：廣州修城塼增江。
宋（960—1279）。廣東廣州出土。正書。
民國拓本。1張，36×22cm。
鈐印："史大郎"。

240 廣州修磚

釋文：廣州修。
宋（960—1279）。廣東廣州出土。正書。
民國拓本。1張，18×23cm。
鈐印："尌青鑑定"。

241 廣州窰務造磚

釋文：廣州窰務造。
宋（960—1279）。廣東廣州出土。正書。
民國拓本。1張，25×20cm。
鈐印："庶卿心賞"。

242 歸善縣磚

釋文：歸善縣。
宋（960—1279）。廣東出土。正書。
民國拓本。1張，18×6cm。
鈐印："史尌青印"。

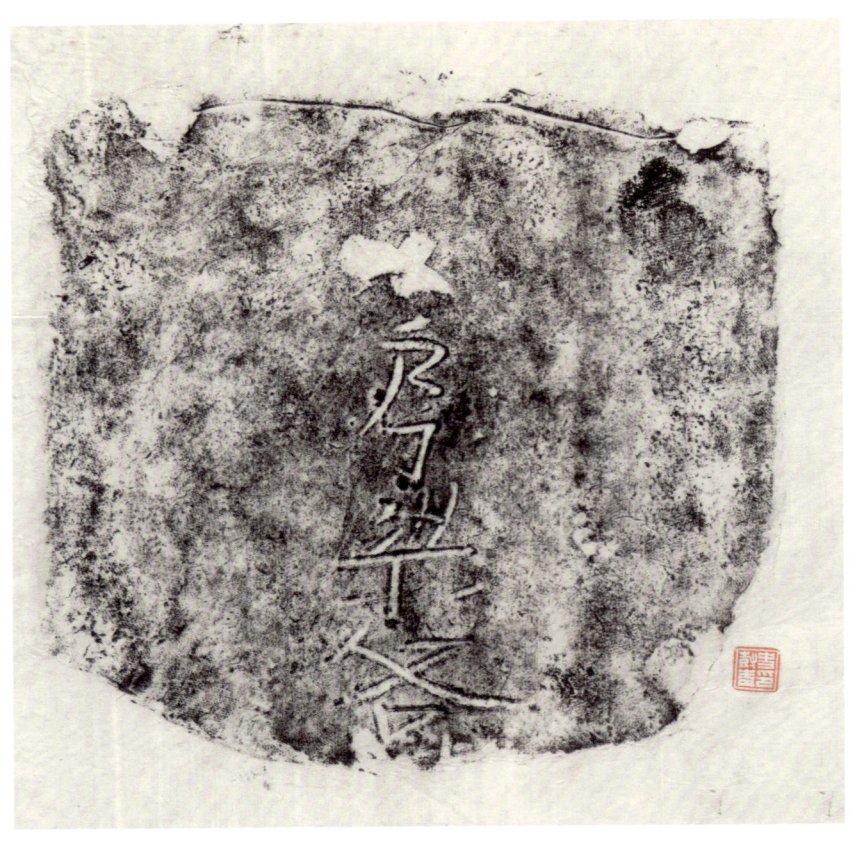

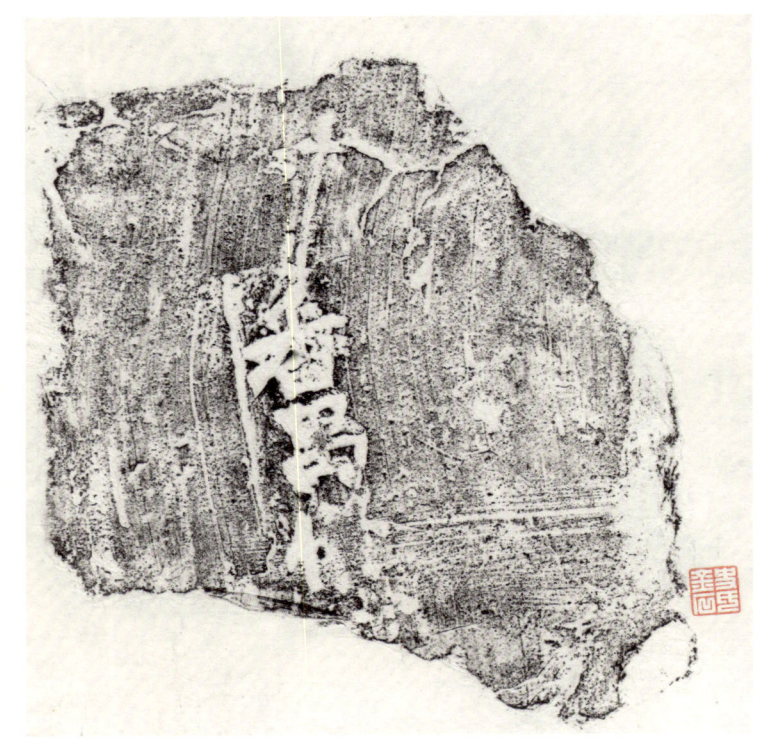

243 户丁梁各磚

釋文：户丁梁各。

宋（960—1279）。廣東出土。正書。

民國拓本。1張，18×19cm。

鈐印："史尌青印"。

著録：圖誌579，磚銘集上/480。

244 李字磚

釋文：李。

宋（960—1279）。廣東出土。正書。

民國拓本。1張，22×23cm。

鈐印："史樹青印""顥長"。

245 □□塼

釋文：□□塼。

宋（960—1279）。廣東出土。正書。

民國拓本。1張，31×17cm。

鈐印："史氏金石"。

著録：圖誌587，磚銘集上/481。

246 番禺修磚

釋文：番禺修□。

宋（960—1279）。廣東出土。正書。

民國拓本。1張，23×21cm。

鈐印："史氏金石"。

247 海曹塼

釋文：海曹塼。
宋（960—1279）。民國間廣東出土。篆書。
民國拓本。1張，17×6cm。
鈐印："史尌青印"。

248 河源縣磚

釋文：河源縣。
宋（960—1279）。廣東出土。正書。
民國拓本。1張，10×5.5cm。
附注：鄔慶時舊藏。

249 韶州寄造城磚

釋文：韶州寄造城磚。
宋（960—1279）。廣東出土。正書。
民國拓本。1張，31×6cm。
鈐印："史氏金石"。

250 始興縣李滿磚

釋文：始興縣李滿。
宋（960—1279）。廣東出土。正書。
民國拓本。1張，13×6cm。
鈐印："君子"。

251 始興縣窑户胡琚磚

釋文：始興縣窑户胡琚。
宋（960—1279）。廣東出土。正書。
民國拓本。1張，21×6cm。
附注：鄔慶時舊藏。

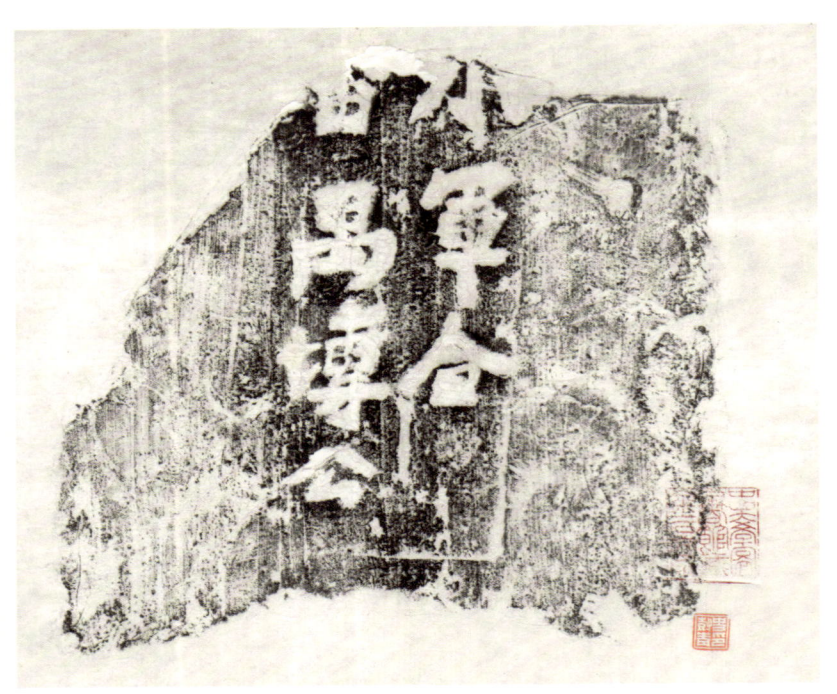

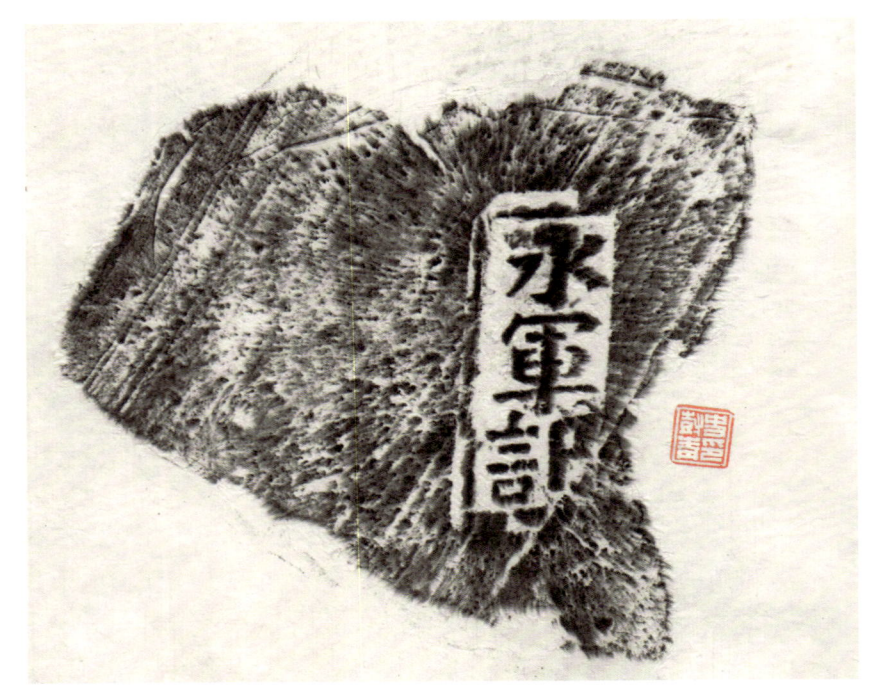

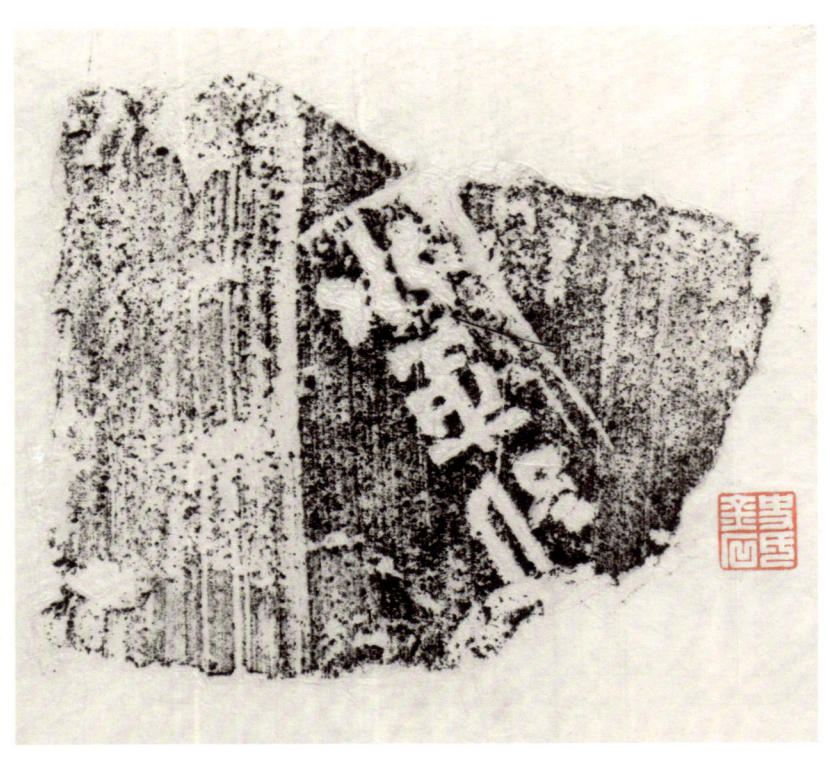

252 水軍合番禺塼公磚

釋文：水軍合番禺塼公。
宋（960—1279）。廣東廣州出土。正書。
民國拓本。1張，20×21cm。
鈐印："史尌青印"。

253 水軍修磚

釋文：水軍修。
宋（960—1279）。廣東出土。正書。
民國拓本。1張，13×15cm。
鈐印："史氏金石"。

254 水軍記磚

釋文：水軍記。
宋（960—1279）。廣東出土。正書。
民國拓本。1張，12×14cm。
鈐印："史尌青印"。

255 肇慶府磚

釋文：肇慶府。
宋（960—1279）。廣東出土。正書。
民國拓本。1張，19×20cm。
鈐印："顥長"。

256 水軍塼

釋文：水軍塼。

宋（960—1279）。廣東廣州出土。正書。

民國拓本。1張，18×8cm。

鈐印："君子"。

257 塼山磚

釋文：塼山。

宋（960—1279）。廣東廣州出土。正書。

民國拓本。1張，17×6cm。

附注：鄔慶時舊藏。

著録：修城考21。

258 窑户兼用磚

釋文：窑户兼用。

宋（960—1279）。廣東出土。正書。

民國拓本。1張，35×7cm。

鈐印："史尌青印"。

259 造土模城佰磚

釋文：口口月二日作造土模成佰李檢。

宋（960—1279）。廣東廣州出土。正書。

民國拓本。1張，36×6cm。

附注：鄔慶時舊藏。

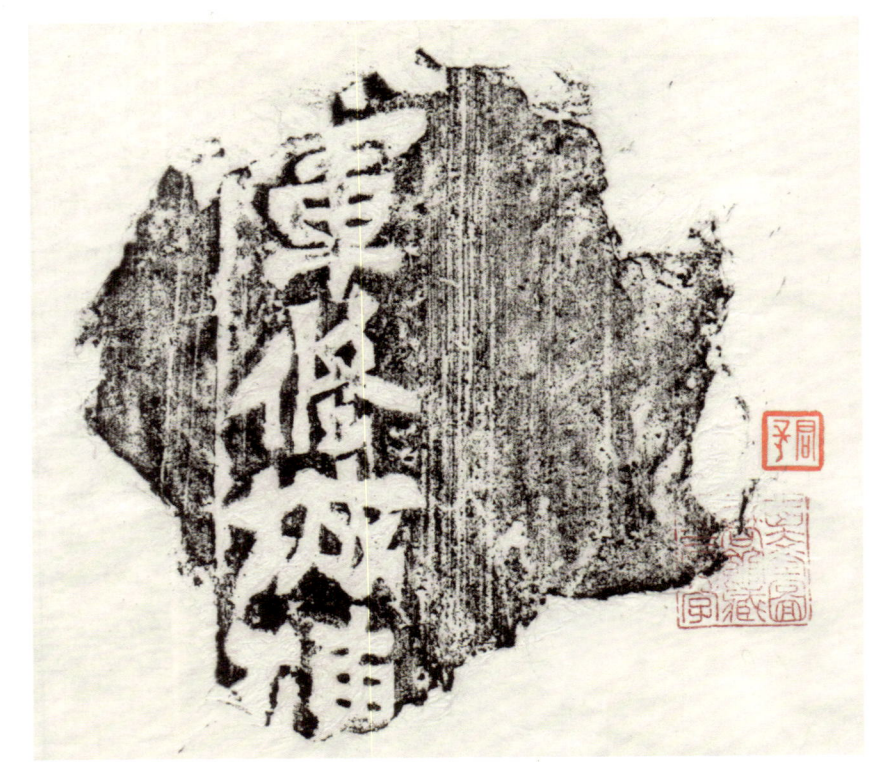

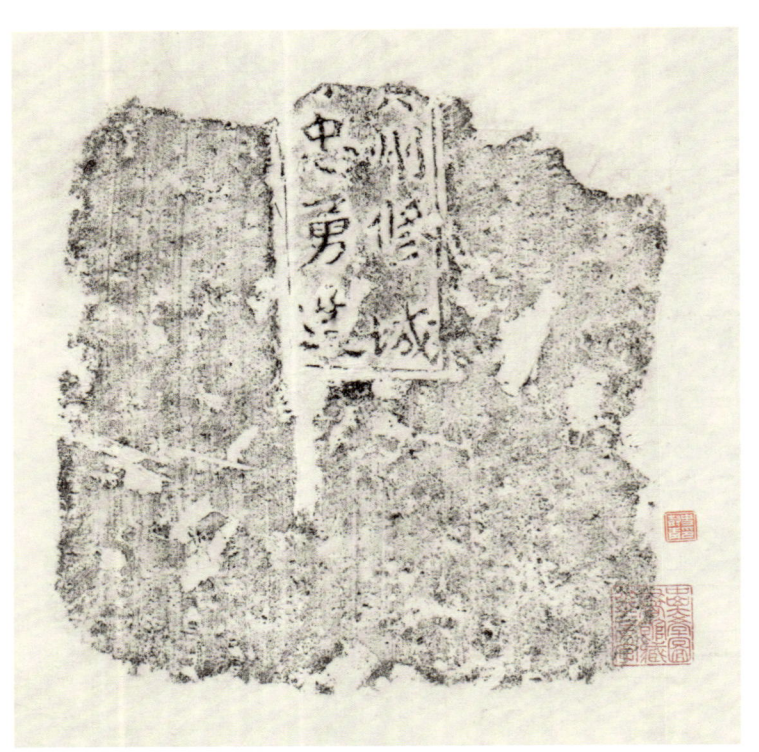

260 塼字磚

釋文：塼。
宋（960—1279）。廣東出土。正書。
民國拓本。1張，20×18cm。
鈐印："庶卿心賞"。

261 （廣）州修城忠勇造磚

釋文：（廣）州修城□忠勇造。
宋（960—1279）。廣東廣州出土。正書。
民國拓本。1張，23×22cm。
鈐印："史尉青印"。

262 （水）軍修城磚

釋文：□軍修城磚。
宋（960—1279）。廣東出土。正書。
民國拓本。1張，16×14cm。
鈐印："君子"。

263 廣州修城塼

釋文：（廣）州修城塼　東南第十一將造。
宋（960—1279）。民國時拆廣東廣州城牆所得，現藏廣東廣州博物館。正書。
民國拓本。1張，17×29cm。
鈐印："尉青鑑定"。
著錄：圖誌556、561。

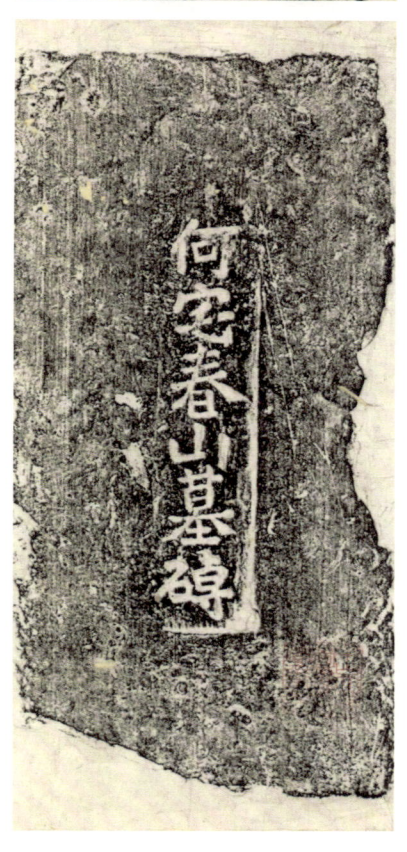

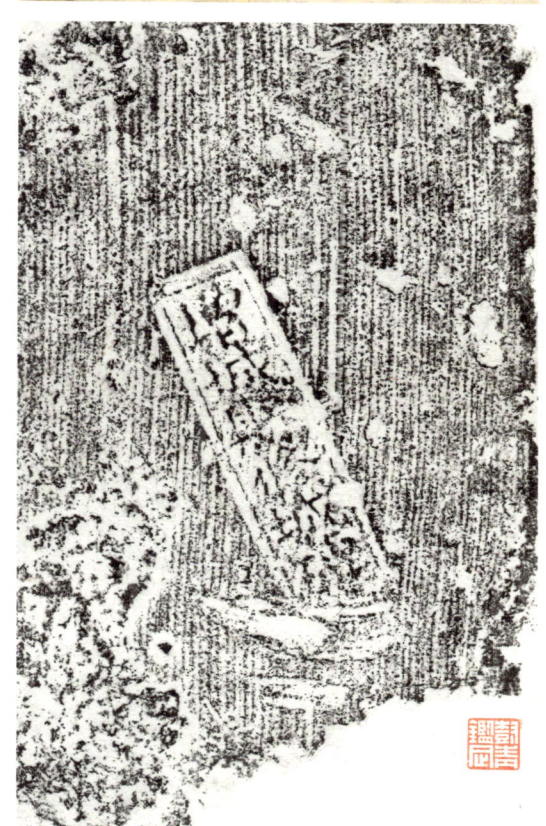

264 肇慶府磚

釋文：肇慶府。

宋（960—1279）。廣東出土。正書。

民國拓本。1張，28×5cm。

附注：鄥慶時舊藏。

265 何宅春山墓磚

釋文：何宅春山墓磚。

宋元（960—1368）。廣東出土。正書。

民國拓本。1張，28.5×14cm。

附注：鄥慶時舊藏。

266 至順馬宅磚

釋文：至順馬宅。

元（1271—1368）。廣東出土。正書。

民國拓本。1張，27×16cm。

附注：鄥慶時舊藏。

267 增城縣修城磚

釋文：增城縣修城磚。

明（1368—1644）。廣東出土。正書。

民國拓本。1張，32×20cm。

鈐印："尌青鑑定"。

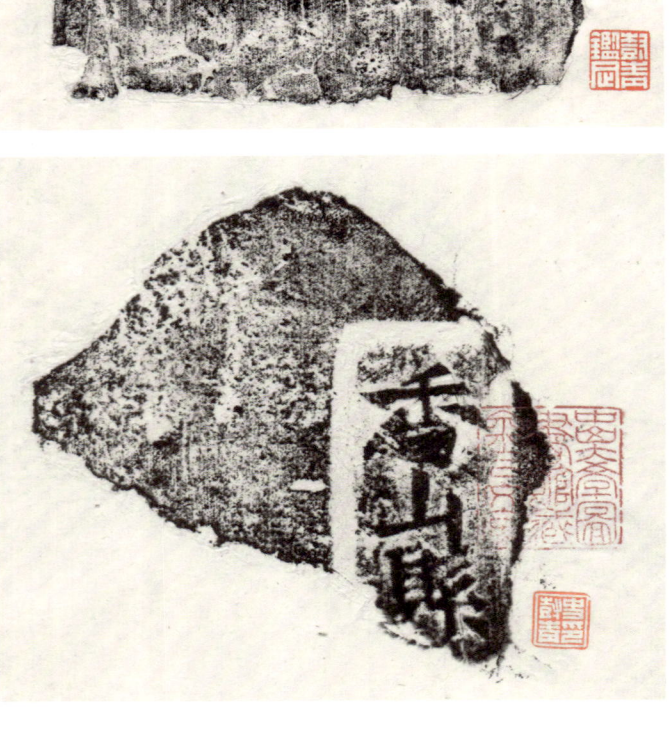

268 洪武十年造磚

釋文：洪武十年造。
明洪武十年（1377）。廣東出土。正書。
民國拓本。1張，36×17cm。
附注；鄔慶時舊藏。

269 新會修城磚

釋文：新會修城□。
明（1368—1644）。廣東出土。正書。
民國拓本。1張，23×19cm。
鈐印："史氏金石"。

270 新州新興縣磚

釋文：新州新興縣。
明（1368—1644）。廣東出土。正書。
民國拓本。1張，30×17cm。
鈐印："尌青鑑定"。

271 香山縣磚

釋文：香山縣。
明（1368—1644）。廣東廣州出土。正書。
民國拓本。1張，10×10cm。
鈐印："史尌青印"。

272 中左所造磚

釋文：中左所造（反文）。
明（1368—1644）。廣東出土。正書。
民國拓本。1張，40×8cm。
鈐印："史尌青印"。

法帖類

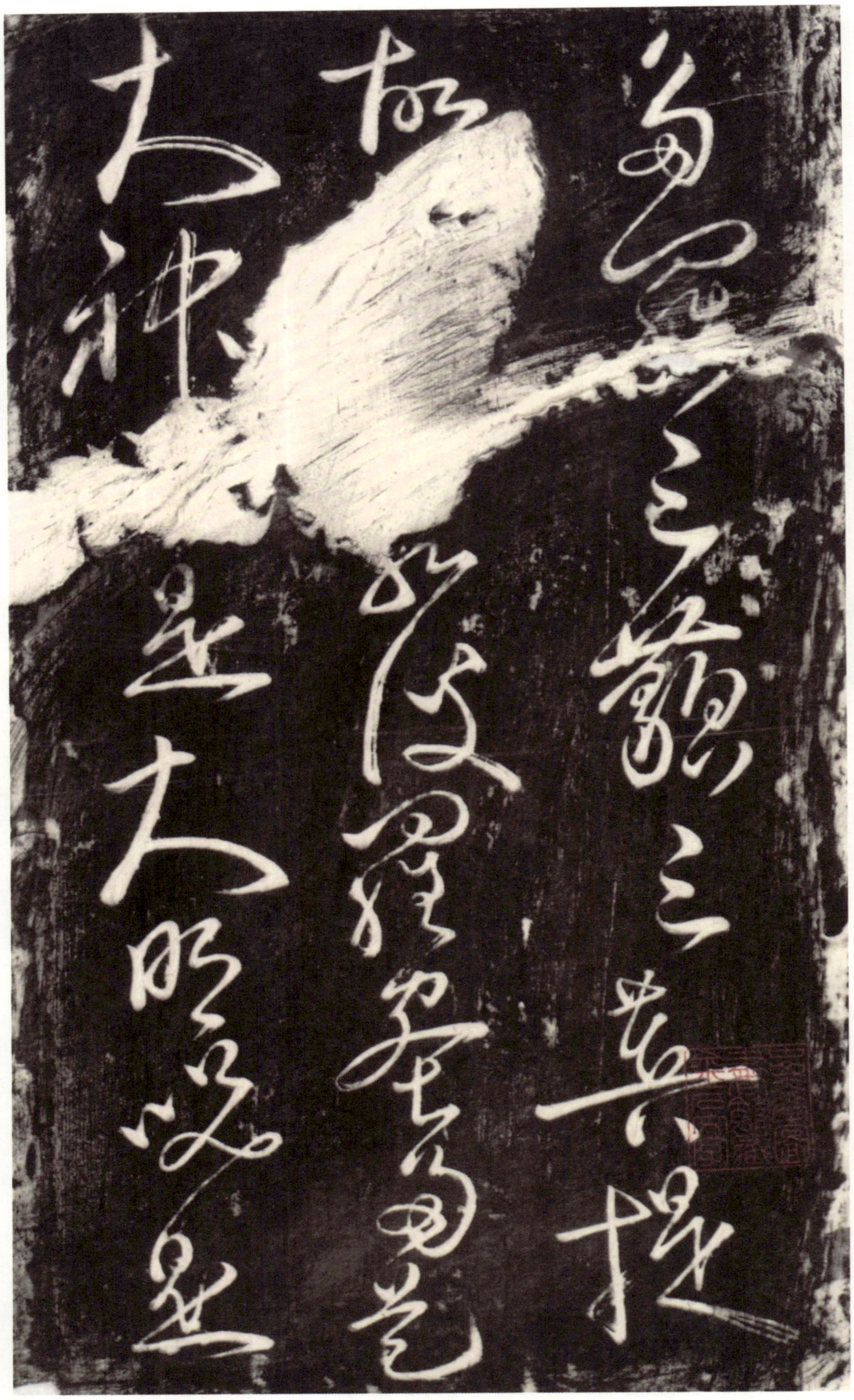

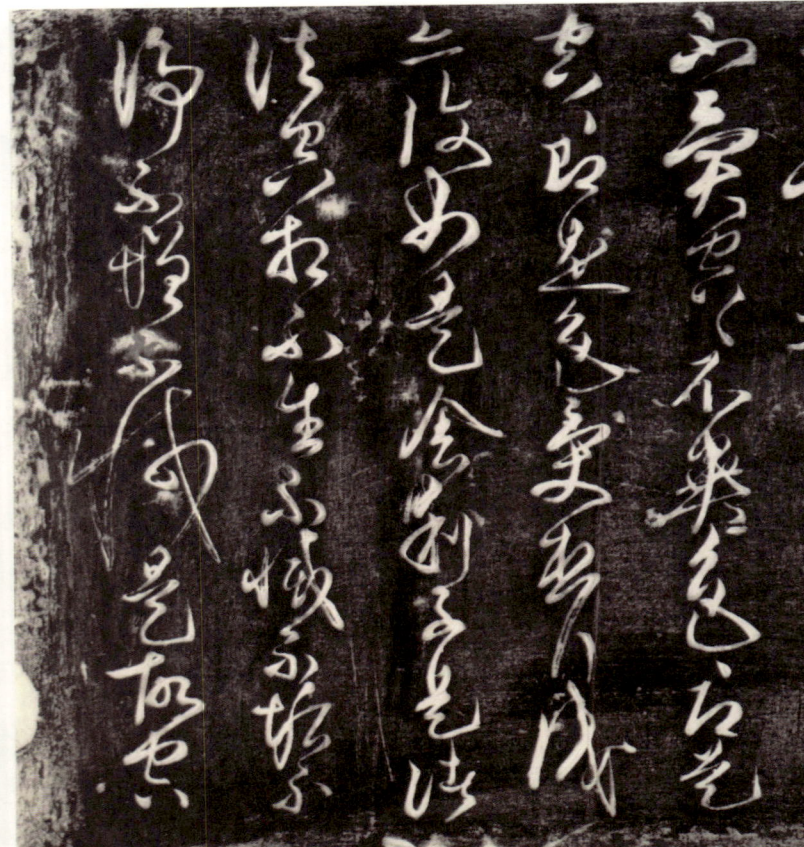

273 百塔寺草書心經

唐（618—907）。原存陝西西安百塔寺，現藏陝西西安碑林博物館。草書。

民國拓本。3張。

1. "般若波羅蜜多心經"至"不增不減是故空"，"（無）有恐怖"至"依般若波羅蜜多"。36×104cm。

2. "多羅三藐三菩提"至"是大明咒是"。36×20cm。

3. "中無色無受想"至"無掛礙故"，"無上咒是無等咒"至"菩提薩婆訶"。36×110cm。

附注：刻唐佚名題識，明成化七年（1471）九月孫仁題識。

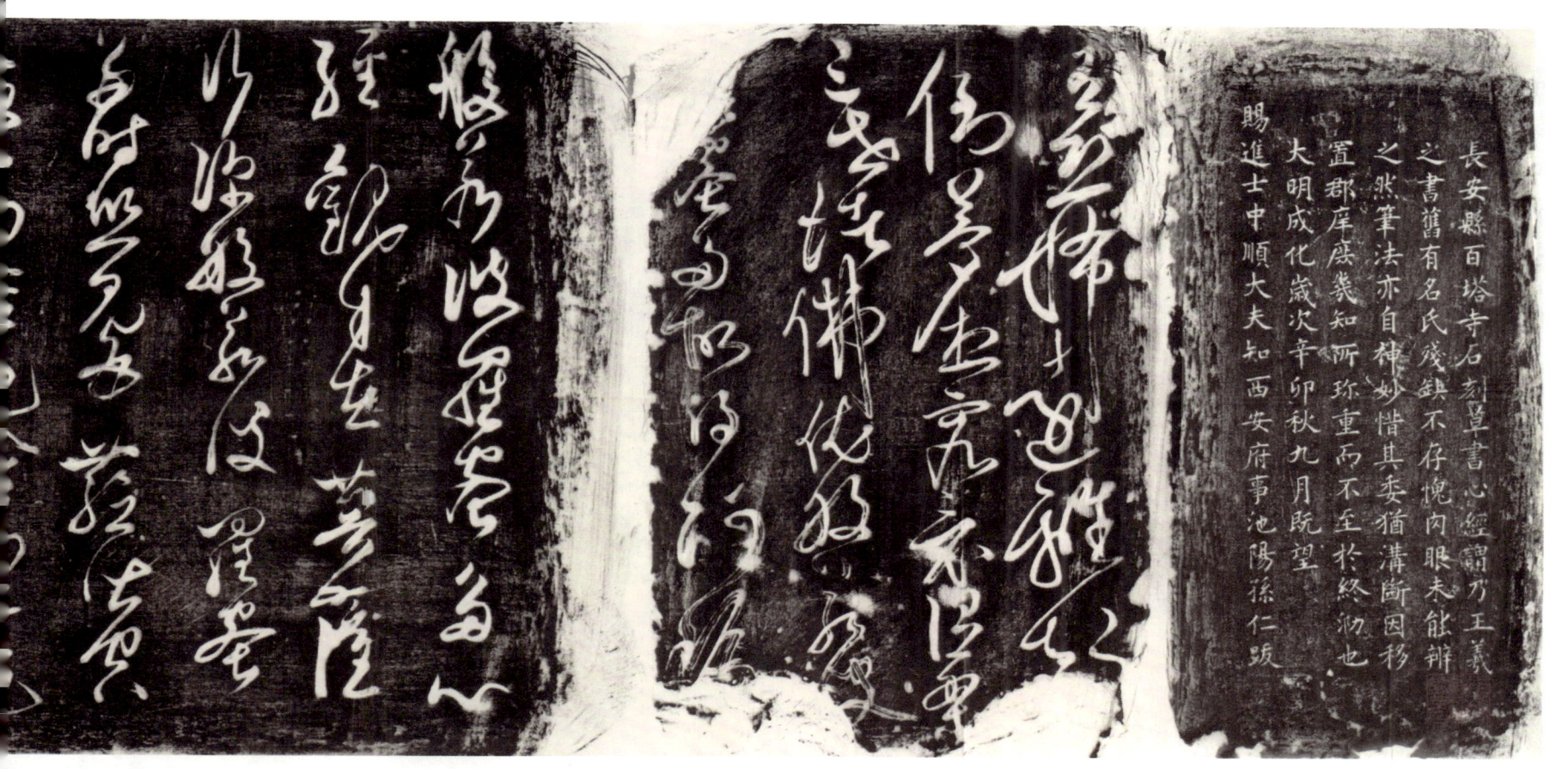

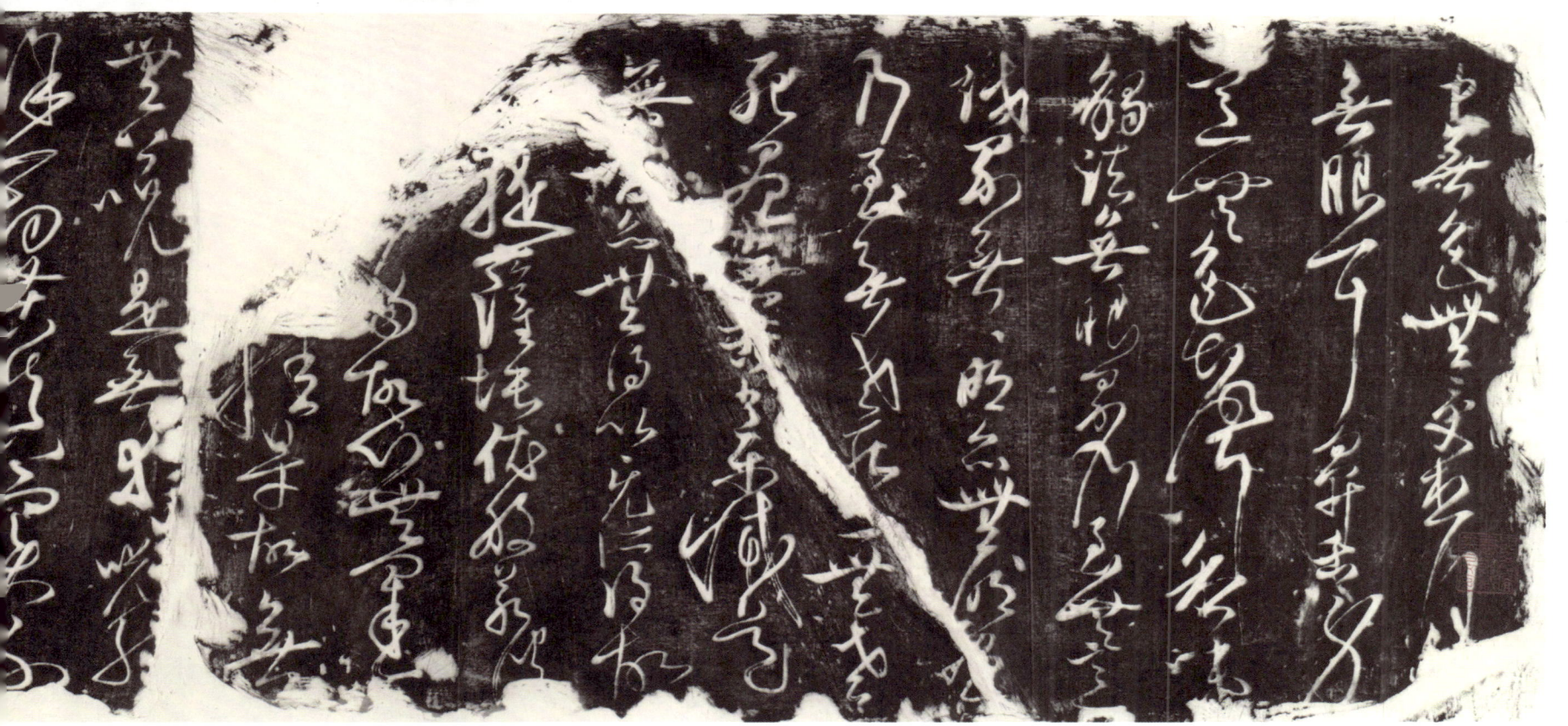

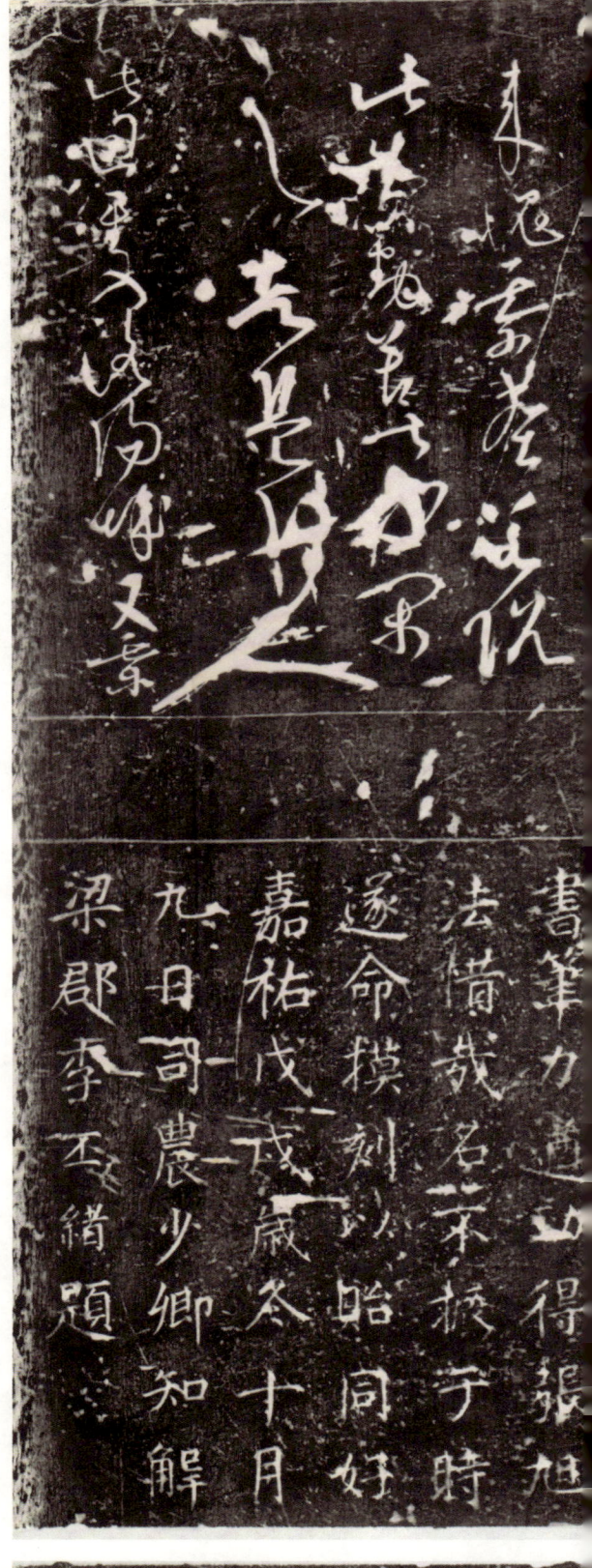

274 彥修草書并張旭肚痛帖

北宋嘉祐三年（1058）。現藏陝西西安碑林博物館。草書。

民國拓本。3張。

子目：

1. 寄邊衣詩。（五代梁）釋彥修書。106×54cm。

2. 入洛詩。（五代梁）釋彥修書。69.5×54cm。

3. 肚痛帖。（唐）張旭書。34.5×55cm。

附注：碑石兩面刻。碑陰附刻北宋嘉祐三年十月九日李丕緒題識。

著録：雍州10/11。

天下莫与汝争功，以齐桓之盛业片
言勤王，则九合诸侯，一匡天下，葵丘之会
微有振矜，而叛者九国，故曰：行百里
者半九十，言晚节末路之难也。
从古至今，暨我高祖太宗已来，未有行此而不理，废此
而不乱者也。前者菩提寺行香，仆射指
麾宰相与两省台省已下常参官并为一行坐，鱼开府及仆射率诸军将
为一行坐，若一时从权，亦犹未可，何况积习更行之乎。
一昨以郭令公以父子之军，破犬羊凶逆之众，
众情欣喜，恨不顶而戴之，是用有兴道
之会。仆射又不悟前失，径率意而指麾，
不顾班秩之高下，不论文武之左右，苟以取悦
军容为心，曾不顾百寮之侧目，亦何
异清昼攫金之士哉。甚非谓也。君子爱人以礼，不闻姑息。仆射
得不深念之乎。真卿窃闻军容之为
人，清修梵行，深入佛海

275 争座位帖

（唐）颜真卿撰并书。北宋熙宁年间（1068—
1077）。现藏陕西西安碑林博物馆。行书。
民国拓本。1张，70×108cm。

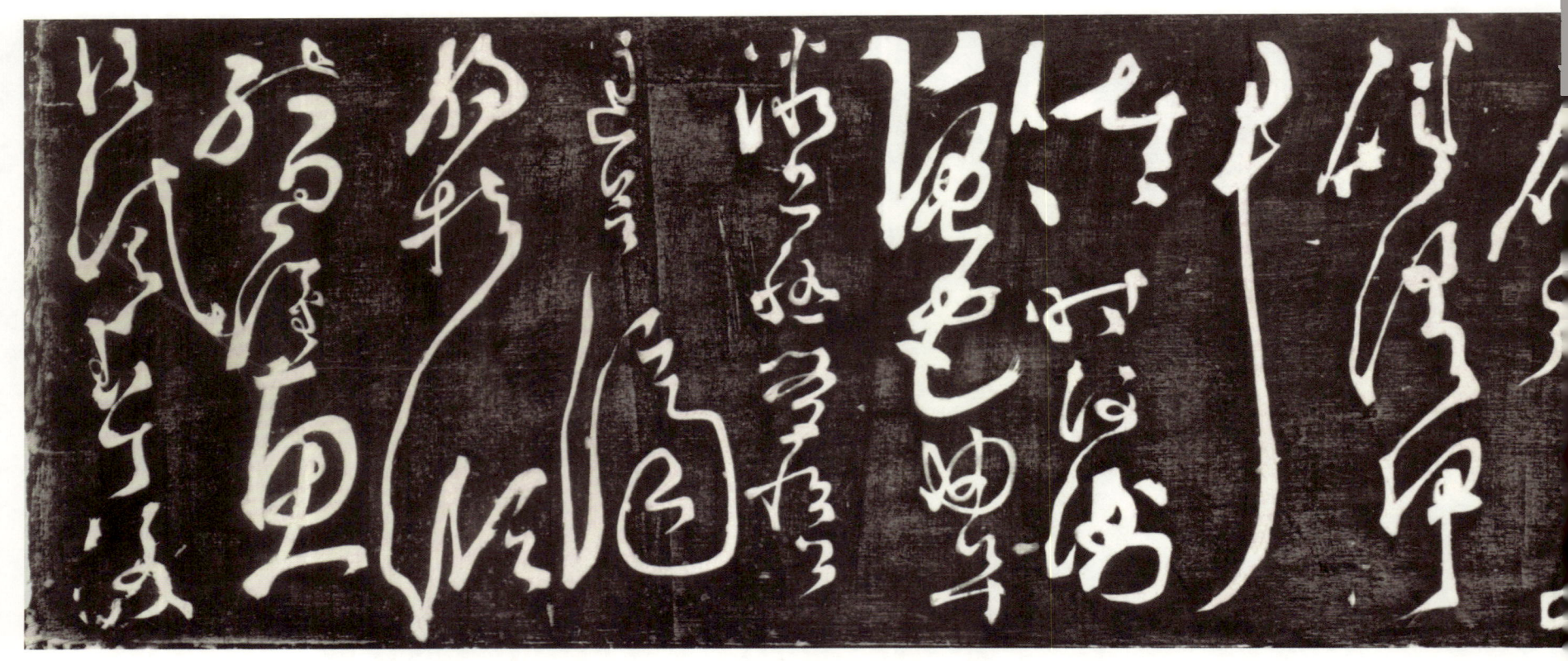

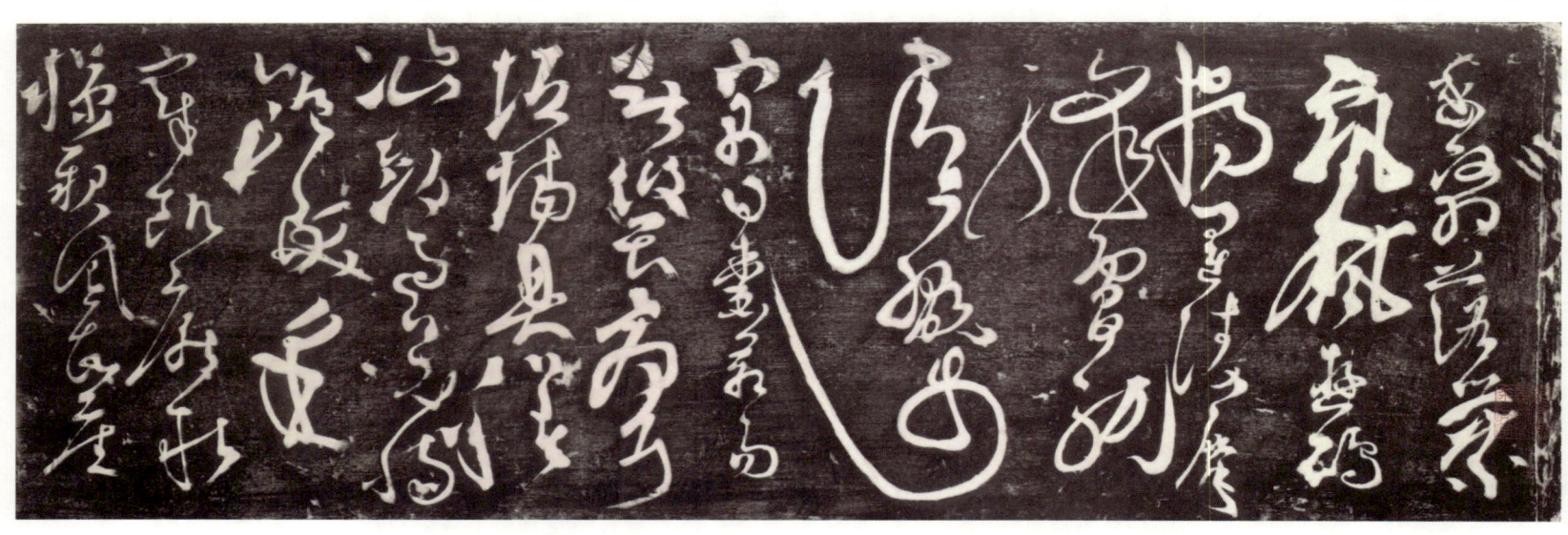

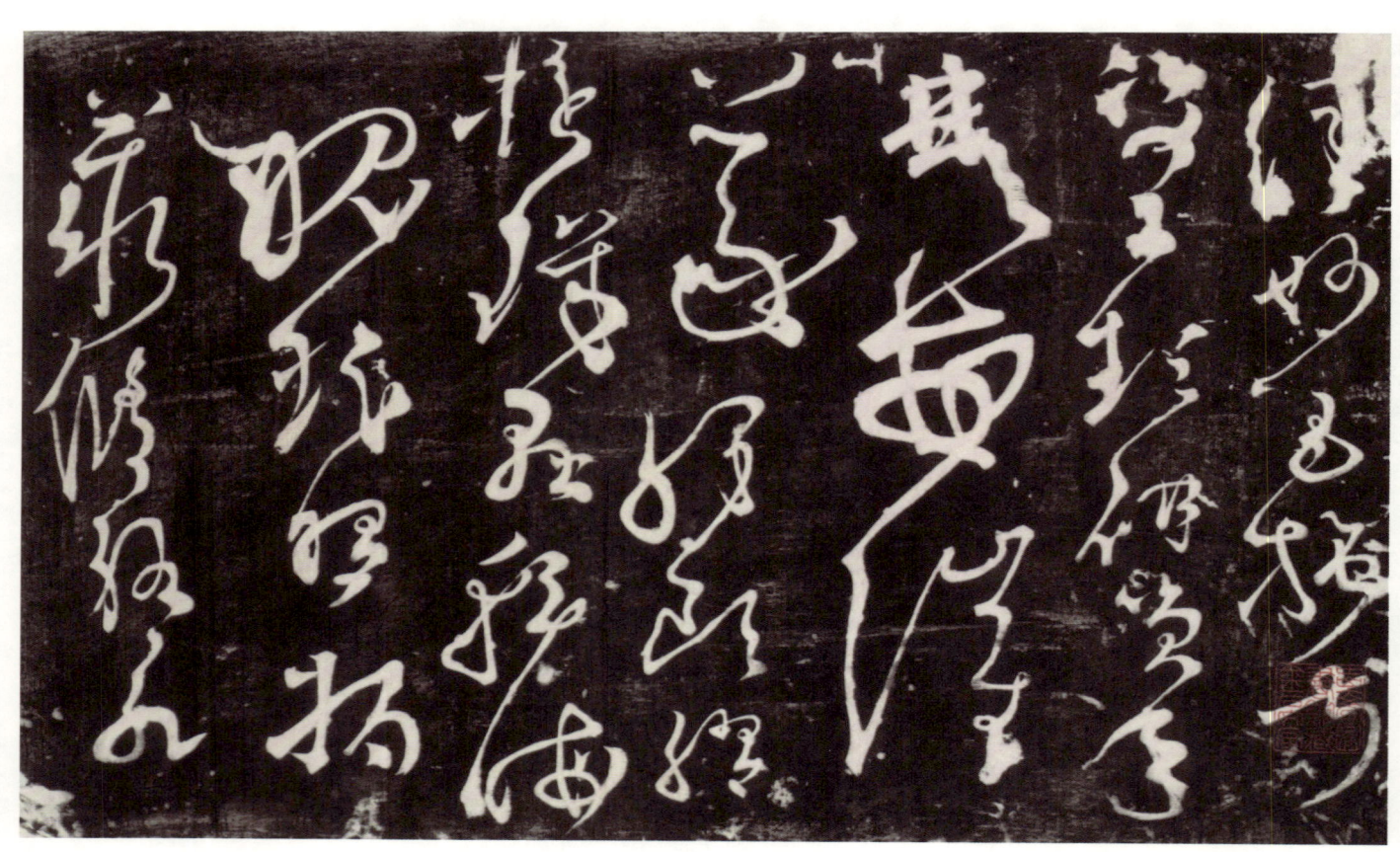

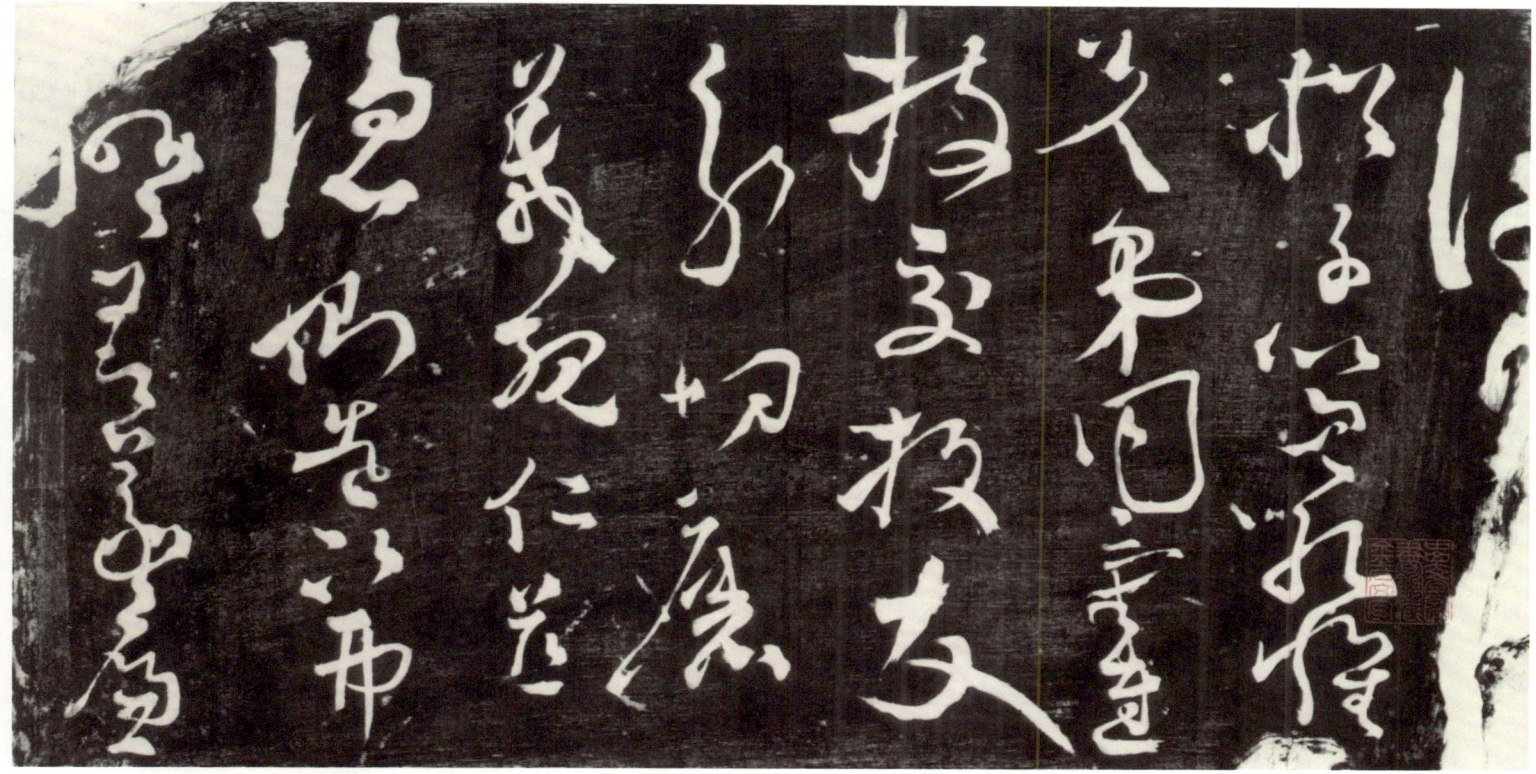

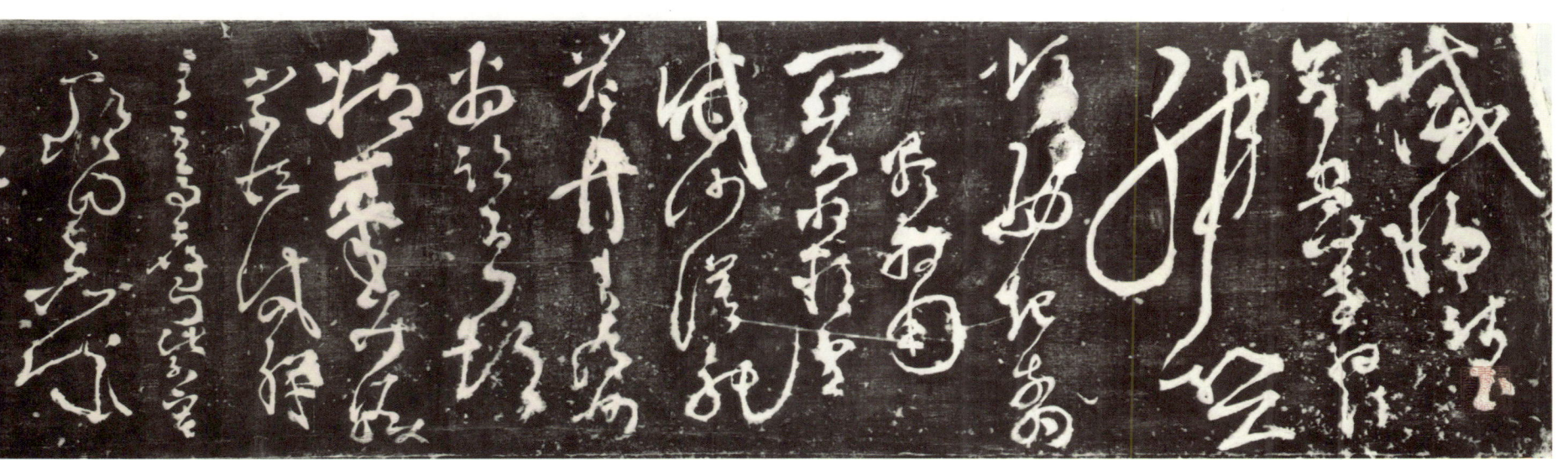

276 草書千字文

（南朝梁）周興嗣撰，（唐）張旭書。北宋元豐三年（1080）。存六殘石，現藏陝西西安碑林博物館。草書。

民國拓本。6張。

1. "猶子比兒"至"節義廉（退）"。31×52cm。
2. "（策）功茂實"至"俊（義密勿）"。31×77cm。
3. "（假途）滅虢"至"曠遠（綿邈）"。31×109cm。
4. "（陳根）委翳"至"親戚故舊"。31.5×84 cm。
5. "（銀燭煒）煌"至"矯手（頓足）"。31×31.5cm。
6. "（并皆）佳妙"至"永（綏吉劭）"。31×49cm。

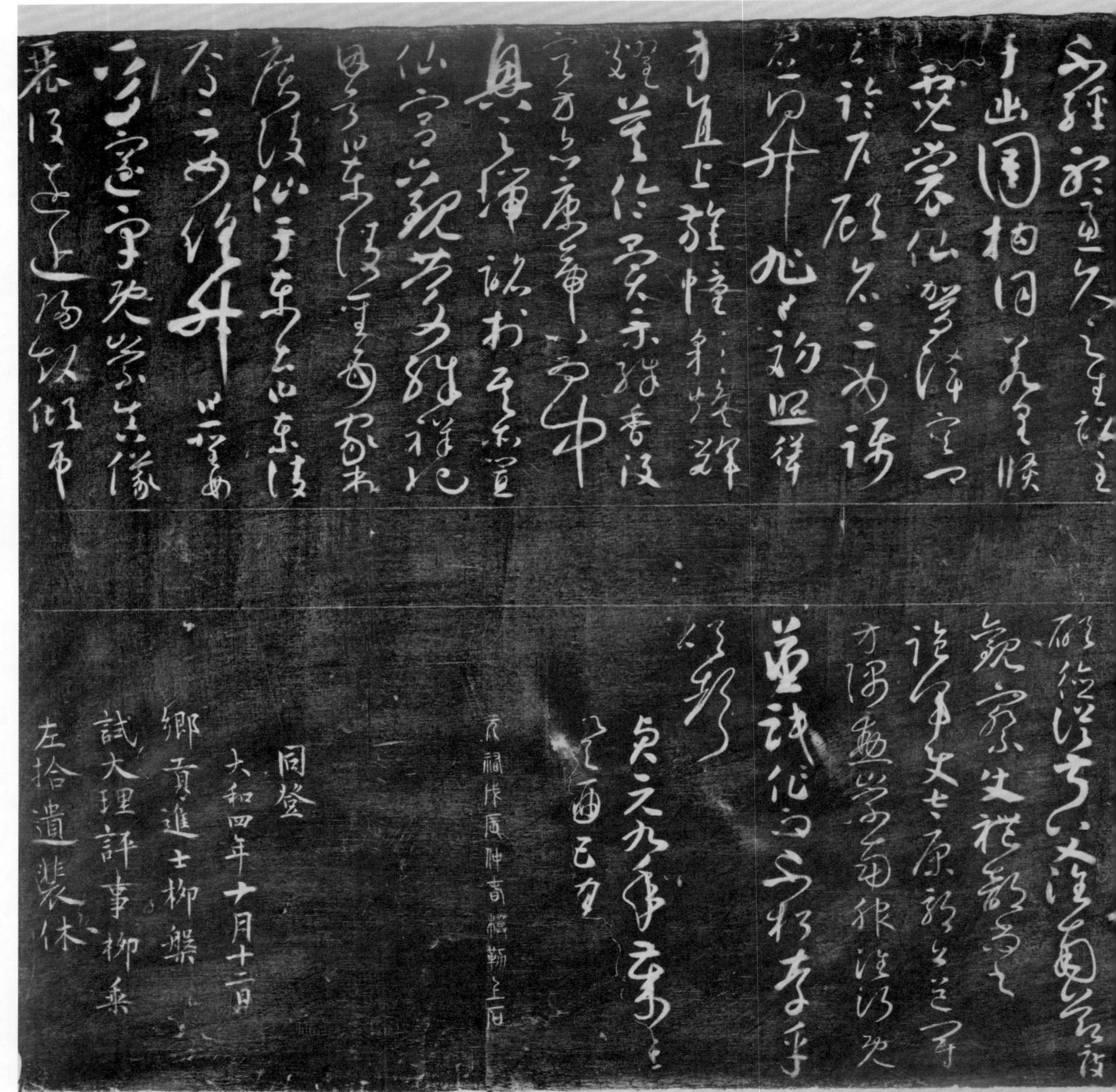

277 懷素聖母帖

（唐）釋懷素書。北宋元祐三年（1088）二月。現藏陝西西安碑林博物館。草書，勒石年月篆書。

民國拓本。1張，64×130cm。

附注：刻唐大和四年（830）十月十二日柳綮、柳乘、裴休登雁塔題名。

著録：八瓊室105/24，續編9/18，石墨4/13。

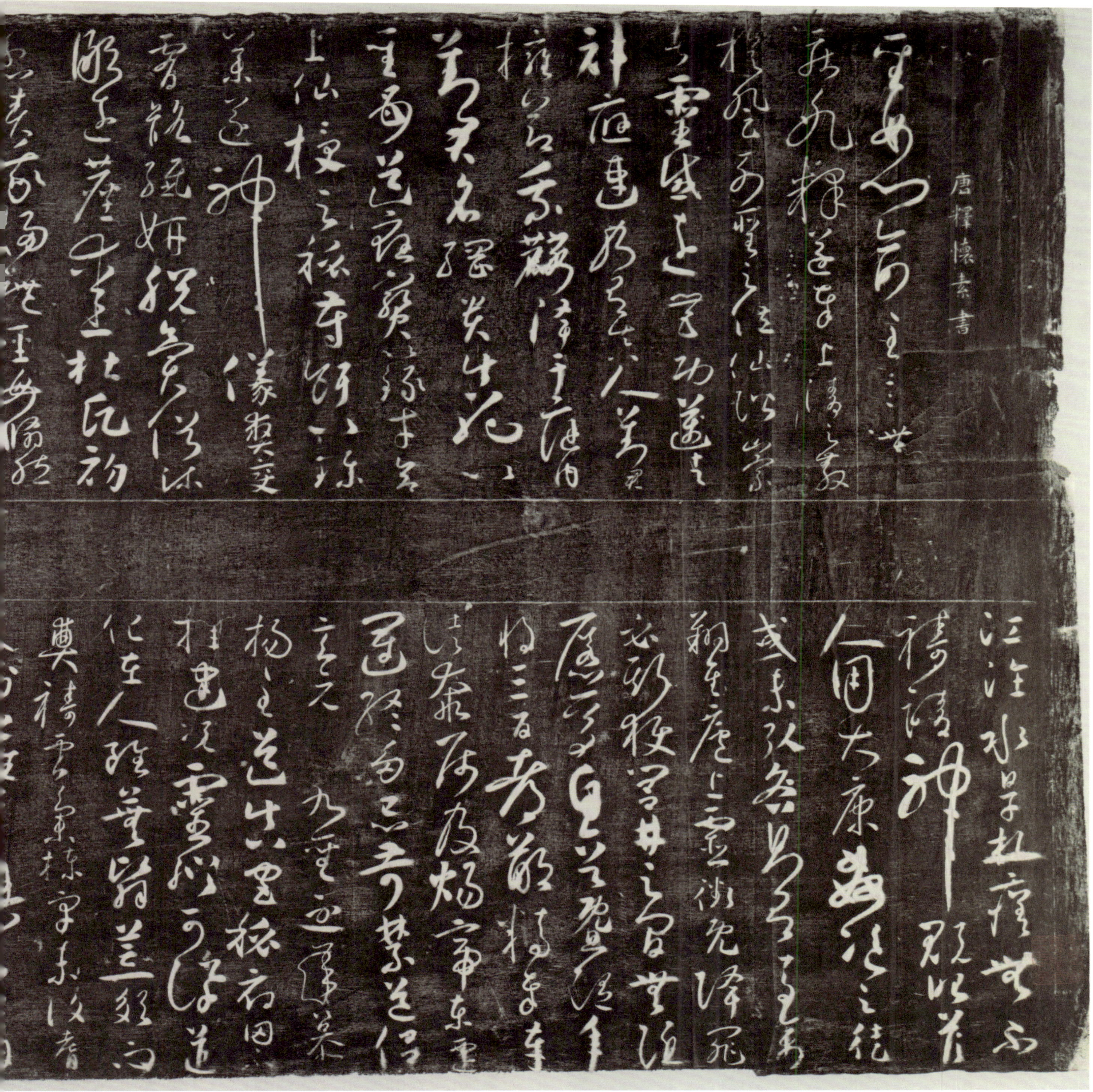
唐釋懷素書

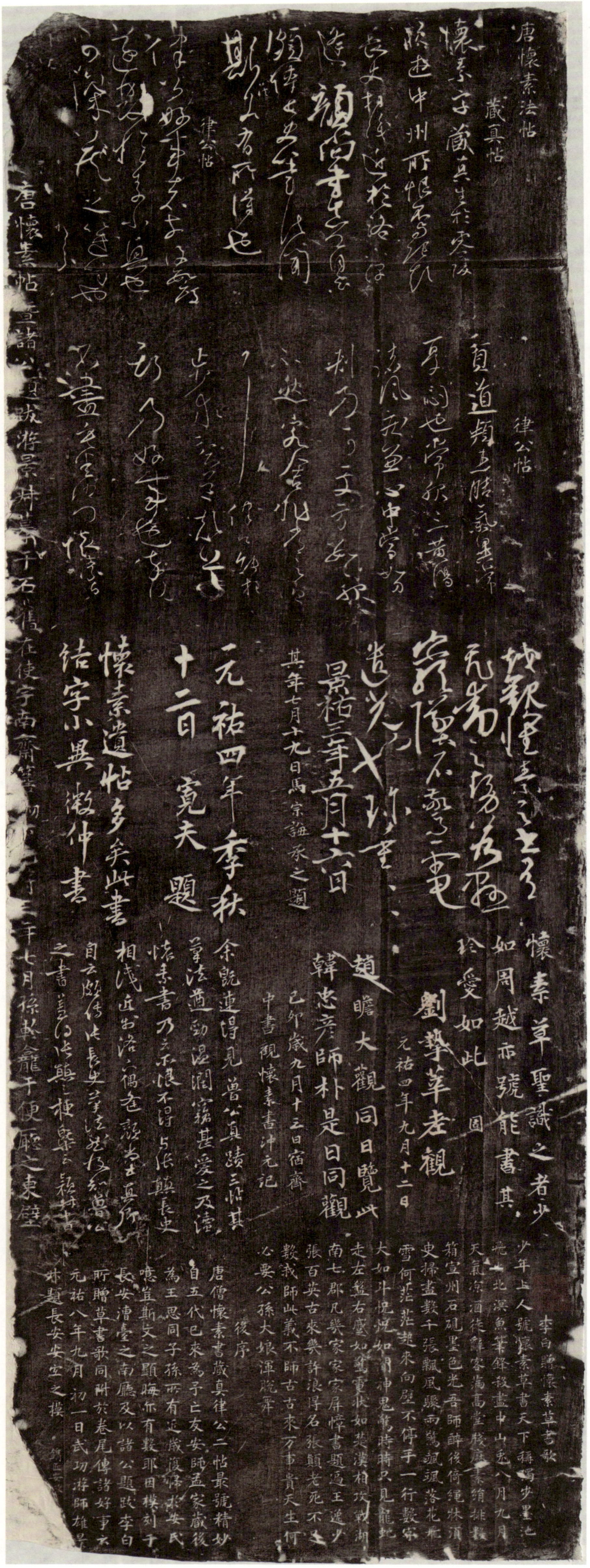

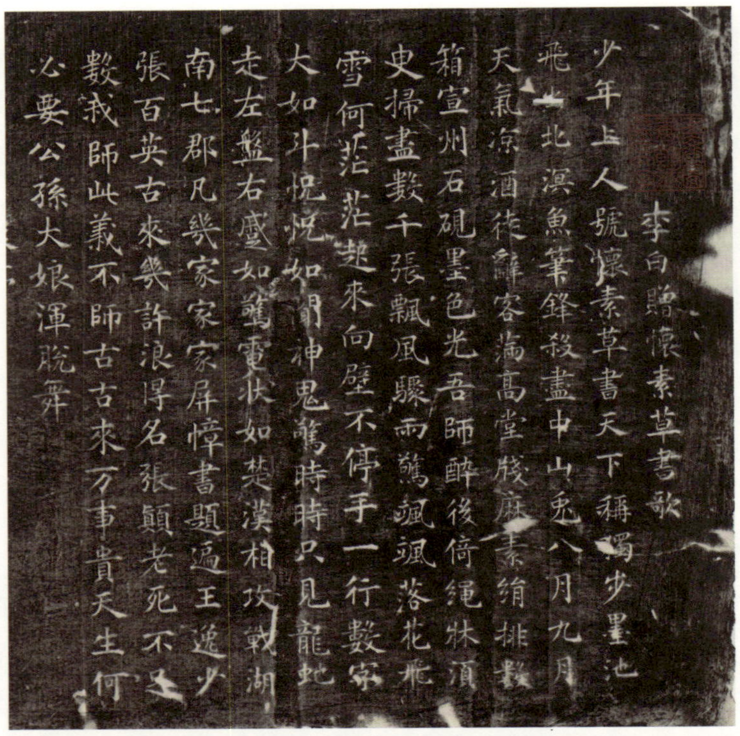

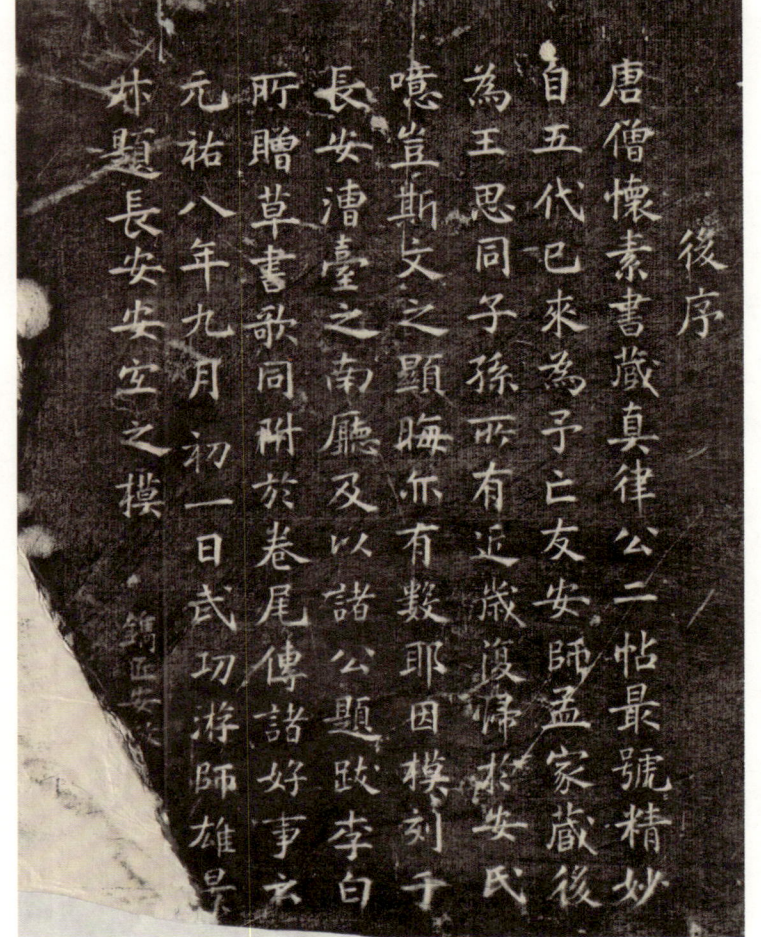

（局部）

278 懷素藏真律公二帖碑

　　（唐）釋懷素撰并書，（宋）游師雄輯并序，（宋）安敬鑴。北宋元祐八年（1093）九月一日。現藏陝西西安碑林博物館。草書。

　　民國拓本。1張，133×48cm。

　　附注：碑五截刻。上兩截刻帖；中刻北宋景祐三年（1036）五月十六日周越跋，景祐三年七月十九日馬宗誨題款，文彥博題款、呂大防題款、孫固題款，元祐四年（1089）九月十二日劉摯、趙瞻、韓忠彥觀款，元符二年（1099）許將題款，蔣之奇題跋，元符三年（1100）孫軺題識；尾刻元祐八年九月一日游師雄附刻李白贈懷素草書歌并後序。

　　著錄：八瓊室107/12，石墨4/13，碑林761。

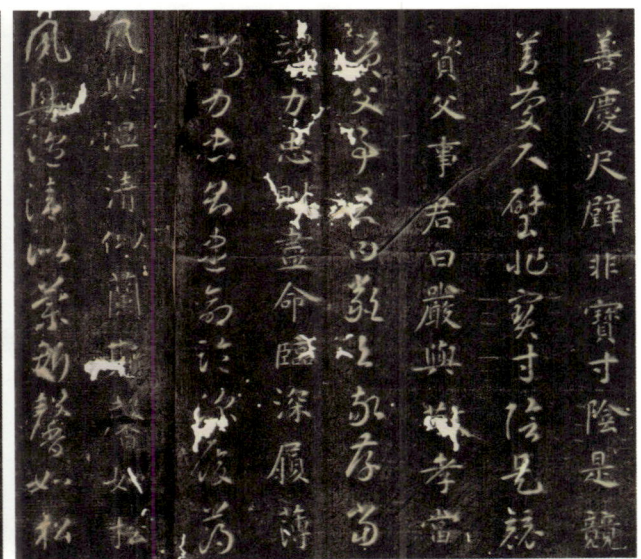

279 智永真草千字文

（南朝梁）周興嗣撰，（隋）智永書。北宋大觀三年（1109）二月十一日。現藏陝西西安碑林博物館。正書、草書。

清拓本。經折裝。1冊27開，26×12cm。

附注：刻北宋大觀三年二月十一日薛嗣昌題識。

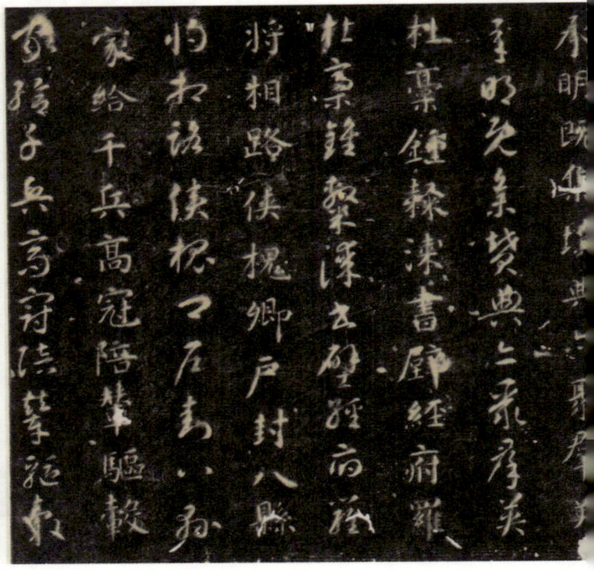
承明既集墳典亦聚羣英
杜稿鍾隸漆書壁經府羅
將相路俠槐卿戶封八縣
家給千兵高冠陪輦驅轂

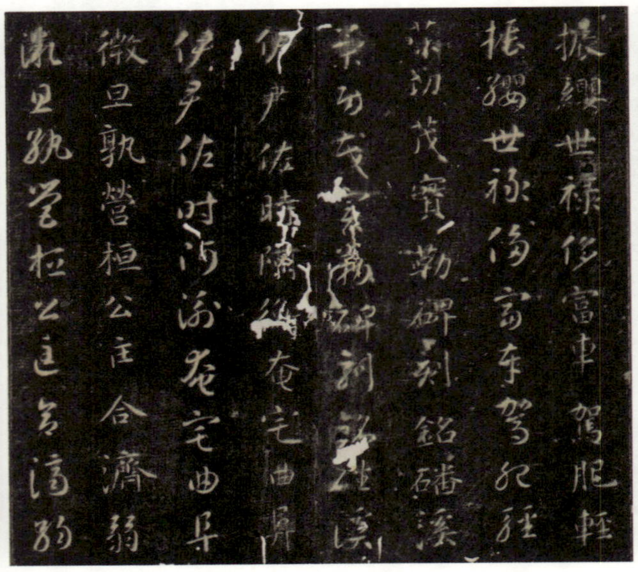
振纓世祿侈富車駕肥輕
策功茂實勒碑刻銘磻溪
伊尹佐時阿衡奄宅曲阜
微旦孰營桓公匡合濟弱

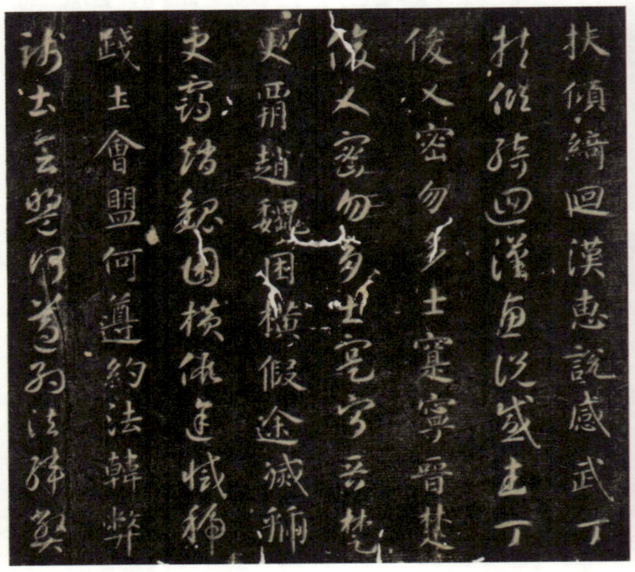
扶傾綺迴漢惠說感武丁
俊乂密勿多士寔寧晉楚
更霸趙魏困橫假途滅虢
踐土會盟何遵約法韓弊

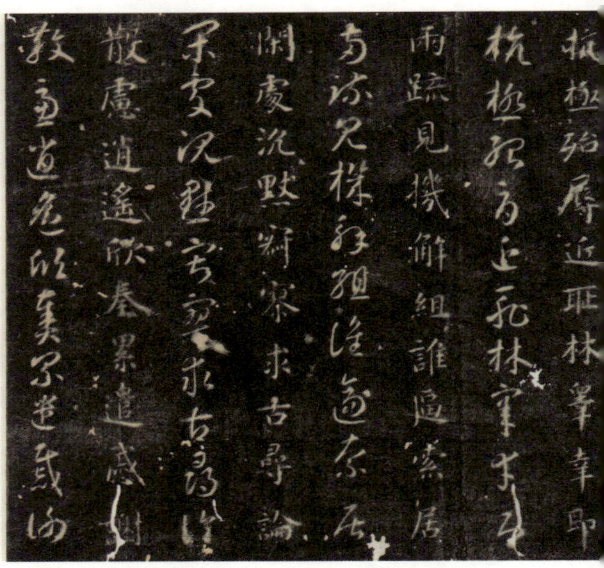
抗極殆辱近恥林皋幸即
兩疏見機解組誰逼索居
閒處沉默寂寥求古尋論
散慮逍遙欣奏累遣慼謝

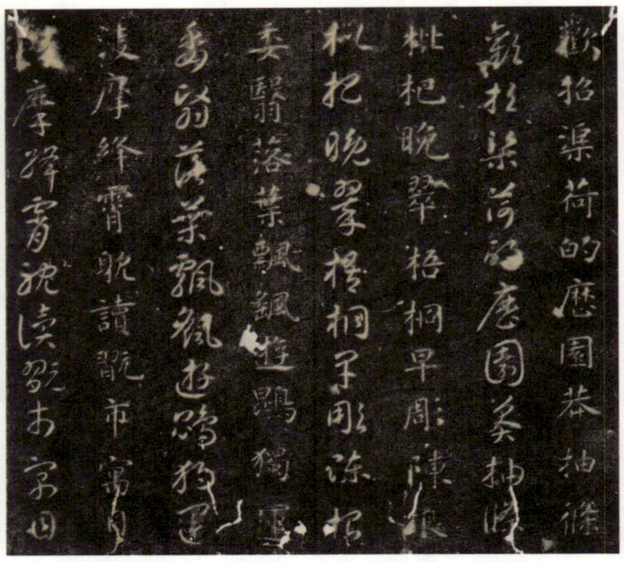
歡招渠荷的歷園莽抽條
枇杷晚翠梧桐早凋陳根
委翳落葉飄颻遊鵾獨運
淩摩絳霄耽讀翫市寓目

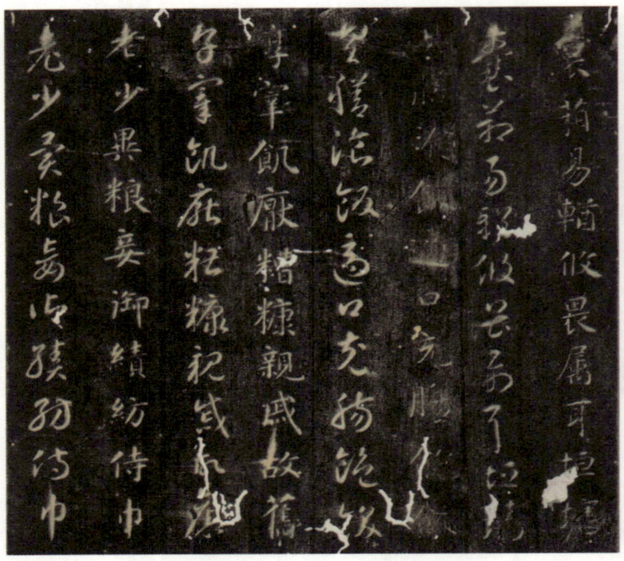
囊箱易輶攸畏屬耳垣牆
具膳餐飯適口充腸飽飫
烹宰飢厭糟糠親戚故舊
老少異糧妾御績紡侍巾

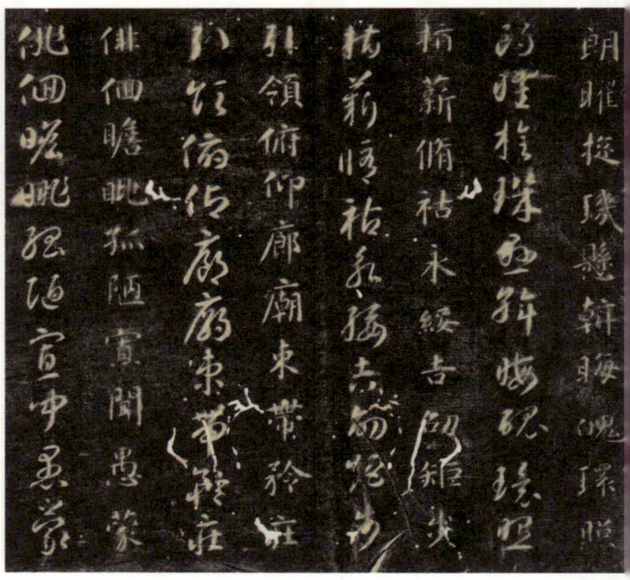
朗曜璇璣懸斡晦魄環照
指薪修祜永綏吉劭矩步
引領俯仰廊廟束帶矜莊
徘徊瞻眺孤陋寡聞愚蒙

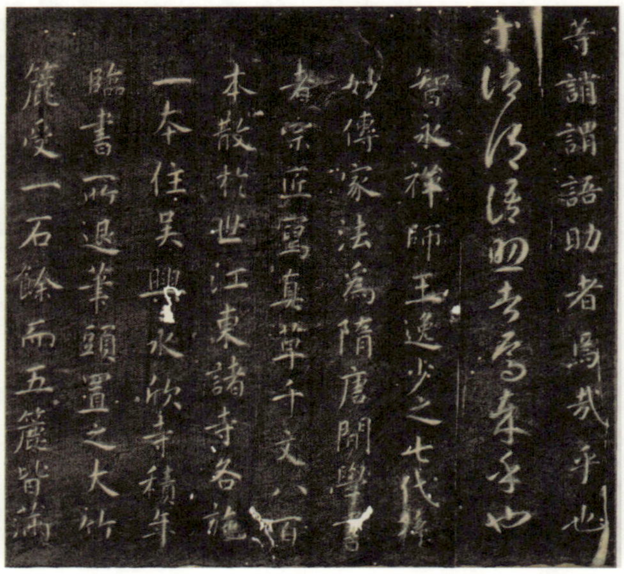
等誚謂語助者焉哉乎也
智永禪師王逸少之七代孫
妙傳家法為隋唐間學書
者宗匠寫真草千文八百
本散於世江東諸寺各施
一本住吳興永欣寺積年
臨書所退筆頭置之大竹
簏受一石餘而五簏皆滿

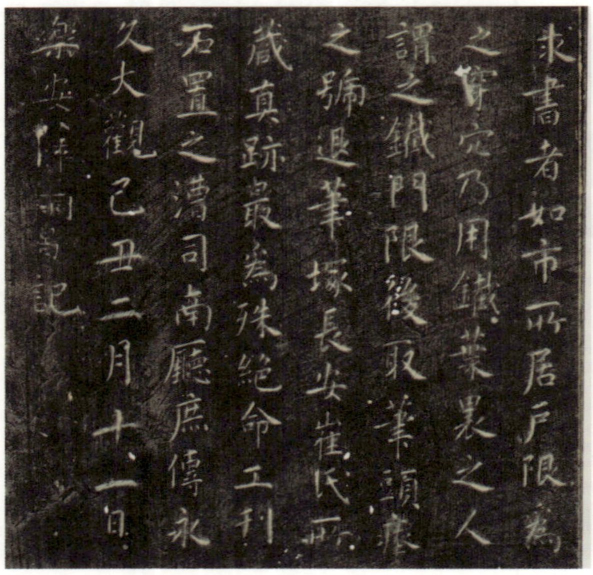
凡書者如市所居戶限為
之穿穴乃用鐵葉裹之人
謂之鐵門限後取筆頭瘞
之號退筆塚長安崔氏所
藏真跡最為殊絕命工刊
石置之漕司南廳庶傳永
久大觀己丑二月十一日
樂安薛嗣昌記

比兒孔懷兄弟同氣連枝
交友投分切磨箴規仁慈
隱惻造次弗離節義廉退
顛沛匪虧性靜情逸心動
神疲守真志滿逐物意移
堅持雅操好爵自縻都邑
華夏東西二京背邙面洛
浮渭據涇宮殿盤鬱樓觀
飛驚圖寫禽獸畫彩仙靈
丙舍傍啟甲帳對楹肆筵
設席鼓瑟吹笙升階納陛
弁轉疑星右通廣內左達承明

煩刑起翦頗牧用軍最精
宣威沙漠馳譽丹青九州
嶽宗恆岱禪主云亭雞田
赤城昆池碣石鉅野洞庭
曠遠綿邈巖岫杳冥治本
於農務茲稼穡俶載南畝
我藝黍稷稅熟貢新勸賞
黜陟孟軻敦素史魚秉直
庶幾中庸勞謙謹敕聆音
察理鑒貌辨色貽厥嘉猷
勉其祗植省躬譏誡寵增
抗極殆辱近恥林皋幸即

紈扇圓潔銀燭煒煌晝眠
夕寐藍筍象床弦歌酒讌
接杯舉觴矯手頓足悅豫
且康嫡後嗣續祭祀蒸嘗
稽顙再拜悚懼恐惶箋牒
簡要顧答審詳骸垢想浴
執熱願涼驢騾犢特駭躍
超驤誅斬賊盜捕獲叛亡
布射遼丸嵇琴阮嘯恬筆
倫紙鈞巧任釣釋紛利俗
並皆佳妙毛施淑姿工顰
妍笑年矢每催羲暉朗曜

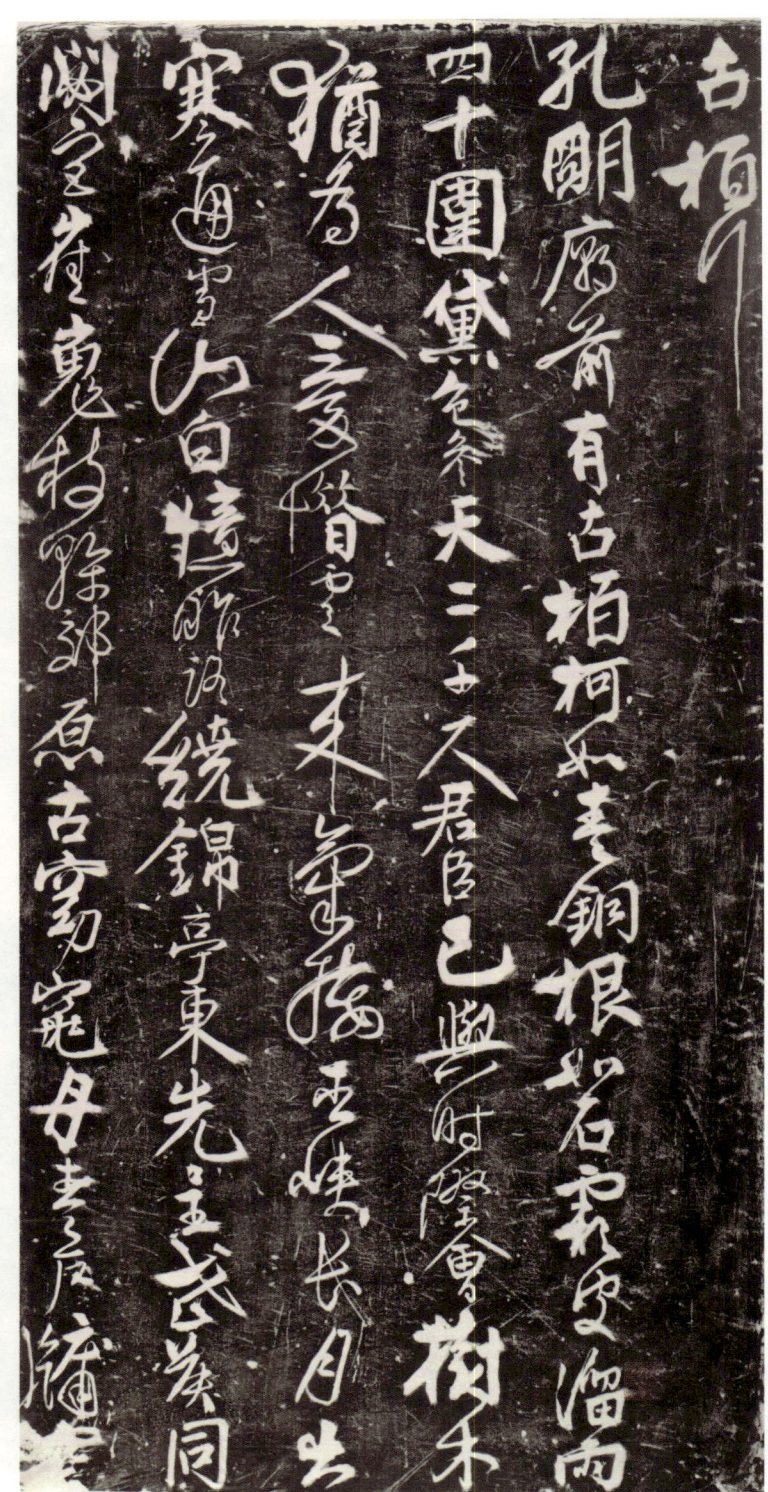
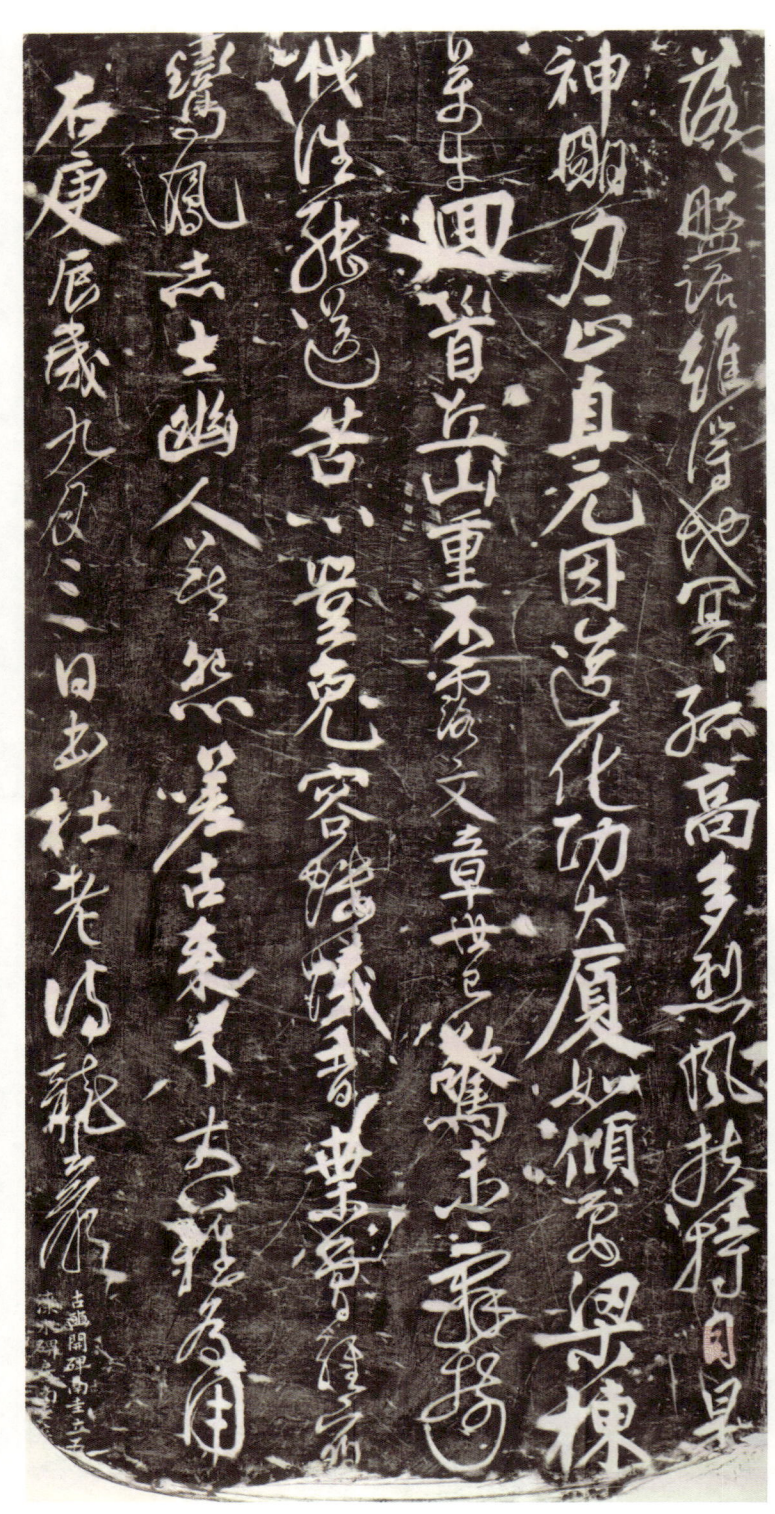

280 杜甫古柏行

（唐）杜甫撰，（金）任詢書。金正隆五年（1160）九月三日。現藏陝西西安碑林博物館。草書。

民國拓本。2張，約118×69cm。

著録：國圖46/68。

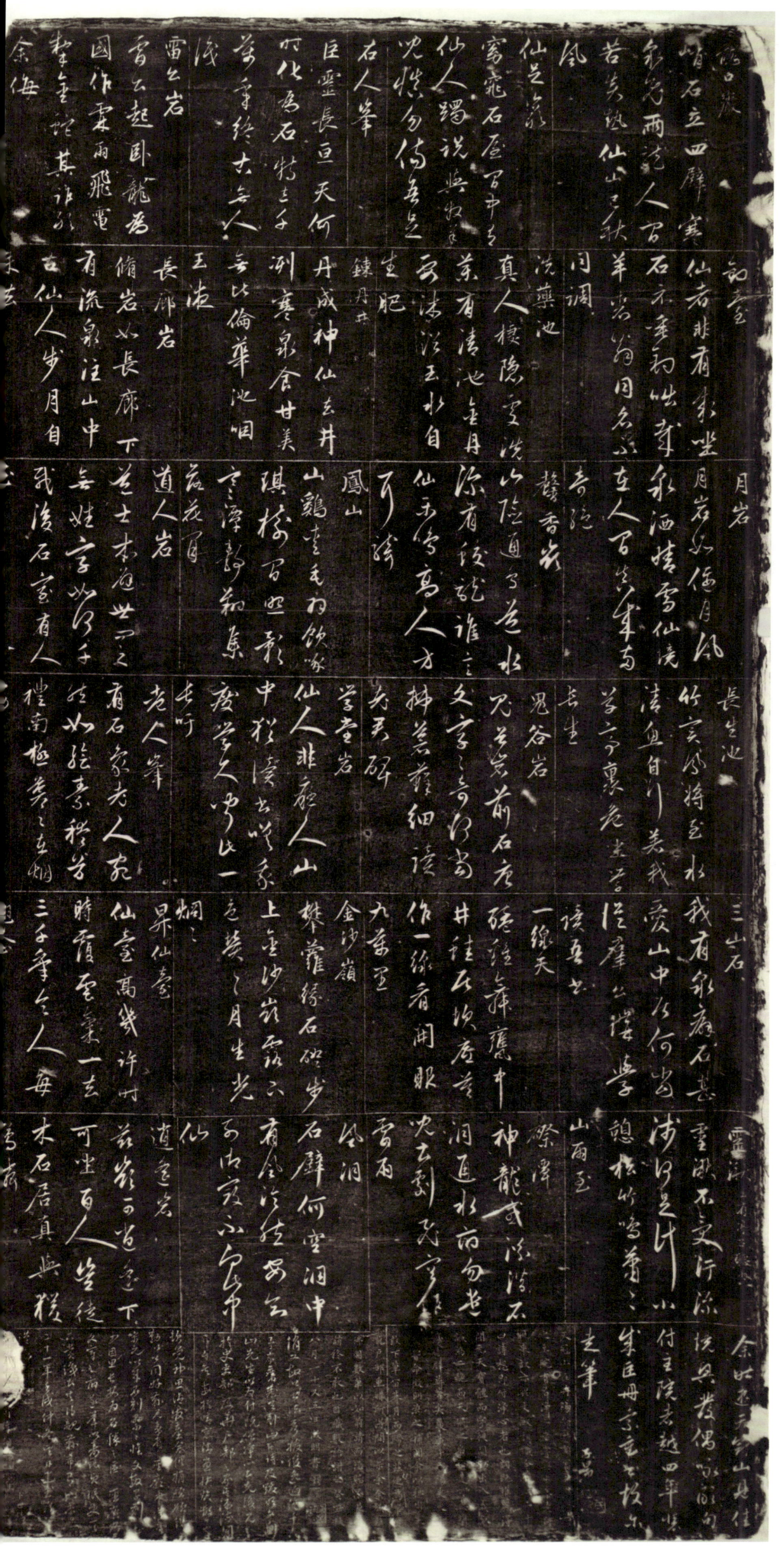

281 遊天冠山詩

（元）趙孟頫撰并書，（清）卜世鐫。清康熙二十一年（1682）十一月十五日。現藏陝西西安碑林博物館。草書。

民國拓本。1張，136×69cm。

附注：刻明嘉靖三十二年（1554）八月十五日文徵明題跋，周錞觀款，清康熙二十一年鄧霖勒石題記。

282 松齋書課一卷

斂邨居士輯刻并題簽。清嘉慶後。帖名隸書。

民國拓本。4張，約35×103cm。

子目：

1. 成親王節臨《道德經》（一章至二十九章）。正書。

2. 梁巘書《道德經跋尾》。行書。金勔跋。

3. 金光悌書《松齋梁先生書道德經雙鉤上石跋》。行書。

4. 蔡新書《跋蘭畦勒梁書道德經》。行書。

附注：帖名題刻簽題松齋書課。是帖乃輯成親王永瑆節臨《道德經》與梁巘、金光悌、蔡新諸跋匯刻而成。

道可道非常道名可名非常名天地之
始有名萬物之母故常無欲以觀其妙常
有欲以觀其徼兩者同出而異名同謂
之元元之又元衆妙之門
天下皆知美之為美斯惡已皆知善之為
善斯不善矣故有無相生難易相成長
短相形高下相傾音聲相和前後相隨
是以聖人處無為之事行不言之教萬
物作焉而不辭生而不有為而不恃功成
而弗居夫唯弗居是以不去

不爭不
為民
是以聖人之

不尚賢使民
虛其心實其腹弱其志強其骨使民
無知無欲使夫知者不敢為也為無為
則無不治
道沖而用之或不盈淵乎似萬物之
宗挫其銳解其紛和其光同其塵湛

其無有室之用故有之以為利無之以為用
五色令人目盲五音令人耳聾五味令人
口爽馳騁田獵令人心發狂難得之貨令人
行妨是以聖人為腹不為目故去彼取此
寵辱若驚貴大患若身何謂寵辱為
下得之若驚失之若驚何謂貴大患若

身吾所以有大患者為吾有身及吾無身
吾有何患故貴以身為天下則可寄於天
下愛以身為天下乃可以託於天下
視之不見名曰夷聽之不聞名曰希搏之
不得名曰微此三者不可致詰故混而為一
其上不皦其下不昧繩繩不可名復歸
於無物是謂無狀之狀無象之象是謂
惚恍迎之不見其首隨之不見其後執
古之道以御今之有能知古始是謂道
紀

道也曰餘食贅行物或惡之故有道者

不處也
有物混成先天地生寂兮寥兮獨立而
不改周行而不殆可以為天下母吾不知
其名字之曰道強為之名曰大大曰逝
曰遠遠曰反故道大天大地大王亦大域
中有四大而王處一焉人法地地法天天
法道道法自然
重為輕根靜為躁君是以君子終日行
不離輜重雖有榮觀燕處超然奈何
萬乘之主而以身輕天下輕則失臣躁
則失君
善行無轍迹善言無瑕謫
善閉無關鍵而不可開善
無繩約而不可解是以聖人常善救
人故無棄人常善救物故無棄物
謂襲明故善人不善人之師不善人
善人之資不貴其師不愛其資雖智
大迷是謂要妙

右軍書曼倩傳與王敬仁及其
毋即以為晉史至今惜之此冊
中翰宸翰王子敬官幼輿因為
勤道遒逕可如慈愛東松性
立頤晦有異事同情者為書
於後　戊辰冬月　涇浦蔡永

之心也哉沌沌兮俗人昭昭我獨若昏俗
人察察我獨悶悶澹兮其若海飂兮若無
所止眾人皆有以我獨頑且鄙我獨異於
人而貴求食於母
孔德之容惟道是從道之為物惟恍惟
惚惚兮恍兮其中有象恍兮惚兮其中有物
窈兮冥兮其中有精有精甚真其中
有信自古及今其名不去以閱眾甫吾何
以知眾甫之然哉以此
曲則全枉則直窪則盈弊則新少則得
多則惑是以聖人抱一為天下式不自見
故明不自是故彰不自伐故有功不自
矜故長夫唯不爭故天下莫能與之爭
古之所謂曲則全者豈虛言哉誠全而
歸之
希言自然飄風不終朝驟雨不終日孰
為此者天地天地尚不能久而況於人乎
故從事於道者道者同於道德者同
於德失者同於失同於道者道亦樂得
之同於德者德亦樂得之同於失者失
亦樂得之信不足有不信
跂者不立跨者不行自見者不明自是

知其雄守其雌為天下谿為天下谿
常德不離復歸於嬰兒知其白守其
黑為天下式為天下式常德不忒復
歸無極知其榮守其辱為天下谷
天下谷常德乃足復歸於樸樸散則
為器聖人用之則為官

割
將欲取天下而為之者吾見其不得
已天下神器不可為也為者敗之執者
失之凡物或行或隨或歔或吹或強或
羸或載或隳是以聖人去甚去奢去
泰　　　　　　　　　　　歲魏之臨

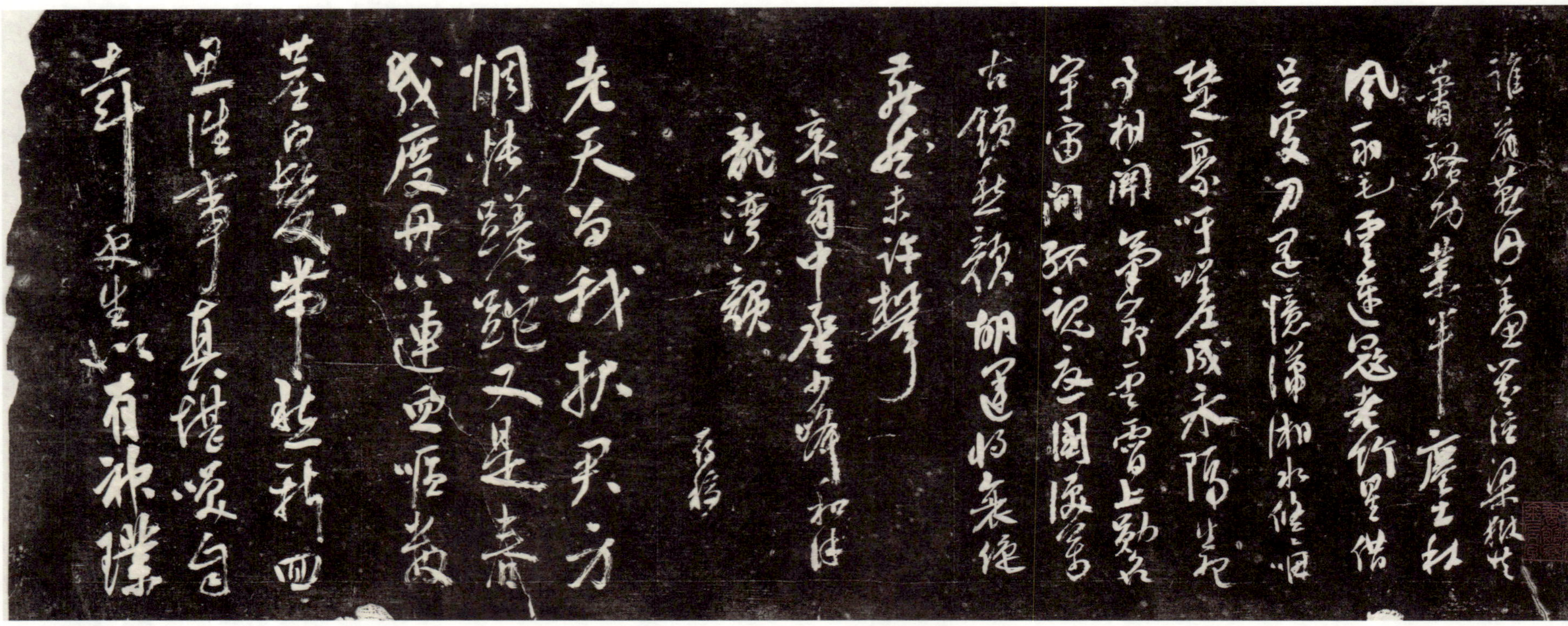

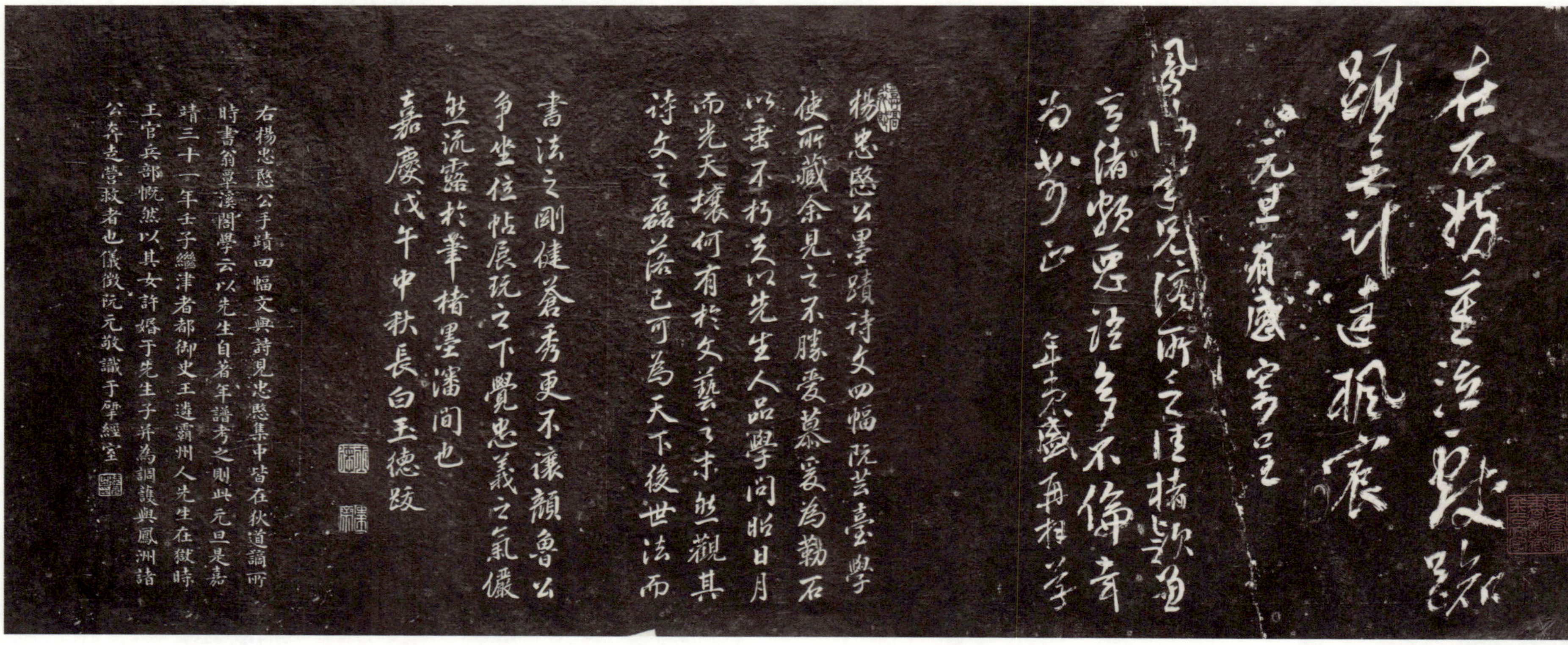
楊忠愍公墨蹟詩文四幅阮芸臺學
使所藏余見之不勝愛慕爰為勒石
以垂不朽夫以先生人品學問昭日月
而光天壤何有於文藝之末然一觀其
詩文之磊落已可為天下後世法而
書法之剛健蒼秀更不讓顏魯公
争坐位帖展玩之下覺忠義之氣儼
然流露於筆楮墨瀋間也
嘉慶戊午中秋長白玉德跋
右楊忠愍公手蹟四幅文與詩見忠愍集中皆在狄道謫所
時書翁覃溪閣學云以先生自著年譜考之則此元旦是嘉
靖三十一年壬子繼津者都御史王遴霸州人先生在獄時
王官兵部慨然以其女許婚于先生子并為調護與鳳洲諸
公奔走營救者也儀徵阮元敬識于揅經室

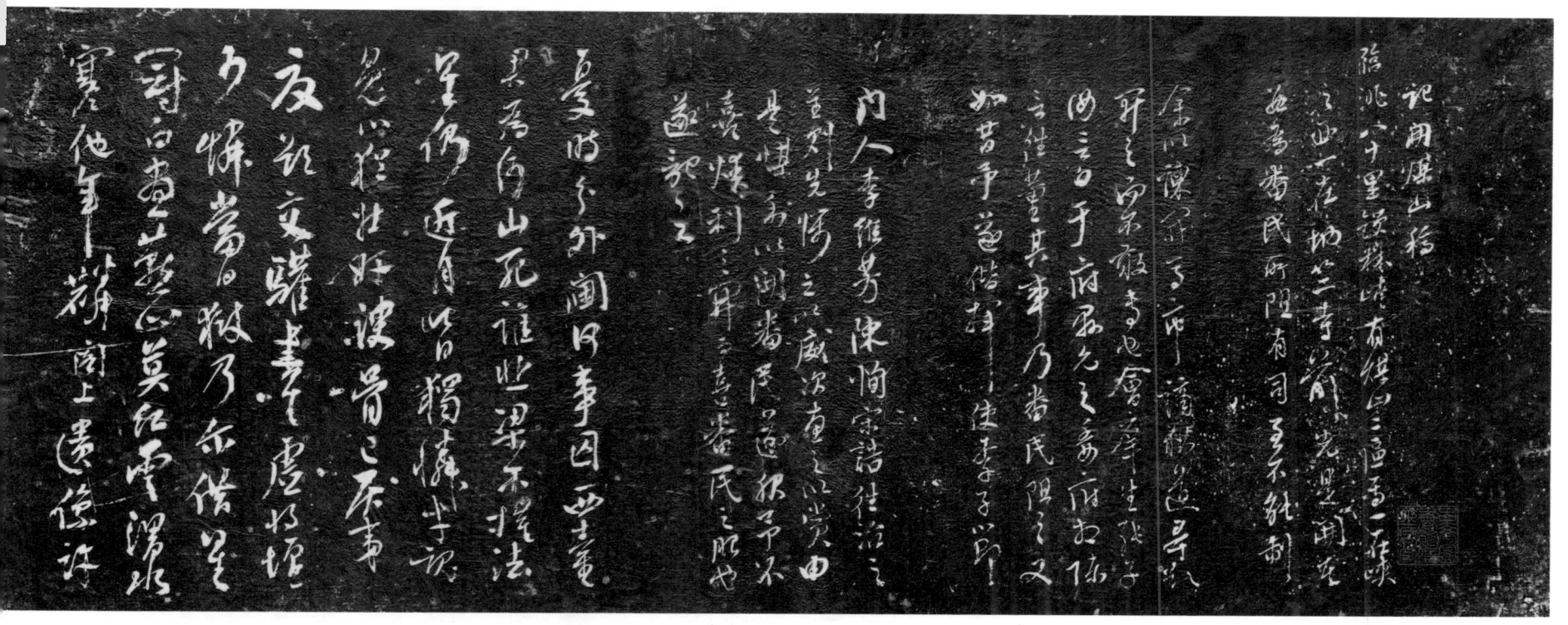

283 楊忠愍公墨跡

（明）楊繼盛撰并書，（清）玉德摹刻。清嘉慶三年（1798）。草書。

清拓本。3張，約34×80cm。

子目：

1.記開煤山稿。

2.哀商中丞少峰和徐龍灣韻五律四首。

3.元旦有感七律。

附注：刻清嘉慶三年八月十五日玉德跋，阮元跋。是帖據阮元藏楊繼盛手卷摹刻，共有詩文四種，館藏拓本存三，《謫所苦陰雨述懷》缺佚。

（鼓本正文，夏侯玄《樂毅論》，金特赫書，陳景徽勒，右起豎排）

則從微子適周之道也開彌廣之路以待田單之
者義著昭之東海屬之華裔我澤如春下應如
造長容善之風以申齊士之志使夫忠者遂節通
草道光宇宙賢者託心鄰國傾慕四海延頸思
戴燕主仰望風聲二城必從則王業隆矣雖淹
留於兩邑乃致速於天下不幸之變世而不暇
敗於垂成時運固然若乃逼之以威刦之以兵
則攻取之事求欲速之功使燕齊之士流血於
二城之間侈殺傷之殘示四國之人是縱暴易
亂貪以成私鄰國望之其猶豺虎既大墮稱
兵之義而喪濟弱之仁虧齊士之節癈廉善
之風掩宏通之度棄王德之隆雖二城幾於
世主何以殊哉其與鄰敵何以相傾樂生豈不
拔霸王之事逝其速矣然則燕雖無齊其與
知拔二城之速乎弒頃城拔而業乖豈不
速之致變顧業乖與變同由是言之樂生不
屠二城其流未可量也

嘉慶十八年歲次癸酉仲夏上澣之吉金特赫謹識
金陵陳景徽勒

先大父桐泉公酷嗜臨書嘗書樂毅論教誨臨華時方攻肄業無
習騎射不克嵩一學之今韋領鄉薦官成均公餘多暇每臨池時
覺目力非少年比深恐此本火而就湮爰勒上石藏諸國學以公
同好云

284 金特赫書樂毅論

（三國魏）夏侯玄撰，（清）金特赫書，（清）陳景徽勒。清嘉慶十八年（1813）五月。曾藏北京孔廟國子監，現藏中國國家博物館。正書。民國拓本。1張，34×87cm。

附注：刻清嘉慶十八年五月金特赫題跋。容肇祖贈容庚。

著錄：國圖78/112。

樂毅論

世人多以樂毅不時拔莒即墨為劣是以叙而論之

夫求古賢之意宜以大者遠者先之必迂迴而難通然後已焉可也今樂氏之趣或者其未盡乎而多劣之是使前賢失指於將來不亦惜哉觀樂生遺燕惠王書其始庶乎機合乎道以終始者與其喻昭王曰伊尹放大甲而不疑大甲受放而不怨是存大業於至公而以天下為心者也夫欲極道之量務以天下為心者必致其主於盛隆合其趣於先王苟君臣同符斯大業定矣于斯時也樂生之志千載一遇也亦將行千載一隆之道豈其局趾當時止於兼并而已哉夫兼并者非樂生之所屑彊燕而廢道又非樂生之所求也不屑苟得則心無近事不求小成斯意兼天下者也則舉齊之事所以運其機而動四海也夫討齊以明燕主之義此兵不興於為利矣圍城而害不加於百姓此仁心著於遐邇矣舉國不謀其功除暴不以威力此至德全於天下矣邁全德以率列國則幾於湯武之事矣樂生方恢大綱以縱二城牧民明信以待其弊使即墨莒人顧仇其上願釋干戈賴我猶親善守之智

285 喜雨山房記

（清）愛新覺羅·顒琰撰，（清）棟鄂·鐵保書。清嘉慶十八年（1813）六月。現藏中國國家博物館。正書。

民國拓本。2張，"御製喜雨山房記"至"岱宗代予申祝感荷觸石而生"44×108cm，"不崇朝而青齊被澤"至末44×110cm。

附注：容肇祖贈容庚。

著錄：國圖78/116。

286 崇德廬帖二卷

（清）李希撰集，（清）榮焕刻。清咸豐二年至五年（1852—1855）。現存山西太原文瀛公園。帖名正書。

民國拓本。32張，尺寸不一。

子目：

清卷：

1.鍾繇薦季直表　明吳寬跋

2.集傅山字隸書聯

3.傅山撰書哭子詩後記

4.傅山撰書承務君墓誌後

5.傅山撰哭子詩十四首之三　吾詩唯爾解

6.傅山撰書鈔高士傳題辭　“欠龕聶古”至“非弦而商商”　清李希跋

7.傅山撰書明户部主事汾陽胡公傳　“諱遇春”至“豈汾陽真不利於欲爲名臣者哉”

8.傅山撰書遇虎有作

9.傅山書松壅峰

10.晋陵太守王勵德政碑　僞託褚遂良撰書　元至正六年（1346）倪瓚跋　明成化五年（1469）三月羅倫觀款　明成化二十二年（1486）祝允明跋　周國頤觀款　清道光三十年（1850）李希識　元郭界跋　清胡建民跋

11.蘇軾書羊士諤和武相早朝中書候傳點書懷奉呈　“殿省秘清曉”至“一德”　元泰定四年（1327）喬貴成跋　元虞集觀款　清傅山觀款

12.黃庭堅撰書劉明仲墨竹賦　“子劉子”至“顧作二竹”　清李希題記

13.王鐸撰書與琉球都通事阮氏范之一首

14.趙孟頫書題何澄金谷園圖跋

15.王守仁書論書　明天啓六年（1626）張瑞圖觀款　清傅眉題識

16.米芾書唐庚家藏古硯銘　“吾於是得養生焉”至“是以能永年”　元虞集題跋　元至治元年（1321）九月鄭元祐題識　清李希觀款

真卷：

1.宋濂書唐盧坦對杜黃裳語　明陳繼儒觀款　清道光七年（1827）五月楊振麟跋

2.傅山書脈案

3.傅山書五言詩　華教雙展遠

4.沈周撰書落花詩之一　飄飄蕩蕩復悠悠　明弘治十六年（1503）八月十五日跋

5.傅山書唐裴度溪居　清咸豐元年（1851）胡瑞瀾跋

6.傅山書唐杜甫玄都壇歌寄元逸人并識

7.楊繼盛撰書五言詩　家在容城山水間　清李希題識

8.祝枝山書宋蘇軾赤壁賦　“壬戌之秋”至“徘徊於斗牛之間”　清道光二十三年（1843）三月五日羅繞典跋

9.袁森書宋趙構翰墨志　“余自魏晋以來”至“不少去懷也”

10.董其昌撰書酬董景越漕台二首之一　“東山優詔見新除”至“仗依玄武肅周盧”　清咸豐五年（1855）六月李希跋

11.文徵明書聯　書帙尋常有　清梁檀觀款

12.黃道周書聯　明史可法藏款

13.清味　清鄭燮

附注：刻柯璜1958年7月1日題記。此帖《叢帖目》未收。

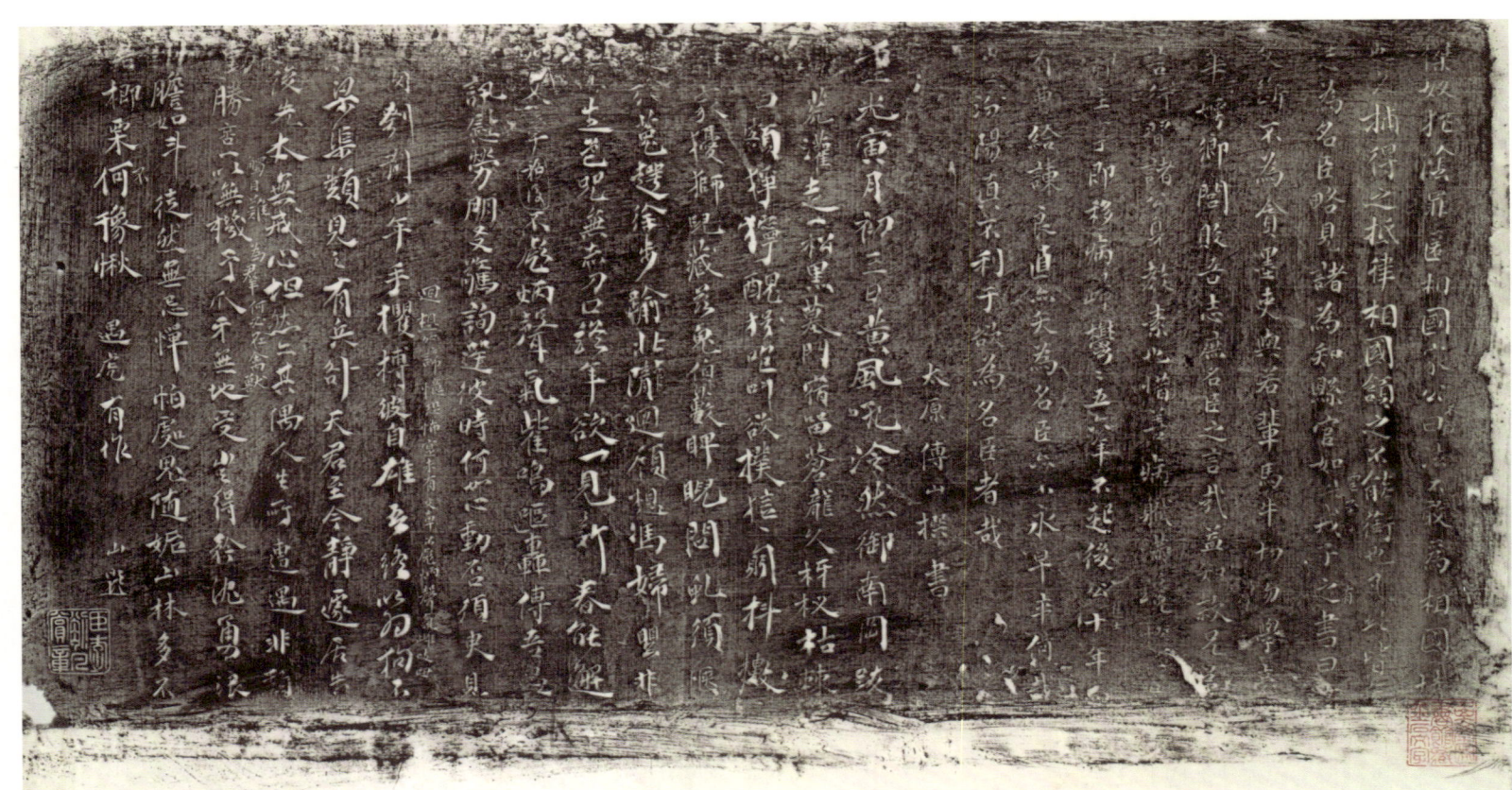

晉陵太守王勵德政碑

崇德廬藏帖

咸豐辛亥季南皮張氏家藏園周上石

君夫睢陵世傳已祥載德之
華徐州先豎亦著清風之
美偉哉文獻光啟中興郫
蓋表其深源何籌愍其遠慶之
豈惟極氏之鳴玉張家之珮瓈
袁姓之朱衣楊宗之華轂又
有收飛遮列弓矢夾門濯龍
俯望堤騎盈道奕奕如此何
其盛哉君以藍田美玉大海
明珠灼灼美其芳聲英英
照其符彩丰神雅漢識量

明決曾不晉濟四民商
康哉寶運美矣良臣渭自灃
水源于洛濱公侯世及宰輔
相目曰我民秀山川降神風
情穆穆孝友烱烱學則經筍
倫鼎鉉職台階未臻安知霜
文為世珍高風遠矣曠代雜
歲遼天松椿碣石斯袁民懍
既陳逶迤小拜月抑陽春
帝德惟厚皇澤甚深觀乎
禹迹見我堯心

貞觀四年六月朔日書
起居郎褚遂良

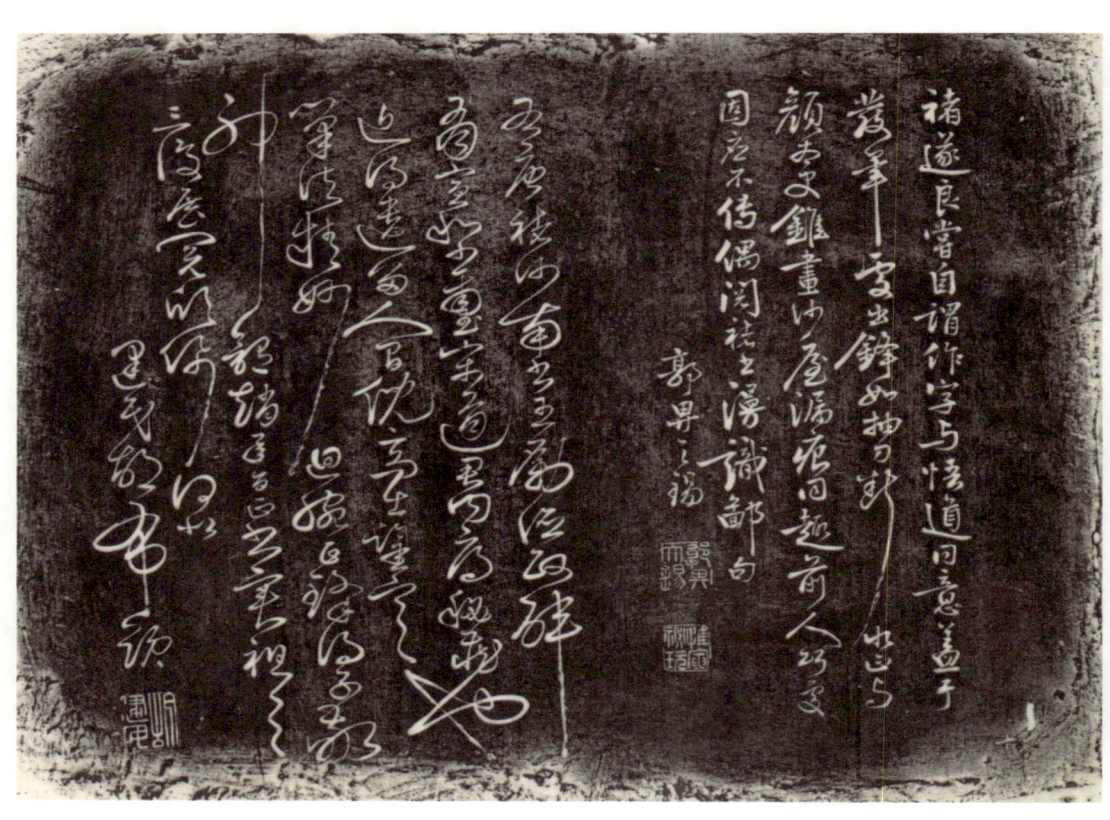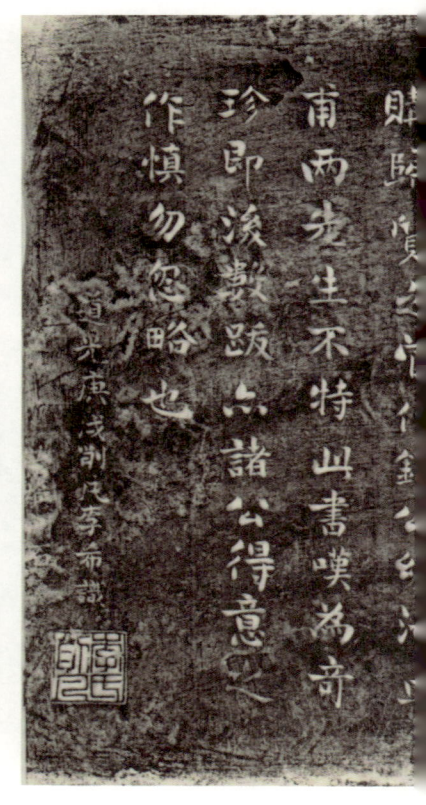

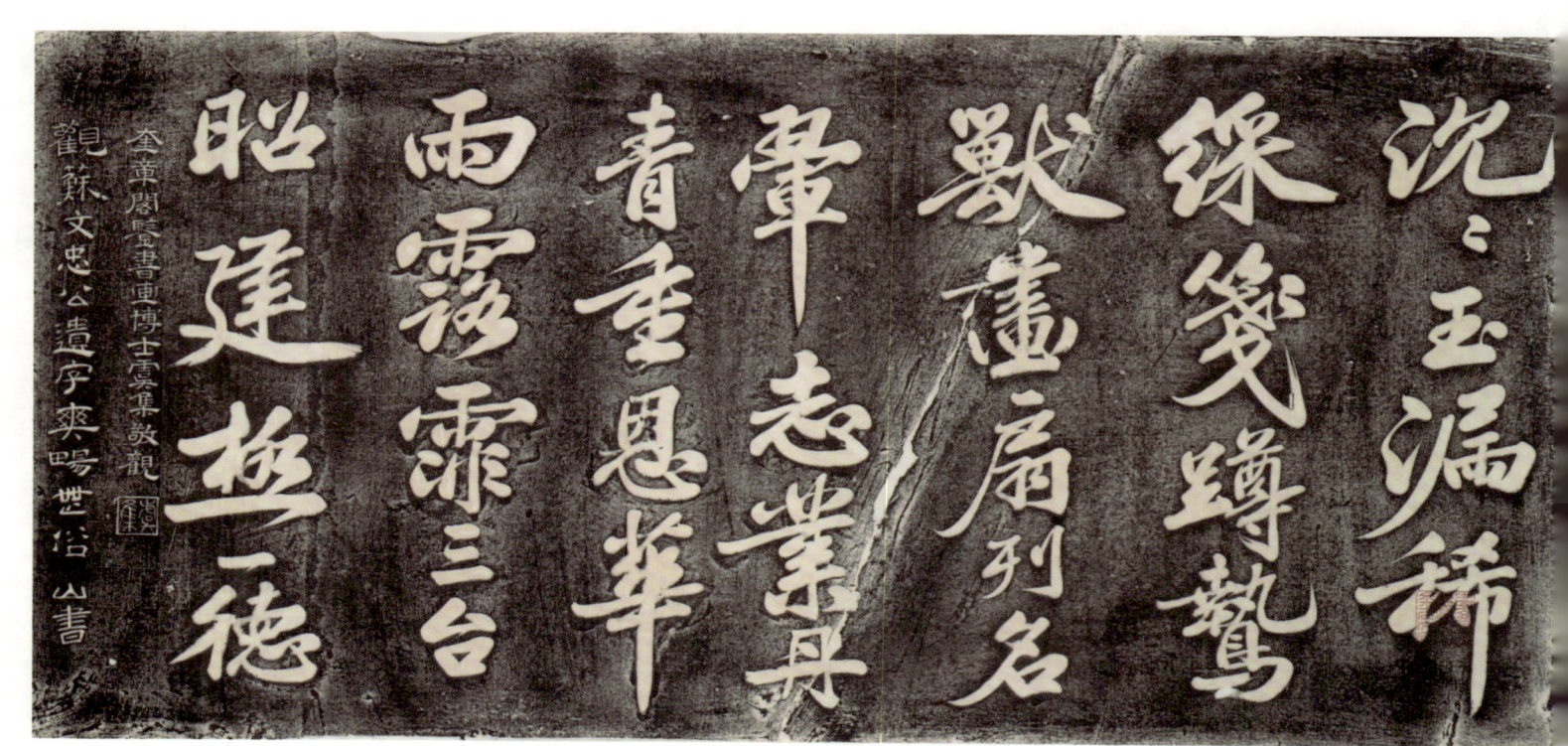

沈沈玉漏稀
綠箋蹲鷿
獸爐扇列名
羣志業丹
青垂恩華
雨霧霖三台
昭建極一德

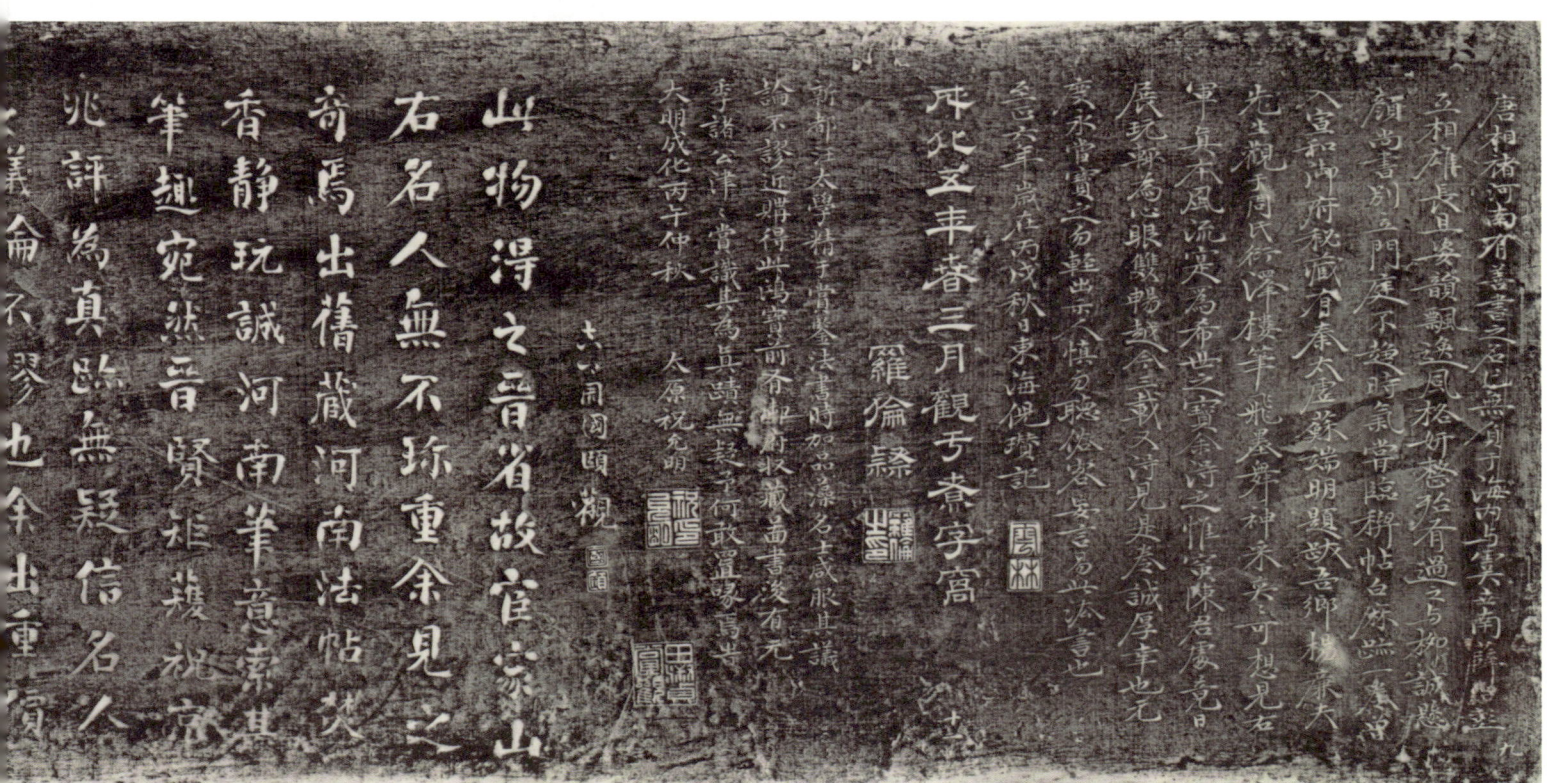

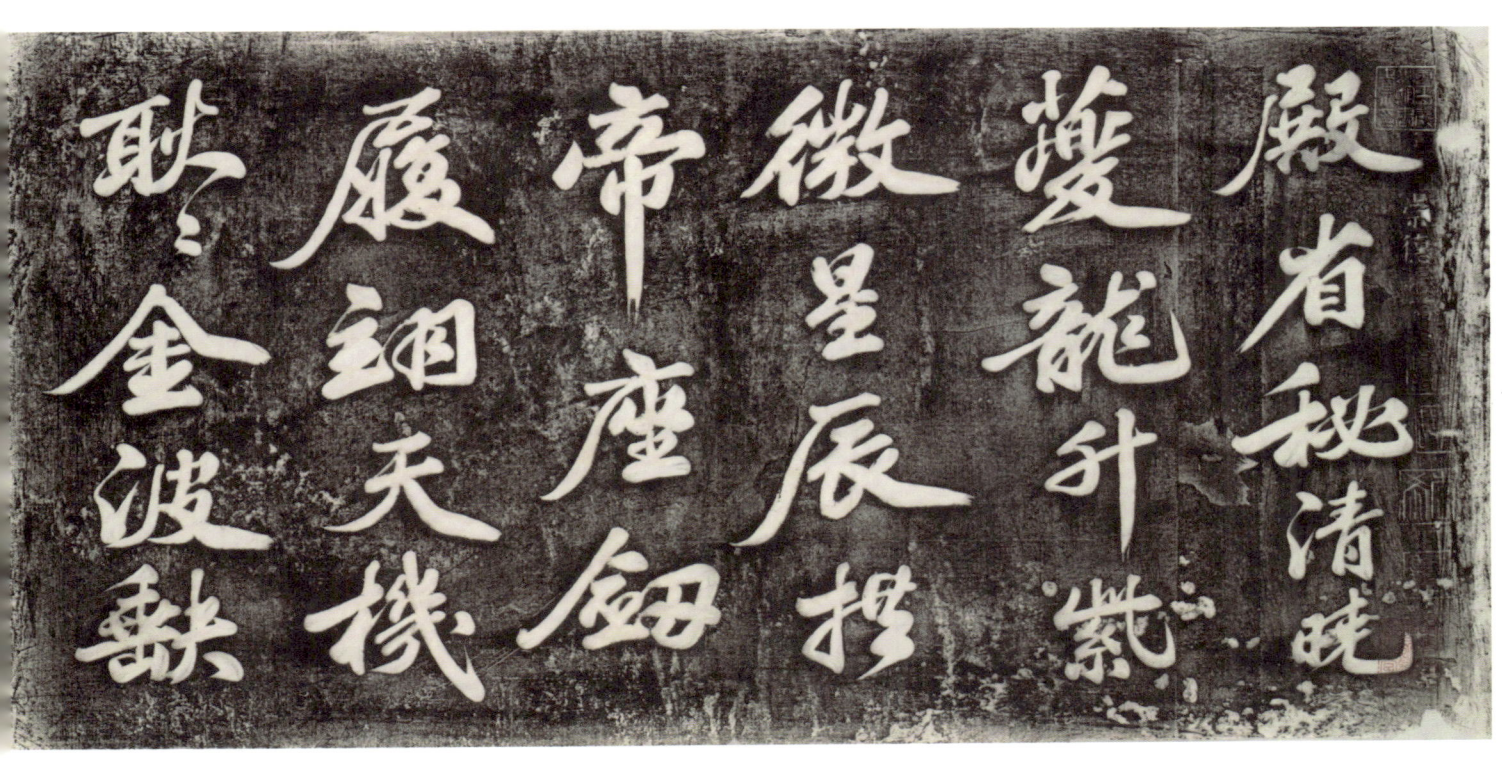

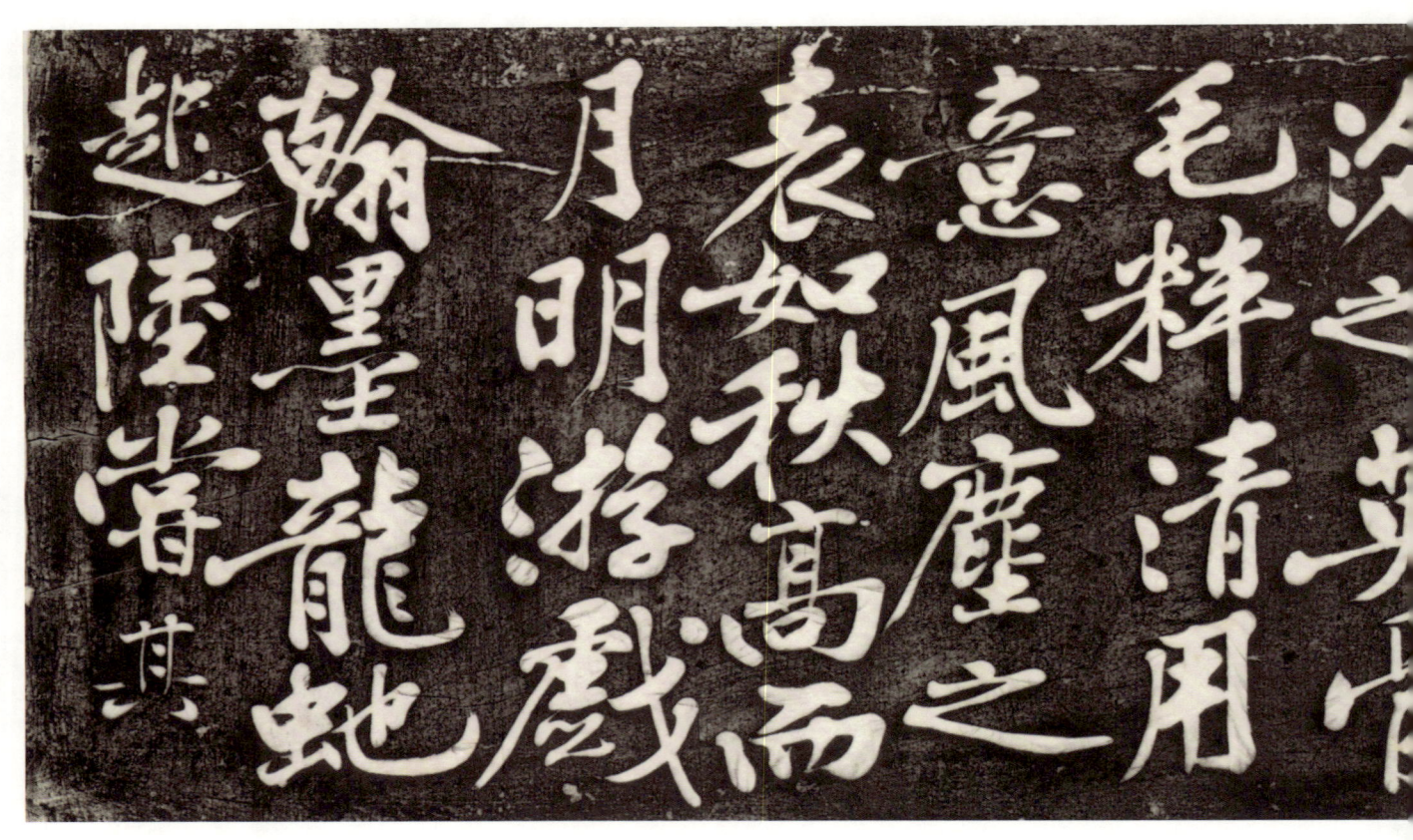

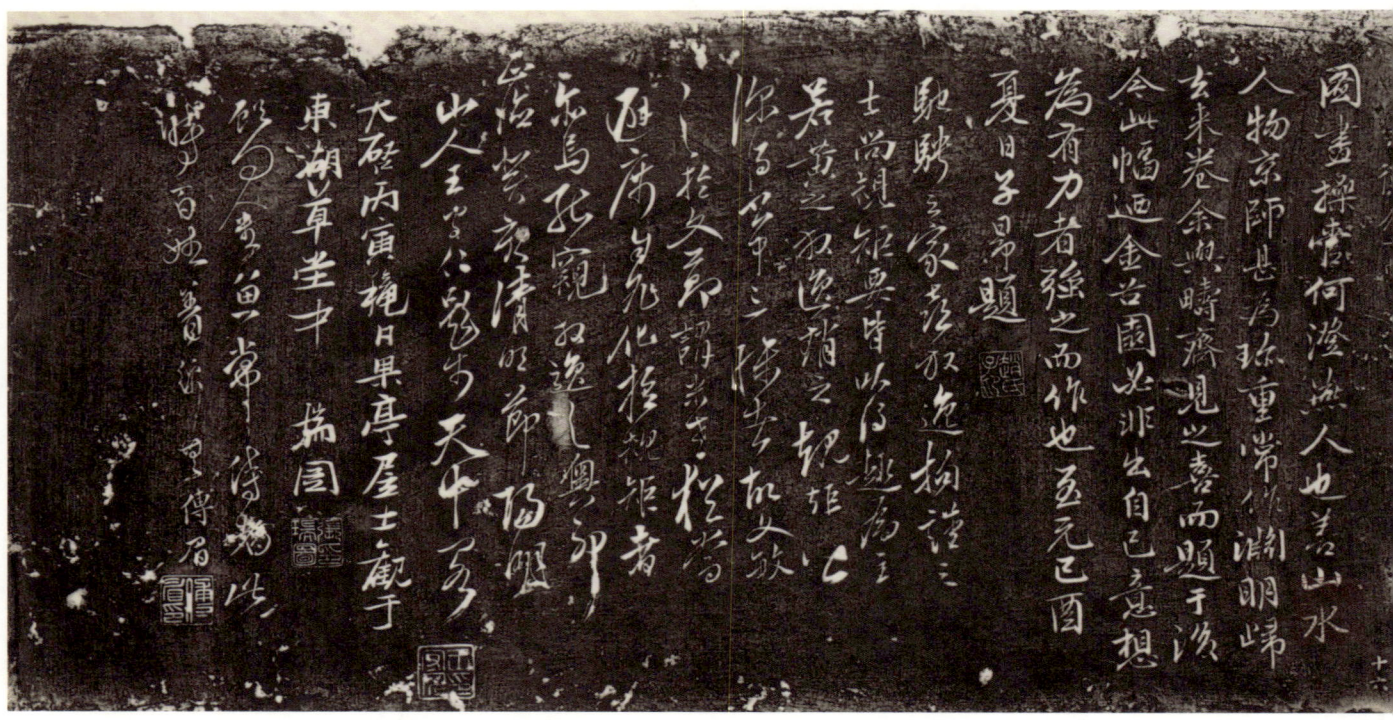

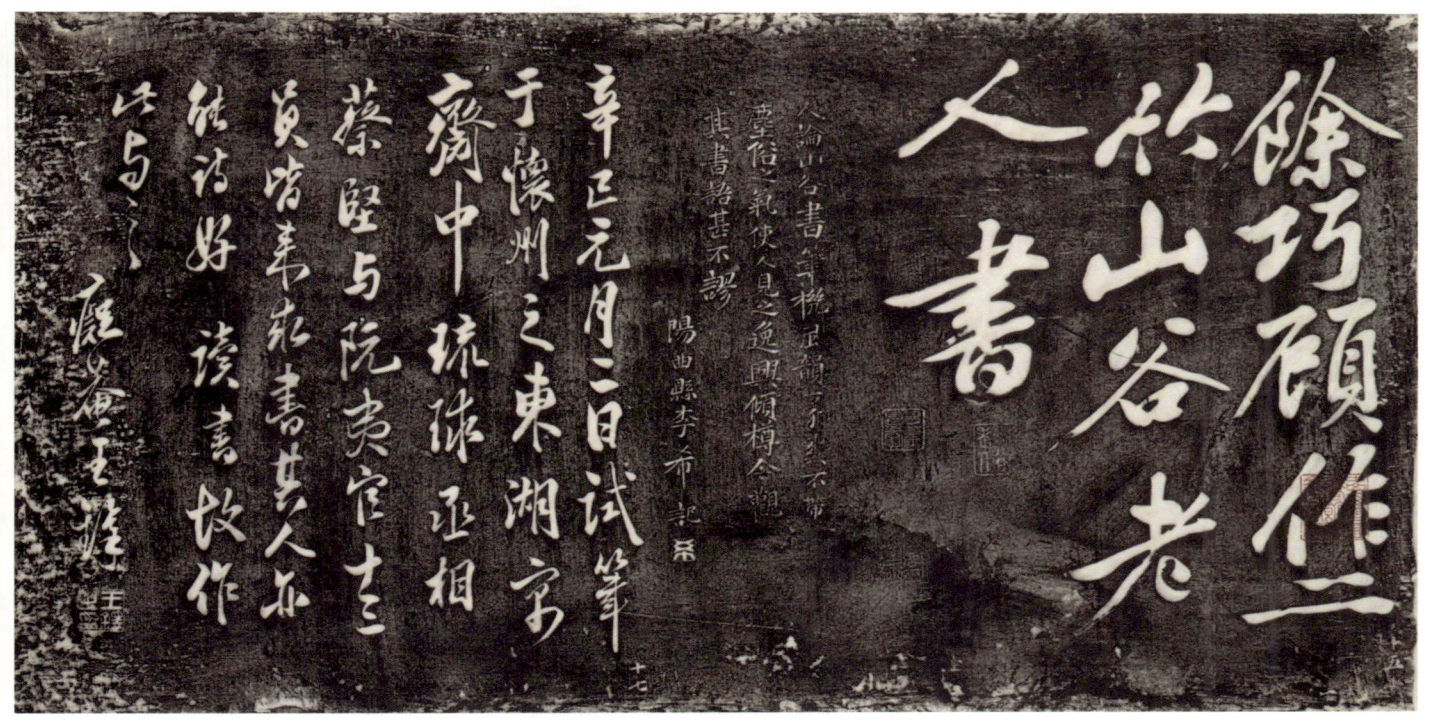

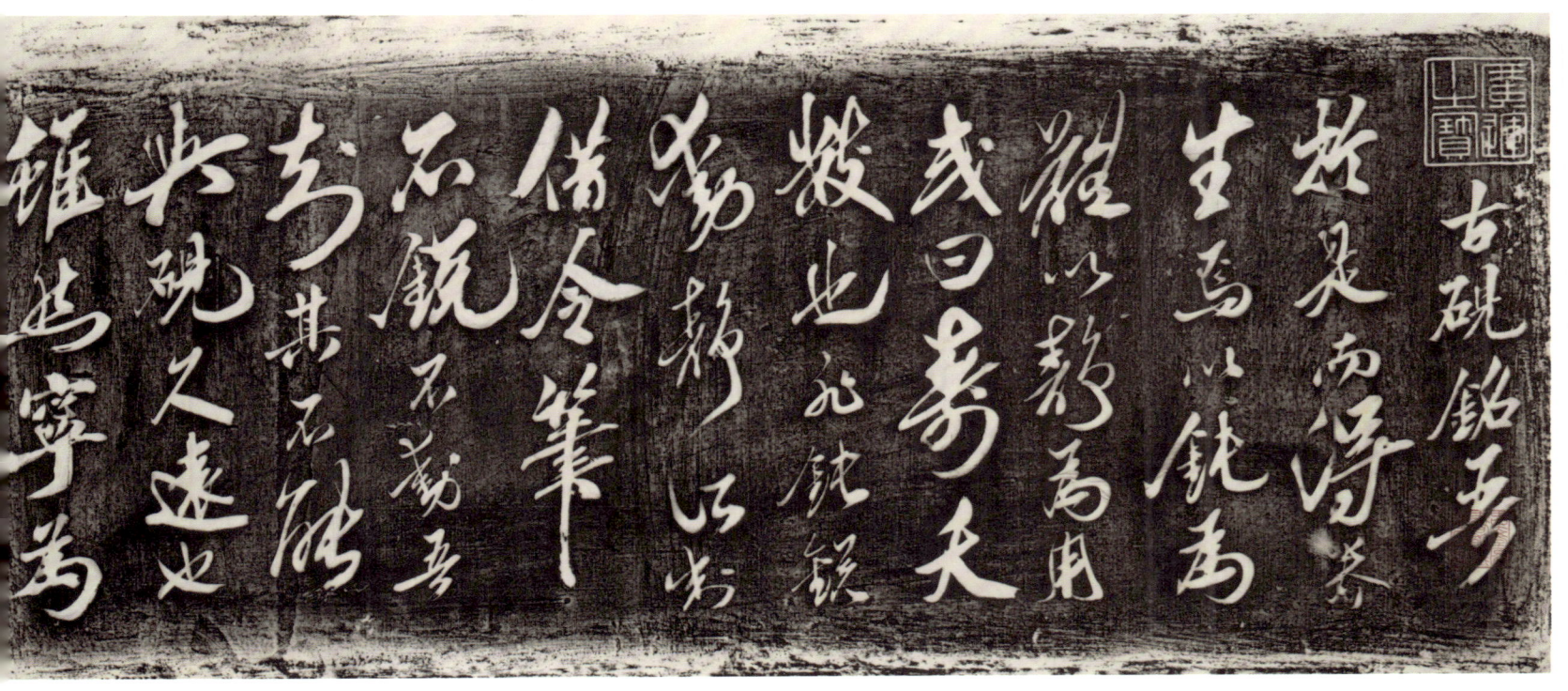

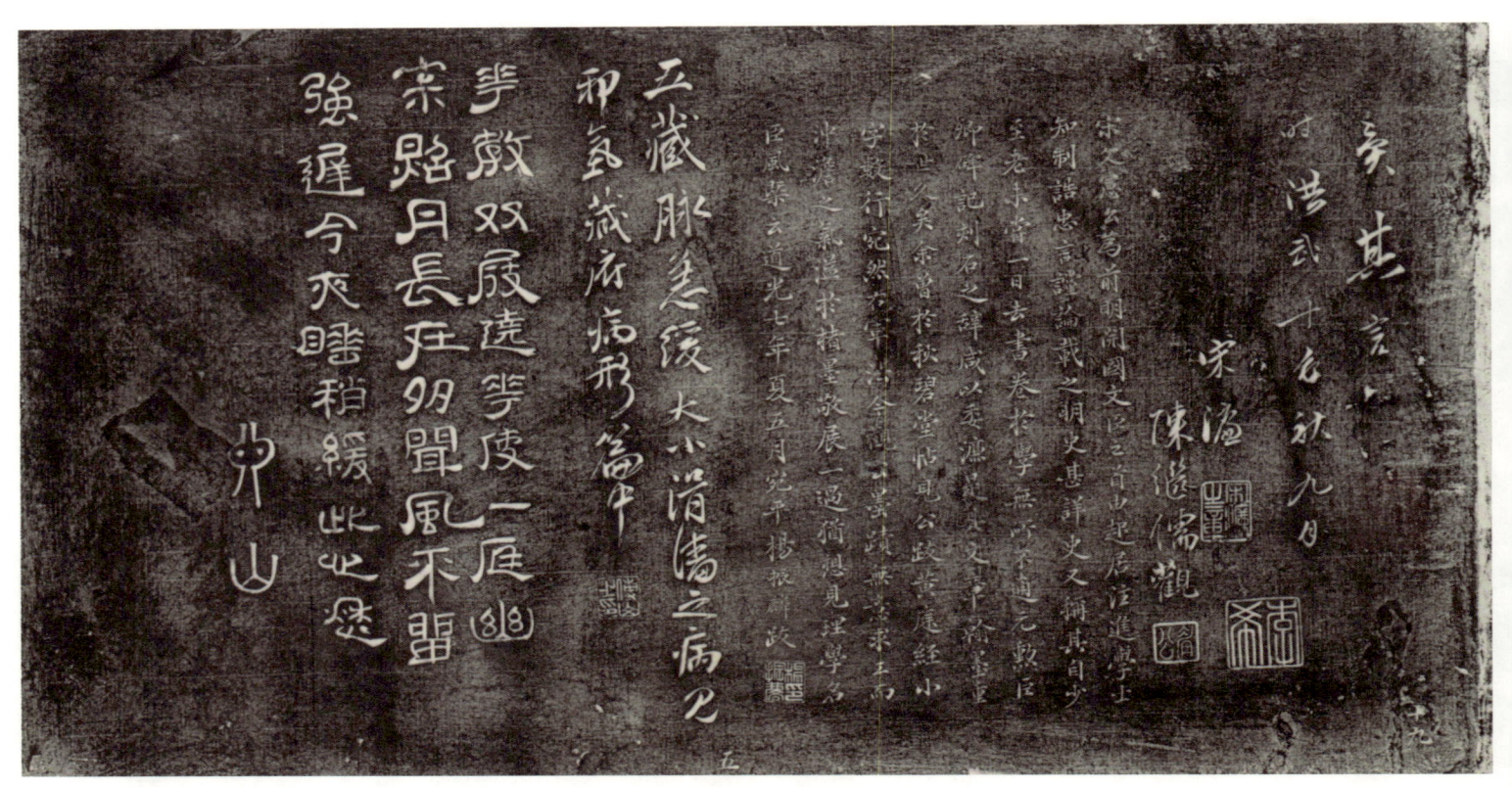

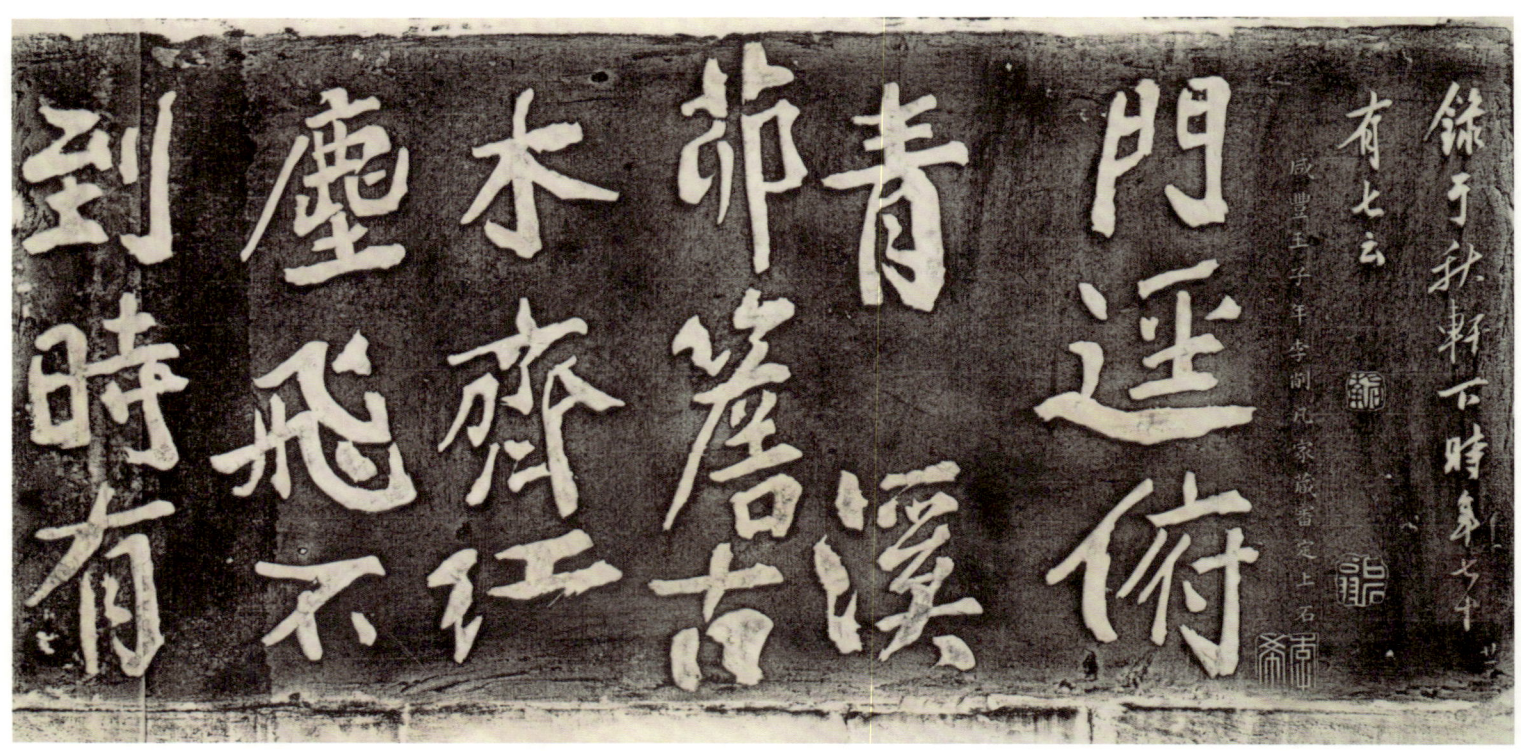

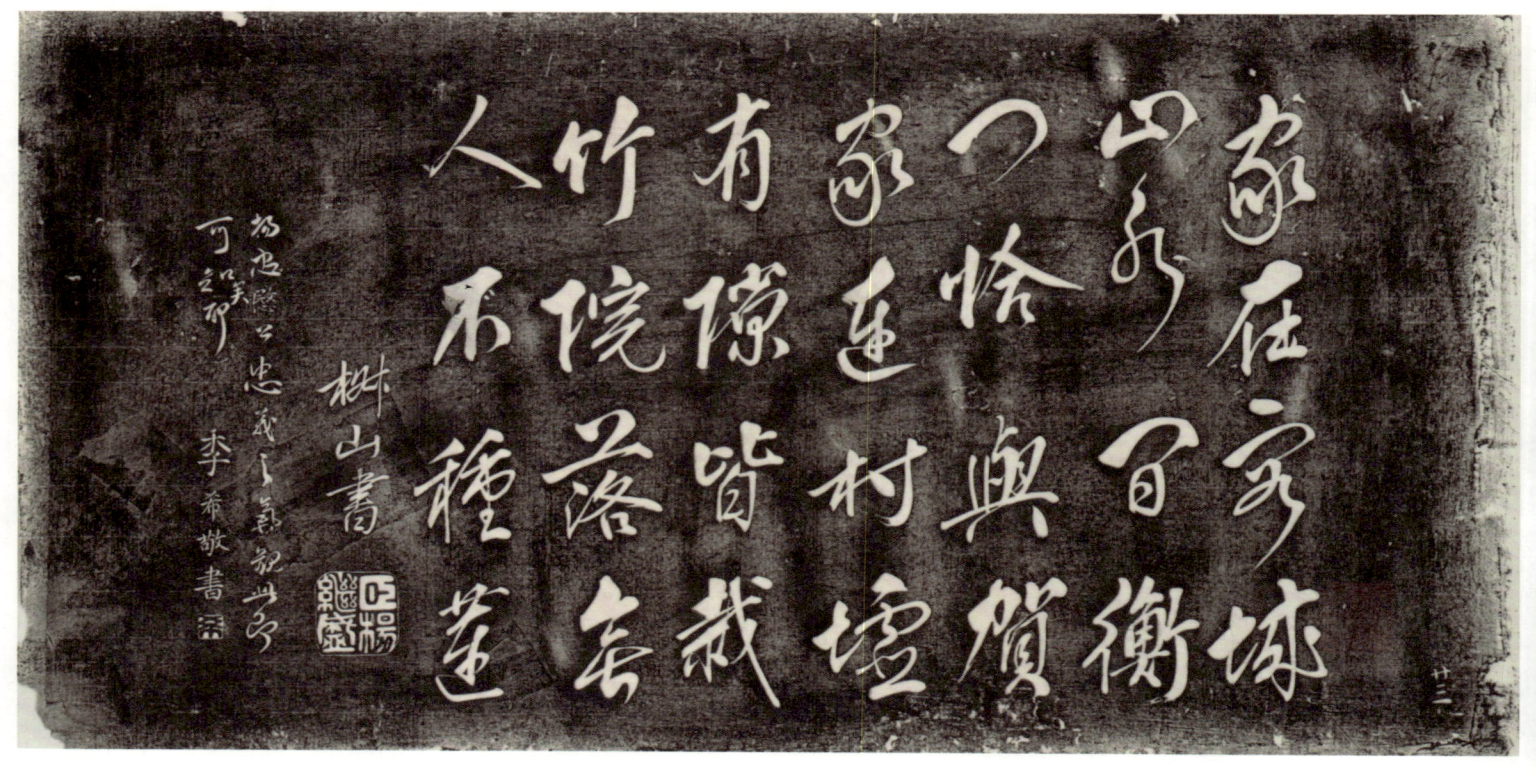

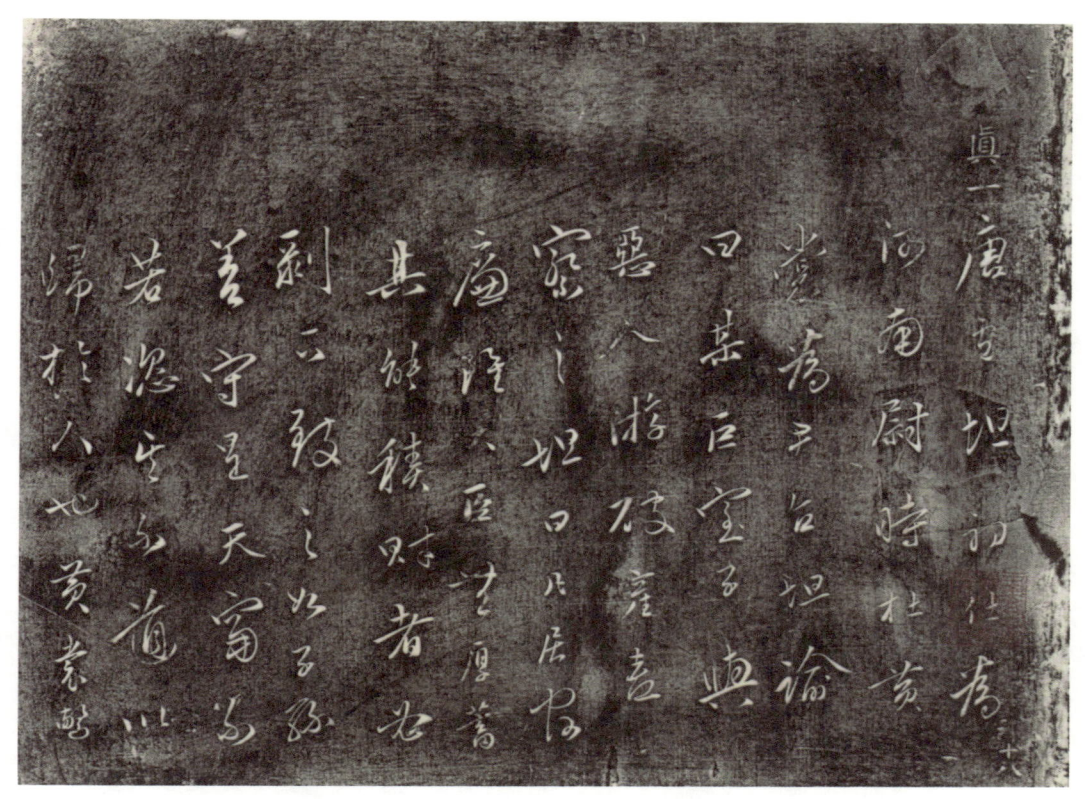

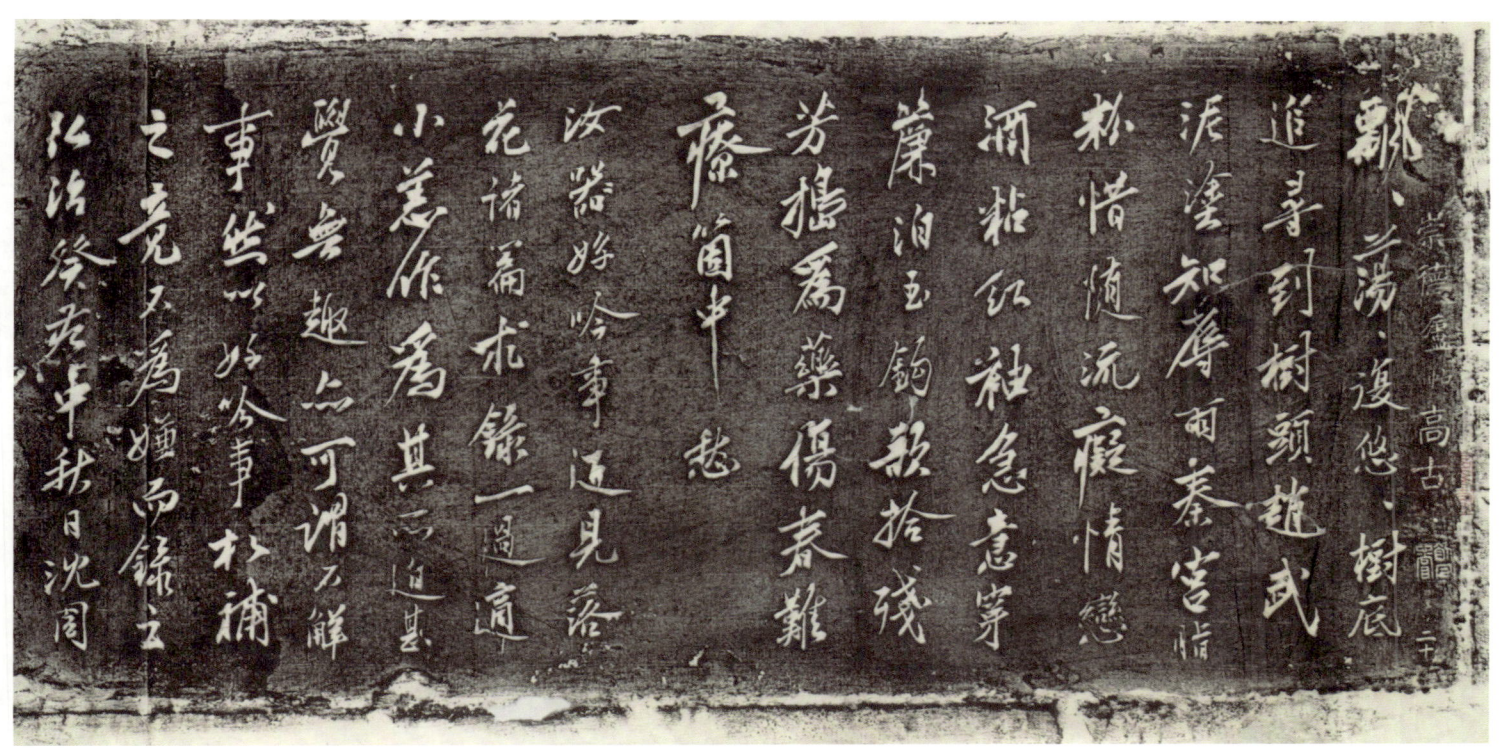

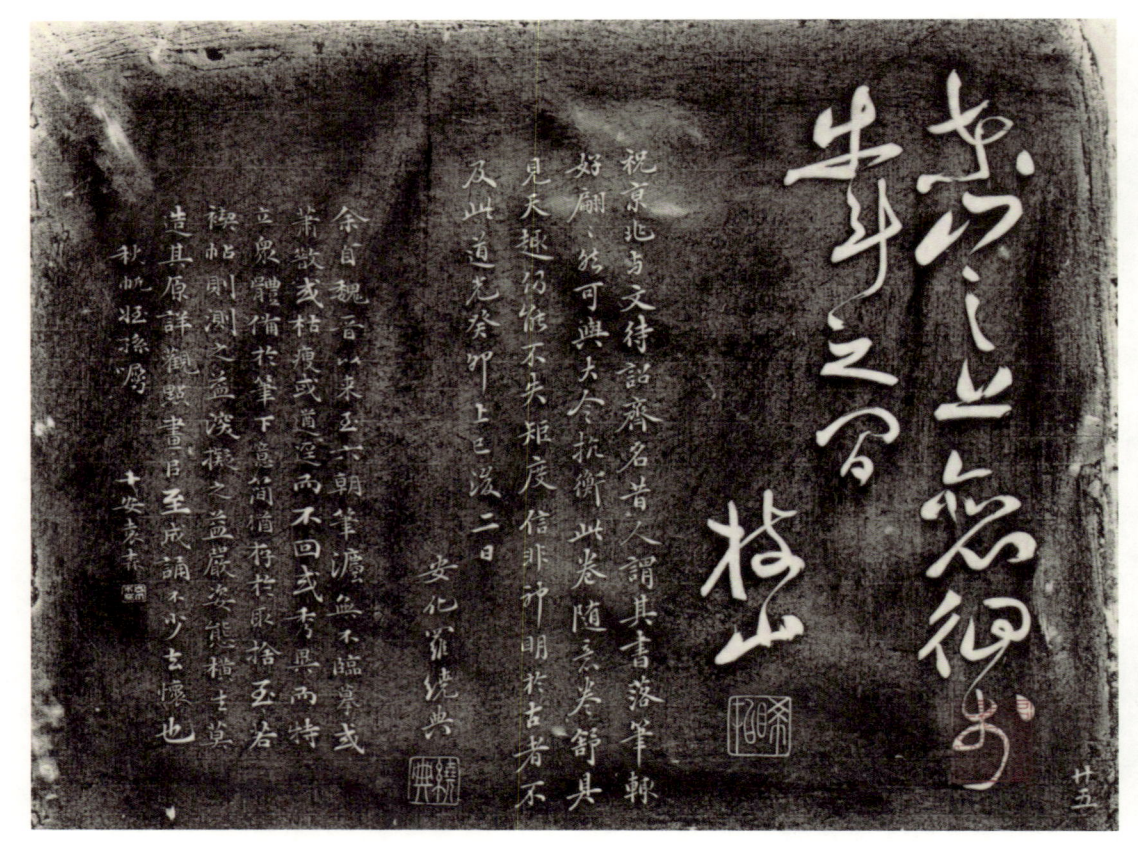

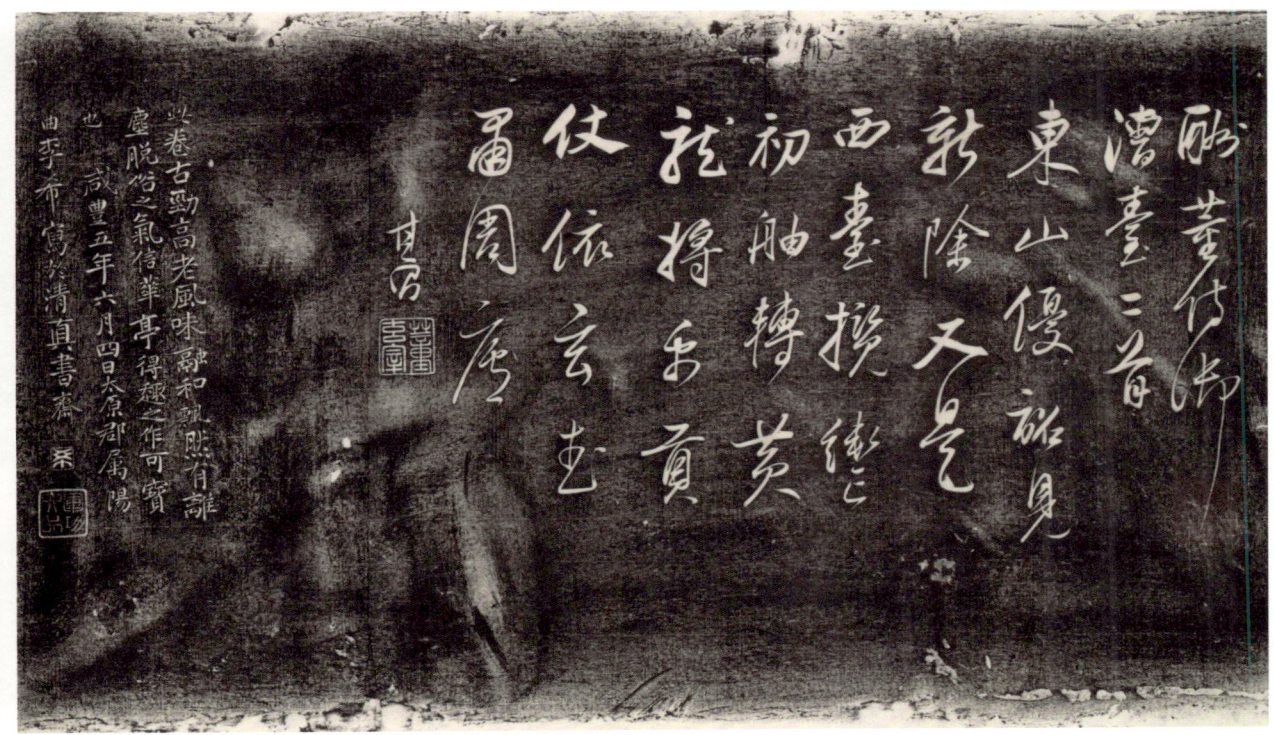

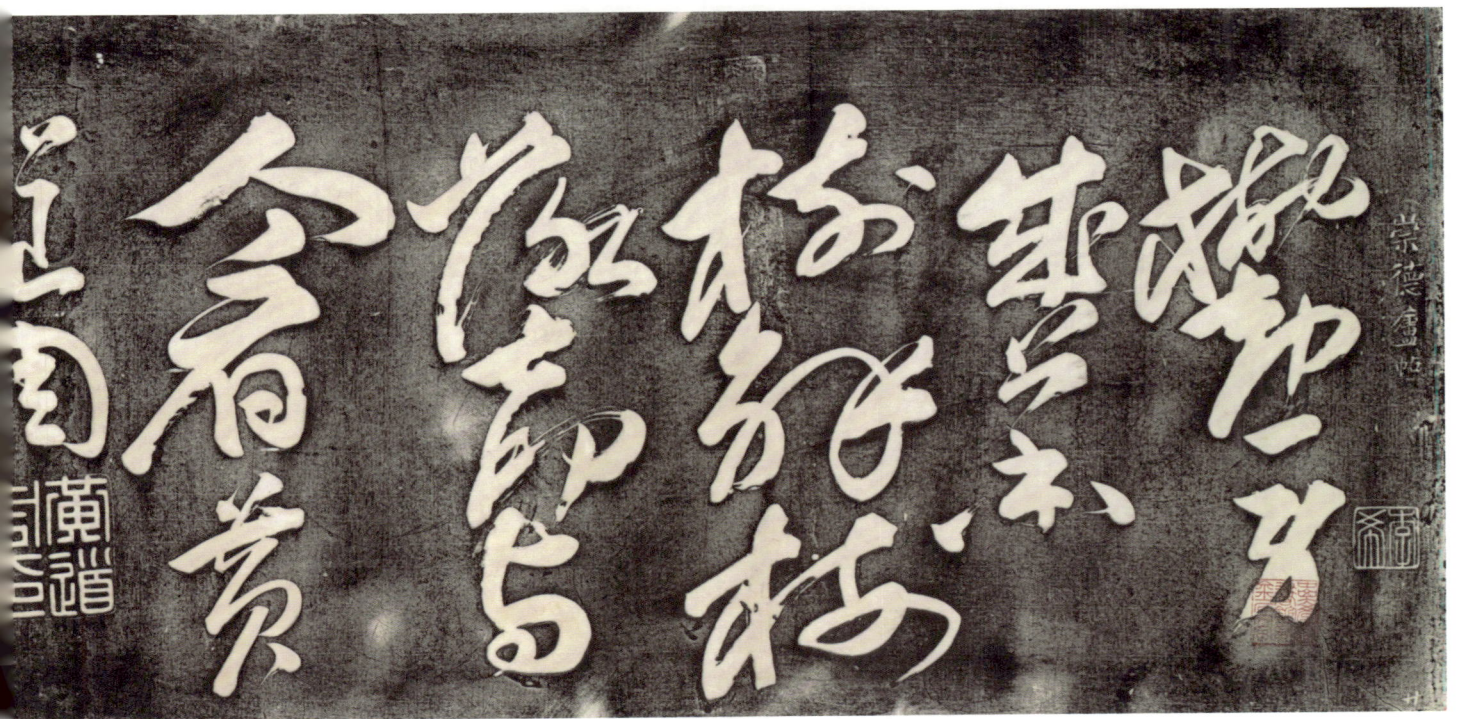

崇德廬帖刻序

崇德廬帖為清李回民鑒藏家
陽曲李希字削先生選集於咸豐
二年刻之于石此帖搜集古今
法書之精歟次及唐之諸
遂良宗之蘇軾黃庭堅至明末
之傅山父子歷代名家大都其
備刻法蒼勁沈刺均能保持原
化精神實晉王府寶賢堂法帖
之後并門石刻之鉅制惜於日
冦登陸戰役中遂失一部僅存
有三十餘太原雖放後刻凡乞
生玄孫李玄成同志發揚其精神

工美精神將服失所為文化遺
產憤然捐獻于山西省文物發
掘委員會於一九五八年友
月太原人民公園玉文瀛湖兩
崇修述曲廊乃將此項石刻文
物歟別於座停古人遠墨能興
廣大屋衆見面洵如池雁冰郭
長府說祝國墨的師妹藝術去
法立不純如綉的帖況下恢後
青去發揚光大起來物誌顛末
如右以誌不忘　柯璜

一九五八年七月一日
中國共產黨成立三十七周年紀念節

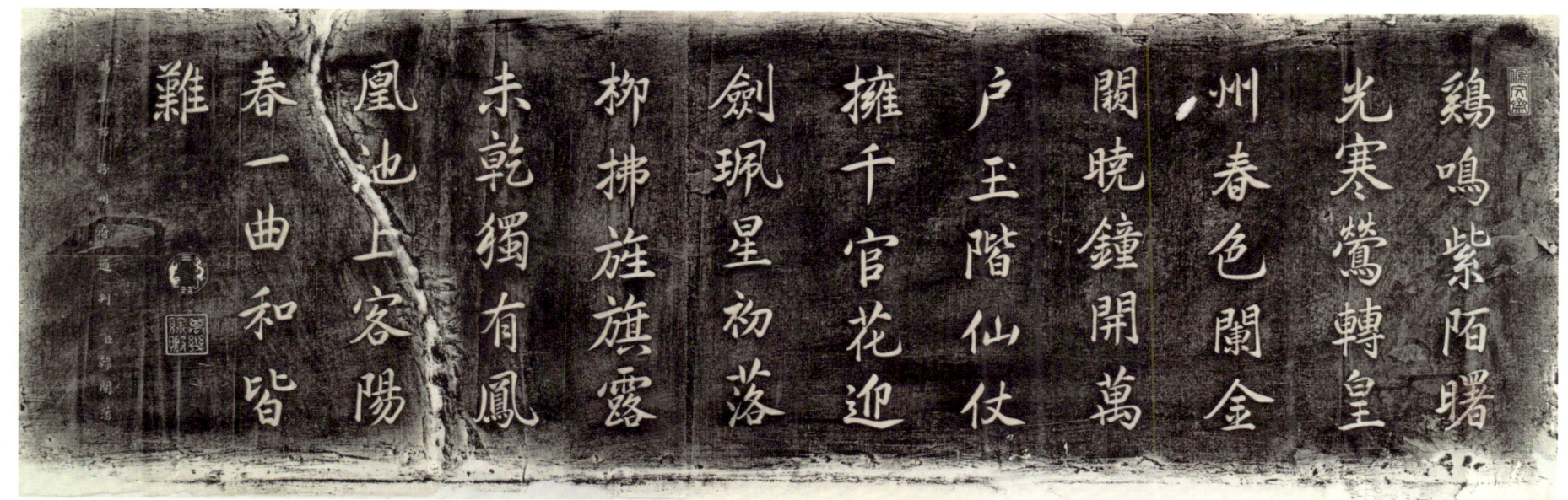

1.賜山西汾州府通判韓開藩

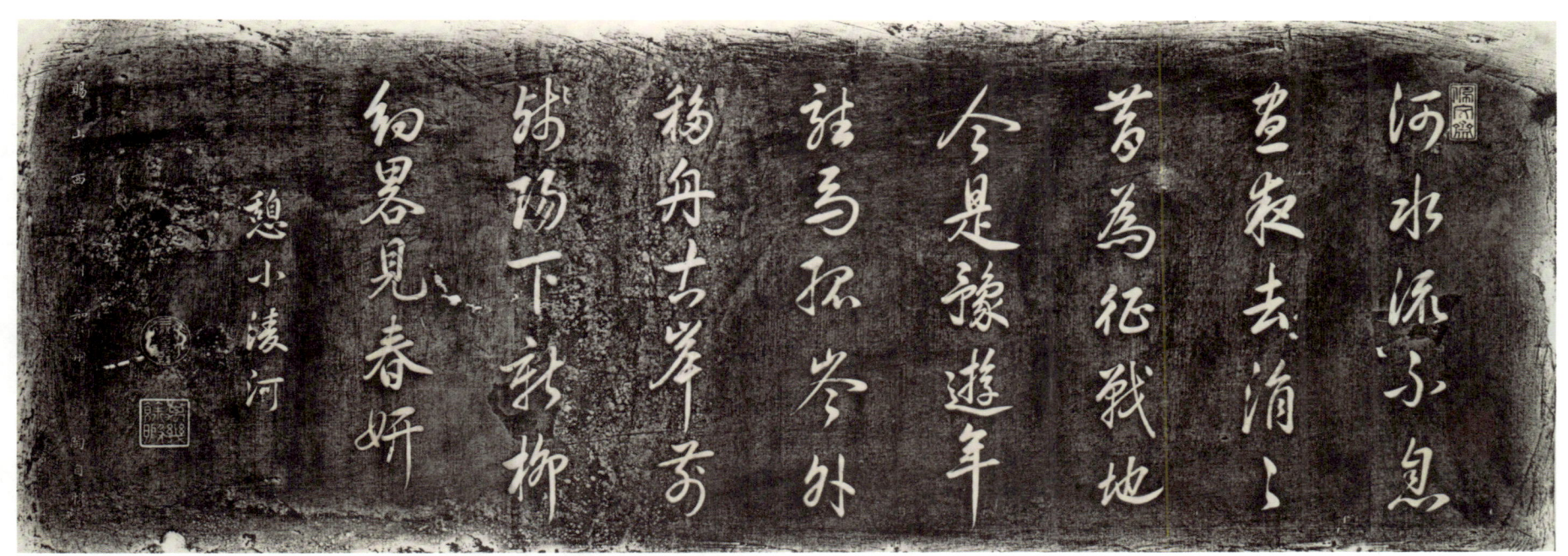

2.賜山西澤州知州陶自悅

287 康熙賜山西臣屬帖

（清）愛新覺羅·玄燁書。清康熙四十二年（1703）後。原嵌於山西太原巡撫部院御書樓四壁，1958年移置太原文瀛公園。

1958年以後拓本。7張，尺寸不一。

子目：

1. 賜山西汾州府通判韓開藩　和賈至舍人早朝大明宮之作

2. 賜山西澤州知州陶自悅　憩小淩河

3. 賜山西大同府渾源州知州劉顯功　咏蟬

4. 賜山西太原府知府趙鳳詔　觀祝孝友畫卷爲賦六言一絕復以其句爲題作五言四詠　"炎蒸無處逃"至"千林共蕭瑟"

5. 賜山西太原府代州知州騰天憲　奉和聖制途經華岳應制　有異文

6. 賜山西巡撫衙門筆帖式四格　送殷淑

7. 清班

附注：《叢帖目》未收。

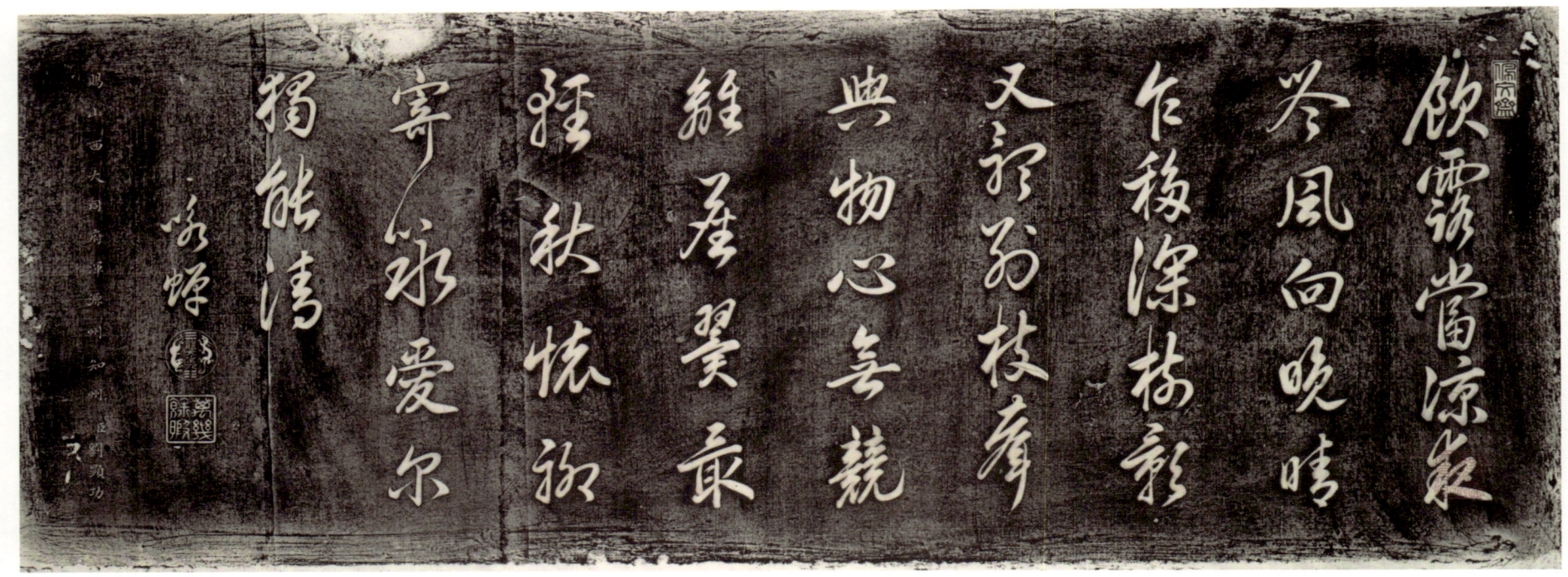

3.賜山西大同府渾源州知州劉顯功

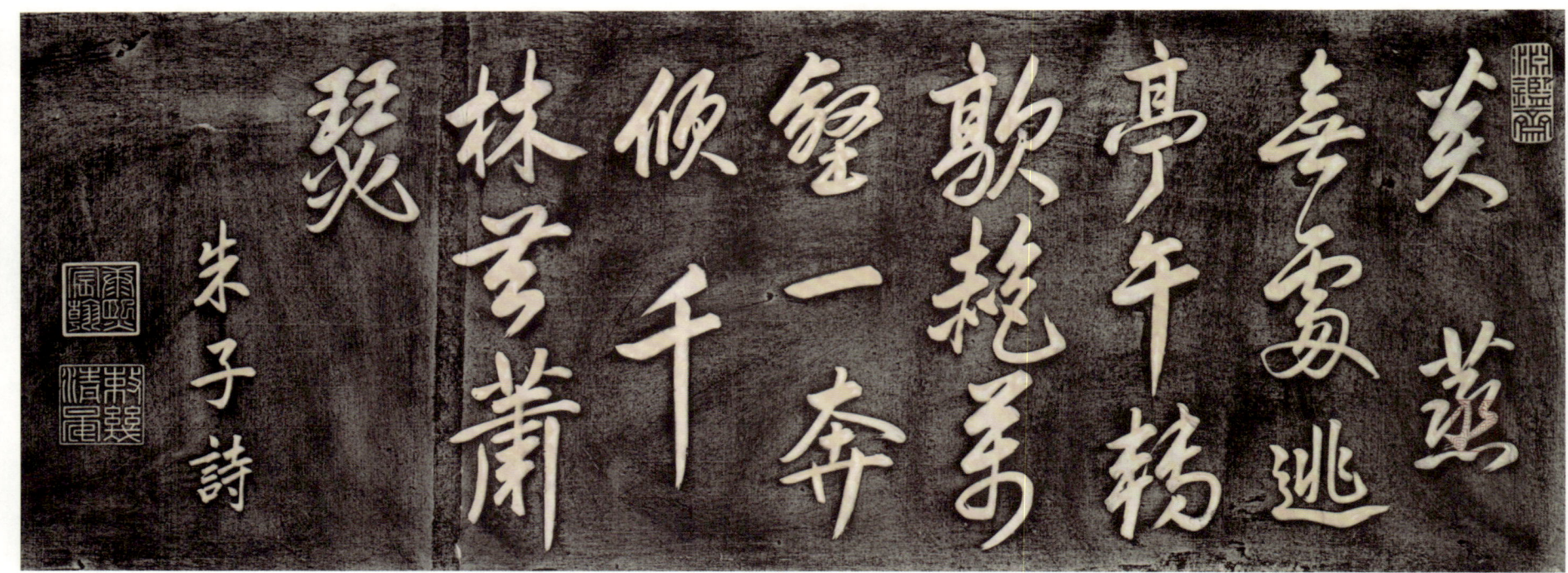

4.賜山西太原府知府趙鳳詔

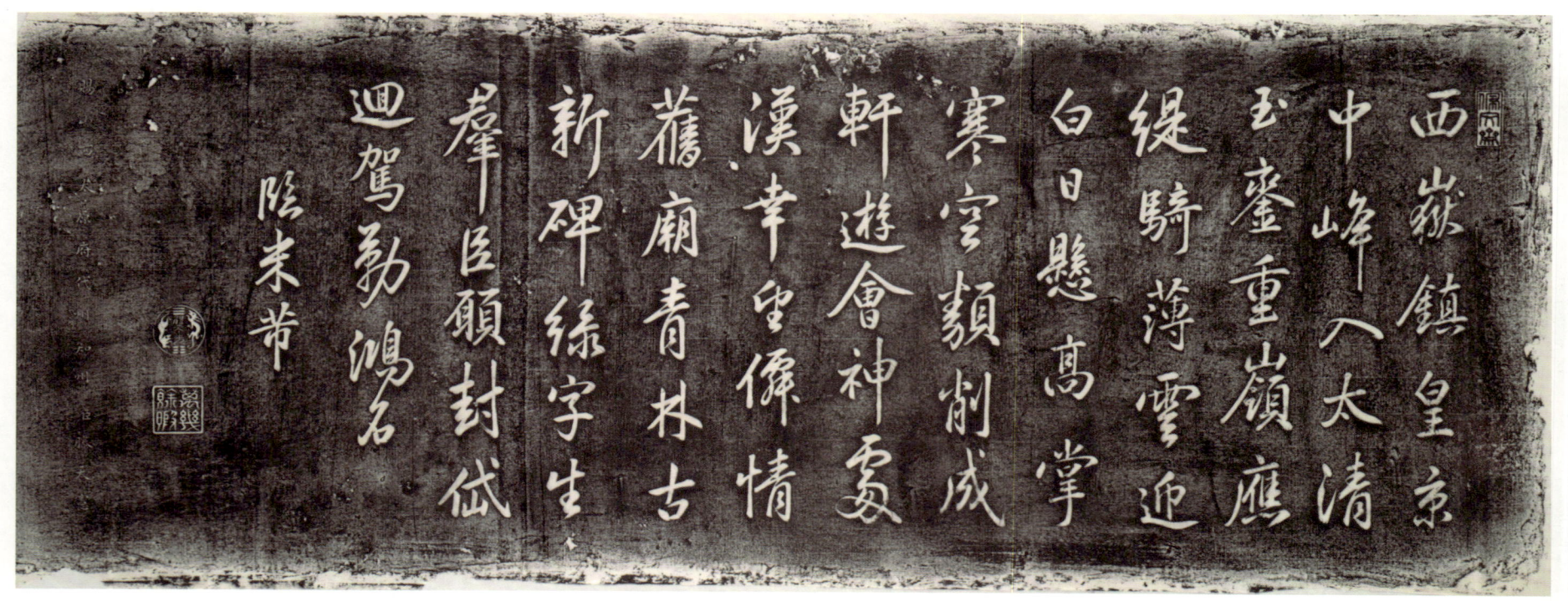

5.賜山西太原府代州知州騰天憲

6.賜山西巡撫衙門筆帖式四格

7.清班

288 蔡忠惠公法書四卷

（宋）蔡襄撰并書。木刻。帖板原在福建仙游。

清拓本。綫裝。4冊124開，23×17cm。

子目：

第一：

1.荔子帖　2.窮秋帖　3.入春帖　4.秋暑帖　5.京居帖

6.在杭帖　7.軍城帖　8.南歸帖　9.京府帖　10.郊燔帖

11.扶護帖　12.百幅帖　13.步篆帖　14.扈從帖　15.跋洛神賦

16.題壁詩帖　17.林檎帖　18.佳安帖　19.精茶帖　20.稼邨詩帖

21.吳菱帖　22.洛陽詩帖　23.宋香詩帖　24.山堂詩帖

第二：

1.絹本茶録　南宋方孚若藏款，南宋劉克莊觀款　明洪武四年（1371）三月九日倪瓚題跋

2.十詠詩帖　明洪武十二年（1379）四月袁凱觀款　明陳迪觀款

3.跋告身帖

4.夢詩帖　宋元祐五年（1090）二月四日蘇軾題跋

5.金錢帖

第三：

荔枝譜　宋歐陽修跋

第四：

1.相州畫錦堂記　北宋元祐四年（1089）九月二十五日蘇軾題跋

2.米臨入春帖

3.米臨在杭帖

4.米臨京居帖　明成化十四年（1478）三月三日張弼跋　南宋紹興十一年（1141）三月范大年跋　紹興十三年（1143）四月張駒觀款　明楊循吉題跋　明李東陽題跋　明董其昌題跋　明焦竑題跋　明顧起元題跋

扉頁印有"朱家文雅堂藏版謹告"。

附注：此帖乃明《古香齋寶藏蔡帖》之翻刻，易帖名，順序有變。《叢帖目》未收。朱性田，清道光咸豐時福建仙游人。

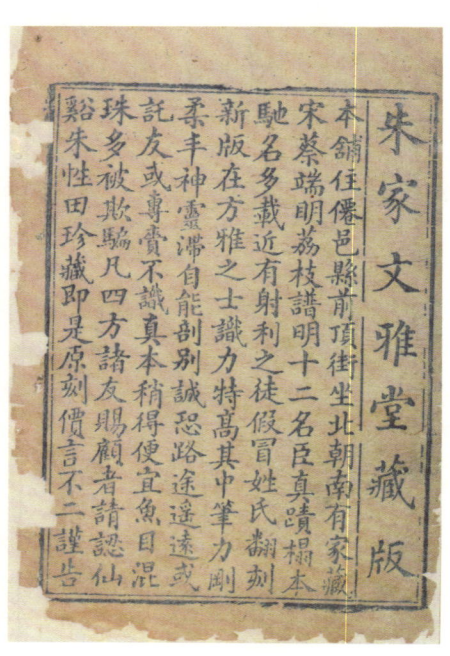

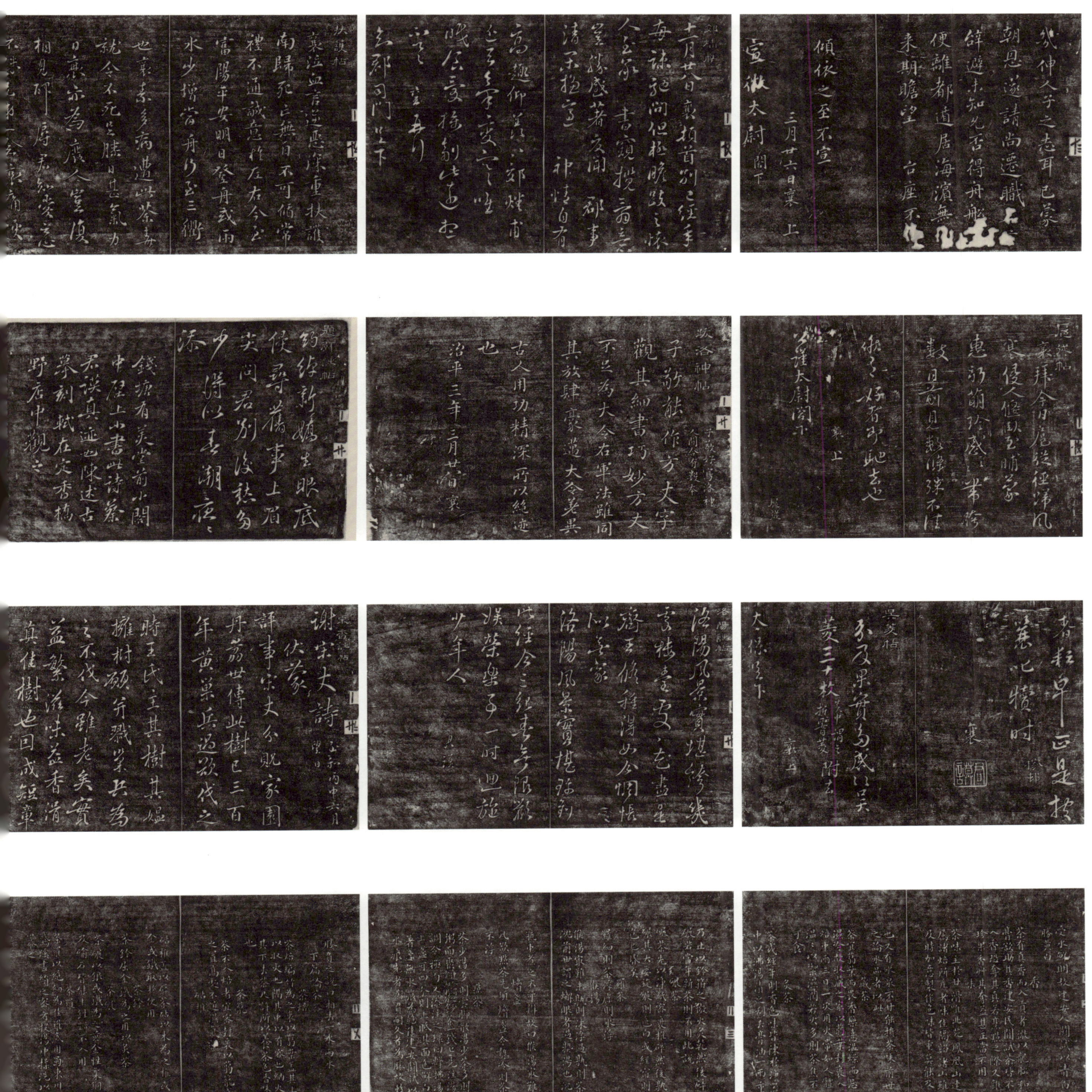

魯公末年告
身忠賢不得
而見也首陽
蔡襄齋戒以
觀至和二年
十月廿三日

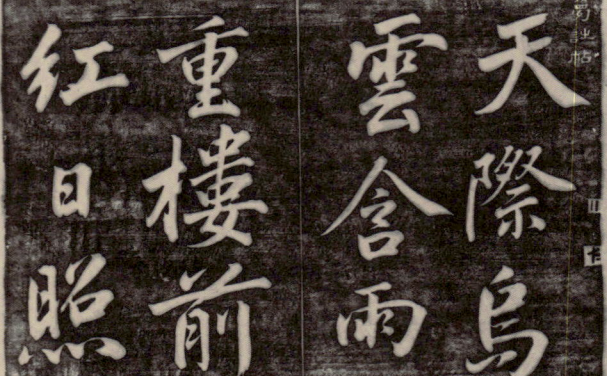

天際烏
雲含雨
重樓前
紅日照
蜀素帖

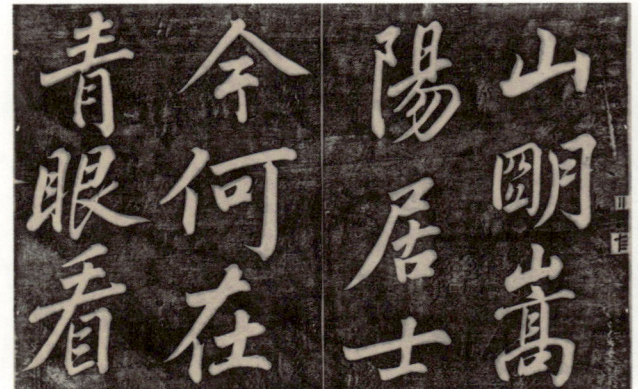

山剛嵩
陽居士
今何在
青眼看

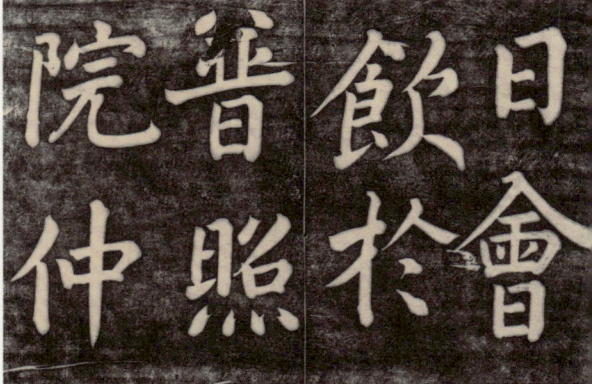

日會
飲於
晉照
院晉仲

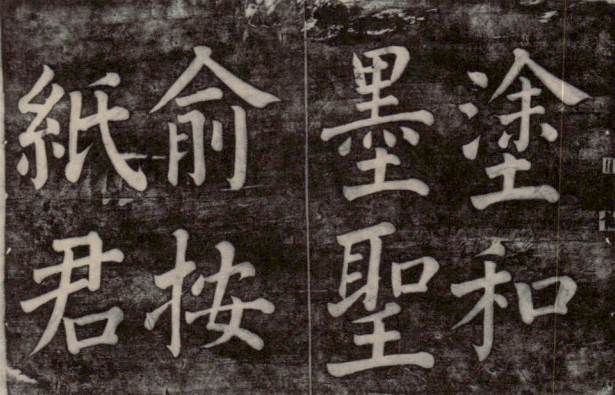

塗和
墨聖
俞按
紙君

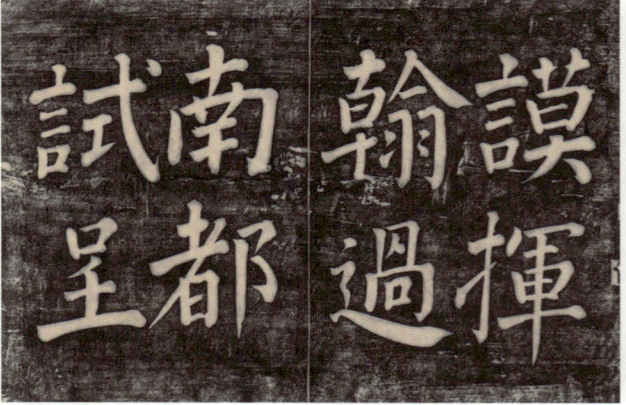

謨揮
翰過
南都
試呈

荔枝譜第一
荔枝之於天下惟閩粵
南粵巴蜀有之漢
初南粵王尉佗以之
備方物於是始通中
國司馬相如賦上林
云荅遝離支蓋言
之無有間也未見

省之魏文帝有西域
蒲陶之比世誶其綠
論盤當時南北斷
所擻出於傳聞耶唐
天寶中妃子尤嬔嗜
陛七郡皆生荔支十
里一置五里一候晝
夜介騰有毒虫猛獸
之害臨武長唐羌上
書言狀和帝詔太官

洛州歲命驛致時之
詞人多所稱詠張九
齡賦之以記白居
陽刺忠州既形於詩
又圖而序之雖帰
顏色而甘滋之勝英
能著也洛陽取於嶺
南長安未枛巴蜀雖
口鮮獻而傳置之速
腐爛之餘色香味之

此所以為之嘆惜也
第二
興化軍風俗園池勝
處雜種荔支當其熟
時雖有他果不復見
省尤重陳紫富室大
家歲戒不嘗輒別品
千計不為滿意陳氏
欲採摘必先閉戶

墙入錢度鋒鋑與之
較其直之多少也今
列陳紫之所長以
象品其實晚熟其實
廣上而圓下大可徑
寸有五分香氣清遠
色澤鮮紫殼薄而平
瓤厚而瑩膜如桃花
紅核如丁香母剝之

凝如水精食之消如
絳雪其味自然其顙此
得而狀也荔支以甘
為味雖百千樹莫有
同者過廿與淡失味
荔支皮膜形色一有
陳紫熟則已為中品

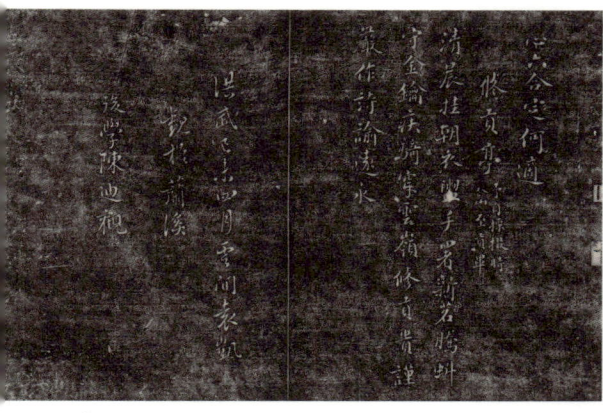
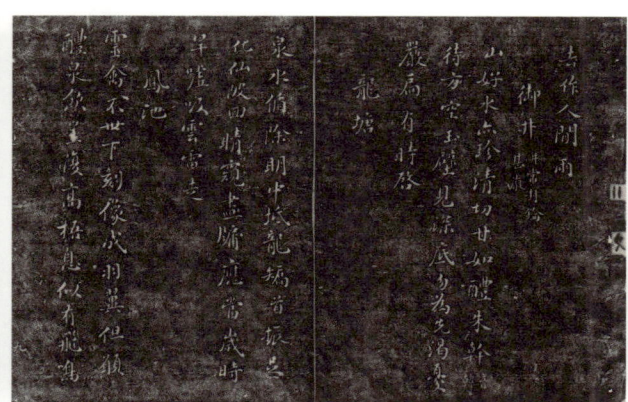

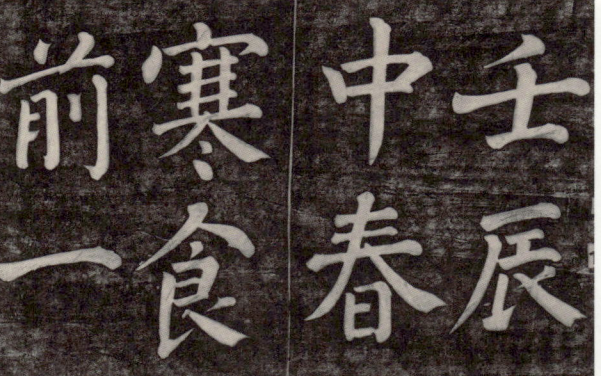
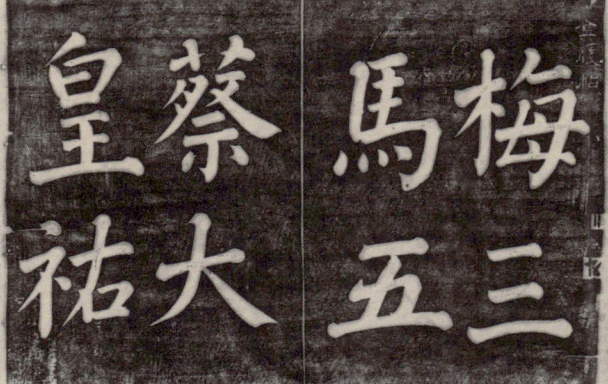
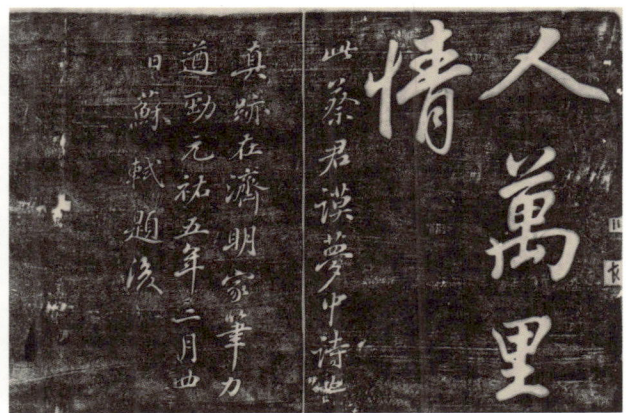

前寒一食　中春壬辰

皇蔡大祐　梅馬三五

精婶潤筆　皆是奇事

諾馬我五　何等處在

之當九評　歐陽杜公

江橙之右少蒙光采　絕曾不得班於盧橘　堪移殖而又道理遼　第一然性畏寒不　賞者其於果品卓然　夫以一木之實生於　因而題目以為侶姑　海瀕巖險之遠而能　名徹上京外被夷狄　重於當世是亦有已

有之而未始遇乎人　也予家蒲陽再臨泉　福二郡十年往還道　由鄉國每得其尤者　命工寫生輟集既多　之福州最多而興化　軍泉為奇特泉漳時　亦知名列品雖高而　家亦無紀將尤異之　物昔所未有乎蓋亦

存者亡幾矣是生荔　支中國未始見之也　九齡居易雖見新荔　漠今之廣南州郡與　驗之間所出大率　酸其精好者僅比東　閩之下荔是二人者　早熟肌肉薄而味甘　亦未始遇夫真荔支　者也閩中維四郡有

357

第一排（自右至左）

荔支食之有益於人
列仙傳稱有食其華
實為荔支仙人本草
我亦諫止之詞也哉
云雖有其傳塗常能
口未必延年益壽蓋
渴補髓所以唐羌疏
亦刻其功葛洪云齒

以其性熱人有日敢
千顆未嘗為疾即少
覺熱以蜜漿解之其
木堅理難老今有三
百歲者枝葉蘇茂生
結不息此亦其驗也
第五
初種畏寒方五七生
深冬覆之以讓霜霰
福州之西三舍曰水

口地少加寒已不可
殖大略其花春生歟
有閒歲生者謂之歇
在風雨時與不時也
生新葉其色紅白六
半歇也春花之際傷
枝有仍歲生者生生
七月時色已變綠此
明年開花者也全年

第二排（自右至左）

七然修貢者皆取於
荔支減常歲十之六
白而味美可愛其實
及半乾者為煎色黃
取以青鹽曬煎之法
民後之主吏利其多
第七
陳紫因治居第不農

也
子者皆擇善壤終莫
肥沃之致今傳其種
坎而樹之或云厥土
能及是亦賦生之異

淡故以次之其樹已
貴葉而民間猶以
江綠大較類陳紫而
差大獨香薄而味少
為江家綠云

氏子孫蕃合為大理
二百顆人窐得之方
老皆莫敢擬歲生大
自陳紫熟出十年種
陳家紫熟出名之大
游家紫熟出十年種
寺丞
方家紅可徑二寸色

第三排（自右至左）

蒲桃荔支穗生一朵
大亦云朴枋出福州
朱枋色如柿紅而扁
名之也
微紅亦小荔支以色

硫黃顏色已黃而刺
州城東有之
玟瑰班福
點踈密如玟瑰福
玟瑰紅荔支上有黑
黯而不用

種體圓與味皆膝
圓丁香帶大而下銳
蜀荔支皆
以綠見異出福州
而小荔支皆熟
綠核頗類江綠卅
藍家紅
院色青白其次於
法石白出泉州法石

牛心者以狀言之長
寺見之不知其出處
當於福州東小大乘
腹有青紋類虎班
虎皮者紅色絕大繞

乾荔支皆調於民吏
吏常以牛心為隼民
倍直賄之以輸于常

三寸餘皮厚肉濕福
州雄有一株每藏貢

第四排（自右至左）

記所出也不言姓氏
右三十二品言姓氏
尤其著者也言州郡

亦有之橄欖雕
朱枋色
生梗如枇杷閩中近

火山本出廣南四月
熟以腕重粉時子嘗
熟味甘酸而肉薄穗
七月廿四日得之
中元紅荔支將絕紅

而色淺者為異謂之
傅朱粉之飾故曰
故特貴之
粉紅者荔支多深味
婦人女子簪翹之飾

其姓名之傳出福州
以其官號其樹而失
為此官者種之後人
將軍荔支五代間有
叙頭頗紅而小可聞

猶有此樹云
在城東報國院家苟
品因而得名其家令
於此荔支色深紅
而細長時人以少女
十八娘荔支之小者
有女第十八好敢此
此之俚傳閩王王氏
真珠剖之純瓤圓白
如珠荔支之小者

若夫厚皮尖刺肌理
黄色附核而赤食之
有查食已而滋雜無
酢味自亦下苦矣
第三

福州種荔最多延迤
原野洪塘水西尤其
盛處一家之有至於
萬株城中越山當州
界之北皆為林慮暑

雨初霽晚日照曜繁絳

震翠葉鮮明蔽映數
里之間焜如星火非
名畫之可得而精思
之可述觀攬之勝無

興為比初著花時商
人計林斷之以券
若後豐實商人知之
不計美惡悉為紅鹽
者水浮陸轉以入

京師外至北戎西夏
其東南舟行新羅
本流求大食之屬莫
不愛好重利以醻之
故商人販益廣而鄉

至
其斷林鬻之也品目
人得飫食者盆鮮以
人不知幾千萬億而鄉
人種益多一歲之出
眾唯江家綠為州

實者明年歇枝也寔
忌蠹蝙香或遇之花實
盡落其熟未更採摘
少焉皆不敢近成已
取之蝙蝠蜂蟻軍來
以逐蝙蝠之屬然

嘉祐園家有名樹者
植四柱小樓夜棲其
上以警益者又破竹
五七尺搖之答二然

紅鹽臂之法民間以
鹽梅鹵浸佛桑花為
紅漿投荔支漬之曝
乾色紅而甘酸可三
第六

四年不蠹烽貢與
商人皆便之然無
正味白曬者正俞列
日乾之以核堅為止
窗之號中密封百日

謂之出汗去其汁耐
久不然踰歲壞矣福
州舊貢紅鹽蜜煎二
種慶曆初太官閤藏
進之狀知州事沈邈

以道之遠不可致紅
鹽之數而增白曬者
無公漳泉三郡亦均
貢馬瓷煎剥生荔支
笮去其漿然後瓷煮

十年後生益奇怪州名芳
檳然亦失為上寺
何家紅出漳州何氏
世為牙校寺有郡將
種之狀全樹買之樹在舍後

將歉其子日領卒數
十人筆其堂房乃至
樹所其來無時擊家
以藏欲即伐去而不
忌今猶存焉

蠖抱樹號法來與樹
偕死賊懆之不代木
藍氏兄弟去為大常
博士丞為尚書都官
稱年餘八十子孫皆
仕官

藍家紅泉州為第一
藍家紅獨立興化年三
周家紅獨立興化年三

之陵其成也甚小又
時有稙核者因而得
名其家別居二蔽亦
分屬東西陳馬
宋公荔支樹極高大

寶如陳紫而小甘美
無異或去陳紫種出
宋氏世傳其樹巳
百歲舊屬王氏黃裳
兵過欽介斬之王氏

觀厚殼紫色瓣多而
味微濇雙結小荔支每朵
之稱核皆小實也
大丁香出福州天慶

謂過廿朶味之中
丁香荔支核如小丁
香樹病或有之亦謂
雙髻小荔支每朶數
十皆竝蒂雙頭因以

之蠲渴荔支宜依山
或平陸有近水田者
清泉流漑其味遂至
出興化軍轉運司
蜜荔支純甘如蜜是

寸鶯爵曲如爪牙而無
瓢核全樹弗變非常
有也興化軍蓮司
聽事之西常見之
水荔支枝漿多而淡食

是也其品殊下
蚶殼者殼為深渠如
瓦屋馬
龍牙者荔支之變恠
者其殼紅可長三四

至一二寸將熟多破
裂凡荔支每顆一梗
長三五寸附於枝此
等附枝而生樂如
謂柔如蒲桃者已謂

相州晝錦堂記　仕宦而至將相富貴而歸故鄉

此人情之所榮而今昔之所同也蓋士方窮時困阨閭里庸人

孺子皆得易而侮之若季子不礼於其嫂買臣見棄於其妻一

氣之盛昔人比之衣錦之榮者也惟大丞相魏國公則不然公

相人也世有令德為時名卿自公少時已擢高科登顯仕海內

之士聞下風而望餘光者蓋亦有年矣所謂將相而富貴皆公

以耀後世而垂無窮此公之志而士亦以此望於公也豈止夸

一時而榮一鄉哉公在至和中嘗以武康之節來治於相乃作

畫錦之堂于後圃既又刻詩於石以遺相人其言以快恩讎矜

下於泰山之安可謂社稷之臣矣其豐功盛烈所以銘彝鼎而

被絃歌者乃邦家之光非閭里之榮也余雖不獲登公之堂幸

嘗竊誦公之詩樂公之志有成而喜為天下道也於是乎書

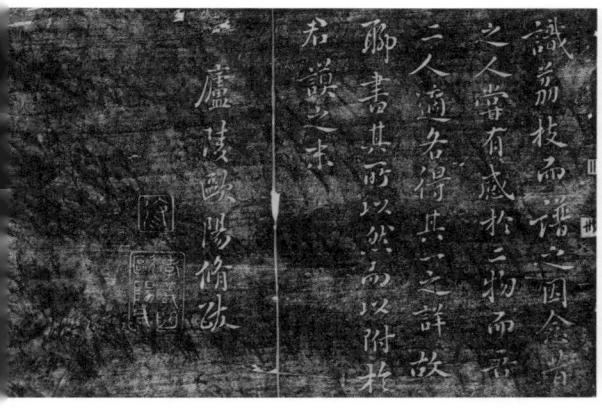

君謨之末
識荔枝而譜之固余月
之人當有感於三物而
二人者各得其之詳故
卿書其所以於高以附枝
廬陵歐陽脩跋

荔枝譜跋
牡丹花之絕於無甘味
牡枝果之絕而非名花之
之至理正如此也于必遊洛
陽花之至咸處也因為牡
丹作記務鎮閩人也故能
二者惟不無而美故得各
就广其賦予邪於遊

州郡四郡戌皆有也
嘉祐四年歲次巳
丙秋八月二十四
日莆陽蔡襄述
明年三月十二日
泉山安靜堂書

旦高車駟
馬旗旄導
前而騎卒
擁後夾道
之人相與
駢肩絫迹

瞻望咨嗟
而所謂庸
夫愚婦者
奔志駭汗
著媿俯伏
以自悔罪

於車塵馬
足之間而
莫敢仰視
此一介之
士得志於
當時得意

所宜素有
非如窮阨
之人僥幸
得志於一
時出於庸
夫愚婦之

不意以驚
駭而夸耀
之也然則
高牙大纛
不足為公
榮桓圭袞

晁不足為
公賢惟德
被生民而
功施社稷
勤之金石
播之聲詩

名譽為可
薄蓋不以
昔人之所
夸者為榮
而以為戒
於此見公

之視富貴
為如何而
其志豈易
量哉故能
出入將相
勤勞王家

而夷險一
節至於臨
大事決大
議垂紳正
笏不動聲
氣而措天

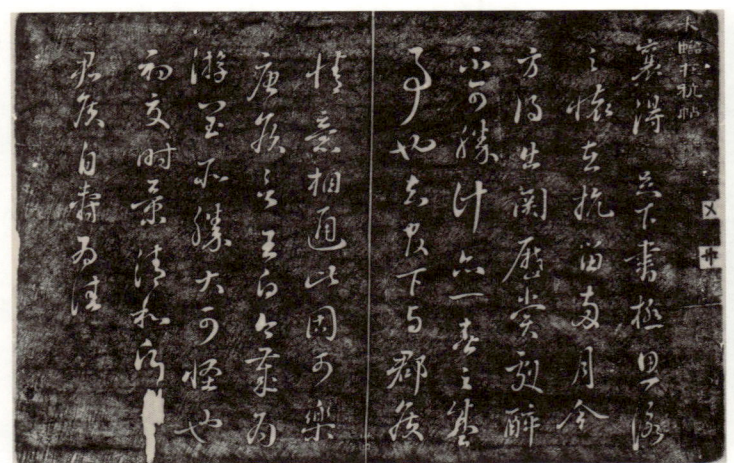

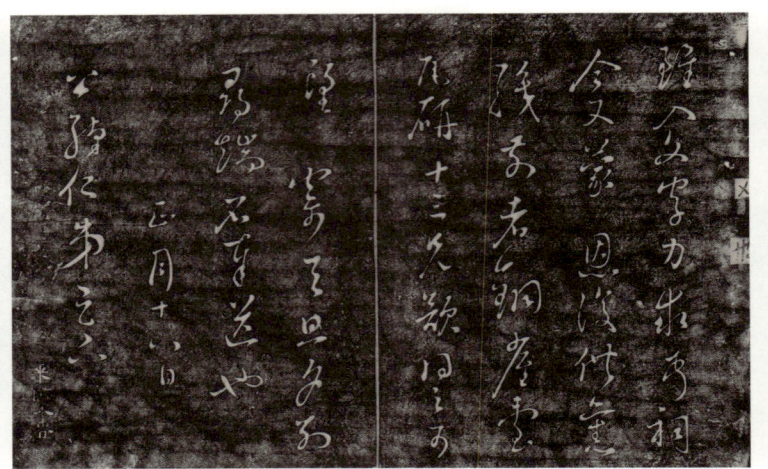

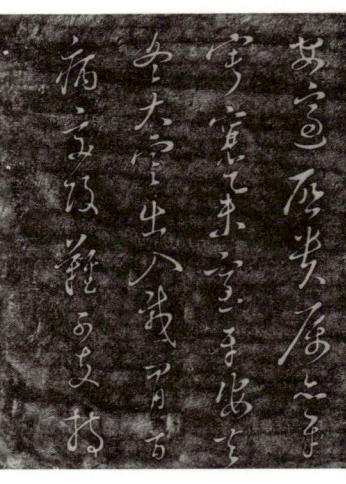

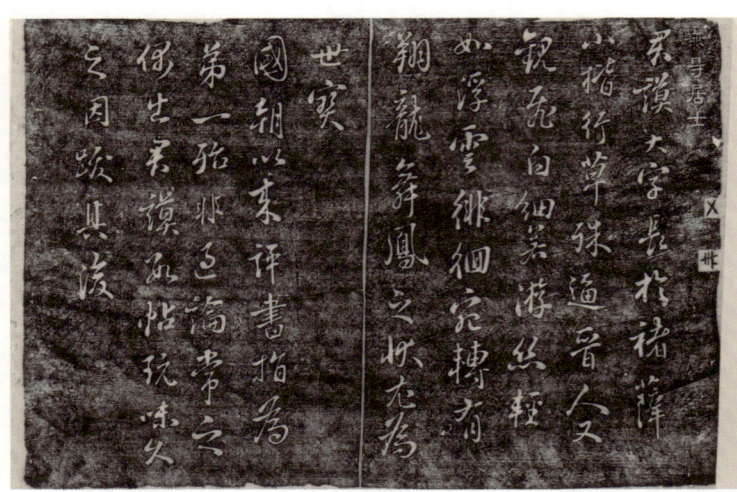

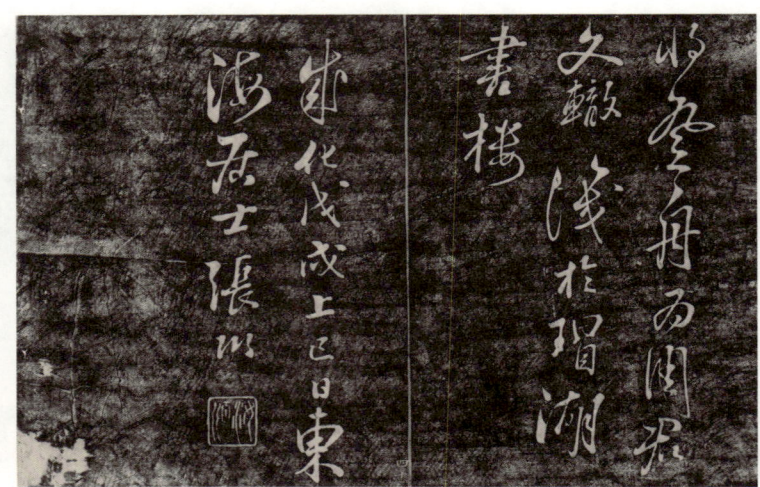

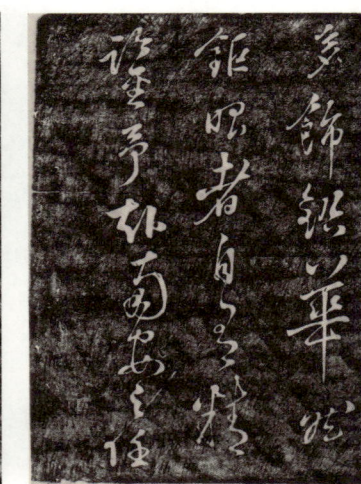

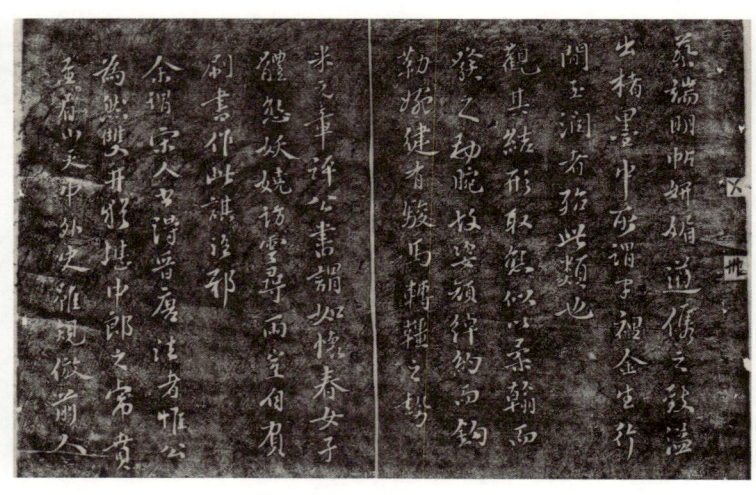

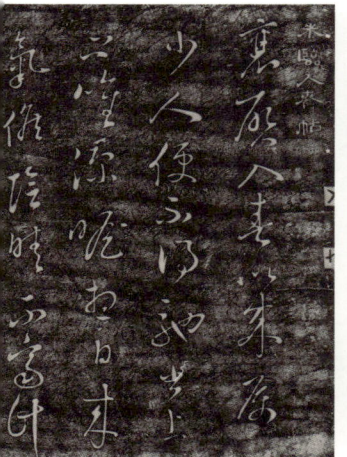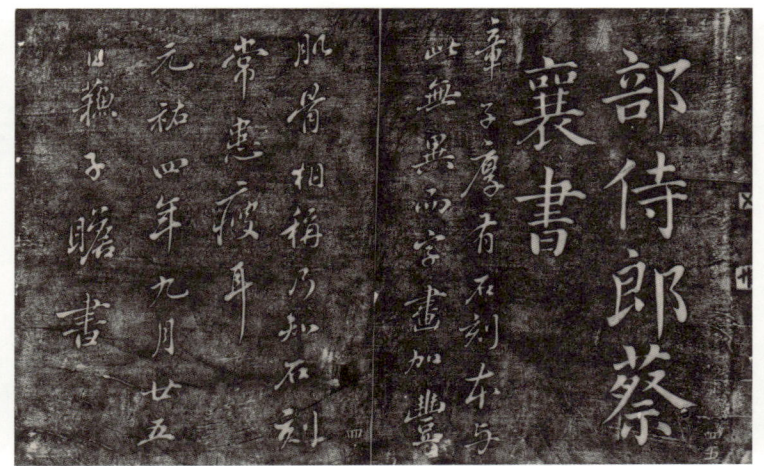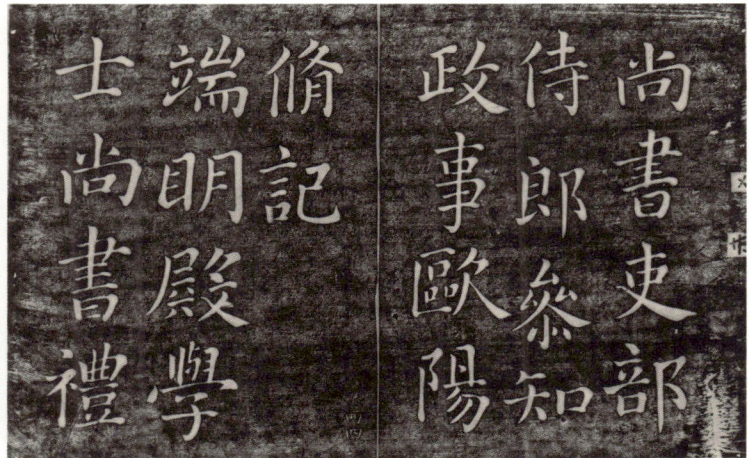

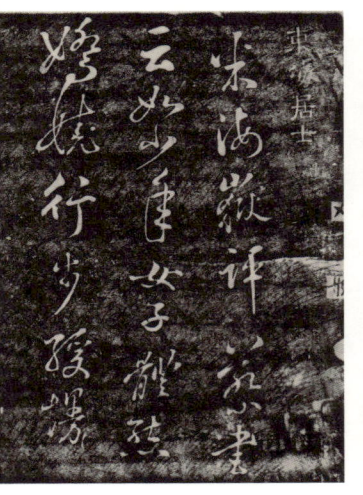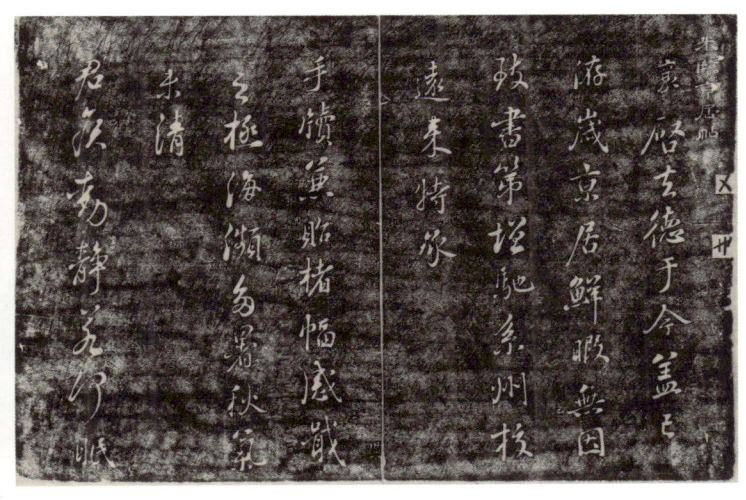

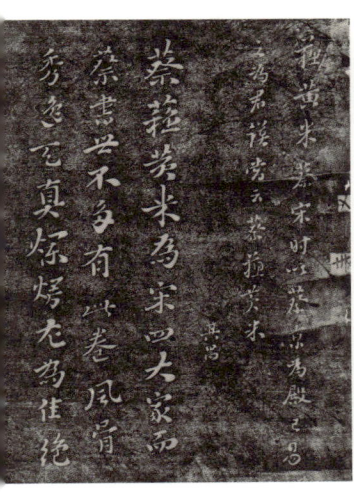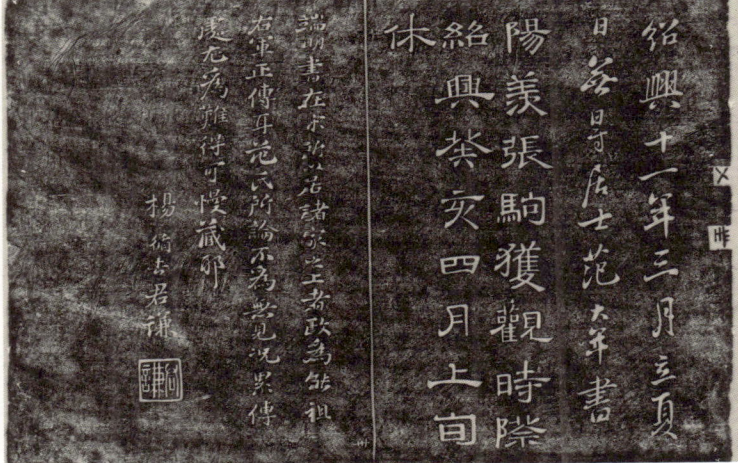

◎ 附 · 目録 ◎

001 齒父己鬲

釋文：齒父己。

商。民國十六年（1927）陝西寶雞戴家灣出土，羅振玉、容庚舊藏，現藏臺北故宮博物院。金文。

民國拓本。1張，8.5×4.5cm。

著録：三代5/13（12），貞補上15/1，小校3/520，頌齋4圖6，集成00481，商周6/46。

典藏號：Z1675。

002 戈鼎

釋文：戈。

商。現藏美國克里夫蘭美術博物館。金文。

民國拓本。1張，23.5×17.5cm。

著録：小校2/220，三代2/3（10），集成01196、01197。

典藏號：Z1660。

003 亞天父癸鼎

釋文：亞天父癸。

商。金文。

民國拓本。1張，32×22cm。

典藏號：Z1667。

004 亞醜鼎

釋文：亞醜。

商。曹秋舫舊藏。金文。

民國拓本。1張，23×17.5cm。

著録：三代2/9（9），小校2/225，殷存上2/6，集成01433，商周1/438。

典藏號：Z1650。

005 亞醜父丁方鼎

釋文：亞醜父丁。

商。金文。

民國拓本。1張，30×25cm。

著録：貞續上/14，商周2/382。

典藏號：Z1653。

006 ▨父己鼎之一

釋文：▨父己。

商。現藏上海博物館。金文。

民國拓本。1張，34×25cm。

著録：小校2/249，集成01611，商周2/151，愙齋箋注80。

典藏號：Z1645-1。

007 ▨父己鼎之二

釋文：▨父己。

商。金文。

民國拓本。1張，34×25cm。

著録：小校2/248，集成01609，愙齋箋注80。

典藏號：Z1645-2。

008 ▨父乙鼎

釋文：▨父乙。

商。現藏上海博物館。金文。

民國拓本。1張，23×18.5cm。

著録：三代2/19（1），貞續上/13，小校2/241，集成01541，商周2/106。

典藏號：Z1661。

009 ▨鼎

釋文：▨。

商。現藏上海博物館。金文。

民國拓本。1張，20×15.5cm。

著録：三代2/7（5），小校2/218，集成01154，商周1/244。

典藏號：Z1649。

010 卓鼎

釋文：卓。

商。徐乃昌舊藏。金文。

民國拓本。1張，24×18cm。

著録：三代2/3（6），貞續上/7，小校2/217，集成01191，商周1/271。

典藏號：Z1668。

011 旅父辛鼎

釋文：旅父辛。

商或西周早期。金文。

民國拓本。1張，25×17cm。

著錄：小校2/253，集成01632，商周2/176。

典藏號：Z1642。

012 亞伯禾鼎

釋文：亞白（伯）禾獲乍（作）。

商或西周早期。現藏上海博物館。金文。

民國拓本。1張，35×18cm。

著錄：三代2/45（8），貞續上/19，小校2/277，集成02034，商周3/84。

典藏號：Z1643。

013 此父丁鼎

釋文：此父丁。

商或西周早期。金文。

民國拓本。1張，28×18cm。

著錄：三代2/22（2），貞松2/13，集成01595，商周2/131。

典藏號：Z1648。

014 伯六辝方鼎

釋文：白（伯）六辝乍（作）渱寶蕁（尊）（彝）。

西周早期。劉體智舊藏，現藏美國舊金山亞洲美術博物館（布倫戴奇藏品）。金文。

民國拓本。1張，30×22cm。

著錄：三代3/16（2），貞松2/40，善齋3/7，小校2/50（8），集成02337，商周3/448，美集錄2170。

典藏號：Z1647。

015 格鼎

釋文：各（格）□乍（作）寶旅鼎。

西周早期或中期。金文。

民國拓本。1張，33×17.5cm。

典藏號：Z1662。

016 遽從鼎之一

釋文：遽從。

西周早期。現藏上海博物館。金文。

民國拓本。1張，26×10cm。

著錄：三代2/14（3），小校2/235，集成01492，商周2/13。

典藏號：Z1656-1。

017 遽從鼎之二

釋文：遽從。

西周早期。現藏上海博物館。金文。

民國拓本。1張，26×10cm。

著錄：三代2/14（4），小校2/235，集成01493，商周2/14。

典藏號：Z1656-2。

018 酋鼎

釋文：酋。

西周早期。金文。

民國拓本。1張，24.5×17cm。

典藏號：Z1666。

019 雁公鼎

釋文：膺（應）公乍（作）寶尊彝，曰：奄以乃弟用夙夕觴享。

西周早期。金文。

民國拓本。1張，37×19.5cm。

附注：據集成02553疑偽。

典藏號：Z1664。

020 雁公鼎

釋文：膺（應）雁公乍（作）寶尊彝，曰：奄以乃弟用夙夕觴享。

西周早期。長山袁理堂舊藏，現藏美國華盛頓薩克勒美術館。金文。

民國拓本。1張，32×17cm。

著錄：攈古2-2/25，三代3/36（2），小校2/355，集成02553，商周4/249。

典藏號：Z1665。

021 中婦鼎

釋文：中婦鸞。

西周早期。潘祖蔭、盧芹齋舊藏，現藏美國紐約。金文。

民國拓本。1張，35×17.5cm。

著錄：三代2/31（7），窸齋6/16，綴遺3/8，小校2/260，集成01714，商周2/241，美集錄78。

典藏號：Z1644。

022 伯作鼎

釋文：伯乍（作）鼎。

西周早期或中期。金文。

民國拓本。1張，21×18cm。

著錄：集成01723，商周2/266。

典藏號：Z1663。

023 井鼎

釋文：唯七月，王在莽京，辛卯，王漁于窩池，乎（呼）井從漁，攸賜漁（魚），對揚王休，用乍（作）寶尊鼎。

西周早期或中期。現藏上海博物館。金文。

民國拓本。1張，35×18cm。

著錄：三代4/13（2），貞松3/23，集成02720，商周5/9。

典藏號：Z1657。

024 釐鼎

釋文：釐乍（作）寶齋鼎。

西周早期或中期。陳介祺舊藏，現藏上海博物館。金文。

民國拓本。1張，28×13.5cm。

著錄：三代2/50（3-4），窸齋6/9，攈古1-3/4，簠齋鼎7，小校2/285，集成02067，商周3/114。

典藏號：Z1659。

025 伯旂鼎

釋文：伯旂乍（作）寶鼎。

西周中期。丁麟年舊藏。金文。

民國拓本。1張，33×20cm。

著錄：三代2/49（3），小校2/283，集成02040，商周3/131。

典藏號：Z1658。

026 剌鼎

釋文：唯五月，王在衣（殷），辰在丁卯，王啻（禘），用牡于大室，啻（禘）卲（昭）王，剌御，王賜剌貝卅朋，天子邁（萬）年，剌對揚王休，用乍（作）黃公尊牂彝，其孫孫子子永寶用。

西周中期（穆王）。現藏廣東廣州博物館。金文。

民國拓本。1張，37×19cm。

著錄：三代4/23（3），窸齋4/21-22，小校3/450，集成02776，商周5/251。

典藏號：Z1669。

027 小克鼎

釋文：佳王廿又三年九月，王在宗周，王命善（膳）夫克舍（捨）令（命）于成周，遹正八師之年，克乍（作）朕皇祖釐季寶宗彝，克其日用牂，朕辟魯休，用匃康冊、屯（純）右（祐）、眉壽、永令（命）、霝（靈）冬（終），邁（萬）年無疆，克其子子孫孫永寶用。

西周晚期。清光緒十六年（1890）山西扶風縣法門寺任村出土，丁麟年舊藏，現藏天津市藝術博物館。金文。

民國拓本。1張，66×34cm。

著錄：希古樓2/33，三代4/29，小校3/491，集成02800，商周5/306。

典藏號：Z1673。

028 仲義父鼎

釋文：仲義父乍（作）新（客）寶鼎，其子子孫孫永寶用，華。

西周晚期。清光緒中業陝西扶風縣法門寺出土。金文。

民國拓本。1張，40×21cm。

附注：容庚疑偽。

著録：希古樓2/16，善齋1/64，小校2/359，集成02545，商周4/301。

典藏號：Z1655。

029 作寶鼎

釋文：乍（作）寶鼎，子子孫孫永寶用。

西周。現藏北京故宮博物院。金文。

民國拓本。1張，34×20cm。

著録：希古樓2/9，三代3/18（7），貞松2/42，小校2/322，集成02350，商周4/66。

典藏號：Z1670。

030 叔攸作旅鼎

釋文：叔攸乍（作）旅鼎。

西周。金文。

民國拓本。1張，19×17cm。

著録：希古樓2/4，三代2/49（6），貞松2/27，小校2/286，集成02049，商周3/145。

典藏號：Z1671。

031 郝伯祀鼎

釋文：郝伯祀乍（作）善（膳）貞（鼎），其萬年，眉壽無疆，子子孫永寶用享。

春秋早期。李香岩、倪雨田舊藏，現藏北京故宮博物院。金文。

民國拓本。1張，49×31.5cm。

著録：希古樓2/22。三代3/49（1-2），小校2/383-384，貞松3/15，集成02602，商周4/396。

典藏號：Z1652。

032 宗婦郜娶鼎

釋文：王子剌公之宗婦郜娶，爲宗彝齋彝，永寶用，以降大福，保辥（壁）郜（鄁）國。

春秋早期。清光緒間陝西鄠縣出土，吳大澂、徐乃昌舊藏，現藏上海博物館。金文。

民國拓本。1張，33×19cm。

著録：窶齋6/9，小校2/405，又2/408，集成02686，商周5/23。

典藏號：Z1654。

033 陳逆簠

釋文：唯王正月，初吉丁亥，少子陳逆曰：余陳（田）趄（桓）子之裔孫，余寅（賨）事齊侯，懼血（恤）宗家，擇厥吉金，台(以)乍（作）厥元配季姜之祥器，鑄茲寘（資）簠（笑），台（以）享台（以）養（孝）于大宗、皇梗（聚、祖）、皇妣，皇丂（考）、皇母，乍（作）冡（遂）今命，沫（眉）壽邁（萬）年，子子孫孫兼（永）保用。

戰國早期。金文。

民國拓本。1張，52×36cm。

著録：三代10/25（2），小校9/1645，集成04630，商周13/301。

典藏號：Z1672。

034 常樂衛士銅飯幀

釋文：常樂衛士上次士銅飯幀，容八升少，新始建國地皇上戊二年二月造。

新莽始建國地皇二年（21）。陳介祺舊藏。篆書。

民國拓本。1張，38×21cm。

鈐印："盡齋兩京文字"。

著録：簠齋飯幀1，窶齋25/6，小校13/2611，漢金4/21。

典藏號：Z1674。

035 唐大中五年銅磬

唐大中五年（851）。汪學山、蒟谿薄氏、金德輿、畢沅、容庚、羅福頤等曾藏。正書、隸書。

民國二十三年、二十四年拓本。散葉。3.5開，尺寸不一。

有民國二十四年（1935）五月二十八日章鈺題跋。

鈐印："章鈺之印""式之七十後作""忘憂佳玩""容庚之印"。

典藏號：Z0517。

036 南漢乾和鐘銘

南漢乾和六年（948）。正書。

民國拓本。1張，16×29cm。

附注：鄔慶時舊藏。

典藏號：Z0509。

037 劉植鑄金神銘

（宋）張鑑撰。北宋紹聖四年（1097）三月一日。現存山西省太原市晉祠金人臺西南角。正書。

民國拓本。3張，腹銘文34×38cm；背銘文31×28cm；腿銘文22×34cm。

附注：柯璜贈容庚。

典藏號：Z0051。

又一件（Z0551）

038 趙和等鑄金神銘

北宋紹聖五年（1098）四月一日。現存山西省太原市晉祠金人臺西北角。正書。

民國拓本。2張，腹銘文30×39cm；背銘文25×44cm。

附注：柯璜贈容庚。

典藏號：Z0052。

又一件（Z0552）

039 趙師通等造鐘銘

金大定十七年（1177）八月十五日。正書。

清末民初拓本。6張，約63×18cm。

典藏號：Z0570。

040 西夏刀

西夏（1038—1227）。西夏文。

民國周康元拓本。1張，17.5×10cm。

鈐印："希丁拓"。

典藏號：Z0584。

又一件（Z0585）

又一件（Z0586）

041 西夏符牌

西夏（1038—1227）。現藏北京故宮博物院。西夏文。

民國周康元拓本。1張，10×15.5cm。

鈐印："希丁拓"。

典藏號：Z0581。

又一件（Z0582）

又一件（Z0583）

042 "紹定六年五月五日造"銘

南宋紹定六年（1233）五月五日。篆書。

民國拓本。1張，26×13cm。

附注：鄔慶時舊藏。

典藏號：Z0511。

043 雙孔雀鏡

釋文：鄢陵縣官。

宋金時期。正書。

民國拓本。1張，直徑12cm。

典藏號：Z0625。

又一件（Z0626）

又一件（Z0627）

044 李進忠造銅犁

元至正二十六年（1366）八月。正書。

民國拓本。1張，40×33cm。

典藏號：Z0563。

045 黃鼎

釋文：黃肇乍（作）文考宗白（伯）旅隩（尊）鼎，其酀（世）孫子永寶。

年代不詳。金文。

民國拓本。1張，25×16cm。

典藏號：Z1651。

046 左作

釋文：左作。

典藏號：Z0043。

062 陽三老石堂畫像題字

東漢延平元年（106）十二月十四日。清光緒十六年（1890）山東曲阜出土，端方舊藏，現藏中國國家博物館。隸書。

清末拓本。1張，53×15cm。

著錄：匋齋1/11，國圖1/37，鑒定31。

典藏號：Z0595。

063 賢良方正殘碑

東漢元初二年（115）六月卒。民國二年（1913）河南安陽出土，姚貴昉、王竹林舊藏，現藏天津博物館。隸書。

民國拓本。1張，42×58cm。

鈐印："姚海雲女史手拓金石文字記"。

附注：此爲碑之上截。下截爲允字子游殘石，又稱"子游殘碑"，現藏中國文字博物館。

著錄：希古樓7/4，國圖1/38，鑒定84。

典藏號：Z0637。

064 都官是吾殘碑

東漢延光四年（125）。清康熙六十年（1721）山東諸城超然臺出土，乾隆三十九年（1774）諸城縣令宮懋讓移存山東諸城内堂東垣，1958年後佚。篆書。

晚清拓本。1張，111×47cm。

著錄：鑒定35。

典藏號：Z0050。

065 裴岑紀功碑

東漢永和二年（137）八月，藏新疆維吾爾自治區博物館。清（1644—1911）翻刻。隸書。

民國拓本。1張，96×41cm。

典藏號：Z0615。

066 沙南侯獲碑

東漢永和五年（140）六月十五日。清道光十五年（1835）蓬湘舲訪得，現在新疆巴里坤哈薩克自治縣焕彩溝。隸書。

民國拓本。1張，125×64cm。

著錄：八瓊室4/1，國圖1/89，鑒定37。

典藏號：Z0560。

067 武斑碑

東漢建和元年（147）二月二十三日。清乾隆五十一年（1786）黄易得於山東嘉祥武宅山，現藏山東嘉祥武氏墓群石刻博物館。隸書。

清拓本。2張，碑陽203×84cm，碑陰60×17cm。

著錄：萃編8/1，國圖1/98，鑒定39。

典藏號：Z0435。

068 武氏西闕畫像并闕銘

東漢建和元年（147）三月四日。清乾隆五十一年（1786）山東嘉祥武宅山出土，現藏山東嘉祥武氏墓群石刻博物館。

民國拓本。2張。

子目：

1.西闕正闕身北面畫像。1張，142×56cm。隸書。

2.西闕正闕身南面畫像。1張，126×60cm。畫像末層失拓。

著錄：萃編8/8，山左7/13，國圖1/99，鑒定39，畫像集1/16—17。

典藏號：Z0556。

069 石門頌

東漢建和二年（148）十一月。原存陝西漢中褒城鎮石門，現藏陝西漢中博物館。隸書。

清末拓本。册葉裝。1册38開，27×42cm。

民國八年（1919）容庚題内封。

鈐印："容齋""希白""東莞容氏聊自娛齋收藏金石文字之印"。

著錄：萃編8/10，國圖1/101，鑒定39。

典藏號：Z0069。

070 李君通閣道摩崖

東漢永壽元年（155）。原存陝西漢中褒城鎮石門，1970年入藏陝西漢中博物館。隸書。

民國拓本。1張，59×44cm。

著録：續編1/10，國圖1/109，鑒定42。

典藏號：Z0404。

071 孔宙碑

東漢延熹七年（164）七月。現存山東曲阜孔廟。隸書，額篆書。

清末拓本。冊葉裝。1冊47開，24.5×14cm。

著録：萃編11/1，國圖1/123，鑒定46。

典藏號：Z0549。

072 錢寶甫本西嶽華山廟碑

（東漢）郭香察書，東漢延熹八年（165）四月二十九日，早佚。（清）錢寶甫摹，清道光十四年（1834）重刻，石已毀，殘石現存陝西華陰西嶽華山廟。隸書，額篆書。

清末拓本。毛裝。1冊14.5開，30×18cm。

有佚名抄録《兩漢金石記》一段。

附注：刻清道光十六年（1836）題識。（清）阮元撰，（清）程恩澤書。

典藏號：Z0538。

073 史晨祀孔子奏銘

東漢建寧二年（169）三月七日。現存山東曲阜孔廟。隸書。

清嘉道拓本。綫裝。1冊11葉，29×20cm。

容庚補渺損字。清晏如氏題封面并題識。

鈐印："容庚"。

著録：萃編13/1，國圖1/135，鑒定56。

典藏號：Z0146。

074 西狹頌

（東漢）仇靖撰并書。東漢建寧四年（171）六月十三日。在甘肅成縣天井山棧道摩崖。隸書。

晚清拓本。1張，146×190cm。

著録：萃編14/1，國圖1/140，鑒定58。

典藏號：Z0030。

075 武榮碑

東漢建寧年間（168—172）。原在山東嘉祥武氏墓前，後移置山東濟寧州學，現藏山東濟寧市博物館。隸書。

清初拓本。冊葉裝。1冊7開，24×12.5cm。

民國二十四年（1935）容庚重裝并題簽。

鈐印："汪氏問禮堂收藏印""汪喜孫印""汪喜孫信""孟慈""古唐里人""方氏玲瓏石室考藏印""方天沛印""方云嶠審定印""容庚"。

著録：萃編12/1，國圖1/149，鑒定52。

典藏號：Z0651。

076 楊淮表紀

（東漢）卞玉撰。東漢熹平二年（173）二月二十二日。原存陝西漢中褒城鎮石門，1970年入藏陝西漢中博物館。隸書。

晚清拓本。1張，192×61cm。

著録：萃編15/5，國圖1/151，鑒定61。

典藏號：Z0411。

077 魯峻碑

東漢熹平二年（173）四月二十二日。原存山東任城金鄉山，現藏山東濟寧市博物館。隸書。

民國拓本。1張，碑陰135×99cm。

著録：萃編15/12，國圖1/152，鑒定61。

典藏號：Z0650。

078 熹平殘碑

東漢熹平二年（173）十一月二十一日卒，清乾隆五十八年（1793）黃易得於山東曲阜東關外，存山東曲阜孔廟。清（1644—1911）翻刻。隸書。

清拓本。冊葉裝。1冊5開，約23×14cm。

附注：刻清阮元題識，袁廷翔等十人觀款，翁方綱父子觀款，道光十八年（1838）孔昭薰等三人題識。

著録：萃編15/25，國圖1/155，鑒定62。

典藏號：Z0544。

079 周憬功勳銘殘石

東漢熹平三年（174）十一月。原置廣東韶關樂昌縣周君廟中，已毀。隸書。

民國拓本。1張，49×22cm。

鈐印："五羊金石"。

附注：鄔慶時舊藏。

著錄：集古1/6，粵東5/3，廣東200/2。

典藏號：Z0515。

080 尹宙碑

東漢熹平六年（177）四月二十四日卒。現存河南鄢陵縣初級中學。隸書，額篆書。

清嘉道間拓本。1張，191×90cm。

著錄：萃編17/5，國圖1/169，鑒定65。

典藏號：Z0019。

081 熹平石經殘字

（東漢）蔡邕等書。東漢熹平年間（172—178）。河南洛陽偃師太學村出土。隸書。

民國拓本。8張。

子目：

1.序記·石陽一，1張，48×23cm。

2.序記·石陽二，1張，53×37cm。鈐印："國立北平圖書館藏石"。

3.序記·石陰一，1張，34×23cm。鈐印："北京大學研究所傳拓金石之記"。

4.序記·石陰二，1張，54×44cm。民國十九年（1930）姚華跋。鈐印："姚華私印""國立北平圖書館藏石"。

5.魯詩·唐風杕杜鴇羽，1張，5×2.5cm。徐森玉藏石。鈐印："錫永考拓金石文字"。

6.不知何經，1張，2.5×5cm。馬衡藏石。鈐印："錫永考拓金石文字"。

7.魯詩·小雅四月，1張，5×5.5cm。馬衡藏石。鈐印："錫永考拓金石文字"。

8.校記，1張，6.5×8.5cm。馬衡藏石。鈐印："錫永手拓漢魏石經記"。

著錄：萃編16/1，國圖1/165，鑒定62。

典藏號：Z0541。

又一件（Z0539）

2張。

鈐印："國立北平圖書館藏石"

附注：存石陽二、石陰二。

082 六經堪藏漢石經殘字集拓

東漢熹平年間（172—178）。河南省洛陽偃師太學村出土。隸書。

民國拓本。綫裝。1冊31葉，36.5×23cm。

典藏號：Z0652。

083 白石神君碑

（東漢）王明刻。東漢光和六年（183）。原在河北元氏白石山白石神君祠，明萬曆間劉從仁移至縣城開化寺左，清康熙三十年（1691）陳奕禧訪得，乾隆六十年（1795）嵌學署敬業堂東壁，"文革"時移埋於河北正定隆興寺地下，1989年置封龍山漢碑堂。隸書，額篆書。

清道光拓本。綫裝。1冊9.5葉，29.5×16.5cm。

鈐印："容庚之印"。

著錄：萃編17/22，國圖1/175，鑒定68。

典藏號：Z0077。

084 高頤石闕

東漢建安十四年（209）建。現藏四川雅安漢闕博物館。隸書。

民國拓本。49張。

子目：

1.左闕題名。2張，約127×42cm。間刻於左闕闕身背面三柱。

2.右闕題名。2張，約125×45cm。間刻於右闕闕身背面三柱。

3.頂蓋題名。24張，約14×14cm。頂蓋首層正面枋子起，以正面、右面、背面、左面爲序。每面銘文皆自左至右。

4.主闕樓部右前角翼馬圖。1張，43×64cm。

5.主闕樓部右後角駱駝圖。1張，43×126cm。

6.主闕樓部左前角雙龍圖。2張，約42×64cm。當爲一圖。

7.主闕樓部正面謁見圖。1張，42×64cm。

8.主闕樓部正面謁見圖。1張，43×64cm。

9.主闕樓部正面謁見圖。1張，43×63cm。

10.主闕樓部正面帶劍側卧圖。1張，27×64cm。

11.主闕樓部背面九尾狐圖。1張，32×27cm。與三足烏相鄰。

12.主闕樓部背面三足烏圖。1張，32×27cm。與九尾狐相鄰。

13.主闕樓部背面雙鳥圖。1張，31×47cm。

14.主闕樓部背面謁見圖。1張，43×30cm。

15.主闕闕身正面車馬出行圖。1張，51×12cm。

16.主闕闕身背面車馬出行圖。1張，51×136cm。

17.耳闕樓部正面車馬出行圖。1張，32×111cm。

18.耳闕樓部正面異獸圖。1張，28×32cm。

19.耳闕樓部背面車馬出行圖。1張，32×111cm。

20.耳闕樓部背面吉羊圖。1張，28×32cm。

21.耳闕樓部右側面車馬出行圖。1張，32×82cm。

22.耳闕闕身右側面人物圖。1張，30×32cm。

23.雙虎圖。1張，43×89cm。

附注：杜奉符贈容庚。

著録：八瓊室7/3，國圖1/189，鑒定80，石闕100—113。

典藏號：Z0532。

085 素下殘石

東漢（25—220）。河南洛陽出土，徐森玉舊藏，現藏北京故宮博物院。篆書。

民國拓本。1張，20×23cm。

著録：零拾六。

典藏號：Z0579。

086 車馬出行畫像

東漢（25—220）。

清拓本。1張，34×130cm。

典藏號：Z0431。

087 東漢畫像兩種

東漢（25—220）。

民國拓本。2張，鋪首拓本127×38cm，斗獸拓本128×42cm。

典藏號：Z0025。

088 漢射陽石門畫像

東漢（25—220）。清乾隆五十年（1785）江蘇寶應縣射陽雙墩出土，後歸汪中，清道光十年（1830）汪喜孫送還學宮，嵌于畫川書院壁上。抗戰時期佚。隸書。

民國拓本。4張，孔子見老子畫像116×43cm，朱雀鋪首畫像116×44cm，横聯15×66cm，觀款110×12cm。

附注：刻清包世臣題横聯及觀款。劉文興贈容庚。

著録：萃編21/30。

典藏號：Z0559。

又一件（Z0558）

089 黄羊題字二種

東漢（25—220）。隸書。

民國拓本。2張，石羊一34×50cm，石羊二37×51cm。

附注：民國十四年（1925）一月王獻唐贈容庚。

著録：鑒定81。

典藏號：Z0049。

090 嘉祥畫像集拓十種

東漢（25—220）。現藏山東省博物館。

清拓本。10張。

子目：

1.洪福院畫像。1張，92×42cm。

2.七日山聖壽寺畫像。1張，122×32cm。

3.隋家莊關廟車馬出行畫像。1張，32×134cm。

4.隋家莊關廟樂舞畫像。1張，54×54cm。

5.上華林村真武廟畫像。1張，38×170cm。

6.吴家莊觀音堂畫像。1張，68×100cm。

7.郗家莊畫像。1張，35×111cm。

8.嘉祥城小學堂畫像。1張，32×84cm。

9.洪家廟畫像。1張，85×64cm。

10.商村畫像。1張，32×155cm。

有容庚題識。

典藏號：Z0419。

091 連理樹畫像

東漢（25—220）。

清拓本。1張，46×61cm。

典藏號：Z0430。

092 武梁祠畫像題字

東漢（25—220）。現藏山東嘉祥武氏墓群石刻博物館。隸書。

清拓本。冊葉裝。1冊25.5開，21.5×12.5cm。

民國二十四年（1935）容庚題簽。

鈐印："容庚""洪瑞牲印""漢白軒""山陰洪瑞牲鑑藏印""梅邨珍藏"。

著錄：萃編21/1。

典藏號：Z0654。

093 武氏祠畫像

東漢（25—220）。清乾隆五十一年（1786）黃易等人得於山東嘉祥武宅山，現藏山東嘉祥武氏墓群石刻博物館。隸書。

清同治十三年（1874）、光緒六年（1880）拓本。43張。

子目：

1.武梁祠後壁畫像。東漢元嘉元年（151）。1張，119×206cm。

2.武梁祠東壁畫像。東漢元嘉元年（151）。1張，155×134cm。

3.武梁祠西壁畫像。東漢元嘉元年（151）。1張，156×136cm。

4.武梁祠前檐東立柱畫像。東漢元嘉元年（151）。1張，61×14cm。

5.武梁祠屋頂前坡節一層祥瑞圖。東漢（25—220）。1張，68×206cm。

6.武梁祠屋頂後坡節一層祥瑞圖。東漢（25—220）。1張，68×207cm。

7.前石室西壁上石畫像。東漢建寧元年（168）。1張，49×198cm。

8.前石室西壁下石畫像。東漢建寧元年（168）。1張，78×197cm。

9.前石室東壁上石畫像。東漢建寧元年（168）。1張，84×198cm。

10.前石室東壁下石畫像。東漢建寧元年（168）。1張，79×196cm。

11.前石室後壁橫額畫像。東漢建寧元年（168）。1張，31×320cm。

12.前石室後壁西段承檐石畫像。東漢建寧元年（168）。1張，29×146cm。

13.前石室前壁承檐枋東段畫像。東漢建寧元年（168）。1張，27×159cm。

14.前石室前壁承檐枋西段畫像。東漢建寧元年（168）。1張，27×161cm。

15.前石室後壁小龕東壁畫像。東漢建寧元年（168）。1張，68×71cm。

16.前石室後壁小龕西壁畫像。東漢建寧元年（168）。1張，67×71cm。

17.前石室後壁小龕東側畫像。東漢建寧元年（168）。1張，64×89cm。

18.前石室後壁小龕西側畫像。東漢建寧元年（168）。1張，68×90cm。

19.前石室後壁小龕後壁畫像。東漢建寧元年（168）。1張，58×141cm。

20.前石室隔梁東面畫像。東漢建寧元年（168）。1張，59×200cm。

21.前石室隔梁西面畫像。東漢建寧元年（168）。1張，64×196cm。

22.前石室屋頂前坡東段畫像。東漢建寧元年（168）。1張，95×147cm。

23.前石室屋頂前坡西段畫像。東漢建寧元年（168）。1張，94×148cm。

24.左石室東壁上石畫像。東漢建和二年（148）。1張，85×196cm。

25.左石室東壁下石畫像。東漢建和二年（148）。1張，68×205cm。

26.左石室西壁上石畫像。東漢建和二年（148）。1張，53×201cm。畫像分三層，銳頂部分失拓。

27.左石室西壁下石畫像。東漢建和二年（148）。1張，76×206cm。

28.左石室後壁承檐石東段畫像。東漢建和二年

（148）。1張，31×144cm。

29.左石室後壁橫額畫像。東漢建和二年（148）。1張，31×230cm。

30.左石室後壁小龕東側畫像。東漢建和二年（148）。1張，72×61cm。

31.左石室後壁小龕西側畫像。東漢建和二年（148）。1張，71×61cm。

32.左石室後壁小龕東壁畫像。東漢建和二年（148）。1張，69×71cm。

33.左石室後壁小龕西壁畫像。東漢建和二年（148）。1張，68×71cm。

34.左石室後壁小龕後壁畫像。東漢建和二年（148）。1張，69×142cm。

35.左石室隔梁東面畫像。東漢建和二年（148）。1張，61×207cm。

36.左石室隔梁西面畫像。東漢建和二年（148）。1張，60×204cm。

37.左石室屋頂前坡東段畫像。東漢建和二年（148）。1張，102×137cm。

38.左石室屋頂前坡西段畫像。東漢建和二年（148）。1張，104×144cm。

39.左石室屋頂後坡東段畫像。東漢建和二年（148）。1張，106×143cm。

40.左石室第一石右段畫像。東漢建和二年（148）。1張，63×112cm。刻清乾隆五十四年（1789）李克正題識。

41.左石室第一石中段圖。東漢（25—220）。清同治十年（1871）出土。1張，63×53cm。

42.祥瑞圖第三石畫像。東漢（25—220）。1張，73×62cm。

43.孔子何饋畫像。東漢（25—220）。清光緒六年出土。1張，77×83cm。

附注：王獻唐贈容庚。武氏祠含武梁祠、前石室和左石室。

著錄：鑒定87，畫像集1/49—64，漢畫像410—505。

典藏號：Z0417。

094 四神畫像

東漢（25—220）。

清拓本。1張，68×100cm。

典藏號：Z0432。

095 熊虎鬥畫像

東漢（25—220）。

清拓本。1張，136×69cm。

典藏號：Z0429。

096 朱鮪石室畫像

東漢（25—220）。原在山東金鄉李樓村，現藏山東石刻藝術博物館。

清拓本。24張。

子目：

1.其一，45×28cm。

2.其二，22×32cm。

3.其三，61×43cm。

4.其五，106×39.5cm。

5.其六，109×33cm。

6.其七，109.5×41cm。

7.其八，118.5×66cm。

8.其九，51×43cm。

9.其十，52×88.5cm。

10.其十一，50×33cm。

11.其十二，53×91cm。

12.其十三，51×43cm。

13.其十四，108×41cm。

14.其十五，110×22cm。

15.其十六，111×30cm。

16.其十七，110×40cm。

17.其十八，111×23cm。

18.其十九，110.5×33cm。

19.其二十，42×53cm。

20.其二十一，110×62cm。

21.其二十四，109×30cm。

22.其二十五，50×43cm。

23.其二十六，34×19cm。

24.其二十七，32×46.5cm。

著錄：萃編21/32，畫像集1/96—99，漢畫像134—160。

典藏號：Z0418。

097 受禪表

三國魏黄初元年（220）十月二十九日。現存河南臨潁繁城漢獻帝廟。隸書，額篆書。

民國拓本。1張，36×40cm。

著錄：萃編23/12，國圖2/1，鑒定91。

附注：存碑額。

典藏號：Z0642。

098 上尊號碑

三國魏黄初元年（220）十月。現存河南臨潁繁城漢獻帝廟。隸書，額篆書。

民國拓本。1張，46×63cm。

著錄：萃編23/1，國圖2/2。

附注：存碑額。

典藏號：Z0232。

099 孔羨墓碑

（三國魏）曹植撰，（三國魏）梁鵠書。三國魏黄初元年（220）。現存山東曲阜孔廟。隸書，額篆書。

民國拓本。1張，37×22cm。

著錄：國圖2/3，鑒定91。

附注：存碑額。

典藏號：Z0265。

100 范式碑

三國魏青龍三年（235）正月。宋以後斷裂瘞土，清乾隆四十三年（1778）崔儒际得碑額，乾隆五十四年（1789）李東琪獲碑身殘石，俱立於山東濟寧宮戟門下，現藏山東濟寧市博物館漢碑室。隸書，額篆書。

晚清拓本。册葉裝。1册14開，21.5×11cm。

附注：王獻唐贈容庚。

著錄：萃編24/1，國圖2/8，鑒定93。

典藏號：Z0085。

又一件（Z0576）

附注：存碑額48×26cm。

101 毌丘儉紀功碑殘石

三國魏正始六年（245）五月。清光緒三十年（1904）吉林集安出土，現藏遼寧省博物館。隸書。

清末民初拓本。1張，36×28cm。

鈐印："李氏東園手拓"。

附注：民國十九年〔1930〕羅振玉贈容庚。

著錄：希古樓8/23，鑒定93。

典藏號：Z0274。

102 正始石經殘字

三國魏正始年間（240—249）。河南洛陽出土，曾分藏周進、馬衡、徐森玉、白堅諸家。古文、篆書、隸書。

民國拓本。11張。

子目：

1.不知何經。7×11.5cm。鈐印："錫永手拓漢魏石經記"。

2.春秋·僖公卅一年至卅三年。1張，21×13cm。江夏黄氏藏石。鈐印："錫永手拓漢魏石經記"。

3.尚書·康誥。4×9cm，馬衡藏石。鈐印："錫永手拓漢魏石經記"。

4.尚書·立政。7×9.5cm，馬衡藏石。鈐印："錫永手拓漢魏石經記"。

5.尚書·皋陶謨。14×4cm。馬衡藏石。鈐印："錫永手拓漢魏石經記"。

6.尚書·皋陶謨。1張，19×11.5cm。馬衡藏石。鈐印："錫永手拓漢魏石經記"。

7.春秋·文公。1張，33×26cm。民國二十五年（1936）白堅購於日本大阪淺野竹石山房，現藏北京故宫博物院。鈐印："白堅之印""子雲所拓"。

8.尚書·君奭。1張，35×26cm。民國二十五年（1936）白堅購於日本大阪淺野竹石山房，現藏北京故宫博物院。鈐印："白堅之印""子雲所拓"。

9.春秋·僖公卅二年至卅三年。1張，10×15cm。馬衡藏石。

10.春秋·僖公廿八年。1張，18.5×28cm。馬衡藏石。

11.尚書·無逸。1張，5×13cm。馬衡藏石。

著錄：希古樓8/1，鑒定94。

典藏號：Z0540。

103 正始石經《尚書》《春秋》殘石

三國魏正始年間（240—249）。河南洛陽出土。古文、篆書、隸書。

民國拓本。綫裝。1冊25.5葉，25×15cm。

民國十二年（1923）十二月容庚題識。

鈐印："容庚之印"。

典藏號：Z0554。

104 王基殘碑

三國魏景元二年（261）四月二十四日卒。清乾隆初河南洛陽出土，後移存河南洛陽存古閣，現藏河南洛陽古代藝術博物館。隸書。

民國拓本。1張，107×95cm。

附注：刻清光緒八年（1882）杜夢麟題識。

著錄：萃編24/11，國圖2/18，鑒定97。

典藏號：Z0104。

又一件（Z0165）

又一件（Z0166）

又一件（Z0616）

又一件（Z0648）

105 張君殘碑

三國魏（220—265）。民國二十四年（1935）周進購藏，現藏北京故宮博物院。隸書。

民國拓本。1張，48×33cm。

附注：是碑殘存右半下部、左半下部二殘石，1950年皆入藏北京故宮博物院。右半上部僅存拓本，殘石下落不明。此爲左半下部殘石。

著錄：匋齋3/11，希古樓8/25，鑒定46。

典藏號：Z0639。

106 郭休碑

西晉泰始六年（270）二月造。清道光十九年（1839）山東萊州掖縣出土，端方舊藏，現藏北京故宮博物院。隸書，額篆書。

民國拓本。3張，碑額41×48cm，碑陽163×88cm，碑陰69×90cm。

著錄：八瓊室9/1，匋齋4/1，國圖2/40，鑒定102。

典藏號：Z0091。

107 任城太守夫人孫氏碑

西晉泰始八年（272）十二月十五日立。清乾隆五十八年（1793）江鳳彝得於山東新泰新甫山，1965年移存山東泰安岱廟炳靈門內，1983年置岱廟碑廊。隸書。

清末拓本。2張，碑額41×31cm，碑文173×93cm。

著錄：萃編25/1，八瓊室9/6，山左8/26，國圖2/42，鑒定103。

典藏號：Z0007。

108 龍興皇帝三臨辟雍碑

西晉咸寧四年（278）十月二十日立。民國二十年（1931）河南偃師東大郊村出土，現存該村。隸書。

民國拓本。2張，碑陽270×103cm，碑陰268×102cm。

附注：額失拓。附碑帖鋪商賈寄容庚信札一通。

著錄：希古樓9/1，國圖2/43，鑒定104。

典藏號：Z0017。

109 成晃墓碑

西晉元康元年（291）七月十六日卒。民國十四年（1925）河南洛陽出土，張鈁舊藏，現藏河南洛陽千唐誌齋。隸書，額篆書。

民國拓本。1張，連額68×30cm。

附注：徐森玉贈容庚。附徐森玉致容庚信札一通。

著錄：希古樓9/28，集釋1/2，國圖2/56，北大墓誌5，鑒定107，時地記007。

典藏號：Z0289。

又一件（Z0135）

又一件（Z0613）

110 荀岳墓誌

西晉元康五年（295）十月二十二日葬。民國六年（1917）河南偃師出土，現藏河南偃師商城博物館。隸書。

民國拓本。1張，62×101cm。

附注：容肇祖贈容庚。石圭形，四面合拓。

著錄：芒三1，希古樓9/28，集釋1/3，國圖2/59，北大墓誌5，鑒定108，時地記008。

典藏號：Z0630。

111 荀岳墓誌

西晉元康五年（295）十月二十二日葬，現藏河南偃師商城博物館。民國（1911—1949）翻刻。隸書。

民國拓本。2張，誌陽53×49cm，誌陰53×49cm。

典藏號：Z0631。

112 郭槐柩記

西晉元康六年（296）卒。民國十九年（1930）河南洛陽平樂村出土，現藏中國國家圖書館。隸書。

民國拓本。1張，72×35cm。

著錄：集釋1/2，國圖2/62，北大墓誌5，鑒定108，時地記007。

典藏號：Z0086。

又一件（Z0087）

113 左棻墓誌

西晉永康元年（300）四月二十五日葬。民國十九年（1930）河南偃師南蔡莊村出土，張鈁、于右任舊藏，現藏陝西省博物館。隸書。

民國拓本。2張，誌陽26×14cm，誌陰、側連拓26×19cm。

附注：墓誌兩面刻。

著錄：集釋1/2，國圖2/66，北大墓誌6，鑒定111，時地記008，零拾七。

典藏號：Z0093。

又一件（Z0094）

114 張朗墓誌

晉永康元年（300）十一月葬，石已毀。民國（1911—1949）翻刻。隸書。

民國拓本。2張，誌陽49×26cm，誌陰50×27cm。

典藏號：Z0633。

115 韓壽神道闕

西晉永寧元年（301）。清道光二十一年（1841）河南洛陽出土，現藏河南洛陽古代藝術博物館。隸書。

清末拓本。1張，50×35cm。

著錄：八瓊室9/14，國圖2/69，鑒定115。

典藏號：Z0145。

116 王君墓表

西晉（265—316）。民國十五年（1926）河南洛陽高家嶺出土，柯昌泗舊藏，1960年入藏北京故宮博物院。隸書。

民國拓本。1張，11.5×12.5cm。

附注：徐森玉贈容夷。

著錄：國圖2/93，北大墓誌8，鑒定115，時地記009。

典藏號：Z0092。

117 張産碑

前秦建元四年（368）十月一日。碑原在陝西白水縣史官村倉頡廟，清乾隆初不知下落，民國九年（1920）重現於白水縣仲目鎮南彭衙村寒崇祠中，1972年入藏陝西西安碑林博物館。隸書。

清初拓本。5張，碑額21×10cm，碑陽102×70cm，碑陰150×70cm，側一107×13cm，側二124×13cm。

著錄：萃編25/22，八瓊室10/7，國圖2/123，鑒定125。

典藏號：Z0569。

118 祀后土碑

西晉（265—316）。清宣統元年（1909）八月河南洛陽朱家倉村出土，周進舊藏，現藏北京故宮博物院。隸書。

民國拓本。1張，55×60cm。

著錄：希古樓10/12，鑒定116題當利里社殘碑。

典藏號：Z0557。

119　皇帝東巡碑

北魏太延三年（437）。民國二十四年（1935）徐森玉得於河北易縣猫兒窪村，20世紀60年代移存河北省易縣南管頭村，今已毀。正書，額篆書。

民國拓本。1張，198×89cm。

著錄：國圖3/4，鑒定143。

典藏號：Z0028。

120　嵩高靈廟碑

（北魏）寇謙之撰。北魏太延年間（435—440）。現存河南登封嵩山中嶽廟。正書，額篆書。

民國拓本。1張，26×48cm。

著錄：八瓊室12/1，國圖3/5，鑒定142。

附注：存碑額。

典藏號：Z0291。

121　爨龍顏碑

（南朝宋）爨道慶撰。南朝宋大明二年（458）九月十一日立。現存雲南陸良薛官堡斗閣寺。正書。

民國拓本。3張，碑額25.5×32cm，碑陽226×121cm，碑陰158×105cm。

附注：刻清道光初年阮元題識，道光十二年（1832）邱鈞恩題識，光緒二十八年（1902）楊珮題識。周杲贈容庚。

著錄：八瓊室10/10，鑒定130。

典藏號：Z0027。

又一件（Z0053）

122　吊比干文碑

（北魏）崔浩書，北魏太和十八年（494）十一月四日，已佚。北宋元祐五年（1090）九月十五日重刻，現存河南汲縣比干廟。正書，額篆書。

民國拓本。1張，36×62cm。

附注：存碑額。

典藏號：Z0271。

123　元羽墓誌

北魏景明二年（501）七月二十九日葬。民國七年（1918）河南洛陽陳莊村出土，現藏中國國家博物館。正書。

民國拓本。1張，55×51cm。

附注：容肇祖贈容庚。

著錄：芒四1/1，集釋4/36，國圖3/48，北大墓誌11，鑒定153，時地記011。

典藏號：Z0208。

124　元羽墓誌

北魏景明二年（501）七月二十九日葬，藏中國國家博物館。清末翻刻。正書。

民國拓本。1張，54×48cm。

典藏號：Z0286。

125　魯衆造像記

北魏正始四年（507）四月。現存河南洛陽龍門石窟老君洞。正書。

民國拓本。1張，27×10cm。

著錄：八瓊室13/3，龍門1/36。

典藏號：Z0325。

126　元壽妃麴氏墓誌

北魏正始四年（507）八月十六日卒。民國八年（1919）河南洛陽後海資村出土，現藏河南省博物院。正書。

民國拓本。1張，58×52cm。

著錄：芒四1/3，集釋4/30，國圖3/105，北大墓誌13，時地記014。

典藏號：Z0287。

又一件（Z0288）

127　元緒墓誌

北魏正始四年（507）十月三十日葬。民國八年（1919）河南洛陽安駕溝村西大平塚出土，徐世昌、馬衡舊藏，現藏北京故宮博物院。正書。

民國拓本。1張，66×68cm。

吳鼎昌題識。

鈐印："萬辰審定金石文字記"。

著錄：芒四1/3，集釋3/19，國圖3/109，北大墓誌14，鑒定156，時地記014。

典藏號：Z0594。

128　楊安族造釋迦像并記

北魏正始五年（508）正月三十日。現存河南洛陽龍門石窟老君洞。正書。

民國拓本。1張，25.5×12cm。

著録：龍門1/40。

典藏號：Z0355。

129　史市榮造釋迦文佛像記

北魏正始五年（508）四月二十日。現存河南洛陽龍門石窟老君洞。正書。

民國拓本。1張，17×14cm。

著録：龍門1/42。

典藏號：Z0367。

130　張英周妻造像記

北魏正始五年（508）四月二十日。現存河南洛陽龍門石窟老君洞。正書。

民國拓本。1張，16×12cm。

著録：龍門1/43。

典藏號：Z0366。

131　道守等造彌勒像并記

北魏永平元年（508）。現存河南洛陽龍門石窟老君洞。正書。

民國拓本。1張，14×27cm。

著録：龍門1/47。

典藏號：Z0324。

132　法文法隆等造彌勒像并記

北魏永平二年（509）四月二十五日。現存河南洛陽龍門石窟老君洞。正書。

民國拓本。1張，14×26cm。

著録：八瓊室13/5，龍門1/49。

典藏號：Z0386。

133　法行造定光并二菩薩像記

北魏永平三年（510）四月四日。現存河南洛陽龍門石窟老君洞。正書。

民國拓本。1張，17×22cm。

著録：萃編27/29，八瓊室13/5，龍門1/53題法衍造像記。

典藏號：Z0315。

134　惠感造世加文像并記

北魏永平三年（510）五月十日。現存河南洛陽龍門石窟老君洞。正書。

民國拓本。1張，22×12cm。

著録：八瓊室13/6，龍門1/54。

典藏號：Z0372。

135　法慶造彌勒像記

北魏永平三年（510）九月四日。現存河南洛陽龍門石窟老君洞。正書。

民國拓本。1張，12×28cm。

著録：八瓊室13/6，龍門1/56。

典藏號：Z0387。

136　惠智造釋迦像記

北魏永平三年（510）十一月二十九日。現存河南洛陽龍門石窟老君洞。正書。

民國拓本。1張，28×13cm。

著録：八瓊室13/6，龍門1/57。

典藏號：Z0356。

137　曹連造釋迦牟尼像記

北魏永平四年（511）八月二十六日。現存河南洛陽龍門石窟老君洞。正書。

民國拓本。1張，31.5×12.5cm。

著録：八瓊室13/6，龍門1/59。

典藏號：Z0362。

138　法興造彌勒像并記

北魏永平四年（511）九月一日。現存河南洛陽龍門石窟老君洞。正書。

　　民國拓本。1張，20×12cm。

　　著録：八瓊室13/7，龍門1/60。

　　典藏號：Z0392。

139 僧略造彌勒像并記

　　北魏永平四年（511）十月七日。現存河南洛陽龍門石窟老君洞。正書。

　　民國拓本。1張，13×31cm。

　　著録：國圖3/139。

　　典藏號：Z0316。

140 劉洛真兄弟爲亡父母造彌勒像記

　　北魏延昌元年（512）十一月四日。現存河南洛陽龍門石窟。正書。

　　民國拓本。1張，14×31cm。

　　著録：萃編27/38，八瓊室13/9，龍門1/70。

　　典藏號：Z0382。

141 劉洛真爲亡兄造釋迦像記

　　北魏延昌元年（512）十一月。現存河南洛陽龍門石窟老君洞。正書。

　　民國拓本。1張，14×10cm。

　　著録：八瓊室13/9，龍門1/69。

　　典藏號：Z0381。

142 爲七世父母等造像記

　　北魏永平年間（508—512）。現存河南洛陽龍門石窟藥方洞。正書。

　　民國拓本。1張，9×27cm。

　　著録：龍門1/68。

　　典藏號：Z0403。

143 元顯儁墓誌

　　北魏延昌二年（513）二月二十九日葬。民國六年（1917）河南洛陽出土，原藏京師歷史博物館，現藏江蘇南京博物院。正書。

　　民國拓本。2張，墓誌蓋70×67cm，墓誌80×50cm。

　　附注：附含墓誌、墓誌蓋、墓誌全形及傅增湘題識的複製件一張。

　　著録：芒四1/8，集釋4/31，國圖4/7，北大墓誌17，鑒定162，時地記016。

　　典藏號：Z0096。

144 元顯儁墓誌

　　北魏延昌二年（513）二月二十九日葬，藏江蘇南京博物院。民國（1911—1949）翻刻，正書。

　　民國拓本。1張，47×42cm。

　　典藏號：Z0150。

145 白洛生題記

　　北魏延昌四年（515）二月二日。現存河南洛陽龍門石窟老君洞。正書。

　　民國拓本。1張，14×8cm。

　　著録：八瓊室13/10，龍門1/76。

　　典藏號：Z0379。

146 尹顯房造多保像記

　　北魏延昌四年（515）八月二十四日。現存河南洛陽龍門石窟老君洞。正書。

　　民國拓本。1張，7×17cm。

　　著録：八瓊室13/10，龍門1/78。

　　典藏號：Z0365。

147 尹静妙造像并記

　　北魏延昌四年（515）八月二十九日。現存河南洛陽龍門石窟老君洞。正書。

　　民國拓本。1張，12×19cm。

　　著録：萃編28/5，龍門1/79。

　　典藏號：Z0319。

148 惠榮造彌勒像記

　　北魏熙平二年（517）四月十五日。現存河南洛陽龍門石窟大佛洞。正書。

　　民國拓本。1張，11×23cm。

著録：八瓊室13/11，龍門1/83。

典藏號：Z0345。

149 惠珍造釋迦像并記

北魏熙平二年（517）五月二十四日。現存河南洛陽龍門石窟大佛洞。正書。

民國拓本。1張，13×24cm。

著録：八瓊室13/11，龍門1/84。

典藏號：Z0323。

150 元貴妃墓誌

北魏熙平二年（517）八月二十日葬。民國八年（1919）河南洛陽陳莊村出土，陶湘、羅振玉舊藏，現藏遼寧省博物館。正書。

民國拓本。毛裝。1册5.5開，22×14cm。

鈐印："謹慎"。

著録：芒四1/11，集釋6/57，國圖4/45，北大墓誌21，時地記019。

典藏號：Z0033。

151 刁遵墓誌

北魏熙平二年（517）十月九日葬，藏山東博物館。清（1644—1911）翻刻。正書。

民國拓本。1張，73×64cm。

典藏號：Z0292。

152 杜遷等廿三人造釋迦像記

北魏神龜元年（518）六月十五日。現存河南洛陽龍門石窟。正書。

民國拓本。2張，"邑師慧□"等字本9×29cm，"神龜元年六月"等字本24×13cm。

著録：八瓊室13/12，龍門1/88。

典藏號：Z0339。

153 惠感等造像并記

北魏神龜二年（519）三月十三日。現存河南洛陽龍門石窟老君洞。正書。

民國拓本。1張，27×14cm。

著録：龍門1/97。

典藏號：Z0373。

154 杜永安造無量壽佛像并記

北魏神龜二年（519）四月二十五日。現存河南洛陽龍門石窟老君洞。正書。

民國拓本。1張，12×26cm。

著録：八瓊室13/13，龍門1/92。

典藏號：Z0313。

155 赫連儒造彌勒像記

北魏神龜二年（519）六月三日。現存河南洛陽龍門石窟大佛洞。正書。

民國拓本。1張，10×28.5cm。

著録：龍門1/94。

典藏號：Z0317。

156 楊善常造像并記

北魏神龜二年（519）七月三日。現存河南洛陽龍門石窟老君洞。正書。

民國拓本。1張，17×5cm。

著録：八瓊室13/14，龍門1/95。

典藏號：Z0343。

157 錡道憘等造像并記

北魏神龜三年（520）四月八日。現存陝西耀縣藥王廟。正書。

清拓本。1張，110×61cm。

著録：國圖4/79。

典藏號：Z0531。

158 劉顯明造釋迦像并記

北魏正光元年（520）九月二十日。現存河南洛陽龍門石窟老君洞。正書。

民國拓本。1張，8×23.5cm。

著録：龍門1/102。

典藏號：Z0333。

159 王永安造像記

　　北魏正光二年（521）八月二十日。現存河南洛陽龍門石窟大佛洞。正書。

　　民國拓本。1張，8×11cm。

　　著録：八瓊室13/17，龍門1/109。

　　典藏號：Z0338。

160 侯朝和造像記

　　北魏正光二年（521）十月二十二日。現存河南洛陽龍門石窟。正書。

　　民國拓本。1張，15×8cm。

　　著録：八瓊室13/17，龍門1/113。

　　典藏號：Z0389。

161 慧榮爲亡尼等造像記

　　北魏正光二年（521）十二月七日。現存河南洛陽龍門石窟老君洞。正書。

　　民國拓本。1張，15×31cm。

　　著録：國圖4/119。

　　典藏號：Z0332。

162 張猛龍碑

　　北魏正光三年（522）正月二十三日記。現存山東曲阜孔廟。正書。

　　民國拓本。1張，41×28cm。

　　著録：萃編29/8，八瓊室15/8，鑒定169。

　　附注：存碑額。

　　典藏號：Z0575。

163 慧榮造像記

　　北魏正光三年（522）七月十七日。現存河南洛陽龍門石窟。正書。

　　民國拓本。1張，13×31cm。

　　著録：八瓊室13/18，龍門1/115。

　　典藏號：Z0328。

164 李要光造像記

　　北魏正光三年（522）八月七日。現存河南洛陽龍門石窟。正書。

　　民國拓本。1張，11×22cm。

　　著録：龍門1/116。

　　典藏號：Z0318。

165 慧暢造彌勒像記

　　北魏正光三年（522）九月九日。現存河南洛陽龍門石窟。正書。

　　民國拓本。1張，29×12cm。

　　著録：萃編29/21，八瓊室13/18，龍門1/117。

　　典藏號：Z0341。

166 法陰造釋迦像記

　　北魏正光四年（523）正月二十六日。現存河南洛陽龍門石窟老君洞。正書。

　　民國拓本。1張，11×30cm。

　　著録：八瓊室13/18，龍門1/119。

　　典藏號：Z0320。

167 惠榮造釋迦牟尼像記

　　北魏正光四年（523）三月二十三日。現存河南洛陽龍門石窟。正書。

　　民國拓本。1張，13×25cm。

　　著録：八瓊室13/19，龍門1/121。

　　典藏號：Z0396。

168 僧安造釋迦像并記

　　北魏正光四年（523）四月八日。現存河南洛陽龍門石窟。正書。

　　民國拓本。1張，11×31cm。

　　著録：龍門1/123。

　　典藏號：Z0327。

169 高貞墓碑

　　北魏正光四年（523）六月八日。清嘉慶十一年

（1806）山東德州衛河第三屯出土，移存山東德州學宮，民國三十五年（1946）入藏山東德州市圖書館，1983年入藏山東石刻藝術博物館。正書，額篆書。

清末拓本。冊葉裝。1冊23開，20×12cm。

著錄：八瓊室15/17，鑒定172。

典藏號：Z0645。

又一件（Z0227）

附注：存碑額29×40cm。

170 高貞墓碑

北魏正光四年（523）六月八日，藏山東省石刻藝術博物館。清（1644—1911）翻刻。正書，額篆書。

民國拓本。1張，193×87cm。

典藏號：Z0524。

171 劉根等卌一人造三級埤浮圖記

北魏正光五年（524）五月三十日。清光緒末河南偃師韓旗屯村出土，鄭清湖舊藏，現藏河南省博物院。正書。

民國拓本。1張，39×141cm。

著錄：鑒定174。

典藏號：Z0601。

172 元謐墓石棺綫刻畫

北魏正光五年（524）。民國十九年（1930）河南洛陽出土，現藏美國明尼蘇達州明尼阿波利斯美術館。正書。

民國拓本。2張，左幫55×214cm，右幫52×217cm。

典藏號：Z0032。

173 僧賢造彌勒觀世音藥師像記

北魏孝昌元年（525）七月二十七日。現存河南洛陽龍門石窟大佛洞。正書。

民國拓本。2張，"孝昌元年七月"等字本12×23cm，"己身眷屬"等字本11×25cm。

著錄：八瓊室13/21。

典藏號：Z0309。

174 元顯魏墓誌

北魏孝昌元年（525）十月二十六日葬。民國五年（1916）河南洛陽後海資村北出土，舊藏河南洛陽古物保存所、河南省博物館，現藏河南開封博物館。正書。

民國拓本。1張，58×58cm。

著錄：集釋4/30，國圖5/6，北大墓誌34，時地記028。

典藏號：Z0106。

又一件（Z0139）

又一件（Z0149）

又一件（Z0160）

又一件（Z0161）

又一件（Z0162）

又一件（Z0163）

175 元顯魏墓誌

北魏孝昌元年（525）十月二十六日葬，藏河南開封博物館。民國（1911—1949）翻刻。正書。

民國拓本。1張，58×56cm。

典藏號：Z0140。

176 李袁二僧等造像并記

北魏孝昌二年（526）六月十日。現存河南洛陽龍門石窟。正書。

民國拓本。1張，22×10cm。

著錄：龍門1/149。

典藏號：Z0340。

177 元壽安墓誌

北魏孝昌二年（526）十月十九日葬。民國十一年（1922）河南洛陽馬坡村出土，現藏遼寧省博物館。正書，蓋篆書。

民國拓本。2張，墓誌蓋54×51cm，墓誌83×84cm。

著錄：芒四1/23，集釋4/26，國圖5/41，北大墓誌37，時地記031。

典藏號：Z0268。

178 元略墓誌

北魏建義元年（528）七月十八日葬。民國八年（1919）河南洛陽安駕溝村出土，現藏遼寧省博物館。正書。

民國拓本。1張，62×66cm。

著録：集釋4/29，國圖5/101，北大墓誌42，時地記037。

典藏號：Z0155。

又一件（Z0156）

又一件（Z0157）

又一件（Z0158）

又一件（Z0159）

179 筍景墓誌

北魏永安二年（529）四月三日葬。民國十七年（1928）河南洛陽東陡溝村出土，民國二十七年（1938）于右任捐藏陝西省西安碑林博物館。正書，蓋篆書。

民國拓本。2張，墓誌蓋59×63cm，墓誌64×71cm。

著録：集釋6/57，國圖5/121，北大墓誌45存蓋，鑒定180，時地記040。

典藏號：Z0534。

180 元彧墓誌

北魏永安三年（530）十二月三日卒。民國四年（1915）河南洛陽伯樂凹村出土。正書。

民國拓本。1張，61×61cm。

著録：芒三15，集釋3/21，國圖5/140，北大墓誌46，時地記042。

典藏號：Z0151。

又一件（Z0152）

又一件（Z0153）

又一件（Z0154）

又一件（Z0606）

181 元延明墓誌

北魏太昌元年（532）七月二十八日葬。民國八年（1919）河南洛陽小梁村出土，舊藏河南洛陽金石保存所、河南洛陽古代藝術博物館，現藏河南博物院。

正書。

民國拓本。1張，83×105cm。

著録：芒四1/40，集釋4/35，國圖5/166，北大墓誌48，時地記043。

典藏號：Z0621。

又一件（Z0622）

182 段桃樹造無量壽佛像記

北魏永熙二年（533）九月。現存河南洛陽龍門石窟。正書。

民國拓本。1張，18×22cm。

著録：龍門1/177。

典藏號：Z0388。

183 妙量造像記

北魏（386—534）三月十三日。現存河南洛陽龍門石窟老君洞。正書。

民國拓本。1張，13×19cm。

著録：八瓊室13/29，龍門1/187。

典藏號：Z0306。

184 安定王爲女夫閭造觀世音像記

北魏（386—534）。現存河南洛陽龍門石窟老君洞。正書。

民國拓本。1張，19×24cm。

著録：八瓊室13/31，龍門1/185。

典藏號：Z0350。

185 比丘尼花造像并記

北魏（386—534）。現存河南洛陽龍門石窟老君洞。正書。

民國拓本。1張，11×27cm。

著録：八瓊室13/31，龍門1/183。

典藏號：Z0304。

186 法寧造釋迦像記

北魏（386—534）。現存河南洛陽龍門石窟老君洞。正書。

民國拓本。1張，7×19cm。

著録：八瓊室13/29，龍門1/188。

典藏號：Z0385。

187 法興造釋迦像記并王江奴造釋迦牟尼像記

北魏（385—534）。現存河南洛陽龍門石窟老君洞。正書。

民國拓本。1張，30×9cm。

子目：

1.法興造釋迦像記。北魏延昌二年（513）八月二日。

2.王江奴造釋迦牟尼像記。北魏（386—534）。

附注：兩造像合拓。

著録：八瓊室13/9、13/29，龍門1/71、1/181。

典藏號：Z0322。

188 房進機造像記

北魏（386—534）。現存河南洛陽龍門石窟老君洞。正書。

民國拓本。1張，20×10cm。

著録：八瓊室13/30，龍門1/189。

典藏號：Z0377。

189 洪懋等四十餘人造像記

北魏（386—534）。原存河南登封，端方舊藏。正書。

清末拓本。1張，60×70cm。

附注：容肇祖贈容庚。

著録：匋齋7/23。

典藏號：Z0212。

190 慧榮造釋迦像記并楊道萇造像記

北魏（386—534）。現存河南洛陽龍門石窟。正書。

民國拓本。1張，32×11cm。

子目：

1.慧榮造釋迦像記。北魏正光二年（521）八月

二十日。

2.楊道萇造像記。北魏（386—534）。

附注：兩造像合拓。

著録：八瓊室13/17、13/29，龍門1/111、1/192。

典藏號：Z0391。

191 僧暉造釋迦牟尼像并記

北魏（386—534）。現存河南洛陽龍門石窟老君洞。正書。

民國拓本。1張，9×29cm。

著録：龍門10/86。

典藏號：Z0371。

192 石棺线刻畫

北魏（386—534）。河南洛陽出土。現藏河南開封博物館。

民國拓本。5張，左幫213×59cm，右幫201×56cm，前檔66×55cm，後檔50×41cm，前檔上楣11.5×86cm。

附注：陳夢家贈容庚。

典藏號：Z0023。

193 塔戔造像記

北魏（386—534）。現存河南洛陽龍門石窟老君洞。正書。

民國拓本。1張，10.5×12.5cm。

著録：龍門4/32。

典藏號：Z0397。

194 魏□仙造像記

北魏（386—534）。現存河南洛陽龍門石窟。正書。

民國拓本。1張，7×22.5cm。

著録：八瓊室17/15。

典藏號：Z0400。

195 楊道萇造像并記

北魏（386—534）。現存河南洛陽龍門石窟。正書。

民國拓本。1張，12×13cm。

著録：八瓊室13/29。

典藏號：Z0348。

196 願萬病除愈榜題

北魏（386—534）。現存河南洛陽龍門石窟老君洞。正書。

民國拓本。1張，14×13cm。

典藏號：Z0394。

又一件（Z0395）

197 長孫僧濟等造彌勒像并記

東魏天平二年（535）四月八日。現存河南洛陽龍門石窟。正書。

民國拓本。1張，9×24cm。

著録：八瓊室17/5，龍門2/8。

典藏號：Z0311。

198 曇會等造觀世音像記

東魏天平三年（536）五月十五日。現存河南洛陽龍門石窟。正書。

民國拓本。1張，12×23cm。

著録：萃編30/15，八瓊室17/6，龍門2/9。

典藏號：Z0369。

199 高盛墓碑

東魏天平三年（536）五月二十八日卒。清光緒二十五年（1899）河北磁縣出土。正書，額篆書。

民國拓本。1張，38×38cm。

著録：鑒定184。國圖6/38，跋尾3/8，寶鴨齋上/24。

附注：存碑額及碑上半部。

典藏號：Z0222。

200 李顯樹造像并記

西魏大統二年（536）十月。端方舊藏。正書。

清拓本。1張，26×47cm。

鈐印："陶齋所得關中金石記"。

著録：八瓊室16/22，匋齋10/1。

典藏號：Z0564。

201 孫思香造觀世音像并記

東魏天平四年（537）正月二十一日。現存河南洛陽龍門石窟。正書。

民國拓本。1張，14×25cm。

著録：八瓊室17/6，龍門2/10。

典藏號：Z0342。

202 公孫甗生墓誌

東魏天平四年（537）七月十六日葬。民國二年（1913）河北磁縣北白道村出土，現藏遼寧省博物館。正書。

民國拓本。1張，55×53cm。

著録：集釋3/10，國圖6/41，北大墓誌54，鑒定184。

典藏號：Z0277。

203 張滿墓誌

東魏天平四年（537）十一月十二日葬。民國元年（1912）河北磁縣南鄉八里塚出土，現藏遼寧省博物館。正書，蓋篆書。

民國拓本。2張，墓誌蓋41×41cm，墓誌70×68cm。

著録：集釋6/61，國圖6/45，北大墓誌54，鑒定184。

典藏號：Z0278。

204 趙鬘等造像記

西魏大統六年（540）四月二十八日。現存河南洛陽龍門石窟。正書。

民國拓本。1張，16×28cm。

著録：八瓊室16/23，龍門2/2。

典藏號：Z0376。

205 蘇方成造像記

西魏大統六年（540）四月。現存河南洛陽龍門石窟老君洞。正書。

民國拓本。1張，11×7cm。

著錄：八瓊室16/23，龍門2/3。

典藏號：Z0378。

206 閭伯昇及妻元仲英合葬墓誌

東魏興和二年（540）十月二十八日葬。河南安陽出土，民國二十七年（1938）于右任捐藏陝西西安碑林博物館。正書。

民國拓本。1張，64×64cm。

著錄：集釋11/115，國圖6/68，北大墓誌56。

典藏號：Z0035。

207 元鷟墓誌

（東魏）常景撰。東魏興和三年（541）十月二十二日葬。民國元年（1912）河北磁縣南鄉八里塚出土，羅振玉舊藏，現藏遼寧省博物館。正書。

民國拓本。1張，77×77cm。

著錄：集釋3/10，跋尾3/3，國圖6/77，北大墓誌57。

典藏號：Z0644。

208 李艷華墓誌

東魏興和三年（541）十一月十七日葬。河北磁縣出土，民國二十七年（1938）于右任捐藏陝西西安碑林博物館。正書。

民國拓本。1張，42×42cm。

著錄：集釋11/113，國圖6/80，北大墓誌57。

典藏號：Z0034。

又一件（Z0037）

209 李挺墓誌

東魏興和三年（541）十二月二十三日葬。河南安陽出土，民國二十七年（1938）于右任捐藏陝西西安

碑林博物館。正書。

民國拓本。1張，84.5×85cm。

著錄：集釋11/116，國圖6/86，北大墓誌57。

典藏號：Z0040。

又一件（Z0041）

210 王偃墓誌

東魏武定元年（543）十月二十八日葬。清光緒元年（1875）山東陵縣出土。正書，蓋篆書。

民國拓本。1張，24×24cm。

著錄：八瓊室19/22，集釋6/66，國圖6/99，北大墓誌58，鑒定189。

附注：存墓誌蓋。

典藏號：Z0240。

211 侯海墓誌

東魏武定二年（544）十月十日葬。民國元年（1912）河北磁縣南鄉王家店出土，現藏遼寧省博物館。正書，蓋篆書。

民國拓本。2張，墓誌蓋35×29cm，墓誌53×53cm。

著錄：集釋6/66，國圖6/114，北大墓誌59，鑒定190。

典藏號：Z0281。

又一件（Z0282）

212 報德寺玉像七佛頌碑

東魏武定三年（545）九月十五日建。端方舊藏，現藏日本。正書，額篆書。

民國拓本。2張，碑額40×41cm，碑文133×79cm。

著錄：匋齋9/5。

典藏號：Z0143。

213 曇静造釋迦像記

東魏武定三年（545）十一月十日。現存河南洛陽龍門石窟。正書。

民國拓本。1張，9×20cm。

著錄：八瓊室17/6，龍門2/15。

典藏號：Z0374。

214 曇静造釋加像記

東魏武定三年（545）十一月十日。現存河南洛陽龍門石窟。正書。

民國拓本。1張，11×28cm。

著録：八瓊室17/6，龍門2/16。

典藏號：Z0375。

215 陳神姜等造四面像并記

西魏大統十三年（547）九月八日。現存山西太原傅公祠。正書。

民國拓本。1張，61×48cm。

著録：國圖6/11。

典藏號：Z0047。

216 劉騰等建塔構寺碑

東魏武定八年（550）正月二十日建。河南出土，移置北京。正書。

清拓本。3張，碑陽150×65cm，碑陰150×64cm，碑側129×15cm。

附注：碑四面刻。一側失拓。

著録：國圖6/157著爲東魏武定七年（549）十一月，碑陰亦不同。

典藏號：Z0021。

217 蕭正表墓誌

東魏武定八年（550）二月二十九日葬。民國二年（1913）河北磁縣大塚營村出土，袁金鎧、楊宇霆舊藏，現藏遼寧省博物館。正書，蓋篆書。

民國拓本。2張，墓誌蓋41×40cm，墓誌68×69cm。

著録：集釋6/67，國圖6/164，北大墓誌62，鑒定191。

典藏號：Z0643。

218 趙振造彌勒像并記

東魏（534—550）。現存河南洛陽龍門石窟。

正書。

民國拓本。1張，13×28cm。

著録：萃編32/12，八瓊室17/10，龍門4/61。

典藏號：Z0353。

219 張世寶卅餘人造磚天宮記

北齊天保三年（552）三月八日。劉鄂舊藏。正書。

清拓本。1張，38×45cm。

鈐印："鐵雲藏石"。

著録：鑒定193，國圖7/15。

典藏號：Z0134。

220 江阿歡夫妻造像

北齊天保六年（555）六月二十五日。河北曲陽出土。正書。

民國拓本。1張，34×120cm。

附注：容肇祖贈容庚。

典藏號：Z0211。

221 元子邃墓誌

北齊天保六年（555）十一月七日葬。河南安陽出土，民國二十七年（1938）于右任捐藏陝西西安碑林博物館。正書。

民國拓本。1張，47×47cm。

著録：集釋11/113，國圖7/50，北大墓誌68。

典藏號：Z0036。

又一件（Z0038）

又一件（Z0039）

222 法朗造像并記

魏（386—556）七月。現存河南洛陽龍門石窟老君洞。正書。

民國拓本。1張，5×22cm。

著録：龍門2/160。

典藏號：Z0331。

223 董僧智造彌勒像并記

魏（386—556）。現存河南洛陽龍門石窟老君洞。正書。

民國拓本。1張，12×23cm。

著録：八瓊室17/15，龍門4/52。

典藏號：Z0312。

224 黑甕生爲亡妻并息虎子造像記

魏（386—556）。現存河南洛陽龍門石窟老君洞。正書。

民國拓本。2張，"黑甕生"等字本7×16cm，"虎子"等字本7×11cm。

著録：八瓊室17/17，龍門4/15。

典藏號：Z0358。

225 黑甕生兄弟三人造像記

魏（386—556）。現存河南洛陽龍門石窟老君洞。正書。

民國拓本。1張，7×24cm。

著録：八瓊室17/17，龍門4/14。

典藏號：Z0359。

226 李前貴造釋迦文佛像并記

魏（386—556）。現存河南洛陽龍門石窟老君洞。正書。

民國拓本。1張，14×15cm。

著録：八瓊室17/18，龍門2/123。

典藏號：Z0308。

227 李素質妻曹氏造像并記

魏（386—556）。現存河南洛陽龍門石窟老君洞。正書。

民國拓本。1張，11×15cm。

著録：八瓊室33/1，龍門2/124。

典藏號：Z0368。

228 羅騰月等造彌勒像記

魏（386—556）。現存河南洛陽龍門石窟多佛寺外。正書。

民國拓本。1張，14×28.5cm。

著録：八瓊室17/16，龍門4/132。

典藏號：Z0401。

229 僧力僧恭造無量壽像并記

魏（386—556）。現存河南洛陽龍門石窟老君洞。正書。

民國拓本。1張，19×25cm。

著録：八瓊室17/20，龍門4/67。

典藏號：Z0354。

230 僧念造像題名并□□生造像記

魏（386—556）。現存河南洛陽龍門石窟老君洞。正書。

民國拓本。1張，26.5×14cm。

附注：兩造像合拓。

著録：龍門4/69。

典藏號：Z0399。

231 授光造釋迦文佛像并記

魏（386—556）。現存河南洛陽龍門石窟老君洞。正書。

民國拓本。1張，11×21cm。

著録：龍門3/103。

典藏號：Z0337。

232 壽□造世加文尼佛記

魏（386—556）。現存河南洛陽龍門石窟老君洞。正書。

民國拓本。1張，9×23cm。

著録：八瓊室17/16，龍門4/56。

典藏號：Z0357。

233 王婆羅門造像并記

魏（386—556）。現存河南洛陽龍門石窟老君洞。正書。

民國拓本。1張，10×19cm。

著録：八瓊室17/23，龍門2/48。

典藏號：Z0370。

234 爲亡父母亡弟造像記

魏（386—556）。現存河南洛陽龍門石窟老君洞。正書。

民國拓本。1張，14×20cm。

著録：龍門3/14。

典藏號：Z0349。

235 温靈慈造像并記

魏（386—556）。現存河南洛陽龍門石窟老君洞。正書。

民國拓本。1張，23×14cm。

著録：八瓊室17/18，龍門4/1。

典藏號：Z0307。

236 吳安國造像記

魏（386—556）。現存河南洛陽龍門石窟老君洞。正書。

民國拓本。1張，14×18cm。

著録：八瓊室17/10作"吳安"，龍門2/142。

典藏號：Z0310。

237 吳冬花造釋迦像并記

魏（386—556）。現存河南洛陽龍門石窟老君洞。正書。

民國拓本。1張，16×22cm。

著録：龍門2/140。

典藏號：Z0305。

238 楊寶勝爲亡庫多汗王造彌勒像記

魏（386—556）。現存河南洛陽龍門石窟。

正書。

民國拓本。1張，8×24cm。

著録：八瓊室17/18，龍門4/45。

典藏號：Z0393。

239 楊寶勝爲亡女法蓋造彌勒像記

魏（386—556）。現存河南洛陽龍門石窟。正書。

民國拓本。1張，26×13cm。

著録：八瓊室17/18，龍門4/46。

典藏號：Z0351。

240 張法香造釋迦文佛像記

魏（386—556）。現存河南洛陽龍門石窟老君洞。正書。

民國拓本。1張，10×18cm。

著録：八瓊室17/18，龍門3/116。

典藏號：Z0321。

241 趙阿四造像并記

魏（386—556）。現存河南洛陽龍門石窟老君洞。正書。

民國拓本。1張，18×14cm。

著録：八瓊室17/8，龍門4/57。

典藏號：Z0335。

242 支祚造像并記

西魏（535—556）。現存河南洛陽龍門石窟老君洞。正書。

民國拓本。1張，12×6cm。

著録：龍門2/7。

典藏號：Z0390。

243 邢阿光墓誌

北齊皇建二年（561）十一月十九日葬。河北磁縣出土，舊藏遼寧瀋陽博物館。隸書，蓋篆書。

民國拓本。2張，墓誌蓋34×29cm，墓誌64×67cm。

著録：集釋7/71，國圖7/110，北大墓誌70，鑒定197。

典藏號：Z0280。

244 梁伽耶墓誌

北齊河清四年（565）二月七日葬。河北磁縣出土，現藏遼寧省博物館。隸書。

民國拓本。2張，墓誌蓋34×29cm，墓誌55×55cm。

著録：集釋7/72，國圖7/147，北大墓誌72，鑒定198。

典藏號：Z0279。

245 静妃造像記

北齊天統四年（568）三月一日。河北定州出土，現藏中國國家博物館。正書。

民國拓本。2張，造像10×66cm，題記9×36cm。

附注：容肇祖贈容庚。

典藏號：Z0219。

246 隴東王感孝頌

（北齊）申嗣邕撰，（北齊）梁恭之書。北齊武平元年（570）正月二十二日立。現存山東濟南孝堂山郭氏墓石祠。隸書，額篆書。

清拓本。2張，碑額38×31cm，碑文126×228cm。

附注：刻唐開元二十三年（735）七月十五日楊傑題識。

著録：萃編34/13，國圖8/1，鑒定199。

典藏號：Z0008。

又一件（Z0264）

附注：存碑額。

247 徐之才墓誌

北齊武平三年（572）十一月二十三日葬。河北磁縣出土。正書，蓋篆書。

民國拓本。2張，墓誌蓋41×41cm，墓誌74×76cm。

著録：集釋7/74，國圖8/39著録爲“許之才”，北大墓誌77。

典藏號：Z0646。

248 惠鑒造觀世音像記

北齊（550—577）。現存河南洛陽龍門石窟。正書。

民國拓本。1張，15×20cm。

著録：八瓊室20/37，龍門4/163。

典藏號：Z0330。

249 明儁造觀世音像記

北周□□五年（557—581）四月八日。端方舊藏。正書。

清拓本。1張，8×33cm。

鈐印：“陶齋所得關中金石記”。

著録：匋齋14/8。

典藏號：Z0565。

250 王洛樹等造像供養人題名

北朝（386—581）。現存河南洛陽龍門石窟。正書。

民國拓本。1張，42×61cm。

著録：龍門2/44、3/100。

典藏號：Z0528。

251 寇奉叔墓誌

隋開皇三年（583）十月葬。河南洛陽出土，現藏河南博物院。正書。

民國拓本。1張，65×65cm。

著録：芒遺續上/4，跋尾3/17，集釋8/79，國圖9/9，北大墓誌86，鑒定209，時地記049。

典藏號：Z0593。

252 鄧州舍利寶塔下銘

隋仁壽二年（602）四月八日建。河南開封出土，舊藏河南省圖書館、河南省博物館，現藏河南開封博物館。正書。

民國拓本。1張，57×56cm。

著録：萃編40/13，國圖9/156，鑒定219。

典藏號：Z0619。

253 張貴男墓誌

隋大業二年（606）十二月二十九日葬。清光緒十五年（1889）河北邯鄲出土，王瓘、端方、曹健亭舊藏。正書。

民國拓本。1張，56×58cm。

著録：匋齋16/6，集釋8/92，國圖10/12，北大墓誌101，鑒定222。

典藏號：Z0090。

254 任軌墓誌

隋大業四年（608）二月九日葬。河南洛陽出土，現藏河南博物院。隸書。

民國拓本。1張，55×54cm。

著録：芒遺續上/8，集釋8/94，國圖10/17，北大墓誌103，時地記054。

典藏號：Z0599。

255 吳嚴墓誌

隋大業四年（608）十月葬。清光緒六年（1880）河北趙縣出土。正書，蓋篆書。

民國拓本。1張，28×43cm。

著録：集釋8/94，國圖10/22，北大墓誌104，鑒定223。

附注：存墓誌蓋。

典藏號：Z0224。

256 龍華碑

隋大業四年（608）。原存山東博興龍華寺，清末埋入土中，民國十二年（1923）出土，1952年移存山東博興縣文化館，1979年移存該縣圖書館，現藏山東博興縣博物館。正書，額篆書。

民國拓本。1張，57×36cm。

著録：八瓊室28/7。

附注：存碑額。

典藏號：Z0225。

257 劉猛進墓碑

隋大業五年（609）十一月三日葬。清光緒三十二年（1906）廣東廣州王聖堂出土，王秉恩、曹有成、甘菲園、簡又文舊藏，1972年簡華玉捐藏廣東省博物館。正書。

民國三十七年（1948）拓本。2張，碑陽80×46.5cm，碑陰78×46.5cm。

簡又文題識。

鈐印："又文藏品""簡又文""簡氏斑園藏真""又文""玉仙欣賞"。

附注：簡又文贈容庚。附簡又文致容庚信札一通，簡又文撰《陳碑歸粵記》複印件一份。

著録：集釋8/95，國圖10/29，北大墓誌105，鑒定224。

典藏號：Z0001。

258 羊瑋墓誌

隋大業六年（610）九月十五日葬。河南洛陽出土，現藏河南開封博物館。正書。

民國拓本。1張，46×46cm。

著録：芒遺續上/9，集釋8/96，國圖10/36，北大墓誌106，時地記055。

典藏號：Z0283。

又一件（Z0591）

259 孔神通墓誌

隋大業八年（612）十一月八日葬。民國八年（1919）河南洛陽孟津前海資村出土。正書。

民國拓本。1張，53×54cm。

吳鼎昌題識。

鈐印："藎辰審定金石文字記"。

著録：芒四1/57，集釋9/99，國圖10/69。

典藏號：Z0548。

260 姜明墓誌

隋大業九年（613）二月二十八日葬。河南洛陽出土，舊藏河南省圖書館、河南省博物館，現藏河南開封博物館。正書。

民國拓本。1張，50×50cm。

著録：芒遺續上/11，集釋9/100，國圖10/78，北大墓誌111，時地記059。

典藏號：Z0598。

261 張盈墓誌

隋大業九年（613）三月十日葬。清末河南洛陽南陳莊村出土，舊藏河南省圖書館、河南省博物館，現藏河南開封博物館。正書，蓋篆書。

民國拓本。2張，墓誌蓋45×45cm，墓誌54×54cm。

著録：芒遺續上/12，集釋9/100，國圖10/82，北大墓誌112，時地記059。

典藏號：Z0617。

262 蕭餝性墓誌

隋大業九年（613）三月十日葬。清末河南洛陽南陳莊村出土，舊藏河南圖書館、河南博物館，現藏河南開封博物館。正書。

民國拓本。1張，53×53cm。

著録：芒遺續上/13，集釋9/100，國圖10/81,北大墓誌111，時地記059。

典藏號：Z0607。

263 豆盧寔墓誌

隋大業九年（613）十月三日葬。河南洛陽出土，現藏河南開封博物館。正書。

民國拓本。1張，72×70cm。

著録：集釋9/100，國圖10/84，北大墓誌112，時地記059。

典藏號：Z0596。

264 張波墓誌

隋大業十一年（615）三月二十二日葬。清末河南洛陽南陳莊出土，現藏河南開封博物館。正書。

民國拓本。1張，34×34cm。

著録：芒遺續上/14，集釋9/103，國圖10/125，北大墓誌117，時地記063。

典藏號：Z0089。

265 宋永貴墓誌

隋大業十二年（616）十一月二十一日葬。現藏陝西西安碑林博物館。正書，蓋篆書。

民國拓本。1張，29×27cm。

著録：八瓊室28/1，集釋9/107，國圖10/160，北大墓誌122，鑒定233。

附注：存墓誌蓋。

典藏號：Z0257。

266 韋匡伯墓誌

鄭開明二年（620）七月二十□日葬。清光緒年間河南洛陽出土，端方舊藏。1965年入藏北京故宮博物院。正書，蓋篆書。

民國拓本。1張，39×38cm。

著録：匋齋16/20，芒遺上/15，集釋9/108，國圖10/190，北大墓誌123，鑒定235。

典藏號：Z0223。

267 爲祖母呂敬造神像題記

唐武德七年（624）。正書。

民國拓本。2張，造像23.5×50cm，題記24×50cm。

附注：馬鑒贈容庚。

著録：《爲祖母呂氏敬造神像題記拓本——對古器物局部拓本的研究》，《善本碑帖論稿》頁234—244。

典藏號：Z0285。

268 孔子廟堂碑

（唐）虞世南撰并書，（唐）李旦篆額，唐武德九年（626）十二月二十九日，石毀於火。（宋）王彥超摹，（宋）安祚刻，北宋（960—1127）重建，現藏陝西西安碑林博物館。正書。

清末拓本。1張，183×97cm。

典藏號：Z0076。

269 崔志墓誌

唐貞觀元年（627）二月二十九日葬。河南洛陽出土，現藏中國國家博物館。隸書。

民國拓本。1張，52×52cm。

附注：容肇祖贈容庚。

著錄：芒四2/1，國圖11/9，北大墓誌124。

典藏號：Z0168。

270 等慈寺碑

（唐）顏師古撰。唐貞觀三年（629）閏十二月建。原存河南滎陽汜水鎮等慈寺，20世紀50年代被毀。正書，額篆書。

民國拓本。1張，54×54cm。

著錄：萃編42/3，八瓊室29/26，國圖11/22。

附注：存碑額。

典藏號：Z0263。

271 昭仁寺碑

（唐）朱子奢撰。唐貞觀四年（630）十一月。現存陝西長武縣昭仁寺。正書，額篆書。

民國拓本。1張，43×40cm。

著錄：萃編42/17，八瓊室29/26，國圖11/31，鑒定238。

附注：存碑額。

典藏號：Z0249。

272 解深墓誌

唐貞觀八年（634）正月二十一日葬。河南洛陽出土。正書。

民國拓本。1張，38×38cm。

附注：容肇祖贈容庚。

著錄：芒四2/6，國圖11/52，北大墓誌128。

典藏號：Z0205。

273 羅君副墓誌

唐貞觀十一年（637）八月二十一日葬。河南洛陽出土。正書。

民國拓本。1張，52×53cm。

附注：容肇祖贈容庚。

著錄：芒四2/8，國圖11/70，北大墓誌130。

典藏號：Z0189。

274 裴鏡民墓碑

（唐）李百藥撰，（唐）殷令民書。唐貞觀十一年（637）十月二十一日樹。現存山西聞喜縣裴柏村晉公祠。正書，額篆書。

民國拓本。1張，35×32cm。

著錄：萃編44/4，八瓊室30/14，國圖11/71。

附注：存碑額。

典藏號：Z0247。

275 温彦博墓碑

（唐）岑文本撰，（唐）歐陽詢書。唐貞觀十一年（637）六月四日。現藏陝西禮泉昭陵博物館。正書，額篆書。

清末拓本。1張，38×38cm。

著錄：萃編44/10，八瓊室30/6，國圖11/73，鑒定241。

附注：存碑額。

典藏號：Z0221。

276 蕭瑶墓誌

唐貞觀十三年（639）二月十七日葬。河南洛陽出土，現藏中國國家博物館。正書。

民國拓本。1張，39×41cm。

附注：容肇祖贈容庚。

著錄：芒四2/9，國圖11/81，北大墓誌132。

典藏號：Z0204。

277 楊玉姿墓誌

唐貞觀十六年（642）七月二十日葬。河南洛陽出土，現藏中國國家博物館。正書。

民國拓本。1張，48×48cm。

附注：容肇祖贈容庚。

著錄：芒四2/14，國圖11/107，北大墓誌135。

典藏號：Z0201。

278 段志玄墓碑

唐貞觀十六年（642）□月十八日卒。現藏陝西禮泉昭陵博物館。正書，額篆書。

民國拓本。1張，39×35cm。

著録：萃編45/24，八瓊室34/10，國圖11/111，鑒定252。

附注：存碑額。

典藏號：Z0260。

279 皇甫誕墓碑

（唐）于志寧撰，（唐）歐陽詢書。唐貞觀十七年（643）。原存陝西西安鳴犢鎮，後移存西安孔廟，現藏西安碑林博物館。正書，額篆書。

民國拓本。1張，40×34cm。

著録：萃編44/22，八瓊室34/30，國圖11/117，鑒定244。

附注：存碑額。

典藏號：Z0256。

280 皇甫誕墓碑

（唐）于志寧撰，（唐）歐陽詢書，唐貞觀十七年（643），藏西安碑林博物館。清（1644—1911）翻刻。正書，額篆書。

民國拓本。1張，179×93cm。

典藏號：Z0115。

281 晉祠銘

（唐）李世民撰并書。唐貞觀二十年（646）正月二十六日。現存山西太原晉祠。行書，額飛白行書。

民國拓本。2張，碑額52×49cm，碑文189×119cm。

附注：洪業贈容庚。

著録：萃編46/13，八瓊室34/14，國圖11/138，鑒定254。

典藏號：Z0546。

又一件（Z0112）

附注：存碑額。

282 贈比干詔并祭文

（唐）薛純陀書，唐貞觀十九年（645）二月三十日，久佚。元延祐五年（1318）重刻，現存河南鶴壁淇縣比干廟。隸書，額篆書。

民國拓本。1張，43×40cm。

附注：存碑額。

典藏號：Z0230。

283 高儉墓碑

（唐）許敬宗撰，（唐）趙模書。唐貞觀二十一年（647）二月二十六日。現藏陝西禮泉昭陵博物館。正書，額篆書。

民國拓本。1張，46×42cm。

著録：萃編48/1，八瓊室35/27。

附注：存碑額。

典藏號：Z0269。

284 褚亮墓碑

唐貞觀二十一年（647）十月一日卒。現藏陝西禮泉昭陵博物館。隸書，額篆書。

民國拓本。1張，40×30cm。

著録：萃編48/12，八瓊室39/16。

附注：存碑額。

典藏號：Z0259。

285 張通墓誌

唐貞觀二十二年（648）七月二十七日葬。河南洛陽出土，現藏河南開封博物館。正書。

民國拓本。1張，46×45cm。

著録：芒遺續中/4，國圖11/175，北大墓誌144，時地記087。

典藏號：Z0109。

286 豆盧寬墓碑

（唐）[李義府]撰。唐永徽元年（650）六月四日卒。現藏陝西禮泉昭陵博物館。正書，額篆書。

民國拓本。1張，35×31cm。

著録：八瓊室35/9，國圖12/7。

附注：存碑額。

典藏號：Z0245。

287 樊興墓碑

唐永徽元年（650）七月九日葬。清道光八年（1828）陝西三原獻陵出土，現藏陝西三原縣博物館。正書，額篆書。

清末拓本。綫裝。1冊20葉，25×14cm。又1張，碑額38×34cm。

附注：刻清道光二十三年（1843）六月沈兆霖題識。

著録：八瓊室35/17，國圖12/9，鑒定256。

典藏號：Z0246。

288 李神符墓碑

唐永徽二年（651）十月八日葬。現存陝西三原獻陵。隸書，額篆書。

民國拓本。1張，45×45cm。

著録：關中7/12。

附注：存碑額。

典藏號：Z0082。

又一件（Z0239）

散葉。1冊4開，23×10cm。

289 房玄齡墓碑

（唐）褚遂良書。唐永徽三年（652）。現藏陝西禮泉昭陵博物館。正書，額篆書。

民國拓本。1張，48×43cm。

著録：萃編50/1，八瓊室35/29，鑒定257。

附注：存碑額。

典藏號：Z0250。

290 程寶安墓誌

唐永徽四年（653）正月十五日葬。河南洛陽出土，現藏中國國家博物館。正書。

民國拓本。1張，27×26cm。

附注：容肇祖贈容庚。

著録：國圖12/75，北大墓誌155。

典藏號：Z0202。

291 顏人墓誌

唐永徽四年（653）三月十日葬。河南洛陽出土，現藏中國國家博物館。正書。

民國拓本。1張，43×44cm。

附注：容肇祖贈容庚。

著録：芒四2/28，國圖12/82，北大墓誌156。

典藏號：Z0187。

292 安延墓誌

唐永徽四年（653）四月二十八日葬。河南洛陽出土，現藏中國國家博物館。正書。

民國拓本。1張，49×49cm。

附注：容肇祖贈容庚。

著録：芒四2/29，國圖12/87，北大墓誌156。

典藏號：Z0176。

293 雁塔聖教序碑

（唐）李世民製序，（唐）李治製記，（唐）褚遂良書，（唐）萬文韶刻。唐永徽四年（653）十二月十日。現存陝西西安慈恩寺大雁塔。正書，額篆書。

民國拓本。1張，39×21cm。

著録：國圖12/111，鑒定258。

附注：存碑額。

典藏號：Z0272。

294 顏相墓誌

唐永徽五年（654）四月二十七日葬。河南洛陽出土，現藏中國國家博物館。正書。

民國拓本。1張，54×53cm。

附注：容肇祖贈容庚。

著録：芒四2/33，國圖12/124，北大墓誌160，時地記099。

典藏號：Z0194。

295 韓通墓誌

唐永徽五年（654）十月三十日葬。河南洛陽出土。正書。

民國吳鼎昌拓本。1張，41×40.5cm。

吳鼎昌題識。

鈐印："藺辰審定金石文字記"。

著錄：芒四2/36，國圖12/136。

典藏號：Z0108。

296 李強墓誌

唐永徽六年（655）正月十一日葬。河南洛陽出土，現藏中國國家博物館。正書。

民國拓本。1張，52×51cm。

附注：容肇祖贈容庚。

著錄：芒四2/37，國圖12/142，北大墓誌162。

典藏號：Z0207。

297 韓仲良碑

（唐）于志寧撰，（唐）王行滿書。唐永徽六年（655）三月十四日建。現存陝西富平淡村韓仲良墓園。正書，額篆書。

民國拓本。1張，37×34cm。

著錄：萃編50/18，八瓊室35/34，國圖12/149，鑒定262。

附注：存碑額。

典藏號：Z0255。

298 薛收墓碑

唐永徽六年（655）八月二十三日。現藏陝西禮泉昭陵博物館。正書，額篆書。

民國拓本。1張，34×32cm。

著錄：萃編51/1。

附注：存碑額。

典藏號：Z0248。

299 徐君通墓誌

唐永徽六年（655）十二月十一日葬。河南洛陽出土，現藏中國國家博物館。正書。

民國拓本。1張，44×44cm。

附注：容肇祖贈容庚。

著錄：芒四2/40，國圖12/173，北大墓誌167。

典藏號：Z0182。

300 王玄墓誌

唐顯慶二年（657）九月十七日葬。河南洛陽出土。正書。

民國拓本。1張，47×48cm。

附注：容肇祖贈容庚。

著錄：芒四2/48，國圖13/47，北大墓誌173。

典藏號：Z0172。

301 張胤墓碑

（唐）[李義府]撰。唐顯慶三年（658）正月七日。現藏陝西禮泉昭陵博物館。正書，額篆書。

民國拓本。1張，41×33cm。

著錄：國圖13/61。

附注：存碑額。

典藏號：Z0252。

302 李靖墓碑

（唐）許敬宗撰，（唐）王知敬書。唐顯慶三年（658）五月。現藏陝西禮泉昭陵博物館。正書，額篆書。

民國拓本。1張，51×39cm。

著錄：萃編51/14，八瓊室36/17，國圖13/80，鑒定265。

附注：存碑額。

典藏號：Z0234。

303 尉遲恭墓碑

（唐）許敬宗撰。唐顯慶四年（659）四月十四日。現藏陝西禮泉昭陵博物館。正書，額篆書。

民國拓本。1張，61×48cm。

著錄：萃編52/1，八瓊室36/21，國圖13/104，鑒定266。

附注：存碑額。

典藏號：Z0270。

304 王摩墓誌

唐顯慶四年（659）五月二十六日葬。河南洛陽出土。正書。

民國拓本。1張，38×37cm。

附注：容肇祖贈容庚。

著錄：芒四2/53，國圖13/109，北大墓誌180。

典藏號：Z0181。

305 大唐紀功頌

（唐）李治撰并書。唐顯慶四年（659）八月十五日。原存河南滎陽汜水鎮等慈寺，20世紀50年代斷裂，1961年殘石入藏河南鄭州博物館。行書。

晚清拓本。1張，323×147cm。

附注：刻清道光二年（1822）邵堂等觀款。

著錄：萃編52/12，八瓊室36/22，國圖13/119，鑒定266。

典藏號：Z0016。

306 袁客仁墓誌

唐顯慶五年（660）二月十三日葬。河南洛陽出土。正書。

民國拓本。1張，45×45cm。

附注：墓誌分刻二石，後一石失拓。容肇祖贈容庚。

著錄：芒四2/57，國圖13/147，北大墓誌184，時地記114。

典藏號：Z0177。

307 樊寬墓誌

唐顯慶五年（660）二月十三日葬。河南開封出土，吳大澂舊藏。正書。

晚清拓本。1張，44×44cm。

著錄：國圖13/145，北大墓誌184。

典藏號：Z0545。

308 許洛仁墓碑

唐龍朔二年（662）十一月十七日。現藏陝西禮泉昭陵博物館。正書，額篆書。

民國拓本。1張，43×37cm。

著錄：萃編54/1，八瓊室37/2，國圖14/54，鑒定267。

附注：存碑額。

典藏號：Z0226。

309 孫君妻宋氏墓誌

唐龍朔三年（663）二月十二日葬。河南洛陽出土。正書，蓋篆書。

民國拓本。1張，36×37cm。

著錄：芒遺續中/13，國圖14/61，北大墓誌197，時地記122。

附注：存墓誌蓋。

典藏號：Z0636。

310 道因法師碑

（唐）李儼撰，（唐）歐陽通書，（唐）常長壽、范素鐫。唐龍朔三年（663）十月十日建。現藏陝西西安碑林博物館。正書。

民國拓本。1張，220×100cm。

著錄：萃編54/16，八瓊室37/6，國圖14/83，鑒定268。

典藏號：Z0067。

311 桓琮妻張氏墓誌

唐龍朔三年（663）十月二十九日葬。河南洛陽出土。正書。

民國拓本。1張，51×53cm。

附注：容肇祖贈容庚。

著錄：芒四3/12，國圖14/94，北大墓誌200。

典藏號：Z0193。

312 呂德及妻陳氏合葬墓誌

唐麟德元年（664）正月二十五日葬。河南洛陽出土。正書。

民國拓本。1張，36×38cm。

附注：容肇祖贈容庚。

著錄：國圖14/97，北大墓誌201。

典藏號：Z0206。

313 李敬（清河長公主）墓碑

（唐）李儼撰，（唐）暢整書，（唐）辛胡師鐫。唐麟德元年（664）十月。現藏陝西禮泉昭陵博物館。正書，額篆書。

民國拓本。1張，42×36cm。

著錄：寶刻9/11，平三續上/11，昭陵中/29，國圖14/117。

附注：存碑額。

典藏號：Z0233。

314 趙宗墓誌

唐乾封元年（666）四月二十四日葬。河南洛陽出土。正書。

民國拓本。1張，52×52cm。

附注：容肇祖贈容庚。

著錄：芒四3/18，國圖15/7，北大墓誌212。

典藏號：Z0198。

315 于志寧墓碑

（唐）令狐德棻撰，（唐）于立政書。唐乾封元年（666）十一月□二日。現存陝西三原縣三家店村。正書，額篆書。

民國拓本。1張，45×35cm。

著錄：萃編56/1，八瓊室37/16，國圖15/17，鑒定271。

附注：存碑額。

典藏號：Z0231。

316 紀慎妻陸氏墓碑

唐乾封元年（666）十二月九日。現藏陝西禮泉昭陵博物館。正書，額篆書。

民國拓本。1張，44×30cm。

著錄：萃編56/20，八瓊室37/17，國圖15/19，鑒定271。

附注：存碑額。

典藏號：Z0243。

317 周君德墓誌

唐乾封二年（667）五月二十四日葬。河南洛陽出土。正書。

民國拓本。1張，41×41cm。

附注：容肇祖贈容庚。

著錄：芒四3/19，國圖15/31，北大墓誌216。

典藏號：Z0203。

318 孫處信墓誌

唐總章元年（668）五月十九日葬。河南洛陽出土。正書。

民國拓本。1張，35×35cm。

附注：容肇祖贈容庚。

著錄：芒四3/24，國圖15/71，北大墓誌222，時地記135。

典藏號：Z0173。

319 唐仁軌墓誌

唐總章二年（669）二月二十三日葬。河南洛陽出土。正書。

民國拓本。1張，37×37cm。

附注：容肇祖贈容庚。

著錄：芒四3/26，國圖15/86，北大墓誌224，時地記136。

典藏號：Z0175。

320 王令墓誌

唐總章二年（669）三月二十八日葬。河南洛陽出土。正書。

民國拓本。1張，45×45cm。

附注：容肇祖贈容庚。

著錄：芒四3/27，國圖15/90，北大墓誌225。

典藏號：Z0188。

321 孤獨妻魏氏造像記

唐總章二年（669）十月。現存河南洛陽龍門石窟老君洞。正書。

民國拓本。1張，5×29cm。

著録：龍門5/215。

典藏號：Z0329。

322 仵欽墓誌

唐咸亨元年（670）十一月三日葬。民國十九年（1930）北京西城區大木倉胡同出土。正書，蓋篆書。

民國拓本。2張，墓誌蓋56×55cm，墓誌56×55cm。

附注：張壽林贈容庚。

著録：國圖15/140，北大墓誌231。

典藏號：Z0138。

323 碧落碑

（唐）黄公撰，（唐）陳惟玉書，唐咸亨元年（670），存河南新絳龍興寺。清（1644—1911）翻刻。篆書。

民國拓本。册葉裝。1册3開，29×19cm。

鈐印："永定侯"。

典藏號：Z0520。

324 楊大隱墓誌

唐咸亨三年（672）十月二十八日葬。河南洛陽出土。正書。

民國拓本。1張，41×41cm。

附注：容肇祖贈容庚。

著録：芒四3/37，國圖15/172，北大墓誌236。

典藏號：Z0209。

325 費胤斌墓誌

唐咸亨三年（672）十二月三日葬。河南洛陽出土。正書。

民國拓本。1張，45×43cm。

附注：容肇祖贈容庚。

著録：芒四3/39，國圖15/178，北大墓誌237。

典藏號：Z0210。

326 懷仁集王羲之聖教序記并心經

（唐）李世民序，（唐）李治記，（唐）釋懷仁集王羲之書，（唐）諸葛神力勒石，（唐）朱静藏刻。唐咸亨三年（672）十二月八日建。現藏陝西西安碑林博物館。行書。

民國拓本。1張，228×95cm。

著録：萃編49/13，國圖15/179，鑒定274。

典藏號：Z0074。

327 懷仁集王三藏聖教序記并心經

（唐）李世民序，（唐）李治記，（唐）釋懷仁集王羲之書唐咸亨三年（672）十二月八日建，藏陝西西安碑林博物館。清（1644—1911）翻刻。行書。

清拓本。册葉裝。1册27開，22×12cm。

典藏號：Z0521。

328 張傑墓誌

唐咸亨四年（673）十月十六日葬。河南洛陽出土。正書。

民國拓本。1張，68×66cm。

附注：容肇祖贈容庚。

著録：芒四3/41，國圖15/204，北大墓誌240，時地記146。

典藏號：Z0185。

329 馬周墓碑

（唐）許敬宗撰，（唐）殷仲容書。唐上元元年（674）十月。現藏陝西禮泉昭陵博物館。隸書，額篆書。

民國拓本。1張，35×33cm。

著録：萃編47/30，八瓊室38/7。

附注：存碑額。

典藏號：Z0251。

330 阿史那忠墓碑

唐上元二年（675）十月十五日。現藏陝西禮泉昭陵博物館。正書，額篆書。

民國拓本。1張，46×40cm。

著録：萃編58/26，八瓊室38/12，國圖16/16。

附注：存碑額。

典藏號：Z0228。

331 樂歸墓誌

唐上元三年（676）五月十八日葬。河南洛陽出土。正書。

民國拓本。1張，45×47cm。

附注：容肇祖贈容庚。

著録：芒四3/50，國圖16/35，北大墓誌249。

典藏號：Z0184。

332 董文墓誌

唐儀鳳元年（676）十二月十三日葬。河南洛陽出土。正書。

民國拓本。1張，54×54cm。

附注：容肇祖贈容庚。

著録：芒四3/53，國圖16/48，北大墓誌252。

典藏號：Z0183。

333 李勣墓碑

（唐）李治撰并書。唐儀鳳二年（677）十月六日。現藏陝西禮泉昭陵博物館。行書，額篆書。

民國拓本。1張，69×58cm。

著録：萃編59/19，八瓊室38/17，國圖16/59，鑒定280。

附注：存碑額。

典藏號：Z0262。

334 泉男生墓誌

（唐）王德真撰，（唐）歐陽通書。唐調露元年（679）十二月二十六日葬。民國十一年（1922）河南洛陽東山嶺頭村南出土，陶北溟舊藏，后藏金石編纂處、河南圖書館、河南博物館，1962年藏開封博物館，1997年轉藏河南博物院。正書，蓋篆書。

民國拓本。2張，墓誌蓋93×93cm，墓誌88×88cm。

著録：芒四補20，國圖16/120，北大墓誌261，鑒定280，時地記154。

典藏號：Z0628。

又一件（Z0550）

1張，墓誌蓋67×63cm。

附注：存蓋內層唐草紋。

335 蕭瑶墓誌

唐永隆二年（681）二月二十日葬。河南洛陽出土，現藏中國國家博物館。正書。

民國拓本。1張，39×39cm。

附注：容肇祖贈容庚。

著録：芒四3/57，國圖16/147，北大墓誌263，時地記156。

典藏號：Z0195。

336 康枕墓誌

唐永隆二年（681）八月六日葬。河南洛陽出土。正書。

民國拓本。1張，46×46cm。

附注：容肇祖贈容夷。

著録：芒四3/58，國圖16/157，北大墓誌264。

典藏號：Z0199。

337 吉懷惲墓誌

唐垂拱三年（687）閏正月二十五日葬。河南洛陽出土。正書。

民國拓本。1張，42×42cm。

附注：容肇祖贈容庚。

著録：芒四3/69，國圖17/55，北大墓誌280，時地記163。

典藏號：Z0179。

338 美原神泉詩序碑

碑陽（唐）韋元旦撰序，（唐）賈言淑詩，（唐）尹元凱書；碑陰（唐）徐彥伯撰序，（唐）尹元凱等詩，（唐）尹元凱書。唐垂拱四年（688）四月。原存陝西富平縣美原鎮，民國三十七年（1948）入藏陝西西安碑林博物館。篆書，碑陽額隸書，碑陰額篆書。

清道咸拓本。2張，碑陽127×63cm，碑陰134×64cm。

著録：萃編61/1，國圖17/91，鑒定283。

典藏號：Z0029。

又一件（Z0044）

晚清拓本。

339 乙速孤神慶墓碑

（唐）苗神客撰，（唐）釋行滿書。唐載初元年（690）二月十九日。現藏陝西禮泉昭陵博物館。正書，額篆書。

民國拓本。1張，40×37cm。

著録：萃編61/14，八瓊室40/15，國圖17/119。

附注：存碑額。

典藏號：Z0235。

340 張懷寂墓誌

唐長壽三年（694）二月六日葬。清宣統二年（1910）新疆吐魯番阿斯塔那古墓群出土，現藏新疆維吾爾自治區博物館。正書。

民國拓本。1張，70×64cm。

附注：黃文弼贈容庚。

著録：新疆2/12，跋尾4/6，西陲8，國圖18/32，北大墓誌303，鑒定285。

典藏號：Z0610。

341 楊岳墓誌

唐證聖元年（695）三月十三日葬。河南洛陽出土。正書。

民國拓本。1張，39×39cm。

附注：容肇祖贈容庚。

著録：芒四4/6，國圖18/59，北大墓誌306。

典藏號：Z0200。

342 梁師亮墓誌

唐萬歲通天二年（697）三月六日葬。明末陝西西安出土，現藏陝西西安碑林博物館。正書。

清拓本。1張，54×68cm。

著録：萃編62/8，國圖18/100，北大墓誌313，鑒定286。

典藏號：Z0133。

343 秦朗墓誌

唐聖曆元年（698）五月七日葬。河南洛陽出土。正書。

民國拓本。1張，44×44cm。

附注：容肇祖贈容庚。

著録：芒四4/14，國圖18/130，北大墓誌318。

典藏號：Z0174。

344 昇仙太子碑

（唐）武曌撰并書。唐聖曆二年（699）六月十九日建。現存河南偃師緱山。草書，額飛白行書。

清拓本。1張，340×156cm。

著録：萃編63/1，八瓊室44/27，國圖18/161，鑒定288。

典藏號：Z0003。

345 陳暉造像并記

唐長安四年（704）二月二十四日。現存河南洛陽龍門石窟老君洞。正書。

民國拓本。1張，24×12cm。

著録：八瓊室32/12，龍門6/145。

典藏號：Z0383。

346 韓寄生造像并記

唐長安四年（704）二月二十七日。現存河南洛陽龍門石窟老君洞。正書。

民國拓本。1張，16×18cm。

著録：八瓊室32/13，龍門6/147。

典藏號：Z0361。

347 張方仁墓誌

唐長安四年（704）八月七日葬。河南洛陽出土。正書。

民國拓本。1張，43×43cm。

附注：容肇祖贈容庚。

著錄：芒四4/23，國圖19/109，北大墓誌342。

典藏號：Z0186。

348 楊君墓誌蓋

唐（684—704）。篆書。

民國拓本。1張，27×25cm。

著錄：八瓊室49/15。

典藏號：Z0236。

349 高知行墓誌

唐景龍三年（709）二月九日葬。河南洛陽出土。正書。

民國拓本。1張，52×52cm。

著錄：芒四5/3，國圖20/76，北大墓誌358。

典藏號：Z0296。

350 法琬塔碑

（唐）釋承遠撰，（唐）劉欽旦書。唐景龍三年（709）五月十日建。原存陝西西安神禾原，現藏陝西西安碑林博物館。正書。

民國拓本。1張，122×68cm。

著錄：萃編68/16，八瓊室49/23，國圖20/80，鑒定291。

典藏號：Z0058。

351 啟吉造像記

（唐）啟吉書。唐景龍三年（709）七月八日。現存河南洛陽龍門石窟。正書。

民國拓本。1張，15×25cm。

著錄：龍門6/203。

典藏號：Z0314。

352 邢思賢墓誌

唐開元三年（715）二月二十日葬。河南洛陽出土，現藏中國國家博物館。正書。

民國拓本。1張，45×45cm。

附注：容肇祖贈容庚。

著錄：芒四5/12，國圖21/30，北大墓誌377，時地記212。

典藏號：Z0180。

353 韋希摃墓誌

唐開元八年（720）正月八日葬。陝西西安出土，端方舊藏。正書，蓋篆書。

民國拓本。1張，29×30cm。

著錄：八瓊室51/8，匋齋22/7，國圖21/117，北大墓誌393。

附注：存墓誌蓋。

典藏號：Z0266。

354 李思訓碑

（唐）李邕撰并書。唐開元八年（720）六月二十八日葬。現存陝西蒲城橋陵。行書。

清嘉道間拓本。1張，152×112cm。

著錄：萃編72/14，國圖21/129，鑒定298。

典藏號：Z0005。

355 吳文殘碑

（唐）釋大雅集王羲之書，（唐）徐思忠等刻。唐開元九年（721）十月二十三日葬。明萬曆年間發現於陝西西安南城濠，現藏陝西西安碑林博物館。行書。

晚清拓本。1張，73×95cm。

著錄：萃編73/18，國圖21/157，鑒定301。

典號：Z0075。

又一件（Z0597）

356 大盧舍那像龕記

唐開元十年（722）十二月十二日。現存河南洛陽龍門石窟奉先寺。正書。

清拓本。1張，106×64cm。

附注：刻北宋政和六年（1116）沈隱道題識，郝仲容題名。

著錄：萃編73/27，八瓊室32/27，國圖22/16。

典藏號：Z0290。

357 御史臺精舍碑

（唐）崔湜撰，（唐）梁昇卿書，（唐）趙禮鐫。唐開元十一年（723）。現藏陝西西安碑林博物館。隸書。

清嘉慶後拓本。2張，碑陽97×64cm，碑陰99×64cm。

著錄：萃編74/8，八瓊室52/20，鑒定302。

典藏號：Z0147。

又一件（Z0063）

清拓本。毛裝。1冊11.5開，20×14cm。

清嘉慶二十四年（1819）詠芬閣主人題識。

鈐印："忠孝一生心""讀書懷古""扶風舊族""漢室名臣""遊藝""詠芬閣"。

358 盧君妻□晉墓誌

（唐）盧若虛撰。唐開元十三年（725）十月二十三日葬。河南洛陽出土。隸書。

民國拓本。1張，68×69cm。

著錄：國圖22/87，北大墓誌416題盧君妻李晉墓誌并蓋。

典藏號：Z0608。

359 麓山寺碑

（唐）李邕撰并書。唐開元十八年（730）九月十一日立。英和舊藏，現存湖南長沙嶽麓書院。行書，額篆書。

明拓本。册葉裝。1冊29開，28×15.5cm。

（清）英和題簽。1952年10月9日容庚題識。

鈐印："澹邨""仲約藏本""順德李仲約所藏金石""王隆照印""容庚"。

著錄：萃編78/3，八瓊室54/3，國圖23/25，鑒定306。

典藏號：Z0079。

360 梁君妻樊氏墓誌

唐開元二十四年（736）三月一日葬。正書。

民國拓本。1張，34×33cm。

著錄：國圖24/3。

典藏號：Z0273。

361 "大唐開元廿四年"等字

唐開元二十四年（736）九月十八日。飛白隸書。

清拓本。册葉裝。1冊22.5開，26×12cm。

清乾隆五十三年（1788）李東琪題識，民國二十五年（1936）容庚題簽，清黃易題識（疑僞）。

鈐印："容庚之印""李鐵橋""小松"。

典藏號：Z0657。

362 大智禪師碑

（唐）嚴挺之撰陽，（唐）陽伯成撰陰，（唐）史惟則書，（唐）史子華刻。唐開元二十四年（736）九月十八日建。現藏陝西西安碑林博物館。隸書。

民國拓本。4張，碑陽202×110cm，碑陰32.5×111.5cm，側一220×32cm，側二217×31cm。

著錄：萃編81/24，國圖24/14，鑒定312。

典藏號：Z0064。

363 殷履直妻顏氏碑

（唐）顏真卿撰并書。唐開元二十六年（738）正月葬。現存河南洛陽玉虛觀。正書，額篆書。

民國拓本。2張，碑陰185×54cm，左側173×25cm。

著錄：萃編101/19，八瓊室64/18，國圖24/48。

典藏號：Z0167。

364 夏侯思泰墓誌

（唐）申諫臣書。唐開元二十六年（738）十一月八日葬。河南洛陽出土，1956年入藏北京故宮博物院。正書。

民國拓本。1張，58×57cm。

吳鼎昌題識。

鈐印："藹辰審定金石文字記"。

著錄：芒三54，國圖24/74，北大墓誌467。

典藏號：Z0107。

365 崔攀墓誌

唐開元二十七年（739）八月三十日葬。河南洛陽出土，現藏中國國家博物館。正書。

民國拓本。1張，35×35cm。

附注：容肇祖贈容庚。

著録：芒三55，國圖24/89，北大墓誌470，時地記266。

典藏號：Z0171。

366 張孚墓誌

唐開元二十八年（740）六月十四日卒。清道光二十二年（1842）湖北襄陽出土。正書，蓋篆書。

民國拓本。1張，33×31cm。

著録：八瓊室56/19，國圖24/131，北大墓誌475。

附注：存墓誌蓋。

典藏號：Z0241。

367 源内則墓誌

唐開元二十九年（741）五月二十三日葬。河南洛陽出土。正書。

民國拓本。1張，48×48cm。

附注：容肇祖贈容庚。

著録：芒四5/29，國圖24/143，北大墓誌479，時地記270。

典藏號：Z0170。

368 嚴真如海墓誌

（唐）馬巽撰。唐開元二十九年（741）七月一日葬。河南洛陽出土，武進董氏舊藏，現藏中國國家博物館。正書。

民國拓本。1張，48×47.5cm。

附注：容肇祖贈容庚。

著録：芒三58，國圖24/146，北大墓誌479。

典藏號：Z0178。

369 李秀神道碑

（唐）李邕撰并書，唐天寶元年（742）正月，已毀。（清）郭卓然摹，清道光年間（1821—1850）重刻，現存北京宣武區法源寺。行書，額篆書。

民國拓本。1張，44×37cm。

附注：存碑額。

典藏號：Z0130。

370 靈巖寺碑

（唐）李邕撰并書。唐天寶元年（742）十一月十五日建。現存山東長清靈巖寺。行書。

清末拓本。册葉裝。1册18開，26.5×12cm。

民國二十五年（1936）十一月容庚題識。

鈐印："容庚"。

著録：八瓊室57/2，國圖25/24，鑒定320。

典藏號：Z0547。

371 隆闡法師碑

（唐）思莊撰，（唐）釋懷惲書。唐天寶二年（743）十二月十一日建。現藏陝西西安碑林博物館。行書。

晚清拓本。1張，161×84cm。

著録：萃編86/12，八瓊室57/5，國圖25/46著爲懷惲墓碑，鑒定321。

典藏號：Z0065。

372 宇文琬墓誌

唐天寶三年（744）十月二十日葬。陝西西安出土。正書，蓋篆書。

民國拓本。1張，31×30cm。

著録：八瓊室57/5，國圖25/68。

附注：存墓誌蓋。

典藏號：Z0293。

373 石臺孝經

（唐）李隆基製序及注并書。唐天寶四年（745）九月一日。現藏陝西西安碑林博物館。隸書。

民國拓本。4張，約299×118cm。

附注：刻明萬曆二十一年（1593）佚名觀款，清乾隆四十七年（1782）吳張塤等觀款，乾隆五十年（1785）汪照等觀款，乾隆五十二年（1787）馮敏昌等觀款，嘉慶十七年（1812）五月八日趙懷玉等觀款，汪衛觀款。

著録：萃編87/1，國圖25/83，鑒定322。

典藏號：Z0123。

374 王爽墓誌

唐天寶四年（745）十月二十五日書。河南洛陽出土。正書。

民國拓本。1張，52×52cm。

著錄：芒四5/33，國圖25/91，北大墓誌499。

典藏號：Z0297。

375 玄林禪師碑

（唐）陸長源撰。唐天寶八年（749）二月十五日葬。現存河南安陽寶山靈泉寺。行書。

清拓本。綫裝。1冊46.5葉，23×13cm。

著錄：安陽4/15，平津續11，國圖26/2。

典藏號：Z0081。

376 李邕墓誌

（唐）李昂撰。唐大曆三年（768）十一月二十日葬。民國十七年（1928）十二月河南洛陽南陡溝村出土，現藏河南洛陽千唐誌齋。正書。

民國拓本。1張，47×47cm。

著錄：國圖27/72，北大墓誌552，鑒定334，時地記304。

典藏號：Z0444。

377 王忠嗣神道碑

（唐）元載撰，（唐）王縉書，（唐）趙惎篆額。唐大曆十年（775）四月三日。現存陝西渭南鄉賢祠。正書，額篆書。

民國拓本。1張，50×47cm。

著錄：萃編100/1，八瓊室63/33，國圖27/140。

附注：存碑額。

典藏號：Z0261。

378 楊瑩墓誌

（唐）丁喬撰。唐大曆十二年（777）十一月二十二日葬。河南洛陽出土，現藏中國國家博物館。正書。

民國拓本。1張，37×36cm。

附注：容肇祖贈容庚。

著錄：芒三60，國圖27/155，北大墓誌564，時地記309。

典藏號：Z0192。

379 崔沔墓誌

（唐）李邕等撰，（唐）徐琪書。唐大曆十三年（778）四月八日葬。民國十九年（1930）河南洛陽張羊村東北出土，現藏河南開封博物館。隸書，蓋篆書。

民國拓本。3張，墓誌蓋103×103cm，墓誌及誌陰93×94cm。

附注：誌兩面刻。

著錄：國圖27/162，北大墓誌565，時地記310。

典藏號：Z0421。

380 王方大墓誌

（唐）崔沔等撰，（唐）元至書。唐大曆十三年（778）四月八日葬。河南洛陽出土。正書，蓋篆書。

民國拓本。2張，墓誌蓋75×76cm，墓誌72×72cm。

典藏號：Z0422。

381 顏勤禮碑

（唐）顏真卿撰并書。唐大曆十四年（779）。宋元祐年間瘞土，民國十一年（1922）何夢庚得於陝西西安舊藩廨庫堂後，民國三十七年（1948）入藏陝西西安碑林博物館。正書。

民國拓本。4張，碑陽170×89cm，碑陰174×90cm，左側170×23cm，右側63×21cm。

附注：刻民國十二年（1923）宋伯魯跋。

著錄：金石錄28/9，寶刻7/4，國圖27/193，鑒定346。

典藏號：Z0014。

又一件（Z0013）

又一件（Z0048）

3張。

附注：右側缺拓。

382 顏氏家廟碑

（唐）顏真卿撰并書。唐建中元年（780）七月一日鎸。現藏陝西西安碑林博物館。正書。

民國拓本。2張，左側236×30cm，右側236×28cm。

著錄：萃編101/23，國圖28/6，鑒定348。

典藏號：Z0164。

383 崔祐甫墓誌

（唐）邵說撰，（唐）徐珙書，（唐）李陽冰篆額。唐建中元年（780）十一月二十四日葬。民國十年（1921）河南洛陽出土，原藏河南開封博物館，1997年調藏河南博物院。隸書，蓋篆書。

民國拓本。2張，墓誌蓋108×110cm，墓誌103×103cm。

著錄：國圖28/9。

典藏號：Z0423。

384 大秦景教流行中國碑

（唐）僧景净撰，（唐）呂秀巖書。唐建中二年（781）正月七日建。明天啓年間陝西西安大秦寺出土，一說明崇禎間長安崇仁寺南出土，清光緒三十三年（1907）入藏陝西西安碑林博物館。正書；漢文，叙利亞文。

清拓本。册葉裝。1册23開，21×13cm。

著錄：萃編102/1，八瓊室65/7，國圖28/11，鑒定349。

典藏號：Z0083。

385 不空和尚碑

（唐）嚴郢撰，（唐）徐浩書。唐建中二年（781）十一月十五日建。原存陝西西安大興善寺，現藏陝西西安碑林博物館。正書。

民國拓本。1張，200×99cm。

著錄：萃編102/14，國圖28/20，鑒定350。

典藏號：Z0068。

386 元封元年元月奉旨書摩崖

南詔元封元年（784）正月。民國二十五年（1936）趙鶴清、由雲龍發現於雲南昆明圓通寺圓通山崖石壁上。隸書。

民國拓本。1張，97×27cm。

附注：民國二十六年（1937）十二月楊立德贈容庚。

典藏號：Z0088。

387 孫君妻李氏墓誌

（唐）孫公冑撰。唐貞元十九年（803）四月二十二日葬。河南洛陽出土，現藏中國國家博物館。正書。

民國拓本。1張，46×46cm。

附注：容肇祖贈容庚。

著錄：芒四6/4，國圖28/176，北大墓誌605。

典藏號：Z0191。

388 李廣業神道碑

（唐）鄭雲逵撰。唐貞元二十年（804）十一月十三日。現存陝西三原縣三家店村。行書，額篆書。

民國拓本。1張，44×39cm。

著錄：萃編104/37，八瓊室67/25，國圖28/189，鑒定352。

附注：存碑額。

典藏號：Z0229。

389 楚金禪師碑

（唐）釋飛錫撰，（唐）吳通微書，（唐）宋液摸刻。唐貞元二十一年（805）七月二十五日建。現藏陝西西安碑林博物館。正書。

民國拓本。1張，170×92cm。

著錄：萃編104/43，八瓊室67/26，國圖28/195，鑒定352。

典藏號：Z0066。

390 李翹墓誌

（唐）李正卿撰。唐元和九年（814）七月二十一日葬。民國十四年（1925）十月河南洛陽南陡溝村北出土，現藏河南洛陽千唐誌齋。正書。

民國拓本。1張，61×60cm。

著録：國圖29/88，北大墓誌626，鑒定354，時地記336。

典藏號：Z0445。

391 梁守謙功德銘

（唐）楊承和撰并書，（唐）陸邳篆額，（唐）強瓊摹勒并刻。唐長慶二年（822）十二月一日立。現藏陝西西安碑林博物館。正書，額篆書。

民國拓本。1張，247×115cm。

著録：萃編107/27，八瓊室71/9，國圖30/21，鑒定355。

典藏號：Z0062。

392 馮宿神道碑

（唐）王起撰，（唐）柳公權書并篆額。唐開成二年（837）五月。原存陝西西安白鹿原馮宿墓前，現藏陝西西安碑林博物館。正書，額篆書。

民國拓本。1張，219×58cm。

著録：萃編113/1，八瓊室73/7，國圖31/9，鑒定358。

典藏號：Z0073。

393 基公塔銘

（唐）李弘慶撰，（唐）釋建初書。唐開成四年（839）五月十六日建。現存陝西西安慈恩寺。行書。

民國拓本。1張，48×82cm。

著録：萃編113/36，國圖31/44，鑒定360。

典藏號：Z0095。

394 三藏大遍覺法師塔銘

（唐）劉軻撰，（唐）釋建初書，（唐）宋弘度刻。唐開成四年（839）五月十六日建。現存陝西西安興教寺慈恩塔院。行書。

民國拓本。1張，81×164cm。

著録：萃編113/26，八瓊室73/19，國圖31/43，鑒定359。

典藏號：Z0022。

395 玄秘塔碑

（唐）裴休撰，（唐）柳公權書并篆額，唐會昌元年（841）十二月二十八日，藏陝西西安碑林博物館。民國（1911—1949）翻刻。正書，額篆書。

民國拓本。1張，47×34cm。

附注：存碑額。

典藏號：Z0258。

396 李正卿墓誌

（唐）李褒撰，（唐）竇存辭書。唐會昌四年（844）十二月十九日葬。民國二十年（1931）河南洛陽陡溝村出土，現藏河南洛陽千唐誌齋。正書。

民國拓本。1張，62×62cm。

著録：國圖31/135，北大墓誌695，鑒定363，時地記365。

典藏號：Z0295。

又一件（Z0446）

397 于惟則造尊勝陀羅尼經幢

（唐）王鉉撰，（唐）尚□書。唐大中三年（849）正月一日建。現藏陝西西安碑林博物館。正書。

民國拓本。1張，159×111cm。

附注：六面合拓。

著録：國圖32/27，平津續17。

典藏號：Z0124。

398 荷恩建佛頂尊勝陀羅尼幢

（唐）釋陶真書，唐大中三年（849）三月書。正書。

民國朱拓本。4張，約137×21cm。

附注：容肇祖贈容庚。

著録：國圖32/34。

典藏號：Z0220。

399 敕內莊宅使牒

唐大中五年（851）正月十五日記。現藏陝西西安碑林博物館。正書。

民國拓本。1張，54×106cm。

附注：爲《玄秘塔碑》碑陰。

著録：萃編114/1，國圖32/58。

典藏號：Z0110。

400 定慧禪師碑

（唐）裴休撰，（唐）柳公權書，（唐）邵建初刻。唐大中九年（855）十月十三日建。清光緒初石斷裂，現存陝西户縣草堂寺。正書，額篆書。

民國拓本。1張，41×30cm。

著録：萃編114/22，國圖32/112，鑒定364。

附注：存碑額。

典藏號：Z0242。

401 支子璋墓誌

（唐）陳晝撰。唐大中十年（856）五月十八日葬。河南洛陽出土，現藏中國國家博物館。正書。

民國拓本。2張，墓誌蓋18×18cm，墓誌31×31cm。

附注：容肇祖贈容庚。

著録：國圖32/126，北大墓誌722。

典藏號：Z0196。

402 程修己墓誌

（唐）程再思書。唐咸通四年（863）四月十七日葬。現藏陝西西安碑林博物館。正書，蓋篆書。

民國拓本。1張，23×22cm。

著録：八瓊室76/1，國圖33/27，北大墓誌739，鑒定365。

附注：存墓誌蓋。

典藏號：Z0237。

403 楊君妻烏氏墓誌

（唐）楊坦撰并書。唐咸通十二年（871）正月十四日葬。現藏中國國家博物館。正書。

民國拓本。1張，32×32cm。

附注：容肇祖贈容庚。

著録：國圖33/104，北大墓誌755。

典藏號：Z0169。

404 沈綏等造佛頂尊勝陀羅尼經幢

唐中和四年（884）八月二十二日建。原在浙江湖州龍興寺，後爲沈秉成、潘承弼收藏。正書。

民國二十五年（1936）拓本。8張，約97×14cm。

民國二十五年九月潘承弼題識。

鈐印："好古""景鄭""景鄭藏石"。

附注：潘承弼贈容庚。

著録：吴興5/16。

典藏號：Z0566。

405 佛造像

隋唐年間（581—907）。

民國拓本。1張，117×85cm。

典藏號：Z0302。

406 法貴造彌勒像并記

唐（618—907）五月十□日。現存河南洛陽龍門石窟老君洞。正書。

民國拓本。1張，8×27cm。

著録：龍門8/102。

典藏號：Z0326。

407 李五德造七佛像記

唐（618—907）。現存河南洛陽龍門石窟老君洞。正書。

民國拓本。1張，11×14cm。

著録：八瓊室33/31，龍門8/41。

典藏號：Z0384。

408 茅君及妻嚴氏合葬墓誌蓋

唐（618—907）。舊藏河南省圖書館、河南省博物館，現藏河南開封博物館。篆書。

民國拓本。1張，36×36cm。

著録：北大墓誌793。

典藏號：Z0635。

409 王超□造像并記

唐（618—907）。現存河南洛陽龍門石窟老君洞。正書。

民國拓本。1張，9×24cm。

著録：龍門7/68。

典藏號：Z0344。

410 王懷忠等造像并題名

唐（618—907）。現存河南洛陽龍門石窟老君洞。正書。

民國拓本。1張，24×10cm。

著録：龍門7/82。

典藏號：Z0336。

411 王君墓誌蓋

唐（618—907）。篆書。

民國拓本。1張，35×36cm。

典藏號：Z0638。

412 夏侯升造像記

唐（618—907）。現存河南洛陽龍門石窟老君洞。正書。

民國拓本。1張，11×10cm。

著録：龍門9/36。

典藏號：Z0380。

413 楊君墓誌蓋

唐（618—907）。篆書。

民國拓本。1張，32×28cm。

著録：八瓊室78/6，湖北7/26，北大墓誌798。

典藏號：Z0244。

414 張承□造像記

唐（618—907）。現存河南洛陽龍門石窟老君洞。正書。

民國拓本。1張，9×15cm。

著録：龍門9/131。

典藏號：Z0347。

415 張大娘造像題名等

唐（618—907）。現存河南洛陽龍門石窟老君洞。正書。

民國拓本。1張，9×28cm。

子目：

1.張大娘造像題名。

2.僧□志造像題記。

3.秦三娘造像題記。

4.劉三娘造像題記。

附注：四造像合拓。

著録：八瓊室33/10，龍門9/98、3/68、4/98。

典藏號：Z0334。

416 趙大娘造像題名并竹弘懿書此龕題字

唐（618—907）。現存河南洛陽龍門石窟老君洞。正書。

民國拓本。1張，13×19cm。

附注：兩造像合拓。

著録：八瓊室33/29，龍門10/50、7/174。

典藏號：Z0364。

417 趙□造像并記

唐（618—907）。現存河南洛陽龍門石窟。正書。

民國拓本。1張，21×12cm。

著録：龍門10/67。

典藏號：Z0402。

418 鄭君神道碑額

唐（618—907）。篆書。

民國拓本。1張，38×30cm。

典藏號：Z0238。

419 壯穩定造像記

唐（618—907）。現存河南洛陽龍門石窟。正書。

民國拓本。1張，12×20cm。

著錄：八瓊室33/18，龍門8/84。

典藏號：Z0352。

420 衙內司空造佛頂尊勝陀羅尼經幢

後晉開運二年（945）六月二十日記。正書。

民國拓本。8張，約128×47cm。

著錄：國圖36/108。

典藏號：Z0443。

421 雲母山長造像記

南漢乾和十五年（957）七月一日。廣東。正書。

民國拓本。1張，32×25cm。

附注：鄔慶時舊藏。

典藏號：Z0481。

422 崔詹墓誌

（五代）王權撰，（五代）崔延美書。五代（907—960）十一月七日葬。河南洛陽出土，現藏中國國家博物館。正書。

民國拓本。1張，52×52cm。

附注：容肇祖贈容庚。

著錄：國圖34/48著錄爲唐天祐四年（907），北大墓誌821。

典藏號：Z0197。

423 篆書千字文序記

（宋）陶穀撰，（宋）皇甫儼書，（宋）安仁裕刻。北宋乾德五年（967）九月二十八日立。現藏陝西西安碑林博物館。正書，額篆書。

民國拓本。1張，188×82cm。

著錄：國圖37/17。

典藏號：Z0072。

424 摩利支天經并黃帝陰符經

（宋）袁正己書，安仁祚刊。北宋乾德六年（968）建。現藏陝西西安碑林博物館。正書。

民國拓本。1張，129×64cm。

子目：

1.摩利支天經，（宋）李奉珪畫像，北宋乾德六年十月十五日建。

2.黃帝陰符經，（宋）翟守素畫像，北宋乾德六年十一月九日建。

附注：二經合刻一石，徐知舜建摩利支天經，王處能建黃帝陰符經。又碑陰刻《太上老君常清静經等》。

著錄：萃編124/11—12，國圖37/19—20。

典藏號：Z0056。

425 張仲荀抄高僧傳序

（宋）陶穀撰，（宋）釋夢英書，（宋）郭忠恕篆額，（宋）安文燦鐫。北宋建隆、乾德年間（960—968）。現藏陝西西安碑林博物館。行書，額篆書。

民國拓本。1張，147×78cm。

著錄：萃編124/13，國圖37/21，鑒定373。

典藏號：Z0121。

426 石城會盟碑

大理明政三年（971）四月九日立。清康熙十八年（1679）雲南曲靖出土，現存雲南曲靖市第一中學。正書。

民國拓本。1張，115×59cm。

附注：刻清道光二十九年（1849）七月喻懷信題識。

著錄：萃編160/20，八瓊室129/8，國圖36/195，鑒定374。

典藏號：Z0026。

427 僧志義等造佛像并記

五代十國漢（917—971）。印度伽耶市菩提伽耶（Bodh-Gaya）出土。正書。

民國拓本。2張，造像記29×57cm，發願文57×6cm。

典藏號：Z0440。

428 劉仁秀造佛頂尊勝陀羅尼經幢

北宋開寶六年（973）五月八日建。正書。

民國拓本。8張，約114×12cm。

典藏號：Z0439。

429 太上老君常清靜經等

（宋）龐仁顯書，（宋）白廷燦畫像，（宋）安文燦刻。北宋太平興國五年（980）建。現藏陝西省西安碑林博物館。正書。

民國拓本。1張，120×64cm。

子目：

1.太上老君常清靜經，北宋太平興國五年二月二十一日建。

2.太上昇玄消災護命經，北宋太平興國五年三月十五日建。

3.太上天尊說生天得道經，北宋太平興國五年三月二十一日建。

附註：三經合刻一石，碑陽刻《摩利支天經并黃帝陰符經》。

著錄：萃編125/19，國圖37/57—59。

典藏號：Z0055。

430 新譯三藏聖教序

（宋）趙炅撰，（宋）釋雲勝書并篆額，（宋）李邈題銜。北宋端拱元年（988）十月七日建。現藏陝西西安碑林博物館。隸書，額篆書。

民國拓本。1張，167×97cm。

著錄：萃編125/43，國圖37/191。

典藏號：Z0059。

431 温仁朗墓誌

（宋）魏庠撰，（宋）張幹書，（宋）徐鉉篆蓋。北宋淳化元年（990）十二月一日葬。河南洛陽出土，徐森玉舊藏。正書，蓋篆書。

民國拓本。2張，墓誌蓋39×39cm，墓誌73×76cm。

附註：徐森玉贈容庚。

著錄：國圖37/194，北大墓誌829，鑒定374。

典藏號：Z0603。

又一件（Z0604）

432 僧紹頻建塔記

北宋天禧六年（1022）四月記。印度伽耶市菩提伽耶（Bodh-Gaya）出土。正書。

民國拓本。1張，38×15.5cm。

典藏號：Z0441。

433 僧義清義璘建石塔記

北宋天禧六年（1022）四月。印度伽耶市菩提伽耶（Bodh-Gaya）出土。正書。

民國拓本。1張，39×17.5cm。

典藏號：Z0442。

434 勸慎刑文并慎刑箴

（宋）晁迥撰，（宋）盧經書。北宋天聖六年（1028）立。現藏陝西西安碑林博物館。正書。

民國拓本。2張，碑陽158×83cm，碑陰155×76cm。

附註：碑陽刻勸慎刑文，碑陰刻慎刑箴。

著錄：萃編131/16、131/21，國圖38/73、38/74。

典藏號：Z0057。

435 簡州奉聖寺廟記額

北宋景祐三年（1036）六月二十八日。篆書。

民國拓本。1張，37×52cm。

典藏號：Z0253。

436 郭文慶妻劉氏墓誌

（宋）秦翔撰，（宋）張策書，（宋）張道清刻。北宋嘉祐八年（1063）十月三十日葬。正書。

民國拓本。1張，42×42cm。

附註：容肇祖贈容庚。

著錄：國圖38/187，北大墓誌840。

典藏號：Z0190。

437 司馬旦等題名

北宋元祐元年（1086）四月六日。現存河南洛陽龍門石窟。正書。

民國拓本。2張，"司馬旦"等字本27.5×11cm，"四月六日"等字本19.5×10cm。

典藏號：Z0346。

438 時仲等題名

北宋元祐元年（1086）三月八日。現存廣東廣州藥洲遺址。正書，左行。

民國拓本。1張，22×20cm。

附注：鄔慶時舊藏。

著錄：國圖40/4。

典藏號：Z0516-2。

439 京兆府府學新移石經記

（宋）黎持撰，（宋）安宜之書，（宋）安民鐫。北宋元祐五年（1090）九月二十日記。現藏陝西西安碑林博物館。正書，額篆書。

民國拓本。1張，127×64cm。

著錄：萃編139/19，國圖40/59。

典藏號：Z0060。

440 趙瞻神道碑

（宋）范祖禹撰，（宋）蔡京書并篆額。北宋元祐七年（1092）五月二十五日建。現存重慶大足縣北山石洞。行書，額篆書。

民國拓本。1張，54×37cm。

著錄：續編16/21，國圖40/75。

附注：存碑額。

典藏號：Z0592。

441 游師雄墓誌

（宋）張舜民撰，（宋）邵鼴書，（宋）安民、安敏、姚文、安延年刻。北宋紹聖四年（1097）十月十七日葬。現藏陝西西安碑林博物館。正書。

民國拓本。1張，114×114cm。

著錄：萃編141/23，國圖40/155，北大墓誌856。

典藏號：Z0054。

442 資福寺羅漢閣記殘碑

（宋）蘇軾撰并書。北宋元符三年（1100）十月。原存廣東東莞資福寺，至清僅存後六行，下截亦復斷缺。正書。

民國拓本。1張，90×34cm。

著錄：八瓊室108/7。

典藏號：Z0301。

443 □□禪師墓幢記

遼乾統三年（1103）四月二十二日建。原存北京海淀靜宜園。正書；漢文、梵文。

民國莊嚴拓本。1張，104×77cm。

民國二十六年（1937）二月莊嚴題識。

鈐印："北平古刻""莊嚴傳拓北平金石之記"。

附注：莊嚴贈容庚。

著錄：國圖45/121。

典藏號：Z0587。

444 玄聖文宣王贊

（宋）趙恒撰，〔宋〕米芾書。北宋崇寧四年（1105）書。現存山東曲阜孔廟。篆書。

民國拓本。1張，183×65cm。

附注：刻清乾隆三十三年（1768）孔繼涑觀款，嘉道年間孔昭薰題識，葉壽海觀款，王大塽、王鴻觀款。

著錄：吳興6/6，安徽3/38，鑒定389。

典藏號：Z0018。

445 章迪墓表額

（宋）米芾書。北宋大觀元年（1107）五月一日立。現存安徽無爲市。正書。

清拓本。1張，56×62cm。

著錄：續編17/17，國圖41/143，鑒定389。

典藏號：Z0649。

446 山河堰落成記

（宋）晏袤撰并書。南宋紹熙五年（1194）二月二十四日。原存陝西漢中褒城鎮石門，1970年入藏陝西漢中博物館。隸書。

晚清拓本。1張，173×476cm。

著録：萃編151/4，國圖43/168。

典藏號：Z0409。

447 鄐君開通褒斜道摩崖釋文

（宋）晏袤撰并書。南宋紹熙五年（1194）四月十六日書。原存陝西漢中褒城鎮石門，1970年入藏陝西漢中博物館。正書。

晚清拓本。1張，200×188cm。

附注：刻南宋紹熙五年四月十六日晏袤題識。

著録：國圖43/169，石門81。

典藏號：Z0410。

448 閭丘資深等題名

南宋慶元二年（1196）二月書。原存陝西漢中褒城鎮石門，1970年入藏陝西漢中博物館。隸書。

晚清拓本。1張，107×55cm。

附注：刻南宋慶元二年二月閭丘資深等題識，紹定二年（1229）四月曹濟之題識。

著録：八瓊室110/4、110/9，國圖44/10。

典藏號：Z0405。

449 "杏壇" 榜書

（金）黨懷英書。金承安三年（1198）立。現存山東曲阜孔廟。篆書。

民國拓本。1張，135×73cm。

著録：山左20/29，國圖47/46。

典藏號：Z0100。

450 奧屯良弼餞飲碑

金泰和六年（1206）二月十一日。羅振玉舊藏，現藏中國國家博物館。正書；漢文，女真文。

民國羅福成拓本。1張，58×48cm。

羅福成書女真文題識并鈐女真文印。

附注：羅福成贈容庚。附羅福成致容庚信札一通、信封一枚。

著録：國圖47/98。

典藏號：Z0634。

451 趙彥呐等題名

南宋寶慶二年（1226）前熟食五日。原存陝西漢中褒城鎮石門，1970年入藏陝西漢中博物館。隸書。

晚清拓本。1張，92×49cm。

著録：萃編141/9，八瓊室110/8，國圖44/67。

典藏號：Z0412。

452 傅二娘造石水筧記

南宋紹定二年（1229）七月十五日題。民國十年（1921）羅原覺購於碑肆，1953年捐藏廣東廣州博物館。正書。

民國拓本。1張，43×20cm。

鈐印："羅原覺傳本""家有漢文君淳于隋大業南海王夫人墓志宋熙寧潮州陳十五娘造瓷佛紹定廣州城南傅二娘造石水筧記石刻"。

附注：羅原覺贈容庚。

典藏號：Z0567。

453 高生福墓誌

大理仁壽四年（1236）十月卒。民國二十三年（1934）雲南楚雄城北蓮花池出土，現藏雲南省博物館。正書。

民國拓本。1張，47×139cm。

附注：張希魯贈容庚。

典藏號：Z0300。

454 陳疇等題記

南宋嘉熙三年（1239）。現存廣東廣州藥洲遺址。隸書。

民國拓本。1張，90×41cm。

著録：粵西12/3，國圖44/88。

典藏號：Z0276。

455 "袞雪"題字

宋（960—1279）。原存陝西漢中褒城鎮石門，1970年入藏陝西漢中博物館。隸書。

晚清拓本。1張，44×124cm。

著錄：八瓊室110/10，石門76。

典藏號：Z0408。

456 焦公墓誌蓋

宋（960—1279）。河南洛陽出土，現存河南洛陽存古閣。篆書。

民國拓本。1張，31×29cm。

著錄：八瓊室121/32，芒補遺25，北大墓誌873。

典藏號：Z0267。

457 李䶒墓誌蓋

宋（960—1279）。篆書。

民國拓本。1張，55×55cm。

附注：附民國三十二年（1943）三月一日趙燦文寄容庚信札一通。趙燦文贈容庚。

典藏號：Z0611。

又一件（Z0612）

458 "石虎"題字

（東漢）鄭子真撰并書。宋（960—1279）。原存陝西漢中褒城鎮石門，已毀。隸書。

晚清拓本。1張，95×55cm。

著錄：石門75。

典藏號：Z0413。

459 "石門"題字

宋（960—1279）。原存陝西漢中褒城鎮石門，現藏陝西漢中博物館。隸書。

民國拓本。1張，85×51cm。

著錄：八瓊室110/10，石門73。

典藏號：Z0298。

又一件（Z0406）

晚清拓本。

460 余祺造觀音菩薩像記

宋（960—1279）。現存河南洛陽龍門石窟萬佛洞。正書。

民國拓本。1張，20×15cm。

著錄：龍門10/203。

典藏號：Z0363。

461 安丙遊石門題詩

（宋）安丙撰并書。南宋（1127—1279）。原存陝西漢中褒城鎮石門，已佚。正書。

晚清拓本。1張，65×44cm。

著錄：八瓊室110/6。

典藏號：Z0407。

462 祝延聖主本命長生碑

（元）王思廉撰，（元）趙孟頫書。元延祐四年（1317）十一月。現存河北正定隆興寺。正書。

民國拓本。1張，18×6cm。

附注：存"崇琛等立石"五字。

著錄：國圖49/60。

典藏號：Z0647。

463 石鼓文音訓

（元）潘迪撰并書，（元）茅亮刻。元至元五年（1339）五月二十六日。原在北京東城區國子監街孔廟，現藏北京故宮博物院。正書，額篆書。

清初拓本。冊葉裝。1冊21開，27×13.5cm。

附注：有潘迪隸書刻跋。

著錄：萃編1/5。

典藏號：Z0416。

464 東野琇墓碑

元（1271—1368）。篆書。

清拓本。1張，176×56.5cm。

典藏號：Z0020。

465 三盆山十字寺也里可温石刻

元（1271—1368）。民國八年（1919）發現於北京房山三盆山十字寺，舊藏國立中央研究院歷史博物館籌備處，現藏江蘇南京博物院。叙利亞文。

民國二十年（1931）國立中央研究院歷史博物館籌備處拓本。6張，約65×55cm。

附注：附民國二十年（1931）十一月國立中央研究院歷史博物館籌備處信函一通。

典藏號：Z0600。

466 張弘范碑殘石

元（1271—1368）。民國九年（1920）廣東廣州小南門出土，羅原覺購於高第街駱權碑肆。隸書。

民國拓本。1張，29×19cm。

鈐印："羅原覺傳本"。

附注：羅原覺贈容庚。

典藏號：Z0568。

467 天妃靈應記

（明）鄭和等立。明宣德六年（1431）十一月立。現存福建長樂市南山鄭和史迹陳列館。正書，額篆書。

民國拓本。1張，156×75cm。

附注：薩兆寅贈容庚。

著錄：國圖51/65。

典藏號：Z0101。

468 "牧愛堂"榜書

（宋）朱熹書，（明）余子俊摹。明天順四年（1460）。現藏陝西西安碑林博物館。正書。

民國拓本。1張，59×146cm。

附注：刻明天順四年余子俊題識。

著錄：國圖52/22。

典藏號：Z0061。

469 慈元廟碑

（明）陳獻章撰并書。明弘治十二年（1499）。現存廣東江門新會崖山祠古碑廊。行書，額飛白行書。

民國拓本。1張，184×102cm。

附注：刻明弘治十二年湛若水題識。

著錄：國圖53/66。

典藏號：Z0144。

470 "壽萱"榜書

（明）朱誠淋書，（明）朱秉檥刻。明正德十一年（1516）六月十五日立。現藏陝西西安碑林博物館。正書。

民國拓本。1張，71×155cm。

著錄：國圖54/33。

典藏號：Z0126。

471 吕懷健墓誌

（明）孫鋌撰，（明）崔學履書，（明）王汝言篆蓋，（明）張琚鎸。明嘉靖三十四年（1555）五月四日葬。燕京大學校園出土，現藏北京大學塞克勒考古與藝術博物館。正書，蓋篆書。

民國拓本。2張，墓誌蓋61×60cm，墓誌60×59cm。

著錄：國圖56/1，北大墓誌948。

典藏號：Z0045。

472 觀井圖并銘

（宋）陳靖撰并書。明萬曆五年（1577）。原存北京東城區國子監東廂，舊藏國立歷史博物館。正書。

民國拓本。1張，126×62cm。

附注：容肇祖贈容庚。

典藏號：Z0303。

473 米玉及妻馬氏合葬墓誌

（明）黃輝撰，（明）馮有經書，（明）區大相篆蓋。明萬曆二十七年（1599）十二月十五日葬。燕京大學校園出土，現藏北京大學塞克勒考古與藝術博物館。正書，蓋篆書。

民國拓本。2張，墓誌蓋75×75cm，墓誌75×73cm。

著錄：國圖58/102，北大墓誌961。

典藏號：Z0142。

474 呂志伊墓誌

（明）孫承榮撰，（明）吳文燦書，（明）趙拱極篆蓋，（明）王守義鐫。明萬曆二十九年（1601）九月二十七日葬。燕京大學校園出土，現藏北京大學塞克勒考古與藝術博物館。正書，蓋篆書。

民國拓本。2張，墓誌蓋56×53cm，墓誌56×54cm。

著錄：國圖58/119，北大墓誌961。

典藏號：Z0046。

475 徐翼所家訓碑

（明）徐學周撰，（明）董其昌書。明萬曆四十五年（1617）二月十五日書。現藏陝西西安碑林博物館。行書。

民國拓本。1張，167×84cm。

附注：徐朱燦題識失拓。

著錄：國圖59/92。

典藏號：Z0125。

476 古文孝經

[託]（唐）虞世南書，（明）蔡毅中集注。明天啓三年（1623）十月。現藏中國國家博物館。正書。

民國拓本。2張，"古文全經"至"則古賢哲王聖人所不貴謂賤惡之也"56×178cm，"君子則不然"至末57×178cm。

附注：容肇祖贈容庚。

典藏號：Z0214。

477 讚大悲菩薩碑

（明）姚希孟撰，（明）屈産書，（明）陸卿正、梁清寬勒石，（明）袁起元鐫。明崇禎元年（1628）十月。現存河北正定隆興寺。正書，額篆書。

民國拓本。1張，255×90cm。

典藏號：Z0623。

478 王鐸硯銘

（明）王鐸題銘，明崇禎十年（1637）。正書。

民國林尊儼拓本。1張，20×21cm。

有民國十四年（1925）林尊儼題識。

鈐印："幼梅"。

典藏號：Z0572。

479 古硯記并商輅硯銘

（明）許獬撰古硯記。（明）商輅題銘。明（1368—1644）。隸書。

民國拓本。1張，5×84cm。

附注：四面合拓。

典藏號：Z0573。

又一件（Z0574）

1張，"所謂好古者"等字本5×20cm。

附注：存硯台一側。

480 諭祭于慎行聖旨碑

明（1368—1644）。現存山東東阿縣于林。正書。

清拓本。1張，278×82cm。

典藏號：Z0527。

481 傅青主硯銘

（明）傅山題銘。明末清初。行書。

民國林尊儼拓本。1張，24×16cm。

有林尊儼題款。

鈐印："幼梅"。

典藏號：Z0571。

482 蟠龍伏虎二臺記

清順治八年（1651）。草書。

民國拓本。1張，81×72cm。

附注：杜奉符贈容庚。

典藏號：Z0535。

483 王興墓誌

南明永曆十五年（1661）四月十八日葬。1952年11月24日廣東廣州南箕村出土，1955年移存廣州越秀公園。正書。

民國黃文寬拓本。1張，51×41cm。

鈐印："文寬拓墨"。

典藏號：Z0632。

484 注峋嶁碑

（清）毛會建摹。清康熙五年（1666）。現藏陝西西安碑林博物館。篆書。

民國拓本。1張，207×81cm。

附注：刻清康熙五年毛會建題識。

著錄：國圖62/77。

典藏號：Z0070。

485 訓飭士子文

（清）愛新覺羅·玄燁撰并書。清康熙四十一年（1702）正月。現藏陝西西安碑林博物館。正書。

民國拓本。1張，191×81cm。

典藏號：Z0127。

486 "鵝"字榜書

（清）門鎮國仿王羲之書。清康熙五十四年（1715）。現存湖北武漢黃鶴樓公園。行書。

民國拓本。1張，220×136cm。

附注：刻清康熙五十四年門鎮國題識。

典藏號：Z0525。

487 即景詩碑

（清）愛新覺羅·允禮撰并書。清雍正十二年至十三年（1734—1735）。現藏陝西西安碑林博物館。行書。

民國拓本。1張，151×65cm。

典藏號：Z0129。

488 望太白積雪詩

（清）愛新覺羅·允禮撰并書。清雍正十二年至十三年（1734—1735）。現藏陝西西安碑林博物館。行書。

民國拓本。1張，126×36cm。

典藏號：Z0128。

489 西安府碑洞石刻目録

（清）柳大任撰，（清）柳雲培書，（清）侯均篆額，（清）卜兆夢鑴。清乾隆十六年（1751）五月立。現藏陝西西安碑林博物館。正書，額篆書。

民國拓本。1張，188×80cm。

附注：刻清邱仰文題識。

著錄：國圖70/144。

典藏號：Z0071。

490 重修郭巨祠記

清乾隆二十二年（1757）五月建。現存山東濟南孝堂山郭氏墓石祠。正書。

民國拓本。2張，題記139×32cm，題名115×32cm。

附注：任熹贈容庚。

典藏號：Z0042。

491 清乾隆御製特磬

清乾隆二十六年（1761）。篆書。

民國拓本。1張，68×54cm。

附注：另一面刻律名及年款，清乾隆二十六年十一月九日琢成。此本失拓。

典藏號：Z0624。

492 重立漢武氏祠石記

（清）翁方綱撰并書，（清）鄭支宗摹。清乾隆五十二年（1787）十月十五日書。現藏山東嘉祥武氏墓群石刻博物館。隸書，額篆書。

清同治十三年（1874）拓本。9張，墓主人名62×35cm，其余32×86cm。

附注：刻清乾隆五十七年（1792）李東琪書墓主人名及錢泳觀款。

著録：國圖75/80。

典藏號：Z0555。

493 重排石鼓文音訓

（清）王杰、彭元瑞等撰并書，（清）趙秉沖摹并篆，（清）長壽鐫。清乾隆五十五年（1790）正月十五日。北京東城區國子監孔廟及河北承德避暑山莊博物館皆存此碑。正書，額篆書。

清拓本。册葉裝。1册22開，27×135cm。

著録：國圖75/138。

典藏號：Z0536。

494 集石鼓所有文成十章制鼓重刻序

（清）愛新覺羅·弘曆撰并書。清乾隆五十五年（1790）正月十五日書。北京東城區國子監孔廟及河北承德避暑山莊皆存此碑。正書。

清拓本。册葉裝。1册26開，27×13.5cm。

著録：國圖75/137。

典藏號：Z0537。

495 劉傳瑩家傳

（清）曾國藩撰，（清）戴熙書，（清）勞之廉鐫。清道光二十九年（1849）。正書。

清末拓本。經折裝。1册9開，33×18.5cm。

附注：刻清道光二十九年五月戴熙題識。

典藏號：Z0148。

496 顧沅小傳

（清）潘錫恩撰，（清）馮桂芬書，（清）錢省三、錢少山刻。清咸豐元年（1851）七月二十九日卒。正書。

民國拓本。4張，31×66cm。

附注：顧廷龍贈容庚。

典藏號：Z0580。

497 紅崖碑縮本

（清）吕佺孫摹，（清）劉宏剛刻。清咸豐二年

（1852）。古文。

清朱拓本。1張，58×167cm。

有清咸豐二年吕佺孫題識。

附注：附民國七年（1918）張家駿手抄瞿鴻錫《紅崖禹碑考》五開。

典藏號：Z0609。

498 瘋僧像

（清）醉呆子撰并書，（清）劉家林刻。清同治六年（1867）。行草書。

民國拓本。1張，101×53cm。

典藏號：Z0424。

499 鄔寶理妻陳孺人墓誌

（清）吳功溥撰，（清）程大璋書，（清）梁雲衢刻。清同治十三年（1874）三月二十七日葬，光緒三十年（1904）撰。廣東廣州番禺。正書。

清拓本。1張，27.5×39.5cm。

附注：鄔慶時舊藏。

典藏號：Z0468。

500 莫愁小像

（清）朱柏容摹。清光緒二年（1876）。現存江蘇南京莫愁湖。行草書。

民國拓本。1張，100×41cm。

附注：刻清光緒二年（1876）、五年（1879）朱柏容題詩及題識、重摹黃鞠跋文。

典藏號：Z0012。

501 彭慰高墓誌

（清）汪鳴鑾撰，（清）吳郁生書，（清）吳大澂篆蓋，（清）唐仁齋鐫。清光緒十六年（1890）二月十二日葬。江蘇吳縣。正書，蓋篆書。

清拓本。2張，墓誌蓋69×69cm，墓誌69×69cm。

著録：國圖86/133。

典藏號：Z0284。

502 吴立綱妻韓氏墓誌

（清）吴大根撰，（清）吴大澂書，（清）吴大衡篆蓋。清光緒十六年（1890）九月二十七日葬。江蘇蘇州。篆書。

清拓本。經折裝。1册10開，21.5×11cm。

容庚題簽。

鈐印："容庚私印"。

著録：北大墓誌1035。

典藏號：Z0078。

503 清光緒特磬

清光緒二十年（1894）五月九日。篆書。

民國拓本。2張，夾鍾68×57cm，南吕48×38cm。

典藏號：Z0620。

504 李鴻章神道碑

（清）吴汝綸撰，（清）于式枚書，（清）俞樾篆額，（清）楊中孚刻。清光緒二十九年（1903）二月十八日葬。現存安徽合肥李鴻章享堂。正書，額篆書。

清末拓本。2張，碑額81×82cm，碑文289×109cm。

著録：國圖88/159。

典藏號：Z0002。

505 鄔寶理墓誌

（清）邱逢甲撰，（清）程大璋書，（清）梁雲衢刻。清光緒三十二年（1906）春葬。廣東廣州番禺。正書。

清拓本。1張，37.5×78cm。

附注：鄔慶時舊藏。

著録：北大墓誌1046。

典藏號：Z0467。

506 重修將軍山記

（清）鄔啓祚撰，鄔慶時書，（清）梁雲渠刻。清宣統元年（1909）十一月識。廣東廣州番禺。正書。

清拓本。1張，40×63cm。

附注：鄔慶時舊藏。

典藏號：Z0470。

507 南山方便所記

鄔慶時撰，（清）程大璋書。清宣統二年（1910）十一月記。廣東廣州番禺。正書。

清拓本。1張，28.5×38.5cm。

附注：鄔慶時舊藏。

典藏號：Z0471。

508 鄔啓祚墓誌

（清）程大璋撰并書，（清）梁雲衢刻。清宣統三年（1911）二月五日卒。廣東廣州番禺。正書。

清拓本。1張，59×94cm。

附注：鄔慶時舊藏。附民國十一年（1922）九月二十七日《七十二行商報》包紙一張，上有鄔慶時書"金石零拾"。

著録：國圖90/64。

典藏號：Z0466。

509 張亨嘉墓誌

（清）吴曾祺撰，（清）陳寶琛書，（清）鄭沅篆蓋，李月庭刻。清宣統三年（1911）葬。福建閩候。正書，蓋篆書。

清拓本。2張，墓誌蓋44×50cm，墓誌44×50cm。

附注：附民國北平五洲書局代售處封袋一張。

著録：國圖90/122，北大墓誌1052。

典藏號：Z0132。

510 顧沅傳

（清）左仁撰并書。清（1644—1911）刻。現存江蘇蘇州。正書。

民國拓本。1張，32×99cm。

附注：顧廷龍贈容庚。

典藏號：Z0577。

511 千手觀音像

清（1644—1911）。

民國拓本。1張，28×15.5cm。

附注：鄔慶時舊藏。

典藏號：Z0491。

512 諸可權集黃庭堅書聯句

（宋）黃庭堅書，（清）諸可權集并摹。清（1644—1911）。現存湖北武漢黃鶴樓公園。行書。

民國拓本。2張。約165×38cm。

典藏號：Z0530。

513 鄔寶珍墓表

（清）褚傳誥撰，（清）程大璋書，（清）梁雲衢刻。廣東廣州番禺。民國元年（1912）。正書。

民國拓本。1張，48×71.5cm。

附注：鄔慶時舊藏。

典藏號：Z0469。

514 叔言昆仲邀游復園詩

（清）郭恩孚撰，（清）田智枚書。清末民初。正書。

民國拓本。1張，52×72cm。

附注：鄔慶時舊藏。

典藏號：Z0473。

515 張仁黼及妻胡氏合葬墓誌

馬其昶撰，朱益藩書，左孝同篆蓋。民國五年（1916）十月二十九日卒。河南固始出土。正書，蓋篆書。

民國拓本。2張，墓誌蓋68×62cm，墓誌67×70cm。

附注：張瑋贈容庚。

著録：北大墓誌1057。

典藏號：Z0602。

516 邱書林墓誌

張青蓮撰，陳宣猷書。民國八年（1919）正月二十四日。正書。

民國拓本。1張，55×55cm。

典藏號：Z0105。

517 雷元澍墓表

賀宗章撰，秦樹聲書。民國八年（1919）五月立。正書，額篆書。

民國拓本。1張，136×60cm。

典藏號：Z0137。

518 鄧呈瑞墓誌

秦樹聲撰并書。民國九年（1920）十二月二十六日葬。河南潢川。正書。

民國拓本。1張，62×61.5cm。

著録：國圖93/24，北大墓誌1064。

典藏號：Z0136。

519 石德芬墓誌

康有爲撰，沈曾植書，梁朗文刻。民國十年（1921）正月二十日葬。廣東廣州。正書。

民國拓本。1張，137×69cm。

附注：梁方仲贈容庚。

典藏號：Z0031。

520 鄭淑蕙墓誌

李時燦撰，秦樹聲書，姚華篆蓋，李桂藻刻。民國十一年（1922）四月葬。河南武陟。正書。

民國拓本。1張，墓誌67×66cm。

著録：北大墓誌1067。

典藏號：Z0099。

521 張世慶墓表

高步瀛撰，羅惇㬊書，陳衡恪篆額。民國十一年（1922）立。正書，額篆書。

民國拓本。1張，171×65cm。

典藏號：Z0641。

522 姚源清墓誌

姚永概撰，姚華書并篆蓋。民國十三年（1924）三月二日葬。北京海淀七間房出土，現藏北京石刻藝術博物館。正書，蓋篆書。

民國拓本。2張，墓誌蓋58×57cm，墓誌60×59cm。

附注：宋荔秋贈容庚。

著錄：國圖94/63，北大墓誌1072。

典藏號：Z0543。

523 陳衡恪墓誌

袁思亮撰，譚澤闓書，汪詒書篆蓋，俞廷輔、吳福生鐫。民國十四年（1925）十月十八日葬。浙江杭州。正書，蓋篆書。

民國拓本。2張，墓誌蓋40×45cm，墓誌54×52cm。

著錄：北大墓誌1075。

典藏號：Z0542。

524 王國維墓誌

（清）楊鍾羲撰，（清）袁勵準書并篆蓋，宋德裕刻。民國十六年（1927）七月十七日葬。北京海淀。正書，蓋篆書。

民國拓本。冊葉裝。1冊17開，24×10cm。

有民國二十四年（1935）十月容庚題簽。

著錄：國圖95/107，北大墓誌1078。

典藏號：Z1696。

525 白鵝洲游記

鄔慶時撰并書。民國十八年（1929）四月。在廣東樂昌。正書。

民國拓本。1張，52×35cm。

附注：鄔慶時舊藏。

著錄：白鵝洲1/3。

典藏號：Z0472。

526 潘家充壙銘

潘承弼撰，吳湖帆書并篆額，孫仲淵刻。民國二十一年（1932）十一月十二日葬。江蘇蘇州。行書，額篆書。

民國拓本。1張，56×40cm。

鈐印："景鄭持贈"。

附注：潘承弼贈容庚。

著錄：北大墓誌1088。

典藏號：Z0589。

527 潘祖同墓誌

章炳麟撰，王同愈書，鄧邦述篆蓋，孫仲淵刻。民國二十一年（1932）十二月葬。江蘇吳縣。正書，蓋篆書。

民國拓本。2張，墓誌蓋67×62cm，墓誌74×74cm。

著錄：國圖97/45，北大墓誌1088。

典藏號：Z0588。

528 周大烈墓誌

陳敬第撰，陳陶遺書，馬衡篆蓋，李月庭鐫。民國二十三年（1934）八月八日葬。北京海淀。正書，蓋篆書。

民國拓本。2張，墓誌蓋73×72cm，墓誌72×73cm。

著錄：北大墓誌1091。

典藏號：Z0102。

529 中華民國華北軍第七軍團第五十九軍抗日戰死將士公墓碑

胡適撰，錢玄同書，劉明堂刻。民國二十三年（1934）。碑已毀。隸書。

民國拓本。1張，117.5×80cm。

附注：原立碑處有重刻碑，現存內蒙古自治區呼和浩特市公主府公園。胡適贈容庚。

典藏號：Z0141。

530 觀故宮陳列福開森古物記

宋哲元撰，劉哲書，羅惇㬊書蓋。民國二十五年

（1936）九月十五日立。現藏北京故宮博物院。正書。

民國二十五年（１９３６）拓本。2張，蓋49×50cm，記49×50cm。

附注：福開森贈容庚。

著録：國圖98/85。

典藏號：Z0618。

531 月夕驢溪詩序

佘雪曼撰并書，袁明誠摹刻。民國三十年（1941）。行書。

民國拓本。1張，33×92cm。

典藏號：Z0275。

532 朱氏治家格言

（清）朱用純撰，柯璜書，張秉文雙鈎。民國（1911—1949）。草書。

民國拓本。1張，107×98cm。

典藏號：Z0006。

533 飛天八像

年代不詳。

民國拓本。1張，38×85cm。

典藏號：Z0529。

534 郭雲膠題記

年代不詳。篆書。

民國拓本。1張，36×17cm。

鈐印："郭氏家藏"。

附注：莊嚴贈容庚。

典藏號：Z0590。

535 "龜蛇"榜書

（金）譚處端書。年代不詳。草書。

民國拓本。1張，113×63cm。

典藏號：Z0098。

536 石磨全形拓

年代不詳。篆書。

民國拓本。1張，41×61cm。

附注：磨銘、磨盤及磨石全形合拓。

典藏號：Z0561。

537 "肅國公"等字殘石

年代不詳。正書。

清拓本。1張，47×31cm。

典藏號：Z0523。

538 魚形玉飾紋

年代不詳。

民國拓本。1張，13×5cm。

附注：鄔慶時舊藏。

典藏號：Z0474。

又一件（Z0503）

539 買曹者後世復有大吉石槽題字

東漢（25—220）。隸書。疑偽。

民國拓本。1張，84×41cm。

典藏號：Z0614。

540 漢畫像墓門

隸書。疑偽。

民國拓本。2張，一１３３×４８ｃｍ，二140×51cm。

鈐印："騰衝李根源精拓金石文字記""富平胡景翼精拓金石文字記"。

附注：刻民國十四年（1925）李根源題識。容肇祖贈容庚。

典藏號：Z0640。

541 卷雲紋瓦當

秦至南越國（221B.C.—112B.C.）。廣東廣州出土。

清拓本。1張，8×15cm。

鈐印："彭城仲子有不爲齋記"。

附注：鄔慶時舊藏。

典藏號：Z0475-2。

542 典字磚

釋文：典。

南越國（204B.C.—112B.C.）。廣東出土。篆書。

民國拓本。1張，8×11cm。

附注：鄔慶時舊藏。

典藏號：Z0497-3。

543 富貴瓦

釋文：富貴。

南越國（204B.C.—112B.C.）。廣東廣州出土。篆書。

清拓本。1張，15×15cm。

鈐印："鐵面無私見遠"。

附注：鄔慶時舊藏。

典藏號：Z0475-1。

544 富貴磚

釋文：富貴。

南越國（204B.C.—112B.C.）。廣東出土。篆書。

民國拓本。1張，9×13cm。

附注：鄔慶時舊藏。

典藏號：Z0477-2。

545 富貴磚

釋文：富貴。

南越國（204B.C.—112B.C.）。廣東出土。篆書。

民國拓本。1張，18×16cm。

附注：鄔慶時舊藏。

典藏號：Z0489。

546 高樂瓦

釋文：高樂。

南越國（204B.C.—112B.C.）。廣東廣州出土。篆書。

民國拓本。1張，8×12cm。

附注：鄔慶時舊藏。

典藏號：Z0477-1。

547 官字磚

釋文：官。

南越國（204B.C.—112B.C.）。廣東出土。篆書。

民國拓本。1張，8×8cm。

附注：鄔慶時舊藏。

典藏號：Z0497-1。

548 吉字磚

釋文：吉。

南越國（204B.C.—112B.C.）。廣東出土。篆書。

民國拓本。1張，10×11cm。

附注：鄔慶時舊藏。

典藏號：Z0497-4。

549 寧字瓦

釋文：寧。

南越國（204B.C.—112B.C.）。廣州出土。篆書。

清拓本。1張，13×13cm。

附注：鄔慶時舊藏。

典藏號：Z0474-2。

550 人字磚

釋文：人。

南越國（204B.C.—112B.C.）。廣東出土。篆書。

民國拓本。1張，13×9cm。

附注：鄔慶時舊藏。

典藏號：Z0497-2。

551 天鳳五年磚

釋文：天鳳五年廣宜萬世。

新莽天鳳五年（18）。廣東出土。篆書。

民國拓本。1張，32×4cm。

附注：鄔慶時舊藏。

典藏號：Z0493-2。

552 富且貴子孫宜侯王磚

釋文：永壽二年壬申造富且貴子孫宜侯王。

東漢永壽二年（156）。廣東出土。隸書。

民國拓本。1張，48×5cm。

附注：鄔慶時舊藏。

典藏號：Z0480-2。

553 長樂未央瓦當

釋文：長樂未央。

漢（206B.C.—220）。篆書。

民國拓本。1張，直徑15cm。

附注：鄔慶時舊藏。

典藏號：Z0482。

554 獸紋磚

漢（206B.C.—220）。

民國拓本。1張，19×19cm。

附注：鄔慶時舊藏。

典藏號：Z0503-3。

555 獸面紋瓦當

漢（206B.C.—220）。廣東出土。

民國拓本。1張，直徑13cm。

附注：鄔慶時舊藏。

典藏號：Z0478-1。

又一件（Z0506-1）

附注：鄔慶時舊藏。

556 文冢磚

釋文：文冢。

東漢（25—220）。廣東出土。隸書。

民國拓本。1張，21×17cm。

附注：鄔慶時舊藏。

典藏號：Z0501-3。

557 永興三年七月磚

釋文：永興三年七月□立。

西晉永興三年（306）七月。廣東出土。隸書。

民國拓本。1張，16×6cm。

附注：鄔慶時舊藏。

典藏號：Z0496-2。

558 永嘉五年磚

釋文：永嘉五年。

西晉永嘉五年（311）。廣東出土。隸書。

民國拓本。1張，18×5cm。

附注：鄔慶時舊藏。

典藏號：Z0501-2。

559 永嘉六年磚

釋文：永嘉六年。

西晉永嘉六年（312）。廣東出土。隸書。

民國拓本。1張，12×5cm。

附注：鄔慶時舊藏。

典藏號：Z0496-1。

560 子孫百年磚

釋文：永嘉六年壬申子孫百年。

西晉永嘉六年（312）。廣東出土。隸書。

民國拓本。1張，37×5.5cm。

附注：鄔慶時舊藏。

典藏號：Z0502-2。

561 永嘉世九州空磚

釋文：永嘉世九州空余吳土盛且豐。

西晉永嘉年間（307—313）。廣東出土。隸書。

民國拓本。1張，36×4cm。

附注：鄔慶時舊藏。

典藏號：Z0494-2。

562 永嘉中天下災磚

釋文：永嘉中天下災但江南皆康平。

西晉永嘉間（307—313）。廣東出土。隸書。

民國拓本。1張，37×4.5cm。

附注：鄔慶時舊藏。

典藏號：Z0494-1。

563 富貴磚

釋文：維□□富貴，□□富貴。

晉（265—420）。廣東廣州出土。篆書。

民國拓本。1張，15×11cm。

附注：鄔慶時舊藏。

典藏號：Z0496-3。

564 皆封侯磚

釋文：皆封侯。

晉（265—420）。廣州出土。隸書。

民國拓本。1張，16×5cm。

附注：鄔慶時舊藏。

典藏號：Z0501-1。

565 □興三年磚

釋文：□興三年辛巳歲宜封□。

晉（265—420）。廣東出土。隸書。

民國拓本。1張，34×4cm。

附注：鄔慶時舊藏。

典藏號：Z0502-1。

566 侯阿□磚

釋文：神龜元年歲在戊戌十月廿四日侯阿□銘記。

北魏神龜元年（518）十月二十四日。正書。

民國拓本。1張，31×15cm。

典藏號：Z0578。

567 富貴磚

釋文：富貴。

南北朝（420—589）。廣東出土。正書。

民國拓本。1張，14×5cm。

鈐印："史尌青印"。

典藏號：Z0456-1。

568 南海尉磚

釋文：南海尉。

南朝（420—589）。廣東出土。篆書。

民國拓本。1張，17×20cm。

鈐印："史尌青印"。

典藏號：Z0450-5。

569 南海磚

釋文：南海。

南朝（420—589）。廣東出土。篆書。

民國拓本。1張，11×15cm。

鈐印："史尌青印"。

典藏號：Z0452-1。

570 永保子孫磚

釋文：永保子孫。

南朝（420—589）。廣東出土。篆書。

民國拓本。1張，16×21cm。

鈐印："君子"。

典藏號：Z0454-1。

571 同出磚

釋文：同出。

南北朝至隋唐（420—907）。廣東出土。正書。

民國拓本。1張，14×5cm。

鈐印："史尌青印"。

典藏號：Z0456-3。

572 南字磚

釋文：南□。

隋唐（581—907）。廣東出土。正書。

民國拓本。1張，10×5cm。

鈐印："史尌青印"。

典藏號：Z0450-6。

573 南海磚

釋文：南海。

隋唐（581—907）。廣東出土。正書。

民國拓本。1張，20×5cm。

鈐印："史尌青印"。

典藏號：Z0450-3。

574 □興縣磚

釋文：□興縣。

隋唐（518—907）。廣東出土。正書。

民國拓本。1張，16×5cm。

鈐印："史尌青印"。

典藏號：Z0457-5。

575 南字磚

釋文：南。

唐（618—907）。廣東廣州出土。正書。

民國拓本。1張，20×18cm。

鈐印："史尌青印"。

典藏號：Z0456-9。

576 万善磚

釋文：万善　品和八。

唐（618—907）。廣東廣州出土。正書。

民國拓本。1張，38×17cm。

鈐印："史氏金石"。

典藏號：Z0462-3。

577 万善磚

釋文：万善。

唐（618—907）。廣東廣州出土。正書。

民國拓本。1張，15×15cm。

鈐印："史尌青印"。

典藏號：Z0464-1。

578 端平三年磚

釋文：端平三年摧□。

南宋端平三年（1236）。廣東廣州出土。正書。

民國拓本。1張，17×13cm。

鈐印："史尌青印"。

典藏號：Z0461-2。

579 廣州摧鋒磚

釋文：廣州□端平三年摧鋒。

南宋端平三年（1236）。廣東廣州出土。正書。

民國拓本。1張，19×19cm。

鈐印："史尌青印"。

典藏號：Z0450-4。

580 摧鋒監造磚

釋文：摧鋒監造。

南宋端平、寶祐年間（1234—1258）。廣東出土。正書。

民國拓本。1張，19×21cm。

鈐印："史尌青印"。

典藏號：Z0451-2。

581 景定元年造禦備塼

釋文：景定元年造禦備塼勇敢　景定元年造禦備。

南宋景定元年（1260）。廣東廣州出土。正書。

民國拓本。1張，33×9.5cm。

附注：鄔慶時舊藏。

著録：修城考11。

典藏號：Z0513-2。

582 景定元年造禦備塼

釋文：景定元年造禦備塼勇敢黎。

南宋景定元年（1260）。廣東出土。正書。

民國拓本。1張，33×11cm。

附注：鄔慶時舊藏。

典藏號：Z0484-1。

583 郎婦歲□磚

釋文：郎婦歲□。

唐宋（618—1279）。廣東出土。正書。

民國拓本。1張，13×18cm。

鈐印："史尌青印"。

典藏號：Z0454-5。

584 緣紋刻劃磚

唐宋（618—1279）。廣東出土。

民國拓本。1張，32×16cm。

附注：鄔慶時舊藏。

典藏號：Z0492。

585 保昌縣磚

釋文：保昌縣。

宋（960—1279）。廣東廣州出土。正書。

民國拓本。1張，17×16cm。

鈐印："史尌青印"。

典藏號：Z0454-2。

586 陳四磚

釋文：陳四。

宋（960—129）。廣東出土。篆書。

民國拓本。1張，19×6cm。

鈐印："史尌青印"。

典藏號：Z0456-4。

587 大吉磚

釋文：大吉。

宋（960—1279）。廣東出土。正書。

民國拓本。1張，17×6cm。

鈐印："君子"。

典藏號：Z0465-4。

588 大吉磚

釋文：大吉。

宋（960—1279）。廣東出土。正書。

民國拓本。1張，20×7cm。

鈐印："君子"。

典藏號：Z0465-5。

589 大四磚

釋文：大四。

宋（960—1279）。廣東出土。正書。

民國拓本。1張，16×5cm。

鈐印："君子"。

典藏號：Z0465-2。

590 大宋磚

釋文：大宋。

宋（960—1279）。廣東出土。正書。

民國拓本。1張，17×16cm。

鈐印："尌青鑑定"。

典藏號：Z0452-4。

又一件（Z0500-3）

附注：鄔慶時舊藏。

591 東莞縣造到廣州修城磚

釋文：東莞縣造到廣州修城□。

宋（960—1279）。廣東廣州出土。正書。

民國拓本。1張，22×16cm。

附注：鄔慶時舊藏。

典藏號：Z0498-3。

592 二佰片磚

釋文：二佰片。

宋（960—1279）。民國廣東出土。行書。

民國拓本。1張，31×17cm。

鈐印："史尌青印"。

著錄：圖誌578，磚銘集上/478。

典藏號：Z0449-1。

593 馮大夫塚磚

釋文：馮大夫塚磚。

宋（960—1279）。廣東出土。正書。

民國拓本。1張，16×23cm。

附注：鄔慶時舊藏。

典藏號：Z0478-2。

594 庚子年砌城塼監磚

釋文：庚子年砌城塼監。

宋（960—1279）。廣東出土。正書。

民國拓本。1張，22×10cm。

附注：鄔慶時舊藏。

典藏號：Z0479-2。

595 廣州大塼陳磚

釋文：廣州大塼陳。

宋（960—1279）。廣東廣州出土。正書。

民國拓本。1張，36×8cm。

附注：鄔慶時舊藏。

著錄：圖誌571，磚銘集上/478。

典藏號：Z0483-1。

596 廣州修城磚

釋文：廣州修城磚　敢　龍。

宋（960—1279）。廣東廣州出土。正書。

民國拓本。1張，37×29cm。

鈐印："史尌青印""君子"。

典藏號：Z0453-2。

597 廣州修城塼

釋文：廣州修城塼　千一七。

宋（960—1279）。廣東廣州出土。正書。

民國拓本。1張，38×29cm。

鈐印："顁長"。

典藏號：Z0458-1。

598 廣州修城磚

釋文：廣州修城。

宋（960—1279）。廣東廣州出土。正書。

民國拓本。1張，23×14cm。

鈐印："史尌青"。

典藏號：Z0448-2。

599 廣州修城塼增江磚

釋文：廣州修城塼增江。

宋（960—1279）。廣東廣州出土。正書。

民國拓本。1張，36×22cm。

鈐印："史大郎"。

典藏號：Z0453-1。

600 廣州修磚

釋文：廣州修。

宋（960—1279）。廣東廣州出土。正書。

民國拓本。1張，18×23cm。

鈐印："尌青鑑定"。

典藏號：Z0451-1。

601 廣州窑務造磚

釋文：廣州窑務造。

宋（960—1279）。廣東廣州出土。正書。

民國拓本。1張，25×20cm。

鈐印："庶卿心賞"。

典藏號：Z0447-1。

602 歸善縣磚

釋文：歸善縣。

宋（960—1279）。廣東出土。正書。

民國拓本。1張，18×6cm。

鈐印："史尌青印"。

典藏號：Z0457-6。

又一件（Z0487-1）

附注：鄔慶時舊藏。

又一件（Z0514-2）

附注：鄔慶時舊藏。

603 海曹塼

釋文：海曹塼。

宋（960—1279）。民國間廣東出土。篆書。

民國拓本。1張，17×6cm。

鈐印："史尌青印"。

典藏號：Z0456-8。

604 海豐磚

釋文：海豐□。

宋（960—1279）。廣東出土。正書。

民國拓本。1張，13×5cm。

附注：鄔慶時贈容庚。

典藏號：Z0498-4。

605 河源縣磚

釋文：河源縣。

宋（960—1279）。廣東出土。正書。

民國拓本。1張，10×5.5cm。

附注：鄔慶時舊藏。

典藏號：Z0488-2。

606 户丁梁各磚

釋文：户丁梁各。

宋（960—1279）。廣東出土。正書。

民國拓本。1張，18×19cm。

鈐印："史尌青印"。

著録：圖誌579，磚銘集上/480。

典藏號：Z0461-6。

607 孔字磚

釋文：孔。

宋（960—1279）。廣東出土。正書。

民國拓本。1張，17×12cm。

鈐印："史尌青印"。

典藏號：Z0452-2。

608 李字磚

釋文：李。

宋（960—1279）。廣東出土。正書。

民國拓本。1張，22×23cm。

鈐印："史樹青印""頻長"。

典藏號：Z0460-1。

609 劉授撝磚

釋文：劉授撝。

宋（960—1279）。民國間廣東出土。正書。

民國拓本。1張，20×7cm。

鈐印："史尌青印"。

著録：圖誌584，磚銘集上/482。

典藏號：Z0456-5。

610 □□塼

釋文：□□塼。

宋（960—1279）。廣東出土。正書。

民國拓本。1張，31×17cm。

鈐印："史氏金石"。

著録：圖誌587，磚銘集上/481。

典藏號：Z0447-3。

611 番禺修磚

釋文：番禺修□。

宋（960—1279）。廣東出土。正書。

民國拓本。1張，23×21cm。

鈐印："史氏金石"。

典藏號：Z0459-2。

612 韶州寄造城磚

釋文：韶州寄造城磚。

宋（960—1279）。廣東出土。正書。

民國拓本。1張，20×6cm。

鈐印："史尌青印"。

典藏號：Z0451-4。

613 韶州寄造城磚

釋文：韶州寄造城磚。

宋（960—1279）。廣東出土。正書。

民國拓本。1張，31×6cm。

鈐印："史氏金石"。

典藏號：Z0463-2。

614 韶州寄造城磚

釋文：韶州寄造城磚　韶州寄造城磚（反文）。

宋（960—1279）。廣東出土。正書。

民國拓本。1張，29×6cm。

附注：鄔慶時舊藏。

典藏號：Z0495-2。

615 始興縣李滿磚

釋文：始興縣李滿。

宋（960—1279）。廣東出土。正書。

民國拓本。1張，13×6cm。

鈐印："君子"。

典藏號：Z0459-4。

616 始興縣李滿塼

釋文：始興縣李滿塼。

宋（960—1279）。廣東出土。正書。

民國拓本。1張，15×5cm。

附注：鄔慶時舊藏。

典藏號：Z0498-5。

617 始興縣窯户胡琚磚

釋文：始興縣窯户胡琚。

宋（960—1279）。廣東出土。正書。

民國拓本。1張，21×6cm。

附注：鄔慶時舊藏。

典藏號：Z0476-1。

又一件（Z0490-1）

附注：鄔慶時舊藏。

又一件（Z0514-1）

附注：鄔慶時舊藏。

618 始興縣磚

釋文：始興縣。

宋（960—1279）。廣東出土。正書。

民國拓本。1張，9×6cm。

鈐印："史尌青印"。

典藏號：Z0451-6。

619 水軍合番禺塼公磚

釋文：水軍合番禺塼公。

宋（960—1279）。廣東廣州出土。正書。

民國拓本。1張，20×21cm。

鈐印："史尌青印"。

典藏號：Z0464-2。

620 水軍合番禺塼公磚

釋文：水軍合番禺塼公。

宋（960—1279）。廣東廣州出土。正書。

民國拓本。1張，33×20cm。

鈐印："庶卿心賞"。

典藏號：Z0464-3。

621 水軍記磚

釋文：水軍記。

宋（960—1279）。廣東出土。正書。

民國拓本。1張，12×14cm。

鈐印："史尌青印"。

典藏號：Z0451-5。

622 水軍修磚

釋文：水軍修。

宋（960—1279）。廣東出土。正書。

民國拓本。1張，13×15cm。

鈐印："史氏金石"。

典藏號：Z0459-5。

623 水軍塼

釋文：水軍塼。

宋（960—1279）。廣東廣州出土。正書。

民國拓本。1張，18×8cm。

鈐印："君子"。

典藏號：Z0454-3。

624 循州造磚

釋文：循州造。

宋（960—1279）。廣東出土。正書。

民國拓本。1張，7×3cm。

附注：鄔慶時舊藏。

典藏號：Z0498-2。

625 窯户兼用磚

釋文：窯户兼用。

宋（960—1279）。廣東出土。正書。

民國拓本。1張，35×7cm。

鈐印："史尌青印"。

典藏號：Z0449-2。

626 造土模成佰磚

釋文：口口月二日作造土模成佰李檢。

宋（960—1279）。廣東廣州出土。正書。

民國拓本。1張，36×6cm。

附注：鄔慶時舊藏。

典藏號：Z0483-2。

627 肇慶府磚

釋文：肇慶府。

宋（960—1279）。廣東出土。正書。

民國拓本。1張，19×20cm。

鈐印："頵長"。

典藏號：Z0459-1。

628 肇慶府磚

釋文：肇慶府。

宋（960—1279）。廣東出土。正書。

民國拓本。1張，28×5cm。

附注：鄔慶時舊藏。

典藏號：Z0513-1。

629 肇慶府磚

釋文：肇慶府。

宋（960—1279）。廣東出土。正書。

民國拓本。1張，30×6cm。

鈐印："庶卿心賞"。

典藏號：Z0463-3。

630 塼山磚

釋文：塼山。

宋（960—1279）。廣東廣州出土。正書。

民國拓本。1張，17×6cm。

附注：鄔慶時舊藏。

著録：修城考21。

典藏號：Z0512-2。

又一件（Z0488-1）

附注：鄔慶時舊藏。

又一件（Z0490-2）

附注：鄔慶時舊藏。

又一件（Z0499-4）

附注：鄔慶時舊藏。

631 塼增磚

釋文：塼增。

宋（960—1279）。廣東出土。正書。

民國拓本。1張，15×13cm。

鈐印："君子"。

典藏號：Z0454-4。

632 塼字磚

釋文：塼。

宋（960—1279）。廣東出土。正書。

民國拓本。1張，20×18cm。

鈐印："庶卿心賞"。

典藏號：Z0455-4。

633 （水）軍修城磚

釋文：□軍修城磚。

宋（960—1279）。廣東出土。正書。

民國拓本。1張，16×14cm。

鈐印："君子"。

典藏號：Z0459-3。

634 （廣）州修城忠勇造磚

釋文：（廣）州修城□忠勇造。

宋（960—1279）。廣東廣州出土。正書。

民國拓本。1張，23×22cm。

鈐印："史尃青印"。

典藏號：Z0455-3。

635 廣州修城磚

釋文：（廣）州修城塼　東南第十一將造。

宋（960—1279）。民國時拆廣東廣州城墻所
得，現藏廣州市博物館。正書。

民國拓本。1張，17×29cm。

鈐印："尃青鑑定"。

著録：圖誌556、561。

典藏號：Z0448-1。

636 何宅春山墓磚

釋文：何宅春山墓磚。

宋元（960—1368）。廣東出土。正書。

民國拓本。1張，28.5×14cm。

附注：鄔慶時舊藏。

典藏號：Z0505。

637 至順馬宅磚

釋文：至順馬宅。

元（1271—1368）。廣東出土。正書。

民國拓本。1張，27×16cm。

附注：鄔慶時舊藏。

典藏號：Z0507。

638 洪武十年造磚

釋文：洪武十年造。

明洪武十年（1377）。廣東出土。正書。

民國拓本。1張，36×17cm。

附注；鄔慶時舊藏。

典藏號：Z0480-1。

639 江福題記磚

明（1368—1644）。正書。

民國拓本。1張，20×9cm。

附注：鄔慶時舊藏。

典藏號：Z0493-1。

640 莫□磚

釋文：莫。

明（1368—1644）。廣東出土。正書。

民國拓本。1張，34×8cm。

鈐印："史尃青印"。

典藏號：Z0462-1。

641 番禺縣磚

釋文：番禺縣　番禺。

明（1368—1644）。廣東出土。正書。

民國拓本。1張，23×5cm。

鈐印："史尃青"。

典藏號：Z0448-3。

642 番禺縣磚

釋文：番禺縣。

明（1368—1644）。廣東出土。正書。

民國拓本。1張，23×5cm。

鈐印："史尃青印"。

典藏號：Z0456-2。

643 番禺磚

釋文：番禺。

明（1368—1644）。廣東出土。正書。

民國拓本。1張，11×6cm。

附注：鄔慶時舊藏。

典藏號：Z0512-1。

又一件（Z0499-2）

附注：鄔慶時舊藏。

644 番字磚

釋文：番。

明（1368—1644）。廣東出土。正書。

民國拓本。1張，11×15cm。

鈐印："史尌青"。

典藏號：Z0461-1。

645 清遠縣墇官磚

釋文：清遠縣墇官。

明（1368—1644）。廣東出土。正書。

民國拓本。1張，30×5cm。

鈐印："尌青鑑定"。

典藏號：Z0463-1。

646 香山縣磚

釋文：香山縣。

明（1368—1644）。廣東廣州出土。正書。

民國拓本。1張，10×10cm。

鈐印："史尌青印"。

典藏號：Z0451-3。

647 新會修城磚

釋文：新會修城□。

明（1368—1644）。廣東出土。正書。

民國拓本。1張，23×19cm。

鈐印："史氏金石"。

典藏號：Z0452-3。

648 新州新興縣磚

釋文：新州新興縣。

明（1368—1644）。廣東出土。正書。

民國拓本。1張，30×17cm。

鈐印："尌青鑑定"。

典藏號：Z0463-4。

649 增城縣修城磚

釋文：增城縣修城磚。

明（1368—1644）。廣東出土。正書。

民國拓本。1張，32×20cm。

鈐印："尌青鑑定"。

典藏號：Z0465-6。

650 中左所造磚

釋文：中左所造（反文）。

明（1368—1644）。廣東出土。正書。

民國拓本。1張，40×8cm。

鈐印："史尌青印"。

典藏號：Z0449-5。

651 廣州府南海地券

清光緒元年（1875）。正書。

民國拓本。1張，26×26cm。

附注：鄔慶時舊藏。

典藏號：Z0485。

652 寶字磚

釋文：寶。

年代不詳。民國間廣東省出土。正書。

民國拓本。1張，16×5cm。

鈐印："史尌青印"。

典藏號：Z0456-6。

653 岑字磚

釋文：岑。

年代不詳。廣東出土。正書。

民國拓本。1張，16×8cm。

鈐印："君子"。

典藏號：Z0460-3。

654 長春不老磚

釋文：長春不老。

年代不詳。廣東出土。正書。

民國拓本。1張，31×14cm。

附注：鄔慶時舊藏。

典藏號：Z0508。

655 二字磚

釋文：二。

年代不詳。廣東出土。正書。

民國拓本。1張，35×6cm。

鈐印："史尌青印"。

典藏號：Z0449-4。

656 官字磚

釋文：官。

年代不詳。正書。

民國拓本。1張，9×6cm。

鈐印："史尌青印"。

典藏號：Z0457-1。

657 今八二磚

釋文：今八二。

年代不詳。正書。

民國拓本。1張，10×4cm。

鈐印："史尌青印"。

典藏號：Z0457-7。

又一件（Z0476-2）

附注：鄔慶時舊藏。

又一件（Z0500-2）

附注：鄔慶時舊藏。

658 九字磚

釋文：九。

年代不詳。正書。

民國拓本。1張，19×5.5cm。

鈐印："史尌青印"。

典藏號：Z0457-4。

659 藍相磚

釋文：藍相。

年代不詳。正書。

民國拓本。1張，6×6cm。

鈐印："史尌青印"。

典藏號：Z0457-8。

又一件（Z0499-1）

附注：鄔慶時舊藏。

660 羅四磚

釋文：羅四。

年代不詳。廣東出土。正書。

民國拓本。1張，17×6cm。

鈐印："史尌青印"。

典藏號：Z0461-5。

661 片字磚

釋文：片。

年代不詳。廣東出土。正書。

民國拓本。1張，17×5cm。

鈐印："史尌青印"。

典藏號：Z0461-3。

662 七字磚

釋文：七。

年代不詳。廣東出土。正書。

民國拓本。1張，24×18cm。

鈐印："史尌青印"。

典藏號：Z0457-3。

663 仁字磚

釋文：仁。

年代不詳。廣東出土。正書。

民國拓本。1張，18×17cm。

鈐印："尌青鑑定"。

典藏號：Z0455-2。

664 日字磚

釋文：日□。

年代不詳。廣東出土。正書。

民國拓本。1張，15×17cm。

鈐印："史尌青印"。

典藏號：Z0450-7。

665 十六磚

釋文：十六。

年代不詳。廣東廣州出土。正書。

民國拓本。1張，18×6cm。

鈐印："君子"。

典藏號：Z0465-1。

666 數二十磚

釋文：數二十。

年代不詳。廣東出土。正書。

民國拓本。1張，29×7cm。

附注：鄔慶時舊藏。

典藏號：Z0479-1。

667 太平磚

釋文：太平。

年代不詳。廣東出土。正書。

民國拓本。1張，17×5cm。

鈐印："君子"。

典藏號：Z0465-3。

668 譚小弟磚

釋文：譚小弟。

年代不詳。廣東出土。正書。

民國拓本。1張，19×6cm。

鈐印："史尌青印"。

典藏號：Z0461-4。

669 兀字磚

釋文：兀。

年代不詳。廣東廣州出土。正書。

民國拓本。1張，38×20cm。

鈐印："史樹青印""頡長"。

典藏號：Z0458-2。

670 新字磚

釋文：新。

年代不詳。廣東出土。正書。

民國拓本。1張，14×12cm。

鈐印："史尌青印"。

典藏號：Z0455-1。

671 英字磚

釋文：英。

年代不詳。廣東出土。正書。

民國拓本。1張，19×6cm。

鈐印："史尌青印"。

典藏號：Z0457-9。

672 贊字磚

釋文：贊。

年代不詳。廣東出土。正書。

民國拓本。1張，24×8cm。

鈐印："君子"。

典藏號：Z0460-4。

673 曾字磚

釋文：曾。

年代不詳。廣東出土。正書。

民國拓本。1張，7×7cm。

鈐印："君子"。

典藏號：Z0460-2。

674 真字磚

釋文：真。

年代不詳。廣東出土。正書。

民國拓本。1張，25×5cm。

鈐印："史尉青印"。

典藏號：Z0447-2。

675 周奇磚

釋文：周奇。

年代不詳。民國間廣東出土。正書。

民國拓本。1張，15×4cm。

鈐印："史尉青印"。

典藏號：Z0456-7。

676 馮室塚磚

釋文：馮室塚

元明（1271—1644）。廣東出土。正書。疑偽。

民國拓本。1張，12×15cm。

附注：鄔慶時舊藏。

典藏號：Z0504-1。

677 漢瓦當集拓

年代不詳。篆書。疑偽。

拓年不詳。冊頁裝。1冊15開，22×21cm。

健安題簽。

鈐印："容庚之印"。

典藏號：Z0655。

678 宜君子磚銘

釋文：宜君子。

年代不詳。廣東出土。隸書。疑偽。

民國拓本。1張，18×18cm。

附注：鄔慶時舊藏。

典藏號：Z0504-2。

679 百塔寺草書心經

唐（618—907）。原存陝西西安百塔寺，現藏陝西西安碑林博物館。草書。

民國拓本。3張。

1."般若波羅蜜多心經"至"不增不減是故空"，"（無）有恐怖"至"依般若波羅蜜多"。36×104cm。

2."多羅三藐三菩提"至"是大明咒是"。36×20cm。

3."中無色無受想"至"無掛礙故"，"無上咒是無等咒"至"菩提薩婆訶"。36×110cm。

附注：刻唐佚名題識，明成化七年（1471）九月孫仁題識。

典藏號：Z0113。

680 彥修草書并張旭肚痛帖

北宋嘉祐三年（1058）。現藏陝西西安碑林博物館。草書。

民國拓本。3張。

子目：

1.寄邊衣詩。（五代梁）釋彥修書。106×54cm。

2.入洛詩。（五代梁）釋彥修書。69.5×54cm。

3.肚痛帖。（唐）張旭書。34.5×55cm。

附注：碑石兩面刻。碑陰刻北宋嘉祐三年十月九日李丕緒題識。

著録：雍州10/11。

典藏號：Z0116。

681 爭座位帖

（唐）顏真卿撰并書。北宋熙寧年間（1068—1077）。現藏陝西西安碑林博物館。行書。

民國拓本。1張，70×108cm。

典藏號：Z0118。

682 草書千字文

（南朝梁）周興嗣撰，（唐）張旭書。北宋元豐三年（1080）。存六殘石，現藏陝西西安碑林博物館。草書。

民國拓本。6張。

1．"猶子比兒"至"節義廉（退）"。31×52cm。

2．"（策）功茂實"至"俊（義密勿）"。31×77cm。

3．"（假途）滅虢"至"曠遠（綿邈）"。31×109cm。

4．"（陳根）委翳"至"親戚故舊"。31.5×84cm。

5．"（銀燭煒）煌"至"矯手（頓足）"。31×31.5cm。

6．"（并皆）佳妙"至"永（綏吉劭）"。31×49cm。

典藏號：Z0117。

683 懷素聖母帖

（唐）釋懷素書。北宋元祐三年（1088）二月。現藏陝西西安碑林博物館。草書，勒石年月篆書。

民國拓本。1張，64×130cm。

附注：刻唐大和四年（830）十月十二日柳槃、柳乘、裴休登雁塔題名。

著錄：八瓊室105/24，續編9/18，石墨4/13。

典藏號：Z0114。

684 懷素藏真律公二帖碑

（唐）釋懷素撰并書，（宋）游師雄輯并序，（宋）安敬鐫。北宋元祐八年（1093）九月一日。現藏陝西西安碑林博物館。草書。

民國拓本。1張，133×48cm。

附注：碑五截刻。上兩截刻帖；中刻北宋景祐三年（1036）五月十六日周越跋，景祐三年七月十九日馬宗誨題款，文彥博題款、呂大防題款、孫固題款，元祐四年（1089）九月十二日劉摯、趙瞻、韓忠彥觀款，元符二年（1099）許將題款，蔣之奇題跋，元符三年（1100）孫軫題識；尾刻元祐八年九月一日游師雄附刻李白贈懷素草書歌并後序。

著錄：八瓊室107/12，石墨4/13，碑林761。

典藏號：Z0111。

685 智永真草千字文

（南朝梁）周興嗣撰，（隋）智永書。北宋大觀

三年（1109）二月十一日。現藏陝西西安碑林博物館。正書、草書。

清拓本。經折裝。1册27開，26×12cm。

附注：刻北宋大觀三年二月十一日薛嗣昌題識。

典藏號：Z0533。

686 杜甫古柏行

（唐）杜甫撰，（金）任詢書。金正隆五年（1160）九月三日。現藏陝西西安碑林博物館。草書。

民國拓本。2張，約118×69cm。

著錄：國圖46/68。

典藏號：Z0119。

687 馬應龍摹赤壁懷古并江南春詞

（明）馬應龍摹。明嘉靖二十三年（1544）。20世紀50年代山東嘉祥出土，現藏山東嘉祥武氏墓群石刻博物館。行書。

民國朱拓本。4張，約35×100cm。

子目：

1.念奴嬌·赤壁懷古。（宋）黃庭堅書。

2.江南春詞二首。（明）馬應龍製并書。

佚名題簽。麥華三題識。

典藏號：Z0658。

又一件（Z0659）

688 遊天冠山詩

（元）趙孟頫撰并書，（清）卜世鐫。清康熙二十一年（1682）十一月十五日。現藏陝西西安碑林博物館。草書。

民國拓本。1張，136×69cm。

附注：刻明嘉靖三十二年（1554）八月十五日文徵明題跋，周錞觀款，清康熙二十一年鄧霖勒石題記。

典藏號：Z0122。

689 丁香花詩序

（清）謝履忠撰并書。清康熙五十七年（1718）。原在北京國子監御書樓下，現藏中國國家

博物館。行書。

民國拓本。1張，35×93cm。

典藏號：Z0299。

690 松齋書課一卷

斂邨居士輯刻并題簽。清嘉慶後。帖名隸書。

民國拓本。4張，約35×103cm。

子目：

1. 成親王節臨《道德經》（一章至二十九章）。正書。

2. 梁巘書《道德經跋尾》。行書。金勛跋。

3. 金光悌書《松齋梁先生書道德經雙鉤上石跋》。行書。

4. 蔡新書《跋蘭畦勒梁書道德經》。行書。

附注：帖名題刻簽題松齋書課。是帖乃輯成親王永瑆節臨《道德經》與梁巘、金光悌、蔡新諸跋匯刻而成。

典藏號：Z0605。

691 楊忠愍公墨跡

（明）楊繼盛撰并書，（清）玉德摹刻。清嘉慶三年（1798）。草書。

清拓本。3張，約34×80cm。

子目：

1. 記開煤山稿。

2. 哀商中丞少峰和徐龍灣韻五律四首。

3. 元旦有感七律。

附注：刻清嘉慶三年八月十五日玉德跋，阮元跋。是帖據阮元藏楊繼盛手卷摹刻，共有詩文四種，館藏拓本存三，《謫所苦陰雨述懷》闕佚。

典藏號：Z0629。

692 金特赫書樂毅論

（三國魏）夏侯玄撰，（清）金特赫書，（清）陳景徽勒。清嘉慶十八年（1813）五月。曾藏北京孔廟國子監，現藏中國國家博物館。正書。

民國拓本。1張，34×87cm。

附注：刻清嘉慶十八年五月金特赫題跋。容肇祖贈容庚。

著錄：國圖78/112。

典藏號：Z0218。

693 喜雨山房記

（清）愛新覺羅·顒琰撰，（清）棟鄂·鐵保書。清嘉慶十八年（1813）六月。現藏中國國家博物館。正書。

民國拓本。2張，"御製喜雨山房記"至"岱宗代予申祝感荷觸石而生"44×108cm，"不崇朝而青齊被澤"至末44×110cm。

附注：容肇祖贈容庚。

著錄：國圖78/116。

典藏號：Z0213。

694 崇德廬帖二卷

（清）李希撰集，（清）榮煥刻。清咸豐二年至五年（1852—1855）。現存山西太原文瀛公園。帖名正書。

民國拓本。32張，尺寸不一。

子目：

清卷：

1. 锺繇薦季直表　明吳寬跋

2. 集傅山字隸書聯

3. 傅山撰書哭子詩後記

4. 傅山撰書承務君墓誌後

5. 傅山撰哭子詩十四首之三　吾詩唯爾解

6. 傅山撰書鈔高士傳題辭　"欠龕聶古"至"非弦而商商"　清李希跋

7. 傅山撰書明户部主事汾陽胡公傳　"譚遇春"至"豈汾陽真不利於欲爲名臣者哉"

8. 傅山撰書遇虎有作

9. 傅山書松壅峰

10. 晋陵太守王勵德政碑　僞託褚遂良撰書　元至正六年（1346）倪瓚跋　明成化五年（1469）三月羅倫觀款　明成化二十二年（1486）祝允明跋　周國頤觀款　清道光三十年（1850）李希識　元郭界跋　清胡建民跋

11. 蘇軾書羊士諤和武相早朝中書候傅點書懷奉呈　"殿省秘清曉"至"一德"　元泰定四年（1327）喬貴成跋　元虞集觀款　清傅山觀款

12. 黃庭堅撰書劉明仲墨竹賦　"子劉子"至"顧作二竹"　清李希題記

13.王鐸撰書與琉球都通事阮氏范之一首

14.趙孟頫書題何澄金谷園圖跋

15.王守仁書論書　明天啓六年（1626）張瑞圖觀款　清傅眉題識

16.米芾書唐庚家藏古硯銘　"吾於是得養生焉"至"是以能永年"　元虞集題跋　元至治元年（1321）九月鄭元祐題識　清李希觀款

真卷：

1.宋濂書唐盧坦對杜黃裳語　明陳繼儒觀款　清道光七年（1827）五月楊振麟跋

2.傅山書脈案

3.傅山書五言詩　華教雙展遶

4.沈周撰書落花詩之一　飄飄蕩蕩復悠悠　明弘治十六年（1503）八月十五日跋

5.傅山書唐裴度溪居　清咸豐元年（1851）胡瑞瀾跋

6.傅山書唐杜甫玄都壇歌寄元逸人并識

7.楊繼盛撰書五言詩　家在容城山水間　清李希題識

8.祝枝山書宋蘇軾赤壁賦　"壬戌之秋"至"徘徊於鬥牛之間"　清道光二十三年（1843）三月五日羅繞典跋

9.袁森書宋趙構翰墨志　"余自魏晉以來"至"不少去懷也"

10.董其昌撰書酬董景越漕台二首之一　"東山優詔見新除"至"仗依玄武蕭周盧"　清咸豐五年（1855）六月李希跋

11.文徵明書聯　書帙尋常有　清梁檀觀款

12.黃道周書聯　明史可法藏款

13.清味　清鄭燮

附注：刻柯璜1958年7月1日題記。此帖《叢帖目》未收。

典藏號：Z0097。

695 康熙賜山西臣屬帖

（清）愛新覺羅·玄燁書。清康熙四十二年（1703）後。原嵌於山西太原巡撫部院御書樓四壁，1958年移置太原文瀛公園。

1958年以後拓本。7張，尺寸不一。

子目：

1.賜山西汾州府通判韓開藩　和賈至舍人早朝大明宮之作

2.賜山西澤州知州陶自悅　憩小淩河

3.賜山西大同府渾源州知州劉顯功　咏蟬

4.賜山西太原府知府趙鳳詔　觀祝孝友畫卷爲賦六言一絕復以其句爲題作五言四詠　"炎蒸無處逃"至"千林共蕭瑟"

5.賜山西太原府代州知州騰天憲　奉和聖制途經華岳應制　有異文

6.賜山西巡撫衞門筆帖式四格　送殷淑

7.清班

附注：《叢帖目》未收。

典藏號：Z0420。

696 蔡忠惠公法書四卷

（宋）蔡襄撰并書。木刻。帖板原在福建仙游。

清拓本。綾裝。4冊124開，23×17cm。

子目：

第一：

1.荔子帖　2.窮秋帖　3.入春帖　4.秋暑帖　5.京居帖

6.在杭帖　7.軍城帖　8.南歸帖　9.京府帖　10.郊燔帖

11.扶護帖　12.百幅帖　13.步箴帖　14.扈從帖　15.跋洛神賦

16.題壁詩帖　17.林檎帖　18.佳安帖　19.精茶帖　20.稼邨詩帖

21.吳菱帖　22.洛陽詩帖　23.宋香詩帖　24.山堂詩帖

第二：

1.絹本茶錄　南宋方孚若藏款，南宋劉克莊觀款　明洪武四年（1371）三月九日倪瓚題跋

2.十詠詩帖　明洪武十二年（1379）四月袁凱觀款　明陳迪觀款

3.跋告身帖

4.夢詩帖　宋元祐五年（1090）二月四日蘇軾題跋

5.金幣帖

第三：

荔枝譜　宋歐陽修跋

第四：

1.相州晝錦堂記　北宋元祐四年（1089）九月二十五日蘇軾題跋

2.米臨入春帖

3.米臨在杭帖

4.米臨京居帖　明成化十四年（1478）三月三日張弼跋

南宋紹興十一年（1141）三月范大年跋　紹興十三年（1143）四月張駒觀款 明楊循吉題跋 明李東陽題跋 明董其昌題跋 明焦竑題跋 明顧起元題跋

扉頁印有"朱家文雅堂藏版謹告"。

附注：此帖乃明《古香齋寶藏蔡帖》之翻刻，易帖名，順序有變。《叢帖目》未收。朱性田，清道光咸豐時福建仙游人。

典藏號：Z0656。

697 東陽本蘭亭序

（東晋）王羲之撰并書。明（1368—1644）。行書。

清拓本。冊頁裝。1冊4開，24×9.5cm。

典藏號：Z0562。

698 蘭亭序

（東晋）王羲之撰并書。清（1644—1911）。原在北京國子監御書樓下，現藏中國國家博物館。行書。

民國拓本。1張，34×89cm。

附注：刻《樂毅論》（Z0215）背。容肇祖贈容庚。

典藏號：Z0216。

699 樂毅論

（三國魏）夏侯玄撰，（元）趙孟頫書。清（1644—1911）。原在北京國子監御書樓下，現藏中國國家博物館。正書。

民國拓本。1張，35×88cm。

附注：刻《蘭亭序》(Z0216)背。容肇祖贈容庚。

典藏號：Z0215。

700 爭座位帖

（唐）顏真卿撰并書。清（1644—1911）。行書。

清拓本。4張，"功冠一時"等字本高32×42cm，"行百里者半九十里"等字本31×49cm，"自有次敘"等字本32×49cm，"仆射恃貴"等字本32×42cm。

附注：容肇祖贈容庚。

典藏號：Z0217。

著録文獻一覽 （以簡稱首字拼音爲序）

序号	著録文獻簡稱	著録文獻全稱
1	安徽（卷/葉）	《安徽金石古物考稿》
2	安陽（卷/葉）	《安陽縣金石録》
3	八瓊室（卷/葉）	《八瓊室金石補正》
4	跋尾（卷/葉）	《雪堂金石文字跋尾》
5	白鵝洲（卷/葉）	《白鵝洲小誌》
6	寶刻（卷/葉）	《寶刻叢編》
7	寶鴨齋（卷/葉）	《寶鴨齋題跋》
8	碑林（頁）	《碑林區誌》
9	北大墓誌（頁）	《北京大學圖書館藏歷代墓誌拓片目録》
10	萃編（卷/葉）	《金石萃編》
11	簠斋（器物名/序號）	《簠齋吉金録》
12	關中（卷/葉）	《關中金石文字存逸考》
13	廣東（卷/葉）	《廣東通志》
14	國圖（册/頁）	《北京圖書館藏中國歷代石刻拓本匯編》
15	漢畫像（頁）	《山東漢畫像石彙編》
16	漢金（卷/葉）	《漢金文録》
17	湖北（卷/葉）	《湖北金石志》
18	畫像集（册/頁）	《中國畫像石全集》

序号	著録文獻簡稱	著録文獻全稱
19	集成（圖號）	《殷周金文集成》
20	集古（卷/葉）	《集古録目》
21	集釋（卷/葉）	《漢魏南北朝墓誌集釋》
22	鑒定（頁）	《碑帖鑒定》
23	攈古（卷/葉）	《攈古録金文》
24	愙齋（卷/葉）	《愙齋集古録》
25	愙齋箋注（頁）	《愙齋集古圖箋注》
26	零拾（序號）	《古石刻零拾》
27	龍門（册/頁）	《北京圖書館藏龍門石窟造像題記拓本全編》
28	芒三（葉）	《芒洛冢墓遺文三編》
29	芒四（卷/葉）	《芒洛冢墓遺文四編》
30	芒四補（葉）	《芒洛冢墓遺文四編補遺》
31	芒遺（卷/葉）	《芒洛冢墓遺文》
32	芒遺續（卷/葉）	《芒洛冢墓遺文續編》
33	美集録（頁）	《美國所藏中國銅器集録》
34	平津續（葉）	《平津讀碑續記》
35	平三續（卷/葉）	《平津讀碑三續》
36	三代（卷/葉）	《三代吉金文存》
37	山左（卷/葉）	《山左金石志》
38	善齋（卷/葉）	《善齋吉金録》
39	商周（册/頁）	《商周青銅器銘文暨圖像集成》
40	時地記（頁）	《洛陽出土石刻時地記》
41	石墨（卷/葉）	《石墨鐫華》
42	石闕（頁）	《四川漢代石闕》
43	頌齋（葉）	《頌齋吉金圖録》
44	匋齋（卷/葉）	《匋齋藏石記》

续表

序号	著録文獻簡稱	著録文獻全稱
45	圖誌（頁）	《廣東金石圖誌》
46	吴興（卷/葉）	《吴興金石記》
47	西陲（葉）	《西陲石刻録》
49	希古樓（卷/葉）	《希古樓金石萃編》
49	小校（册/頁）	《小校經閣金文拓本》
50	新疆（卷/葉）	《新疆訪古録》
51	修城考（頁）	《廣州古城磚拓片及修城考》
52	續編（卷/葉）	《金石續編》
53	殷存（卷/葉）	《殷文存》
54	雍州（卷/葉）	《雍州金石記》
55	粤東（卷/葉）	《粤東金石略》
56	粤西（卷/葉）	《粤西金石略》
57	昭陵（卷/葉）	《昭陵碑録》
58	貞補（卷/葉）	《貞松堂集古遺文補遺》
59	貞松（卷/葉）	《貞松堂集古遺文》
60	貞續（卷/葉）	《貞松堂集古遺文續編》
61	磚銘集（册/頁）	《中國古代磚刻銘文集》
62	綴遺（卷/葉）	《綴遺齋彝器款識考釋》

參考文獻（以首字拼音爲序）

1.《安徽金石略》10卷，趙紹祖撰，清宣統元年（1909）聚學軒叢書本。（卷/葉）

2.《安徽通志金石古物考稿十七卷附安徽金石古物存真目一卷》，徐乃昌纂，民國二十三年（1934）安徽通志館石印本。（卷/葉）

3.《安陽縣金石錄》12卷，武億、趙希璜撰，清嘉慶四年（1799）刻本。（卷/葉）

4.《八瓊室金石補正》130卷，陸增祥撰，民國十四年（1925）劉氏希古樓刻本。（卷/葉）

5.《白鵝洲小誌》，鄔慶时撰，民國十八年（1929）刻本。（卷/葉）

6.《寶刻叢編》20卷，陳思輯，清光緒十四年（1888）吳興陸氏刻十萬卷樓叢書本。（卷/葉）

7.《寶鴨齋題跋》3卷，徐樹鈞撰，清宣統二年（1910）石印本。（卷/葉）

8.《碑林區志》，西安市碑林區地方志編撰委員會編，三秦出版社，2003年。（頁）

9.《碑林集刊》，西安碑林博物館編，陝西人民出版社、三秦出版社等，1993—2010年。（輯）

10.《碑帖鑒定》，馬子雲、施安昌著，廣西師範大學出版社，1993年。（頁）

11.《碑帖叙錄》，楊震方編著，上海古籍出版社，1982年。（頁）

12.《北京大學圖書館藏歷代金石拓本菁華》，胡海帆、湯燕編，文物出版社，1998年。（序號）

13.《北京大學圖書館新藏金石拓本菁華（1996—2012）》，胡海帆、湯燕編著，北京大學出版社，2012年。（序號）

14.《北京圖書館藏龍門石窟造像題記拓本全編》，吳元真主編，廣西師範大學出版社，2000年。（册/頁）

15.《北京圖書館藏墓誌拓片目錄》，徐自强主編，中華書局，1990年。（頁）

16.《北京圖書館藏中國歷代石刻拓本匯編》，北京圖書館金石組編，中州古籍出版社，

1989—1991年。（册/頁）

17.《叢帖目》，容庚編，中華書局香港分局，1980—1981年。（頁）

18.《籑齋吉金録》，陳介祺藏並拓，民國七年（1918）順德鄧氏風雨樓影印本。（器物名/序號）

19.《古石刻零拾》，容庚考釋，民國二十三年（1934）北京影印本。（序號）

20.《故宮青銅器圖典》，故宮博物院編，紫禁城出版社，2010年。（頁）

21.《關中金石文字存逸考十二卷首一卷》，毛鳳枝撰，清光緒二十七年（1901）會稽顧氏江西萍鄉縣署刻本。（卷/葉）

22.《廣東金石圖志》，伍慶禄、陳鴻鈞著，綫裝書局，2015年。（頁）

23.《廣東名碑集》，歐廣勇等編撰，西泠印社出版社，2013年。（頁）

24.《廣東通志》，阮元修，陳昌齊纂，清同治三年（1864）刻本。（卷/葉）

25.《廣州古城磚拓片及修城考》，黃大同編，嶺南美術出版社，2007年。（頁）

26.《海外中國銅器圖録》，陳夢家著，中華書局，2017年。（頁）

27.《漢碑全集》，徐玉立主編，河南美術出版社，2007年。（頁）

28.《漢金文録》7卷，容庚撰，民國二十年（1931）國立中央研究院歷史語言研究所影印本。（卷/葉）

29.《漢魏南北朝墓誌集釋》，趙萬里著，廣西師範大學出版社，2008年。（卷/葉）

30.《湖北金石志》14卷，張仲炘纂，民國十年（1921）湖北通志局刻朱印本。（卷/葉）

31.《寰宇訪碑録》20卷，孫星衍、邢澍撰，清嘉慶七年（1802）刻本。（卷/葉）

32.《集古録跋尾》，歐陽修撰，上海古籍出版社，2020年。（卷/葉）

33.《集古録目》5卷，歐陽棐撰，清道光十五年（1835）刻本。（卷/葉）

34.《金石萃編》160卷，王昶編，清嘉慶十年（1805）經訓堂刻本。（卷/葉）

35.《金石録》，趙明誠，上海古籍出版社，2020年。（卷/葉）

36.《金石續編二十一卷首一卷》，陸耀遹撰，清同治十三年（1874）毗陵雙白燕堂刻本。（卷/葉）

37.《攈古録金文》3卷，吳式芬撰，民國三年（1914）西泠印社刻本。（卷/葉）

38.《愙齋集古録》,吳大澂輯，民國十年（1921）上海涵芬樓影印本。（卷/葉）

39.《愙齋集古圖箋注》，周亞編著，上海古籍出版社，2012年。（頁）

40.《遼寧省博物館藏碑誌精粹》，遼寧省博物館編著，文物出版社，2000年。（序號）

41.《六朝墓誌檢要》，王壯弘著，上海書店出版社，2008年。（頁）

42.《洛陽出土石刻時地記》，郭玉堂原著，郭培育、郭培智主編，大象出版社，2005年。（頁）

43.《芒洛冢墓遺文三卷續編三卷補遺一卷續補一卷三編一卷四編六卷補遺一卷》，羅振玉編，民國三年（1914）刻本。（卷/葉或葉）

44.《美國所藏中國銅器集錄》，陳夢家著，金城出版社，2016年。（頁）

45.《平津讀碑記八卷續記一卷再續一卷三續二卷》，洪頤煊撰，清光緒十二年（1886）行素草堂刻本。（卷/葉）

46.《千唐志齋藏誌》，河南省文物研究所、河南省洛陽地區文管處編，文物出版社，1984年。（序號）

47.《秦晉豫新出土墓誌蒐佚》，趙君平、趙文成編，國家圖書館出版社，2011年。（序號）

48.《三代吉金文存》，羅振玉編，中華書局，1983年。（卷/葉）

49.《山東漢畫像石彙編》，傅惜華等編，山東畫報出版社，2012年。（頁）

50.《山右冢墓遺文二卷補遺一卷》，羅振玉校錄，民國年間刻本。（卷/葉）

51.《山左金石志》24卷，畢沅、阮元撰，清嘉慶二年（1797）儀徵阮氏小琅嬛僊館刻本。（卷/葉）

52.《山左冢墓遺文一卷補遺一卷》，羅振玉校錄，民國年間刻本。（葉）

53.《善本碑帖過眼錄續編》，仲威編，文物出版社，2017年。（頁）

54.《善本碑帖錄》，張彥生著，中華書局，1984年。（頁）

55.《善齋吉金錄》，劉體智編，上海圖書館影印本，1998年。（卷/葉）

56.《商周青銅器銘文暨圖像集成》，吳鎮烽編著，上海古籍出版社，2012年。（冊/頁）

57.《石刻題跋索引》，楊殿珣編，商務印書館，1957年增訂本。（頁）

58.《石墨鐫華》8卷，趙崡撰，清光緒八年（1882）崇川葛氏刻學古齋金石叢書本。（卷/葉）

59.《四川漢代石闕》，徐文彬等編，文物出版社，1992年。（頁）

60.《頌齋吉金圖錄》，容庚編，民國二十二年（1933）考古學社影印本。（葉）

61.《隋唐五代墓誌匯編》，隋唐五代墓誌匯編編委會，天津古籍出版社，1991—1992年（卷名冊/頁）

62.《唐代墓誌彙編》，周紹良、趙超主編，上海古籍出版社，1992年。（頁）

63.《唐代墓誌彙編續集》，周紹良、趙超主編，上海古籍出版社，2001年。（頁）

64.《匋齋藏石記四十四卷首一卷匋齋藏甎記二卷》，端方著，清宣統元年（1909）上海商務印書館石印本。（卷/葉）

65.《吳興金石記》16卷，陸心源輯，清光緒十六年（1890）刻本。（卷/葉）

66.《西安碑林博物館藏碑刻總目提要》，陳忠凱等編著，綫裝書局，2006年。（頁）

67.《西陲石刻錄一卷後錄一卷》，羅振玉輯，民國上虞羅氏鉛印本。（葉）

68.《希古樓金石萃編十卷目録二卷》，劉承幹撰，民國二十二年（1933）吳興劉氏希古樓刻本。（卷/葉）

69.《襄陽冢墓遺文一卷補遺一卷》，羅振玉校録，民國四年（1915）刻本。（卷/葉）

70.《小校經閣金文拓本》，劉體智輯，中華書局，2016年。（冊/頁）

71.《新疆訪古録》，王樹枏撰，民國聚珍倣宋印書局鉛印本。（卷/葉）

72.《雪堂金石文字跋尾》4卷，羅振玉撰，民國上虞羅氏貽安堂凝清室刻本。（卷/葉）

73.《鄴下冢墓遺文二卷附鄴下冢墓遺文二編一卷》，羅振玉校録，民國五至十二年（1916-1923）刻本。（卷/葉）

74.《殷文存》，羅振玉輯，民國六年（1917）上海倉聖明智大學影印本。（卷/葉）

75.《殷周金文集成》，中國社會科學院編，中華書局，2007年。（序號）

76.《雍州金石記十卷記餘一卷》，朱楓撰，清光緒二十二年（1896）長沙刻本。（卷/葉）

77.《鴛鴦七志齋藏石》，趙力光編，三秦出版社，1995年。（序號）

78.《粤東金石略九卷首一卷九曜石考二卷》，翁方綱撰，清光緒十七年（1891）廣州石經堂書局影印本。（卷/葉）

79.《粤西金石略》15卷，謝啓昆撰，清嘉慶六年（1801）南康謝氏銅鼓亭刻本。（卷/葉）

80.《增補校碑隨筆》，方若著，王壯弘增補，上海書店出版社，2008年。（頁）

81.《昭陵碑録三卷附録一卷補一卷》，羅振玉輯，民國三年（1914）自刻本。（卷/葉）

82.《貞松堂集古遺文十六卷補遺三卷續編三卷》，羅振玉輯，民國十九年（1930）至二十三年（1934）上海蟫隱盧石印本。（卷/葉）

83.《中國碑拓鑒別圖典》，仲威編，文物出版社，2010年。（頁）

84.《中國古代磚刻銘文集》，胡海帆、湯燕編著，文物出版社，2008年。（序號）

85.《中國畫像石全集》，中國畫像石全集編輯委員會編，山東美術出版社，2000年。（冊/頁）

86.《中州冢墓遺文一卷補遺一卷》，羅振玉輯，民國年間上虞羅氏刻本。（卷/葉）

87.《綴遺齋彝器款識考釋》30卷，方濬益撰，方燕年補編，民國二十四年（1935）商務印書館石印本。（卷/葉）

期刊

1.《故宮博物院院刊》，故宮博物院主辦。

2.《考古》，中國社會科學院考古研究所主辦。

3.《書法》，上海書畫出版社主辦。

拼音索引